Franz Klüber

EIGENTUMSTHEORIE UND EIGENTUMSPOLITIK

FRANZ KLÜBER

Eigentumstheorie und Eigentumspolitik

Begründung und Gestaltung des Privateigentums

nach katholischer Gesellschaftslehre

VERLAG A. FROMM OSNABRÜCK

Einband: Karl Albrecht
Herstellung: A. Fromm, Osnabrück

Meinem Bruder Josef

geb. 1. 12. 1920 in Gladbeck i. W.

gef. 1. 8. 1941 in Krassnodubjew

INHALTSVERZEICHNIS

EINLEITUNG

Das Eigentum gehört zu denjenigen gesellschaftspolitischen Grundproblemen des industriellen Zeitalters, die bis zur Stunde nichts von ihrer Aktualität verloren haben. Karl Marx' utopischer Versuch eines Neubaus der Gesellschaftsordnung entzündete sich an den bestehenden Eigentumsverhältnissen und gipfelte in der grundsätzlichen Aufhebung des Privateigentums überhaupt. Die von ihm versuchte Lösung der sozialen Frage entstand aus der Frontstellung gegenüber dem Ökonomismus der liberalkapitalistischen Wirtschaftsordnung, die im Laissez-faire, im freien Spiel der wirtschaftlichen Kräfte, das entscheidende Prinzip sah und von ihm „das größte Glück der größten Zahl", verstanden als die bestmögliche Ausstattung der Menschheit mit materiellen Gütern, erwartete. Das Prinzip führte in der Produktionssphäre zu einer bisher nicht gekannten Entfaltung der wirtschaftlichen Kräfte, versagte aber in der Verteilungssphäre und wurde Anlaß zur Verelendung der Industriearbeiterschaft: Diese „überwältigende Massenerscheinung des Proletariats gegenüber einem kleinen Kreis von Überreichen ist ein unwidersprechlicher Beweis dafür, daß die Erdengüter, die in unserem Zeitalter des sogenannten Industrialismus in so reicher Fülle erzeugt werden, nicht richtig verteilt und den verschiedenen gesellschaftlichen Klassen nicht entsprechend zugute gekommen sind[1]".

Aber auch der orthodoxe Marxismus, obwohl Gegenspieler des Kapitalismus, blieb dessen materialistischer Grundhaltung verhaftet, weil er nicht vom Menschen, sondern von der Ordnung der Sachgüter her die soziale Frage zu lösen suchte. Sein Ziel, die „Überführung des Privateigentums auf die Gesellschaft", bedeutete wiederum, „daß hier bedenkenlos die höheren Güter des Menschen, nicht zuletzt das Gut seiner Freiheit, geopfert werden in restloser Unterordnung unter die Sachnotwendigkeiten der absolut rationalsten Gütererzeugung[2]".

Um des Menschen und der Gemeinschaft willen, insbesondere des Industriearbeiters selbst, wies schon Leo XIII. die marxistische Lösung zurück und hielt ihr das Bild einer die Freiheit des Menschen verteidigenden Gesell-

[1] Pius XI., Quadragesimo anno, n. 60.
[2] a. a. O., n. 119.

schaftsordnung entgegen, die der Institution des Privateigentums nicht entbehren könne. Leo XIII. trat für die Privateigentumsordnung ein, weil er in ihr eine unverzichtbare Bedingung für den Bestand einer freiheitlichen Gesellschaft sah. Seine Eigentumslehre bildete aber keinen Abschluß innerhalb der neueren Naturrechtslehre, sondern gab vielmehr den Anstoß zu tiefgreifenden Auseinandersetzungen um den Naturrechtscharakter des Privateigentums.

Es blieb zwar unbestritten, daß die Institution des Privateigentums *als solche* dem Naturrecht angehört; daß sie unabhängig von geschichtlichen Wandlungen und Besonderheiten der jeweiligen gesellschaftlichen Situation ihren Geltungsanspruch behält und unaufhebbar ist. Die durch die Enzyklika Rerum Novarum ausgelöste und bis zur Gegenwart andauernde Auseinandersetzung richtet sich vielmehr auf die Frage, ob die naturrechtliche Unaufhebbarkeit, welche der Institution des Privateigentums als solcher zukommt, prinzipiell auch für die individuellen konkret-geschichtlichen Eigentumsrechte an bestimmten Vermögenswerten gilt, also etwa für das Eigentum des A an seinem Grundstück, des B an seinen Produktionsmitteln, oder ob diese konkreten Rechte — unbeschadet der Unaufhebbarkeit der *Institution* des Privateigentums — dem höheren Naturrechtsprinzip des Gemeinwohls unterstehen; ob sie wandelbar und neu abgrenzbar und in oberster Instanz in die Verfügbarkeit des Staates als des Letztverantwortlichen für das Gemeinwohl gegeben sind.

Es werden also in dieser Kontroverse auf der einen Seite in die *institutionelle* Unaufhebbarkeit des Privateigentums auch die *individuellen* Eigentumsrechte einbezogen, grundsätzlich für unangreifbar und „heilig" erklärt, und nur für den Fall, daß die Eigentumssituation eines Gemeinwesens dessen Bestand gefährdet, wird die Idee des Gemeinwohls als Korrektiv herangezogen und dem Staat ein Eingriffsrecht gestattet. Dem steht die Auffassung gegenüber, daß der Privateigentumsordnung im System des Naturrechts kein Absolutheitsanspruch zukomme, sondern daß sie nur Instrumentalcharakter habe und im Dienste des Gemeinwohls stehe. Dieses sei nicht lediglich Korrektiv, sondern beherrschendes Regulativ und normatives Prinzip der Privateigentumsordnung, die nur als Mittel zum Zweck der Verwirklichung des Gemeinwohls, der bestmöglichen Ausgestaltung eines Gemeinwesens gelten könne.

Es geht in der angedeuteten Kontroverse nicht lediglich um unterschiedliche Akzentuierungen dergestalt, daß einmal das Prinzip des Privateigentums, das andere Mal das des Gemeinwohls stärker angesprochen würde;

es geht vielmehr um die grundsätzliche Frage der naturrechtlichen Rangordnung und Zuordnung beider Prinzipien: Umstritten ist, ob der Gedanke des Gemeinwohls nur Mittel zum Zweck der Sicherung der Privateigentumsordnung ist oder, umgekehrt, ob deren Funktion darin besteht, der Verwirklichung des Gemeinwohls zu dienen.

Die Gegensätzlichkeit der oben skizzierten Auffassungen wird noch deutlicher, wenn man sie in ihren gesellschaftspolitischen Konsequenzen miteinander konfrontiert: Im ersten Falle wird der statisch-konservative Charakter der überkommenen Eigentumsrechte betont. Eigentumspolitische Eingriffe gelten als cura posterior und sind erst dann in Erwägung zu ziehen, wenn die negativen Auswirkungen der gesellschaftlichen Entwicklung eines Gemeinwesens ein solches Ausmaß angenommen haben, daß im Interesse der guten Ordnung des gesellschaftlichen Ganzen Korrekturen unvermeidbar sind. Die Funktion der Eigentumspolitik wird also darin gesehen, post festum einzugreifen und Fehlentwicklungen zu neutralisieren. Wird aber der Primat des Gemeinwohls gegenüber der Privateigentumsordnung behauptet, dann ergibt sich daraus die Forderung an die Gesellschaftspolitik, den Prozeß der gesellschaftlichen Entwicklung nicht wie ein blindes Fatum ablaufen zu lassen und das Zustandekommen sozialer Unzulänglichkeiten abzuwarten, sondern diesen Prozeß vorschauend und planend in den Griff zu nehmen und ihn mit Hilfe der Eigentumspolitik in eine Richtung zu lenken, welche das Gesellschaftsganze tunlichst vor sozialen Spannungen und Krisen schützt.

Die hier angesprochene Kontroverse kreist also um das Problem der Ortsbestimmung der Privateigentumsinstitution im System des Naturrechts: ob sie auf der obersten Stufe des absoluten Naturrechts stehe oder ob sie, wenngleich unaufhebbar, so doch nur eine Instrumentalfunktion im Dienste eines höheren naturrechtlichen Prinzips, des Gemeinwohls, habe. Erst dann, wenn sich diese Frage zureichend beantworten läßt, kann die weitere Frage der naturrechtlichen Qualifizierung der konkret-individuellen Eigentumsrechte angegangen werden. Die Klärung dieser Problemkreise wiederum ist die Voraussetzung dafür, um die Berechtigung, die Möglichkeiten und Grenzen einer Eigentumspolitik erörtern zu können.

Die folgenden Erörterungen wollen versuchen, zur Klärung der oben skizzierten Problematik beizutragen. In einem ersten Teil geht es um die theoretische Grundlegung der Eigentumslehre und in diesem Zusammenhang vor allem um das Zuordnungsverhältnis zwischen dem Prinzip des Gemeinwohls und dem der Privateigentumsordnung. Von daher ergibt sich die

Möglichkeit, den naturrechtlichen Ort und den Geltungsgrad sowohl der *Institution* des Privateigentums als auch der *individuellen* Eigentumsrechte zu bestimmen. Der zweite Teil dieser Abhandlung gilt der Frage nach den gesellschaftspolitischen Konsequenzen, die sich aus der zuvor entfalteten Prinzipienlehre ergeben. Es sollen Wege und Möglichkeiten geprüft werden, die den aus der Erörterung der Eigentumstheorie gewonnenen Maximen in der gegenwärtigen Situation zu geschichtlicher Realisierung verhelfen könnten.

I. Teil: Eigentumstheorie

I. DER BEGRIFF DES EIGENTUMS

1. Die Bestimmung des Eigentumsbegriffs als Eigentumsrecht

Auseinandersetzungen mit Fragen des Eigentums setzen ein Einverständnis über den Begriff des Eigentums voraus. Im vorwissenschaftlichen, noch unreflektierten Sprachgebrauch verbindet sich mit ‚Eigentum' die Vorstellung von ‚Mein und Dein', die Auffassung, daß Eigentum soviel wie Herrschaft, Verfügungsmacht über Sachwerte, über einen Ausschnitt jedenfalls aus dem Bereich der vernunftlosen Schöpfung bedeutet; daß dieser Sachbereich abgegrenzt ist gegenüber Außenstehenden; daß er ihnen den Zugang verwehrt und auf diese Weise klar voneinander abgehobene Herrschaftssphären schafft, innerhalb derer der Mensch frei entscheiden kann.

Moraltheologie und Sozialethik verstehen unter Eigentum „das Recht des einzelnen, über eine Sache mit Ausschluß jedes anderen zu verfügen[1]", „die rechtliche Befugnis, über Wesen und Gebrauch der Sache frei zu verfügen[2]", „das Eigentumsrecht" als die „ausschließliche und uneingeschränkte Herrschaftsgewalt über Sachen[3]". Ähnliches meint außerhalb des Bereichs

---

1 Fritz Tillmann, Die Verwirklichung der Nachfolge Christi. In: Handbuch der katholischen Sittenlehre (Bd. IV, 2). 4. Aufl., Düsseldorf 1950, S. 334.

2 Joseph Mausbach, Katholische Moraltheologie (Bd. III). 10. Aufl. (bearbeitet von Gustav Ermecke), Münster 1961, S. 431.

3 Johannes Messner, Das Naturrecht. Handbuch der Gesellschaftsethik, Staatsethik und Wirtschaftsethik. 4. Aufl., Innsbruck, Wien, München 1960, S. 948. - Vgl. auch Oswald v. Nell-Breuning, Die soziale Enzyklika. Erläuterungen zum Weltrundschreiben Papst Pius' XI. über die gesellschaftliche Ordnung. 3. Aufl., Köln 1950, S. 66 ff. - Ders., Eigentum. In: Philosophisches Wörterbuch (hrsgg. von W. Brugger). 10. Aufl., Freiburg 1963, S. 64 f. - Joseph Höffner, Das Eigentum in christlicher Sicht. In: Trierer Theologische Zeitschrift, 59. Jg. 1950, S. 101. - Viktor Cathrein, Moralphilosophie (Bd. II). 6. Aufl., Leipzig 1924, S. 128. - Otto Schilling, Die Gesellschaftslehre Leos XIII. und seiner Nachfolger. München 1929, S. 72. - Jakob Fellermeier, Abriß der katholischen Gesellschaftslehre. Freiburg 1956, S. 186. - Eberhard Welty, Herders Sozialkatechismus (Bd. III). Freiburg 1958, S. 1 ff.

der christlichen Sozialethik etwa Ferdinand Tönnies, wenn er das Eigentum als „Zugehörigkeit einer Sache zu einer Person“ bestimmt[4]. Diese Definitionen des Eigentums stimmen mit dem überein, was schon Thomas von Aquin als Inhalt des Eigentumsbegriffs angesehen hat, wenn er von der „potestas procurandi et dispensandi“ spricht, daneben aber auch die aus dem römischen Recht übernommenen Begriffe dominium und proprietas verwendet[5].

In der Auffassung des Eigentums als Verfügungsmacht über Sachwerte besteht auch innerhalb der konkreten geschichtlichen Rechtsordnungen eine Übereinstimmung, die sich in den Kodifikationen der Neuzeit über den Inhalt hinaus weitgehend bis auf die Terminologie erstreckt[6]. Das ist nicht verwunderlich, handelt es sich doch um ein ursprüngliches menschlich-gesellschaftliches Phänomen, dessen Existenz sich ernsthaft nicht bestreiten läßt[7]. Der dieses Phänomen erfassende Begriff Eigentum, proprietas, dominium, schließt regelmäßig personale Herrschaftsmacht über Sachwerte unter Ausschluß Außenstehender in sich, „eine Rechtsstellung, die dem Berechtigten die (relativ) umfassendste, andere Rechtsgenossen ausschließende, unmittelbare Herrschaft über ökonomisch wichtige Güter gewährt und ihn damit wenigstens in der Regel zum Haben und Besitzen, zum eigennützigen Ge- und Verbrauchen und zur Verfügung über das Gut befugt[8]“.

Der Begriff Eigentum, verstanden als Verfügungsmacht über Sachgüter, enthält bestimmte Elemente, die gegeben sein müssen, damit vom Eigentum im Vollsinn des Wortes gesprochen werden kann:

---

[4] Ferdinand Tönnies, Eigentum. In: Handwörterbuch der Soziologie. Stuttgart 1931, S. 106. - Vgl. auch Friedrich Bülow, Eigentum. In: Wörterbuch der Soziologie. Stuttgart 1955, S. 106.

[5] Vgl. S. th. II, II, 66, 1 und 2. - Vgl. auch Robert Linhardt, Die Sozialprinzipien des hl. Thomas von Aquin. Freiburg 1932, S. 202.

[6] Charles Reinold Noyes, The Institution of Property. New York, Toronto, London 1936. - Hermann Eichler, Wandlungen des Eigentumsbegriffs in der deutschen Rechtsauffassung und Gesetzgebung. Weimar 1938. - Ludwig Raiser, Eigentumsrecht. In: Handwörterbuch der Sozialwissenschaften, 3. Bd. Stuttgart, Tübingen, Göttingen 1961, S. 39 bis 44. - Frederick Henry Lawson, Introduction to the Law of Property. Oxford 1958. - Kurt Rudolph, Die Bindungen des Eigentums. Eine rechtsvergleichende Studie. Tübingen 1960. - Frederik Vinding Kruse, Das Eigentumsrecht (aus dem Dänischen übersetzt von Knud Larsen), 3 Bde. Berlin, Leipzig 1931/36. - Hans Peter, Wandlungen der Eigentumsordnung und der Eigentumslehre seit dem 19. Jahrhundert. Ein Beitrag zur neueren Geschichte des Zivilrechts. Aarau 1949.

[7] Vgl. Heinrich Rommen, Die ewige Wiederkehr des Naturrechts. 2. Aufl., München 1947, insbes. S. 235. - Wilhelm Schmidt, Geschichte des Eigentums. Münster 1937.

[8] Raiser, a. a. O., S. 39.

1. das Recht des Eigentümers, das Sachgut zu gebrauchen, verbrauchen, vernichten, veräußern, verschenken, vererben, also das ius utendi et abutendi des römischen Rechts;
2. das Recht des Eigentümers, nicht nur über die Substanz der Sache, sondern auch über die Früchte zu verfügen, und zwar ohne Rücksicht darauf, ob diese erzielt werden mit oder ohne Einsatz seiner Arbeitskraft, so daß auch das Eigentum als solches Einkommensquelle sein kann;
3. das Recht, Außenstehende von der Einwirkung auf die Sache auszuschließen [9].

In diesem Zusammenhang ist freilich zu beachten, daß die Struktur des Eigentums im Ablauf der Geschichte dauernden Wandlungen unterworfen ist. Der Sachverhalt ‚Eigentum' als Verfügungsmacht über Sachwerte tritt in ständig wechselnden Formen und in einer solchen Vielfalt auf, daß die Sprache und insbesondere das positive Recht große Mühe haben, alle diese Erscheinungsformen des Eigentums terminologisch zu fassen. Aber in dieser Vielfalt der um das Eigentum und seine konkrete Gestaltung kreisenden juristischen Figuren bestätigt sich nur die Feststellung Pius' XI., daß „das Eigentum nicht unwandelbar ist", sondern „verschiedene vergegenständlichte Formen angenommen hat [10]". Der Begriff des Eigentums umfaßt also nicht nur das ius in re, das absolute dingliche Recht an Sachen, etwa im Sinne des § 903 BGB, sondern auch Immaterialgüterrechte (z. B. Urheberrechte, Patentrechte), beschränkt dingliche Rechte (Reallasten und Pfandrechte), ferner obligatorische Rechte, Mitgliedschaftsrechte, Aktien, Obligationen, und selbst bloße Anwartschaftsrechte, so etwa die Anwartschaft auf Ruhestandsbezüge. Den Wandlungen der Eigentumsstrukturen in der modernen Gesellschaft folgend, bezieht sich beispielsweise der Eigentumsbegriff des Art. 14 des Bonner Grundgesetzes auf jedes Vermögensrecht. Deshalb wird in den Schutz des Art. 14 BGG einbezogen „das Sacheigentum (das Eigentum im Sinne des § 903 BGB, d. h. die absolute Individualherrschaft über bewegliche und unbewegliche Sachen), der Besitz und die sonstigen absoluten Rechte an materiellen und immateriellen Gütern wie etwa das Bergwerkseigentum und die Immaterialgüterrechte (Patentrechte, Urheberrechte, Warenzeichen- und Musterrechte), alle beschränkten dinglichen und alle obligatorischen Rechte, etwa die Grundpfandrechte und die Pfandrechte und sonstigen Sicherheiten an beweglichen Sachen, Gesellschafter- (Mitglied-

---

9 Vgl. Messner, a. a. O., S. 948. - Cathrein, a. a. O., S. 128. - Josef Pieper, Die Neuordnung der menschlichen Gesellschaft. Frankfurt 1932, S. 32.
10 Q. a., n. 49.

schafts-) Rechte (Aktienrechte, Rechte an Gesellschaftsanteilen und Obligationen), die Miet- und Pachtrechte, die Forderungsrechte aller Art, der eingerichtete und ausgeübte Gewerbebetrieb[11]".

Es handelt sich in den genannten Beispielen gewiß um recht unterschiedliche Sachverhalte. Deshalb muß sich das positive Recht, um der Mannigfaltigkeit der Eigentumsformen und der Gestaltungsmöglichkeiten des Eigentumsrechts Herr zu werden, neben dem Terminus ‚Eigentum' vieler anderer Termini und sehr verschiedener Rechtsfiguren bedienen. Hinsichtlich der Weise, wie das geschieht, handelt es sich um Fragen der Rechtstechnik, die nicht das Wesen des Eigentums im sozialphilosophischen Sinne berühren. Ein bezeichnendes Beispiel ist die dem germanischen Recht noch unbekannte, aus dem römischen Recht überkommene, in romanische Rechtsordnungen aber nicht aufgenommene Unterscheidung zwischen dem obligatorischen Kausalgeschäft und dem dinglich-abstrakten Verfügungsgeschäft, ein rein rechtstechnisches Mittel der Eigentumsgestaltung, durch das ein teleologisch einheitlicher wirtschaftlicher Vorgang mit Hilfe von zwei in sich sehr verschiedenen Rechtsfiguren bewerkstelligt wird. Wie sehr aber im allgemeinen Rechtsbewußtsein schon das obligatorische Kausalgeschäft, etwa der Kaufvertrag, als der die Eigentumsgestaltung entscheidend bestimmende Vorgang angesehen wird, erhellt daraus, daß wohl kaum jemand, dem nicht die Rechtstechnik des Bürgerlichen Gesetzbuches vertraut ist, auf den Gedanken kommen kann, daß er nach Kauf und Bezahlung einer Sache noch nicht deren Eigentümer geworden ist, sondern es erst wird auf Grund von § 929 BGB.

Aber auch dort, wo das Bürgerliche Recht den Begriff Eigentum im engeren Sinne eines dinglichen Rechtes verwendet, kann es sich sowohl juristisch als auch wirtschaftlich um sehr verschiedene Sachverhalte handeln. Als Beispiel sei hier angeführt der Fall der Sicherungsübereignung, ein Ersatz für das durch den Wirtschaftsverkehr geforderte, aber gesetzlich nicht geregelte besitzlose Pfandrecht. Grundsätzlich, in rechtsphilosophischer Sicht, handelt es sich um die Gestaltung von Eigentum, genauer: von Miteigentum. Man pflegt zu sagen, in diesem Falle habe der Fiduziar formaljuristisches, der Fiduziant wirtschaftliches Eigentum. Diese Feststellung ist aber, allein unter positiv-rechtlichen Gesichtspunkten, anfechtbar: Zwar erwirbt der Fiduziar auf Grund von § 929 BGB Eigentum, im übrigen aber wird er formaljuristisch nicht als Eigentümer, sondern als Pfandgläu-

[11] Hermann von Mangoldt, Friedrich Klein, Das Bonner Grundgesetz. 2. Aufl. Bd. I. Berlin, Frankfurt 1957, Anm. III, 1, b zu Art. 14 (S. 424).

biger und der Fiduziant als Eigentümer behandelt, was am deutlichsten im Konkurs des Fiduzianten sichtbar wird, wo der Fiduziar nicht Aussonderung verlangen, also nicht vindizieren kann, sondern nur zu der einem Pfandgläubiger zustehenden bevorzugten Befriedigung der Absonderung berechtigt ist.

Allen diesen Fällen ist also gemeinsam, daß es in ihnen ausnahmslos um das Eigentum als Verfügungsmacht über Sachgüter geht, um vermögenswerte Rechte. Allerdings bestanden in früheren wirtschaftlichen Epochen die als Eigentum bezeichneten Vermögenswerte überwiegend in Sachgütern, während sie sich in der Gegenwart weitgehend in Abstraktionen verflüchtigt haben. Dennoch läßt es sich auch heute noch rechtfertigen, Eigentum als Verfügungsrecht über Sachwerte zu bezeichnen, wenn man den Begriff der ‚Sache' nicht auf körperliche Gegenstände einschränkt, sondern ihn — analog zu der Spannweite des lateinischen res — weit genug faßt, um auch solche abstrakten Vermögenswerte wie Giralgeld, Immaterialgüter und Anwartschaftsrechte in ihn einbeziehen zu können. Eigentum ist also jedes vermögenswerte Recht, der Begriff des Eigentums deckt sich mit dem des Vermögens, verstanden als „Gesamtheit oder Inbegriff der wirtschaftlichen Güter (materielle Güter, Immaterialgüter) eines Subjekts[12]".

Eine im Vorangegangenen schon mitausgesagte Tatsache muß nun eigens hervorgehoben werden: Eigentum ist ein Rechtsbegriff. In ihm geht es um die Ordnung der äußeren menschlichen Beziehungen, um die Abgrenzung personaler Interessensphären innerhalb der Gesellschaft. Das Eigentum gehört also, ganz gleich, in welcher Form auch immer es in die Erscheinung tritt, stets der Ordnung des Rechts an, es ist wesenhaft eine Kategorie des Rechts, so daß es verfehlt wäre, einen ‚rechtlichen' und einen ‚tatsächlichen' Eigentumsbegriff voneinander zu unterscheiden, von rechtlichen und tatsächlichen Erscheinungsformen des Eigentums zu sprechen, was selbstverständlich nicht ausschließt, das Eigentumsrecht unter verschiedenen, so insbesondere soziologischen, sozialpolitischen und ökonomischen Aspekten zu betrachten.

Auch eine vom kodifizierten Recht etwa abweichende oder von ihm noch nicht erfaßte und vorgesehene Gestaltung der Eigentumsverhältnisse gehört dem Bereich des Rechtes an. Das gilt in der Gegenwart für die viel-

---

[12] Oswald v. Nell-Breuning, Vermögen. In: Zur Wirtschaftsordnung (Wörterbuch der Politik, H. 4). 3. Aufl. Freiburg 1958, Sp. 125. — Vgl. auch Joseph Höffner, Sozialphilosophie des Eigentums. In: Staatslexikon. 6. Aufl. 2. Bd. Freiburg 1958, Sp. 1066. — Bruno Molitor, Soziologie des Eigentums. In: Handwörterbuch der Sozialwissenschaften. 3. Bd. Stuttgart, Tübingen, Göttingen 1961, S. 33 ff. — Hans Peter, a. a. O., S. 30.

diskutierte Verfügungsgewalt der ‚Manager'. Durch die Bestellung des Vorstandes einer Aktiengesellschaft auf Grund des Aktiengesetzes wird den Vorstandsmitgliedern Verfügungsmacht über Sachwerte übertragen. Sie erlangen also Eigentumsrechte und werden auf diese Weise von der Rechtsordnung selbst in die Verfügungsbefugnis über Vermögen eingewiesen. Die Frage, ob die Weise der Ausübung dieser Verfügungsgewalt noch der ratio legis entspricht und ob die Möglichkeit und das Ausmaß ihres Mißbrauchs Reformen verlangen, liegt auf einer anderen Ebene und berührt nicht die Tatsache, daß es sich hier um die Übertragung von Eigentumsrechten handelt, auch wenn das im Gesetz nicht expressis verbis zum Ausdruck kommt. Man wird Carl Joachim Friedrich zustimmen müssen, wenn er sagt, daß „die im Rahmen des Rechtssystems heute in den verschiedensten kapitalistischen Wirtschaften bestehenden Verfügungsgewalten der Manager . . . selber ein Teil des Eigentumsrechts (sind), einfach deshalb, weil es rechtlich geregelte Formen der Verfügungsgewalt sind. Man kann also nicht den Eigentümer dem Manager gegenüberstellen, denn der Manager ist selber, insofern er die Funktionen der Verfügungsgewalt übertragen bekommen hat, durch die Rechtsordnung mit zum Eigentümer geworden. [13] [14]"

2. *Eigentumsrechte und Eigentumspflichten*

Aus der Bestimmung des Eigentums als Eigentumsrecht ergibt sich die Folgerung, daß zum Eigentumsbegriff auch die dem Eigentümer aufgegebene sittliche Verpflichtung gehört, sein Recht gemäß dem Anspruch des Sittengesetzes auszuüben. Das ist folgendermaßen zu begründen: Der

---

[13] Carl Joachim Friedrich, Diskussionsbeitrag zum Thema „Eigentum und Verfügungsgewalt in der modernen Gesellschaft". In: Die Gesellschaft, in der wir leben. Fünftes Europäisches Gespräch. Köln-Deutz 1957, S. 240. — Vgl. auch Oswald v. Nell-Breuning, Eigentum und Verfügungsgewalt in der modernen Gesellschaft. In: Die Gesellschaft, in der wir leben, a. a. O., S. 188—199.

[14] Es bedarf deshalb der Präzisierung, wenn man hinsichtlich des großbetrieblichen Eigentums von „Entfunktionalisierung" spricht: Es handelt sich um eine Umbildung und Neuabgrenzung von Eigentumsrechten an den Produktionsmitteln der Kapitalgesellschaften dergestalt, daß die Verfügungsgewalt über Sachwerte von den im Gesetz bezeichneten Eigentümern, also z. B. von der Aktiengesellschaft als juristischer Person, auf neue Eigentumsträger übergegangen ist, so insbesondere auf den Vorstand der Aktiengesellschaft bzw. die Vorstandsmitglieder X und Y. In diesem Verständnis einer Aushöhlung, Ablösung und Neuabgrenzung von industriellen Vermögensrechten, deren Problematik in engem Zusammenhang mit der Konstruktion der Kapitalgesellschaften als juristischer Personen besteht, kann der Begriff der „Entfunktionalisierung" mit guten Gründen verwendet werden.

Mensch wurde erschaffen nach dem Bild und Gleichnis seines Schöpfers (Gen 1, 26), als Person, d. h. als geistiges, auf sich selbst hingeordnetes, mit Freiheit ausgestattetes Wesen; als selbstwertiges und selbstzweckliches Geschöpf, dem das Dasein nicht als Nutzwert, als Mittel zum Zweck für ein anderes Sein, sondern als Selbstzweck gegeben ist; als Abbild gemäß dem Urbild des Allherrschers und insoweit berufen zur Teilnahme an dessen Allherrschaft. Der Mensch ist von der Schöpfung her als sittliches Wesen angelegt und aufgerufen, sich in Freiheit zu bewähren. In diesem Handeln und in dieser Absicht Gottes mit dem Menschen liegt beschlossen, ihm all das zu geben, was zu diesem gottgewollten Bild des Menschen gehört, also auch die Fähigkeit, Rechtsträger zu sein; denn das Recht gewährt dem Menschen jenen Raum der Freiheit, in welchem er sich als Person gemäß der ihm vom Schöpfer aufgegebenen Daseinsbestimmung entfalten kann. Das ist der eigentliche Sinn des Rechts: die äußeren Bedingungen dafür zu schaffen, daß sich der Mensch in der Gemeinschaft als sittliches Wesen bewähren kann.

Dieser dem Menschen durch das Recht zugesprochene Raum der Freiheit ist gleichzeitig der Raum seiner Bewährung und Verantwortung. Das Recht kann wesensmäßig, von seiner Natur her, nur als sittliche Beanspruchung des Menschen, als Pflicht verstanden werden. Das gilt im besonderen Maße für das Recht des Menschen, über die Güterwelt zu herrschen und sie in seinen Dienst zu nehmen. Verfügungsmacht über die Sachwelt ist ihm nicht übertragen, damit er sich in Willkür auslebe; sie soll ihm vielmehr eine Sphäre der Freiheit sichern, damit er als Person existieren und sich entfalten kann. Dies aber vollzieht sich in der Verwirklichung von Werten, in Bindung und Gehorsam gegenüber dem Sittengesetz. Je größer das Maß an Verfügungsmacht, um so stärker ist die ethische Beanspruchung des Menschen. Überall da, wo also vom Eigentum die Rede ist, besteht für den Eigentümer die Pflicht zu sittlich geordneter Verwendung des Eigentums.

Es ließe sich hier allerdings einwenden, man könne niemandem verwehren, Eigentum als Eigentumsrecht, als Verfügungsmacht über Sachen aufzufassen, aber jede sittliche Bindung abzuweisen. Das ist selbstverständlich dem Menschen freigestellt. Es müßten dann aber auch die Konsequenzen bedacht werden, die sich daraus ergeben: Wo ein den Menschen verpflichtendes Sittengesetz abgelehnt wird, kann auch nicht mehr von einem Recht als ein dem Menschen Zustehendes gesprochen werden, auf das er einen Anspruch hat; das von anderen respektiert werden muß. Es ist nicht ersichtlich, worauf ein solcher Anspruch letztlich gegründet werden könnte, wenn nicht auf eine sittliche Wertordnung. Wird diese negiert, dann bleibt nur das Gesetz der stärkeren Ellbogen, des Kampfes aller gegen alle. Wo aber vom Recht als einem der Person Zustehenden die Rede ist, kann logisch die Anerkennung einer den Menschen bindenden sittlichen Wertordnung nicht ausgeschlossen werden, wobei in diesem Zusammenhang von der Frage nach der metaphysischen Begründung dieser Wertordnung abgesehen werden muß.

Es handelt sich also hinsichtlich der ethischen Bindung des Eigentums um eine wesensmäßige Verfaßtheit, um eine die Substanz des Eigentums ergreifende Wesensbestimmung. Will man diese Aussagen in die Definition des Eigentums explizite miteinbeziehen, wäre so zu formulieren: Eigentum ist die unter Weisung des Sittengesetzes stehende Verfügungsgewalt von Personen über einen Teil der Sachgüterwelt.

3. *Individual- und Sozialnatur des Eigentums*

Die vom Eigentum her an den Eigentümer gerichteten ethischen Ansprüche sind in der naturrechtlichen Eigentumslehre im Begriff der Individual- und Sozialnatur des Eigentums zusammengefaßt. Was damit im einzelnen gemeint ist, wird deutlich, wenn man an die Tatsache der Personalität des Menschen anknüpft und sich vergegenwärtigt, daß die Person in der Spannungseinheit ihrer Individual- und Sozialnatur existiert. Die Individualnatur der Person bezeichnet die Eigenständigkeit, die Selbstzwecklichkeit und Selbstmächtigkeit ihres Daseins. Gleichzeitig aber existiert sie auch im Gegenüberstand, sie ist an die Gemeinschaft gebunden und darauf angelegt, im Leben mit der Gemeinschaft, durch Wertverwirklichung den Sinn ihres Personseins zu erfüllen und zur Persönlichkeit zu werden. Das ist ihre Sozialnatur. Im Dienste der Individual- und Sozialnatur der Person steht das Recht. Parallel zu dieser Struktur der Person lassen sich Wesen und Funktion des Rechtes bestimmen dergestalt, daß man auch von der Individual- und Sozialnatur des Rechtes sprechen kann. Die *Individual*natur des Rechtes entspricht der Individualnatur der Person und schützt deren Selbstand und Selbstverfügung. Die *Sozial*natur des Rechtes ist auf die Sozialnatur der Person bezogen und bindet den Menschen in der Ausübung seiner Rechte an die Gemeinschaft.

In der Doppelseitigkeit seiner Individual- und Sozialnatur dient das Recht der Selbstverwirklichung der Person als ens individuale et sociale.

Unter den das Gemeinschaftsleben ordnenden sozialethischen Normen ist das Recht also der Inbegriff derjenigen Normen, „die den Menschen ebenso als unverzichtbar personhaftes Einzelwesen in seinem Eigenstand und seiner Unterschiedenheit von allen anderen schützen, wie sie ihn als wesenhaftes Gemeinschaftswesen binden[1]". Es gibt also kein individualistisches Recht im Sinne einer Isolierung des einzelnen von der Gemeinschaft und einer egoistischen Ausnützung ‚wohlerworbener Rechte'. In gleicher Weise widerspricht der Rechtsgedanke dem kollektivistischen Mißbrauch des Rechtes als eines Mittels zum Zweck der Entwürdigung und Versklavung der Person durch den totalen Staat. Weil die Person gleich wesentlich sowohl durch personale Eigenständigkeit als auch durch Gemeinschaftsgebundenheit konstituiert ist, deshalb geht es auch im Recht um die Wahrung sowohl dieses Eigenstandes als auch des Gemeinwohls.

Aus diesem Grunde ist die geschichtlich-konkrete Präzisierung der abstrakten Rechtsidee des suum cuique nur möglich unter Berücksichtigung sowohl der Person in ihrer geschichtlichen Einmaligkeit als auch der ständig sich wandelnden Forderungen des Gemeinwohls. Alle individuellen Rechte finden ihre Grenze am Wohl der Gemeinschaft. Thomas von Aquin erläutert das durch folgendes Beispiel: Übergibt jemand einem anderen ein Schwert zur Aufbewahrung, so hat er ein Recht auf Rückgabe. Stellt sich aber in der Zwischenzeit heraus, daß der Eigentümer die Absicht hat, mit Hilfe seines Schwertes der Gemeinschaft Schaden zuzufügen, dann erlischt sein Rückgaberecht[2].

Diese soziale Verschränkung des Rechts ist ebensowenig eine Schwächung und Abwertung des Rechtsgedankens, wie die Gemeinschaftsbezogenheit des Menschen personale Verarmung bedeutet. Ebenso wie im Dienste an der Gemeinschaft und im Aufbau des Gemeinwohls der personale Reichtum des Menschen offenbar und seine Sinnbestimmung erfüllt wird, so kommt auch die Begrenzung des Rechts durch das Gemeinwohl im Ergebnis der Lebensentfaltung und Vervollkommnung des einzelnen zugute.

Der Begriff der Individual- und Sozialnatur des Eigentums, den die Enzyklika Quadragesimo anno verwendet[3], ist nur eine Spezifizierung dieses im Vorangehenden kurz skizzierten allgemeinen Rechtsgedankens im Hinblick auf die Eigentumslehre. Dieser Begriff verweist „auf die Doppelseitigkeit des Eigentums, das ist seine individuelle und seine soziale, seine

---

1 Oswald v. Nell-Breuning, Recht. In: Philosophisches Wörterbuch (hrsg. von W. Brugger). 5. Aufl. Freiburg 1953, S. 254.

2 Vgl. S. th. I, II, 94, 4c.

3 Q. a., n. 45.

dem Einzelwohl und seine dem Gesamtwohl zugeordnete Seite[4]". Denn „wie die Menschennatur selbst und alle Erscheinungen und Einrichtungen des Menschenlebens, so weist auch das Eigentum eine doppelte Seite auf, eine individuelle Seite und eine soziale Seite. Der Mensch ist gleich wesentlich Individuum und Sozialwesen. Ebenso gilt von den verschiedenen Einrichtungen des menschlichen Lebens, gilt besonders vom Eigentum, daß Individualnatur und Sozialnatur ihnen gleich wesentlich sind[5]". Die Individualnatur des Eigentums besagt also, daß das Eigentum der Person des Eigentümers zugeordnet ist; daß es der Verwirklichung seines Daseinssinnes zu dienen hat. Die Sozialnatur des Eigentums erweitert diese Aussage dahingehend, daß die individualisierte Güterherrschaft dem Anspruch und den Notwendigkeiten des Gemeinwohls unterworfen ist, dies als zwingende Konsequenz der Tatsache, daß der Eigentümer als ens sociale in seiner socialitas wesensmäßig auf die Gemeinschaft hin angelegt, ihr zugeordnet und ihr zu dienen bestimmt ist. Das ist der Grund, weshalb das Eigentum in seiner Sozialnatur, in seiner „dem Gesamtwohl zugeordneten Seite", auf das Gemeinwohl als Orientierungspunkt des Eigentumsgebrauchs verweist. Individual- und Sozialnatur des Eigentums sind also nichts anderes als eine Ausstrahlung der Individual- und Sozialnatur der Person in den Raum des Eigentumsrechtes.

Mit der Feststellung der Individual- und Sozialnatur des Eigentums weist die Enzyklika Quadragesimo anno zwei bedenkliche Einseitigkeiten zurück: Individualismus und Kollektivismus[6]. Im gleichen Maße, wie der Individualismus die Sozialnatur der Person leugnet, muß er konsequent auch die Sozialnatur des Eigentums leugnen. Mit der gleichen Folgerichtigkeit ergeben sich aus dem Kollektivismus, der die Individualnatur der Person verneint, die Ablehnung auch der Individualnatur des Eigentums und die Forderung einer grundsätzlichen Kollektivierung des Privateigentums. Beide Einseitigkeiten führen aber, jede für sich und erst recht in ihrem Zusammenwirken, bei systemgerechtem Zu-Ende-Denken nicht nur zur Zerstörung des von ihnen bekämpften Gegenpols, sondern gleicherweise zur Zerstörung der Person *und* der Gemeinschaft.

---

[4] Q. a., n. 45.

[5] v. Nell-Breuning, Die soziale Enzyklika, a. a. O., S. 67. - Vgl. auch Anton Tautscher, Die sozialwirtschaftlichen Verpflichtungsstufen des Eigentums. In: Eigentum und Gesellschaft. Beiträge für eine zeitgemäße Eigentumsordnung von M. Reding, F. A. Westphalen, A. Tautscher, H. Riehl. Graz 1956, S. 31—47, insbes. S. 35 ff. - Eberhard Welty, Herders Sozialkatechismus, a. a. O., S. 62 ff.

[6] Vgl. Q. a., n. 46.

4. *Eigentumsrecht und Eigentumsgebrauch*

Nach der ontologischen Grundlegung der Eigentumsethik in n. 45 der Enzyklika Quadragesimo anno — „*indoles* et individualis et socialis[1]" — nimmt n. 47 der Enzyklika zu einem bedeutsamen, bis dahin umstrittenen Einzelproblem der Eigentumsethik Stellung. Es geht um die Klärung der aus der Natur des Eigentums folgenden Pflichten: obligationes dominio inhaerentes[2].

Die unverzichtbare Voraussetzung für eine exakte Erkenntnis dieser Pflichten sieht Pius XI. in der Unterscheidung der beiden Begriffe Eigentumsrecht und Eigentumsgebrauch: „Eigentumsrecht und Eigentumsgebrauch sind wohl zu unterscheidende Dinge (vgl. Rundschreiben Rerum novarum, n.19). Die Achtung der Grenzen von Mein und Dein, die Ausschließlichkeit jedes Rechtes, die den Einbruch aus den Grenzen des eigenen Rechtsbereichs heraus in den Rechtsbereich des anderen wehrt, gehört der Verkehrsgerechtigkeit an; der sittlich geordnete Gebrauch des Eigentums durch den Eigentümer dagegen gehört nicht dieser Tugend an, sondern ist Gegenstand anderer Tugenden und kann daher ‚im Klagewege nicht erstritten werden' (vgl. Rundschreiben Rerum novarum, n. 19). Zu Unrecht vertreten daher einige den Satz, die Grenzen des Eigentums und seines sittlich geordneten Gebrauchs seien ein und dasselbe; noch viel weniger bewirkt Mißbrauch oder Nichtgebrauch des Eigentums die Verwirkung oder den Verlust des Rechtes[3]".

---

1 Vgl. Q. a., n. 45.

2 Vgl. Q. a., n. 47.

3 Q. a., n. 47. - In Rerum novarum n. 19 ist der gleiche Sachverhalt folgendermaßen formuliert: „Über den Eigentumsgebrauch gibt uns die Kirche hervorragende und äußerst wichtige Lehren, die in der Philosophie zwar im Keime schon erkannt waren, aber von der Kirche weitergegeben und vervollständigt wurden; ebenso erreichte es der Einfluß der Kirche, daß man diese Lehren nicht nur kannte, sondern auch im Handel und Wandel betätigte. Die Grundlage dieser Lehren ist in der Unterscheidung des rechtmäßigen Vermögensbesitzes von der rechtmäßigen Vermögensverwendung gegeben. Eben wurde dargelegt, daß es ein natürliches Recht des Menschen ist, Güter in Sondereigentum zu haben; von diesem Recht nun Gebrauch zu machen, ist nicht nur erlaubt, sondern einfachhin für das Leben der Menschen notwendig. ‚Es ist erlaubt, daß der Mensch Eigentum besitzt. Für das Leben der Menschen ist es sogar notwendig' (S. th. II, II, 66, 2). Auf die Frage, wie nun der Gebrauch des Vermögens beschaffen sein müsse, antwortet die Kirche mit aller Bestimmtheit: ‚Der Mensch muß die äußeren Dinge nicht wie Eigentum, sondern wie gemeinsames Gut betrachten und behandeln, indem er nämlich zur Mitteilung der Güter an Notleidende gern bereit sein soll. Darum sagt der Apostel: Befiehl den Reichen dieser Welt, daß sie gerne geben und mitteilen' (S. th. II, II, 66, 2). Diese Pflicht ist, den Fall der äußersten Not ausgenommen, nicht eine Pflicht der Gerechtigkeit, sondern der christlichen Liebe; ihre Erfüllung kann daher im Klagewege nicht erstritten werden."

Der Begriff des *Eigentumsrechtes* meint also die sittlich beanspruchte Verfügungsmacht über die Eigentumssache. Davon ist zu unterscheiden der *Eigentumsgebrauch* als die tatsächliche Verfügung über die Eigentumssache zu einem konkreten Zweck.

Im Eigentumsrecht geht es um die Grenzziehung zwischen Mein und Dein, um die Abgrenzung der Rechtsbereiche: Auch der in der Verwendung seines Eigentums dem Sittengesetz widersprechende Eigentümer behält sein Eigentumsrecht. Er handelt nicht ungerecht im Sinne eines Verstoßes gegen die iustitia commutativa, weil sich auch ein ethisch anfechtbarer Eigentumsgebrauch in Ausübung des Eigentumsrechtes vollzieht, also keines anderen Menschen Rechte verletzt und deshalb auch keine privatrechtlichen Ansprüche nach sich ziehen kann. Damit wird die oben behauptete Entsprechung von Recht und sittlicher Verpflichtung nicht abgeschwächt, sondern nur klargestellt, daß der Eigentümer, der den dem Eigentum entspringenden ethischen Anspruch nicht erfüllt, damit allein noch nicht eo ipso sein Eigentumsrecht verliert. Die iustitia commutativa verletzt der Eigentümer erst dann, wenn er über die Grenzen seines Eigentums hinausgeht und in die Rechtssphäre fremden Eigentums widerrechtlich eindringt. Wer die ihm durch die bestehenden Eigentumsrechte gezogenen Grenzen überschreitet, handelt nicht mehr in Ausübung seines Eigentumsrechts, sondern verletzt fremde Rechte und verstößt gegen die Norm der ausgleichenden Gerechtigkeit; der Verletzte kann die Wiederherstellung seines Rechtes verlangen. Es kann aber kein Außenstehender vom Eigentümer auf dem Wege der Klage einen sittlich geordneten Eigentumsgebrauch erzwingen.

Im Eigentums*gebrauch* geht es um den rechten Gebrauch der Eigentumssache. Die damit angeschnittenen Fragen bewegen sich also *innerhalb* der Grenzen des Eigentumsrechts: In jeder Situation, schon bevor er an die Grenzen seines Eigentumsrechts stößt, steht der Eigentümer unter der Forderung des Sittengesetzes. Er verstößt zwar durch ethisch ungeordneten Eigentumsgebrauch innerhalb der Sphäre und in Ausübung seines Eigentumsrechtes nicht gegen die Norm der Gerechtigkeit, wohl aber gegen andere ethische Normen, etwa gegen die der temperantia oder der caritas. Seine Mitmenschen haben zwar nicht die Möglichkeit, von ihm die Beachtung eines humanitären und ethisch verpflichteten Eigentumsgebrauchs auf dem Klagewege zu erzwingen. Der Eigentümer selbst aber hat „Rechenschaft von seiner Verwaltung abzulegen[4]". Ob er den ethischen Normen entspricht oder nicht, das ist für ihn als Person, als ein zu seiner sittlichen Entfaltung

[4] Lk 16, 2.

bestimmtes Geschöpf, von entscheidender Bedeutung. Der Mensch hat im Umgang mit seinem Eigentum die Möglichkeit, sich zu bewähren, innerlich zu wachsen oder sich zu schaden und sein geistig-personales Leben zu gefährden. Durch einen ethisch ungeordneten Eigentumsgebrauch fügt er sich selbst einen größeren Schaden zu als seinen Mitmenschen, denen gegenüber er sich durch egoistische und unsoziale Eigentumsverfügungen versperrt; denn er ist aufgerufen, „auf das Gute bedacht zu sein, an guten Werken reich zu werden, freigiebig und mildtätig zu sein ... und so das wahre Leben zu erlangen [5]“.

Die Grenzen des ethisch geordneten Eigentumsgebrauchs sind sonach viel enger als die des Eigentumsrechtes; der Anspruch des Sittengesetzes trifft den Eigentümer schon dann, wenn er noch lange nicht an die Grenzen seines Eigentumsrechtes herangekommen ist, so daß er also schon innerhalb dieser Grenzen und in Ausübung des Eigentumsrechts das Sittengesetz verletzen kann; daß er also „die reichste Gelegenheit hat, gegen eine dieser Tugenden (der Mäßigkeit, der Nächstenliebe u. a.) zu verstoßen, und daß nicht wenig von ihm verlangt wird, wenn er den Anforderungen, die sie alle miteinander an ihn stellen, lückenlos nachkommen soll. Aber völlig unhaltbar ist der Gedanke, überall dort, wo eine dieser Tugenden durch die Forderung, die sie zu stellen hat, dem Eigentümer in den Weg tritt und ihm einen bestimmten Gebrauch seines Eigentumsrechts gebietet, einen anderen verwehrt, auch schon eine Grenze des Eigentumsrechts selber aufrichten zu wollen [6]“. Auch eine ethisch ungeordnete Eigentumsverwendung muß sich notwendig in der Sphäre des Eigentumsrechts vollziehen, „denn dieses Recht bedeutet ja gerade die freie Verfügungsmacht über die im Eigentum befindliche Sache [7]“.

Für sittlich wertvolles Handeln und personale Bewährung, die nur in Freiheit möglich sind, wäre innerhalb des Bereiches des Eigentums kein

---

[5] 1. Tim 6, 18—19.

[6] v. Nell-Breuning, Die soziale Enzyklika, a. a. O., S. 73.

[7] Gustav Gundlach, Die Kirche zur heutigen Wirtschafts- und Gesellschaftsnot. Berlin 1949, S. 21. - Vgl. auch Franz Zeiller, Das natürliche Privat-Recht. Wien 1802. - Zeiller ist als Redaktor des Allgemeinen Bürgerlichen Gesetzbuches Österreichs oft wegen seiner überspannt liberalistischen Eigentumsauffassung kritisiert worden. Wenn er erklärt, daß der Eigentümer seine Sache, „so unmoralisch es auch sein mag, mutwillig zugrunde richten dürfe“ und daß er nicht „zur Äußerung seiner Gesinnungen oder zur Rechenschaft über das Verfahren mit seinem Eigentum angehalten“ werden dürfe (S. 85 ff.), so ist diese Feststellung als Erläuterung des rein formalen, von der iustitia commutativa geschützten Eigentumsrechtes so lange angängig, als sie die sittliche Beanspruchung des Eigentumsrechtes im Eigentumsgebrauch und das höhere Recht der im usus communis rerum gründenden iustitia socialis nicht leugnet.

Raum mehr, wenn das Eigentumsrecht zwingend an die Art und Weise der Eigentumsverwendung gebunden wäre. Diese wäre dann nicht eine Frage der sittlichen Entscheidung, sondern des Kalküls, ganz abgesehen von den Konsequenzen, die sich aus dem Verlust der Rechtssicherheit ergeben müßten. Denn folgende Fragen würden sich stellen, wenn man den Bestand des Eigentumsrechts vom sittlich geordneten Eigentumsgebrauch abhängig machen wollte: Wer vermag zu erkennen, ob jemand seines Eigentumsrechts infolge sittenwidriger Eigentumsverfügung verlustig gegangen ist? Lassen sich überhaupt allgemein verbindliche und von jedermann respektierte Normen für einen jeden Einzelfall erfassenden Eigentumsgebrauch dekretieren? Wer soll also entscheiden und nach welchen Grundsätzen soll entschieden werden, ob jemand im Umgang mit seinem Eigentum gemäß den Verpflichtungen gehandelt hat, die ihm durch das Sittengesetz auferlegt sind? Welche Instanz würde es sich zutrauen, die sehr verwickelten inneren und äußeren Vorgänge im Leben eines Menschen zu beurteilen und ihm zu sagen, daß er über sein Eigentum hier in der rechten Weise, dort auf unrechte Weise verfügt habe, um dann über Bestand oder Verlust von Eigentumsrechten zu entscheiden? Mit der Formulierung solcher Fragen ist auch schon die Antwort gegeben.

Deshalb muß daran festgehalten werden, daß die Grenzen des Eigentumsrechts nicht durch die des rechten Eigentumsgebrauchs bestimmt werden. Eigentumsmißbrauch als solcher führt nicht zum Verlust des Eigentumsrechts, weil auch der Mißbrauch in Ausübung, nicht in Überschreitung des Eigentumsrechts erfolgt[8]. Das ist die Auffassung schon des hl. Thomas von Aquin, der feststellt, daß zwar das Eigentum als Eigentums*recht* zu beliebigem Gebrauch berechtigt und dem Mitmenschen kein Rechtsmittel gegenüber diesem Eigentum zusteht; daß aber ebenso selbstverständlich der freie Eigentumsgebrauch an das Sittengesetz gebunden ist[9].

Auch die neuere katholische Eigentumslehre hat klar zum Ausdruck gebracht, daß Eigentumsrecht und Eigentumsgebrauch voneinander zu scheiden seien. Leo XIII. betonte unter Berufung auf die Unterscheidung des

[8] Vgl. dazu auch O. v. Nell-Breuning, Die Eigentumslehre. In: Die soziale Frage und der Katholizismus. Festschrift zum 40jährigen Jubiläum der Enzyklika Rerum novarum. Paderborn 1931, S. 151 f. - Cathrein, a. a. O., S. 128.

[9] „Nam bonorum homo vere est dominus; unde potest re sua uti ut vult ... potest tamen peccatum accidere ex inordinato modo utendi; vel per superabundantiam, dum scilicet inutiliter consumit bona propria in ea, in quae non oportet; vel secundum defectum, inquantum scilicet non oportet; vel secundum defectum, inquantum scilicet non erogat ea, in quae oportet" (Quodlibet, VI, 12).

hl. Thomas von Aquin zwischen potestas procurandi et dispensandi und usus rerum[10], daß „die Unterscheidung des rechtmäßigen Vermögensbesitzes von der rechtmäßigen Vermögensverwendung" beachtet werden müsse[11]. Der Bestand des Eigentumsrechts ist „nicht bloß unabhängig vom sittlich geordneten Gebrauch des Eigentums, sondern erstreckt sich nach ganz unzweideutiger Lehre der Enzyklika (Rerum novarum) auf den sittlich ungeordneten Gebrauch nicht minder als auf den tugendlichen ... Gebrauch[12]".

Immerhin stellte noch Alexander Horváth den Satz auf, daß grundsätzlich die Grenzen des Eigentumsrechts mit denen seines ethisch wohlgeordneten Gebrauchs zusammenfallen, wenn er ihn auch wesentlich einschränkte, indem er behauptete, daß in der Konkretisierung dieses Grundsatzes praktisch nur der Fall des Überflusses in Betracht komme, der zu einer naturrechtlichen Begrenzung des Eigentumsrechts auf das Niveau des standesmäßigen Bedarfs führe. Allerdings ist Horváth nicht bereit, die aus seiner Lehre abzuleitende Konsequenz anzuerkennen, daß unter solchen Voraussetzungen eine ethisch unerlaubte Eigentumsverwendung ipso facto zur Verwirkung des Eigentumsrechts führt. Er behauptet lediglich eine Suspension in der Ausübung des Eigentumsrechts, die erst durch positiv-rechtliche Entscheidung in einen Rechtsverlust umgewandelt werden könne[13].

Pius XI. wandte sich gegen solche Auffassungen und stellte fest, daß „zu Unrecht einige den Satz vertreten, die Grenzen des Eigentums und seines sittlich geordneten Gebrauchs seien ein und dasselbe[14]". Unter ausdrücklicher Bezugnahme auf die eben angeführte Äußerung Leos XIII. erklärte er, daß „Eigentumsrecht und Eigentumsgebrauch wohl zu unterscheidende Dinge sind[15]". Um die hier eingetretenen Mißverständnisse aus der Welt zu schaffen, verdeutlichte Pius XI. den Unterschied in sehr präzisen Worten: „Die Achtung der Grenzen von Mein und Dein, die Ausschließlichkeit jedes Rechtes, die den Einbruch aus den Grenzen des eigenen heraus

---

10 S. th. II, II, 66, 2c.

11 Rerum novarum, n. 19. - Vgl. dazu auch O. v. Nell-Breuning, Die Eigentumsfrage in neueren kirchenlehramtlichen Verlautbarungen. In: Trierer Theol. Zeitschrift, 60. Jg. 1951, S. 31 ff., S. 39. - Otto Schilling, Der kirchliche Eigentumsbegriff. Freiburg 1920, S. 56 ff.

12 v. Nell-Breuning, Eigentumslehre, a. a. O., S. 152.

13 Vgl. Alexander Horváth, Eigentumsrecht nach dem hl. Thomas von Aquin. Graz 1929, S. 146 ff. - Matthias Laros, Vom christlichen Eigentumsrecht. In: Hochland, 25. Jg., 2. Bd. 1928, S. 37 ff.

14 Quadragesimo anno, n. 47.

15 a. a. O., n. 47.

in den Rechtsbereich des anderen wehrt, gehört der Verkehrsgerechtigkeit an; der sittlich geordnete Gebrauch des Eigentums dagegen gehört nicht dieser Tugend an, sondern ist Gegenstand anderer Tugenden und kann daher im Klagewege nicht erstritten werden[16]".

Diese Äußerungen der beiden Enzykliken über Eigentumsrecht und Eigentumsgebrauch lassen, wie Oswald v. Nell-Breuning feststellt, keinen Zweifel darüber, daß nach katholischer Lehre die Grenzen des Eigentumsrechts nicht mit denen des Eigentumsgebrauchs zusammenfallen und daß sich „diese Folgerung aus den Worten des Papstes mit zwingender Schlüssigkeit ergibt[17]".

5. Eigentumsbegriff und Eigentumsordnung

Unklarheiten und Mißverständnisse des Eigentumsbegriffs ergeben sich auch daraus, daß man vom Eigentumsbegriff spricht, aber gar nicht diesen in seinem zeitlos abstrakten Inhalt meint, sondern bestimmte Eigentumsordnungen, also die geschichtlich-konkrete Gestaltung der Eigentumsverhältnisse innerhalb eines bestimmten Staates oder eines größeren, über die staatlichen Grenzen hinausgehenden, aber von einem einheitlichen Rechtsbewußtsein getragenen geistigen Raumes. So spricht man von einem römischen und germanischen, von einem christlichen und heidnischen, von einem liberalen und sozialgebundenen Eigentumsbegriff.

Die geschichtlichen Erscheinungsformen des Eigentums sind unübersehbar vielgestaltig, weil nach den Worten Leos XIII. „Gott selbst keinem Menschen einen bestimmten Güteranteil als Eigentum zugewiesen, sondern es den Bemühungen der Menschen und den Rechtsformen der Völker überlassen hat, die Sondereigentumsverhältnisse näher zu regeln[1]". Im Wechsel der äußeren Rechtsformen des Eigentums bleibt aber, wie Oswald v. Nell-Breuning formuliert, „der Rechtsgedanke des Eigentums als ein grundlegendes Bestandstück des menschlichen Gesellschaftslebens ... nichtsdestoweniger immer der gleiche. So ist das Eigentum wandelbar und unwandelbar zugleich. Unwandelbar, völlig unveränderlich ist der Eigentumsbegriff,

---

[16] a. a. O., n. 47.

[17] v. Nell-Breuning, Die soziale Enzyklika, a. a. O., S. 75. - Vgl. auch Pieper, a. a. O., S. 32. - Cathrein, a. a. O., S. 128 f. - Karl Hilgenreiner, Eigentum. In Lexikon für Theologie und Kirche. 1. Aufl. 3. Bd., Freiburg 1931, S. 593. - Anton Retzbach, Die Erneuerung der gesellschaftlichen Ordnung nach der Enzyklika Quadragesimo anno. Freiburg 1932, S. 14 f. - Paul Jostock, Grundzüge der Soziallehre und der Sozialreform. Freiburg 1946, S. 122.

[1] Rerum novarum, n. 7.

aber die Formen, in denen dieser Begriff, der Rechtsgedanke des Eigentums, sich kleidet, wechseln in der Tat und sind vielgestaltig wie die Kleidung[2]". Den gleichen Gedanken spricht Josef Pieper aus, wenn er sagt, daß „der Eigentumsbegriff ... weder spezifisch christlich noch spezifisch heidnisch, weil er sowohl christlich als heidnisch ist. Er ist tatsächlich überall verwirklicht; ebenso in Sowjetrußland, dem Land des Kollektivismus, wie in Amerika, dem Land des extremen Individualismus. Niemand bestreitet die Gültigkeit dieses Begriffes[3]".

Anlaß zu solchen Mißverständnissen des Eigentumsbegriffs hat verschiedentlich das ‚freie Belieben' in der Verfügungsbefugnis über Güter gegeben. Es kann kein Zweifel darüber bestehen, daß es zum Begriff des Eigentums gehört, über eine Sache frei zu verfügen. Das Element der Verfügbarkeit gehört so wesenhaft zur Substanz des Eigentums, daß ohne dies von Eigentum nicht gesprochen werden kann. Es ist deshalb verfehlt, das Bestehen oder Nichtbestehen des ‚freien Beliebens' in der Verfügungsmacht über Güter als Kriterium eines angeblich unterschiedlichen Eigentumsbegriffs anzusehen und unter solchen Gesichtspunkten etwa einen liberalistischen oder individualistischen Eigentumsbegriff von einem sozialgebundenen oder auch sozialistischen unterscheiden zu wollen. ‚Freies Belieben' heißt Wahlfreiheit in der Verfügung über Eigentumssachen und schließt in sich die Unabhängigkeit des Bestandes von Eigentum, also des Eigentumsrechts, von der Richtung der nach ‚freiem Belieben' getroffenen Entscheidung über die Eigentumsverwendung. Das hat nichts zu tun mit Willkür und Laxheit; denn der Eigentümer steht jederzeit unter dem Anspruch des Sittengesetzes. Die Voraussetzung aber dafür, dieser Beanspruchung in einer echten sittlichen Entscheidung folgen zu können, ist die Freiheit des Eigentümers in der Verfügung über sein Eigentum, somit auch die Möglichkeit, darin zu versagen. Vorhandensein oder Fehlen des ‚freien Beliebens' in der Bestimmung des Eigentumsbegriffs können also nicht darüber entscheiden, ob er individualistisch oder sozialgebunden, sondern ob er richtig oder falsch ist[4].

Es ist deshalb also irreführend, von einem „römisch-rechtlichen" und einem „deutsch-rechtlichen" Eigentumsbegriff zu sprechen. Solche Erwägungen sind gegenstandslos; denn „es gibt keinen ‚römischen' Eigentumsbegriff,

---

2 v. Nell-Breuning, Die soziale Enzyklika, a. a. O., S. 80.

3 Pieper, a. a. O., S. 32.

4 Vgl. etwa die Formulierung des hl. Thomas: „Possidere est habere rem ad nutum" (De veritate, q. VII, a. 7).

ebensowenig wie es einen germanischen oder kirchlichen oder amerikanischen Eigentumsbegriff gibt. Wie der Begriff von Recht und Unrecht, Mein und Dein, so ist auch der Eigentumsbegriff ein allgemein-menschlicher. Der Engländer hat keinen anderen Eigentumsbegriff als der Deutsche oder der Franzose. Überall bedeutet das vollkommene Eigentumsrecht das Recht, über eine Sache in jeder vernünftigen Weise frei verfügen zu können[5]".

Die Tatsache freilich, daß das Eigentum seinem Begriff nach freie Verfügungsmacht über eine Sache bedeutet, hat das römische Recht mit besonderer Klarheit zum Ausdruck gebracht[6]. Das Eigentum ist nach römischem Recht „die vollkommene Sachherrschaft als subjektives Recht" und begegnet uns begrifflich als meum esse, dominium, proprietas[7]. Das römische Recht stellt es ausdrücklich in die Ermessensfreiheit des Eigentümers, „wie weit er bei der Ausübung seiner Rechte gehen will, ob er sie auf die äußerste Spitze treiben oder ob er in freiwilliger Selbstbeschränkung die durch Billigkeit und Gemeinwohl gebotenen Rücksichten nehmen will[8]". Hier geht es — das sei eigens hervorgehoben — nur um den Eigentums*begriff*, nicht um die soziale Bindung des Eigentums. Eine solche hat es, wenn auch in wechselndem Umfang, im römischen Recht zu jeder Zeit gegeben. Auch ein bis in seine Wurzeln von individualistischem Denken beherrschter Staat käme nicht umhin, dem Eigentum ein Minimum von Begrenzungen aufzuerlegen. Auch das römische Recht kannte, insbesondere in der byzantinischen Zeit, sehr erhebliche öffentlich-rechtliche Bindungen des Eigentums: öffentliche Belastungen, etwa aus gottesdienstlichen Rücksichten, aus Gründen der Erleichterung des Verkehrs; Enteignungen im öffentlichen Interesse, z. B. beim Bau eines Aquädukts; Pflicht der Feldbestellung; Okkupation brachliegenden Bodens; Vorschriften über den Bau von Häusern; nachbarrechtliche Beschränkungen[9].

Vom römischen Eigentumsrecht unterscheidet sich das germanische dadurch, daß es stärkere öffentlich-rechtliche, vor allem genossenschaftliche Bindungen aufweist, die sich allerdings im wesentlichen auf das Liegenschaftsrecht beziehen. Genauer gesagt: Der Unterschied zwischen beiden

---

5 Cathrein, a. a. O., S. 128 f.

6 Vgl. Rudolf Sohm, Institutionen. Geschichte und System des römischen Privatrechts. Bearb. v. Ludwig Mitteis, hrsg. v. Leopold Wenger. Berlin 1949, S. 282.

7 Vgl. Egon Weiß, Institutionen des römischen Privatrechts. 2. Aufl. Stuttgart 1949, S. 156 .- Max Kaser, Eigentum und Besitz im älteren römischen Recht. Weimar 1943, S. 1 ff.

8 Walther Merk, Das Eigentum im Wandel der Zeiten. Langensalza 1934, S. 12 f.

9 Vgl. dazu Sohm, a. a. O., S. 282 f. - Rudolf von Ihering, Geist des römischen Rechts. Leipzig 1854, S. 157. - Max Kaser, Römisches Recht als Gemeinschaftsordnung. Tübingen 1939.

Rechtsordnungen ist darin zu sehen, daß im römischen Recht das Eigentum „als Bestandteil der vermögensrechtlichen Willenssphäre einer Person gedacht wird[10]" und also grundsätzlich als unbeschränkt und unteilbar angesehen wird, während das germanische Eigentumsrecht „nur ausnahmsweise sämtliche Verfügungs- und Genußrechte am Grund und Boden in derselben Hand vereinigt; in der Regel war die Bodenherrschaft unter eine größere Zahl über- und unter- oder nebeneinanderstehender Berechtigter aufgeteilt. Neben vollem Eigentum, das sämtliche Herrschaftsrechte über die Sache in sich schloß, gab es mannigfache Formen eines Mindereigentums, insbesondere eines geteilten, befristeten, anwartschaftlichen und rückfälligen Eigentums, und von diesem Mindereigentum führten allmähliche Übergänge hinüber zu den begrenzten dinglichen Rechten ... Während dem Sondereigentum an Fahrnissen die größte Machtfülle zukam, war das Liegenschaftseigentum in stärkerem oder schwächerem Maße durch Mitherrschaftsrechte genossenschaftlicher Verbände eingeschränkt. Vielfach wurde den einzelnen an der Sache nur das Genußrecht zugesprochen, während das Verfügungsrecht aus sozialen Gründen ganz oder teilweise der Gemeinschaft vorbehalten blieb[11]." Gierke sieht diese Besonderheit des germanischen Eigentumsrechts gegenüber dem römischen darin, daß es „ein absolut freies Eigen im Grunde so wenig wie eine absolute Freiheit der Person jemals gegeben hat. Denn auch über die umfriedete Hofstätte des Vollfreien und selbst über allodiale Immunitäten und Grundherrschaften übte immer die Gemeinde oder doch die Volksgesamtheit und an ihrer Stelle der König und wer in seinem Namen die öffentliche Gewalt innehatte, eine territoriale Obergewalt aus. Aber das war, weil schon mit dem Begriff des Grundeigentums gesetzt, nur dessen allgemeine und gleichmäßige Schranke, nicht die Schmälerung im einzelnen Fall. Eine wirkliche Minderung der Freiheit des Eigentums lag dagegen in jeder konkreten Herrschaftsbefugnis eines anderen, welche dieses bestimmte Grundstück ergriff und Rechte von ihm abtrennte, die das alte vollfreie Eigen in sich enthalten hatte. Mithin in jeder Belastung des Grundstücks mit Abgaben oder Diensten, in jeder Dienstbarkeit desselben, in jeder Unterwerfung unter eine Immunitäts- oder Vogteiherrschaft, in jeder Zins- oder Rentenpflicht[12]."

Die umfassenden Untersuchungen Otto von Gierkes zum germanischen Eigentumsrecht, aber auch die von Walther Merk ergeben, daß das germa-

---

[10] Otto von Gierke, Geschichte des deutschen Körperschaftsbegriffs. Berlin 1873, S. 138.
[11] Merk, a. a. O., S. 14.
[12] Gierke, a. a. O., S. 140.

nische Recht in entschieden stärkerem Umfange als das römische für Grund und Boden Belastungen sowohl öffentlich-rechtlicher wie auch privatrechtlicher Art aufwies. Die Rechtsfiguren des Miteigentums, des Ober- und Untereigentums, die sowohl im privaten wie im staatlichen Bereich vorkamen wie auch in mannigfachen Überschneidungen beider Bereiche, waren im germanischen Recht ohne Zweifel in reicherer Fülle ausgebildet als im römischen Recht. Es muß aber festgehalten werden, daß es sich hier um Fragen der Trägerschaft des Eigentums, um die Eigentumsordnung handelt. Mit dem Eigentumsbegriff hat das nichts zu tun, wie häufig irrtümlich behauptet wird. Für die inhaltliche Bestimmung des Eigentumsbegriffs als Herrschaftsmacht über Sachen ist es gleichgültig, ob diese Herrschaftsmacht ausgeübt wird von einer Person oder einem Personenverband, ob dieser Personenverband im privaten oder öffentlichen Rechtskreis steht oder gar beide Kreise berührt.

Wenn man hier schon Unterscheidungen treffen will, dann kann man bestenfalls von einer individualistischen oder einer sozialgebundenen Eigentums*ordnung* sprechen, wobei als Kriterium freilich nicht allein das Ausmaß staatlicher Bindungen wie auch nicht das Ausmaß staatlichen Eigentums entscheidend ist. Staatliche Belastungen des Eigentums können beispielsweise in der Diktatur bis an die Grenzen des Möglichen gehen und doch jede soziale Bindung vermissen lassen, sofern sie in den Dienst einer despotischen Willkürherrschaft gestellt werden. Maßgebend kann auch nicht die von Otto von Gierke für das germanische Recht hinsichtlich des Liegenschaftsrechts behauptete Unterscheidung von staatlichem bzw. genossenschaftlichem Obereigentum und individuellem Untereigentum sein. Aus der Natur der staatlichen Ordnung ergibt sich notwendig, daß das Eigentum als Verfügungsrecht über Sachen unter dem Gesichtspunkt des Gemeinwohls niemals zu völlig schrankenloser und pflichtenloser Willkür berechtigt. Solche Bindungen des Eigentums an das Gemeinwohl waren aber auch, wie schon erwähnt, dem römischen Recht so selbstverständlich, daß etwa Fritz Schulz auch für dieses das Recht am Grund und Boden als Obereigentum des römischen Staates und Untereigentum des privaten Inhabers bezeichnet[13].

Die leichte Spaltbarkeit und Aufteilbarkeit im germanischen Eigentumsrecht, die vielfältigen Formen des Miteigentums, der Über- und Unterordnung von Eigentumsrechten — die typischen Kriterien der üblichen Gegenüberstellung von römischem und germanischem Rechtsdenken — müssen weitgehend auch als Fragen der Rechtstechnik und Rechtsdogmatik ange-

[13] Vgl. Fritz Schulz, Prinzipien des römischen Rechts. München, Leipzig 1934, S. 105.

sehen werden, worin freilich die juristische Genialität der Römer der rechtsgestaltenden Kraft der Germanen überlegen war. Es ist auffallend, daß Behauptungen eines Gegensatzes von römischem und germanischem Recht meist im Aufweis von Unterschieden der äußeren Rechtsstrukturen haften bleiben. Damit soll nichts gesagt sein über die Möglichkeit unterschiedlicher sozialethischer Einstellungen zum Eigentum. Es muß aber darauf hingewiesen werden, daß solche Unterschiede den Eigentums*begriff* unberührt lassen.

Rudolf Stammler lehnt deshalb die Konstruktion eines Gegensatzes nicht nur des römisch-rechtlichen und des deutsch-rechtlichen Eigentums*begriffs*, sondern darüber hinaus auch der beiden Eigentums*ordnungen* grundsätzlich ab[14]. Auch Fritz Schulz bestreitet einen Gegensatz hinsichtlich des Eigentums*begriffs* im römischen und deutschen Recht und läßt es lediglich gelten, daß die römische Eigentums*ordnung* wegen der geringeren privatrechtlichen und öffentlich-rechtlichen Begrenzungen als individualistisch charakterisiert werden könne: „Nicht der römische Eigentumsbegriff ist individualistisch gestaltet, sondern die römische Eigentumsrechtsordnung[15]."

Aber selbst diese Charakterisierung des römischen Rechts kann nur sehr begrenzte Geltung beanspruchen; denn es steht für das römische ebenso wie für das germanische Eigentumsrecht außer Zweifel, daß die Ausübung des Eigentumsrechts an der Institution des Staates als dem Hüter des Gemeinwohls ihre Grenze findet, was neben den schon erwähnten mannigfaltigen öffentlich-rechtlichen Eigentumsbeschränkungen etwa in dem römisch-rechtlichen Satz „Expedit rei publicae, ne quis re sua male utatur" seinen Ausdruck findet. Ein absolut freies, von jeglicher staatlicher Bindung unberühr-

---

[14] Rudolf Stammler weist bezüglich des Unterschiedes von römisch-rechtlicher und altdeutscher Eigentumsordnung, die sich durch stärkere öffentlich-rechtliche und genossenschaftliche Beschränkungen auszeichnete, darauf hin, daß „ganz übertreibend ... hier von einem Gegensatz des individual-rechtlichen und des sog. sozialrechtlichen Eigentums gesprochen" worden ist. „Aber dieses ist überhaupt kein scharfer begrifflicher Gegensatz: Es gibt kein sicheres Merkmal, an dem man erkennen könnte, ob eine Rechtseinrichtung ‚sozialrechtlich' wäre ... Ohne gesetzliche Beschränkung, insbesondere des Nachbarrechts, aber auch des öffentlichen Rechts, ist auch das römische Recht nicht, nur hat es weniger Beschränkungen als andere Rechte. Der versuchte Gegensatz ist aber auch geschichtlich insofern unrichtig angewendet, als er einen immanenten Gegensatz und einen Kampf zwischen römischem und deutschem Recht in der Zeit der Rezeption und bald danach meinen würde" (Rudolf Stammler, Eigentum und Besitz. In: Handwörterbuch der Staatswissenschaften. 4. Aufl. 3. Bd. Jena 1926, S. 339).

[15] Schulz, a. a. O., S. 104.

tes und unberührbares Eigentumsrecht gibt es nicht, weil im Widerspruch stehend zu Sinn und Aufgaben des Staates als dem obersten Hüter des Gemeinwohls. Das gilt für das römische Recht nicht weniger als für das germanische[16]. Es ist deshalb auch irrig, einem „absoluten" Eigentumsbegriff des römischen Rechts einen „sozialen" germanischen Eigentumsbegriff entgegenzusetzen, weil etwa im ersten Falle Eigentumsbeschränkungen „im Widerspruch mit dem Eigentumsbegriff" stehen sollen, während der germanische Eigentumsbegriff „seine Grenzen am Interesse der Familie, der Nachbarn, des Staates" habe[16]. Daß auch das römische Recht diese Grenzen anerkennt, wurde schon dargetan.

Es geht also in den Auseinandersetzungen um das römische und das germanische Recht nicht um den Begriff des Eigentums, sondern um die unterschiedliche Gestalt geschichtlicher Rechts- und Eigentumsordnungen, insbesondere um die Frage des Ausmaßes öffentlich-rechtlicher Bindungen des Eigentums, die freilich im germanischen Recht größer sind als im römischen, aber den Eigentumsbegriff ganz unberührt lassen.

Das gleiche, was oben über den Eigentumsbegriff des römischen Rechts gesagt wurde, gilt auch für den des Bürgerlichen Gesetzbuchs, der ebenfalls von mancher Seite wegen seiner angeblich individualistischen Grundtendenz angefeindet wird[18]. Doch auch er ist weder individualistisch noch sozialgebunden, sondern richtig, insofern er jene freie Verfügungsmacht des Eigentümers über Sachen behauptet - nur das ist mit dem Ausdruck „nach Belieben" gemeint - und damit jenes Element des Eigentumsbegriffs bezeichnet, das wesensnotwendig zum Eigentum gehört. Auch hier wird eingewendet, eine solche Auffassung des Eigentumsbegriffs stehe im Widerspruch zu den gesellschaftspolitischen Wandlungen unserer Zeit, die zu einer immer stärkeren sozialen Bindung des Eigentums geführt haben. Insofern treffe dieser Eigentumsbegriff heute nicht mehr zu.

---

16 Vgl. auch v. Nell-Breuning, Die soziale Enzyklika, a. a. O., S. 71.

17 Hans Haab, Privateigentum und materielle Enteignung. Bern 1947, S. 8. - Da das römische Recht Grenzen und Bindungen des Eigentums anerkennt, ist es auch müßig, einen Unterschied zwischen römischem und germanischem Recht auf die Weise zu konstruieren, daß man sagt, das deutsche Eigentum trüge „Schranken in seinem Begriff" (O. v. Gierke, Deutsches Privatrecht. 2. Bd. Leipzig 1905, S. 358), während im römischen Recht „diese Beschränkungen von außen kommen" und also nicht im Begriff des Eigentums liegen sollen (Sohm, a. a. O., S. 282).

18 § 903 BGB lautet: Der Eigentümer einer Sache kann, soweit nicht das Gesetz oder Rechte Dritter entgegenstehen, mit der Sache nach Belieben verfahren und andere von jeder Einwirkung ausschließen.

Selbstverständlich hat die Gemeinschaft unter dem Gesichtspunkt des Gemeinwohls das Recht, private Eigentumsrechte einzuschränken, aufzuheben, neu zu verteilen oder sogar privates in öffentliches Eigentum umzuwandeln. Ob das im einzelnen geschieht in Form von Auflagen, Verfügungsbeschränkungen, praktischer Aufhebung der Funktion des bisherigen Privateigentums unter formaljuristischer Anerkennung seiner Qualifikation als Privateigentum oder gar nach der Art förmlicher Enteignungen, ist hier nicht wesentlich. Es mag im konkreten Fall, etwa innerhalb einer Zwangswirtschaft, schwierig sein zu entscheiden: Besteht hier n o c h privates oder s c h o n staatliches Eigentum? Ist z. B. der Rohstoff, den der Staat dem Unternehmer zuteilt, den dieser nur gemäß staatlicher Weisung verarbeiten und absetzen darf, und zwar unter Berechnung eines staatlich fixierten Preises - ist dieser Rohstoff in irgendeinem Zeitpunkt tatsächlich Eigentum des Unternehmers oder bleibt er ausschließlich Eigentum des Staates? Der Unternehmer kann freilich auf Grund formaler Weitergeltung bürgerlichrechtlicher Normen auch in der Zwangswirtschaft Eigentümer dieses Rohstoffs im Sinne des privaten Rechts bleiben. Da aber dieses in seinen Wirkungen völlig ausgehöhlt ist und der Unternehmer in der totalen Zwangswirtschaft tatsächlich nur als Funktionär des Staates in die Erscheinung tritt, könnte nur ein Denken in positivistischen und rein formaljuristischen Kategorien leugnen, daß in diesem Fall materialiter der Staat Eigentümer des Rohstoffes ist.

Es muß der Beurteilung des konkreten Einzelfalles überlassen bleiben, ob und inwieweit in einer Zwangswirtschaft Privateigentum, staatliches Eigentum oder gar eine Art Miteigentum von privaten und öffentlichrechtlichen Eigentumsträgern bestehen. Das hängt letztlich von dem Maß der tatsächlichen Verfügungsmacht der Beteiligten ab. Aber wie auch immer die Dinge im einzelnen liegen mögen, das Eigentum als freie Verfügungsmacht über Sachen könnte selbst in einer Zwangswirtschaft strengster Observanz nicht in Frage gestellt werden, da es, allein vom Eigentumsbegriff her gesehen, bedeutungslos ist, in wessen Hand diese Verfügungsmacht jeweils gegeben ist. Auch im totalen Staat mit einer vollendeten Zwangswirtschaft bleibt Eigentum „freie Verfügungsmacht über Güter“, wenn auch das Ausmaß *privaten* Eigentums auf ein Minimum zusammengeschrumpft und der Bereich des *staatlichen* Eigentums aufs äußerste ausgedehnt ist, was für den Eigentums*begriff* ohne Einfluß ist.

Freilich erreichen gerade im totalen Staat mit totaler Zwangswirtschaft nach den Erfahrungen der Geschichte die individualistische Willkür und das Abstreifen sozialer Bindungen in der Verwaltung des Eigentums durch einen Despoten eine letztmögliche Steigerung, ohne daß man nun freilich von einem individualistischen Eigentumsbegriff sprechen könnte, wie es umgekehrt auch nicht möglich ist, von einem sozialrechtlichen Eigentumsbegriff zu sprechen; denn die Bestimmungen „individualistisch" und „sozialrechtlich" sind nicht bezogen und auch nicht beziehbar auf den Eigentums*begriff*, sondern nur auf die sozialethische Einstellung zum Eigentum, auf die Art und Weise der Ausübung des Herrschaftsrechts über Sachen, also auf den Eigentums*gebrauch*, der freilich egoistisch und unsittlich oder an die Gemeinschaft gebunden und sozialverpflichtet sein kann. Man könnte dann bestenfalls eine individualistische von einer sozialrechtlichen Eigentums*ordnung* unterscheiden, wobei die Gegenüberstellung von „individualistisch" und „sozialgebunden" immer noch problematisch wäre, insofern von naturrechtlichen Anforderungen her j e d e Eigentumsordnung sozialverpflichtet ist und eine im strengen Sinne individualistische, d. h. von sozialen Anforderungen nicht betroffene Eigentumsordnung naturrechtlich nicht möglich ist. Immerhin könnte als ‚individualistisch' jene Eigentumsordnung charakterisiert werden, in der die Gestaltung der Eigentumsverhältnisse erheblich von den Forderungen des Naturrechts abweicht. Unter *diesem* Gesichtspunkt könnte man gerade die Eigentumsordnung kollektivistisch-totalitärer Gesellschaftssysteme, insofern hier oft eine höchstmögliche Aufgipfelung despotischer Willkür vorliegt, mit guten Gründen als ‚individualistisch' charakterisieren, wenn auch die politische Propaganda in solchen Fällen aus verständlichen Gründen von sozialen Bindungen des Eigentums spricht.

Verwirrungen um den Eigentumsbegriff entstehen also dann, wenn dieser zusammengebracht wird mit Fragen konkreter Eigentumsordnungen, die von der Eigenart der geschichtlichen Situation geprägt sind. Da man die verschiedenartigen geschichtlichen Ausdruckseinheiten des wirtschaftlichen Lebens als „Wirtschaftsstile" bezeichnet hat, könnte man auch von „Eigentumsstilen" sprechen, die von den jede Epoche prägenden Leitbildern bestimmt sind und ihren Niederschlag finden in unterschiedlichen Anforderungen an den Eigentumsgebrauch, in unterschiedlichen öffentlich-rechtlichen Bindungen und in den Besonderheiten der Eigentumsformen. Den Eigentumsbegriff aber berührt dies alles nicht, weil er sich nur auf das Verfügungsrecht, nicht auf Trägerschaft, öffentlich-rechtliche Bindung und tatsächlichen Gebrauch der Eigentumssache bezieht. Da das Eigentum als freies Verfügungsrecht über Sachen zum Wesensbestand „jeder überhaupt möglichen Gesellschaftsordnung unter Menschen" gehört, „eben darum ist es nicht unterscheidendes Bestimmungsstück der verschiedenen möglichen Gesellschaftsordnungen; deren Eigentümlichkeiten und Besonderheiten gegenüber ist es vielmehr Adiaphoron[19]." Es ist infolgedessen auch unangemessen, von einem „christlichen" Eigentumsbegriff zu sprechen[20]. In den lehramtlichen Verlautbarungen des Katholizismus wird der Ausdruck nicht gebraucht. Pius XI. wendet sich sogar ausdrücklich gegen den Gebrauch dieses Terminus, und zwar im Zusammenhang jener Äußerung, die sich gegen die „umstürzlerischen Geister" richtet, „die der Kirche Schimpf antun durch die Anklage, sie habe in die Lehre ihrer Theologen einen angeblich heidnischen Eigentumsbegriff sich einschleichen lassen, der durch einen anderen zu ersetzen sei, dem sie in bemerkenswerter Unwissenheit die Bezeichnung ‚christlich' beilegen[21]".

In den Angriffen auf den „heidnischen" römisch-rechtlichen Eigentumsbegriff kommt eine merkwürdige Unlogik zum Ausdruck. So unbestritten es ist, daß die Begriffe dominium, proprietas, meum esse des römischen Rechts nichts anderes als „freies Verfügungsrecht über Sachen bedeuten[22]", ebenso unbestritten ist es aber auch sowohl von Anhängern als von Gegnern des römischen Rechts, daß „Eigentum" eben jenes freie Verfügungsrecht bedeutet. Es läßt sich keine Definition von Eigentum, weder eine literarisch-wissenschaftliche noch eine Legaldefinition eines Rechtskodex, nachweisen, die inhaltlich vom römisch-rechtlichen dominium abweicht[23]. Die Differenzen um den Eigentumsbegriff entstehen also nicht auf der Ebene grundsätzlicher Überlegungen zu der Frage, wie „Eigentum" begrifflich zu fassen sei, sondern eigenartigerweise erst im Zusammenhang mit den Erörterungen konkreter Eigentumsordnungen, indem dann Eigentumsbegriff und tatsächliche Eigentumsgestaltung irrtümlich miteinander vermengt werden.

Die katholische Eigentumslehre bedient sich des römischen Eigentumsbegriffs in der Überzeugung, daß dieser weder heidnisch noch christlich, weder individualistisch noch sozialgebunden ist, sondern weil er richtig ist. Sie verwendet allerdings nicht nur den römisch-rechtlichen Eigentumsbegriff, sondern hat sich des römischen Rechts als Ganzem „angenommen, hat es

---

19 v. Nell-Breuning, Eigentumslehre, a. a. O., S. 150.

20 Vgl. die Literaturangaben zu I, 1, Fußnote 3.

21 Q. a., n. 46. - Vgl. dazu auch v. Nell-Breuning, Die soziale Enzyklika, a. a. O., S. 69. - Ders., Eigentumslehre, a. a. O., S. 149.

22 Vgl. Sohm, Institutionen, a. a. O., S. 282.

23 Vgl. Eichler, a. a. O., S. 19 ff.

geläutert, in christlichem Sinne vervollkommnet" und es in dieser Gestalt in die Terminologie ihrer Theologie aufgenommen, weil es als „geschriebene Vernunft" ein „einzigartiges Denkmal alter Weisheit" darstellt[24].

Jene „bemerkenswerte Unwissenheit" allerdings, von der Pius XI. in Quadragesimo anno spricht, trifft nicht schlechthin jede Kritik des römischen Rechts, sondern nur die Haltung jener, die den Eigentumsbegriff der katholischen Eigentumslehre ablehnen wegen seines angeblich „heidnischen" Charakters und dabei übersehen, daß es sich hier um die Formulierung des allein möglichen und für jedes Recht gültigen Begriffsinhalts von Eigentum handelt.

6. Eigentumsbegriff und Eigentumsformen

Die Bestimmung des Eigentums als sittlich beanspruchte Verfügungsmacht über Sachen gilt, wie dargetan, für jegliches Eigentum schlechthin, unabhängig davon, in welchen Formen es in die Erscheinung tritt. Da eine weitverbreitete Neigung besteht — was ebenfalls vorangehend schon zum Ausdruck kam —, Wandlungen der Eigentumsformen zu Wandlungen des Eigentumsbegriffs zu erklären, sei in diesem Zusammenhang kurz die Frage der Eigentumsformen angeschnitten.

Die Gesichtspunkte, unter denen die geschichtlichen Eigentumsformen aufgegliedert werden könnten, sind mannigfaltiger quantitativer und qualitativer Art. Man könnte an die verschiedensten Eigentümlichkeiten der Eigentumssachen als auch ihrer Träger anknüpfen. Die Auswahl solcher Gliederungskriterien ist eine Frage der Zweckmäßigkeit. Von Bedeutung für die sozialphilosophische und gesellschaftspolitische Problematik der Gegenwart ist die Gliederung der Eigentumsformen unter dem Gesichtspunkt des Eigentums*trägers*.

Eigentumsträger kann sein eine einzelne Person oder eine Personenmehrheit (Gesellschaft, eheliche Gütergemeinschaft, Erbengemeinschaft), eine natürliche oder eine juristische Person, und zwar eine juristische Person des privaten Rechts (Verein, Aktiengesellschaft, Gesellschaft mit beschränkter Haftung) oder des öffentlichen Rechts (Gemeinde, Staat).

---

[24] Papst Benedikt XV. in der Bulle „Providentissima Mater Ecclesia": Curavit Ecclesia ... Romanum ius insigne veteris sapientiae monumentum, quod ratio scripta est merito nuncupatum, divini luminis auxilio freta, temperavit correctumque christiane perfecit (Codex iuris Canonici Benedicti Papae XV. auctoritate promulgatus Petro Card. Gasparri auctus Romae MCMXVII. S. IXL.).

Damit sind die möglichen Eigentumsformen unter dem Gesichtspunkt des jeweiligen Eigentumsträgers aufgezählt. Jegliches Eigentum, das uns in der geschichtlichen Wirklichkeit begegnet, läßt sich in eine der genannten Kategorien einfügen.

Die Tatsache, daß es innerhalb des privatrechtlichen Bereichs Einzeleigentum einer Person und Miteigentum einer Personenmehrheit (Gesellschaft usw.) gibt, hat bisher im engeren Bereich der Eigentumsterminologie noch keine ernsthaften Probleme aufgeworfen und wird als selbstverständlich hingenommen. Das gleiche gilt für die andere Tatsache, daß als Eigentumsträger sowohl natürliche als auch juristische Personen in Betracht kommen (Vereine usw.).

Wir können also das Eigentum der natürlichen und juristischen Personen des Privatrechts ohne Bedenken unter dem Begriff des *Privateigentums* zusammenfassen, dem das *öffentlich-rechtliche Eigentum* gegenüberzustellen ist (Eigentum der juristischen Personen des öffentlichen Rechts: des Staates, der Gemeinden und anderer Selbstverwaltungskörperschaften, so etwa der Berufsstände in der Idee der berufsständischen Ordnung).

Diese beiden Eigentumsformen, Privateigentum und öffentlich-rechtliches Eigentum, bilden in der Gegenwart den Gegenstand eines wesentlichen Teils der auf das Eigentum bezogenen gesellschaftspolitischen Auseinandersetzungen. Sie stehen so sehr im Mittelpunkt, daß andere noch denkbare Differenzierungen und Korrelate von Eigentumsformen in den Hintergrund treten.

Es bedarf an dieser Stelle keiner weiteren Erörterung mehr, daß ein Wechsel der Eigentumsträger, insbesondere der Ersatz privater durch öffentlich-rechtliche Eigentumsträger, so etwa der Vorgang der Verstaatlichung, den Eigentumsbegriff nicht berührt.

7. Zur Problematik des Begriffs „Gemeineigentum“

Mit diesen Hinweisen könnte die Frage der begrifflichen Klärung der Eigentumsformen erledigt sein, wenn nicht durch den Begriff „Gemeineigentum“ auch in diesem Bereich der Eigentumslehre mancherlei Unklarheiten entstanden wären. Die Erörterung der sachlichen Probleme der Eigentumsformen ist erschwert, solange nicht wenigstens ein Einverständnis in der Sprache besteht. Die Diskussionen um das Eigentum sind nicht nur belastet durch sachliche Differenzen, sondern ebenso stark durch die Verschwommenheit der Begriffe, durch die „Herrschaft der großen Worte“, die oft nicht in der Absicht gebraucht werden zu klären, sondern etwas zu verdecken. Dazu gehört auch das „Gemeineigentum". Es würde vermutlich viel von seinem Zauber und seiner Anziehungskraft verlieren, wenn ihm alle Verschleierungen genommen würden und jedem, der in irgendeinem Bereich „Überführung in Gemeineigentum" fordert, klar vor Augen stünde, daß es sich hier um recht nüchterne Sachverhalte handelt. Damit soll noch nichts gegen solche Forderungen eingewendet werden. Nur muß klar sein, um was es geht, bevor die Sache diskutiert wird.

Das „Gemeineigentum" begegnet uns oft in Gegenüberstellung zum „Sondereigentum". Es ist notwendig, beide Termini am Inhalt des Eigentumsbegriffs zu überprüfen und festzustellen, was unter ihnen verstanden werden kann; ob ein begrifflicher Gegensatz zwischen ihnen möglich ist und besteht oder nicht.

Sondereigentum meint das Verfügungsrecht über Sachgüter, ausgeübt durch natürliche oder juristische Personen. Es ist also keine Frage, daß auch das Eigentum aller eben genannten juristischen Gebilde Sondereigentum ist, insofern es jeden Außenstehenden von einer Verfügung ausschließt. Sondereigentum haben demnach, ebenso wie juristische Personen des Privatrechts, so auch juristische Personen des öffentlichen Rechts — wie etwa Staat, Gemeinde, selbständige Anstalten des öffentlichen Rechts, berufsständische Körperschaften —, als deren Sondereigentum beispielsweise in Betracht kommt: Dienstgebäude, öffentliche Straßen und Plätze, wirtschaftliche Unternehmungen, gleichgültig, ob sie als Eigenbetriebe oder in privatrechtlichen Formen der AG oder GmbH geführt werden. Daß auch dieses öffentlich-rechtliche Eigentum Sondereigentum ist, kann nicht zweifelhaft sein: Eigentümer der Dienstgebäude ist der Staat als juristische Person, die durch ihre Organe die Verfügungsmacht über dieses staatliche Eigentum ausübt, nicht jedoch die Staatsangehörigen, die von der Verfügungsbefugnis über staatliches Eigentum ausgeschlossen sind, und zwar in der Demokratie ganz in der gleichen Weise wie in der Monarchie und Diktatur. Zwar können sich die Staatsangehörigen in der Demokratie mit Hilfe ihres Wahlrechts einen Einfluß auf die Handlungen der Staatsorgane sichern. Verfügungsberechtigt über staatliches Eigentum sind jedoch allein diese. Der Verkauf eines staatlichen Grundstücks ist rechtswirksam, auch wenn er dem klaren Willen der Mehrheit des Volkes eindeutig widersprechen würde. Sie kann ihre Mißbilligung bei der nächsten Wahl zum Ausdruck bringen, ohne freilich verhüten zu können, daß die jeweiligen Organe des Staates über staatliches Eigentum nach ihrem eigenen Ermessen gegen den Willen der Mehrheit des Volkes verfügen. Vollkommen durchgeführt ist der Ausschluß der Staatsangehörigen vom Eigentum des Staates auch insofern, als der einzelne nicht so etwas wie „Anteilrechte" am staatlichen Eigentum hat, die gegebenenfalls abgelöst werden könnten, so daß auch ein Vergleich mit den „von jedem Recht der Verfügung, Verwaltung und Nutzung ausgeschlossenen Aktionären" unhaltbar ist [1]. Das Sondereigentum des Staates — und das gilt in gleichem Maße für das Eigentum jeder anderen öffentlich-rechtlichen Körperschaft — hat in jeder Hinsicht die gleiche rechtliche Geltung und Wirkung wie privates Eigentum und steht mit diesem a l s Eigentum durchaus auf derselben Stufe. Es ist also verfehlt, dem privaten *Sonder*eigentum ein öffentliches *Gemein*eigentum entgegenzusetzen, da auch dem öffentlichen Eigentum die Besonderung, eben auf eine juristische Person des öffentlichen Rechts, eindeutig zugesprochen werden muß [2]. Was bleibt dann noch für den Begriff des Gemeineigentums als eines Pendants zum Sondereigentum?

Wenn wir einen Augenblick innehalten und uns zunächst einmal den geschichtlichen Gegebenheiten zuwenden, die man als Gemeineigentum anzusprechen pflegt, so begegnet uns als eines der wichtigsten Beispiele die Allmende, unter der das Eigentum einer Gemeinschaft, dessen Nutzung den Gliedern dieser Gemeinschaft zusteht, zu verstehen ist [3]. Eigentumsrechtlich pflegt man die Allmende zu bestimmen als „die im Eigentum von Gemeinden oder gemeindeähnlichen Korporationen befindlichen Liegenschaften, soweit dieselben von den Mitgliedern dieser Körperschaften auf Grund ihrer Mitgliedschaft genutzt werden [4]". Insoweit handelt es sich bei der Allmende also um öffentlich-rechtliches Sondereigentum, welches sich vom privaten Sondereigentum nur dadurch unterscheidet, daß Träger dieses Eigentums eine öffentlich-rechtliche Körperschaft ist, analog etwa zur privatrechtlichen Körperschaft eines Vereins. Die Unterschiedlichkeit des Trägers — hie Privatperson oder Verein, hie öffentlich-rechtliche Körperschaft — ist kein Kriterium für eine Gegenüberstellung von Sondereigentum und Gemeineigentum. Sondereigentum liegt in beiden Fällen vor, trotz der besonderen Zweckbestimmung der Allmende, der gemeinsamen Nutzung durch die Gemeindeangehörigen zu dienen. Solche Zweckbestimmungen

---

1 So irrtümlich: Heinz Brauweiler, Gibt es ein Recht auf Eigentum? Köln 1951, S. 21.

2 Dieser Irrtum ist sehr verbreitet und hat durch Karl Hilgenreiner auch Eingang in die erste Auflage des Lexikons für Theologie und Kirche gefunden. Vgl. Art. Eigentum. 3. Bd. 1931, S. 594.

3 Vgl. Merk, a. a. O., S. 8 ff.

4 Karl Bücher, Allmenden. In: Handwörterbuch der Staatswissenschaften. 1. Bd. Jena 1923, S. 242.

kommen im öffentlichen Recht in mannigfaltiger Abstufung vor (z. B. Gemeingebrauch, gesteigerter Gemeingebrauch, Sondernutzungsrechte u. a.), ohne daß dadurch eine öffentliche Sache ihren Charakter als Sondereigentum verlieren könnte.

Freilich hat die Allmende einen langen geschichtlichen Weg, der nicht in aller Klarheit bis an seinen Anfang zurückverfolgt werden kann. Das ist auch nicht Aufgabe dieser Erörterung. Geschichtlich haben sich die Eigentumsverhältnisse der Allmende bald mehr in privatrechtlicher Richtung, bald mehr in öffentlich-rechtlicher Richtung entwickelt. Die überwiegende Ansicht geht dahin, daß die Allmende als gemeinsam geordnetes, besiedeltes oder auch erobertes Land anfänglich im Eigentum der Dorfgenossen zur gesamten Hand gestanden hat. Aus dieser zunächst mehr privatrechtlich-genossenschaftlichen Vereinigung der Dorfgenossen entwickelten sich die Markgenossenschaften als autonome Körperschaften mit öffentlich-rechtlichem Charakter, die sich in Märkerding und Obermärker eigene Organe für die Verwaltung der Allmende schufen. Von daher ging sie dann schließlich in das Eigentum der politischen Gemeinde über, die jedem Einwohner ein bestimmtes Nutzungsrecht einräumte[5].

Die geschichtlichen Einzelheiten in der Entwicklung der Allmende, so bedeutsam sie auch für die Agrargeschichte und für die Frage des Verhältnisses von privatem und öffentlichem Recht sein mögen, spielen in diesem Zusammenhang keine entscheidende Rolle. Wichtig ist nur, daß auch das sogenannte „Gemeineigentum“ der Allmende Sondereigentum darstellt, sei es privates oder sei es öffentlich-rechtliches Eigentum, das entweder gegen Entgelt zur Nutzung überlassen wurde oder in Gemeingebrauch stand. Für den Terminus „Gemeineigentum“ als eine dem Sondereigentum gegenüberzustellende Eigentumsform bietet also die Allmende keine Anhaltspunkte.

Ein neues Gewicht hat der Begriff des Gemeineigentums in der Terminologie des Marxismus bekommen, der den Tatbestand des Gemeineigentums dann als gegeben ansieht, wenn alle Güter allen gemeinsam gehören und von allen gemeinsam verwaltet werden, wenn und soweit also die in der Auffassung des ursprünglichen Marxismus mit naturgesetzlicher Notwendigkeit eintretende „Überführung des Privateigentums auf die Gesellschaft“ durchgeführt ist, das also, was schlagwortartig als „Sozialisierung“ bezeichnet wird. Karl Marx unterläßt es, diese sozialistische Gesellschaft näher zu beschreiben. Wir erfahren von ihm nichts über das Ergebnis des

---

[5] Vgl. Bücher, a. a. O., S. 242. - Georg von Below, Agrargeschichte. In: Handwörterbuch der Staatswissenschaften. 1. Bd. 1923, S. 48.

Sozialisierungsprozesses in diesem sozialistischen Endzustand der Gesellschaft und infolgedessen auch nichts über Struktur und Träger jenes Gemeineigentums, durch welches das Sondereigentum abgelöst werden soll. Wenn man sich darüber Klarheit verschaffen will, bleibt nur der Weg, nach den gedanklich möglichen Formen einer Eigentumsgestaltung innerhalb des sozialistischen Zukunftsstaates zu fragen und an diesem Ergebnis die Haltbarkeit einer Gegenüberstellung von Sondereigentum und Gemeineigentum zu prüfen. Es läßt sich zeigen, daß sich jede denkbare Form einer Sozialisierung nur in einem der folgenden Schemata vollziehen kann:

1. Die Sozialisierung erstrebt eine Vergesellschaftung des Sondereigentums dergestalt, daß die vergesellschafteten Güter allen Gesellschaftsgliedern unterschiedslos gehören und jeder in dieser Gesellschaftsordnung, die ja nach marxistischer Theorie in ihrem Endzustand die gesamte Menschheit umspannt, unterschiedslos über diese Güter verfügen kann. Das aber bedeutet im Ergebnis für den Bereich der sozialisierten Güter Aufhebung des Eigentums überhaupt. Die gesellschaftliche Funktion des Eigentums besteht ja wesentlich in der klaren Abgrenzung von Mein und Dein, in der Verfügungsmacht über Sachgüter unter Ausschluß jedes anderen. Wenn aber in einer Gesellschaftsordnung diese Abgrenzung der Gütersphären aufgehoben ist, kann man nicht mehr von Eigentum sprechen, auch nicht von Gemeineigentum, höchstens von Gütergemeinschaft; denn es handelt sich dann um eine Gesellschaftsordnung, die nicht auf der Grundlage des Eigentums, sondern der Eigentumslosigkeit aufgebaut wäre, eine vollendete kommunistische Gütergemeinschaft, die, wenn überhaupt, nur möglich wäre in einer von der Erbsünde unberührten Gesellschaft, welche allein vom Ordnungsprinzip der Liebe her aufgebaut werden könnte. Ein gesellschaftliches Ordnungssystem aber, das von der entscheidenden, unaufhebbaren Bedingung, unter der die Menschheit steht, vom Zustand der gefallenen Natur absieht, gehört in den Ideenkreis der Utopien. In der Gegenwart gibt es wohl niemanden, der von „Gemeineigentum" spricht und dabei ernsthaft an den Aufbau einer Gesellschaftsordnung auf der Grundlage der Eigentumslosigkeit, sei es auch nur hinsichtlich der Produktionsmittel, denkt, ganz gleich, wie weit der Rahmen der erstrebten Sozialisierung im einzelnen gesteckt sein mag. Es steht in jedem Falle fest: Von Eigentum in irgendeiner Form, auch von „Gemeineigentum", kann im Ausmaß der erfolgten Sozialisierungen in dem hier verstandenen Sinne nicht mehr gesprochen werden.

2. Will man der Unhaltbarkeit der Marxschen Utopie einer sozialistischen Gesellschaft in dem eben beschriebenen Sinne dadurch begegnen, daß

man erklärt, es handele sich nicht um eine eigentumslose Gesellschaftsordnung der genannten Art, sondern um eine Eigentumsordnung, in der „die Gesellschaft" die Verwaltung der sozialisierten Güter in die Hand nehme, dann ist eben „die Gesellschaft" trotz Marxens gegenteiliger Versicherung vom endgültigen Verschwinden des Staates doch wieder ein Staat, der nicht umhinkommt, bestimmte Organe mit der Verwaltung der sozialisierten Güter zu beauftragen. Die Güter gehören dann nicht in Gütergemeinschaft allen Gesellschaftsmitgliedern, sondern werden gerade unter Ausschluß privater Herrschaftsmacht nach dem Ermessen jenes Machtapparates verwaltet, der sich zwar als Repräsentation der Gesellschaft ausgibt, der sich aber von anderen staatlichen Gebilden nur durch vollendete Ausbildung des Staatskapitalismus unterscheidet: Staatliches Sondereigentum in einer höchstmöglichen Konzentration wäre entstanden.

Der mit dem Terminus „Gemeineigentum" überdeckte Sachverhalt kann also nur dieser sein: Privates Sondereigentum wird umgewandelt in öffentlich-rechtliches Sondereigentum, indem es auf den Staat, auf Gemeinden oder sonstige Körperschaften öffentlich-rechtlichen Charakters übertragen wird. In solchen Fällen von Sozialisierung als „Überführung von Sondereigentum in Gemeineigentum" zu sprechen, führt zu Verwirrungen und Vernebelungen der tatsächlichen Vorgänge. „Das wäre eine Falschmünzerei mit Worten oder mindestens eine Zweideutigkeit[6]", der die gleiche Unwahrhaftigkeit anhaftet wie den „volkseigenen Betrieben". Diese Umwandlung von privatem in öffentliches Sondereigentum hat, soweit es sich um Unternehmen handelt, als wesentliches Ergebnis nur dies zur Folge, daß an Stelle von Privatunternehmern Fabrikdirektoren treten, die auf Grund staatlicher Weisungen handeln. Im übrigen aber treten weder innerhalb der sozialisierten Betriebe noch auch in ihrem Verhältnis zur Volkswirtschaft strukturelle Änderungen ein. Die Arbeiter stehen zum Betrieb nach wie vor im gleichen Arbeitsverhältnis, dessen Grundlage der Arbeitsvertrag ist. Und ebenso bleiben die Beziehungen des Betriebes zum Markt, zu Lieferanten und Abnehmern unverändert.

Daß dennoch unter dem Gesichtspunkt des Gemeinwohls Verstaatlichungen notwendig werden können, ist eine andere Frage, auf die noch einzugehen ist. Wenn sie aber notwendig sind, dann soll man „klar aussprechen und sich selber klar bewußt sein, um was es geht[7]". Es geht aber nicht an,

---

[6] O. v. Nell-Breuning, Sozialisierung. In: Stimmen der Zeit, 139. Bd. 1946/47, S. 427.
[7] O. v. Nell-Breuning, Artikel Sozialisierung. In: Zur sozialen Frage (Wörterbuch der Politik, III). 2. Aufl., Freiburg 1958, Sp. 102.

unter der Facette des „Gemeineigentums“ die Verstaatlichung als das Heilmittel schlechthin anzupreisen, obwohl sie mit erheblichen Einbußen nicht nur wirtschaftlicher Art verbunden sein kann, insbesondere dann, wenn „Gemeineigentum“ als grundsätzliche Forderung auf einen Umbau der Gesellschaftsordnung in Richtung eines Staatskapitalismus hinausläuft und dann zu weiterer Vermassung und Verelendung der Arbeiterschaft führt, wie es das Beispiel des bolschewistischen Kollektivierungsprozesses überzeugend sichtbar macht[8].

Wenn bisher gegen den Begriff des Gemeineigentums eingewendet wurde, daß es sich hier nur um eine Auswechslung der Träger von Sondereigentum handle in der Weise, daß privates zu öffentlichem Eigentum wird, so gilt das in gleichem Umfang für das „Gemeineigentum“ der „Sozialgemeinschaften“, die in neueren Sozialisierungsplänen an die Stelle des Staates treten sollen[9].

Der Sachverhalt ist ähnlich dem Fall der Verstaatlichung. Von Gemeineigentum kann keine Rede sein, es wird wiederum lediglich privates Eigentun auf einen anderen Rechtsträger übergeführt, wobei es hier offenbleiben mag, ob dieser privatrechtlichen oder öffentlich-rechtlichen Charakter hat. Im übrigen aber hat der Ersatz der bisherigen Unternehmer durch die Sozialgemeinschaften ähnliche Konsequenzen wie die Verstaatlichung.

Zu welchen Ungereimtheiten aber der Begriff „Gemeineigentum“ führen kann, wird deutlich am Beispiel der Hessischen Verfassung[10]. Mit dem Inkrafttreten der Hessischen Verfassung am 1. Dezember 1946 sind gemäß Artikel 41 dieser Verfassung Bergbau, Eisen- und Stahlerzeugung, Energiewirtschaft, an Schienen und Oberleitungen gebundenes Verkehrswesen „in Gemeineigentum“ übergeführt worden. Artikel 40, Satz 1, der Hessischen Verfassung sagt: „Gemeineigentum ist Eigentum des Volkes.“ Sinngemäß müßten also dem Volke Anteilsrechte wie auch die Verfügung über dieses „Gemeineigentum“ zustehen, ausgeübt etwa durch vom Volk unmittelbar bestellte Organe. Artikel 40, Satz 2, bestimmt aber, daß „die Verfügung über dieses Eigentum und seine Verwaltung ... Rechtsträgern zustehen“ soll, als welche nun die eben erwähnten Sozialgemeinschaften vorgesehen

---

8 Vgl. dazu Joseph Höffner, Die Sozialisierung der Grundstoffindustrien in der Bundesrepublik Deutschland. Köln 1951, S. 13, 16 ff.

9 Vgl. Sozialgemeinschaften. Entwurf des Hessischen Sozialisierungsgesetzes mit Begründung und einführenden Beiträgen der Mitarbeiter des Hessischen Wirtschaftsministeriums. Hrsgg. v. Harald Koch. Hamburg 1948.

10 Vgl. Herbert Krüger, Sozialisierung. In: Die Grundrechte. 3. Bd. 1. Halbband. Hrsgg. von K. A. Bettermann, H. C. Nipperdy, U. Scheuner. Berlin 1958, S. 267—324.

sind, die den Charakter juristischer Personen haben. Da zur Substanz des Eigentums die Verfügungsmacht gehört, wird Satz 1 des Artikels 40 durch Satz 2 aufgehoben; denn Eigentümer sind expressis verbis nicht das Volk, sondern jene Rechtsträger.

Die Unhaltbarkeit des Begriffs Gemeineigentum läßt sich aber auch nicht dadurch vermeiden, daß man ihn in irgendeine Beziehung zum „Gemeingebrauch" bringt. Der Begriff des Gemeingebrauchs ist juristisch so eindeutig bestimmt, daß Zweifel über seinen Inhalt und Umfang nicht möglich sind. Öffentliche Sachen in Gemeingebrauch sind „Objekte, die von jedermann ohne besondere Erlaubnis der Behörde frei benutzt werden dürfen ... In erster Linie gehören dazu Wege, Straßen und Plätze[11]". Die Besonderheit der im Gemeingebrauch stehenden öffentlichen Sachen besteht in der Zweckbestimmung, dem öffentlichen Verkehr zu dienen[12]. Die Zweckbestimmung solcher öffentlicher Sachen wie Straßen und Plätze, dem „gemeinen Gebrauch" zu dienen, hebt sie zwar ab vom gewöhnlichen Verwaltungsvermögen wie etwa Dienstgebäuden. Gemeinsam haben sie aber mit diesem, daß sie im Sondereigentum einer öffentlich-rechtlichen Körperschaft stehen, die allein, unter Ausschluß jedes dritten, die Verfügungsmacht auch über die öffentlichen Sachen im Gemeingebrauch ausübt. Das kommt sehr wirksam zum Ausdruck in dem verwaltungsrechtlichen Akt der Widmung, durch den eine Sache dem allgemeinen Gebrauch überlassen wird, wie auch in der Einziehung, durch welche ihr diese Zweckbestimmung wieder entzogen wird, und zwar unabhängig davon, ob die von solchen Verwaltungsakten unmittelbar Betroffenen einverstanden sind oder nicht. Es besteht kein sachlicher Grund, die öffentlichen Sachen im Gemeingebrauch als Gemeineigentum zu bezeichnen und so einen durch die Jurisprudenz eindeutig festgelegten Begriff aufzuweichen, wodurch die Sprachverwirrung in der Eigentumslehre noch verschlimmert würde.

Selbst dann also, wenn durch eine Verstaatlichung privates Eigentum in öffentliches Eigentum zum Gemeingebrauch umgewandelt würde, wäre hier kein Raum für „Gemeineigentum", da es sich ja auch bei den öffentlichen Sachen jedweder Art um Sondereigentum handelt. Sozialisierung erstreckt sich aber regelmäßig auf Produktionsmittel, die für einen Gemeingebrauch ohnehin nicht in Betracht kommen können. Gerade dieses aber ist vielfach die Absicht derjenigen, die von „Gemeineigentum" sprechen: Der Begriff

---

[11] Fritz Fleiner, Institutionen des deutschen Verwaltungsrechts. 8. Aufl. Tübingen 1928, S. 366.

[12] Fleiner, a. a. O., S. 367.

soll nicht nur in Gegensatz zum Sondereigentum gestellt werden, sondern darüber hinaus den Eindruck erwecken, „als ob die sozialisierten Betriebe oder Unternehmungen der Volksgemeinschaft zum sogenannten Gemeingebrauch zur Verfügung stünden wie öffentliche Straßen und Plätze, öffentliche Erholungs- oder Bildungsstätten, die jedermann besuchen kann, ohne dafür zu bezahlen[13]“. Somit ist der Begriff Gemeineigentum in doppelter Hinsicht logisch falsch und irreführend.

Zusammenfassend läßt sich also zu den vorausgegangenen Überlegungen sagen, daß „Gemeineigentum“ in Gegenüberstellung zum „Sondereigentum“ ein Begriffsunding ist, da sich Veränderungen des Sondereigentums nur in diesen zwei Richtungen bewegen können:

1. Die Eigentumsordnung wird aufgehoben und in den Zustand vollendeter Gütergemeinschaft umgewandelt, in dem alles allen gehört: Das Ideal aller Utopien, angefangen von Platons „Staat“ bis zur klassenlosen Gesellschaft des Karl Marx. Diesen Zustand aber noch in irgendeiner Form mit dem Begriff Eigentum als Zugehörigkeit einer Sache zu einer Person zu bezeichnen, wäre logisch unhaltbar: Eigentum schließt begrifflich die Besonderung auf bestimmte Personen unter Ausschluß anderer in sich, gleichgültig, ob Subjekt des Eigentums eine Einzelperson, ein Personenverband oder eine juristische Person ist. Die für den Begriff des Eigentums wesentliche individuelle Herrschaftsmacht über Güter unter Ausschluß aller anderen Personen fehlt aber, soweit in einer Gesellschaftsordnung Gütergemeinschaft besteht. Die Modelle derartiger eigentumsloser Sozialordnungen gehen von Voraussetzungen aus, die in der geschichtlichen Wirklichkeit nicht gegeben sind und deshalb von vornherein eine grundsätzliche und generelle Realisierung des Modells ausschließen: Darin liegt eben das Wesen der Utopie. Karl Marxens klassenlose Gesellschaft setzt die Möglichkeit einer Rückkehr der Menschheit in einen Paradieszustand voraus, während doch „der gläubige Christ weiß, daß die Erbsünde und ihre Folgen durch sozialreformerische Maßnahmen nicht behoben werden können und daß darum die klassenlose Gesellschaft mit ihrem Gemeineigentum ein Wahntraum ist[14]“. Die Aufhebung des Sondereigentums mit dem Ziel der Herbeiführung einer in wesentlichen Bereichen auf Eigentumslosigkeit gegründeten Gesellschaftsordnung ist deshalb ohne jede praktische Bedeutung und kann nunmehr aus dem Blickfeld dieser Überlegungen ausscheiden.

---

[13] v. Nell-Breuning, Artikel Sozialisierung, a. a. O., Sp. 80.

[14] v. Nell-Breuning, Sozialisierung, a. a. O., S. 427.

2. Veränderungen der Eigentumsordnung, die nicht auf den Zustand der Eigentumslosigkeit hinauslaufen, können nur in einer Auswechslung der Eigentumsträger bestehen, während das Sondereigentum selbst in jedem Falle erhalten bleibt. Von der gesellschaftspolitischen Problematik des Eigentums her gesehen ist hier nur der Fall der Überführung von Eigentum aus dem privatrechtlichen in den öffentlich-rechtlichen Bereich von Interesse: Privatrechtliches Sondereigentum wird öffentlich-rechtliches Sondereigentum, indem es auf Staat, Kommunen, Sozialgemeinschaften oder andere Gebilde ähnlicher Art übertragen wird, wobei, wie gesagt, die Bezeichnung dieses Vorganges als „Sozialisierung" oder „Vergesellschaftung" irreführend ist, weil als Träger des „sozialisierten" Eigentums eben nicht „die Gesellschaft" in Betracht kommt, sondern juristische Personen des öffentlichen Rechts.

Aber auch innerhalb des öffentlich-rechtlichen Sondereigentums ist kein Raum für so etwas wie Gemeineigentum. Der Begriff „Gemeingebrauch" selbst ist eindeutig festgelegt als öffentlich-rechtliches Sondereigentum in Gemeingebrauch, so daß kein Anlaß besteht, diese klare Terminologie dadurch zu verwässern, daß man sie mit dem Begriff des Gemeineigentums in Berührung bringt und mit ihm etwa gleichsetzt. Überdies handelt es sich in der ganzen Diskussion um die Verstaatlichung im wesentlichen um Produktionsmittel, die auch als staatliches Sondereigentum niemals dem Gemeingebrauch gewidmet werden können. Die Benutzer von Straßenbahn und Omnibus, die Bezieher von Kohle, Gas und Strom müssen die empfangenen Leistungen in gleicher Weise den privaten wie den öffentlich-rechtlichen Eigentümern der in Anspruch genommenen Produktionsmittel bezahlen und sind meist über die Eigentumsverhältnisse gar nicht orientiert, aber auch nicht daran interessiert.

Da Eigentum als Herrschaftsmacht über Sachen unter Ausschluß Außenstehender notwendig die Besonderung, die Individualisierung der Sache in sich schließt, unabhängig vom jeweiligen Eigentumsträger, kann es begrifflich nur als Sondereigentum in die Erscheinung treten[15]. Gemeineigentum in Gegenüberstellung zum Sondereigentum ist eine contradictio in adiecto.

Man könnte den Begriff des Gemeineigentums noch dadurch zu retten suchen, daß man zwar die Gegenüberstellung von Sondereigentum und Gemeineigentum fallen läßt und den Charakter jeglichen Eigentums als Sondereigentum anerkennt, aber den Begriff „Gemeineigentum" jenem Aus-

---

[15] Vgl. dazu auch v. Nell-Breuning, Artikel Eigentum. In: Philosophisches Wörterbuch, hrsgg. von Walter Brugger. 10. Aufl., Freiburg 1963, S. 64 f.

schnitt des Sondereigentums vorbehält, der in den Raum des öffentlichen Rechts fällt. Man würde dann das Gemeineigentum im Sinne eines „gemeinschaftsbezogenen" Eigentums verstehen und hierzu eben in erster Linie das öffentlich-rechtliche Eigentum zählen. Eine solche Identifizierung von öffentlich-rechtlichem Eigentum und Gemeineigentum würde einen sehr willkürlichen und von der Sache her unbegründbaren Trennungsstrich ziehen zwischen gemeinschaftsbezogenem, also öffentlich-rechtlichem, und nichtgemeinschaftsbezogenem Eigentum, zu dem dann das Privateigentum, also auch das etwa der privatrechtlichen Verbände, gehören würde. Schon die Andeutung einer solchen Unterscheidung zeigt ihre sachliche Unmöglichkeit: Daß das Eigentum etwa von Genossenschaften und Stiftungen weniger im Dienste menschlicher Gemeinschaften stehen soll als staatliches Eigentum, kann man nicht im Ernst behaupten. Der Gedanke, daß die Gemeinschaftsbezogenheit des Eigentums ideeller Verbände, der Klöster, der Kirchen, karitativer Vereinigungen, also das Eigentum an Kirchengebäuden, Schulen, Erziehungsheimen, Altersheimen und Krankenhäusern, von geringerem Wert für menschliche Gemeinschaften sei als der von staatlichen Zechen, Kasernen und Dienstgebäuden — dieser Gedanke braucht nur angedeutet zu werden, um ihn zurückzuweisen. Wenn schon „Gemeineigentum", dann müßte auch das Eigentum privater Verbände als solches gelten[16]. Dann aber stünde das Eigentum von Einzelpersonen dem Gemeineigentum als dem Eigentum der Verbände gegenüber, gleichgültig, ob es sich um Gesellschaften oder juristische Personen, um privatrechtliches oder öffentlich-rechtliches Eigentum handelt.

Doch auch eine solche Unterscheidung, durch die das Eigentum einer physischen Einzelperson den übrigen Eigentumsformen gegenübergestellt würde, wäre sinnlos, weil es zunächst einmal von mancherlei Zufälligkeiten abhängt, ob Träger des Eigentums an Produktionsmitteln eine Einzelperson oder eine Personenmehrheit ist. Zudem wäre es ganz unbegründet, der Einzelunternehmung allein auf Grund dieser ihrer formalen juristischen Struktur die „Gemeinnützigkeit" und „Gemeinschaftsbezogenheit" abzusprechen, während man jedem anderen Eigentumsträger allein auf Grund der rechtlichen Organisation als Verband die Qualifikation des „Gemeineigentums" in dem zuletzt verstandenen Sinne von „Gemeinschaftsbezogenheit" und „Gemeinnützigkeit" zusprechen möchte (und darauf kommt es doch denen, die den Begriff verwenden, im wesentlichen an). Ob Eigentum dem Inter-

[16] In diesem Sinne unterscheidet Merk „Gemeineigentum menschlicher Verbände" und „Sondereigentum von Einzelmenschen" (vgl. Merk, a. a. O., S. 8).

esse der Gemeinschaft dient oder nicht, hängt entscheidend von der Art und Weise seiner Verwendung ab, weniger von der juristischen Form des Eigentumsträgers.

Der große Schnitt in der Aufgliederung der Eigentumsformen ist der zwischen Privateigentum und öffentlichem Eigentum. Es besteht kein Grund, diese klare Grenzziehung zu verwischen durch den Begriff des Gemeineigentums, der, mit widersprüchlichen Inhalten belastet, alles und nichts erklärt und deshalb als Schlagwort beliebig verwendet werden kann. Es muß deshalb zurückgewiesen werden, den Begriff des öffentlich-rechtlichen Eigentums synonym zu verwenden mit „Gemeineigentum", „Kollektiveigentum", „Sozialeigentum", „Gesellschaftseigentum", weil alle diese zu Schlagworten entarteten Begriffsbildungen ihre letzte Wurzel in dem logisch unmöglichen Gegensatz zum Sondereigentum haben, auf dem auch heute noch ihre Werbekraft beruht.

Allerdings ist auch der Begriff des Sondereigentums anfechtbar, weil er einen Pleonasmus darstellt, den sich die Sozialwissenschaft im Gefolge jener durch die Gegenüberstellung von Gemeineigentum und Sondereigentum eingeleiteten Sprachverwirrung hat aufdrängen lassen. Eigentum als Herrschaftsmacht über Sachen unter Ausschluß außenstehender Personen enthält schon hinreichend das Wesensmoment der Besonderung eines Gutes, seiner individuellen Zuordnung und Zugehörigkeit zu einem Einzelmenschen oder Personenverband, so daß kein Grund besteht, im *Sonder*eigentum die schon zur Substanz des Eigentumsbegriffes gehörende Individualisierung noch einmal hervorzuheben. Der Begriff *Sonder*eigentum erweckt den falschen Eindruck, daß der Begriff Eigentum das genus proximum sei, zu dem als differentia specifica das Sondereigentum gehöre. Dieses verlangt dann von sich aus nach einem Pendant, nach einem Eigentum, das nicht Sondereigentum ist, also etwa Gemeineigentum, was aber logisch nicht möglich ist.

Es wäre im Interesse der Klarheit und Redlichkeit der Auseinandersetzungen um das Eigentum und damit im Interesse der Sache selbst ein Fortschritt, wenn man sich entschließen könnte, den Begriff des Gemeineigentums, aber auch den des Sondereigentums aufzugeben und die Dinge bei ihrem richtigen Namen zu nennen. Eine sachgemäße Gliederung der Eigentumsformen, die auch der Eigentumsproblematik der Gegenwart gerecht wird, sollte von den beiden Rechtskreisen des privaten und des öffentlichen Rechts ausgehen und in Anknüpfung daran Privateigentum und öffentlich-rechtliches Eigentum unterscheiden. Innerhalb der beiden Kreise kann man dann entsprechend der rechtlichen Struktur des Eigentumsträgers weiter aufgliedern und etwa innerhalb des öffentlich-rechtlichen Eigentums zwischen Staatseigentum, Gemeindeeigentum und Eigentum anderer öffentlich-rechtlicher Körperschaften unterscheiden. Das staatliche Eigentum könnte man je nach Bedarf weiter aufgliedern, so vor allem in die verwaltungsrechtlich übliche Unterscheidung von *Verwaltungsvermögen,* das vor allem der Hoheitsverwaltung dient (Dienstgebäude, Schulen u. a.), und *Finanzvermögen,* das privatwirtschaftlich verwaltet wird und meist werbenden, auf Gewinnerzielung gerichteten Charakter hat (Gewerbebetriebe, Domänen u. a.)[17].

II. BEGRÜNDUNG DES EIGENTUMS

1. Das Eigentum in den biblischen Schriften

In den biblischen Schriften finden wir weder begriffliche Bestimmungen des Eigentums noch eine explizite entfaltete Eigentumslehre.

Im *Alten Testament* wird die Institution des Eigentums als gültig bestehend vorausgesetzt, unter den Schutz des Sittengesetzes gestellt und ihre widerrechtliche Verletzung mit Strafe bedroht[1]. Während das siebente Gebot den Diebstahl verbietet, richtet sich das zehnte Gebot schon gegen

---

[17] Vgl. Fritz Fleiner, a. a. O., S. 352 f. - W. Reuß, Zum Begriff „Gemeineigentum". In: Die Sozialgemeinschaften, a. a. O., S. 8 f. - Ernst Forsthoff, Lehrbuch des Verwaltungsrechts. 1. Bd. Allg. Teil. 2. Aufl., München, Berlin 1951, S. 282 ff.

[1] Vgl. Franz Walter, Die Propheten in ihrem sozialen Beruf und dem Wirtschaftsleben ihrer Zeit. Ein Beitrag zur Geschichte der Sozialethik. Freiburg 1900. - Hermann Bückers, Die biblische Lehre vom Eigentum. Bonn 1947. - Otto Weinberger, Die Wirtschaftsphilosophie des Alten Testamentes. Wien 1948. - K. Bornhäuser, Der Christ und seine Habe nach dem Alten Testament. Gütersloh 1936. - Ernst Troeltsch, Das Ethos der hebräischen Propheten. In: Logos, 6. Bd. 1916, S. 1—28. - Johann Gabriel, Die soziale Gesetzgebung im Alten Testament. In: Jahrbuch der Österreichischen Leo-Gesellschaft, 1930, S. 201—218. - Max Löhr, Sozialismus und Individualismus im Alten Testament (Nr. 10 der Beihefte zur Zeitschrift für alttestamentliche Wissenschaft). Gießen 1906. - Abraham Menes, Die sozialistische Analyse der Urgeschichte. In: Zeitschrift für alttestamentliche Wissenschaft, Neue Folge 2. Bd. 1925, S. 33—62. - Johannes Hempel, God and the world in the religious faith of Jeremiah. In: The Journal of Religion, t. 4, 1924, p. 32—45. — Ders., Das Ethos des Alten Testaments (Beiheft zur Zeitschrift für alttestamentliche Wissenschaft, 67. Bd.). Berlin 1938. - P. Kleinert, Die Propheten Israels in sozialer Beziehung. Leipzig 1905. - A. Eberharter, Die soziale und politische Wirksamkeit der alttestamentlichen Propheten. Salzburg 1924. - Walter Eichrodt, Der Mensch und die irdischen Güter. In: Die Autorität der Bibel heute (hrsgg. von A. Richardson u. W. Schweitzer). Zürich, Frankfurt 1951, S. 297—316.

das unerlaubte Begehren fremden Gutes[2]. Gottes Strafe trifft den, der das Gebot der Achtung fremden Eigentums verletzt oder Vermögen zu Unrecht erwirbt[3].

Das Privateigentumsrecht wird indessen keineswegs verabsolutiert, sondern ganz im Gegenteil in seiner völligen Abhängigkeit von Gott und in seiner Bedingtheit durch Gottes absoluten Herrschaftsanspruch gesehen: „Mein ist das Land! Ihr seid nur Fremdlinge und Beisassen bei mir[4]." Gott hat über die irdischen Güter eine Art Obereigentum, dem Menschen sind sie nur als Lehen anvertraut. Deshalb betont das Alte Testament die Macht Gottes, „die Grenzen zu bestimmen, bis zu welchen sich der menschliche Eigentums- und Besitzwille betätigen darf und wo er haltzumachen hat. Der Mensch erscheint in dieser Betrachtung nur als ein Nutznießer der ihm von Gott anvertrauten Güter, er soll sie ihrem Zweck entsprechend gebrauchen, aber niemals vergessen, daß alle seine Rechte nicht von ihm selbst geschaffene, ursprüngliche, originäre sind, daß sie vielmehr ihren Ursprung in den Rechten Gottes zu suchen haben und daß dessen Gebote daher die unverrückbare Richtschnur auch für das sittliche und wirtschaftliche Handeln des Menschen abgeben[5]."

Das Eigentum ist dem Menschen anvertraut als Lebensraum und Mittel der sittlichen Bewährung, als Gabe Gottes, die sein Herz zu Lob und Dank gegenüber dem Schöpfer bewegen soll, während ihn ein Übermaß an materieller Not — das war dem Volk Israel in Ägypten bewußt geworden — zum Sklaven und stumpfen Herdentier erniedrigen kann. Das ist der Grund, weshalb der Besitz als Segen Gottes geschätzt wird und weshalb beispielsweise Job Bestätigung und Rechtfertigung seines Daseins nicht darin findet, daß er als Verarmter sein Leben beschließen muß, sondern daß er wieder mit Vermögen ausgestattet wird[6]. Gerade weil aber der Mensch

---

2 Vgl. Ex 20, 15; 20, 17; Dt 5, 19; 5, 21.

3 Vgl. Jer 17, 11.

4 Lv 25, 23.

5 Weinberger, a. a. O., S. 71.

6 Job 42, 10 ff.; vgl. auch Gen 13, 2; 24, 35; 30, 43. Vor allem Dt 8, 7—19 bringt eindeutig zum Ausdruck, daß der Besitz nur deshalb und insoweit als Gabe Gottes und Zeichen der Gottwohlgefälligkeit aufgefaßt wird, als er den Menschen veranlassen soll, „Gott zu preisen" (Dt 8, 10) und „des Herrn zu gedenken" (Dt 8, 18). Auf der anderen Seite liegt nicht auf der Armut als solcher der Fluch Gottes, sondern nur insoweit, als sie eine Folge der Trägheit (Spr 6, 6—11), der Zuchtlosigkeit (Spr 13, 18), der Ausschweifung und Verschwendung (Spr 21, 17; 23, 21) ist. Sonst wären sowohl die Warnungen des Alten Testamentes vor den Gefahren des Reichtums als auch seine Mahnungen zur Hilfe und Fürsorge für die Armen unverständlich.

in der Verfügung über Sachwerte die Segnungen des Herrn als dankbarer Verwalter erfahren soll, deshalb drängt das Alte Testament mit starkem Nachdruck darauf, daß *jedem* Glied Israels, insbesondere den Armen und Unterdrückten, der Zugang zu den irdischen Gütern ermöglicht und gesichert werde. Das Recht der wirtschaftlich Schwachen steht unter besonderem Schutz: „Verflucht ist, wer das Recht des Fremdlings, der Waise und der Witwe beugt[7]." Ebenso eindringlich erheben sich die Propheten, das „soziale Gewissen Israels", gegen den unrechtmäßigen Gebrauch des Eigentums: „Deine Fürsten sind Empörer und Diebesgesellen; alle haben Bestechung gern und laufen Geschenken nach. Sie schaffen der Waise kein Recht, die Sache der Witwe kommt nicht an sie[8]." „Das war die Schuld deiner Schwester Sodom: Übermut, Fülle an Brot und ruhige Sorglosigkeit hatten sie und ihre Töchter; doch reichten sie den Elenden und Armen nicht die Hand. Sie wurden hochmütig und verübten Greueltaten vor mir, da entfernte ich sie[9]." „Die Bürger des Landes verüben Gewalt und begehen Raub. Den Elenden und den Armen unterdrücken sie, den Fremdling vergewaltigen sie ganz wider das Recht[10]." „Also spricht der Gebieter und Herr: Laßt es euch genug sein, ihr Fürsten Israels! Enthaltet euch der Gewalttat und Unterdrückung und übet Recht und Gerechtigkeit! Vertreibet niemand mehr von meinem Volke aus seinem Besitz[11]!"

Umfangreiche Rechtssicherungen dienen dem Schutz der Armen[12]. Die Institution des Sabbat- oder Brachjahres bestimmt, daß Äcker und Weinberge nur in sechs aufeinanderfolgenden Jahren bebaut und abgeerntet werden dürfen. Das siebente Jahr gilt als Brachjahr, in welchem eine Bestellung nicht erlaubt ist. Was das unbebaute Land hervorbringt, gehört den Armen: „Sechs Jahre lang sollst du deinen Acker besäen und seinen Ertrag ernten; aber im siebenten Jahr sollst du ihn brach und unbestellt liegenlassen. Die

---

[7] Dt 27, 19; vgl. auch Ex 22, 20 ff.

[8] Is 1, 23; ebenso Is 3, 14 f.: „Ins Gericht geht der Herr mit den Vornehmen und Fürsten seines Volkes: Ihr habt abgeweidet den Weinberg! Das den Armen geraubte Gut ist in den Häusern bei euch! Wie kommt ihr dazu, mein Volk zu zermahlen, zu zerstoßen der Armen Antlitz?" - Is 5, 8 f.: „Wehe jenen, die ein Haus an das andere reihen, Felder an Felder rücken, bis kein Raum mehr vorhanden und ihr allein seid geblieben inmitten des Landes. In meinen Ohren ließ sich hören der Heerscharen Herr: Aus vielen Häusern wird Wüstenei, große und schöne sind menschenleer."

[9] Ez 16, 49 f.

[10] Ez 22, 29.

[11] Ez 45, 9. - Vgl. auch Os 12, 8 f.; Am 2, 6 f.; 4, 1; Micha 2,1 ff.; 3, 1 ff.

[12] Vgl. Weinberger, a. a. O., S. 73 ff.

Armen deines Volkes sollen sich daran nähren, und was übrigbleibt, soll das Wild des Feldes fressen, ebenso sollst du mit deinem Weinberg und deinen Ölbäumen verfahren[13].“ Eine besonders einschneidende Maßnahme ist der Schulderlaß im Sabbatjahr: „Am Ende jedes siebenten Jahres sollst du einen Erlaß gewähren. Damit hat es folgende Bewandtnis: Jeder Gläubiger soll sein Darlehen, das er seinem Nächsten gewährt hat, erlassen. Er soll seinen Nächsten und Bruder nicht drängen, denn ausgerufen ward ein Erlaß zu Ehren des Herrn[14].“ Um der Zerstückelung des Bodens, aber auch einer zu starken Konzentration des Grundbesitzes zu begegnen, bestimmt die Einrichtung des Jubeljahres, daß die veränderten Grundstücksverhältnisse nach Ablauf von fünfzig Jahren wieder auf den alten Stand zurückzubringen seien, indem dann veräußertes Land unentgeltlich an den Veräußerer zurückgegeben werden muß: „Ihr sollt das fünfzigste Jahr weihen und sollt Freilassung im Land für all seine Bewohner verkünden; als Jubeljahr soll dies euch gelten. Ein jeder kehre zu seinem Besitz zurück und ein jeder zu seinem Geschlecht ... In einem solchen Jubeljahr soll ein jeder von euch zu seinem Besitz kommen[15].“ Das Institut der Grundstück-Einlösung verpflichtet die Verwandten eines verarmten Israeliten, der sein Grundstück aus Not verkaufen muß, dieses Grundstück einzulösen, es sei denn, daß die Mittel fehlen und der automatische Rückfall im Jubeljahr abgewartet werden muß: „Wenn dein Bruder verarmt ist und von seinem Besitz etwas verkauft hat, dann soll sein nächster Verwandter als sein Einlöser auftreten und den Verkauf seines Bruders wieder einlösen ... Wenn aber die Mittel nicht reichen, die ihm zur Wiedererlangung notwendig sind, dann bleibt das verkaufte Stück bis zum Jubeljahr in des Käufers Hand; im Jubeljahr aber wird es frei, und er kommt wieder zu seinem Besitztum[16].“ Zugunsten der Armen ist es verboten, Felderecken abzuernten und Nachlese zu halten: „Wenn ihr euer Land aberntet, sollt ihr es nicht vollständig bis an die Ecken abernten und keine Nachlese halten. Auch in deinem Weinberg halte keine Nachlese und sammle nicht abgefallene Beeren; überlasse sie dem Armen

---

[13] Ex 23, 10 f.; ebenso Lv 25, 3—7.

[14] Dt 15, 1 f.

[15] Lv 25, 10 ff. — Ob die Vorschrift des Jubeljahres historisch praktiziert wurde, ist umstritten. Das mindert nicht den sozialen und gesellschaftspolitischen Wert des Grundgedankens: aus dem Wirtschaftsverkehr entstehende gesellschaftliche Gefährdungen und Belastungen des Grundbesitzes zu neutralisieren. Zu der Behauptung Max Webers, das Jubeljahr sei „eine nie praktisch gewordene theologische Konstruktion der Exilzeit“, vgl. die Gegenargumentation Weinbergers, a. a. O., S. 77 f.

[16] Lv 25, 25 ff.

und Fremden: Ich, der Herr, bin euer Gott[17]!"Leviten, Fremden, Waisen und Witwen gegenüber besteht die Pflicht der Ablieferung des Zehnten: „Am Ende des dritten Jahres sollst du den Gesamtzehnten von deinem Ertrag in diesem Jahr herausnehmen und in deinem Wohnort niederlegen. Dann komme der Levit — er hat ja keinen Anteil und keinen Erbbesitz bei dir —, ferner der Fremdling, die Waisen und die Witwen in deinen Ortschaften; sie sollen sich satt essen, und der Herr, dein Gott, wird dich in allem Tun deiner Hände segnen[18]." Dem Schutz der Armen und der Sicherung des Verbotes, sich an der Not der Mitmenschen zu bereichern, dient auch das Zinsverbot: „Wenn du deinem Bruder, einem Armen, Geld leihst, so sollst du ihm gegenüber nicht wie ein Wucherer handeln. Ihr dürft ihm keinen Zins auferlegen[19]."

Neben dem unter Androhung von Gottes Strafgericht geführten Kampf gegen Unterdrückung und Ausbeutung und der institutionellen Sicherung der materiellen Daseinsbedingungen der Armen kennt das Alte Testament die Pflicht zu freiwilliger Armenfürsorge und Liebestätigkeit: „Findet sich bei dir ein armer Stammesbruder in einer deiner Ortschaften in dem Lande, das der Herr, dein Gott, dir verliehen hat, sollst du nicht hartherzig sein und deine Hand vor deinem armen Stammesbruder verschließen. Vielmehr sollst du deine Hand für ihn weit auftun und ihm gerne leihen, was er in der Not, die er leidet, braucht. Nimm dich in acht, daß nicht etwa der nichtsnutzige Gedanke in deinem Herzen aufsteige: Es steht nahe bevor das siebente Jahr, das Jahr des Erlasses; du wirfst jetzt ein unfreundliches Auge auf deinen armen Bruder und gibst ihm nichts; wenn er dann deinetwegen zum Herrn schreit, so lastet auf dir eine Sünde. Reichlich geben sollst du ihm, und wenn du gibst, dann soll dein Herz nicht verdrießlich sein. Denn um einer solchen Tat willen wird der Herr, dein Gott, dich segnen bei allem Tun und bei allem, was deine Hand angreift. Denn niemals wird es an Armen in deinem Land fehlen. Ich gebiete dir also: Tue weit auf deine

---

17 Lv 19, 9 f.; vgl. auch Dt 24, 19 ff.: „Hältst du auf dem Feld deine Ernte und vergißt du dort eine Garbe, so kehre nicht wieder, sie zu holen. Dem Fremdling, der Waise und der Witwe soll sie gehören, damit der Herr, dein Gott, dich segne bei allen Unternehmungen deiner Hände. Wenn du deinen Ölbaum abschlägst, sollst du nicht hinterher auch noch seine Zweige absuchen; dem Fremdling, der Waise und der Witwe sollen sie gehören. Wenn du in deinem Weinberg Lese hältst, sollst du nicht hinterher Nachlese halten. Dem Fremdling, der Waise und der Witwe soll sie zufallen. Denke daran, daß du ein Knecht im Ägypterland warst; darum verbiete ich dir, solches zu tun."

18 Dt 14, 28 f.

19 Ex 22, 24. - Lv 25, 36 f. wiederholt dieses Zinsverbot, welches in Dt 23, 20 auf alle Israeliten ausgedehnt wird.

Hand für deinen dürftigen und armen Bruder[20]". „Mein Sohn, verspotte nicht die Lebensart des Armen und laß die Augen des Betrübten nicht verschmachten! Wer Mangel leidet, den enttäusche nicht; verbirg dich nicht vor dem Zermürbten! Bring ein zerschlagenes Gemüt nicht in Erregung, und einem Dürftigen versage nicht die Gabe! Verachte nicht die Bitten eines Elenden und gib ihm keinen Anlaß, dir zu fluchen[21]!"

Neben diesen Mahnungen stehen die Warnungen des Alten Testamentes vor den Gefahren, die übermäßiger Besitz an sich schon mit sich bringt: „Verlaß dich nicht auf deinen Reichtum, und sage nicht: Es steht in meiner Macht ... Sprich nicht: Wer kann heran an mein Vermögen ...? Vertrau nicht auf trügerische Schätze, weil sie am Tage des Zornes doch nichts nützen[22]!" „Wehe denen, die da liegen auf Betten von Elfenbein, sich auf ihren Ruhelagern rekeln, Lämmer verzehren von ihrem Kleinvieh und Kälber aus ihrem Stall ..., die aus Schalen trinken den Wein, versalben das feinste Öl; doch kümmert sie die Zerschmetterung Josephs nicht ... geschworen hat der Herr und Gebieter bei sich selbst: Den Hochmut Jakobs verabscheue ich, und seine Paläste hasse ich[23]".

Es geht indessen in den Sozialgesetzen des Alten Testamentes und seinen Forderungen nach Recht und Gerechtigkeit letztlich nicht um Sozialpolitik und Wohltätigkeit, sondern um die Anerkennung der Herrschaft Gottes als des absoluten Eigentümers der irdischen Güter. Ihm allein ist alles zu eigen, und ihm gegenüber sind alle Glieder des Bundesvolkes in gleicher Weise Brüder auf einem ihnen von Gott als Lehen anvertrauten Boden „Die enge Zusammengehörigkeit der heiligen Gemeinde Jahwes breitet über jedes Glied und auch über die Metöken und Sklaven eine innere Gemeinsamkeit, eine gemeinsame Bezogenheit auf den gleichen höchsten Gott des Landes aus, so daß daraus zwar nicht die abstrakte Gleichheit, aber doch eine die Schranken und Besitzverhältnisse überwindende Gegenseitigkeit und Gemeinsamkeit und ein allgemeiner Anspruch auf die Gaben Jahwes hervorgeht[24]." Der das Alte Testament beherrschende Gedanke der Allherrschaft Gottes hat trotz grundsätzlicher Anerkennung der Institution des Privateigentums doch zu einer so starken Einschränkung und Relati-

---

[20] Dt 15, 7 ff.; ebenso Lv 25, 35: „Verarmt dein Bruder und kann er neben dir nicht bestehen, dann sollst du ihn unterstützen."

[21] Sir 4, 1 ff.

[22] Sir 5, 1 ff.

[23] Am 6, 4 ff.

[24] Ernst Troeltsch, Das Ethos der hebräischen Propheten. In: Logos, 6. Bd. 1916, S. 21.

vierung des privaten Eigentumsrechtes geführt, daß man hinsichtlich der Eigentumsordnung des Alten Testamentes von einem „theokratischen Kommunismus" gesprochen hat[25]. Die Wendung mag, obwohl sie nicht soziologisch-juridisch, sondern sozialethisch verstanden werden will, überspitzt sein. Immerhin muß selbst Otto Schilling einräumen: „Wir haben hier einen großartigen sozialen Ausgleichsversuch vor uns; das beherrschende Motiv dabei ist die Liebe zum armen Genossen. Der Eigentumsbegriff wird bis zu dem Grade gemildert, daß man geradezu sagen kann: Es zieht sich durch die ganze Gesetzgebung ein stark kommunistisches Element hindurch. Im letzten Grunde ist diese Agrargesetzgebung von der Idee beherrscht, daß eigentlich Gott der einzige Besitzer des Landes sei[26]." Die irdischen Güter sind den Menschen als gemeinsames Lehen des einen Gottes anvertraut. Privateigentum hat im Alten Testament den Sinn, diese Gemeinsamkeit des den Israeliten übertragenen irdischen Besitzes zu verwirklichen. Das ist das Ziel sowohl der israelitischen Sozialgesetzgebung als auch der Mahnungen zu gegenseitiger Hilfe und der Warnung vor egoistischem Mißbrauch des Besitzes.

Auch das *Neue Testament* setzt das Bestehen der Privateigentumsordnung voraus[27]. Jesus bestätigt das Gebot: Du sollst nicht stehlen[28]! und weist es zurück, in irdische Rechtsfragen einzugreifen[29]. Die Schrift kennt die Weisung, mit der „Hände Arbeit zu schaffen", um dadurch „vor den Außenstehenden wohlanständig zu wandeln und keinem zur Last zu fallen[30]". Gott hat die Dinge geschaffen, damit der Mensch in freier Entscheidung verantwortungsbewußt darüber verfüge[31], sich ihrer aber auch in Dankbarkeit erfreue[32].

Der Botschaft des Evangeliums geht es aber nicht um Gestalt und Gestaltung der bestehenden, auf dem Privateigentum gründenden Gesellschaftsordnung — „Arme werdet ihr allezeit bei euch haben[33]" —, sondern

---

25 Vgl. Konrad Farner, Christentum und Eigentum bis Thomas von Aquin. Bern 1947, S. 20.

26 Otto Schilling, Reichtum und Eigentum in der altkirchlichen Literatur. Ein Beitrag zur sozialen Frage. Freiburg 1908, S. 2.

27 Vgl. Mt 20, 15 („Darf ich mit meinem Eigentum nicht tun, was mir gut dünkt?"); ferner Mt 25, 14 ff.

28 Vgl. Mk 10, 19.

29 Vgl. Lk 12, 14.

30 1 Thess 4, 11 f.

31 Vgl. Mt 25, 19 ff.

32 Vgl. 1 Tim 4, 3.

33 Mk 14, 7.

um die Verkündigung des Reiches Gottes unter den gegebenen geschichtlichen Bedingungen [34]. Das ist der Zentralgedanke des ganzen Evangeliums: „Jesus verkündete die Frohe Botschaft Gottes. Er sprach: Die Zeit ist erfüllt, nahegekommen ist das Reich Gottes. Bekehret euch und glaubt an die Frohe Botschaft [35].“ Im Kommen des Gottesreiches kündigt Jesus die große Endentscheidung der Geschichte an: den Anbruch der vollendeten Gottesherrschaft über die Welt, die dann, befreit von Sünde, Leid und Unrecht, den göttlichen Willen rein zur Geltung kommen läßt. Für den Menschen ergibt sich aus der Ankündigung des Kommens der Gottesherrschaft die Forderung nach innerer Umkehr, nach der „metanoia“: „Bekehret euch, denn nahe ist das Himmelreich [36].“ Der Ruf zur Umkehr, zur Bereitung des Gottesreiches in der radikalen Abkehr vom Bösen und der entschlossenen Hinwendung zu Gottes Willen ist das Ziel der Sendung Jesu [37]. Da die Welt, in welcher der Mensch lebt, das Reich der Sünde ist, deshalb bedeutet diese Umkehr eine bis in die Tiefen des menschlichen Seins reichende Entweltlichung, in der „aller Nachdruck auf der inneren Abkehr von der Welt liegt [38]“.

Jesus hat nicht zur Weltflucht aufgerufen und verlangt in seinem Ruf zur Metanoia nicht „das Verlassen der Welt und den Eintritt in einen ‚Bund der Umkehr‘, in eine weltabgeschiedene Gemeinschaft, sondern die innere Entweltlichung in der Welt“, die Annahme „des Glaubens, der mit

---

34 Vgl. Richard Völkl, Christ und Welt nach dem Neuen Testament. Würzburg 1961. - Christian Rogge, Der irdische Besitz im Neuen Testament. Göttingen 1897. - Matthias Laros, Vom christlichen Eigentumsrecht. In: Hochland, 25. Jg. 1928 (2. Bd.), S. 37—49. - Alfons Steinmann, Jesus und die soziale Frage. 2. Aufl., Paderborn 1925. - F. Peabody, Jesus und die soziale Frage. Gießen 1903. - Alfred Winterstein, Die christliche Lehre vom Erdengut nach den Evangelien und apostolischen Schriften. Eine Grundlegung der christlichen Wirtschaftslehre. Mainz 1898. - Hermann Bückers, Die biblische Lehre vom Eigentum. Bonn 1947. - Rudolf Schnackenburg, Die sittliche Botschaft des Neuen Testamentes. München 1954. - Johannes Herz, Die sozial-ethische Gedankenwelt in Jesu Verkündigung. In: Theologische Literaturzeitung, 73. Bd. 1948, S. 747—752. - Gerhard Kittel, Die Bergpredigt und die Ethik des Judentums. In: Zeitschrift für systematische Theologie, 2. Bd. 1925, S. 555—594. - Ernst Troeltsch, Die Soziallehren der christlichen Kirchen und Gruppen. Tübingen 1912. - H. E. Weber, Das Eigentum nach dem Neuen Testament. In: Das Eigentum als Problem evangelischer Sozialethik (Heft 2 der Schriftenreihe: Kirche im Volk. Hrsgg. von der Leitung der Evangelischen Kirche im Rheinland). Essen 1949, S. 112—116.

35 Mk 1, 14 f.

36 Mt 4, 17.

37 Vgl. Mt 11, 20 ff.; Lk 5, 32.

38 Völkl, a. a. O., S. 18.

der Metanoia einen Akt bildet... Im Glauben gibt sich der Mensch seinem Gott mit Verstand und Willen zu eigen, indem er auf die Güte des Vaters und auf Jesu Macht und Liebe vertraut und an die Verkündigung und Sendung des Sohnes glaubt. Damit überwindet er seine ‚weltliche' Selbständigkeit, den Eigensinn im Denken, Wollen und Handeln. Diese Entweltlichung muß sich gerade wieder in der Welt bewähren: als ‚Glaube an Jesus' im unerschrockenen Bekenntnis, als ‚Vertrauen auf Gott' nicht zuletzt in den Sorgen des alltäglichen Lebens[39]".

Das Wesentliche der Lehre Jesu liegt nicht in bestimmten Einzelforderungen, sondern in seinem Anspruch auf absolute Unterordnung des menschlichen Willens unter den Willen Gottes, unabhängig davon, inwieweit das im Einzelfall „praktisch möglich" ist oder nicht[40]. Das Evangelium „geht bis zum äußersten Radikalismus. Es ist keine Askese, wohl aber eine alle Bedingungen der Möglichkeit und Durchführung beiseite setzende Strenge; die Harmlosigkeit der Lebensfreude selbst ist dabei in keiner Weise gebrochen. In der Richtung auf das Verhältnis zu anderen Menschen gilt ganz das gleiche; alle sittlichen Leistungen dieser Art treten unter den Gesichtspunkt des Wirkens an Gottes Werk, der Offenbarung der in uns aufgenommenen wahren Gesinnung Gottes selbst, der Weckung des Sinnes für die wahre Gotteserkenntnis durch Offenbarung seines Wesens in unserem Handeln. Wie Gott die tätige schaffende Liebe ist und sein Licht leuchten läßt über Gute und Böse, so sollen die gottgeheiligten Menschen ihre Liebe kund werden lassen an Freunden und Feinden, an Guten und Bösen und die Feindschaft wie den Trotz überwinden durch ein Übermaß der Liebe, das den andern beschämt und Verständnis für die Liebe weckt... Alle übrigen Tugenden aber, alle Forderungen der Billigkeit und Gerechtigkeit und ähnliches treten zurück hinter diesen Hauptforderungen, werden nur mehr oder minder zufällig berührt. Sie mögen sich von selbst der Grundtendenz einfügen, die in dem Doppelgebot liegt, Gott zu lieben, das heißt ihm in dem Gehorsam gegen seine Gebote sich hinzugeben, und den Nächsten zu lieben, das heißt im Verkehr mit ihm die Gottesgesinnung der Liebe zu offenbaren und zu wecken[41]".

Der Reich-Gottes-Gedanke, auf diesen Äon konkretisiert in Jesu Forderung nach Gesinnungswandel, macht auch das Verhältnis des Neuen

---

39 Völkl, a. a. O., S. 18 f. - Vgl. auch Troeltsch, a. a. O., S. 34 f.

40 Vgl. Kittel, a. a. O., S. 558 ff.

41 Troeltsch, a. a. O., S. 37 f. - Vgl. auch Schnackenburg, a. a. O., insbes. S. 81.

Testamentes zu den irdischen Gütern, insbesondere zu Eigentum und Reichtum, verständlich. Jesu Predigt ist gerichtet auf die Bereitung des Gottesreiches, sie zielt auf die *innere* Entweltlichung des Menschen, nicht auf irgendwelche gesellschaftsinstitutionellen Reformen und sozialrevolutionären Umgestaltungen. Der Grundgedanke der Verkündigung Jesu, die innere Bereitung für das Kommen des Gottesreiches, bleibt eingefügt in das Ganze der gesellschaftlichen und sittlichen Gedankenwelt des jüdischen Volkes. Jesu Forderung, dem Reich Gottes in der Umkehr der Gesinnung den Weg zu bereiten, geht von der Anerkennung der bestehenden Volksmoral und der jüdischen Gesetze aus und bleibt also formaliter auf dem ethisch-religiösen Boden seiner jüdischen Umgebung, indem die sittlichen Gebote so aufgenommen werden, wie sie sich in der Praxis und in den Anschauungen des täglichen Lebens darstellen. Dennoch erscheinen sie in einem völlig neuen Licht: Jesus verlangt die Anerkennung der sittlichen Gebote nicht in formaler Gesetzestreue, sondern in der Gesinnung der Liebe zu Gott, als Gehorsam gegenüber dem göttlichen Willen. Die überkommenen ethischen Forderungen werden von Jesus „unter die Beleuchtung gestellt, daß in ihrer Erfüllung aus reiner innerer Anerkennung heraus das Handeln unter dem alles durchdringenden und die letzten Gesinnungswurzeln prüfenden Gottesauge steht, daß es im Gehorsam sich hingibt an Gott, um damit das eigentliche und wahre Leben, die wirkliche Seele und den ewigen Wert vor Gott zu gewinnen[42]". Entscheidend ist nur, daß in der Befolgung der einzelnen sittlichen Gebote die Beziehung zu Gott gewonnen und seine Hoheit anerkannt wird: „Suchet vor allem das Reich Gottes und Seine Gerechtigkeit, und alles andere wird euch hinzugegeben werden[43]." Der Anerkennung der Gottesherrschaft muß also der absolute Vorrang vor allem anderen eingeräumt werden, die Hinordnung auf das Gottesreich muß die eigentliche Lebensintention des Menschen darstellen.

Der absolute und universale Anspruch des Reich-Gottes-Gedankens im Neuen Testament stellt zwar die formal-institutionelle Gültigkeit der Eigentumsordnung ebensowenig in Frage wie die der anderen Normen und Institutionen der überkommenen Volksmoral. Aber ebenso wie diese nun ganz in die Richtung und Intention des Reich-Gottes-Gedankens eingefügt werden, so auch das Eigentumsrecht. Wenn also Jesus neben anderen Geboten auch das siebte Gebot bestätigt, so geht es ihm nicht um eine Sanktio-

[42] Troeltsch, a. a. O., S. 35.
[43] Mt 6, 33; ebenso Lk 12, 31.

nierung der Privateigentumsordnung, sondern nur um die Verwirklichung des Zieles seiner Sendung, die Menschen dafür zu gewinnen, daß sie sich innerhalb der gegebenen irdischen Wirklichkeiten für das Gottesreich bereiten[44]. Hier erscheint das Eigentum in ganz neuer Sicht. Es ist, wie die Welt der irdischen Güter überhaupt, nicht ohne Wert, aber auch reich an Gefahren und Möglichkeiten der Ablenkung von dem, was allein dem Menschen not tut, von der Umbesinnung von der Welt auf Gott. Das Eigentum hat nur Wert in dem Maße, wie es jene Umkehr ermöglicht und erleichtert und der Verwirklichung des Gottesreiches den Weg zu ebnen vermag. Nur in dieser Relativität haben die Sachwerte ihr Gutes. Jesus weiß aber, daß der Besitz regelmäßig die von ihm geforderte Metanoia nicht erleichtert, sondern erschwert und den Blick für das Gottesreich verdunkelt: „Das Wort ist ‚unter die Dornen gesät' bei dem, der es wohl hört, bei dem aber die Sorgen um das Zeitliche und der Trug des Reichtums das Wort ersticken, so daß es keine Frucht bringt[45]." Deshalb warnt das Neue Testament vor den Gefahren, die dem Heil des Menschen aus Besitz und Reichtum erwachsen: „Wahrlich, ich sage euch, ein Reicher wird es schwer haben, ins Himmelreich einzugehen. Und wiederum sage ich euch, leichter geht ein Kamel durch ein Nadelöhr als ein Reicher in das Gottesreich[46]."

Wohl wird man unterscheiden müssen zwischen erlaubtem Besitz und gefährlichem, „ungerechtem" Reichtum, der dem Menschen die Nachfolge Christi versperrt. Diese Grenze ist gewiß nicht quantitativ zu bestimmen, vielmehr liegt sie „dort, wo auf Grund des Besitzes das Selbstvertrauen gegenüber Gott und die Lieblosigkeit gegen den Mitmenschen beginnen. Dieser Fehlhaltung kann auch der Arme verfallen, wenn etwa sein Denken und Streben auf Lebenssicherung mittels des Besitzes geht. Die quantitative Grenze kann also hier sehr tief liegen. Sie kann aber beim Besitzenden in der Regel nicht hoch liegen, weil die aufgehäuften Reichtümer fast notwendig zur ‚weltlichen' Gesinnung verleiten ... Die einzige Grenze, die

---

[44] Vgl. Mk 10, 19: Das Gebot „Du sollst nicht stehlen!" ist eingefügt in die Aufzählung anderer sittlicher Gebote. Weder hier noch an irgendeiner anderen Stelle des Neuen Testamentes ist eine Bestätigung und Anerkennung der Privateigentumsordnung ausgesprochen. Zur Ordnung der Güterherrschaft Stellung zu nehmen, sieht Jesus als nicht zu seinem Sendungsauftrag gehörend an. Das Gebot „Du sollst nicht stehlen!" besagt nichts über das für die Regulierung der Güterherrschaft maßgebliche Prinzip; es bezieht sich nicht nur auf eine vom Gedanken des Privateigentums beherrschte, sondern auch auf jede andere Form der Güterordnung.

[45] Mt 13, 22; ebenso Mk 4, 19; Lk 8, 14.

[46] Mt 19, 23 f.; Mk 10, 23 ff.

Jesus nennt, ... ist das ‚Lebensnotwendige'[47]". Was darüber hinausgeht, gehört zum Begriff des Mammons, demgegenüber es nur den Entscheidungsdualismus des Entweder-Oder gibt: „Niemand kann zwei Herren dienen; denn entweder wird er den einen zurücksetzen und den anderen bevorzugen, oder er wird sich umgekehrt an jenen halten und diesen mißachten. Ihr könnt nicht Gott dienen und dem Mammon[48]." Man darf in diesen Entscheidungsdualismus nicht einen metaphysischen Dualismus hineinlesen, der den Reichtum deshalb ablehnt, weil er etwa der „bösen" Welt der Materie angehört, die in sich schlecht sei, wie es Manichäismus und Gnosis lehren. Jesu Warnung vor den Gefahren des Reichtums hat nicht hierin ihren Grund, sondern in der Tendenz der irdischen Güter, den Menschen ganz für sich in Anspruch zu nehmen, ihn zur Weltverfallenheit abzudrängen und das eine Notwendige, die Sorge für das Gottesreich, zu verfehlen.

Man hat deshalb wiederholt darauf hingewiesen, daß namentlich die synoptischen Schriften geradezu einen „reichtumsfeindlichen Charakter" haben[49]. Zu Unrecht habe man das als „Weltfremdheit" Jesu gedeutet, so

---

[47] Völkl, a. a. O., S. 25 f. - Was dieses „Lebensnotwendige" sei, glaubt Völkl der Brotbitte des Vaterunsers (Mt 6, 11; Lk 11, 3) entnehmen zu sollen, die sich auf das gerade für den heutigen Tag nötige Brot beschränkt (vgl. a. a. O., S. 26 f.; ebenso: Neues Testament, übersetzt und erklärt von Otto Karrer. München 1954, Anm. zu Mt 6, 11, S. 38). Eine Bestätigung und Umschreibung der Brotbitte des Vaterunsers sieht Völkl in Mt 6, 25 ff., insbes. 6, 34: „Sorget also nicht auf das Morgen hin: das Morgen wird für sich selbst sorgen. Ein jeder Tag hat an seiner Plage genug." - Im gleichen Sinne Lk 10, 41. - Mit Recht weist Völkl aber darauf hin, daß „das Verbot des Sorgens und die Verheißung des Lebensunterhaltes . . . nicht als eine Aufforderung zu ‚frommem Müßiggang' oder als Verbot der Arbeit um das tägliche Brot gedeutet werden (dürfen). Darin läge letztlich ein Mißverständnis dessen, was ‚weltliches' Sorgen bedeutet. Der Akzent liegt nicht auf der äußeren Sorge, sondern auf der inneren Besorgtheit. Nicht die Arbeit in der Welt und die Unterlassung dieser Pflichten stehen sich gegenüber, sondern einerseits die Geteiltheit des Herzens zwischen Gott und Welt und das Vertrauen auf die eigene Lebenssicherung und andererseits die totale Hingabe an Gott und das restlose Vertrauen auf ihn. In der Bewährung der inneren Haltung spielt allerdings die äußere Welt eine hervorragende Rolle" (a. a. O., S. 22).

[48] Mt 6, 24; ebenso Lk 16, 13. - Das Neue Testament sieht also im irdischen Wohlergehen nicht eine Bestätigung Gottes für die Frömmigkeit des Menschen. Darin sieht Völkl den „entscheidenden Unterschied zum Alten Testament, das von der Hochwertung des Reichtums nie ganz loskommt (z. B. auch Jes 61, 6 f.) und trotz geradezu neutestamentlicher Mahnungen zu restlosem Vertrauen auf Gott (Ps 34, 11; 54, 23; 73, 23—26) doch dem Streben nach eigener Sicherung verhaftet bleibt" (a. a. O., S. 29).

[49] Vgl. Rogge, a. a. O., S. 9 ff.; Völkl charakterisiert die Stellung Jesu zum Besitz auf Grund der synoptischen Schriften folgendermaßen: „Einen Reichtum, der nicht ungerecht wäre, scheint es nach Jesus nicht zu geben, sei es, daß er ungerecht erworben oder daß er ungerecht gebraucht wird . . . (Die Reichen) sind, befangen von den Genüssen der Welt, taub

schreibt Völkl, „denn gerade der klare Blick für die Tatsachen macht es Jesus unmöglich, den Reichtum positiver zu beurteilen. Tatsache ist nämlich, daß der Reiche ‚unmöglich' ins Gottesreich gelangen kann, wenn nicht geradezu ein Wunder geschieht ... Der Mammon hat eine solch faszinierende Kraft, eine solche ‚Blendwirkung' auf den Menschen, daß er ihn geradezu magisch in seinen Dienst zwingt und damit vom Gottes-Dienst trennt. Tatsache ist, daß der Reiche dieser dämonischen Gefahr praktisch immer erliegt, daß er praktisch immer ‚verweltlicht'. Das mag sich darin zeigen, daß er zu sehr an den Freuden und Genüssen hängt, die der Reichtum gewährt[50]." Diese Blendwirkung des Reichtums braucht indessen nicht unter allen Umständen das Ergebnis einer oberflächlichen Weltverfallenheit zu sein, sondern kann seine Wurzeln sogar in einem religiösen Vertrauen auf den irdischen Besitz haben. Der reiche Jüngling „kann die Forderung Jesu, alles zu verkaufen, gerade deswegen nicht verstehen und befolgen, weil er als Jude den Reichtum als Gottes Segen und als Mittel zur Erwer-

---

für die Botschaft vom Reiche Gottes und daher auch für die Forderungen der Nächstenliebe. Ihre Weltlichkeit, die sie vom Reiche Gottes ausschließt, ist letztlich wieder die Selbständigkeit gegenüber Gott und die Selbstsucht gegen die Mitmenschen. Wenn nun der Mammon auf diese Weise seinen Besitzer praktisch immer ‚verweltlicht', so wird es verständlich, warum es bei Jesus eigentlich nur e i n e Verwendung desselben gibt, nämlich ihn wegzugeben. Darauf liegt jedenfalls aller Nachdruck der Aussagen . . . Da diese Gefahr aber praktisch immer ‚Tatsache' wird, gilt die Forderung grundsätzlich. Der Verzicht auf den Reichtum ist also jedenfalls die Regel . . . Die Regel bleibt, daß keiner zugleich Gott und dem Mammon dienen kann und daß der Reiche praktisch immer dem Mammonsdienst oder besser der Mammonsherrschaft verfällt. Davor rettet ihn auch nicht, wenn er einen Teil des Überflusses weggibt und doch ein Reicher bleibt. Der Mammon kann auch nicht als eine Gottesgabe, als ein dem Menschen anvertrautes ‚Gut' betrachtet werden, denn dieses Gottesgeschenk wäre praktisch eine sehr große Versuchung. Der Akzent liegt auch hier nicht auf dem ‚geordneten' Gebrauch des Reichtums, sondern auf dem Weggeben. Damit ist nicht geleugnet, daß das irdische Gut zum Lebensunterhalt gegeben ist, nur darf dieser Gebrauch niemals Mammonsdienst werden" (a. a. O., S. 24 f.; vgl. auch S. 153).

50 Völkl, a. a. O., S. 23 unter Berufung auf Mt 19, 23 ff. und Mk 10, 23 ff.: Nachdem Jesus den Jüngern gesagt hat, daß „leichter ein Kamel durch ein Nadelöhr geht, als daß ein Reicher in das Reich Gottes eingeht", fährt die Schrift fort: „Da erschraken sie um so mehr und sagten untereinander: Wer kann da gerettet werden? Jesus blickte sie an und sprach: Bei Menschen ist es unmöglich, aber nicht bei Gott: bei Gott ist alles möglich" (Mk 10, 26 f.). - Auch Troeltsch erkennt den ganzen Ernst der Forderung Jesu, wenn er schreibt, daß, ihr folgend, der Mensch „mit den Interessen und Unterschieden der Welt schlechterdings keine Kompromisse schließen darf. Ob freilich bei allen dieses Ideal auch wirklich Platz greifen wird, ist eine andere Frage. Hier hemmt die Sünde und die Welt, und angesichts des schweren Kampfes mit der widerstrebenden Welt gilt der Satz, daß viele berufen und wenige auserwählt sind", daß indessen „bei Gott wohl möglich ist, was für Menschenaugen unmöglich erscheint" (a. a. O., S. 40).

bung von Verdiensten sieht. Da also Gott durch den Reichtum gleichsam zugesichert hat, daß der Reiche vor ihm ein Frommer ist, und ihm zugleich mannigfache Möglichkeiten, sich im Hinblick auf die Vergeltung zu sichern, geschenkt hat, bedeutet die Preisgabe des Besitzes eine religiöse Entsicherung[51]."

Weil aber die Besitzenden infolge ihrer Verfallenheit an die irdischen Güter nur schwer für die Predigt vom Gottesreich zugänglich sind, wendet Jesus sich vorzugsweise Armen zu: „Höret, meine lieben Brüder, hat Gott nicht die Armen in dieser Welt erwählt, um sie im Glauben reich zu machen, zu Erben des Reiches, das er denen verheißen hat, die ihn lieben[52]?" Daß Jesu Predigt in besonderer Weise die Armen anspricht, geschieht „in der selbstverständlichen Voraussetzung, daß hier das Wort am wenigsten steinigen oder dornigen Grund findet[53]". Über sie hinaus aber richtet sich die Botschaft Jesu an alle Menschen: Gegenüber der ständigen Gefährdung des Menschen, sein Herz an die Erdendinge zu verlieren und Sklave des Mammons zu werden, ergeht an alle der Ruf zu innerer Loslösung von den irdischen Gütern, zur Anerkennung der Herrschaft Gottes, zur Bewährung und zur Bewahrung der Freiheit aus dem Geist der Liebe: „Eurem Vater hat es gefallen, euch das Reich zu geben. Verkauft eure Habe, um damit wohlzutun[54]!" Zumal der Jünger, den Jesus in seine besondere Nachfolge ruft, muß bereit sein, auf alles zu verzichten: „Es kann keiner von euch mein Jünger sein, der sich nicht von allem löst, was er besitzt[55]."

---

[51] Völkl, a. a. O., S. 24.

[52] Jak 2, 5; vgl. auch Mt 11, 5; Lk 6, 20. - Edgar Salin bemerkt hierzu: „Müßig zu fragen, ob es in Jesu Sendung, ob es in den Notwendigkeiten der Zeit begründet ist, daß das Evangelium sich mit seiner größten Stärke an die unteren Schichten, an die Parias der weltlichen Ordnung, richtet. Sendung und Zeit sind untrennbar voneinander, und jeder Versuch der gedanklichen Auflösung geht fehl. Aber der Tatbestand ist festzuhalten, da er kennzeichnend ist und fortwirkend in drei Jahrhunderten: Nicht in den Trägern der alten Ordnung, sondern in den Ausgestoßenen findet der Heiland seine Jünger und seine ersten Gläubigen, und unermüdlich ergeht sein Wort an die Mühseligen und Beladenen, an die Blinden und Lahmen, an die Armen und Kranken" (Edgar Salin, Civitas Dei. Tübingen 1926, S. 25). Auch Adolf von Harnack stellt fest, daß Jesu Predigt die Armen bevorzuge, weil sie „für den Empfang der Güter des Gottesreiches besser vorbereitet" seien als die „selbstzufriedenen Reichen und auf ihre Gerechtigkeit Stolzen" (Adolf von Harnack, Lehrbuch der Dogmengeschichte. 1. Bd., Freiburg, Leipzig 1894, S. 71 f.). - Vgl. auch Steinmann, a. a. O., S. 139 f.

[53] Troeltsch, a. a. O., S. 47.

[54] Lk 12, 32 f.

[55] Lk 14, 33.

Wer in der Liebe Christi bleibt und in Erwartung der Parusie lebt, wird „Eigentum haben, als hätte er es nicht[56]". Der Christ ist wahrhaft reich durch das ihm geschenkte neue Leben. Er ist „zur Freiheit berufen" und muß sich deshalb von den irdischen Dingen lösen können[57], um mit Hilfe seiner Güter den Mitmenschen „unermüdlich Gutes zu tun[58]". Das Evangelium „mahnt die Reichen in dieser Welt eindringlich, sie mögen nicht hoch hinaus wollen und ihre Hoffnung nicht auf etwas so Ungewisses setzen, wie es der Reichtum ist, sondern auf Gott, der uns alles in reichem Maße zu genießen gibt; sie mögen Gutes tun, reich werden an guten Werken und gern von dem Ihren mitteilen, um es andern zugute kommen zu lassen[59]". „Wenn jemand hat, was er zum irdischen Leben braucht, und seinen Bruder daran Mangel leiden sieht, und er verschließt sein Herz vor ihm — wie kann die Liebe Gottes in ihm Bestand haben? Kinder, laßt uns nicht dem Worte nach und mit der Zunge lieben, sondern in Tat und Wahrheit: Daran werden wir erkennen, daß wir aus der Wahrheit sind[60]."

Die Grundforderung der Predigt Jesu, sich auf das Notwendige, das Kommen des Gottesreiches, zu bereiten und sich von den irdischen Gütern zu lösen, suchte die Urgemeinde mit ganzer Hingabe zu verwirklichen. Obschon auch sie keine soziale Neuordnung anstrebte, ergaben sich doch aus ihrer Entschlossenheit, dem Gebot des Herrn kompromißlos zu folgen, Rückwirkungen auch auf den institutionellen Bereich des Zusammenlebens und die äußere Organisation der sozialen Verhältnisse. Reich-Gottes-Gedanke und Liebesgebot wirkten in der Urgemeinde, vor allem infolge ihrer eschatologischen, die nahe bevorstehende Wiederkunft des Herrn erwartenden Grundhaltung, noch so stark, daß sie auch ihr ökonomisches Verhalten bestimmten und zur „Organisation eines Kommunismus" führten, „den man im Unterschied von allem anderen Kommunismus den religiösen Liebeskommunismus nennen muß. Das ist ein Kommunismus, der die Gemeinsamkeit der Güter als Beweis der Liebe und des religiösen Opfersinns betrachtet, der lediglich ein Kommunismus der Konsumtion ist und den fortdauernden privaten Erwerb als die Voraussetzung der Möglichkeit von Schenkung und Opfer zur Bedingung hat[61]." Die Apostelgeschichte

56 1 Kor 7, 30; vgl. dazu Völkl, a. a. O., S. 238 f., 354.
57 Gal 5, 13 ff.
58 Gal 6, 10; vgl. auch 2 Kor 8, 1 ff.
59 1 Tim 6, 17 f.
60 1 Joh 3, 17 ff.; vgl. auch Jak 4, 4; 5, 1 ff. (dazu Völkl, a. a. O., S. 362 ff.).
61 Troeltsch, a. a. O., S. 49. - Vgl. auch R. A. Hoffmann, Besitz und Recht in der Gedankenwelt des Urchristentums. Berlin 1921.

berichtet darüber: „Die Menge derer, die sich dem Glauben zugewandt hatten, war ein Herz und eine Seele. Niemand sagte von seinem Besitztum, es sei sein eigen, sondern sie hatten alles gemeinsam. Mit großer Macht legten die Apostel Zeugnis ab von der Auferstehung Jesu, des Herrn, und reiche Gnade ruhte auf ihnen allen. Es gab keinen unter ihnen, der Not zu leiden hatte: Die Grundstücke oder Häuser besaßen, veräußerten sie und brachten den Erlös des Verkauften, um ihn den Aposteln zu Füßen zu legen, und jedem einzelnen wurde davon soviel abgegeben, als er gerade nötig hatte. So besaß Josef, von den Aposteln ‚Barnabas', das ist ‚Sohn des Trostes', genannt, ein Levit und seiner Herkunft nach ein Cyprier, eine Liegenschaft, die er verkaufte, um das Geld zu bringen und den Aposteln zu Füßen zu legen[62]."

Die Gütergemeinschaft der Urgemeinde kann nicht als Reform der Gesellschafts- und Wirtschaftsordnung verstanden werden, es fehlte ihr der Gedanke eines sozialen Programms. Sie ist nicht Grundidee, sondern Folgeerscheinung einer Grundhaltung, der bedingungslosen Bereitschaft, die Herrschaft Gottes anzuerkennen und Jesu Forderung der Gottes- und Nächstenliebe zu verwirklichen. So wurde dieser Liebeskommunismus, obwohl wesenhaft religiös verwurzelt, auch sozial von großer Tragweite, indem er, wenngleich in seinem Ansatz „negativer" Kommunismus, so doch in seinen historischen Auswirkungen immer wieder Bestrebungen eines „positiven" Kommunismus zeitigte[63]. Die Charakterisierung dieses Liebeskommunismus

62 Apg 4, 32 ff.; vgl. auch Apg 2, 44 f.; 5, 1 ff.

63 Bemerkenswert ist in diesem Zusammenhang der Hinweis Troeltschs, daß von der Predigt Jesu her in ihrer historischen Auswirkung „die Konsequenz des Liebeskommunismus bestehen (blieb). Die späteren Gemeindebildungen haben in Zeiten der Not ihm gewiß sich oft wieder genähert. Die theoretischen Darlegungen der späteren Kirchenväter verkündigen ihn vielfach als die eigentliche christliche Grundlehre: frei und allen gemein wie Licht, Luft und Erde, wie der Ursprung aus Gott und die Bestimmung für Gott sei allen der irdische Besitz durch die alles mitteilende Liebe. Wo man es dann später rein abstrakt wieder unternahm, Weisungen Jesu über soziale Dinge, d. h. über die absolute Opferbereitschaft der Liebe, zu formulieren, da entstand stets von neuem aus der inneren Konsequenz der Sache der Liebeskommunismus. Das Mönchtum, die mittelalterlichen kommunistischen Bewegungen, die Wiedertäufer, moderne Schwärmer und Idealisten, alle sind auf dieser Spur gegangen. Es steckt ein revolutionäres Element darin, freilich an sich ohne jeden Willen zur Revolution. Auch die Kirche hat diese Konsequenz sehr wohl empfunden und anerkannt", sich aber „mit der Gestaltung ihrer Naturrechtslehre dieser Konsequenz (entzogen), indem sie sie zugleich anerkannte, nur freilich nicht für die Gegenwart, sondern für den Urstand. Für die Gegenwart aber wandert die Gemeinde schon von Paulus ab ganz andere Wege, und zwar prinzipiell sozialkonservative Wege" (a. a. O., S. 50 f.). - Vgl. auch G. Morin, Mönchtum und Urkirche. München 1922, insbes. S. 136. - Locher, Eigentum, a. a. O., Sp. 366 f.

der Urgemeinde als „organisierte Armenpflege“ durch Schilling[64] liegt zwar in der Tendenz seiner üblichen Abschwächung der sozialen Bindung des Eigentums, geht aber an den Tatsachen vorbei und widerspricht überdies seinem andernorts eingeräumten Zugeständnis, daß „mindestens in einem Teil der Gemeinde Zustände geherrscht zu haben scheinen nach Art eines religiösen Kommunismus; wenigstens ist der Eindruck, wenn man die starken und wiederholten Wendungen ins Auge faßt, ein unmittelbarer, daß kommunistische Elemente die ‚Verfassung‘ der Urgemeinde durchzogen; befand sich ja doch die Entwicklung der Gemeinde in vollem Flusse, und gab es doch in der Lehre Jesu manche Keime, die zu solchem Ziele strebten und tatsächlich in dieser Richtung sich entwickelt haben. Sicher war die Urgemeinde mit ihrer Begeisterung, ihrer Erwartung des nahen Weltendes . . . ein geeigneter Boden für kommunistische Gestaltung der sozialen Beziehungen[65].“

Die schon naturrechtlich, vom Anspruch der Gemeinwohlgerechtigkeit her relativierte Privateigentumsinstitution erfährt durch das Neue Testament eine weitere Relativierung: Privateigentum hat nur Sinn im Dienste der Verwirklichung des Gottesreiches. Treffend hat Matthias Laros schon vor vielen Jahren das Verhältnis der neutestamentlichen Offenbarung zum Eigentum charakterisiert. Laros' Gedanken waren damals keine sonderliche Beachtung und weitgreifende Wirkung beschieden. Um so mehr verdienen sie es, in das Bewußtsein der Zeit zurückgerufen zu werden. Deshalb seien sie hier wörtlich wiedergegeben: „Was sagt das Evangelium zum Eigentumsrecht? Was die Väter und großen Theologen? Es ist possierlich zu sehen und charakteristisch zugleich, wie der Abwehrkampf gegen die Sozialdemokratie unsere eigene Front verschoben hat. Nicht mit einem Worte spricht Jesus vom Rechte des einzelnen auf Eigentum und den daraus fließenden Befugnissen. Im Gegenteil geht der ganze Tenor seiner Predigt auf die soziale Bindung von Besitz und Reichtum und weiter auf eine rechte Geringschätzung des Geldes. Ein schneidenderer Gegensatz zur Mentalität derer, die das Eigentumsrecht, d. h. ihren Besitz, möglichst weitgehend verteidigen und von jeder Beschränkung befreit sehen möchten, läßt sich nicht denken. Und doch werden Jesu Worte und die Lehre der Apostel indirekt und aus gelegentlichen Nebenbemerkungen immer wieder für das Privateigentum angeführt. Mit Recht gegen einen Kommunismus, der das Naturrecht einseitig zugunsten der Armen und Enterbten umstößt und eine gesunde

64 Otto Schilling, Der kirchliche Eigentumsbegriff. 2. Aufl., Freiburg 1930, S. 21.
65 Schilling, Reichtum und Eigentum, a. a. O., S. 17.

Wirtschaftsordnung nicht weniger unmöglich macht als der extreme Kapitalismus. Es ist auch begreiflich, daß das Ethos dieser Frontstellung wesentlich durch die Religionsfeindlichkeit beeinflußt ist, mit der der Sozialismus infolge seiner zeitgeschichtlichen Entfaltung aus der materialistischen Geschichtsauffassung ursprünglich aufgetreten ist und die Massen vergiftet hat. Aber für den, der sehen will, kann es gar nicht zweifelhaft sein, daß Jesu und seiner Apostel Sympathie nicht auf seiten der Reichen und Satten, sondern der Armen und Bedrückten war, nicht in dem Sinne, als ob Reichtum an sich verwerflich sei oder Armut aus sich schon adelte, sondern mit Rücksicht auf die Wirkungen beider für den inneren Menschen und seine ewige Bestimmung. Und nachdem der Sozialismus als wirtschaftliches System sich weitgehend von den Muttermalen seiner Geburt gereinigt hat, besteht erst recht kein Grund mehr, die christliche Auffassung in der ungesunden und unnatürlichen Bundesgenossenschaft mit Interessentenkreisen zu lassen, die das Evangelium und die christliche Tradition nicht um der Religion und ihres ewigen Heiles willen, sondern zur Stütze und zum ideellen Schutz ihres Besitztums anrufen. Zu lange schon ist durch die bisherige Frontstellung gegenüber einem religionsfeindlichen Sozialismus der Verdacht in den Massen geweckt worden, daß die Kirche und ihre menschlichen Vertreter innerlich auf seiten des Besitzes stehen und nach dem Prinzip des gegenseitigen Gebens und Nehmens einen geheimen Bund geschlossen haben, dessen Leidtragende die Armen und Enterbten sind[66]."

2. Ortsbestimmung des Eigentums im System der Güterlehre

a) Personalität als Grund für die Möglichkeit der Güterherrschaft

Die Zurückführung ihrer Entscheidung für das Privateigentum auf die Prinzipien der Naturrechtslehre ist ein Kriterium der christlichen Eigentumslehre, mit dem sie sich abhebt von mehr vordergründigen Eigentumsbegründungen aus „Freiheit", „Menschenwürde" und „Menschenrechten", die dem säkularisierten, rationalistischen Naturrecht der Aufklärung des 18. Jahrhunderts entstammen, aber für sich, ohne den Bezug zu einer transzendenten Wertordnung, eines tragfähigen Fundamentes und der verpflichtenden, das Gewissen bindenden Kraft entbehren.

In der Frage nach dem Grund des Eigentums geht die christliche Eigentumslehre von der These aus, daß im letzten Gott allein Herr aller Dinge

[66] Laros, a. a. O., S. 40 f. - Diese Feststellung Laros' bestätigte Pius XI. in Quadragesimo anno, n. 123 ff.

ist und daß ihm allein absolutes Eigentum zukommt: „Deus habet principale dominium omnium rerum[1].“ Gott als Schöpfer aller Dinge ist in einer uneingeschränkten Herrschaftsgewalt auch Eigentümer alles Geschaffenen.

Der Mensch aber als vernunftbegabtes, mit der Freiheit des Willens ausgestattetes Geschöpf zeichnet sich vor allem anderen Geschaffenen aus durch seine Gottebenbildlichkeit: „Lasset uns den Menschen machen nach unserem Ebenbild, uns ähnlich[2].“ Als geistiges, auf sich hingeordnetes Wesen ist der Mensch Person, ein Geschöpf, dem das Dasein gegeben ist um seiner selbst willen. Die übrige Schöpfung aber, der Vernunft und Freiheit fehlen und damit auch die Würde der zur Selbstentscheidung aufgerufenen Person, ist auf den Menschen hin erschaffen als Mittel der Verwirklichung menschlicher Zwecke, was wiederum die Offenbarung ausgesprochen hat: „Erfüllet die Erde und machet sie euch untertan! Herrschet über die Fische des Meeres, über die Vögel des Himmels und über jedes Lebewesen, das sich auf Erden regt[3].“

Seine Begründung also findet das Eigentum als Herrschaftsmacht über Güter in der Überordnung der Person über die vernunftlose Schöpfung, die dem Menschen zugeordnet ist, damit er sie in den Dienst seiner körperlichen und geistigen Entfaltung stelle, ohne daß damit Gottes absolute Herrschaftsmacht über alles Geschaffene in Frage gestellt würde.

Aus dieser absoluten Verfügungsmacht Gottes über die Erdengüter folgt freilich, daß der Mensch nur ein entlehntes, eine Art Untereigentum haben kann. Deshalb verdeutlicht das Neue Testament die Funktion des Eigentümers im Bild des Verwalters, der sich in Beziehung zu Gott nicht als Herr und Eigentümer betrachten soll, sondern als Treuhänder, dem die Dinge anvertraut sind, damit er im Dienste Gottes, des höchsten Eigentümers aller Dinge, Gutes tue und den Sinn seiner Personalität verwirkliche[4]. Diese Treuhänderschaft bedeutet für den Menschen aber die Berufung, an Gottes Allherrschaft teilzunehmen. So ist auch ihm im vollen, nicht nur analogen Sinne Herrschaftsmacht über die Güter, dominium verliehen. Thomas formuliert: „Res exterior potest dupliciter considerari. Uno modo, quantum ad eius naturam: quae non subiacet humanae potestati, sed solum divinae, cui omnia ad nutum obediunt. Alio modo, quantum ad usum ipsius rei. Et

1 Thomas v. Aquin, S. th. II, II, 66, 1 ad 1.

2 Gen 1, 26.

3 Gen 1, 28. - Vgl. dazu Arthur F. Utz, Freiheit und Bindung des Eigentums. Heidelberg 1949, S. 25 ff.

4 Vgl. Lk 16, 1—12. - Vgl. dazu auch Hermann J. Wallraff, Das Eigentum in christlicher Sicht. In: Ordo Socialis, 3. Jg. 1955, S. 16—25.

sic habet homo naturale dominium exteriorum[5]." Das könnte, worauf Eberhard Welty hingewiesen hat[6], zu einem Mißverständnis führen, sofern daraus der Schluß gezogen wird, Thomas habe dem Menschen nur die Nutzung, nicht aber das Eigentum an den Gütern zusprechen wollen. „Natura" bedeutet aber hier allgemeine Wesenheit, essentia (substantia secunda, im Unterschied zu der durch die existentia individualisierten substantia prima des Einzeldings). Über die Natur der Sache im Sinne ihrer allgemeinen, abstrakten und nichtindividualisierten Wesenheit kann der Mensch freilich keine Verfügungsmacht ausüben, wohl aber über die konkrete Substanz einer Sache als Individualisierung einer allgemeinen Wesenheit durch die Existenz. Thomas will sagen, die Verfügungsmacht des Menschen knüpft an die Nutzungsmöglichkeit an (ad usum), und „weil die äußeren Güter zum Nutzen des Menschen da sind, darf er sie sich zum Eigentum erwerben, und zwar soweit, als er aus ihnen Nutzen zu ziehen vermag[7]".

Thomas lehrt im Anschluß an Aristoteles, daß die Möglichkeit der Güterherrschaft in der Natur des Menschen grundgelegt sei und daß in der seinsmäßigen Überlegenheit der vernunftbegabten und frei sich entscheidenden Person das Herrschaftsrecht über die Sachgüter seine Wurzeln habe: „Quia per rationem et voluntatem potest uti rebus exterioribus ad suam utilitatem, quasi propter se factis; semper enim imperfectiora sunt propter perfectiora ... Et ex hac ratione Philosophus probat (1 Pol. c. 8), quod possessio rerum exteriorum est homini naturalis[8]." Der Mensch hat also Verfügungsmacht über die Dinge von Natur aus, als geistbegabte und entscheidungsmächtige Person, um deretwillen die Güter geschaffen sind: quasi propter se factis. Als den tieferen Grund dieser Herrschaftsmacht bezeichnet Thomas gleich anschließend unter Berufung auf Gen 1, 26 die Gottebenbildlichkeit des Menschen: „Hoc autem naturale dominium super ceteras creaturas ... competit homini secundum rationem, in qua imago Dei consistit[9]."

---

[5] S. th. II, II, 66, 1 c.

[6] Vgl. Eberhard Welty, Die Entscheidung in die Zukunft. Grundsätze und Hinweise zur Neuordnung im deutschen Lebensraum. Heidelberg 1946, S. 274.

[7] Welty, a. a. O., S. 275.

[8] S. th. II, II, 66, 1 c. - Vgl. auch Arthur F. Utz, Kommentar zu Thomas v. Aquin, Recht und Gerechtigkeit (S. th. II, II, 57—79). Deutsche Thomas-Ausgabe, 18. Bd., Heidelberg 1953, S. 490 ff.

[9] a. a. O. - Auch die Eigentumsbegründungen Leos XIII. und Pius' XI. setzen bei diesem Gedanken der Geistnatur des Menschen an als dem Grund jeglicher Güterherrschaft überhaupt (vgl. R. n., n. 5, 7; Q. a., n. 45).

Mit dem Hinweis auf die Gottebenbildlichkeit des Menschen ist zwar der Grund für jegliche Herrschaftsmacht über die Sachgüter bezeichnet, es ist damit aber noch nicht entschieden, in welcher Form sie auszuüben ist. Denkbar wäre immerhin außer der Privateigentumsordnung auch die Güterherrschaft in der Form der Gütergemeinschaft oder etwa des öffentlich-rechtlichen Eigentums als primärer und nicht lediglich subsidiärer Eigentumsform. Für die gesellschaftsorganisatorische Frage der Ordnung der Güterherrschaft ist allein dem eben beschriebenen Verhältnis von Mensch und Dingwelt noch nichts zu entnehmen. Aus der Personalität des Menschen läßt sich nur das Faktum, nicht der Modus der Güterherrschaft ableiten. Das ist die Überzeugung des hl. Thomas, der in dem eben zitierten ersten Artikel von S. th. II, II, 66 sich darauf beschränkt, den Grund für die Möglichkeit der Güterherrschaft aufzuweisen: die Personalität, verstanden als die Gottebenbildlichkeit des Menschen, ohne daraus schon irgendwelche Schlußfolgerungen für die geschichtliche Form der Güterherrschaft zu ziehen. Thomas kommt es zunächst nur auf die ganz abstrakte Feststellung an, daß es der personalen Natur des Menschen gemäß sei, über die Güter zu herrschen und sie in seinen Dienst zu nehmen. Von hier bis zur Begründung des individuellen Privateigentumsrechtes bedarf es noch eines differenzierten logischen Prozesses, der nur mit Hilfe des Gemeinschaftsgedankens zu einem Ergebnis führt und den Bereich der zwischenmenschlichen Beziehungen sowohl auf der sozialmetaphysischen als auch auf der soziologisch-rechtlichen Ebene durchlaufen muß, wenn man zu einem Naturrecht des privaten Eigentums kommen will[10].

---

[10] Vgl. hierzu und zum folgenden: Utz, a. a. O., S. 490 ff. - Oswald v. Nell-Breuning, Die Eigentumsfrage in neueren kirchenlehramtlichen Verlautbarungen. In: WG I, S. 371 ff. - Léon de Sousberghe, Propriété de «droit naturel». Thèse néo-scolastique et tradition scolastique. In: Nouvelle Revue Théologique, t. 72, 1950, p. 580 ff.; dt.: Das Privateigentum als Naturrecht. Eine neuscholastische These im Lichte der scholastischen Tradition. In: Dokumente, 7. Jg. 1951, S. 123 ff. - Robert Zimmermann, Das ius utendi bei Thomas v. Aquin und in den päpstlichen Soziallehren. In: Freiburger Zeitschrift für Philosophie und Theologie, 1. Jg. 1954, S. 302 ff. - Cyrill von Korvin-Krasinski, Über die Krisis des modernen Sondereigentumsbegriffes. 2. Aufl., Freiburg/Schweiz 1958. - Eberhard Welty, Herders Sozialkatechismus. III. Bd., Freiburg 1958. - Franz Klüber, Der Ort des Privateigentums im System des Naturrechts. In: Die neue Ordnung, 13. Jg. 1959, S. 81 ff. - Johannes Messner, Das Naturrecht. Handbuch der Gesellschaftsethik, Staatsethik und Wirtschaftsethik. 4. Aufl., Innsbruck, Wien, München 1960, S. 948 ff. - P. D. Dognin, Das Eigentum und die modernen Wirtschaftsstrukturen nach der Lehre des hl. Thomas von Aquin. In: Die neue Ordnung, 15. Jg. 1961, S. 321 ff., 422 ff. - Matthias Laros, Vom christlichen Eigentumsrecht, a. a. O., S. 37 ff. - Fedor Stepun, Die Pflicht zum Eigentum und das Recht der Enteignung. In: Hochland, 39. Jg. 1946/47, S. 20 ff.

b) Das Gemeinwohl als oberstes Ordnungsprinzip der Güterherrschaft

Nachdem festgestellt worden ist, daß der Mensch, die natura humana, an sich zur Güterherrschaft fähig und befugt ist, muß nun die Frage geklärt werden, auf welche Weise sich diese Güterherrschaft geschichtlich unter einer Vielzahl von Menschen, die durch das Band zwischenmenschlicher Beziehungen und Gebilde zur Gemeinschaft miteinander verbunden sind, zu vollziehen habe. Unsere Frage richtet sich also auf das für die Gestaltung der Güterherrschaft innerhalb der Gemeinschaft maßgebliche Prinzip.

Immer dann, wenn es um die rechte Ordnung zwischen den Menschen, aber auch um die zwischen ihnen und den auf sie bezogenen Dingen und Einrichtungen geht, gibt uns der Begriff des Gemeinwohls eine Wegweisung, um zu einer Antwort zu kommen.

Der Mensch ist als animal sociale von seiner Natur her auf das Zusammenleben mit Personen, auf die Ergänzung durch die Gemeinschaft angelegt und dazu berufen, innerhalb der Gemeinschaft den Sinn seiner Existenz, die Aneignung von Werten im Tun des Guten zu verwirklichen. Der Sinn der Gemeinschaft aber ist es, dem Menschen die Hilfen zu gewähren, die ihm die Erreichung jenes Lebensziels ermöglichen. Damit ist schon der Gedanke des Gemeinwohls angesprochen. Wir verstehen unter Gemeinwohl das Ganze der gesellschaftlichen Bedingungen, unter denen die einzelnen in ihrer naturhaften Gemeinschaftsverbundenheit gemäß ihrer besonderen personalen Bestimmung zur allseitigen Entfaltung ihres Menschtums gelangen und das Gesamtgute der Menschennatur, ihre Vervollkommnung als Person, erreichen können[11]. Das Gemeinwohl ist die Tauglichkeit der Gemeinschaft, die Kräfte der einzelnen zu wecken und zu fördern, „ein gesellschaftlicher Zustand, der jedem einzelnen denjenigen Platz in der

---

[11] Vgl. Oswald v. Nell-Breuning, Gemeingut, Gemeinwohl. In: Zur christlichen Gesellschaftslehre (Wörterbuch der Politik, H. 1). 2. Aufl., Freiburg 1954, Sp. 51 ff. - Eberhard Welty, Gemeinschaft und Einzelmensch. Eine sozialmetaphysische Untersuchung, bearbeitet nach den Grundsätzen des hl. Thomas von Aquin. 2. Aufl., Salzburg, Leipzig 1935, S. 210 ff. - Ders., Ursprung und Wesen der menschlichen Gesellschaft. In: Herders Sozialkatechismus. I. Bd., Freiburg 1951, S. 64 ff. - Ders., Das „konkrete" Gemeinwohl. In: Die neue Ordnung, 13. Jg. 1959, S. 321 ff. - Ders., Das Gemeinwohl als Rechtsgrundlage. In: Naturordnung in Gesellschaft, Staat, Wirtschaft (Messner-Festschrift). Innsbruck, Wien, München 1961, S. 398 ff. - Theodor Geppert, Teleologie der menschlichen Gemeinschaft. Grundlegung der Sozialphilosophie und Sozialtheologie. Münster 1955, S. 54 ff. - Edgar Nawroth, Das Gemeinwohl in „Mater et Magistra". In: Die neue Ordnung, 16. Jg. 1962, S. 1 ff. - Johannes Messner, Das Gemeinwohl. Idee, Wirklichkeit, Aufgaben. Osnabrück 1962.

Gesellschaft gewährleistet, der ihm zukommt und auf dem er seine gottgegebenen Anlagen und Kräfte zu entfalten imstande ist, um zu seiner körperlichen, geistigen und sittlichen Vollendung zu gelangen; um im Dienst an der Gemeinschaft zugleich sich selbst an inneren und äußeren Gütern zu bereichern[12]".

Der Begriff des Gemeinwohls umschließt zwei Sachverhalte: einen inhaltlichen und einen organisatorischen Wert[13]. Im ersten Fall ist an die Vervollkommnung der Person als ens sociale in der Gemeinschaft und durch sie gedacht, an das „Gemeingut", an das „Gesamtgute der menschlichen Natur", auf das hin alle gesellschaftlichen Tätigkeiten und Einrichtungen zielen müssen[14]. An diesen Sachverhalt denken die Vertreter der thomistischen Schule in erster Linie, wenn sie von Gemeinwohl sprechen. Im zweiten Fall handelt es sich um einen Ordnungsbegriff, um die rechte organisatorische Verfaßtheit, derer eine Gemeinschaft bedarf, um ihr Ziel, das Gesamtgute der Person, zu erreichen. Dieses Merkmal steht bei den meisten Vertretern des Solidarismus im Vordergrund, wenn von Gemeinwohl die Rede ist, selbstverständlich unter Einschluß des Zieles, dem alle organisierende Tätigkeit der Gesellschaft zu dienen hat, der Förderung der Person. Ob im Einzelfalle mehr an das eine oder mehr an das andere Element des Gemeinwohl-Begriffes gedacht ist, muß jeweils festgestellt werden. In diesem Zusammenhang geht es um beides: um die Entfaltung der Person mit Hilfe der richtigen Organisiertheit der gesellschaftlichen Institutionen und Veranstaltungen.

Wenn das Gemeinwohl als die rechte gesellschaftliche Verfassung bezeichnet wird, die dem Menschen die Verwirklichung seines Lebenssinnes ermöglichen soll, so heißt das nicht, daß die gesellschaftlichen Zustände bereits in guter Ordnung sind und die Gemeinschaft schon alle die organisatorischen Voraussetzungen hat, die zu ihrem Gemeingut gehören und zur Bereicherung und Werterhöhung ihrer Glieder notwendig sind. Das Gemeinwohl ist Wirklichkeit und Ziel der Gemeinschaft zugleich. Es ist der tragende Grund und die bindende Kraft jeder Gemeinschaft, ohne die sie gar nicht bestehen könnte. Das Gemeinwohl ist sozusagen die Seele der Gemeinschaft, ihr Formprinzip, das ihre Gestalt bestimmt, es ist ihre Entelechie, die allen gesellschaftlichen Tätigkeiten die Richtung weist. Damit ist nicht ausgeschlossen, daß manches geschieht, was dem Gemeinwohl

---

12 v. Nell-Breuning, a. a. O., Sp. 56.

13 Vgl. v. Nell-Breuning, a. a. O., Sp. 54.

14 Vgl. Welty, Gemeinschaft, a. a. O., S. 220 ff. - v. Nell-Breuning, a. a. O., Sp. 51 f.

entgegensteht. Im ganzen muß aber das Gemeinwohl als Leitidee gesellschaftlichen Tuns anerkannt werden und wirksam sein, wenn nicht der Bestand der Gemeinschaft gefährdet werden soll.

Jede Gemeinschaft hat ihren besonderen Zweck, also auch ihr besonderes Gemeinwohl: Familie, Berufsstand, freie Vereinigungen, Gemeinde, Staat. Das Gemeinwohl der Familie besteht in jener Verfaßtheit der Familie, die ihren Gliedern alle die besonderen, in der Natur der Familie gründenden Werte vermittelt und sie in den Stand setzt, auch ihrerseits die Ordnung des Familienlebens mitzugestalten. Das Gemeinwohl des Berufsstandes besteht in der beruflichen Förderung der Glieder durch den Berufsstand und des Berufsstandes durch seine Glieder. Die unübersehbar vielen freien Vereinigungen haben meist ein sehr eng umgrenztes Ziel. Sie sind auf die Verwirklichung eines wissenschaftlichen, künstlerischen, religiösen, politischen, wirtschaftlichen oder eines sonstigen Wertes gerichtet. Sie sind also in verschiedener Weise und auch in verschiedener Intensität am Aufbau des gesamtgesellschaftlichen Gemeinwohls beteiligt. Dessen umfassende Verwirklichung ist dem Staat als dem obersten Hüter des Gemeinwohls aufgegeben. Der Staat als Integration aller irdischen Gemeinschaften richtet sich auf die allseitige Erfüllung des Menschtums seiner Glieder und umspannt deshalb mit dem ihm eigenen Zweck die Gesamtheit aller leiblichen und geistigen Güter, welche für das Wohl der einzelnen und der kleineren Gemeinschaften bedeutsam sind. Weil der Staat die letzte Verantwortung für das Gemeinwohl der von ihm umschlossenen Gemeinschaft trägt, „liegt keiner dieser Werte und keines dieser Ziele und folgerecht keiner dieser Kultursachbereiche selbst schlechthin außerhalb der Reichweite, der Zuständigkeit und der Verantwortung des Staates, gibt es keine in diesem Sinne ‚staatsfreien Räume'" ... Der Staat als societas completa umschließt „unverkürzt alle menschlichen Kultursachbereiche und folgerecht auch deren Träger, d. i. die Gesamtheit aller menschlichen Vergemeinschaftungen[15]".

Das Gemeinwohl als Sinnbestimmung der Gemeinschaft steht unter dem Anspruch der sozialen Gerechtigkeit, die deshalb auch wohl als Gemeinwohlgerechtigkeit bezeichnet wird[16]. Das Anliegen der sozialen Gerechtigkeit ist — im Unterschied zu den speziellen Gerechtigkeitsformen der ausgleichenden, austeilenden und gesetzlichen Gerechtigkeit — auf das soziale Ganze gerichtet. Ihr geht es darum, die grundlegenden Ordnungsstrukturen

[15] Oswald v. Nell-Breuning, Staat. In: Zur christlichen Staatslehre (Wörterbuch der Politik, H. 2). 2. Aufl., Freiburg 1957, Sp. 6 f.
[16] Vgl. Welty, a. a. O., S. 225.

zu schaffen, sie aber auch in jeder Situation gemäß den wechselnden geschichtlichen Gegebenheiten neu zu formen und ständig die Weichen zu stellen, damit auch die speziellen Gerechtigkeitsformen die Richtung auf das Ganze nicht verfehlen und innerhalb ihres Bereiches zum Aufbau des Gemeinwohls beitragen. Es wäre irrig, anzunehmen, daß mit der Konzeption und dem Aufbau einer gesellschaftlichen Gesamtordnung das Gemeinwohl für immer gesichert sei. Zwar geht es der sozialen Gerechtigkeit um die Struktur der Gesellschaft. Deren Ordnung ist aber keine tote Apparatur, sondern ein Organismus, der lebt und sich wandelt. Damit ist zum Ausdruck gebracht, daß es nicht möglich ist, ein für alle Zeiten gültiges Modell zu schaffen, das nun allen Einzelakten der ausgleichenden, austeilenden und gesetzlichen Gerechtigkeit für immer Ort und Ziel anweisen könnte. Jede geschichtliche Gesellschaftsordnung ist einem ständigen Wandel unterworfen. Mit diesen „Wandlungen im tatsächlichen Gefüge des gesellschaftlichen Körpers unterliegen auch die Rechtsstellungen, die Rechtsansprüche und rechtlichen Verbindlichkeiten aller einer ständigen Um- und Fortbildung[17]".

Es ist die Aufgabe der sozialen Gerechtigkeit, diesen Prozeß der gesellschaftlichen Entwicklung planend und vorschauend in den Griff zu bekommen, damit die Gesellschaft von ihm nicht wie von einem blinden Fatum überfallen werde. Die soziale Gerechtigkeit ist also auf das Gesellschaftsleben „gerade in seiner ständigen Bewegung, in seinem funktionalen Zusammenhang" gerichtet[18]. Es ist ihr aufgegeben, „nach besten Kräften auf die Schaffung, d. i. die geistige Erarbeitung und tatsächliche Verwirklichung einer den gegenwärtigen wahren Lebensbedürfnissen der Gemeinschaft so vollkommen als möglich entsprechenden Lebensordnung der Gemeinschaft hinzuarbeiten[19]". Indem die soziale Gerechtigkeit die Gerechtigkeitsnorm des suum cuique als einen auf die Ordnung des sozialen Ganzen gerichteten Anspruch versteht, entspricht ihr Anliegen genau dem Sachverhalt des Gemeinwohls. Pius XI. sagt: „Es ist gerade der sozialen Gerechtigkeit eigen, von den einzelnen all das zu fordern, was zum Gemeinwohl notwendig ist[20]." Deshalb ist sachlich nichts dagegen einzuwenden, beide Begriffe, wie das häufig — insbesondere in der Enzyklika Quadragesimo anno — geschieht,

---

17 Oswald v. Nell-Breuning, Iustitia socialis. In: Zur sozialen Frage (Wörterbuch der Politik, H. 3). 2. Aufl., Freiburg 1958, Sp. 42.

18 Gustav Gundlach, Solidarismus. In: Staatslexikon. 4. Bd., Freiburg 1931, Sp. 1616.

19 v. Nell-Breuning, a. a. O., Sp. 42.

20 Pius XI., Divini Redemptoris, 1937 (abgedruckt in: Mensch und Gemeinschaft in christlicher Schau, hrsgg. von E. Marmy. Freiburg/Schweiz 1945, n. 216).

synonym zu gebrauchen; denn sie umschließen den gleichen Tatbestand: die rechte Ordnung des Ganzen. Diese wird im Begriff des Gemeinwohls als seinsmäßige, als sozialmetaphysische Gegebenheit ausgesagt und im Begriff der sozialen Gerechtigkeit als sozialethische Forderung vorgestellt. Was sachlich eine Einheit bildet, wird um des besseren Verständnisses willen logisch getrennt. Der Gegenstand ist der gleiche, unterschiedlich sind nur die Gesichtspunkte der Betrachtungsweise.

Das Gemeinwohl ist aus Wesen und Sinn der Person als ens individuale et sociale abgeleitet und insofern norma normata. Da es aber Grund und Richtung für alle gesellschaftlichen Veranstaltungen und Institutionen bezeichnet, ist es auch norma normans für das Ganze der gesellschaftlichen Ordnung[21]. Eberhard Welty formuliert: „Nächste und unmittelbare Norm der Gemeinschaft ist einzig und allein ihr eigenes Gemeinwohl; auf Grund ihres Gemeinwohls besitzt die Gemeinschaft ein volles, allseitiges Recht über das Privatwohl ihrer Glieder; die Ausübung dieses Rechts wird einzig vom Gemeinwohle her unmittelbar motiviert[22]." Es gibt keine gesellschaftlichen Gebilde und Tätigkeiten, die ohne die Legitimation durch das Gemeinwohl rechtlich gültig und also begründbar wären. Ohne die Orientierung am Gemeinwohl wären weder die Personen noch die Gemeinschaft existenzfähig. Deshalb ist das Gemeinwohl der tragende Grund und das zentrale Prinzip für die Ordnung des Gemeinschaftslebens, das „oberste Gesetz" (suprema lex), wie Leo XIII. es nennt[23]. Auch in den Verlautbarungen Pius' XI. und Pius' XII. erscheint das Gemeinwohl als die Grundnorm der gesellschaftlichen Ordnung. Pius XI. lehrt: „Das menschliche Gemeinschaftsleben insgesamt ist durch die öffentlichen Einrichtungen den Erfordernissen des Gemeinwohls oder, was dasselbe besagt, den Anforderungen der Gemeinwohlgerechtigkeit entsprechend zu gestalten[24]." Der Papst spricht von dem „Zusammenwirken aller zu dem einen Ziel des Gemeinwohls[25]", von dem gegenüber dem Einzelwohl „höheren Gut des Gemeinwohls[26]". Pius XII. erklärt, „daß alles staatliche Geschehen, das politische wie das wirtschaftliche, der dauernden Verwirklichung des Ge-

---

21 Thomas erklärte: „Bonum commune est finis singularum personarum in communitate existentium, sicut bonum totius finis est cuiuslibet partium" (S. th. II, II, 58, 9 ad 3).

22 Welty, a. a. O., S. 266.

23 R. n., n. 28. - Vgl. auch R. n., n. 1, 26, 27, 35, 37, 38.

24 Q. a., n. 110.

25 Q. a., n. 137.

26 Q. a., n. 147. - Vgl. auch Q. a., n. 25, 49, 56 ff., 84 f., 101. - Divini Redemptoris, in: Marmy, a. a. O., n. 216 ff.

meinwohls dient, das heißt jener äußeren Bedingungen, die der Gesamtheit der Staatsbürger notwendig sind zur Entfaltung ihrer Anlagen und Aufgaben, ihres materiellen, kulturellen und religiösen Lebens", und daß die Rechtsordnung die Aufgabe habe, „die innere Lebenskraft der Gemeinschaft in der reichen Vielfalt ihrer Zwecke zu entwickeln und zu steigern, alle Einzelkräfte der Vervollkommnung in friedlichem Wettstreit wachsen zu lassen und mit geeigneten und lauteren Mitteln all dem zu wehren, was ihrer vollen Entfaltung abträglich ist[27]".

Was bedeutet dies alles — damit kommen wir zum Zweck der vorangegangenen Überlegungen — für die Ordnung des Eigentums? Weil das Gemeinwohl das oberste Gesetz der Gemeinschaft ist, deshalb müssen jede gesellschaftliche Ordnung und jede gesellschaftliche Tätigkeit an ihm orientiert sein. Das gilt auch für die Ordnung der Güterherrschaft, deren maßgebendes Prinzip also das Gemeinwohl ist. *Daß* der Mensch zur Verfügung über die Sachwelt berechtigt ist, ergibt sich unmittelbar aus seiner Geistnatur, aus seiner Gottebenbildlichkeit. *Wie* das zu geschehen habe, darüber läßt sich *unmittelbar* aus der Personalität des Menschen nichts ableiten; denn nun ist der ganze Komplex der zwischenmenschlichen Beziehungen und Gebilde angesprochen, das Gemeinschaftsleben, das zwar getragen wird von Personen, aber nicht eine Summierung individueller Lebensäußerungen, sondern eine eigene Wirklichkeit ist, die allein von der Idee der „Person an sich" her nicht erfaßbar und auch nicht gestaltbar ist. Hier greift die Idee des Gemeinwohls ein und hilft weiter. Im Gemeinwohl geht es um das Gemeingut, das zwar von Personen aufgebaut wird, aber seine eigene Gestalt — nicht Hypostase — und sein eigenes Gesetz hat, dem die einzelnen Personen um ihrer selbst willen zum Gehorsam verpflichtet sind; denn das Gemeingut steht über dem individuellen Sondergut, das ohne jenes gar nicht möglich wäre[28]. Welche Konsequenzen und Forderungen ergeben sich nun aus dem Gemeinwohl für die Ordnung menschlicher Verfügungsmacht über die materiellen Güter?

---

27 Pius XII., Rundfunkansprache Weihnachten 1942. In: Marmy, a. a. O., n. 1016, 1017.
28 Thomas sagt: „Bonum commune semper invenitur esse divinius (maius) quam bonum unius tantum" (S. contra gentiles, III, 69 und an vielen anderen Stellen); ferner: „Bonum proprium non potest esse sine bono communi" (S. th. II, II 47, 10 ad 2).

c) Gemeingebrauch der Güter als Forderung des Gemeinwohls

aa) Begriffsbestimmung und Abgrenzung des Gemeingebrauchsprinzips

Da das Ziel des Gemeinwohls das Gemeingut ist, der Mensch in der vollen Entfaltung seiner Anlagen, deshalb verlangt die dem Gemeinwohl zugeordnete Gerechtigkeit, die soziale Gerechtigkeit, daß der Mensch mit allem Notwendigen ausgestattet werde, also auch an den materiellen Gütern der Erde teilhabe, und zwar in dem Maße, wie es die besondere Bestimmung und Lebensaufgabe gerade dieses Menschen erfordern. Es ist die Pflicht der Gemeinschaft, zu sorgen, daß dem einzelnen die ihm im Maße des suum cuique der sozialen Gerechtigkeit, also im Interesse seiner besonderen Lebensbestimmung zustehende Güternutzung gesichert werde. Das heißt mit anderen Worten: Das suum cuique der sozialen Gerechtigkeit verlangt eine Ordnung der Güterherrschaft, die es ermöglicht, daß die Erdengüter *allen* Menschen zugute kommen. Hinsichtlich der Frage der Güterordnung führt also vom Gemeinwohl und der auf dessen Verwirklichung drängenden sozialen Gerechtigkeit ein gerader Weg zur Forderung der Gemeinnutzung oder des Gemeingebrauchs der Güter.

Hier ist zunächst ein terminologischer Hinweis notwendig. Gemeingebrauch der Güter in dem hier verwendeten Sinne steht in keiner Beziehung zum verwaltungsrechtlichen Begriff des Gemeingebrauchs, der jenes öffentlich-rechtliche Eigentum meint, das von jedermann ohne besondere behördliche Erlaubnis benutzt werden kann. Der Begriff ist auch streng zu unterscheiden von dem der Gütergemeinschaft und allen durch die Ideen des „Gemeineigentums“ und der „Sozialisierung“ bestimmten Vorstellungen. Es geht im Begriff des Gemeingebrauchs überhaupt noch nicht um die Frage der positiv-rechtlichen Gestaltung der Güterherrschaft: ob Privateigentum oder öffentlich-rechtliches Eigentum („Gemeineigentum“), ob beides und in welchem Ausmaß. Gemeingebrauch ist keine soziologisch-juridische, sondern eine sozialethische Kategorie, die präzis dieses meint: die aus dem Gemeinwohl abgeleitete Forderung, daß *jeder* Mensch entsprechend seiner besonderen, von Gott ihm zugesprochenen Berufung an der Nutzung der Erdengüter teilhabe; die Forderung also des „usus communis“ der Güter[1], ihre Bestimmung, „immer dem Nutzen der Allgemeinheit dienstbar zu bleiben[2]“.

---

[1] Thomas v. Aquin, S. th. II, II, 66, 2 c.

[2] Leo XIII., Rerum novarum, n. 7.

bb) Das Verhältnis des ius quantum ad usum zum ius quantum ad potestatem

Der Begriff des Gemeingebrauchs deckt sich also mit dem ius quantum ad usum bonorum, im Unterschied zum ius quantum ad potestatem im Sinne der thomistischen Terminologie. Ebenso wie das Gemeinwohl das oberste Gesetz der Gemeinschaftsordnung ist, ist das Prinzip des Gemeingebrauchs das oberste Gesetz der Güterordnung. Man kann auch so sagen: Das Gemeingebrauchsprinzip ist die Ausdrucksform des Gemeinwohlprinzips im Blick auf die geschichtliche Ordnung der Güterherrschaft. Die Frage der soziologisch-juridischen Ordnung der Güterherrschaft ist also sekundär gegenüber der Forderung des usus communis der Güter. Deshalb steht auch die Gestaltung des ius potestatis, die Form der Güterherrschaft und insbesondere die Ordnung des Privateigentums, unter dem Anspruch des Gemeingebrauchs der Güter, ist an dessen Forderungen und Begrenzungen gebunden und in seiner rechtlichen Gültigkeit von ihm abhängig.

Mit dieser Feststellung der rechtlichen Abhängigkeit des ius quantum ad potestatem vom ius quantum ad usum ist auch schon die naturrechtliche Rangordnung zwischen beiden fixiert: Das Prinzip des Gemeingebrauchs gehört der obersten naturrechtlichen Ebene, dem absoluten Naturrecht, an. Es ist innerhalb der Lehre von der Ordnung der Güterwelt der einzige absolut und überzeitlich gültige Satz, der unmittelbar aus dem Wesen der Schöpfungsordnung ableitbar ist und unabhängig von geschichtlichen Besonderheiten in Zeit und Raum a priori gilt; dessen Verifikation, weil ausschließlich metaphysisch vollziehbar, durch keinerlei historisch-soziologische Fakten mitbedingt ist. Die juridische Gestaltung der Güterordnung innerhalb der geschichtlichen Gemeinschaften aber gehört nicht dem absoluten Naturrecht an, weil sie abhängig ist von den gesellschaftlichen Umweltverhältnissen. Das gilt auch für die Privateigentumsordnung, die nicht ausschließlich metaphysisch, aus der „ersten Absicht" der Schöpfungsordnung, begründbar ist, sondern durch geschichtliche — also nicht metaphysisch zwingende — Gegebenheiten bedingt ist, wobei es hier noch offenbleiben mag, ob und inwieweit diese Gegebenheiten Folgen der Erbsünde sind. Zwar ist die Privateigentumsordnung angesichts der Verfassung, in der sich Mensch und Gesellschaft nun einmal befinden, im Interesse der Verwirklichung des Gemeingebrauchsprinzips als Institution unaufhebbar. Ihre rechtliche Legitimation erhält sie aber sowohl als Institution als auch in ihrer jeweiligen geschichtlichen Gestalt ausschließlich von ihrer Eignung als Instrument der Verwirklichung des Gemeingebrauchs der Güter. Infolge dieses Instrumentalcharakters des Privateigentums, seiner Abhängigkeit vom Gemeingebrauchsprinzip, der Zweck-Mittel-Beziehung zwischen diesem und der Privateigentumsordnung, zählt sie nur zum relativen Naturrecht, in der scholastischen und spätscholastischen Terminologie zum ius gentium, ein Begriff, der noch stärker als der neuscholastische des relativen und sekundären Naturrechts die Nähe der Privateigentumsordnung zum wandelbaren und positiven Recht hervorhob[3].

Das ist im folgenden zunächst historisch, sodann systematisch im einzelnen zu erläutern.

cc) Das Prinzip des Gemeingebrauchs in der traditionellen kirchlichen Eigentumslehre

Die Eigentumslehre der *Patristik* ist so stark vom Gedanken des Gemeingebrauchs, der Bestimmung der Güter zum Nutzen aller Menschen, beherrscht, daß manche Kirchenväter, so vor allem Klemens von Alexandrien, Origenes, Cyprian, Laktanz, Basilius der Große, Gregor von Nazianz, Gregor von Nyssa, Chrysostomus, Hieronymus, Ambrosius und Augustinus, die auf die Liebe gegründete Gütergemeinschaft als Ideal der Güterherrschaft, weil der unverdorbenen Natur entsprechend, angesehen haben, wenn sie auch nicht eine Beseitigung der bestehenden, auf Privateigentum gegründeten Gesellschaftsordnung angestrebt haben[4]. Ihr Denken

[3] Um Mißverständnisse zu vermeiden, sei noch bemerkt, daß die Privateigentumsordnung in der neuscholastischen Terminologie, obwohl infolge ihrer Geschichtlichkeit nur relatives und sekundäres Naturrecht, doch zum elementaren (unwandelbaren) und nicht zum angewandten (wandelbaren) Naturrecht gehört, weil die geschichtlichen Bedingungen, auf denen die Rechtlichkeit des Privateigentums *als Institution* gründet, zwar - schon ex definitione! - nicht metaphysisch ableitbar und zwingend, aber faktisch unaufhebbar sind. Vom Privateigentum als Institution abgesehen, unterliegt jede geschichtliche Ausformung der Güterherrschaft, wenn sie dem Gemeingebrauchsprinzip entsprechen will, den jeweiligen gesellschaftlichen Verhältnissen - also auch die geschichtlich-konkrete Ausgestaltung der Privateigentumsordnung selbst - und gehört deshalb zum wandelbaren Naturrecht, das sich im positiven Recht niederschlägt.

[4] Vgl. Ignaz Seipel, Die wirtschaftlichen Lehren der Kirchenväter. Wien 1907. - Otto Schilling, Reichtum und Eigentum in der altkirchlichen Literatur. Ein Beitrag zur sozialen Frage. Freiburg 1908. - Ders., Der kirchliche Eigentumsbegriff. Freiburg 1920, 2. Aufl. 1930. - Theodor Steinbüchel, Der Sozialismus als sittliche Idee. Ein Beitrag zur christlichen Sozialethik. Düsseldorf 1921. - Konrad Farner, Christentum und Eigentum bis Thomas von Aquin. Bern 1947. - John A. Ryan, Alleged Socialism of the Church Fathers. St. Louis 1913. - Arthur F. Utz, Kommentar zu Thomas von Aquin, Recht und Gerechtigkeit (18. Bd. der Deutschen Thomas-Ausgabe, S. th. II, II, 57—79). Heidelberg 1953, S. 500 ff. - Ernst Troeltsch, Die Soziallehren der christlichen Kirchen und Gruppen. Tübingen 1912, S. 83 ff., 113 f. - Gottfried W. Locher, Eigentum (theologiegeschichtlich). In: Die Religion in Geschichte und Gegenwart. Handwörterbuch für Theologie und Reli-

bewegt sich in ethischen und theologischen, nicht in juridischen Kategorien. Die Institution des Privateigentums wird als Folge des Sündenfalls angesehen. Dem status naturae integrae des Paradieszustandes entsprach nach ihrer Überzeugung die Gütergemeinschaft.

Unter dem Eindruck dieses für den status naturae lapsae zwar unerreichbaren Ideals betonen sie aber die Forderung der Gemeinnutzung der Güter, die „communio bonorum", so stark, daß manche Äußerungen als Aufruf nicht nur zur ethischen, sondern auch zur soziologisch-gesellschaftsorganisatorischen Verwirklichung eines Liebeskommunismus verstanden worden sind.

Als typisch für die Grundhaltung der Kirchenväter seien hier Gedanken aus der zwölften Predigt des Johannes Chrysostomus über den 1. Timotheus-Brief[5] wiedergegeben: „Sage mir, woher stammt dein Reichtum? Du ver-

---

gionswissenschaft. 3. Aufl., 2. Bd., Tübingen 1958, Sp. 365—370. - Lujo Brentano, Die wirtschaftlichen Lehren des christlichen Altertums (Sitzungsbericht der philosophisch-philologischen Klasse der königlich-bayrischen Akademie der Wissenschaften, 1902). München 1903. - Eberhard Friedrich Bruck, Kirchenväter und soziales Erbrecht. Wanderungen religiöser Ideen durch die Rechte der östlichen und westlichen Welt. Berlin, Göttingen, Heidelberg 1956.

[5] Migne, 62, 562 f.: „Dic enim mihi, undenam tu dives es? a quonam accepisti? undenam ille? Ab avo, inquies, a patre. Poterisne generis serie ascendens ostendere possessionem illam esse iustam? Non utique possis; sed necesse est eius initium et radicem ex iniustitia prodiisse. Quare? Quia Deus a principio non illum divitem, illum pauperem fecit; neque, cum crearet, huic quidem thesauros multos ostendit, illum vero hac investigatione privavit, sed eamdem omnibus colendam terram dimisit. Undenam ergo cum communis illa sit, tu quidem tam multa iugera habes, proximus vero tuus ne glebam quidam? Pater, inquies, reliquit mihi. Ille autem a quopiam accepit? A maioribus. Sed si ascendas, initium reperias necesse est. Dives fuit Iacob, sed accepta laborum mercede. Verum haec non accuratius scrutabor: iustae sint tandem divitiae, et omni rapina liberae: neque enim tu in culpa es, si pater rapuerit: habes quidem illa ex rapina, sed tu non rapuisti. Caeterum concedatur etiam illum non rapuisse, sed ex terra emissum aurum habere: quid ergo? ideone bonae divitiae sunt? Minime. Sed neque malae, inquies. Si ex avaritia et rapina partae non sunt, malae non sunt, si egenos illarum consortes reddat; si non eroget, malae sunt et insidiosae. Quamdiu malum non fecerit, inquies, malus non est, etiamsi bonum non faciat. Recte: hoccine autem malum non est, Dominica bona solum habere, solumque frui communibus bonis? annon Domini est terra et plenitudo eius? Si ergo nostra sunt communis Domini, ergo et conservorum nostrorum: nam quae Domini sunt, omnia sunt communia. Annon videmus in magnis domibus ita fieri: omnibus par frumenti mensura distribuitur: ex dominicis enim thesauris promitur: domini domus patet omnibus. Communia etiam sunt regalia omnia, urbes, plateae, porticus, omnibus sunt communes: omnes aeque participes sumus. Vide namque mihi Dei oeconomiam: effecit ut quaedam communia essent, ut vel hinc humano generi pudorem iniiceret: qualia sunt aer, sol, aqua, terra, caelum, mare, lux, astra: ceu fratribus omnia aeque distribuit: eosdem omnibus creavit oculos, corpus idem, eamdem animam, similem in omnibus effigiem; ex terra omnia,

dankst ihn einem anderen? Und dieser andere, wem verdankt er ihn? Seinem Großvater, sagt man, seinem Vater. Wirst du nun, im Stammbaum weit zurückgehend, den Beweis liefern können, daß dieser Besitz auf gerechtem Wege erworben ist? Das kannst du nicht. Im Gegenteil, der Anfang, die Wurzel desselben liegt notwendigerweise in irgendeinem Unrecht. Warum? Weil Gott von Anfang an nicht den einen reich, den anderen arm erschaffen und keine Ausnahmen gemacht hat, indem er dem einen den Weg zu Goldschätzen zeigte und den anderen daran hinderte, solche aufzuspüren, sondern allen dieselbe Erde zum Besitze überlassen hat. Wenn also diese ein Gemeingut aller ist, woher hast du dann so und so viel Tagwerk davon, dein Nachbar aber keine Scholle Land? Mein Vater hat es mir vererbt, antwortet man. Von wem hat es dann dieser geerbt? Von seinen Vorfahren. Man kommt freilich in jedem Falle zu einem Anfang, wenn man zurückgeht. Jakob war reich, aber sein Besitz war Arbeitslohn. Der Reichtum muß gerecht erworben sein, es darf kein Raub daran kleben. Allerdings, du bist nicht verantwortlich für das, was dein habgieriger Vater zusammengescharrt hat; du besitzest die Frucht des Raubes, doch der Räuber warst du nicht. Aber zugegeben, daß auch dein Vater keinen Raub beging, sondern daß sein Reichtum irgendwo aus dem Boden quoll, wie steht es dann? Macht das den Reichtum zu einem Gut? Durchaus nicht. Aber etwas Schlechtes ist er auch nicht, sagst du. Ist man nicht habgierig, teilt man den Bedürftigen mit, so ist er nichts Schlechtes; ist das nicht der Fall, so ist er schlecht und ein gefährlich Ding. Ja, erwidert man, wenn einer nichts Böses

---

ex uno viro omnes, in eadem domo omnes. Sed horum nihil nos pudore affecit. Fecit et alia communia, ut lavacra, urbes, plateas, porticus. Sed animadverte quomodo in illis communibus nulla pugna sit, sed omnia pacifica. Cum autem quis usurpare quidpiam tentaverit, ut proprium sibi faciat, tunc contentio oritur, quasi indigne ferente natura, quod cum Deus nos undique collegerit, nos ipsos dividere conemur atque divellere, et nobis illa bona propria reddere ac dicere tuum et meum, frigidum hoc verbum: tunc enim contentio, tunc molestiae. Ubi autem horum nihil est, neque pugna, neque contentio oritur. Magis ergo communitas, quam proprietas sorte data nobis fuit, et secundum naturam est. Cur nemo umquam de fori possessione contendit? annon quia commune omnibus est? de domo autem, de pecuniis, omnes videmus litigantes. Et communia quidem necessaria nobis sunt: nos autem ne in minimis quidem communitatem servamus. Atqui ideo illa communia nobis dedit, ut discamus et haec etiam communia habere: nos vero ne sic quidem obtemperamus. Sed, ut iam dixi, quomodo is qui divitias habet iustus fuerit? Non est certe; sed bonus est, si aliis distribuat: si illas non habet, bonus est: si aliis distribuat, bonus est: quamdiu habuerit, bonus non erit. . . . Non ergo bonum est, pecunias habere, sed non habere, probum ostendit hominem. Non ergo bonae sunt divitiae." - Vgl. auch die Predigt des hl. Chrysostomus über die Apostelgeschichte und den Liebeskommunismus der ersten Christen (Migne, 60, 96 ff.).

tut, so ist er nicht böse, auch wenn er nichts Gutes tut. Schön. Heißt das aber nicht etwas Böses tun, wenn einer für sich allein über alles Herr sein, wenn er Gemeinsames allein genießen will? Oder ist nicht die Erde alles, was darin ist, Eigentum Gottes? Wenn also all unser Besitz Gott gehört, gehört er auch unseren Mitbrüdern im Dienste Gottes. Was Gott dem Herrn gehört, ist alles Gemeingut. Oder sehen wir nicht, daß es auch in einem großen Hauswesen so gehalten wird? Zum Beispiel, alle bekommen das gleiche Quantum Brot; es kommt ja aus den Vorräten des Herrn; das Haus des Herrn steht allen offen. Auch alles königliche Eigentum ist Gemeingut, und Städte, Marktplätze, Arkaden gehören allen zusammen, alle haben wir daran teil. Man betrachte einmal den Haushalt Gottes! Er hat gewisse Dinge zu einem Gemeingut gemacht, womit er das Menschengeschlecht beschämt: z. B. Luft, Sonne, Wasser, Erde, Himmel, Licht, Sterne — das verteilt er alles gleichmäßig wie unter Brüder. Allen schuf er dieselben Augen, denselben Körper, dieselbe Seele; es ist bei allen dasselbe Gebilde. Von der Erde, von einem einzigen Manne ließ er alles stammen, allen wies er uns dasselbe Haus an. Aber all das half nichts bei uns. Gott hat auch andere Dinge zu Gemeingut gemacht, z. B. Bäder, Städte, Plätze, Promenaden. Und man beachte, wie es bei solchem Gemeingut keinen Hader gibt, sondern alles friedlich hergeht. Sowie aber einer etwas an sich zu ziehen sucht und es zu seinem Privateigentum macht, dann hebt der Streit an, gleich als wäre die Natur selbst darüber empört, daß, während Gott uns durch alle möglichen Mittel friedlich beisammenhalten will, wir es auf eine Trennung voneinander absehen, auf Aneignung von Sondergut, daß wir das ‚Mein und Dein' aussprechen, dieses frostige Wort. Von da an beginnt der Kampf, von da an die Niedertracht. Wo aber dieses Wort nicht ist, da entsteht kein Kampf und Streit. Also die Gütergemeinschaft ist in höherem Maße die angemessene Form unseres Lebens als der Privatbesitz, und sie ist naturgemäß. Warum streitet niemand vor Gericht um den Marktplatz? Darum nicht, weil er Gemeingut aller ist. Über Häuser dagegen oder über Geld sehen wir ewige Gerichtsprozesse. Was wir notwendig haben, das liegt alles da zum gemeinsamen Gebrauch; aber wir beobachten diese Gemeinsamkeit des Gebrauchs nicht einmal in den kleinsten Dingen. Dafür hat Gott uns jene notwendigen Dinge vorsorglich als Gemeingut gegeben, daß wir daran lernen, auch die anderen Dinge gemeinsam zu gebrauchen. Doch wir lassen uns selbst auf diesem Wege nicht belehren! — Aber um auf das Gesagte zurückzukommen: Wie wäre es denkbar, daß der Reiche ein guter Mensch ist? Das ist unmöglich; gut kann er nur sein, wenn er anderen von seinem Reichtum mitteilt. Besitzt er nichts, dann ist er gut; teilt er anderen mit, dann ist er gut. Solange er bloß besitzt, kann er kein guter Mensch sein... Es ist also nicht gut, Vermögen zu haben; nichts zu besitzen aber ist das Zeichen des guten Menschen. Der Reichtum ist also nicht gut."

Eindeutig kommt auch beim hl. Ambrosius die Überordnung des Gemeingebrauchs der Güter über die Privateigentumsordnung zum Ausdruck: „Man hielt es für gerecht, dem einzelnen die für den Gemeingebrauch bestimmten Güter als Privateigentum zuzusprechen. Das stimmt aber keineswegs mit der Natur überein. Die Natur nämlich hat alles allen gemeinsam zugedacht. Gott erschuf die Dinge, damit das Weideland allen gemeinsam gehören und damit überhaupt die ganze Erde gemeinsamer Besitz aller werde. Von der Natur her gilt nur das gemeinsame Recht, erst aus menschlichem Anspruch entstand privatrechtliche Abgrenzung[6]."

Im gleichen Sinne schreibt der hl. Hieronymus: „Alle Reichtümer sind Folge der Ungerechtigkeit. Deshalb halte ich jene allgemein bekannte Sentenz für absolut richtig: Ein Reicher ist entweder ein Rechtsbrecher oder der Erbe eines Rechtsbrechers[7]."

Der hl. Augustinus formuliert diesen Gedanken folgendermaßen: Woher stammt der Besitz? Etwa nicht aus menschlichem Recht? Denn die Erde und ihre Fülle stammen aus göttlichem Recht: Arme und Reiche schuf Gott aus den gleichen Elementen, Arme und Reiche trägt die gleiche Erde. Dennoch entscheidet man aus menschlichem Recht: Dieses Landgut gehört mir, dieses Haus gehört mir, dieser Sklave gehört mir. Das geschieht also aus menschlichem Recht, aus dem Recht weltlicher Machthaber[8]."

---

[6] Migne 16, 67: „Deinde formam iustitiae putaverunt, ut quis communia, id est publica pro publicis, habeat privata pro suis. Ne hoc quidem secundam naturam; natura enim omnia omnibus in commune profudit. Sic enim Deus generari iussit omnia, ut pastus omnibus communis esset et terra foret omnium quaedam communis possessio. Natura igitur ius commune generavit, usurpatio ius fecit privatum."

[7] Migne 22, 983 f.: „Omnes enim divitiae de iniquitate descendunt. Unde et illa vulgata sententia mihi videtur esse verissima: dives aut iniquus aut iniqui heres."

[8] Migne 35, 1437: „Unde quisque possidet, quod possidet? Nonne iure humano? Nam iure divino Domini est terra et plenitudo eius: Pauperes et divites Deus de uno limo fecit, et pauperes et divites una terra supportat. Iure tamen humano dicit: haec villa mea est, haec domus mea, hic servus meus est. Iure ergo humano, iure imperatorum." - Daß trotz dieser eindeutigen Aussagen der Kirchenväter die katholische Soziallehre die überragende Bedeutung des Gemeingebrauchsprinzips in der Eigentumslehre der Kirchenväter nicht gebührend zur Geltung kommen läßt, ist auf die Fehldeutungen und Verkürzungen der patristischen Eigentumslehre durch Otto Schilling zurückzuführen. In seiner übersteigerten individualistischen Grundhaltung und einem antisozialistischen Haßkomplex verfolgt

Trotz dieses Mißtrauens gegenüber dem privaten Eigentum bleibt zu beachten, daß die Kirchenväter vorwiegend ethisch dachten und daß sich ihre Vorwürfe in erster Linie gegen den Mißbrauch des Eigentumsrechtes richteten, nicht gegen die Institution des Privateigentums als solche. Die juridisch-soziologische Betrachtung der Gesellschaft stand nicht im Vordergrund ihres Denkens. Ihre Lehre und Predigt richtete sich im Geiste des Neuen Testamentes auf den Gesinnungswandel, noch nicht auf institutionelle Reformen. In aller Klarheit kommt bei ihnen aber zum Ausdruck, daß der Privateigentumsordnung das Gemeingebrauchsprinzip übergeordnet ist, in der Sprache der Kirchenväter meist formuliert als communio bonorum. Allerdings war die überragende Bedeutung dieses Grundsatzes der communio bonorum in der Patristik auch mitbedingt durch den starken Einfluß Platons.

Die patristische Lehre vom Vorrang des Gemeingebrauchs über das Privateigentum fand ihren Niederschlag im *Decretum Gratiani,* hier schon wesentlich abgeklärt durch die Verwendung naturrechtlicher Kategorien und durch die klare Unterscheidung zwischen der ethischen und der juridischen Seite der Güterordnung: „Iure naturae est communis omnium possessio et omnium una libertas ... iure gentium sunt distinctio possessionum et servitus[9].“ Das Decretum Gratiani begründet diesen Satz aus der platonischen Philosophie und aus der Lehre des Christentums. Es läßt keinen Zweifel darüber, daß gegenüber dem *ethischen* und naturrechtlichen Prinzip der possessio communis der juridische Grundsatz der distinctio possessionis, des Privateigentums, zwar ius gentium sei, weil er „von fast allen Völkern

---

Schilling die Tendenz, die traditionelle katholische Eigentumslehre sozial abzuschwächen und individualistisch zu verdünnen. Zahlreiche Veröffentlichungen nicht nur zur patristischen, sondern auch zur scholastischen und spätscholastischen Eigentumslehre sind nicht von den Quellen her, sondern in der irreführenden Beleuchtung Schillings geschrieben, obwohl Matthias Laros schon 1928 vor dessen unzureichender Verläßlichkeit gewarnt hat. Laros hat schon damals Schilling an Hand der Quellen nachgewiesen, daß er Belege anführt, „die nichts von dem enthalten, was sie beweisen sollen“, und daß er Zitate bringt, „die nicht stimmen, so daß man das peinliche Gefühl nicht los wird, daß auch der bekannteste katholische Fachmann in diesen Fragen keine Sicherheit gibt; und wenn hinzukommt, daß Schilling nicht selten den Kernpunkt der Fragestellung außer acht läßt und beweist, was niemand bestreitet, und das nicht beweist oder behandelt, wonach eigentlich gefragt wird, dann kann nur gesagt werden, daß seine sicher nicht geringe Arbeit, nämlich die Aufarbeitung der patristisch-scholastischen Literatur in der Eigentumsfrage, noch einmal gemacht werden muß“ (Matthias Laros, Vom christlichen Eigentumsrecht. In: Hochland, 25. Jg., 2. Bd., 1928, S. 44).

[9] Decretum Gratiani, D. I.

angewendet" werde[10], nicht aber dem Naturrecht, sondern dem positiven menschlichen Recht angehöre[11].

Thomas von Aquin folgt der Tradition, insofern auch in seiner Eigentumslehre der Gemeingebrauch als zentrales Prinzip der Güterherrschaft erscheint. Er systematisiert aber noch stärker, als es im Decretum Gratiani geschah, indem er — unter dem Einfluß des Aristoteles, nicht zuletzt aber auch im Hinblick auf manche revolutionär-spiritualistischen Strömungen des Mittelalters — klar unterscheidet zwischen der metaphysisch-ethischen und der juridisch-soziologischen Sicht des Problems. Eingehender als die bisherige Tradition befaßt er sich mit diesem letzteren, mit der institutionellen Seite der Güterordnung, der Frage nach der zwischenmenschlichen Ordnung der Güterherrschaft und der Abgrenzung der Gütersphären.

Die Grundgedanken des hl. Thomas zur Begründung und Ordnung der Güterherrschaft sind im ersten und zweiten Artikel S. th. II, II, 66 zusammengefaßt. Ausgangspunkt der thomistischen Eigentumslehre ist die Unterscheidung zwischen usus bonorum und potestas procurandi et dispensandi, dem Gütergebrauch als dem sozialethischen und dem Eigentumsrecht als dem soziologischen Aspekt der Güterordnung[12]. Vom Gütergebrauch sagt Thomas im ersten Artikel, daß der Mensch auf Grund seiner Geist-Natur als gottebenbildliches Geschöpf das Recht habe, die Dinge zu gebrauchen, daß sie für ihn geschaffen seien, da das Unvollkommene um des Vollkommenen willen da sei[13]. Es ist wichtig zu beachten, daß Thomas im Zusammenhang dieses ersten Artikels lediglich eine Begründung für die Möglichkeit menschlicher Güterherrschaft überhaupt gibt, aber noch nichts sagt zur Frage der zwischenmenschlichen Ordnung der Güterherrschaft, weder in

[10] „Hoc inde ius gentium appellatur, quia eo iure omnes fere gentes utuntur" (D. I.).

[11] Vgl. D. VIII: Iure naturali omnia sunt communia omnibus, quod non solum inter eos servatum creditur, de quibus legitur: Multitudinis autem credentium erat cor unum et anima una, verum etiam praecedenti tempore a philosophis traditum invenitur. Unde apud Platonem illa civitas iustissime ordinata traditur, in qua quisque proprios nescit affectus. Iure vero consuetudinis vel constitutionis hoc meum est, illud alterius. Unde Augustinus ait tract. VI. ad c. 1. (§ 25) Ioannis: Quo iure defendis villas ecclesiae, divino an humano? Divinum ius in scripturis habemus, humanum ius in legibus regum. Unde quisque possidet, quod possidet? Nonne iure humano? Nam iure divino Domini est terra et plenitudo eius. Pauperes et divites Deus de uno limo fecit, et pauperes et divites una terra supportat. Iure tamen humano dicitur: haec villa mea est, haec domus mea, hic servus meus est . . . Quid tibi ergo et possessioni? Per iura regum possidentur possessiones. Dixisti, quid mihi et regi? noli dicere possessiones tuas, quia ipsa iura humana renunciasti quibus possidentur possessiones."

[12] Vgl. S. th. II, II, 66, 2 c.

[13] Vgl. S. th. II, II, 66, 1 c.

sozialethischer noch in soziologischer Hinsicht. Er hält offenbar die Personalität des Menschen allein nicht für ausreichend, um daraus schon einen sozialethischen oder gar soziologischen Grundsatz für die *Gestaltung* der Güterherrschaft abzuleiten.

Diese Fragen stellt Thomas erst im zweiten Artikel. Hier findet sich die klassische Formulierung, daß es dem Menschen erlaubt ist, Privateigentum zu haben, daß der Gebrauch der Dinge aber gemeinsam sein müsse[14]. Als *sozialethischen* Grundsatz für die Ordnung der Güterherrschaft erklärt Thomas also den Gemeingebrauch der Güter, hinsichtlich der *soziologischen* Gestaltung der Güterordnung verweist er auf das Privateigentum, worunter in diesem Zusammenhang der Darstellung der thomasischen Eigentumslehre stets die Privateigentumsordnung *als Institution* verstanden wird, gleichgültig, ob von Privateigentum, Eigentumsordnung oder Eigentumsrecht die Rede ist. Die Rangordnung zwischen beiden, zwischen dem Gemeingebrauchsprinzip und der Privateigentumsordnung, ergibt sich für Thomas

---

[14] „Et quantum ad hoc (ad potestatem procurandi et dispensandi) licitum est quod homo propria possideat . . . Et quantum ad hoc (ad usum) non debet homo habere res exteriores ut proprias, sed ut communes" (S. th. II, II, 66, 2 c). - Vgl. auch S. th. II, II, 32, 5 ad 2: „Bona temporalia quae homini divinitus conferuntur, eius quidem sunt quantum ad proprietatem, sed quantum ad usum non solum debent esse eius, sed etiam aliorum, qui ex eis sustentari possunt ex eo, quod ei superfluit." - Vgl. auch die Parallelität zu Aristoteles, auf dessen Eigentumslehre sich Thomas in S. th. II, II, 57, 3 c bezieht. Aristoteles unterscheidet in der von Thomas angeführten Stelle (Pol., II, 5) zwischen der Gemeinsamkeit des Besitzes als einer sozialethischen Kategorie und der juridischen Kategorie des Privateigentums: „In einem gewissen Sinne nämlich müssen die Güter wirklich gemeinsam sein, im ganzen aber Privateigentum bleiben . . . Um der Tugend willen aber muß es mit dem Gebrauche des Eigenbesitzes nach dem Sprichworte gehen: ‚Freunden ist alles gemein.' Schon jetzt ist hiermit in der Gesetzgebung einzelner Staaten ein Anfang gemacht, so daß man sieht, die Sache ist nicht unmöglich; und zumeist in wohleingerichteten Staaten ist in diesem Sinne manches teils schon verwirklicht, teils in der Vorbereitung begriffen. Ein jeder hat da seinen Eigenbesitz, aber manches überläßt er seinen Freunden zur Mitbenutzung, anderes benutzt er selbst als Gemeingut mit, wie z. B. in Lazedämon sich einer der Sklaven des anderen gleichsam wie seiner eigenen bedient, und ebenso seiner Pferde und Hunde, wie auch der Früchte, wenn man ihrer auf den Feldern im Land als Wegzehrung bedarf. Man sieht also, es ist besser, daß der Besitz Privateigentum bleibt, aber durch die Benutzung gemeinsam wird. Daß aber die Bürger ihrer Gesinnung nach dahin gebracht werden, das ist die eigenste Aufgabe des Gesetzgebers" (Aristoteles, Politik, II, 5. Zitiert nach der Übersetzung von Rolfes. 3. Aufl., Leipzig 1948, S. 39 f.). - Diese Darlegungen des Aristoteles kehren wieder bei Thomas, Politicorum, lib. II, lect. 4. - Zur Frage der Beziehung der thomasischen Eigentumslehre zu der des Aristoteles vgl. auch Utz, Kommentar, a. a. O., S. 404 ff. - Otto Schilling, Die Staats- und Soziallehre des hl. Thomas von Aquin. Paderborn 1923, S. 213 ff.

daraus, daß das Gemeingebrauchsprinzip dem Naturrecht angehört, während die Erlaubtheit des Eigentumsrechts dem Naturrecht durch „Findung der menschlichen Vernunft hinzugefügt" werde[15].

Zum ius naturale rechnet Thomas die obersten in der Schöpfungsordnung enthaltenen Prinzipien sowie jene conclusiones ex principiis, die durch innere logische Entfaltung oberster Naturrechtsgrundsätze gewonnen werden. Deshalb bezeichnet Thomas auch den usus communis rerum als ius naturale, weil es sich um einen rein metaphysischen Satz handelt, wenn er auch nicht unmittelbar mit der Idee der Person mitgegeben, sondern immerhin eine conclusio aus dem Gemeinwohl ist.

Für solche conclusiones aber, die dadurch gewonnen werden, daß in die Prämissen eine neue, aus der Erfahrung stammende Erkenntnis aufgenommen wird, verwendet Thomas den Begriff des ius gentium, das er wie folgt definiert: „Ad ius gentium pertinent ea, quae derivantur ex lege naturae sicut conclusiones ex principiis[16]". So faßt denn auch Thomas den empirischen Befund, der zur rechtlichen Begründung des Privateigentums führt, kurz zusammen: Anspornung des Fleißes, größere Sorgfalt im Umgang mit eigenen Gütern, Wahrung von Friede und Ordnung unter den Menschen bei rechtlicher Abgrenzung der Gütersphären und also Vermeidung der bei Gütergemeinschaft eintretenden Spannungen und Konflikte[17].

Der logische Weg also, der in der Eigentumslehre des hl. Thomas zur Begründung des Privateigentums führt, setzt zwar an bei der Idee der Person. Unmittelbar aus dem Verhältnis zwischen Mensch und Dingwelt zieht Thomas aber noch keinen Schluß auf die Privateigentumsordnung. Das geschieht erst dann, nachdem innerhalb des metaphysischen Bereichs die logische Differenzierung bis zur Idee des Gemeingebrauchs, der sozialethischen Prämisse der Eigentumsbegründung, vorangetrieben ist *und* so-

---

[15] „Communitas rerum attribuitur iuri naturali, non quia ius naturale dictet omnia esse possidenda communiter et nihil esse quasi proprium possidendum: sed quia secundum ius naturale non est distinctio possessionum sed magis secundum humanum condictum, quod pertinet ad ius positivum . . . Unde proprietas possessionum non est contra ius naturale sed iuri naturali superadditur per adinventionem rationis humanae" (S. th. II, II, 66, 2 ad 1). - Wilhelm von Auxerre bezeichnet die Gemeinsamkeit der Dinge „ex beneplacito naturae", weil der inneren Anlage der Natur entsprechend, die rechtliche Trennung der Güter aber nur „ex permissione naturae" (Summa Aurea, lib. III, tract. VII, cap. I.).

[16] S. th. I, II, 95, 4 c. - Vgl. auch I, II, 95, 4 ad 1: „Ius gentium est quidem aliquo modo naturale homini, eundum quod est rationalis, inquantum derivatur a lege naturali per modum conclusionis quae non est multum remota a principiis. Unde de facili in huiusmodi homines consenserunt."

[17] Vgl. S. th. II, II, 66, 2 c.

dann diesem metaphysischen Sachverhalt als der logischen propositio maior Argumente aus dem soziologisch-historischen Feld als propositio minor hinzugefügt werden können, woraus sich als conclusio die Notwendigkeit des Privateigentums als eines Mittels zur Verwirklichung des Gemeingebrauchs ergibt: „Licitum est, quod homo propria possideat. Et est etiam necessarium ad humanam vitam[18]."

Hinsichtlich der naturrechtlichen Rangordnung zwischen dem Prinzip des Gemeingebrauchs und der Forderung des Privateigentums bestehen also in der thomasischen Eigentumslehre keine Zweifel. Weil aber das Privateigentum nur aus der besonderen geschichtlichen — nicht metaphysisch notwendigen — Verfassung des Menschen und der Gesellschaft seine rechtliche Legitimation als Instrument des Gemeingebrauchs erhält, zählt Thomas es zum positiven Recht[19]. Es widerspricht dieser Zuordnung nicht, wenn Thomas an anderer Stelle das Privateigentum dem Naturrecht im weiteren Sinne zurechnet[20]. Es ist für Thomas wie überhaupt für die ganze christliche Naturrechtslehre selbstverständlich, daß jedes positive Recht, nicht nur das der staatlichen Gesetze, sondern auch das am weitesten von den obersten naturrechtlichen Prinzipien entfernte Recht der Verordnungen und Verfügungen im Naturrecht begründet sein und an ihm teilhaben muß, wenn es gültig sein und den Menschen im Gewissen binden soll. In diesem Sinne gehören alle mit Hilfe der Vernunft aus den naturrechtlichen Prinzipien gewonnenen Schlußfolgerungen zum Naturrecht im weiteren Sinne, also auch das angewandte, geschichtlich wandelbare Naturrecht.

Daß aber Geltungsgrad und Rangstufe dieses auf Grund soziologischer, nicht ausschließlich metaphysischer Bedingungen zustande gekommenen Naturrechts dem die obersten Prinzipien und ihre unmittelbaren, noch rein metaphysischen conclusiones umfassenden Naturrecht im engeren Sinne untergeordnet sind, steht für die thomistische Naturrechtslehre außer Frage. Deshalb ist auch für Thomas das Eigentum, weil geschichtlich bedingt,

---

[18] a. a. O. - Konsequent rechnet Thomas deshalb auch das Erbrecht als Ergänzung der Institution des Privateigentums zum ius gentium (vgl. In IV lib. sent., dist. XXXIII, 2, 2, sol. 1 ad 1).

[19] „Dividitur ius positivum in ius gentium et ius civile" (S. th. I, II, 95, 4 c). - Eindeutig auch in S. th. II, II, 66, 2 ad 1: „Humanum condictum (distinctionis possessionum) pertinet ad ius positivum."

[20] „Ius naturale est quod ex sui natura est adaequatum vel commensuratum alteri. Hoc autem potest contingere dupliciter. Uno modo, secundum absolutam sui considerationem . . . Alio modo aliquid est naturaliter alteri commensuratum non secundum absolutam sui rationem, sed secundum aliquid quia ex ipso consequitur: puta proprietas possessionum" (S. th. II, II, 57, 3 c).

sekundäres Naturrecht, obwohl er die Unwandelbarkeit der geschichtlichen Bedingungen, in denen es gründet, nicht bezweifelt[21]. Weil aber Thomas die *Geschichtlichkeit* des Eigentums stärker betonte als seine Unaufhebbarkeit, zählte er es zum *angewandten* Naturrecht[22]. Demgegenüber betont die heutige Naturrechtslehre die *Unaufhebbarkeit* stärker als die Geschichtlichkeit des Eigentums und ordnet es deshalb dem *elementaren* Naturrecht zu, wenn auch dessen unterster Stufe und untergeordnet den naturrechtlichen Prinzipien und ihren unmittelbaren metaphysischen Konklusionen. Entscheidend ist indessen, unabhängig von dieser Zuordnungsfrage, der Charakter des Privateigentumsrechts als sekundäres, geschichtlich bedingtes Naturrecht.

Da also das thomasische ius gentium zum Naturrecht im weiteren Sinne gehört, kann man zwar Fritz Tillmann zustimmen, wenn er feststellt, daß von Thomas „die naturrechtliche Weise des Eigentums nicht bestritten, sondern nur jenem Teile des Naturrechts zugewiesen wird, den Thomas ‚Völkerrecht' nennt[23]". Immerhin wäre es aber nicht überflüssig, dem hinzuzufügen, daß *diese* Weise des Naturrechts, die des angewandten Naturrechts, sehr verschieden ist von der des elementaren und unwandelbaren Naturrechts. Mit der gleichen Einschränkung gilt die Feststellung Peter Tischleders: „Wenn Thomas die Einrichtung des Sondereigentums, eben

---

[21] Deshalb sagt J. B. Kraus mit Recht: „Thomas kann sich gar nicht genug tun, die *bedingte* Natur der Eigentumsrechte zu unterstreichen. Ein eigener Artikel (II, II, 57, 3) dient der metaphysischen Unterscheidung und Abgrenzung des Eigentumsrechts und ähnlicher zweckhaft bedingter Rechte gegenüber dem absoluten Naturrecht" (J. B. Kraus, Scholastik, Puritanismus und Kapitalismus. München, Leipzig 1930, S. 34).

[22] In dieser starken Hervorhebung der Geschichtlichkeit des Eigentums, wie überhaupt des ius gentium, findet eine andere Lehre des hl. Thomas ihren Niederschlag, daß nämlich die Natur des Menschen wandelbar sei: „Natura autem hominis est mutabilis. Et ideo id quod naturale est homini potest aliquando deficere" (S. th. II, II, 57, 2 ad 1). Unter natura ist in d i e s e m Zusammenhang freilich nicht die allgemeine Wesenheit des Menschen qua animal rationale zu verstehen, sondern seine konkrete geschichtliche Befindlichkeit. Diese aber ist wandelbar. Und deshalb auch gibt es ein angewandtes und wandelbares Naturrecht, dem Thomas nicht nur das ius civile, sondern eben auch das ius gentium zurechnet. Beide sind bei Thomas im ius positivum zusammengefaßt, was sich also in thomistischer Terminologie deckt mit dem Begriff des angewandten Naturrechts. Dessen Normen werden also gewonnen im Schema des folgenden Syllogismus: Propositio major: Prinzip oder conclusio des elementaren (primären) Naturrechts; propositio minor: empirischer Befund; conclusio: Norm des ius positivum. - Vgl. auch S. th. I, II, 97, 1 c: „Lex recte mutari potest propter mutationem conditionum hominum, quibus secundum diversas eorum conditiones diversa expediunt."

[23] Fritz Tillmann, Die Verwirklichung der Nachfolge Christi (Handbuch der kath. Sittenlehre, Bd. IV. 2). 4. Aufl., Düsseldorf 1950, S. 336. - Vgl. auch Schilling, a. a. O., S. 218.

weil ihre Notwendigkeit und Zweckmäßigkeit nicht wie die Sätze des Naturrechts unmittelbar einleuchtet, sondern erst mittelbar durch Vernunftschluß gefunden wird, nicht dem Naturrecht im engeren Sinn, sondern dem sogenannten ‚Völkerrecht' (ius gentium) zurechnet, so will er damit nicht ihre Naturgesetzlichkeit in Frage stellen[24]." Man kann Tischleder aber nicht mehr folgen, wenn er gleich anschließend erklärt: „Das ‚Völkerrecht' (bei Thomas) ist Naturrecht so gut wie das absolute Naturrecht, da ja die Vernunft, die zu seiner Erfassung und Durchführung nötig ist, zur Natur des Menschen gehört, ja sie im vorzüglichen Sinn ausmacht[25]." Die Berufung auf die zur Natur des Menschen gehörende Vernunft ist ohne den Bezug zur objektiven Schöpfungsordnung schon in sich nicht ausreichend zur Begründung eines Naturrechts. Sicherlich ist Tischleder hier nicht dem Irrtum des rationalistischen Naturrechts der Aufklärung verfallen, sondern hat sich nur einer abbreviatorischen Sprechweise bedient. Daraus läßt sich aber die Feststellung, daß das thomasische ius gentium Naturrecht sei „so gut wie das absolute Naturrecht" — worunter Tischleder die obersten Prinzipien als die „unmittelbar einleuchtenden Sätze des Naturrechts" versteht —, nicht begründen; sie fügt sich auch weder den vorangegangenen Feststellungen ein („mittelbar durch Vernunftschluß") noch den folgenden: „Das Sondereigentum erweist sich als deutliche Folgerung des sittlichen Naturgesetzes so sehr, daß es bei allen Völkern aller Zonen und Zeiten angetroffen wird, weil das vernünftige Denken von selbst auf es als die notwendige und unentbehrliche Grundlage des Gesellschafts- und Wirtschaftslebens geführt wird", was als „mehr mittelbare Erhärtung der naturrechtlichen Notwendigkeit und Naturgesetzlichkeit des Sondereigentums" anzusehen sei[26].

Die Darstellungen der thomistischen Eigentumslehre bedienen sich meist dieser verkürzenden Sprechweise, die nur vom Naturrecht des Eigentums, nicht aber von dem ihm übergeordneten Naturrecht des Gemeingebrauches spricht. Das Naturrecht des Eigentums tritt in den Mittelpunkt, das Naturrecht des Gemeingebrauchs wird zurückgedrängt und verkürzt dergestalt, daß nicht nur eine Gewichtsverlagerung, sondern eine Umkehr der naturrechtlichen Ordnung vorgenommen wird: Das Privateigentum erscheint als Anfang, Kern und Ziel in der Frage nach der rechten Gestaltung der Güter-

---

24 Peter Tischleder, Eigentum. In: Staatslexikon. 1. Bd., Freiburg 1926, Sp. 1584.
25 a. a. O., Sp. 1584.
26 a. a. O., Sp. 1584.

herrschaft. Nur subsidiär, wenn sich aus dem infolge dieser Verabsolutierung des Privateigentumsrechts eingetretenen Chaos kein anderer Weg mehr findet, wird schließlich auf das Gemeinwohl als ultima ratio rekurriert. Das geschieht dann aber vielfach nur um der Rettung des Privateigentums willen. In dieser Betrachtungsweise ist das Gemeinwohl nicht oberstes Prinzip und Ziel der Güterordnung, sondern nur ein Korrektiv, das nachträglich eingeschaltet wird und nur als Mittel fungiert, um in einer unerträglich gewordenen und die Fundamente der Gesellschaftsordnung bedrohenden Situation doch noch das Privateigentum zu retten. Diese verkehrte Sicht darf wohl als ein entscheidender Grund dafür angesehen werden, daß es sehr schwierig ist, eine gemeinwohlwidrige Gestaltung der Eigentumsverhältnisse zu verhüten, noch schwieriger, ihr praktisch zu begegnen, weil jedem Einspruch das Naturrecht des Privateigentums entgegengehalten wird, das zudem, weil der Blick für das höhere Naturrecht des Gemeingebrauchs verlorengegangen war, in eine „Heiligkeit des Privateigentums" hinaufgesteigert werden konnte.

Thomas denkt anders. Seine Eigentumslehre setzt nicht beim Individuum, sondern beim Gemeinschaftsganzen an, beim „Sozialrecht" des Gemeingebrauchs, und führt von da schlußfolgernd zum „Individualrecht" des Privateigentums. Hier liegt der Ansatz auch für die späterhin in Quadragesimo anno erscheinende „Individual- und Sozialnatur" des Eigentums. Weil aber die Eigentumslehre des hl. Thomas von der sozialrechtlichen und nicht von der individualrechtlichen Sicht ihren Ausgang nimmt, deshalb sind ihm Gemeinwohl und Gemeingebrauch nicht nur Korrektiv, nicht nur „norma negativa", sondern beherrschendes Regulativ der Privateigentumsordnung, deren Naturrecht für Thomas in ihrer Instrumentalfunktion im Dienste des Gemeingebrauchs besteht. Zur weiteren Verdeutlichung dieses Sachverhaltes bedient sich Thomas neben den eben erörterten theoretischen Analysen eines schon von Basilius verwendeten Bildes: Basilius hatte die Besitzenden, die auf Grund ihres Besitzes ihren Mitmenschen die ihnen zustehende Teilhabe an der Güternutzung wehren, mit denen verglichen, die zum Schauspiel vorauslaufen, den anderen den Weg versperren und sie daran hindern, ebenfalls dem Schauspiel beizuwohnen. Thomas knüpft an dieses Bild an und sagt, daß derjenige, der zum Schauspiel vorauslaufe, recht handele, wenn er den anderen nicht hindere, sondern ihm den Weg bahne. In ähnlicher Weise müßten die Reichen von ihren Gütern, die anfänglich allen gehörten, anderen mitteilen. Sie sündigten, wenn sie ihre Mitmenschen von der Güternutzung ausschlössen[27].

Die Auffassung des hl. Thomas vom Vorrang und normierenden Charakter des Gemeingebrauchs gegenüber der individuellen Güterherrschaft verstärkte sich noch durch seine an die Patristik anknüpfende Auffassung, daß in statu naturae integrae Gütergemeinschaft geherrscht habe und die Notwendigkeit des Privateigentums eine Folge der Erbsünde sei[28]. Dieses Argument hatte in der Tradition der kirchlichen Eigentumslehre bis zu Thomas von Aquin eine erhebliche Bedeutung und trug dazu bei, den usus communis der Güter noch stärker zu betonen. Objektiv ist es für den Sachverhalt nur von geringer Bedeutung. Entscheidend ist das Faktum, daß die geschichtliche Situation des Menschen auf die Privateigentumsordnung verweist, während die Ursachen dieses Faktums für die Eigentumslehre nur untergeordnete Bedeutung haben. Die Forderung des Gemeingebrauchs bleibt herrschendes Prinzip der Güterordnung, ob man mit der altkirchlichen und thomistischen Eigentumslehre das Privateigentum als Folge des Sündenfalls ansieht oder, so etwa in Übereinstimmung mit Suarez, auch für den Urzustand das Bestehen individualisierter Güterherrschaft gelten läßt[29].

Aus der Geltung des Gemeingebrauchs als des obersten sozialethischen Prinzips der Güterordnung ergibt sich für die thomistische Eigentumslehre die Konsequenz, daß die individuelle Besitzergreifung deshalb und nur insoweit erlaubt und geboten sei, weil sich auf diese Weise die Gemeinsamkeit der Dinge (communitas rerum), der Gemeingebrauch (usus communis) am besten verwirklichen lassen[30]. Thomas macht also die rechtliche Geltung der Privateigentumsordnung davon abhängig, daß sie sich als geeignetes

---

27 S. th. II, II, 66, 2 ad 2: „Ille, qui praeveniens ad spectacula, praepararet aliis viam, non illicite ageret: sed ex hoc illicite agit, quo alios prohibet. Et similiter dives non illicite agit si, praeoccupans possessionem rei quae a principio erat communis, aliis communicat: peccat autem si alios ab usu illius rei indiscrete prohibeat."

28 S. th. I, 98, 1 ad 3: „In statu isto, multiplicatis dominis, necesse est fieri divisionem possessionum, quia communitas possessionis est occasio discordiae . . . Sed in statu innocentiae . . . communiter usi fuissent rebus."

29 Vgl. Suarez, De Opere Sex Dierum, lib. V, cap. VII, 18.

30 Vgl. dazu Nell-Breuning, Eigentumsfrage, S. 31 f. - Utz, a. a. O., S. 521 ff. - Cyrill K. von Krasinski, Über die Krisis des modernen Sondereigentumsbegriffs. In: Freiburger Zeitschrift für Philosophie und Theologie (Divus Thomas), 1. Bd., 1954, S. 69 ff. - Robert Zimmermann, Das ius utendi bei Thomas von Aquin und in den päpstlichen Soziallehren. In: Freiburger Zeitschrift, a. a. O., S. 302 ff. - Robert Linhardt, Die Sozialprinzipien des heiligen Thomas von Aquin. Versuch einer Grundlegung der speziellen Soziallehren des Aquinaten. Freiburg 1932, S. 205 ff. - Einschränkend: Otto Schilling, Die Staats- und Soziallehre des hl. Thomas von Aquin. Paderborn 1923, S. 218.

Mittel für die Verwirklichung des Gemeinwohls erweist, daß sich mit ihrer Hilfe die soziale Zweckbestimmung der Güterwelt am besten erfüllt[31].

Eindringlich wird die umfassende Geltung des Gemeingebrauchs wirksam in dem bekannten thomistischen Satz: „In necessitate sunt omnia communia[32].“ Das heißt: Jeder Mensch hat jederzeit das unverwirkbare Recht auf den absolut notwendigen Lebensunterhalt. Deshalb ist es im Falle der urgens et evidens necessitas, wenn also das Leben bedroht und auf andere Weise Abhilfe nicht möglich ist (cum imminet personae periculum et aliter subveniri non potest), dem Menschen erlaubt, sich heimlich oder mit Gewalt anzueignen, was absolut notwendig ist zur Erhaltung seines Lebens[33]. Der Grundsatz, daß sich „das natürliche Recht des Eigentumslosen auf Eigentum“, wie Karl Peters formuliert, „rechtlich nicht gegen eine bestimmte Person, sondern nur gegen die Gesellschaft und ihre Organisation, den Staat, richtet“[34], gilt so lange, als nicht der Fall der akuten Lebensgefahr vorliegt. Der Fall führt zu weitgehenden rechtlichen Konsequenzen: Wenn A unmittelbar in der Gefahr des Erfrierens steht und sein Leben nur retten kann mit Hilfe des Mantels des B, den dieser gegenwärtig nicht benötigt, dann hat A an diesem Mantel ein Eigentumsrecht[35]. Bürgerlichrechtlich hat A gegenüber B die rei vindicatio, den Herausgabeanspruch des Eigentümers gegenüber dem Nichteigentümer nach § 985 BGB: Quia per

---

31 In diesem Zusammenhang sei darauf hingewiesen, daß die Lehre des hl. Thomas von der communitas rerum noch gegen Ende des vergangenen Jahrhunderts der katholischen Soziallehre von seiten evangelischer Theologen den Vorwurf der Unfähigkeit zur Lösung der sozialen Frage eintrug, weil damit die „innere Verwandtschaft zwischen Katholizismus und Sozialismus“ bewiesen sei. Gerhard Uhlhorn und Albrecht Ritschl bezeichneten Thomas als „intellektuellen Urheber der Sozialdemokratie“ (vgl. Franz Schaub, Die Eigentumslehre nach Thomas von Aquin und dem modernen Sozialismus. Freiburg 1898, S. 4, 259 f. - Farner, a. a. O., S. 99). Wenn man freilich den thomistischen usus communis und die communitas rerum wahlweise einmal mit Gütergemeinschaft, ein anderes Mal mit dem unglücklichen Begriff „Gemeineigentum“ im Sinne eines positiven Kommunismus wiedergibt, wie das bei Farner geschieht (a. a. O., S. 98 f.), kann man zu Konsequenzen kommen, die dem orthodoxen Marxismus in nichts nachstehen.

32 S. th. II, II, 66, 7. - Vgl. auch Molina, a. a. O., 14.

33 S. th. II, II, 66, 7 c.

34 Karl Peters, Das Begreifen der Eigentumsordnung als kriminalpolitisches Problem. In: Festschrift für Wilhelm Sauer. Berlin 1949, S. 20.

35 Anders ist die Situation bei *beiderseitigem* Notstand (das Brett des Karneades!). Hier ist mit Hilfe des Eigentumsrechts eine Lösung nicht mehr möglich, weil der Fall die Grenzen des Rechts überschreitet und nicht mehr vom ordo iustitiae, sondern nur noch vom ordo caritatis her entschieden werden kann, worauf Rommen unter Bezugnahme auf Suarez hingewiesen hat (vgl. Heinrich Rommen, Die ewige Wiederkehr des Naturrechts. 2. Aufl., München 1947, S. 26 f.).

talem necessitatem efficitur suum[36], der Mantel des B ist auf Grund dieser Notstandssituation Eigentum des A geworden. Strafrechtlich kann A weder Diebstahl noch Raub begehen, wenn er sich den Mantel aneignet, weil er sich nicht eine fremde Sache aneignet, sondern seine eigene: Nec hoc proprie habet rationem furti vel rapinae[37]. A kann also strafrechtlich nicht zur Verantwortung gezogen werden, weil er den Tatbestand des Diebstahls bzw. des Raubes nicht erfüllt. Es bedarf also weder eines Schuldausschließungsgrundes noch eines Rechtfertigungsgrundes[38]. Der Satz, daß „sich der Eigentumslose nicht auf ein Recht berufen kann, wenn er in die Eigentumssphäre des anderen eingreift"[39], behält zwar seine Gültigkeit. Nur muß man ihn mit dem Hinweis ergänzen, daß der bisher Eigentumslose in der Notstandssituation der urgens et videns necessitas hinsichtlich der lebensnotwendigen Güter Eigentümer wird und also im Falle ihrer Aneignung nicht in fremde Eigentumssphären eindringt. Er verstößt somit nicht gegen die iustitia commutativa, weil er nicht in Überschreitung, sondern in Ausübung eines Eigentumsrechts handelt.

Der Fall der extrema necessitas ist ein anschauliches Beispiel für die souveräne Geltung und Wirksamkeit der Maxime des Gemeingebrauchs der Güter. Zwar handelt es sich um einen Grenzfall, aber im Lichte von Grenzfällen und Grenzsituationen erscheint oft das Normale erst in seiner vollen Bedeutung. Überdies war dieser Grenzfall in der jüngsten Geschichte sogar des zivilisierten Europa fast zehn Jahre lang Bestandteil des ‚normalen' Lebens, und außerdem erstreckt sich seine Geltung sogar bis auf so bedeutsame gesellschaftliche Ideen und Bewegungen wie etwa die Revolution des Proletariats gegenüber der herrschenden und besitzenden Klasse. Er bringt jedenfalls mit äußerster Prägnanz die Rangordnung zwischen Gemeingebrauch und Privateigentum zum Ausdruck, die Berechtigung ihrer unterschiedlichen naturrechtlichen Wertung durch Thomas und die Relativierung aller geschichtlichen Güterordnungen einschließlich des Privateigentums gegenüber dem absoluten Anspruch des Gemeingebrauchs.

---

36 S. th. II, II, 66, 7 ad 2.

37 S. th. II, II, 66, 7 c.

38 Vom System des deutschen Rechts her sind Theorie und Praxis darauf verwiesen, in diesem Fall mit Hilfe des Rechtfertigungsgrundes des übergesetzlichen Notstandes zu arbeiten, und kommen damit im Ergebnis zu einer angemessenen Lösung. Rechtslogisch ist dieser Weg vom Aspekt des Naturrechts her dem Sachverhalt nicht angemessen, weil immerhin im ersten Schritt ein Unrechtstatbestand bejaht werden muß, wenn dieser auch im nächsten Schritt durch Einschalten eines Rechtfertigungsgrundes in seinen rechtlichen Wirkungen paralysiert wird.

39 Peters, a. a. O., S. 20.

In der Spätscholastik bringt *Molina* im engen Anschluß an Thomas den Gedanken der Gemeinsamkeit der Dinge als des beherrschenden Prinzips der individuellen Güterherrschaft mit der gleichen Entschiedenheit zur Geltung. Das ist um so bedeutungsvoller, als man vielfach geneigt ist, bei den Spätscholastikern als den Begründern des Völkerrechts und der Menschenrechte schon Ansätze eines individualrechtlichen Denkens zu sehen. Molina erklärt aber, daß die Erdengüter vom Sinn der Schöpfung her für die ganze Menschheit geschaffen seien, daß sie „constitutione ipsa rerum" nicht dem einzelnen zu eigen seien, sondern ausnahmslos und unterschiedslos dem Nutzen aller Menschen dienen sollten[40]. Mit Thomas teilt er auch die Überzeugung, daß im Zustand der unversehrten Natur Gütergemeinschaft bestanden habe[41]. Von ihm übernimmt er auch die naturrechtliche Systematisierung der Güterlehre und lehrt, daß das Naturrecht die Gemeinsamkeit der Güter fordere, während das Privateigentum nicht dem Naturrecht, sondern dem ius gentium angehöre, welches jenem zwar nicht widerspreche, aber doch nur auf Grund menschlicher Übereinkunft zustande gekommen sei[42]. So sei das Privateigentum zwar rechtlich begründet und notwendig, aber nur auf Grund der besonderen geschichtlichen Bedingungen, in denen sich die Menschheit nach dem Sündenfall vorgefunden habe[43].

---

40 „Quod cum naturae author ita res omnes . . . condiderit propter genus humanum, ut nihil, constitutione ipsa rerum, cuiquam hominum proprium effecerit, sed omnes indistincte in hominum commodum et utilitatem condiderit; efficitur, ut, si solum ius naturale, primamque rerum constitutionem spectemus, dominium rerum . . . omnibus hominibus sit commune, nullaque rerum dominia sint inter homines divisa" (De justitia et jure, tom. I, tract. II, disp. XVIII, n. 17). Die Formulierung „Quod naturae author res omnes . . . propter genus humanum . . . in hominum commodum et utilitatem condiderit" erinnert so sehr an die spätere Formel Leos XIII. „quod terram Deus universo generi hominum utendam, fruendam dediderit" (R. n., n. 7), daß man geneigt sein könnte, sogar hinsichtlich der Formulierung an eine geschichtliche Linie von Molina zu Leo XIII. zu denken. Ob solche Zusammenhänge bestehen, bedürfte freilich wissenschaftlicher Untersuchung.

41 „In innocentiae statu expediens ac decens erat communis rerum possessio" (a. a. O., disp. XX, n. 5).

42 „Rerum divisio nec est de iure naturali nec de iure divino positivo: licite tamen de iure humano gentium fuit introducta . . . quoniam nullam erit ostendere legem divinam positivam, qua rerum divisio sit introducta et . . . stando in solo iure naturali et constitutione rerum, omnibus omnia sunt communia: ergo rerum divisio neque est de iure naturali, neque de iure divino positivo: sed si aliquo iure licite fuit introducta, illud fuit humanum. Cum vero apud omnes gentes rerum dominia sunt divisa, sane, si rerum divisio licite fuit introducta, iure gentium id fuit effectum" (a. a. O., disp. XX, n. 6).

43 „In statu naturae lapsae, multiplicatisque in orbe hominibus, adeo expediens ac necessarium est res quoad dominia esse divisas, ut ex communi rerum possessione gravissima orirentur mala et incommoda, vixque hominum status conservari posset" (a. a. O., disp. XX, n. 5). - Es ist interessant zu sehen, wie demgegenüber Suarez, obwohl Zeitgenosse

Auch Molina betont mit Nachdruck die Gemeinsamkeit der Güter als ius naturale. Er hebt das Privateigentum scharf von diesem ab und will es explicite nicht dem ius naturale, sondern dem ius positivum humanum zugeordnet wissen[44]. Molina sieht im Privateigentum ein Ergebnis menschlicher Übereinkunft und rechnet es deshalb nicht zum elementaren, sondern zum angewandten und wandelbaren Naturrecht[45]. Wenn er auch davon überzeugt ist, daß diese Übereinkunft der Menschheit hinsichtlich des Privateigentums nicht rückgängig zu machen ist, und er also im Ergebnis mit der thomasischen Lehre übereinstimmt, so muß doch diese unterschied-

Molinas, versucht, die Argumente ins Spiel zu bringen, die gegen eine Bedingtheit des Privateigentums durch die Erbsünde sprechen und die gegenteilige Auffassung stützen, daß schon in statu innocentiae eine Art Individualisierung der Güterherrschaft bestanden habe: „Imprimis non videtur esse datum in illo statu praeceptum prohibens hanc rerum divisionem: quia nec positivum invenitur, nec naturale colligitur ex principiis rectae rationis, quia talis divisio de se nec contra iustitiam esset, nec contra aliam virtutem, et posset esse utilis . . . Unde ulterius distinguendum videtur inter bona mobilia et immobilia. Nam mobilia magis sunt subiecta divisioni, quia eo ipso, quod occupantur, seu capiuntur, fiunt accipientis. Et hoc ius videtur fuisse necessarium etiam in statu innocentiae. Nam qui colligeret fructus arboris ad comedendum, eo ipso acquireret particulare ius in illos, ut posset illis libere uti, et non possent invito possidente auferri sine iniustitia. At vero in bonis immobilibus non esset necessaria similis divisio: et de illis principaliter loquuntur dicti autores. Considerandum vero ulterius est, potuisse homines in eo statu operari terram, et fortasse aliquam eius partem seminare. Inde ergo necessario fieret consequens, ut postquam aliquis particulam terrae coleret, non posset iuste ab alio privari usu, et quasi possessione illius: quia ipsa naturalis ratio, et ordo conveniens hoc postulat. Potuisset etiam usu introduci, ut qui semel illam particulam terrae occuparet, tamquam propriam illam possideret, quamdiu illam non dimitteret: et idem dici potest de particula terrae ad habitationem, et quasi domicilium destinata" (De Opere Sex Dierum, lib. V, cap. VII, n. 18). - Entschiedener als Suarez sucht Johannes de Lugo das Privateigentum auch für den status innocentiae als „ipso iure naturali" bestehend zu erweisen (vgl. De Justitia et Jure, t. I, disp. VI, 1).

44 Vgl. Molina, a. a. O., disp. XX, n. 6.

45 „Ius gentium est ius humanum . . . In primis ergo rerum divisio est de iure gentium . . . Petes utrum in ius gentium cadat dispensatio aut abrogatio. Respondetur . . . In totum autem vix abrogari posset quod ad ius gentium pertineret. Ratio est, quoniam ad id necessarius esset communis consensus omnium, aut fere omnium nationum, qui difficile haberi potest. Atque, quod ad rerum divisionem attinet, si prorsus tolleretur, tot inde orirentur mala, ut procul dubio culpa esset lethalis eam omnino tollere. Si tamen tolleretur, non dubito quin factum teneret. Ratio est, quoniam quemadmodum humana voluntas sufficiens causa fuit ad rerum divisionem inducendam, sic quoque sufficiens videtur ad illam tollendam" (Molina, a. a. O., tract. I, disp. V, n. 4, 5). - Noch weiter als Molina geht sein Zeitgenosse Vasquez, der ohne Einschränkung erklärt, daß das ius gentium durch das Staatsrecht und sogar durch private Autorität aufgehoben werden könne, da es nichts befehle, sondern nur etwas erlaube (vgl. Vasquez, In I, II S. Thomae, t. II, disp. CLVII, cap. 3).

liche Akzentuierung des Privateigentums beachtet werden, weil sie deutlich macht, daß die naturrechtliche Überordnung des usus communis der Güter über das Privateigentumsrecht bei Molina im Vergleich zu Thomas nicht individualrechtlich abgeschwächt, sondern eher noch verstärkt wird[46].

Die Orientierung am Prinzip des Gemeingebrauchs als dem leitenden Grundsatz der Güterordnung bestimmt auch die *neuere katholische Eigentumslehre*. Leo XIII. betont trotz seiner Frontstellung gegen die eigentumsfeindliche Grundhaltung des marxistischen Sozialismus dennoch entschieden die naturrechtliche Abhängigkeit der Privateigentumsordnung und der geschichtlichen Eigentumsverhältnisse vom Grundsatz des Gemeingebrauchs. Zur Begründung dieses Grundsatzes greift Leo XIII. weit aus und knüpft an die Tatsache der Gotteskindschaft aller Menschen und der Erlösung des Menschengeschlechtes durch Christus an. Der Glaubenssatz, daß alle Menschen von der Schöpfung her Gott als ihren gemeinsamen Vater haben und daß sie alle in gleicher Weise durch Christus zur Würde der Gotteskindschaft erhoben sind, führt nach der Lehre des Papstes zu der zwingenden Konsequenz, daß die Erdengüter wesensmäßig dem Nutzen und Gebrauch der gesamten Menschheit zu dienen bestimmt sind: „Wenn die Menschen sich vom Geist der christlichen Gebote leiten lassen, wird sie nicht nur Freundschaft, sondern auch brüderliche Liebe miteinander verbinden. Sie werden sich dann ganz von der Überzeugung durchdringen lassen, daß alle Menschen ausnahmslos von Gott als ihrem gemeinsamen Vater erschaffen und für das gleiche Ziel bestimmt sind, das Gott selber ist, der als das Endziel alles Guten Menschen und Engel in absolut vollkommener Weise beglückt; daß alle Menschen in gleicher Weise durch Christus erlöst, zur Würde der Kindschaft Gottes erhoben und sowohl untereinander als auch mit Christus dem Herrn, ‚dem Erstgeborenen unter vielen Brüdern' (Röm. 8, 29), durch ein wahres Bruderband verbunden sind. In gleicher Weise sind auch die Güter der Natur unterschiedslos dem gemeinsamen Gebrauch der ganzen Menschheit zugedacht, ebenso wie die göttlichen Gnadengaben, und nur der Unwürdige wird vom Erbe himmlischen Reichtums ausgeschlossen[47]."

---

[46] Mit Molina stimmen in der Eigentumslehre in vollem Umfang überein die Spätscholastiker Lessius und Vasquez, die ebenfalls entschieden den Charakter des usus communis als ius naturale primarium und den des Privateigentums als ius gentium betonen, um daraus die Überordnung des ersteren über das letztere abzuleiten (vgl. Lessius, Commentaria de Justitia et de Jure, lib. II, cap. V, 3; Vasquez, in I, II S. Thomas, t. II, disp. CLVII cap. 3).

[47] R. n., n. 21: „Quos tamen, si christianis praeceptis paruerint, parum est amicitia, amor etiam fraternus inter se coniugabit. Sentient enim et intelligent, omnes plane homines a

Damit ist dem Gemeingebrauchsprinzip die denkbar stärkste theologische und philosophische Begründung gegeben. Dennoch hat sich die Interessentenideologie der Eigentumslehre Leos XIII. bemächtigt, um die Relativität des Privateigentums gegenüber dem Gemeingebrauch wie überhaupt die beherrschende Geltung ds Gemeingebrauchsprinzips zu ignorieren oder gar zu leugnen, dagegen das sekundäre und relative Naturrecht des Privateigentums zu verabsolutieren und ‚heiligzusprechen'. Mit der Eigentumslehre Leos XIII. hat das nichts mehr zu tun. Diese nimmt ebenso wie die des hl. Thomas ihren Ausgang vom Prinzip des Gemeingebrauchs und formuliert als obersten Grundsatz für die Ordnung der Güterherrschaft, „daß Gott die Erde dem ganzen Menschengeschlecht zum Gebrauch und zur Nutznießung übergeben und als gemeinsames Gut geschenkt hat[48]". Dieser Grundsatz bekommt nach der Lehre des Papstes ein besonderes Gewicht in Anwendung auf den Boden. Deshalb hebt Rerum novarum eigens hervor, „daß der Boden trotz seiner Unterstellung unter das Privateigentum nicht aufhört, dem allgemeinen Nutzen zu dienen[49]".

Leo XIII. verstärkt das Gewicht seiner Eigentumslehre, indem er sich auf Thomas bezieht und dessen grundlegende Unterscheidung zwischen

---

communi parente Deo procreatos: omnes ad eumdem finem bonorum tendere, qui Deus est ipse, qui afficere beatitudine perfecta atque absoluta et homines et Angelos unus potest: singulos item pariter esse Jesu Christi beneficio redemptos et in dignitatem filiorum Dei vindicatos, ut plane necessitudine fraterna cum inter se tum etiam cum Christo Domino, primogenito in multis fratribus (Rom 8, 29), contineantur. Item naturae bona, munera gratiae divinae pertinere communiter et promiscue ad genus hominum universum, nec quemquam, nisi indignum, bonorum caelestium fieri exheredem."

48 R. n., n. 7.

49 R. n., n. 7. - Die Begründung dafür, weshalb das Gemeingebrauchsprinzip in Beziehung zum Boden besonders große Bedeutung hat, geben die vorangehenden Darlegungen der Enzyklika: Der Boden ist in besonderer Weise geeignet, die Zukunftsvorsorge des Menschen zu sichern. Aus der Aufgabe, für die Zukunft vorzusorgen, „ergibt sich, daß der Mensch nicht nur über die Erträge des Bodens, sondern auch über den Boden selbst die Verfügungsmacht haben muß; denn die Ertragsfähigkeit des Bodens ist es ja gerade, die ihm die Befriedigung auch seiner künftigen Bedürfnisse sicherstellt . . . Das dem Menschen durch die Natur gegebene Gut, das durch seine unerschütterliche Dauerhaftigkeit die ständige Deckung der Bedürfnisse gewährleisten kann, . . . ist allein der Boden mit seinem Ertragsreichtum" (R. n., n. 6). Paul Jostock sieht mit Recht in diesen Ausführungen der Enzyklika einen „Beweisgrund für die Forderung nach Siedlung und Bodenreform" (Erläuterungen, a. a. O., S. 17). - Vgl. dazu auch den Brief des Unterstaatssekretärs J. B. Montini an den Präsidenten der 21. Sozialen Woche von Neapel (21.—28. September 1947) vom 15. September 1947, in: Aufbau und Entfaltung des gesellschaftlichen Lebens. Soziale Summe Pius' XII. Hrsgg. von A. F. Utz u. J. F. Groner, Freiburg (Schweiz) 1954, insbes. n. 2457 ff.

Eigentumsrecht und Eigentumsgebrauch im Wortlaut anführt. An dieser Stelle zwar, Rerum novarum n. 19, zieht Leo XIII. aus dem Prinzip des usus communis in erster Linie die Konsequenzen hinsichtlich der sozialethischen Verpflichtungen, die sich für den Eigentümer aus dem Eigentum ergeben. Aber schon der in diesem Zusammenhang auftretende Hinweis auf den Fall der extrema necessitas und seine Unterstellung unter das Gemeingebrauchsprinzip, das hier souverän in bestehende Eigentumsrechte eingreift, bisher geltende Eigentumsschranken durchbricht und die Gütersphären neu abgrenzt, zeigen, daß Leo XIII. ebenso wie Thomas in diesem Prinzip mehr sieht als nur einen Leitsatz für den Eigentumsgebrauch, nämlich den jede Güterordnung beherrschenden und regulierenden Grundsatz, also auch und insbesondere die Norm der geschichtlich-juridischen Gestaltung der Eigentumsverhältnisse. Im gleichen Zusammenhang erweist sich Leo XIII. ein weiteres Mal als der große Vermittler und Brückenbauer der scholastischen Tradition, indem er deren Eigentumslehre prägnant zusammenfaßt: „Wer immer mit Gütern durch Gottes Fügung reichlich bedacht wurde, . . . soll sie deswegen als ihm gegeben betrachten, daß er sie zur eigenen Vervollkommnung und ebenso, gleichsam im Dienst der göttlichen Vorsehung, zum Nutzen der übrigen Menschen gebrauche[50]."

Die Überzeugung vom Vorrang des Gemeingebrauchs über das Privateigentumsrecht führt konsequent zu der Feststellung, „daß Gott selbst keinem Menschen einen bestimmten Güteranteil als Eigentum zugewiesen, sondern es den Bemühungen der Menschen und den Rechtsformen der Völker überlassen hat, die Sondereigentumsverhältnisse näher zu regeln[51]". Dem Staat ist es aufgegeben, „Form und Ausgestaltung (der Privateigentumsordnung) zu regeln und mit dem Gemeinwohl in Übereinstimmung zu bringen[52]".

[50] R. n., n. 19. - Dabei ist zu beachten, daß schon allein diese „Vervollkommnung" der Person Unterordnung unter das Gemeinwohl, nicht Isolierung und Autonomie, sondern selbstlosen Dienst an der Gemeinschaft verlangt.

[51] R. n., n. 7.

[52] „Ius enim possidendi privatim bona cum non sit lege hominum sed natura datum, non ipsum abolere, sed tantummodo ipsius usum temperare et cum communi bono componere auctoritas publica potest" (R. n., n. 35). - Der an dieser Stelle der Enzyklika verwendete Ausdruck „usus" kann *hier* nicht verstanden werden im Sinne der thomistischen Gegenüberstellung von potestas procurandi et dispensandi (Eigentumsrecht) und usus rerum (Eigentumsgebrauch), sondern nur als usus iuris quantum ad potestatem. Das ergibt sich nicht nur aus dem Sinnzusammenhang des ganzen Abschnitts, sondern auch aus dem grammatischen Aufbau des Satzes (*ipsius* usus, nämlich iuris possidendi usus). Der Terminus „Gebrauch" in der „amtlichen deutschen Übersetzung" des Herder-Verlages ist deshalb falsch und in der Wiedergabe dieses Satzes in Quadragesimo anno (n. 49) durch „Handhabung" ersetzt (vgl. dazu v. Nell-Breuning, Eigentumsfrage, S. 34).

Trotz dieser klaren Aussagen der Enzyklika war es möglich, daß unter Berufung auf Rerum novarum, aber entgegen dem eindeutigen Sinn der Enzyklika von der „Heiligkeit des Privateigentums“ gesprochen werden konnte[53]. Tatsächlich aber geht es in den hier in Betracht kommenden Äußerungen der Enzyklika um etwas ganz anderes, um das genaue Gegenteil dessen, was jene herauslesen möchten, denen es nur auf die Erhaltung ihres Besitzes ankommt und denen um dieses Zieles willen jedes Argument recht ist. Leos XIII. ganze Sorge richtet sich darauf, nach wirksamen Hilfen zur Linderung der Not der Arbeiterschaft zu suchen. Ein wesentliches Mittel sieht er darin, daß der Arbeiter in die Lage versetzt werde, Eigentum zu bilden, „sich einen kleinen Besitz zu beschaffen[54]“. Deshalb macht sich der Papst zum Verfechter des Rechts auf Privateigentum für alle, insbesondere aber für die Masse des Proletariats, das kein Eigentum hat und ohne die Daseinssicherung durch Vermögensbesitz allen Unsicherheiten des Lebens, Krankheit, Invalidität, Arbeitslosigkeit, Ausbeutung, schutzlos preisgegeben ist. Angesichts dieser Situation, die nach der Überzeugung Leos XIII. gemeistert werden könnte durch eine breite Streuung der Erdengüter und der Ausstattung auch des besitzlosen Proletariats mit Eigentum, erklärt der Papst, man müsse, „wenn man zu einer wirksamen Lösung der sozialen Frage gelangen will, unter allen Umständen daran festhalten, daß das Recht auf persönlichen Besitz heiliggehalten werde[55]“.

---

53 Vgl. die Stellungnahme zu dieser Fehldeutung bei v. Nell-Breuning, Eigentumsfrage, S. 31, 39 f.

54 R. n., n. 35.

55 „Neque enim efficaci ratione dirimi causam, de qua agitur, posse vidimus, nisi hoc sumpto et constituto, ius privatorum bonorum sanctum esse oportere“ (R. n., n. 35). - In der im Herder-Verlag erschienenen „Amtlichen deutschen Übersetzung“ fehlt an dieser Stelle das Wort „heilig“; statt dessen ist die Rede vom „unantastbaren Recht“. Hinsichtlich der Formulierungen in n. 12 ist es genau umgekehrt. Im lateinischen Text heißt es: „. . . oportere, privatas possessiones inviolate servandas“, der Übersetzer erweitert den Text und sagt, „das Privateigentum sei unantastbar und heilig“. - Die erstgenannte Aussage der Enzyklika (n. 35) bezieht sich auf das ius quantum ad usum communem, die letztgenannte (n. 12) auf das ius quantum ad proprietatem. Die unterschiedliche Rangordnung der Sachverhalte hebt Leo XIII. auch in der Formulierung deutlich hervor: sanctum - inviolate. Diese der unterschiedlichen Geltung der Sachverhalte folgende Akzentuierung des Ausdrucks wird in der deutschen Übersetzung genau umgekehrt: Gegenüber der „Heiligkeit des Privateigentums“ tritt der Gemeingebrauch der Dinge in den Hintergrund. Wird schließlich diese „Heiligkeit“ von der Institution des Eigentums auch noch auf die bestehenden Eigentumsverhältnisse übertragen, wie es immer wieder geschieht, dann ist exakt das Gegenteil erreicht von dem, was die Enzyklika will. - Es wäre nicht uninteressant zu wissen, wieviel Mißverständnisse und mißbräuchliche Verwendungen der katholischen Soziallehre allein auf das Konto von Fehlübersetzungen gehen, die oft frei-

An dieser Stelle der Enzyklika erscheint also das Wort „heilig" im Zusammenhang der Eigentumsfrage. Sein Sinn ist eindeutig: Das Wort steht als Anwalt des Eigentumsrechts aller Menschen, in erster Linie der Besitzlosen, und als Ankläger gegen die bestehenden Besitzverhältnisse. Das Recht des Gemeingebrauchs der Dinge, das thomistische ius quantum ad usum communem rerum, wird hier durch das kirchliche Lehramt mit einer nicht mehr zu steigernden Pointierung als heilig bezeichnet und damit noch stärker hervorgehoben, als es der Begriff des ius naturale der bisherigen Tradition der kirchlichen Eigentumslehre vermöchte.

Aus dieser überragenden Bedeutung des Gemeingebrauchs der Erdengüter, auf deren Nutzung alle Menschen ein unabdingbares Recht haben, zieht Leo XIII. sogleich die notwendigen praktischen Konsequenzen und verlangt die Hilfe des Staates, soweit die bestehenden Eigentumsverhältnisse der Verwirklichung des Gemeingebrauchsprinzips widerstreben: „Der Staat muß dieses Recht begünstigen und alles tun, damit möglichst viele eine eigene Habe zu erwerben trachten[56]." Die Erreichung dieses Zieles aber, die Eigentumsbildung der breiten Massen, bezeichnet Leo XIII. als „einen großartigen Fortschritt, vor allem deshalb, weil das eine der Billigkeit mehr entsprechende Verteilung der Güter" bedeute[57].

Die Konformität der Eigentumslehre Leos XIII., nicht nur ihrer Grundgedanken, sondern auch ihrer Systematik mit der des hl. Thomas, ist offensichtlich: Ebenso wie Thomas verweist auch Leo zunächst auf die Überlegenheit des Menschen als eines Leib-Geist-Wesens über die Welt der Sachgüter und sieht darin — in Entsprechung zur thomasischen Lehre im *ersten* Artikel S. th. II, II, 66 — den letzten Grund, die causa remota des Eigentumsrechts als einer Form der Güterherrschaft[58]. Der nächste Grund aber, die causa proxima des Privateigentums, ist für Leo — nun in Parallelität zum *zweiten* Artikel S. th. II, II, 66 — das Gemeinwohl mit seiner Forderung des usus communis. Die soziologischen Argumente des hl. Thomas aber, die auf das Privateigentum als Instrument der Verwirklichung des Gemeinwohls verweisen, ergänzt Leo XIII. aus der Sicht der modernen Gesellschaftsstruktur und Arbeitswelt durch Hinweise auf die Notwendigkeit der *Zukunftsvorsorge,* die Situation des *Arbeiters* und den der *Familie* zu

---

lich nicht nur zufällig und irrtümlich entstanden sind, sondern darauf abzielen, dem Text einen anderen Sinn aufzudrängen.

56 R. n., n. 35.

57 R. n., n. 35.

58 Vgl. R. n., n. 5.

gewährenden Lebensraum[59], ohne es zu unterlassen, schon von Thomas angeführte Gesichtspunkte, deren Aktualität in der Neuzeit nicht geringer geworden ist, noch einmal hervorzuheben[60].

In allem aber wird sichtbar, daß es Leo XIII. nicht darauf ankommt, Individualrechte „an sich" oder gar bestehende Besitzverhältnisse zu verteidigen, sondern allein dem allen Individualrechten übergeordneten Recht des Gemeingebrauchs der Güter zur Durchsetzung zu verhelfen. Er verteidigt die Privateigentumsordnung gegenüber einer Totalsozialisierung nicht um ihrer selbst willen, sondern um der Arbeiter willen, die noch kein Eigentum haben: „Der Plan (der Vergesellschaftung des Sondereigentums) ist so wenig zur Lösung der sozialen Spannungen geeignet, daß er vielmehr gerade die Arbeiterklasse schädigt[61]." Denn „wenn die Sozialisten dahin streben, das Privateigentum in Kollektiveigentum überzuführen, verschlechtern sie die Lage der Lohnarbeiter, indem sie ihnen mit dem Eigentumsrecht auch das Recht nehmen, den Lohn frei anzulegen, und sie dadurch der Aussicht und Möglichkeit berauben, ihre Habe zu vermehren und sich durch Fleiß zu einer besseren Stellung emporzuringen[62]". Den Reichen aber schärft es Leo XIII. als Gewissenspflicht ein, „unter keinen Umständen die Besitzlosen in ihrem Erworbenen zu schädigen, sei es durch Gewalt oder durch Trug oder durch wucherische Machenschaften; und dies um so weniger, als der Lohnarbeiter gegen Unrecht und Übervorteilung nur wenig geschützt ist und sein Eigentum, weil gering, eben deshalb um so mehr Unverletzlichkeit beansprucht (hoc sanctior habenda)[63]".

Wenn es trotz dieser Aussagen dahin kommen konnte, daß die Eigentumslehre Leos XIII. immer wieder individualistisch verfälscht und mißbraucht, die Kirche aber als Anwalt der Besitzenden und Feind der Arbeiterschaft angesehen wurde, dann ist das die Schuld derjenigen, die „die Religion als Wandschirm vorzuschützen suchen, hinter dem man mit seinen ungerechten Machenschaften sich verstecken und durchaus gerechten Forderungen der Arbeiterschaft sich entziehen will[64]".

---

59 Vgl. insbesondere R. n., n. 6, 9, 35.

60 Vgl. insbesondere die Äußerungen zur Frage „Eigentum als Ordnungsfaktor" R. n., n. 12.

61 R. n., n. 3.

62 R. n., n. 4, vgl. auch n. 12. - Zur Rechtfertigung des Privateigentums im Hinblick auf die Familie vgl. R. n., n. 9 ff.

63 R. n., n. 17.

64 Pius XI., Q. a., n. 125. - Zu der Tragik, die über der neueren kirchlichen Eigentumslehre gelegen hat, vgl. im einzelnen v. Nell-Breuning, Eigentumsfrage, S. 39 f.

Pius XI. lehrt ebenfalls mit aller Entschiedenheit, daß jede Einzelfrage der Eigentumslehre und Eigentumspolitik ausgetragen werden muß auf dem Hintergrund der Idee des Gemeingebrauchs als dem beherrschenden Prinzip der Güterordnung. Der usus communis durchzieht wie ein rotes Band alle Einzeläußerungen Pius' XI. zur Eigentumsfrage: „Die Erdengüter sind vom Schöpfer für die ganze Menschheitsfamilie bestimmt", und nur deshalb besteht die Institution des Sondereigentums, damit auf diese Weise „die Erdengüter diesen ihren Widmungszweck wirklich erfüllen[65]".

Pius XI. bringt damit zum Ausdruck, daß der die Güterlehre beherrschende Leitsatz das Prinzip des usus communis rerum ist; daß die Institution des Privateigentums lediglich Instrumentalcharakter hat und Mittel zum Zweck der Verwirklichung des Gemeingebrauchs der Güter ist. Die Privateigentumsordnung steht nach der Lehre Pius' XI. naturrechtlich zum Gemeingebrauchsprinzip nicht im Verhältnis der Gleichordnung, sondern der Unterordnung, im Verhältnis einer Zweck-Mittel-Beziehung. Oswald von Nell-Breuning kommentiert diesen Gedanken der Enzyklika folgendermaßen: „Gott der Herr hat als Schöpfer die Erdengüter der ganzen Menschheitsfamilie bestimmt; diesem Wirkungszweck müssen die Erdengüter immer und unter allen Umständen erhalten bleiben. Die Einrichtung des Sondereigentums ist lediglich das Mittel, um die Erfüllung dieses Widmungszweckes auf geordnetem Wege sicherzustellen. Zu dieser Ordnung gehört es, daß nicht jeder über jedes verfügen könne, sondern jede Sache ihren Herrn habe[66]."

Von großem Gewicht für die Eigentumsrechte Pius' XI. ist die Tatsache, daß der Papst diese Bestimmung des Verhältnisses von Gemeingebrauchsprinzip und Privateigentumsinstitution in den Zusammenhang seiner Lehre von der Individual- und Sozialnatur des Eigentums stellt, die auf diese Weise eine bedeutsame Präzisierung erfährt. Mit der Individual- und Sozialnatur des Eigentums meint der Papst „die Doppelseitigkeit des Eigentums, das ist seine individuelle und seine soziale, seine dem Einzelwohl und seine dem Gemeinwohl zugeordnete Seite[67]". Die Individualnatur des Eigentums entspricht, wie schon dargetan wurde, der Individualnatur der Person, seine Sozialnatur der Sozialnatur der Person. Der Begriff der Sozialnatur des Eigentums in sich behauptet die ethische Beanspruchung

---

65 Q. a., n. 45.
66 v. Nell-Breuning, Die soziale Enzyklika, a. a. O., S. 68.
67 Q. a., n. 45.

des privaten Eigentumsrechtes, wie jedes Rechtes, durch die Gemeinschaft: die mit dem Recht eo ipso gegebene Verpflichtung des Rechtsträgers, mit Hilfe seines Rechtes die ihm aufgegebene Sinnbestimmung seiner Person zu erfüllen, nämlich im Dienste an der Gemeinschaft Werte zu verwirklichen, das Gute zu tun und sich auf diese Weise um die Vervollkommnung seines personalen Lebens zu mühen.

Diese im Begriff der Sozialnatur des Eigentums enthaltene allgemeine Aussage, daß sich der Eigentumsgebrauch im Blick auf die Gemeinschaft vollziehen müsse, wird nun von Pius XI. in der Weise verdeutlicht und konkretisiert, daß er im Anschluß an die Tradition der kirchlichen Eigentumslehre den Grundsatz des usus communis rerum als regulatives Prinzip des Eigentumsgebrauchs erklärt. Der an sich noch im allgemeinen bleibende Begriff der Sozialnatur des Eigentums erfährt also in seiner Zuordnung auf das Gemeingebrauchsprinzip seine inhaltliche Ausfüllung, seine Zielrichtung und Begrenzung. Demnach besagt die Sozialnatur des Eigentums, daß die im Privateigentumsrecht individualisierte Güterherrschaft der Norm des Gemeingebrauchs untersteht. Das bedeutet des weiteren, daß das Privateigentumsrecht seinem Inhaber keinen absolut unangreifbaren Raum an Herrschaftsmacht sichert. Seine Verfügungsgewalt ist nicht nur ethisch, sondern auch rechtlich begrenzt durch die Erfordernisse des Gemeinwohls. Die schon in früheren Zusammenhängen getroffene Feststellung, daß unsittlicher Eigentumsgebrauch nicht eo ipso zum Verlust des Eigentumsrechtes führt, behält selbstverständlich auch unter diesem Aspekt ihre Gültigkeit. Sie muß aber angesichts der das Eigentumsrecht in seiner Individual- und Sozialnatur beherrschenden Norm des usus communis dahingehend ergänzt werden, daß im Falle einer Mißachtung der Sozialnatur des Eigentums, also im Falle eines gemeinwohlwidrigen Eigentumsgebrauchs, die Gemeinschaft, in letzter Instanz der Staat als oberster Hüter des Gemeinwohls, berechtigt ist, sich dieses Eigentumsrechtes zu bemächtigen, um so eine durch das Gemeinwohl gebotene Nutzung der Eigentumssache zu erzwingen.

Unter diesem auch die Eigentumslehre Pius' XI. beherrschenden Aspekt des Gemeingebrauchsprinzips läßt sich der Inhalt des Begriffes der Sozialnatur des Eigentums folgendermaßen zusammenfassen: Der Eigentümer ist verpflichtet, sich im Gebrauch seines Eigentums am Gemeinwohl zu orientieren, weil dieses Grund, Finalität und Regulativ des Eigentumsrechtes ist. Daraus ergibt sich der die iustitia commutativa des privaten Eigentumsrechtes übergreifende Anspruch der iustitia socialis auf eine dem Gemeingebrauchsprinzip angemessene Gestaltung bzw. Korrektur privater Eigentumsrechte durch die Gemeinschaft, letztinstanzlich durch den Staat, falls es das Gemeinwohl erfordert[68].

Es führt also auch in der Eigentumslehre Pius' XI. der logische Weg vom Prinzip des Gemeingebrauchs zur Eigentumsordnung. Damit diese Tatsache stets im Blick behalten werde, wiederholt der Papst seine schon in n. 45 Q. a. getroffene Feststellung in späteren Zusammenhängen mit aller Deutlichkeit, daß nämlich „gerade um dieses (allgemeinen) Nutzens willen, den die Güter der sichtbaren Schöpfung nur im Wege bestimmter und gesicherter Ordnung den Menschen zu gewähren vermögen, die Natur selbst die Teilung der Güter als Sondereigentum veranlaßt habe[69]". Der Sinn privaten Eigentums wird mißverstanden, wenn man unter Verkennung oder Umkehrung dieser Hierarchie in der Struktur der Güterordnung beim Naturrecht des Privateigentums ansetzt und erst dann, etwa in Zuordnung desselben zur socialitas der Person, im zweiten logischen Schritt schlußfolgernd eine soziale Belastung des Privateigentums feststellt. Der Sachverhalt liegt umgekehrt: Das Naturrecht des usus communis rerum ist der Grund für die Möglichkeit privater Eigentumsrechte.

Von der Überzeugung, daß der Grundsatz des Gemeingebrauchs das die Güterordnung beherrschende Prinzip ist, sind alle Stellungnahmen der Enzyklika Quadragesimo anno zu Einzelfragen der Eigentumspolitik bestimmt. So erklärt Pius XI. im Zusammenhang der Frage der Ertragsaufteilung unter Berufung auf Leo XIII.: „Keineswegs jede beliebige Güter- und Reichtumsverteilung läßt nämlich den gottgewollten Zweck, sei es überhaupt, sei es in befriedigendem Maße, erreichen. Darum müssen die Anteile der verschiedenen Menschen und gesellschaftlichen Klassen an der mit dem Fortschritt des Gesellschaftsprozesses der Wirtschaft ständig wachsenden Güterfülle so bemessen werden, daß dieser von Leo XIII. hervorgehobene allgemeine Nutzen gewahrt bleibt oder, was dasselbe mit anderen Worten ist, dem Gesamtwohl der menschlichen Gesellschaft nicht zu nahe getreten wird. Dieser Forderung der Gemeinwohlgerechtigkeit läuft es

---

[68] Die Gestaltbarkeit privater Eigentumsrechte auf Grund des Gemeingebrauchsprinzips und aus dem Anspruch der iustitia socialis ist selbstverständlich auch möglich unabhängig vom Eigentumsgebrauch und *trotz* sittlich *geordneten* Eigentumsgebrauchs, wenn elementare Interessen des Gemeinwohls in Frage stehen. Das ist das Gegenstück zur Wirksamkeit der iustitia commutativa, die das private Eigentumsrecht unabhängig vom Eigentumsgebrauch und *trotz* sittlich *schlechten* Eigentumsgebrauchs in ihren Schutz nimmt, aber gegebenenfalls den höheren Erfordernissen des Gemeinwohls und also dem stärkeren Anspruch der iustitia socialis weichen muß.

[69] Q. a., n. 56.

zuwider, wenn eine Klasse der anderen jeden Anteil abspricht[70]." Weil aber „die Verteilung der Erdengüter durch den ungeheuren Gegensatz von wenigen Überreichen und einer unübersehbaren Masse von Eigentumslosen aufs schwerste gestört ist, muß sie wieder mit den Forderungen des Gemeinwohls beziehungsweise der Gemeinwohlgerechtigkeit in Übereinstimmung gebracht werden[71]".

Deshalb auch spricht Pius XI. dem Staat das Recht zu, „mit Rücksicht auf wirkliche Erfordernisse des Gemeinwohls genauer im einzelnen anzuordnen, was die Eigentümer hinsichtlich des Eigentumsgebrauchs dürfen, was ihnen verwehrt ist", und führt an dieser Stelle die Worte Leos XIII. an, daß „Gott der menschlichen Geschicklichkeit und den staatlichen Einrichtungen die Regelung des Sondereigentums anheimgegeben" habe, daß der Staat „Form und Ausgestaltung (des Privateigentums) regeln und mit dem Gemeinwohl in Einklang bringen kann[72]". Um des Gemeinwohls willen hat der Staat sogar das Recht, „bestimmte Arten von Gütern der öffentlichen Hand vorzubehalten, weil die mit ihnen verknüpfte übergroße Macht ohne Gefährdung des öffentlichen Wohls Privathänden nicht überantwortet bleiben kann[73]".

Die Abhängigkeit der Eigentumsordnung vom Gemeingebrauch ist bei Pius XI. so stark hervorgehoben und die Bezugnahme auf die den usus communis betonenden Äußerungen Leos XIII. so auffallend[74], daß man wohl nicht fehlgeht in der Annahme, es sei Pius XI. alles darauf angekommen zu verhüten, daß die Eigentumslehre der Kirche noch einmal individualistisch verkürzt, mißverstanden und mißbraucht werden könne, wie es der Eigentumslehre Leos XIII. in vielen Kreisen widerfahren ist. Dennoch sieht sich der Papst gezwungen, seine schon in Quadragesimo anno vernehmbare Klage, nicht gehört oder mißverstanden zu werden[75], in der Enzyklika Divini Redemptoris zu wiederholen: „Ihr (christliche Arbeitgeber und Unternehmer) seid ja noch belastet mit dem Erbe von Irrtümern einer ungerechten Wirtschaftsführung, die ihren zersetzenden Einfluß Generationen hindurch ausgeübt hat. Seid eingedenk eurer Verantwortung! Leider ist es wahr, daß auch das Verhalten gewisser katholischer Kreise dazu beigetragen hat, das Vertrauen des arbeitenden Volkes zur Religion Jesu Christi

[70] Q. a., n. 57.
[71] Q. a., n. 58. - Vgl. auch Q. a., n. 53. - Divini Redemptoris, in: Marmy, a. a. O., n. 240.
[72] Q. a., n. 49.
[73] Q. a., n. 114.
[74] Vgl. Q. a., n. 45, 47, 49, 53, 56, 57, 62.
[75] Vgl. insbes. Q. a., n. 125.

zu erschüttern. Diese wollten nicht begreifen, daß die christliche Nächstenliebe auch die Anerkennung gewisser Rechte verlangt, die dem Arbeiter zustehen und die ihm die Kirche ausdrücklich zuerkannt hat. Was soll man dazu sagen, daß irgendwo katholische Arbeitgeber die Verlesung des Rundschreibens Quadragesimo anno in ihren Patronatskirchen zu verhindern wußten? Was soll man dazu sagen, daß katholische Arbeitgeber bis auf den heutigen Tag sich als Feinde einer von Uns selbst befürworteten christlichen Arbeiterbewegung bewiesen haben? Und ist es nicht beklagenswert, daß das Recht auf Eigentum, das die Kirche anerkennt, mitunter dazu benutzt wurde, um den Arbeiter um seinen gerechten Lohn und um seine sozialen Rechte zu bringen[76]?"

Deshalb drängte es auch Pius XII., in immer neuen Ansätzen die Gemeinschaftsgebundenheit des Eigentums zu verkünden. Schon im ersten Jahre seines Pontifikates nahm der Papst in einem Rundbrief an die Bischöfe der Vereinigten Staaten auch zur sozialen Frage Stellung und bezeichnete es als „ersten Grundsatz auf diesem Gebiet, daß die Güter, die Gott für alle Menschen geschaffen hat, unter Führung der Gerechtigkeit und unter Begleitung der Liebe in angemessener Weise allen zufließen[77]". Unter Bezugnahme auf diesen Rundbrief wiederholt der Papst in seiner Botschaft zur Fünfzigjahrfeier von Rerum novarum diesen Grundsatz und führt ihn im einzelnen aus[78]. Auf Grund seiner Geistnatur habe jeder Mensch von Natur aus das Recht der Nutzung an den materiellen Gütern der Erde,

---

[76] Divini Redemptoris, in: Marmy, a. a. O., n. 215. — Vgl. dazu auch die Feststellung Fr. Heers (Die Wiedergeburt des kath. Gehorsams, in: Hochland, 47. Jg. 1954/55, S. 503): „Nichts ist schwieriger, als sehr ehrenwerte spanische, irische, südamerikanische, aber auch mitteleuropäische Katholiken zu einem Verzicht auf feudalistische, spätbürgerliche, kapitalistische und grundherrschaftliche Vorrechte zu veranlassen. Die Bolschewisierung Ost- und Mitteleuropas, die drohende kommunistische Machtübernahme in vielen lateinischen Ländern ist mitbedingt durch die Härte und Starre, mit der diese Menschen ‚ihre' Ordnung, ‚ihren' Gott verteidigen. Und sie werden alle Allianzen eingehen, um ‚ihren' Katholizismus als den einzig legitimen zu behaupten." Dazu die Bemerkungen von Graham Greene in seinem mexikanischen Tagebuch „Gesetzlose Straßen", wo er davon berichtet, daß erst durch die Revolution die in Kisten verpackten päpstlichen Sozialenzykliken den Weg aus bischöflichen Kellern in die Öffentlichkeit fanden. — Nicht minder verhängnisvoll ist es, wenn Übersetzer von Sozialenzykliken dem kirchlichen Lehramt nachhelfen zu müssen glauben und durch Abschwächen oder auch durch Überbelichtung päpstlicher Formulierungen diesen eine andere Tendenz geben und ihren Sinn verkehren, dies regelmäßig in der Linie einer liberalistischen Gleichschaltung der katholischen Soziallehre.

[77] Pius XII., Rundbrief Sertum laetitiae, in: Utz-Groner, n. 2855.

[78] Vgl. Pius XII., Radiobotschaft an Pfingsten 1. Juni 1941 (Zur Fünfzigjahrfeier des Rundschreibens Rerum novarum), in: Utz-Groner, n. 505 ff. — Vgl. dazu auch MM, n. 43.

wenn es auch den Bemühungen der Menschen und den Rechtsformen der Völker überlassen bleibe, die Verwirklichung dieses Rechts näher zu regeln. Und noch ein weiteres Mal in der gleichen Verlautbarung formuliert Pius XII. — nun in einer kaum zu steigernden Präzision — die allumfassende Geltung des Gemeingebrauchs der Güter und das Verhältnis der Über- und Unterordnung zwischen dem Gemeingebrauch als oberstem Prinzip der Güterordnung und dem Privateigentum als einer Ausgestaltungsform jenes Prinzips: „Dieses grundsätzliche individuelle Nutzungsrecht kann durch nichts, auch nicht durch andere unbezweifelbare friedliche Rechte auf die äußeren Güter, aufgehoben werden. Denn zweifellos fordert zwar die gottgegebene Naturordnung das Privateigentum und den freien zwischenmenschlichen Güterverkehr durch Tauschen und Schenken sowie die Ordnungsbefugnis der öffentlichen Gewalt über diese beiden Einrichtungen. Trotz alledem aber bleibt doch dies alles dem natürlichen Zweck der Erdengüter unterstellt und darf keineswegs von jenem ursprünglichen Nutzungsrecht aller losgelöst werden. Es hat vielmehr dazu zu dienen, eine zweckentsprechende Verwirklichung dieses Rechtes zu ermöglichen[79]."

Es ist wichtig zu beachten, wie sehr in diesen Formulierungen der *Rechts*charakter der Gemeingebrauchsmaxime hervortritt. Gemeingebrauch der Erdengüter ist nicht nur ein Gebot der Liebe, sondern auch und nach der Formulierung Pius' XII. in erster Linie eine Forderung der Gerechtigkeit. Der Papst spricht vom „individuellen Nutzungsrecht" (diritto individuale) und meint den aus dem Prinzip des Gemeingebrauchs als eines Rechtsprinzips folgenden Rechtsanspruch des einzelnen auf die ihm zustehende Teilhabe an den Erdengütern, einen Rechtsanspruch, den dieser zwar nicht als Anspruch der iustitia commutativa auf dem Klagewege, jedoch als Forderung der iustitia socialis gegenüber dem sozialen Ganzen geltend machen kann und auf gesellschaftspolitischem Wege durchzusetzen berechtigt ist (in erster Linie in der Auseinandersetzung der innerstaatlichen Gruppen und gesellschaftsformenden Kräfte um die soziale und wirtschaftliche Ordnung einer Gemeinschaft, subsidiär mit Hilfe des Staates, notfalls gegen ihn, als ultima ratio mittels des politischen Streiks). Im gleichen Zusammenhang spricht der Papst ein weiteres Mal vom „persönlichen Nutzungsrecht aller an den irdischen Gütern" (diritto personale di tutti all' uso dei beni terreni) als der Bedingung wahren Reichtums eines Volkes[80].

---

[79] a. a. O., n. 506.
[80] a. a. O., n. 509.

Das heißt also, daß auch die Besitzlosen ein Nutzungsrecht an den Dingen haben und daß dieses Nutzungsrecht nicht vom Eigentumsrecht abhängig ist, sondern umgekehrt: Weil es ein Nutzungsrecht an den Dingen gibt, deshalb ist Eigentum möglich und notwendig.

In der Weihnachtsbotschaft 1942 nimmt Pius XII. die Verkehrtheit des kapitalistischen Wirtschaftssystems zum Anlaß, erneut an den usus communis der Güter zu erinnern: „Die Kirche kann nicht verkennen, daß der Arbeiter beim Streben nach Besserung seiner Lage gegen ein Triebwerk angeht, das, weit davon entfernt, der Natur zu entsprechen, vielmehr der Ordnung Gottes und dem von ihm in die Erdengüter hineingelegten Sinn widerstreitet[81].“ Dieser naturwidrigen Situation hält der Papst die der Natur des Menschen gemäße Forderung der katholischen Soziallehre entgegen: „Die Persönlichkeitswürde des Menschen erheischt das persönliche Nutzungsrecht an den Gütern der Erde als normale und naturgemäße Lebensgrundlage. Dem entspricht die grundsätzliche Forderung des Privateigentums, soweit möglich, für alle[82].“

Auch in seiner Rundfunkbotschaft vom 1. September 1944 verurteilt Pius XII. den Kapitalismus, soweit er „ein unbeschränktes Recht auf das Eigentum ohne jede Unterordnung unter das Gemeinwohl beansprucht . . ., als im Widerspruch stehend zum Naturrecht[83]“. Die Versuche, für eine solche Eigentumsauffassung die Eigentumslehre der Kirche in Anspruch zu nehmen, weist der Papst scharf zurück: „Wenn die Kirche den Grundsatz des Privateigentums verteidigt, so verfolgt sie dabei ein hohes ethisch-soziales Ziel. Sie beabsichtigt keineswegs, den gegenwärtigen Stand der Dinge einfachhin und ohne Abstriche zu befürworten, als ob sie darin etwa den Ausdruck des göttlichen Willens sähe, noch grundsätzlich den Reichen und Plutokraten gegenüber dem Armen und Habenichts zu schützen. Ganz im Gegenteil! Von allem Anfang an war sie der Anwalt der unterdrückten Schwachen gegenüber der Tyrannei der Mächtigen, und immer ist sie ein-

---

[81] Pius XII., Rundfunkbotschaft am 24. Dez. 1942, in: Utz-Groner, a. a. O., n. 242.

[82] a. a. O., n. 243. — Vgl. auch n. 252, 255; ferner: Päpstlicher Brief des Unterstaatssekretärs J. B. Montini an den Präsidenten der 21. Sozialen Woche von Neapel (21. bis 28. September 1947) vom 15. September 1947, a. a. O., n. 2458 ff. — Das Schreiben zitiert Leo XIII. (R. n., n. 7), Pius XI. (Q. a., n. 49) und stellt dann fest: „Es ist bekannt, daß auch der regierende Papst in seinen zahlreichen sozialen Botschaften des öfteren auf jenes Naturgesetz hingewiesen hat, das allen Menschen das Recht zubilligt, die lebensnotwendigen Mittel zu gebrauchen“ (a. a. O., n. 2460). Insbesondere wird auf die Weihnachtsbotschaft Pius' XII. von 1942 verwiesen und die oben angeführte Stelle zitiert.

[83] Pius XII. Rundfunkbotschaft am 1. September 1944, in: Utz-Groner, a. a. O., n. 733.

getreten für die gerechten Forderungen der arbeitenden Gruppen gegenüber jeder Ungerechtigkeit[84]."

Die gleichen Gedanken kehren in zahlreichen weiteren Verlautbarungen Pius' XII. zur sozialen Frage wieder: Der Grundsatz des Gemeingebrauchs der Güter als Rechtsprinzip und als Forderung der sozialen Gerechtigkeit gilt ihm als das oberste Gesetz für jede geschichtliche Güterordnung und Eigentumsgestaltung[85].

Diese vom Grundsatz des Gemeingebrauchs beherrschte Eigentumslehre wird bestätigt durch die Enzyklika Mater et Magistra Johannes' XXIII. vom 15. Mai 1961. Im geschichtlichen Teil der Enzyklika kommt es dem Papst darauf an, den Zusammenhang seiner Lehre mit der kirchlichen Tradition hervorzuheben[86]. Für unsere Fragestellung ist es von großer Bedeutung, daß sich Johannes XXIII. zur Kennzeichnung der Eigentumslehre seines Vorgängers auf die Pfingstbotschaft Pius' XII. zur Fünfzigjahrfeier von Rerum novarum (1. Juni 1941) bezieht. Deren Grundgedanken zur Eigentumslehre formuliert Johannes XXIII. folgendermaßen: „Das Recht jedes Menschen, materielle Güter zu seinem Lebensunterhalt zu nutzen, hat einen Vorrang vor jedem anderen Recht wirtschaftlichen Inhalts, also auch vor dem Recht auf Privateigentum. Gewiß gründet, so gibt Unser Vorgänger zu bedenken, auch das Recht auf Privateigentum in der menschlichen Natur. Nach der objektiven, von Gott eingerichteten Ordnung kann das Recht auf Privateigentum sich nicht als Hindernis entgegenstellen, um die Erfüllung ‚der unumstößlichen Forderung' zu vereiteln, ‚daß die Güter, die Gott für die Menschen insgesamt schuf, im Ausmaß der Billigkeit nach den Grundsätzen der Gerechtigkeit und Liebe allen Menschen zuströmen'[87]."

Hier ist die Rangordnung zwischen Gemeingebrauchsprinzip und Privateigentumsordnung klar gekennzeichnet: Der naturrechtliche Grundsatz des Gemeingebrauchs der Güter steht im System des Naturrechts auf der obersten Ebene, er ist als absolutes Naturrecht dem relativen Naturrecht des Privateigentums eindeutig übergeordnet. Dieses muß in jedem Fall

---

[84] a. a. O., n. 734.

[85] Vgl. insbesondere noch: Ansprache an die Männer der Katholischen Aktion am 7. September 1947, in: Utz-Groner, a. a. O., n. 314. — Apostolisches Mahnwort Menti Nostrae über die Heiligkeit des Priesterlebens an den Klerus der gesamten katholischen Welt am 23. September 1950, in: Utz-Groner, a. a. O., n. 2832. — Brief an den Präsidenten der Sozialen Wochen Frankreichs, Charles Flory, anläßlich der 39. Sozialen Woche vom 7. Juli 1952, in: Utz-Groner, a. a. O., n. 3385 ff.

[86] Vgl. MM, n. 19, 30, 43.

[87] MM, n. 43.

weichen, wenn es sich dem absolut gültigen Anspruch des usus communis rerum hindernd in den Weg stellen sollte[88].

Auch im systematischen Teil seiner Enzyklika stellt Johannes XXIII. den Grundsatz des Gemeingebrauchs in den Vordergrund, dies wiederum unter Berufung auf einschlägige Verlautbarungen Pius' XII.: „Wir möchten hier auf eine Feststellung verweisen, die Unser Vorgänger Pius XII. getroffen hat: ‚Wenn also die Kirche den Grundsatz des Privateigentums verteidigt, so verfolgt sie dabei ein hohes ethisch-soziales Ziel. Sie beabsichtigt keineswegs, den gegenwärtigen Stand der Dinge einfachhin und ohne Abstriche zu befürworten, als ob sie darin etwa den Ausdruck des göttlichen Willens sähe, noch grundsätzlich den Reichen und Plutokraten gegenüber dem Armen und Habenichts zu schützen ... Worauf die Kirche vielmehr abzielt, das ist, die Einrichtung des Privateigentums zu dem zu machen, was sie nach den Plänen der göttlichen Weisheit und den Anordnungen der Natur sein soll ...‘ Das Privateigentum muß das Recht des Menschen auf Freiheit schützen und zugleich einen unentbehrlichen Beitrag leisten zum Aufbau der rechten gesellschaftlichen Ordnung[89].“

Deshalb hebt Johannes XXIII. ausdrücklich hervor, daß jedermann einen Anspruch auf Privateigentum nicht lediglich an Konsumgütern, sondern ebenso auch an Produktionsmitteln hat: „Es genügt jedoch nicht, nur das naturgegebene Recht auf Privateigentum, auch an Produktionsmitteln, zu betonen. Mit gleichem Nachdruck muß alles unternommen werden, damit alle Kreise der Bevölkerung in den Genuß dieses Rechtes gelangen[90].“ Erstrangiges Ziel der Eigentumspolitik ist deshalb nach der Lehre der Enzyklika Mater et Magistra eine „breitere Streuung des Eigentums“, die „heute ganz besonders geboten ist“, dies aber in der Weise, daß dem einzelnen nicht nur der Zugang zu dauerhaften Gebrauchsgütern, sondern ebenso auch die Beteiligung am Produktionsmitteleigentum ermöglicht wird, wobei der Papst als Beispiel „in Wertpapieren verbriefte Kapitalanlagen in Groß- und Riesenunternehmen“ nennt[91]. Der Grundsatz des Gemeingebrauchs ist in der Enzyklika Mater et Magistra das alle Einzelaussagen zur Eigentumstheorie und zur Eigentumspolitik beherrschende Leitmotiv.

---

88 Vgl. hierzu auch Eberhard Welty, Die Sozialenzyklika Papst Johannes' XXIII. Mater et Magistra. Mit einem ausführlichen Kommentar und einer Einführung in die Soziallehre der Päpste von Leo XIII. bis zu Johannes XXIII. 2. Aufl. Freiburg 1962, Anm. 23 (S. 107 f.).

89 MM, n. 111.

90 MM, n. 113.

91 Vgl. MM, n. 115.

d) Privateigentum als Forderung des Gemeingebrauchs

aa) Logische Fixierung des Privateigentums im System der Güterlehre

Bevor wir unsere Überlegungen weiterführen und die Begründung des Privateigentums in systematischer Darstellung abhandeln, erscheint es notwendig, den bisher begangenen Weg zurückschauend in seinen wichtigsten Abschnitten festzuhalten.

Ausgangspunkt ist die Existenz von Gott geschaffener materieller Güter, denen der Mensch als personales Individuum gegenübersteht. Die Zuordnung zwischen ihm und der Güterwelt ergibt sich aus der Geistnatur der Person: Das Unvollkommene ist um des Vollkommenen willen da, eine philosophische Konsequenz, die durch die Offenbarung (Gen 1, 28) bestätigt wird und dem Menschen Herrschaftsmacht über die Dinge gibt zum Zwecke seiner personalen Wesensentfaltung.

Personalität als nächster Grund der Güterherrschaft führt zu der weiteren Konsequenz, daß *jeder* Mensch zur Teilhabe an der Güterherrschaft berechtigt ist. Hier springt der Gedankengang von der individualmetaphysischen auf die sozialmetaphysische Ebene über, die Sphäre der zwischenmenschlichen Beziehungen, die Sozialsphäre, tritt in den Blick und stellt die Frage nach dem für die Güterherrschaft innerhalb der menschlichen Gemeinschaft maßgebenden Prinzip.

Oberster Grundsatz der Gemeinschaftsordnung ist das Gemeinwohl, jene Verfassung einer Gemeinschaft, die auf das Gemeingut abzielt und also die Bedingungen schafft, unter denen die einzelnen je ihre besondere Sinnbestimmung erreichen und zur vollen Ausbildung ihrer personalen Anlagen kommen können. Das Gemeinwohl aber als der tragende Grund und das Formprinzip der Gemeinschaft steht unter dem Anspruch der sozialen Gerechtigkeit.

In Anwendung auf die Weise der Güterherrschaft fordert die soziale Gerechtigkeit, daß nach dem Grundsatz des suum cuique jedem Menschen die ihm gemäß seiner besonderen Lebensbestimmung und Stellung in der Gemeinschaft zustehende Teilhabe an der Nutzung der Güter gewährt werde. Vom Gemeinwohl führt also der Weg über die Forderung der sozialen Gerechtigkeit zum Gemeingebrauch der Güter.

Nun erst stellt sich die Frage nach dem „Wie“ dieses Gemeingebrauchs, nach der geschichtlichen Ordnung der Güterherrschaft. Auch im Prinzip des Gemeingebrauchs ging es schon um die Frage der Güterordnung. Sie wurde bis dahin aber noch ausgetragen und entschieden innerhalb des sozialphilosophischen Bereichs. Nunmehr geht es aber darum, wie das Prinzip des Gemeingebrauchs innerhalb der geschichtlichen Gemeinschaftsordnungen organisatorisch verwirklicht werden kann. Die Fragestellung springt also eine Stufe tiefer, von der sozialphilosophischen auf die soziologisch-juridische Ebene.

Die Lösung des Problems der gesellschaftsorganisatorischen Ordnung der Güternutzung wird wiederum schlußfolgernd im Schema eines Syllogismus gewonnen: Den Vordersatz, die sozialphilosophische Prämisse bildet das sozialethische Prinzip des Gemeingebrauchs als oberstes Gesetz der Güterordnung. Den Untersatz, die soziologisch-juridische Prämisse nimmt die katholische Soziallehre aus der Sicht des Menschen, wie er ist; aus der geschichtlichen Erfahrung mit dem erbsündigen Menschen und dem von ihm bestimmten Gemeinschaftsleben. Als conclusio ergibt sich die Notwendigkeit der Institution des Privateigentums als primärer Form der geschichtlichen Verwirklichung des Gemeingebrauchsprinzips. Der Untersatz dieses Syllogismus, die Begründung des Privateigentums aus der geschichtlichen Situation des Menschen, bedarf indessen der Entfaltung und Erläuterung.

bb) Soziologisch-juridische Begründung des Privateigentums

Die katholische Soziallehre begründet ihre Entscheidung für das Privateigentum als primärer Form der Güterordnung mit Argumenten, die sich im wesentlichen schon bei Thomas von Aquin finden, im übrigen durch die neuere katholische Soziallehre seit Leo XIII. ergänzt worden sind[1].

---

[1] Vgl. S. th. I, 98, 1 ad 3; II, II, 66, 2c. — Rerum novarum, n. 3 ff. — Quadragesimo anno, n. 44, 61, 62. — Pius XII., Rundfunkbotschaft an Pfingsten, 1. Juni 1941 (Zur Fünfzigjahrfeier von Rerum novarum), in: Utz-Groner, a. a. O., n. 506, 507, 516 ff. — Rundfunkbotschaft am 24. Dezember 1942, a. a. O., n. 243, 244, 255. — Ansprache am 13. Juni 1943, a. a. O., n. 687. — Rundfunkbotschaft am 1. September 1944, a. a. O., n. 731 ff. — Vgl. ferner: Joseph Höffner, Das Eigentum in christlicher Sicht. In: Trierer Theologische Zeitschrift, 59. Jg. 1950, S. 102 f. — Ders., Die Funktionen des Privateigentums in der freien Welt. In: Wirtschaftsfragen der freien Welt (Festschrift zum 60. Geburtstag von Bundeswirtschaftsminister Ludwig Erhard) Frankfurt 1957, S. 121. — Otto Schilling, Christliche Gesellschaftslehre. München 1949, S. 71 f. — Heinz Fleckenstein, Das Privateigentum in der christlichen Sozialethik. In: Eigentum in Arbeiterhand, hrsg. vom Sozialreferat der Abendländischen Akademie. München 1954, S. 7. — Hermann Josef Wallraff, Das Eigentum in christlicher Sicht. In: Ordo Socialis, 3. Jg. 1955. S. 16. — Welty, Entscheidung in die Zukunft, a. a. O., S. 300 ff. — Meßner, Naturrecht, a. a. O., S. 948 ff. — Emmanuel Mounier, Vom kapitalistischen Eigentumsbegriff zum Eigentum des Menschen. Luzern 1936, S. 11 ff. — Frank Grace, The Concept of Property in Modern Christian Thought. Urbana 1953, S. 66 ff.

Das Wesen der Privateigentumsordnung besteht darin, daß die Ordnung der Güterherrschaft im Raum des Privatrechts, vom Individuum her vorgenommen wird. Die Gemeinschaft selbst stellt nur die Rechtsformen zur Verfügung, in denen sich die Aufteilung der Güter und die individuelle Güterherrschaft zu vollziehen haben. Die auf der sozialethischen Ebene ausgesprochene Solidarität der Güternutzung wird also soziologisch verwirklicht nicht durch die rechtliche Solidarität der Gütergemeinschaft, sondern über das Individuum[2]. Auf diese Weise entstehen abgegrenzte Rechtssphären einer Güterordnung, die durch die Forderung der ausgleichenden Gerechtigkeit geschützt sind und auf dem Klagewege mit Hilfe des positiven Rechts behauptet werden können. Es gehört also zu den Wesensmerkmalen der Privateigentumsordnung, daß die Gemeinschaft die Initiative für die Gestaltung der Eigentumsverhältnisse den einzelnen überläßt und die von ihnen in den geltenden Rechtsformen vorgenommene Aufteilung der Gütersphären privatrechtlich anerkennt und schützt. In die Entscheidung für die Privateigentumsordnung ist mit eingeschlossen eine praesumtio iuris zugunsten des einzelnen, daß die aus der individuellen Initiative, innerhalb des privatrechtlichen Raumes entstehende und immer neu sich formende Ordnung der Güterherrschaft dem Prinzip des Gemeingebrauchs entspreche, so daß also die Beweislast für das Gegenteil: für das Bestehen einer der sozialen Gerechtigkeit widersprechenden und deshalb durch das öffentliche Recht zu reformierenden Privateigentumsordnung der Gemeinschaft zufällt.

Die katholische Soziallehre ist davon überzeugt, daß eine in dieser Weise strukturierte Güterordnung, die dem Grundsatz des Privateigentums als primärer Form der Güterherrschaft untersteht, besser geeignet ist, das Prinzip des Gemeingebrauchs zu verwirklichen, als es im Falle der Gütergemeinschaft oder des öffentlich-rechtlichen Eigentums als primären Formen der Güternutzung möglich wäre, und dies aus folgenden Gründen:

---

2 Hinsichtlich der formalen Struktur - nicht hinsichtlich des Sinnes - besteht also zwischen dem Gemeingebrauchsprinzip und dem Grundsatz des Privateigentums keine Parallelität, sondern eine Gegenläufigkeit, insofern die Idee des Gemeingebrauchs auf die Gemeinschaft (das Gemeinwohl) bezogen ist, während die Idee des Privateigentums bei der Person (freilich als ens individuale *et* sociale) ansetzt. Das ist wichtig zu beachten, weil der Irrtum des utopischen Sozialismus der verschiedenen Spielarten gerade darin besteht, daß man in einer metabasis eis allo genos einen Fehlschluß zieht von der formalen Struktur des Gemeingebrauchsprinzips - das auf der sozialphilosophischen Ebene liegt - auf die Struktur der gesellschaftlichen Organisation der Güterherrschaft, was auf der soziologisch-juridischen Ebene zu entscheiden ist.

1. Die Abgrenzung der Rechtssphären, die Grenzziehung zwischen Mein und Dein, aber auch zwischen Individuum und Staat sichert der *Person* einen Raum der Freiheit, in dem sie sich als Leib-Geist-Wesen entfalten, sich in der freien Verfügung über die Güter, im selbstlosen Helfen sittlich bewähren und so zur Persönlichkeit werden kann[3]. Dazu gehört auch die Möglichkeit der Zukunftsvorsorge; denn „der Mensch umfaßt geistig unzählige Dinge und verknüpft die gegenwärtigen mit den zukünftigen; er ist ferner Herr seiner Handlungen und verfügt somit in Unterordnung unter die ewige Weltordnung und unter die lenkende Hand der weisen Vorsehung Gottes mit Vorbedacht und Überlegung über sich selbst. Darum ist es ihm aufgegeben, die Gegenstände seines Bedarfs nicht nur für den Augenblick, sondern auch für die Zukunft vorsorgend und nach eigenem Ermessen auszuwählen[4]." Auf diese Weise vermag sich der Mensch eine stärkere Unabhängigkeit von den Wechselfällen des Lebens zu sichern. – Diese objektiven Funktionen des Privateigentums treffen sich subjektiv mit dem Verlangen des Menschen, Eigenes zu besitzen[5]. Dieses Verlangen ist innerhalb der Grenzen des Sittengesetzes berechtigt und in der Ordnung, indem es dem Menschen innere Befriedigung und das Bewußtsein der materiellen Sicherung seines leiblichen und geistigen Lebens gibt.

2. Abgrenzung der Rechtssphären bedeutet aber auch Sicherung des Rechtsfriedens in den *zwischenmenschlichen Beziehungen*[6]. Durch die Pri-

---

[3] Vgl. Thomas von Aquin, Politicorum, Lib. II, lect. 4: „Valde delectabile est quod homo donet vel auxilium ferat vel amicis, vel extraneis vel quibuscumque aliis: quod quidem fit per hoc quod homo habet propriam possessionem: unde etiam hoc bonum tollit lex Socratis auferens proprietatem possessionum." — Leo XIII., R. n., n. 5. — Pius XII., Rundfunkbotschaft am 1. Juni 1941, in: Utz-Groner, a. a. O., n. 507. — Rundfunkbotschaft am 1. September 1944, a. a. O., n. 731. — Vgl. auch den Ansatzpunkt der thomasischen Aussage bei Aristoteles, Pol. II, 5, a. a. O., S. 40.

[4] Leo XIII., R. n., n. 6.

[5] Vgl. Thomas von Aquin, De regimine principum, I, 7: „Inest animis hominum, ut proprium bonum quaerant." — Politicorum, lib. II, lect. 4: „Et dicit (Philosophus) quod non potest de facili enarrari quantum sit delectabile reputare aliquid esse sibi proprium. Venit enim haec delectatio ex hoc quod homo amat seipsum; propter hoc enim vult sibi bona. Nec hoc est vanum, quod aliquis habet amicitia ad seipsum; sed naturale est. Quandoque tamen iuste vituperatur aliquis ex hoc quod est amator suiipsius. Sed quando hoc in vituperium dicitur, non est hoc simpliciter amare seipsum, sed magis quam oportet; sicut et amatores pecuniarum vituperantur, quas tamen omnes aliquo modo amant: quia amatores pecuniarum vituperantur inquantum amant eas magis quam oportet. Hanc autem delectationem, quae est de rebus propriis habendis, aufert lex Socratis." — Vgl. dazu Aristoteles, Pol. II, 5, a. a. O., S. 40.

[6] Vgl. S. th. II, II, 66, 2c: „Quia per hoc magis pacificus status hominum conservatur, dum unusquisque re sua contentus est. Unde videmus quod inter eos qui communiter et ex

vateigentumsordnung soll erreicht werden, „daß Besitz und Gebrauch der materiellen Güter dem menschlichen Zusammenleben fruchtbaren Frieden und lebensvolle Festigkeit, nicht kampf- und neidgeladene, nur auf dem erbarmungslosen Spiel von Macht und Ohnmacht beruhende, stets schwankende Beziehungen bringen[7]".

3. Die besondere Bedeutung des Privateigentums für den *Arbeiter* besteht darin, daß es ihn von der drückenden Unsicherheit und Abhängigkeit, die mit dem Lohnverhältnis regelmäßig verbunden sind, befreit, die Klassengegensätze mildert und zu einer „Annäherung der beiden Schichten" führt, „da ja der krasse Unterschied zwischen höchstem Reichtum und tiefster Bedürftigkeit wegfällt[8]". Die Möglichkeit der Eigentumsbildung in Arbeiterhand ist eine entscheidende Voraussetzung der Entproletarisierung der Arbeiterschaft. Deshalb kommt es darauf an, „nicht das Privateigentum abzuschaffen, das Grundlage für den Bestand der Familie ist, sondern bedacht zu sein, es auszuweiten als Frucht gewissenhaften Schaffens jedes Arbeiters und jeder Arbeiterin. Dann werden gerade durch den Privatbesitz allmählich die Massen der Unruhigen und Verwegenen sich mindern, die bald aus finsterer Verzweiflung, bald aus blindem Trieb von jedem Wind trügerischer Lehren oder von den heimtückischen Kniffen verantwortungsloser Hetzredner sich hin und her treiben lassen[9]". Ohne Privateigentum verliert die Masse der Arbeiterschaft den Sinn für den Wert echter Freiheit und schließt sich bedenkenlos jedem System an, das Sicherheit und Brot verspricht, mag es die Menschen im übrigen auch zu Sklaven erniedrigen: „Die Erfahrung hat bewiesen, welcher Tyrannei die Menschheit unter solchen Umständen auch zu unseren Zeiten noch fähig ist ... Nehmt dem Arbeiter die Hoffnung, irgendwelche Güter als persönliches Eigentum zu erwerben; welchen anderen Anreiz könntet ihr ihm dann noch bieten, um ihn zu hingebender Arbeit anzuspornen, zum Sparen, zur Maßhaltung,

---

indiviso aliquid possident, frequentius iurgia oriuntur." — S. th. I, 98, 1 ad 1: „In statu isto, multiplicatis dominis, necesse est fieri divisionem possessionum, quia communitas possessionis est occasio discordiae ... Sed in statu innocentiae fuissent voluntates hominum sic ordinatae, quod absque omni periculo discordiae communiter usi fuissent, secundum quod unicuique eorum competeret, rebus quae eorum domino subdebantur." — Vgl. auch Leo XIII., R. n., n. 12.

[7] Pius XII., Rundfunkbotschaft am 1. Juni 1941, in: Utz-Groner, a. a. O., n. 506.

[8] Leo XIII., R. n., n. 35. — Vgl. auch R. n., n. 3, 4. — Pius XI., Q. a., n. 59 ff.

[9] Pius XII., Ansprache am 13. Juni 1943, in: Utz-Groner, a. a. O., n. 687. — Vgl. auch Rundfunkbotschaft am 24. Dezember 1942, a. a. O., n. 243, 255. — Rundfunkbotschaft am 1. September 1944, a. a. O., n. 732 ff. — Brief an den Präsidenten der Sozialen Woche Frankreichs vom 7. Juli 1952, a. a. O., n. 3392.

gerade heute, wo doch nicht wenige Menschen und Völker alles verloren haben und nichts mehr ihr eigen nennen als ihre Arbeitskraft... Oder gedenkt man etwa, sich der Diktatur einer politischen Gruppe zu unterwerfen, die als herrschende Klasse über die Produktionsmittel verfügt — aber zugleich auch über das Brot und folglich über den Arbeitswillen der einzelnen [10]?"

4. Das Privateigentum ist eine wesentliche Grundlage für den Bestand und das Gedeihen der *Familie*, die „in gleicher Weise wie der Staat eine wahre Gesellschaft" ist und deshalb zur Erreichung des ihr eigenen Gemeinwohls der Mittel bedarf, „die für ihre Unversehrtheit und berechtigte Freiheit notwendig sind [11]". Das Privateigentum ist, wie insbesondere Leo XIII. und Pius XII. lehren, „in hervorragendem Grade mit dem Bestand und der Entwicklung der Familie verbunden", damit es „dem Familienvater die nötige Freiheit und Unabhängigkeit sichere, deren er bedarf, um die vom Schöpfer selbst ihm auferlegten Pflichten hinsichtlich des leiblichen, geistigen und religiös-sittlichen Wohles der Familie erfüllen zu können [12]". Durch das Privateigentum soll aber auch sichergestellt werden, daß die Angehörigen im Falle des Todes ihres Ernährers mit den notwendigen Unterhaltsmitteln ausgestattet sind: „Ein heiliges Gesetz der Natur gebietet dem Familienvater, den ausgiebigen Unterhalt derer zu sichern, die er selbst ins Dasein brachte; ebenso treibt ihn die Natur an, seinen Kindern, in denen ja in gewissem Sinne die Person des Vaters weiterlebt, Mittel zu beschaffen und bereitzustellen, mit denen sie anständig leben und den Kampf gegen die Wechselfälle des Daseins aufnehmen können. Dieses Ziel kann aber nur durch das Eigentum an ertragsfähigen Gütern erreicht werden, die einmal im Erbgang an die Kinder fallen [12a]." Von besonderer Bedeutung für eine gesunde Entfaltung der Familie ist das Eigentum an dem Boden, auf dem sie wohnt: „In der Regel macht nur jene Stabilität, die vom eigenen Boden kommt, aus der Familie die ganz vollkommene und ganz fruchtbare Lebenszelle der Gesellschaft, die durch ihren fortwirkenden Zusammenhalt die Geschlechter, die jeweils gegenwärtigen

---

[10] Pius XII., Rundfunkbotschaft am 1. September 1944, a. a. O., n. 733, 735.

[11] Leo XIII., R. n., n. 10. — Vgl. auch Pius XI., Q. a., n. 61.

[12] Pius XII., Rundfunkbotschaft an Pfingsten 1. Juni 1941, a. a. O., n. 516. — Vgl. auch Ansprache am 13. Juni 1943, a. a. O., n. 687. — Rundfunkbotschaft am 1. September 1944, a. a. O., n. 732.

[12a] Leo XIII., R. n., n. 10. — Deshalb rechnete schon Thomas das Erbrecht ebenso wie das Eigentum zum ius gentium. Vgl. In lib. IV Sent. dist. XXXIII, 2, 2 sol. 1 ad 1; S. th. II, II, 101, 2 ad 2. — Vgl. auch Pius XI., Q. a., n. 49.

und die zukünftigen, wunderbar verbindet[13]." Deshalb sieht Pius XII. in der Förderung des Privateigentums am Boden, des „Lebensraums der Familie", eines der wichtigsten sozialpolitischen Anliegen einer gesunden Familienpolitik, damit auf diese Weise „die Familie aus Verhältnissen herausgeführt wird, die sie vielfach nicht einmal mehr zum Bewußtsein irgendeines eigenen Heimes und Herdes kommen lassen[14]".

5. Im Blick auf den *Staat* ist das Privateigentum einer der stärksten institutionellen Garanten für die rechte Begrenzung und gegen den Mißbrauch der Staatsgewalt, ein Argument, das erst mit der Entwicklung der modernen totalitären Staaten sein besonderes Gewicht bekommen hat. Die Freiheitsrechte des Bürgers sind um so wirksamer geschützt, je mehr er materiell vom Staat unabhängig ist und Rückhalt am Privateigentum findet. Aufhebung des Privateigentums und Konzentration aller wirtschaftlichen Macht beim Staat bedeutet eine ständige Bedrohung der Freiheit und Würde des Menschen, weil ohne Privateigentum den totalitären Tendenzen einer Staatsführung kaum noch Schranken gezogen werden könnten. Aus einem solchen Zustand würde, was schon Leo XIII. ausgesprochen hat, eine „harte und unerträgliche Bedrückung der Bürger entstehen", so daß „man dann das staatliche Zusammenleben eher verabscheuen als herbeiwünschen müßte[15]".

6. Das Privateigentum ist eine „Quelle des *Wohlstandes*", die „notwendig versiegen müßte, wenn man das Können des einzelnen und jeden

---

[13] Pius XII., Rundfunkbotschaft am 1. Juni 1941, a. a. O., n. 518.
[14] a. a. O., n. 518.
[15] Leo XIII., R. n., n. 10, 12. — Vgl. auch Pius XII., Rundfunkbotschaft am 1. September 1944, a. a. O., n. 733, 735. — Man muß freilich bedenken, daß dieses von der katholischen Soziallehre zur Begründung des Privateigentums mitherangezogene Argument - Schutz der Person vor dem Mißbrauch der Staatsgewalt - nur so lange gilt, als von den Trägern der Staatsgewalt trotz rechtlicher Übergriffe im einzelnen und trotz unzulässiger Ausdehnung der Staatstätigkeit doch die Prinzipien der Rechtsstaatlichkeit grundsätzlich anerkannt werden. Gegenüber einer Staatsführung indessen, die frivol die Fundamente des Rechtsstaates mißachtet und zerstört, werden alle zum Schutz der Person aufgebotenen Garantien und Institutionen, gleich, ob sie verfassungsrechtlich verankert sind oder nicht, illusorisch. Das gilt auch für die Institution des Privateigentums, „denn totalitäre Regime setzen sich über das Eigentumsrecht genauso hinweg wie über noch so wohl erworbene Ansprüche auf Sozialleistungen. Der Eigenheimer wird nicht weniger geschurigelt und überwacht, hat nicht weniger anzutreten und mit allen seinen Kräften dem totalitären Regime zur Verfügung zu stehen als der kasernierte Bewohner eines Mietblocks. Wenn der Himmel einstürzt, sind alle Spatzen tot. In einem Reich totaler Unfreiheit gewährt auch das Eigentum der Freiheit keine Zufluchtsstätte mehr" (Oswald v. Nell-Breuning, Macht Eigentum frei? In: Gesellschaftspolitische Kommentare, 4, 1957, Nr. 22, S. 3).

Antrieb zum Fleiß ausschaltet[16]". Das Privateigentum spornt die Menschen zum Fleiß an, aber auch zu erhöhter Sorgfalt gegenüber den Gütern, und schafft im Wirtschaftsleben klar abgegrenzte Zuständigkeitsbereiche. Das sind drei Gesichtspunkte, die ebenfalls schon Thomas von Aquin unter dem Einfluß von Aristoteles zur Begründung des Privateigentums mit heranzog[17]. Es ist eine allgemeine Erfahrung, daß die Menschen im Falle der Gütergemeinschaft in ungleich stärkerem Maße als bei Bestehen von Privateigentum versucht sind, der Arbeit tunlichst auszuweichen, der Trägheit zu verfallen und die Dinge gleichgültig zu behandeln[18]. Insbesondere führt die Frage der Funktionsaufteilung in der Verwaltung der in Gemeinbesitz stehenden Güter zu schweren gesellschaftlichen Konflikten. Werden die Funktionen nicht genau gegeneinander abgegrenzt, so führt das zu Wirrwarr, weil sich nun niemand für etwas bzw. jeder für alles zuständig fühlen kann[19]. Werden aber bei Gütergemeinschaft die Verantwortungsbereiche aufgeteilt, so entstehen Spannungen daraus, daß trotz der rechtlichen Gleichheit aller im Verhältnis zu den materiellen Dingen dennoch praktisch, in der Verwaltung der Güter und im Vollzug des Wirtschaftsprozesses gesellschaftliche Differenzierungen unvermeidlich sind: indem die einen leitende, die anderen ausführende Funktionen übernehmen; indem die einen leichte und mühelose Tätigkeiten ausüben, die anderen schwere Arbeit leisten müssen, während der Anteil am Ertrag, wie die Erfahrung zeigt, in einem solchen System meist im umgekehrten Verhältnis zur auf-

---

16 Leo XIII., R. n., n. 12.

17 Vgl. S. th. II, II, 66, 2c. — Der ausdrückliche Hinweis des hl. Thomas auf die Eigentumslehre des Aristoteles findet sich in S. th. II, II, 57, 3c. Aristoteles sagt: „Wenn jeder für das Seine sorgt, werden die gegenseitigen Beschwerden wegfallen, und man wird auch mehr zuwege bringen, da jeder für seinen eigenen Vorteil arbeitet ... Jeder hat an seiner Habe Freude ... Solche, die etwas gemeinsam haben und nutzen, bekommen viel mehr Streit miteinander als die Inhaber von Privateigentum ... Der Vorteile, deren man (durch die Gütergemeinschaft) beraubt wird, sind so viele, daß es ganz unmöglich erscheint, unter solchen Einrichtungen zu leben" (Politik, II, 5, a. a. O., S. 39 ff.). — Vgl. die gleichen Darlegungen bei Thomas, Politicorum lib. II, lect. 4.

18 Vgl. S. th. II, II, 66, 2c: „Unusquisque, laborem fugiens, relinquit alteri id quod pertinet ad commune; sicut accidit in multitudine ministrorum." — Vgl. auch Molina, a. a. O., 5: „... singulique proinde id muneris sibi vellent, quod plus commodi et honoris, minusque molestiae et difficultatis haberet, nullusque id subire vellet, quod laboriosum, sordidum et abjectum esset, reique publicae necessarium: ut ergo haec omnia absurda tollerentur, unicuique demandata est cura et administratio propriarum rerum: atque ita expediens ac necessarium omnino fuit dividi rerum dominia.

19 Vgl. S. th, II, II, 66, 2c: „Esset autem confusio si quilibet indistincte quaelibet procuraret."

gewendeten Arbeit steht[20]. Die Spannung steigert sich zum äußersten, wenn die Verwalter von Schlüsselpositionen darüber hinaus ihre wirtschaftliche Macht mißbrauchen, den ihnen Untergebenen auch ihre geistige und religiöse Freiheit zu nehmen und sie in sklavischer Abhängigkeit zu halten. Das ist die regelmäßige Konsequenz einer auf die juridische Abgrenzung des Privateigentumsrechts verzichtenden Gütergemeinschaft, die sich im Ergebnis also mit den schon unter 5. angedeuteten Gefährdungen des Menschen durch den totalen Staat trifft.

Die vorangehend aufgeführten Argumente — die Weise ihrer Aufgliederung ist eine Frage der Zweckmäßigkeit — bilden also den Inhalt des soziologisch-juridischen Untersatzes, der Auskunft darüber gibt, warum für den durch das Gemeingebrauchsprinzip geforderten usus communis der Erdengüter die Privateigentumsordnung als primäre juridische Ordnungsform der Güterherrschaft in Betracht kommt[21]. Ein Schema der verschiedenen Syllogismen, der Etappen des gedanklichen Weges, den das diskursive Denken gehen muß, soll kurz den logischen Prozeß skizzieren, der von der Existenz Gottes des Schöpfers bis zur Rechtlichkeit der Privateigentumsordnung als Institution und der individuellen Eigentumsrechte führt:

1.	maior:	Gott hat die Schöpfung auf sich hin erschaffen.
	minor:	Diese Sinnbestimmung der Schöpfung vollzieht sich nicht monistisch, sondern hierarchisch, in einem Stufenbau von Wertordnungen, welche im Verhältnis von Unterordnung und Überordnung zueinander stehen.
	conclusio:	Also ist das Unvollkommene um des Vollkommenen willen da.
2.	maior:	Das Unvollkommene ist um des Vollkommenen willen da.
	minor:	Die Person als gottebenbildliches Geschöpf ist vollkommener als die apersonale Schöpfung der Güterwelt.
	conclusio:	Also stehen die Güter im Dienste der Person.

---

20 Das Argument findet sich schon bei Aristoteles (Pol. II, 5). Thomas kommentiert Aristoteles folgendermaßen: „Orirentur accusationes et ligitia, dum minores qui plus laborant, murmurarent de maioribus quod parum laborantes multum acciperent, ipsi autem e contrario minus acciperent plus laborantes“ (Politicorum, lib. II, lect. 4). — Vgl. auch Molina, a. a. O., 5: „... orirentur rixae et seditiones inter homines circa rerum temporalium usum ad consumptionem, robustiores opprimerent debiliores, nullus in rebus publicis servaretur ordo, dum singuli se caeteris pares arbitrarentur.“

21 Vgl. auch die Eigentumsbegründung der evangelischen Eigentums-Denkschrift: Eigentumsbildung in sozialer Verantwortung. Eine Denkschrift zur Eigentumsfrage in der Bundesrepublik Deutschland (veröffentlicht vom Rat der Evangelischen Kirche in Deutschland am 6. April 1962), n. 4.

3. maior: Die Güter stehen im Dienste der Person.
minor: Jeder Mensch ist Person.
conclusio: Also stehen die Güter im Dienst aller Menschen.

4. maior: Die Güter stehen im Dienst aller Menschen.
minor: Damit ist die Ordnung der zwischenmenschlichen Beziehungen angesprochen, deren oberstes Gesetz das Gemeinwohl ist.
conclusio: Also untersteht die Ordnung der Güterherrschaft dem Gemeinwohl.

5. maior: Die Ordnung der Güterherrschaft untersteht dem Gemeinwohl.
minor: Das Gemeinwohl steht unter dem Anspruch der sozialen Gerechtigkeit, die gemäß dem Grundsatz des suum cuique jedem Menschen die ihm angemessene Teilhabe an der Güternutzung zuspricht.
conclusio: Also untersteht jede geschichtliche Form der Güterordnung dem Prinzip des Gemeingebrauchs.

6. maior: Jede geschichtliche Form der Güterordnung untersteht dem Prinzip des Gemeingebrauchs.
minor: Die geschichtliche Erfahrung zeigt, daß das Prinzip des Gemeingebrauchs am besten zu verwirklichen ist, wenn sich die Ordnung der Güterherrschaft primär innerhalb der Privatrechtssphäre vollzieht, also nicht von kollektiver, sondern von personaler Initiative her mit Hilfe rechtlicher Abgrenzung der Gütersphären.
conclusio: Also verlangt das Prinzip des Gemeingebrauchs eine Gestaltung der Güterherrschaft in der Form der Privateigentumsordnung.

7. maior: Das Prinzip des Gemeingebrauchs verlangt eine Gestaltung der Güterherrschaft in der Form der Privateigentumsordnung.
minor: Die soziologischen Bedingungen, die für die Verwirklichung des Gemeingebrauchsprinzips mit Hilfe der Privateigentumsordnung sprechen, sind in statu naturae lapsae unaufhebbar.
conclusio: Also ist die Privateigentumsordnung als Institution unaufhebbar und eine Forderung des (unwandelbaren) Naturrechts.

8. maior: Die Privateigentumsordnung ist eine Forderung des (unwandelbaren) Naturrechts.

minor: Damit die Privateigentumsordnung ihre Funktion als Mittel der Verwirklichung des Gemeingebrauchs erfüllen kann, muß ihre Ausgestaltung, also die Abgrenzung der konkreten individuellen Eigentumsrechte gemäß der Forderung der sozialen Gerechtigkeit, den ständig wechselnden geschichtlichen Verhältnissen mit Hilfe des positiven Rechts angeglichen werden.

conclusio: Also gehört nur die Privateigentumsordnung als Institution dem (unwandelbaren) Naturrecht an, während die individuellen Eigentumsrechte nicht diesem, sondern dem positiven Recht angehören und an dessen geschichtlich bedingten und durch die soziale Gerechtigkeit geforderten Wandlungen teilnehmen.

cc) Der Naturrechtscharakter der Privateigentumsordnung

Der logische Prozeß, der zur rechtlichen Begründung der Privateigentumsordnung führt, macht deren naturrechtliche Rangstufe und Geltung noch deutlicher. Daß das Prinzip des Gemeingebrauchs und die Ordnung des Privateigentums im Verhältnis von Über- und Unterordnung zueinander stehen, hat Thomas von Aquin mit der Bestimmung des usus communis als ius naturale und der Bestimmung der potestas procurandi et dispensandi als ius gentium zum Ausdruck gebracht.

Damit ist aber auch der Instrumentalcharakter der Privateigentumsordnung ausgesprochen: daß es Privateigentum gibt um der Gemeinschaft willen; daß die Privateigentumsordnung Mittel zum Zweck der Verwirklichung des Gemeingebrauchs ist. Ein Mittel, das im Dienste des Gemeinwohls steht, muß zwar von der Gemeinschaft geschützt werden, damit es funktionsfähig bleibt. Das darf aber nicht dahin führen, daß das Mittel zum Selbstzweck wird. Es ist deshalb auch ein unzulässiger Weg und führt zu einer Verkehrung der Tatsachen, wenn man in der Frage nach der gerechten Ordnung der Güterherrschaft — sei es, daß die Frage abstrakt-generell oder geschichtlich-konkret gestellt wird — beim Privateigentum ansetzt und erst im zweiten Schritt — wenn das Mittel nicht funktioniert — das Gemeinwohl als Korrektiv zu Hilfe nimmt, um Fehlentwicklungen auszugleichen. Bei einem solchen Ansatz ist es möglich, daß die Institution des Privateigentums verabsolutiert und sodann in eine Unangreifbarkeit und „Heiligkeit" der geschichtlichen Besitzverhältisse umgebogen wird. Solche Verzerrungen zumindest werden vermieden, wenn am Anfang der Frage nach der juridischen

Ordnung der Güterherrschaft das Gemeinwohl und der von ihm geforderte Gemeingebrauch der Güter stehen und stets der Instrumentalcharakter des Privateigentums im Verhältnis zum Prinzip des Gemeingebrauchs gesehen wird. Weil das Privateigentumsrecht „ein Nachfahre des Gemeinwohls" ist, deshalb „kann der einzelne tatsächlich das von ihm Erworbene nur als ‚sein' Naturrecht bezeichnen, insofern vom Gemeinwohl her bereits die private Eigentumsordnung als naturgemäß erwiesen ist und insofern das von ihm Erworbene den Ursinn der privaten Eigentumsordnung nicht vernichtet, nämlich die Güter möglichst allen zugänglich zu machen[1]".

Die Sonderstellung, die das als ius gentium charakterisierte Eigentumsrecht im System der thomistischen Naturrechtslehre einnimmt, kommt aber erst ganz in den Blick, wenn man sich die Prämissen vergegenwärtigt hat, in denen das Privateigentum gründet: Die Idee des Gemeingebrauchs als propositio maior liegt auf der metaphysischen Ebene und ist rein spekulativ gewonnen, die soziologisch-juridische Prämisse aber, die propositio minor, enthält Inhalte, die aus der geschichtlichen Erfahrung gewonnen sind. Als Gesichtspunkte, die Thomas selbst dazu bestimmten, für die geschichtliche Konkretisierung des usus communis dem Privateigentum den Vorrang zu geben, wurden angeführt: die Möglichkeit des Helfens und Schenkens, die geordnete Selbstliebe, Anspornung zum Fleiß, höhere Sorgfalt in der Behandlung der Güter, geordnetes Zusammenleben und Vermeidung von Streit durch rechtliche Abgrenzung der Gütersphären. Auf Grund der neuzeitlichen Erfahrungen mit dem Menschen und der Gesellschaft fügte die neuere katholische Eigentumslehre weitere Gesichtspunkte hinzu: Möglichkeit der Zukunftsvorsorge, Sicherung der Familie, Entproletarisierung der Arbeiterschaft, Schutz der Würde und Freiheit des Menschen gegenüber dem Kollektiv. Alle diese Argumente, sowohl die von Thomas im Anschluß an Aristoteles angeführten als auch die später hinzugefügten, haben gemeinsam, daß sie geschichtlicher, nicht metaphysischer Natur sind, wobei der Begriff geschichtlich im weiten Sinne zu verstehen ist und den ganzen Bereich psychologischer und soziologischer Erfahrung einschließt. Entscheidend ist, daß die genannten Argumente nicht allein aus dem Wesen der Person als eines Leib-Geist-Wesens abgeleitet, also nicht auf rein metaphysischem Wege erkannt werden können, sondern nur unter Zuhilfenahme

---

1 Utz, Kommentar, a. a. O., S. 522 f. — Von dem gleichen Grundgedanken ausgehend, stellt Matthias Laros fest, daß das Eigentumsrecht „nicht die ursprüngliche Bestimmung der Dinge ausschließt, sondern sie nur in der bestmöglichen Weise anwenden soll" (Vom christlichen Eigentumsrecht. In: Hochland, 25. Jg., 2. Bd., 1928, S. 46).

geschichtlicher Erfahrungen, die zu der Überzeugung führten, daß der Mensch, wie er im Ablauf der Geschichte tatsächlich in die Erscheinung getreten ist — wobei hier die Frage nach den Ursachen, insbesondere nach den Auswirkungen der Erbsünde zurücktreten mag —, seine Sinnbestimmung und die Gemeinschaft ihr Ziel, das Gemeinwohl, am besten verwirklichen, wenn die Güterherrschaft rechtlich individualisiert ist[2].

Eben diese Tatsache: daß der Prozeß der logischen Ableitung, die Begründung der Rechtlichkeit des Privateigentums nicht rein metaphysisch-spekulativ, unmittelbar aus der Idee der Person zu entfalten ist, sondern der Einschaltung historischer Argumente bedarf, will der Begriff des ius gentium bei Thomas ausdrücken[3]. Die Geschichtlichkeit des ius gentium verdeutlicht Thomas in der Unterscheidung zwischen Naturrechtssätzen, die der prima intentio legis naturae und solchen, die der secunda intentio legis naturae angehören. Zu diesen letzteren zählt er die dem ius gentium angehörenden Rechtssätze, die deshalb in der „sekundären Absicht der Natur" gründen, weil sie nicht zum Wesen der Schöpfungsordnung an sich gehören und also nicht allein ex substantia facti ableitbar sind, sondern nur mit Hilfe aus der Erfahrung neu hinzugewonnener Erkenntnisse[4]. Daß sich

[2] Utz kommentiert die thomasische Auffassung zu diesem Punkt folgendermaßen: „Thomas hat bei Aristoteles gelernt, die menschliche Schwäche, wie sie nun einmal besteht, als einen soziologischen Bestand hinzunehmen und danach die soziale Ordnung einzurichten. Das Argument mancher Kirchenväter, daß die Aneignung privaten Gutes eigentlich einem egoistischen Triebe folge und somit grundsätzlich ein moralisches Übel sei, dem man zu Leibe rücken müsse, ist somit entkräftet. Das Übel wird als unabwendbar erkannt und, wie gesagt, als soziologischer Tatbestand hingenommen, um wenigstens zu einer durchführbaren Ordnung zu kommen. Thomas konnte hierfür aus der Theologie der Erbsünde, deren physische und moralische Wirkungen nun einmal nicht aus der Welt zu schaffen sind, eine noch tiefere Begründung für die Befürwortung der privaten Ordnung schöpfen" (Kommentar, a. a. O., S. 406). — Vgl. auch v. Nell-Breuning, Eigentumsfrage, a. a. O., S. 32 f.

[3] Vgl. dazu Utz, Kommentar, a. a. O., S. 522: „Die private Eigentumsordnung wird bei Thomas erschlossen aus dieser Zielsetzung (der naturgemäßen Zielbestimmung aller Güter auf das Gemeinwohl) und der Betrachtung der konkreten Befindlichkeit des Menschen. Darum sagt Thomas, daß die Aufteilung in privaten Besitz durch die menschliche Vernunft ‚gefunden' worden sei ... hinzugefügt durch die logische Anwendung der Prinzipien auf konkrete Verhältnisse. Dabei handelt es sich nicht etwa nur um eine innere logische Entfaltung von Naturrechtsprinzipien im Sinne der rationalistischen Naturrechtslehre, sondern um eine Logik, die eine neue, aus der Erfahrung stammende Erkenntnis in sich aufnimmt, nämlich die Erfahrung, daß bei Aufteilung der Sinn der Güterwelt besser gewahrt sei. Daraus ergibt sich als ermittelte hinzugewonnene Erkenntnis: Das latente allgemeine Recht auf die Güter dieser Welt muß als privates Eigentum aktuiert werden. Nichts anderes ist gemeint durch die ‚Hinzufügung', was dadurch erwiesen ist, daß Thomas das Privateigentum zum ‚ius gentium' rechnet."

[4] Vgl. In lib. IV Sent., dist. XXXIII, 1, 2; 2, 2.

die „erste Absicht des Naturgesetzes“ nicht unmittelbar durchsetzen kann, sondern der Ergänzung und Hilfeleistung durch das ius gentium bedarf, ist allerdings nach Thomas, der hier der Tradition der Väterlehre folgt, eine Folge des Sündenfalls: Im Paradieseszustand wäre der Wille der Menschen so geordnet gewesen, daß sie ohne Gefahr der Zwietracht die Erdengüter gemeinsam hätten gebrauchen und in Gütergemeinschaft deren Zweck besser hätten verwirklichen können als bei rechtlich abgegrenzter Güterteilung[5].

Die Frage, ob Privateigentum nur im status naturae lapsae oder auch im status naturae integrae notwendig sei, ist bis zur Gegenwart, insbesondere seit dem Vorbehalt des Suarez gegenüber Thomas, kontrovers. Sie hat indessen nur theologisch-historische, nicht soziologisch-sozialphilosophische Relevanz. Soziologisch entscheidend ist die *Tatsache* in sich, daß nämlich ein geordnetes Gemeinschaftsleben der rechtlichen Abgrenzung der Gütersphären bedarf, weniger bedeutsam dagegen die Frage nach der *Ursache* dieser die Privateigentumsordnung erfordernden Situation des Menschen und der Gesellschaft. So oder so bleibt die Tatsache bestehen, daß zur Begründung des Privateigentums den sozialmetaphysischen Argumenten solche, die aus der geschichtlichen Erfahrung gewonnen sind, hinzugefügt werden müssen.

Damit aber die Rangordnung des Privateigentums im System des Naturrechts und sein naturrechtlicher Geltungsgrad im rechten Licht erscheine, muß noch dieses hinzugefügt werden: Wenn auch die zur Begründung des Privateigentums notwendige soziologische Prämisse geschichtliche und also nur erfahrungsmäßig erkennbare Sachverhalte enthält, so handelt es sich doch nicht um vorübergehende, sondern um unaufhebbare geschichtliche Bedingungen, die zu keiner Zeit und von keinem Volk übersehen werden können, sofern man nicht das Traumland der Utopie betreten möchte, deren Wesen gerade darin besteht, daß sie Gesellschaftstheorien und Gesellschaftssysteme entwirft, ohne die geschichtliche Situation des Menschen, in die er unentrinnbar hineingestellt ist, so insbesondere seine Erbsündigkeit, zu beachten.

Die einzelnen Gesichtspunkte, welche die Tradition der katholischen Eigentumslehre zur soziologischen Begründung des Privateigentums zusammengetragen hat, mögen variieren nach dem Grad ihrer Geltung und Aktualität. Thomas selbst fehlte noch die geschichtliche Erfahrung, die ihn hätte veranlassen können, in die soziologische Prämisse der Eigentums-

---

[5] Vgl. S. th. I, 98, 1 ad 3. — Vgl. dazu auch v. Nell-Breuning, Eigentumsfragen, a. a. O., S. 32. — Schilling, a. a. O., S. 219.

begründung Gesichtspunkte wie Zukunftsvorsorge, Sicherung des Arbeiters und der Familie, Abschirmung gegenüber totalitären Tendenzen des Staates hineinzunehmen. Andererseits hat jenes thomasische Argument, das auf die Anspornung des Fleißes und die Steigerung der Produktivität bei Bestehen von Privateigentum hinweist, für den Südländer und Orientalen ein ganz anderes Gewicht als für den Mitteleuropäer, der ohnehin ständig in der Gefahr steht, einem hektischen Aktivismus, der „Grenzenlosigkeit des Erwerbsstrebens" und der „totalen Arbeitswelt" zu verfallen. Wesentlich ist nur dieses: daß im ganzen der Mensch und die menschliche Gesellschaft sich in einer Verfassung befinden, welche die Privateigentumsordnung als unverzichtbare Institution eines geordneten Gemeinschaftslebens erscheinen läßt.

Die Stellung der Privateigentumsordnung im System des Naturrechts wird also bestimmt einerseits durch ihre geschichtliche Bedingtheit, andererseits durch die Unaufhebbarkeit dieser geschichtlichen Bedingungen. Diese letztere Tatsache ist der Grund dafür, daß die Privateigentumsordnung nicht dem angewandten, wandelbaren, sondern dem elementaren, unwandelbaren Naturrecht angehört. Sie ist zwar durch den Staat gestaltbar, aber als Institution seinem Ermessen entzogen, weil sich auch ihre Bedingungen der Verfügbarkeit der Menschen entziehen. Dem unwandelbaren Naturrecht angehörend, zählt die Privateigentumsordnung aber nicht zum absoluten, sondern zum relativen Naturrecht, weil sie sich nicht begründen läßt durch innere logische Entfaltung eines implicite schon im absoluten Naturrecht enthaltenen Grundsatzes, also nicht in abstracto aus der Geistnatur des Menschen, sondern nur ex concreto durch die Hinzunahme neuer, aus der geschichtlichen Erfahrung gewonnener Erkenntnisse. Matthias Laros stellt deshalb fest, „daß das Eigentumsrecht kein absolutes, sondern nur ein relatives ist[6]".

Sosehr auch die katholische Eigentumslehre daran festhält, daß die Privateigentumsordnung als *Institution* trotz ihrer geschichtlichen Bedingtheit zum unwandelbaren Naturrecht gehört, so steht doch außer allem Zweifel, daß die *Ausgestaltung* dieser Institution, die Ordnung der konkreten Eigentumsverhältnisse und der Schutz der Eigentumsrechte nicht dem (unwandelbaren) Naturrecht angehören. Das gleiche Recht, das um des Gemeinwohls willen den Bestand der Eigentumsinstitution schützt, fordert um eben dieses Gemeinwohls willen eine dem Wandel der geschicht-

---

[6] Laros, Vom christlichen Eigentumsrecht, a. a. O., S. 45.

lichen Verhältnisse entsprechende Ausgestaltung und Neugestaltung der individuellen Eigentumsrechte. Diese gehören deshalb zum positiven Recht und mit diesem zum angewandten und wandelbaren Naturrecht. Entstehung, Bestand, Aufhebung und Neuabgrenzung der konkreten individuellen Eigentumsrechte sind also in letzter Instanz dem am Gemeinwohl orientierten Ermessen des Staates anheimgegeben.

Da es feststeht, daß die Privateigentumsordnung dem unwandelbaren Naturrecht angehört, sprechen Leo XIII. und Pius XI. vom Naturrecht des Eigentums schlechthin, ohne dessen besondere Fixierung im System des Naturrechts als ius gentium im thomistischen Sinne oder als relatives Naturrecht ausdrücklich zu erwähnen[7]. Den Begriff des ius gentium beizubehalten, hätte ohnehin keinen Sinn mehr gehabt, nachdem dieser Begriff seit Vitoria und Hugo Grotius einen Bedeutungswandel durchgemacht hat und nun als „Völkerrecht" erscheint, das Bestandteil des positiven Rechts ist und sich nicht mehr mit dem thomistischen ius gentium deckt. Andererseits kommt klar zum Ausdruck, was die beiden Sozialenzykliken mit dem Begriff Naturrecht hervorheben wollen: die Unaufhebbarkeit der Institution des Privateigentums. Und wo die konkreten Eigentumsverhältnisse, die Möglichkeit und Notwendigkeit ihrer Gestaltung durch den Staat als Anspruch des wandelbaren Naturrechts gemeint sind, wird auch dies präzis formuliert[8]. Für die Vermutung eines sachlichen Unterschiedes oder gar Gegensatzes in dieser Frage zwischen Thomas und den Lehren der beiden Sozialenzykliken bestehen deshalb keine Anhaltspunkte, wie allein schon die besondere Verehrung Leos XIII. für Thomas von Aquin nahelegt[9].

Das gleiche gilt auch für die Tatsache, daß Leo XIII. zur Begründung des Eigentums auf die Geistnatur des Menschen verweist[10]. Letzte Gründe für die Möglichkeit von Eigentum sind die Existenz Gottes und die Gottebenbildlichkeit des Menschen. Nur deshalb kann es die im Privateigentumsrecht sich verwirklichende menschliche Herrschaftsbefugnis über Güter geben. Die Tatsache, daß für die ordnungsmäßige Ausübung dieser Güterherrschaft die Institution der Privateigentumsordnung unentbehrlich ist, bedarf zwar neben der metaphysischen auch der soziologischen Argumente. Am Anfang der Beweiskette, die zur Begründung des Privateigentums führt,

---

[7] Vgl. R. n., n. 7, 8, 12; Q. a., n. 45 ff.

[8] Vgl. R. n., n. 7; Q. a., n. 49.

[9] Vgl. v. Nell-Breuning, Eigentumsfrage, S. 38.

[10] Vgl. R. n., n. 5.

stehen aber die Existenz Gottes und der Mensch als Geistwesen. Es war nicht das Anliegen von Rerum novarum, den differenzierten logischen Prozeß der Eigentumsbegründung in allen seinen Phasen unter Einschaltung der verschiedenen logischen Zwischenglieder darzustellen. Es ist nicht die Absicht solcher kirchenlehramtlichen Verlautbarungen, wissenschaftliche Analysen mitzuteilen, sondern der Menschheit seelsorglich-praktische Hilfen zu gewähren und in den Nöten und Fragen einer Zeit die Wege zu zeigen zur rechten Ordnung der Gesellschaft, zur Verchristlichung der Welt. Leo XIII. ging es darum, in der Auseinandersetzung mit dem Materialismus und Kollektivismus des orthodoxen Marxismus an die Gottebenbildlichkeit des Menschen zu erinnern und davor zu warnen, ein System der Güterherrschaft aufzurichten, das dem Menschen die Erreichung der ihm vom Schöpfer aufgegebenen Bestimmung unmöglich machen könnte. In einer solchen Situation erscheint es als der richtige Weg, die Eigentumslehre in knappen Formeln zusammenzufassen und das zu akzentuieren, was in Frage gestellt ist: Leo XIII. hielt es angesichts der kollektivistischen Grundhaltung des Marxismus für notwendig, in der Beweiskette der Eigentumsbegründung auch auf die causae remotae zurückzugreifen und insbesondere die Personalität des Menschen hervorzuheben, ohne sich auf dieses Argument zu beschränken. Die Bedeutung des Privateigentums für den Arbeiter, für die Familie, für die rechte Begrenzung des Staates — also soziologische Gesichtspunkte — spielen in Leos Eigentumslehre eine nicht minder große Rolle. Es wäre deshalb irrig, in der Tatsache, daß Leo XIII. neben anderem auch auf die Geistnatur des Menschen als eigentumsbegründenden Tatbestand hinweist, einen sachlichen Unterschied und etwa einen „individualistischen" Neuansatz gegenüber der thomistischen Eigentumslehre zu sehen.

Die bisherigen Überlegungen galten der Begründung des Privateigentums. Sie bedürfen, damit kein Mißverständnis entsteht, eines ergänzenden Hinweises: *Begründung* des Privateigentums bedeutet nicht *Idealisierung*. Die Entscheidung für das Privateigentum als Primärform der Güterordnung darf nicht darüber hinwegtäuschen, daß in der abendländischen Geschichte das Eigentum immer wieder auch als Problem, als eine unbewältigte und nie ganz zu bewältigende Aufgabe empfunden worden ist. Die Eigentumsinstitution ist in besonderem Maße dem Mißbrauch und der Mißgestaltung ausgesetzt. Das Privateigentum ist, so sagt Hermann J. Wallraff, „eine zutiefst dialektische Größe. Es aktuiert ein Grundrecht des Menschen und ist eine der wichtigsten Institutionen des Zusammenlebens. In seiner konkreten Gestalt aber wird es nicht selten zum Herd gesellschaftlicher Span-

nungen. Seine geschichtliche Prägung ist immer wieder zu überprüfen[11]."
Im Hinblick auf diese Zwiegestalt des Eigentums spricht Paul Jostock vom Eigentum als „Ordnungs- und Unordnungsmacht" und sieht in der Weise der Besitzverteilung eine entscheidende Ursache dafür, „ob die von dem Eigentum ausgehenden Einflüsse mehr positiv oder negativ wirken, ob sie die Sozialordnung stützen oder sie stören. Denn auch die ethische Haltung wird von diesen realen Umständen mit beeinflußt. Wo zum Beispiel die Besitzverteilung als ungesund und als gemeinwohlwidrig empfunden wird wie bei uns heute, nehmen die Besitzlosen leicht eine aggressive Haltung gegen das Bestehende ein, was auf der Gegenseite bei vielen den Sinn nur noch verhärtet[12]."

Daß der Besitz zur Gefährdung des Menschen und der gesellschaftlichen Ordnung führen kann, ist eine alte Erkenntnis und Erfahrung. „Der Reichtum an Gütern verdirbt die Seele, wenn er nicht ausgeglichen wird durch das Bewußtsein, daß Besitz nur Leihgabe der Götter bedeutet", das war schon die Überzeugung des Zenon-Schülers Kleanthes[13]. Und in den biblischen Schriften des Alten und Neuen Testamentes fehlt es wahrlich nicht an Mahnungen und Warnungen, die dem Menschen die Bedrohung seiner Person durch den Besitz unüberhörbar und eindringlich vor Augen führen. Selbst dort, wo diese Gefährdungen klar erkannt und in der Totalumkehr der Lebensführung entschlossen bekämpft wurden, mißlang immer wieder die ethische Bewältigung des Besitzes. Max Weber verweist auf das Schicksal, dem selbst die klösterliche Askese des Mittelalters vielfach erlag: „Wenn die rationelle Wirtschaftsführung hier, an der Stätte streng geregelten Lebens und gehemmter Konsumtion, ihre Wirkung voll entfaltet hatte, so verfiel der gewonnene Besitz entweder direkt — wie in der Zeit vor der Glaubensspaltung — der Veradligung oder es drohte doch die klösterliche Zucht in die Brüche zu gehen, und eine der zahlreichen ‚Reformationen' mußte eingreifen. Ist doch die ganze Geschichte der Ordensregeln in gewissem Sinne ein stets erneutes Ringen mit dem Problem der säkularisierenden

---

[11] Hermann J. Wallraff, Unternehmenseigentum und katholische Sozialethik: In: Eigentum und Eigentümer in unserer Gesellschaftsordnung (Veröffentlichungen der Walter-Raymond-Stiftung, Bd. 1). Köln, Opladen 1960, S. 91. — Vgl. hierzu auch Q. a., n. 132 ff.

[12] Paul Jostock, Eigentum als Ordnungs- und Unordnungsmacht. In: Naturordnung in Gesellschaft, Staat, Wirtschaft (Messner-Festschrift). Innsbruck, Wien, München 1961, S. 330. — Vgl. auch Alfred Klose, Kapitalbildung und Eigentumsstreuung. In: Naturordnung, a. a. O., S. 348 f.

[13] Zitiert nach Otto Zierer, Bild der Jahrhunderte. 5. Bd. 2. Aufl. Murnau, München 1952, S. 44.

Wirkung des Besitzes. Das gleiche gilt in grandiosem Maßstabe auch für die innerweltliche Askese des Puritanismus. Der mächtige ‚revival' des Methodismus, welcher dem Aufblühen der englischen Industrie gegen Ende des 18. Jahrhunderts vorangeht, kann mit einer solchen Klosterreformation recht wohl verglichen werden[14]." Der Versuch, den Reichtum durch „innerweltliche Askese" zu bewältigen, führte, nachdem die religiöse Wurzel dieser Askese abgestorben war, zu hemmungslosem Profitstreben, zur „Zusammenballung von Vermögen in den Händen weniger und der Verarmung vieler (R. n., n. 1)" und also zu den bekannten Erscheinungen der sozialen Frage, die Pierre-Joseph Proudhon und Karl Marx veranlaßten, im Eigentum überhaupt den Ursprung allen Übels und Unrechts zu sehen.

Die erbsündig verstörte Natur des Menschen steht im Umgang mit den Gütern immer an der Grenze des Versagens und läßt sich leicht vom Besitz beherrschen, statt ihn zu beherrschen und in den Dienst menschlicher Sinnbestimmung und Wesenserfüllung zu stellen. Man hat im Hinblick auf die dem Eigentum innewohnende Kraft, den Eigentümer zu besitzen, von der Dämonie des Eigentums gesprochen. Das Eigentum wird dann, in der Sprache des Neuen Testamentes, zum „Mammon", dem Jesu Wort gilt: „Niemand kann zwei Herren dienen; denn entweder wird er den einen hintansetzen und den anderen bevorzugen, oder er wird sich umgekehrt an jenen halten und diesen mißachten. Ihr könnt nicht Gott dienen und dem Mammon (Mt 6, 24)." Zum „Mammon" wird das Eigentum — nunmehr wieder sozialphilosophisch formuliert —, wenn der Mensch entgegen seiner Verfaßtheit als ens individuale et sociale seine Selbstheit und Eigenständigkeit verabsolutiert und seine wesenhafte Bezogenheit auf die Gemeinschaft mißachtet. In der Verkennung der socialitas seiner Person verkennt er auch die Sozialnatur des Eigentums. Indem er aber in dieser Isolierung seine Existenz auf die Verfügung über die Güter gründen will, gewinnen sie Macht über ihn und gefährden sein Menschsein. Denn „gerade das Verfügbare wird dem Menschen so zum Anlaß, von seinem Ursprung sich zu lösen, sein Wesen zu verraten, wenn er sich auf dieses Verfügbare verläßt. Gerade die Erfüllung seiner Möglichkeiten wird ihm zum Grund der Entfremdung. Der Mensch, der sich auf das Verfügbare verläßt, verfehlt sein Wesen; er wird eigentlich unmöglich. Jesu scharfer Angriff auf den Reichtum, dem ein analoger Angriff der Propheten vorausgeht, hat nicht zunächst sozialkritische Bedeutung, er richtet sich viel grundsätzlicher gegen

---

[14] Max Weber, Die protestantische Ethik und der Geist des Kapitalismus (1904/05). In: Gesammelte Aufsätze zur Religionssoziologie. 1. Bd. 4. Aufl. Tübingen 1947, S. 195 f.

die Denaturierung des Menschen, der sein Sein im Verfügenkönnen finden will[15]."

In dieser verfehlten Ausübung der Verfügungsmacht über Sachwerte wird aber auch die Gemeinschaftsordnung in Frage gestellt und damit das Eigentumsrecht problematisch, weil vom Wurzelgrund seiner Gültigkeit abgelöst. Das überzeugendste Beispiel der neuzeitlichen Geschichte für diese Entartung des Eigentums zum „Mammon" ist die mit der Situation der kapitalistischen Klassengesellschaft verknüpfte soziale Frage: Die Philosophie der Aufklärung verstand den Menschen als ein in sich gutes, souverän auf sich gestelltes und problemlos in die prästabilierte Harmonie des gesellschaftlichen Kosmos eingefügtes Wesen, dem von den Voraussetzungen dieses Menschen- und Gesellschaftsbildes her auch die autonome und absolute Verfügung über sein Eigentum zugesprochen werden mußte. Es ist hinlänglich bekannt, daß diese Übersteigerung der individualitas des Menschen und das Übersehen seiner socialitas das Gegenteil des ursprünglich Erwarteten bewirkten. Die inhaltslose, durch den Besitz korrumpierte Freiheit des Liberalismus füllte sich mit freiheitsfeindlichen Inhalten und führte nicht nur zur Gefährdung der Existenz des einzelnen und des Gemeinschaftslebens, sondern im Herrschaftsbereich des Bolschewismus, des legitimen Nachfahren des Liberalismus, zur Vernichtung der Freiheit überhaupt.

Wenn in der Eigentumslehre der Gesichtspunkt der Persönlichkeitsentfaltung als eigentumsbegründender Faktor mit herangezogen wird, so bedeutet das also nicht eine dem Menschen vom Eigentum her zugesprochene Bürgschaft, sondern nur die Eröffnung einer Möglichkeit der Lebenserfüllung. „Wer Persönlichkeitsentfaltung und Eigeninitiative in jedem Falle als Früchte einer Eigentumsbildung erwartet", so sagt Klaus von Bismarck, „unterliegt einem Trugschluß. Die Möglichkeiten der Eigen-

[15] Wenzel Lohff, Eigentum in theologischer Sicht. In: Th. Heckel (Hrsg.), Eigentum und Eigentumsverteilung als theologisches, rechtsphilosophisches und ökonomisches Problem. München 1962, S. 11. — Es ist ein Kennzeichen der evangelischen Ethik, daß sie mit besonderer Eindringlichkeit auf die Gefahr der Entartung des Besitzes zum Mammon und die daraus folgende Denaturierung des Menschen hinweist. Vgl. Georg Wünsch, Eigentum. In: Die Religion in Geschichte und Gegenwart, 2. Aufl. 2. Bd. 1928, Sp. 57—66, insbes. Sp. 65. — Gottfried W. Locher, Der Eigentumsbegriff als Problem evangelischer Theologie. 2. Aufl. Zürich, Stuttgart 1962. — Wolfgang Trillhaas, Ethik. Berlin 1959, insbes. S. 306. — Ernst Steinbach, Verlangt die evangelische Soziallehre eine Politik der breiten Eigentumsstreuung? In: Eigentum und Eigentümer in unserer Gesellschaftsordnung (Veröffentlichungen der Walter-Raymond-Stiftung, Bd. 1). Köln, Opladen 1960, S. 138. — Walter Künneth, Rechte und Pflichten des Kapitaleigentümers. In: Eigentum und Eigentümer, a. a. O., S. 111. — Friedrich Karrenberg, Die Eigentums-Diskussion in der neueren evangelischen Theologie. In: Zeitschrift für Evangelische Ethik, 4. Jg. 1960, S. 145.

tumsbildung enthalten wohl eine Chance zur Stärkung der persönlichen Verantwortlichkeit, und diese Chance sollte auch genutzt werden. Aber die Steigerung eines allgemeinen Wohlstandes birgt auch Versuchungen der satten Verantwortungslosigkeit gegenüber dem Ganzen, für die man nicht blind werden darf[16]." Friedrich Karrenberg spricht den gleichen Gedanken aus und führt ihn weiter: Weil das Eigentum die Kraft hat, den Eigentümer selbst zu besitzen, und als „Mammon" Macht über den Menschen ausübt, deshalb ist es „nicht an sich schon gottwohlgefällig und des Schutzes wert. Es ist Ausdruck der Fülle Gottes dem, der glaubt, es ist Mammon dem, der sein Leben in ihm sucht ... Der Schutz des Eigentums ist also gerade für das Glied der Gemeinde nicht das Selbstverständliche, Natürliche, sondern ein Wagnis, das Wagnis des Glaubens[17]."

Aus diesen Erfahrungen im Umgang mit dem Eigentum „resultiert eine Grundeinstellung der Christen zum Eigentum: Es gilt, von dem irdischen Besitz unabhängig zu werden" und die „Freiheit des Herzens von allem Besitz" zu erlangen[18]. Es ergibt sich daraus aber auch eine Forderung an die Eigentumsordnung: daß sie nämlich „Hemmungen gegenüber dieser Gefahr (der Übermächtigung des Menschen durch den Besitz) einschließen" muß[19]. Damit sind — in der Sprache der katholischen Gesellschaftslehre — die beiden Postulate der Gesinnungsreform und der Zuständereform geltend gemacht[20], die ebenso wie für die Gesellschaftspolitik im ganzen, so auch für den Teilbereich der Eigentumspolitik auf Verwirklichung drängen.

dd) Zur Auseinandersetzung um die Eigentumslehre Léon de Sousberghes

Gegen die Begründung des Eigentums in der Form, wie sie die neuere Eigentumslehre der Kirche, insbesondere auf Grund der Enzykliken Rerum novarum und Quadragesimo anno, vorträgt, sind seitens des belgischen Jesuiten Léon de Sousberghe Vorbehalte geltend gemacht worden[1].

---

[16] Klaus von Bismarck, Das Eigentum hat sozialen Charakter. In: Eigentum und Eigentümer, a. a. O., S. 99.

[17] Karrenberg, a. a. O., S. 145.

[18] Trillhaas, a. a. O., S. 307.

[19] Wünsch, a. a. O., Sp. 65.

[20] Vgl. Q. a., n. 77 ff.

[1] Vgl. Léon de Sousberghe, Propriété de „droit naturel". Thèse néo-scolastique et tradition scolastique. In: Nouvelle Revue Théologique, t. 72, 1950, p. 580 ff.; deutsch: Das Privateigentum als Naturrecht. Eine neuscholastische These im Licht der scholastischen Tradition. In: Dokumente, 7. Jg. 1951, S. 123 ff. — Zur Auseinandersetzung mit Sousberghe vgl.: Cyrill von Korvin-Krasinski, Über die Krisis des modernen Sondereigentums-

Sousberghe beginnt seine Untersuchung mit der Feststellung, daß die kirchliche Lehre der naturrechtlichen Begründung des Privateigentums in ihrer heutigen Form sehr jung sei; daß sie erst durch Taparelli entwickelt[2] und von der Enzyklika Rerum novarum übernommen worden sei.

Gegenüber der von der neueren kirchlichen Eigentumslehre vorgetragenen Behauptung, das Eigentumsrecht sei ein Naturrecht, macht Sousberghe darauf aufmerksam, daß nach der übereinstimmenden Tradition der Väterlehre das Recht auf Eigentum nicht dem ius naturale, sondern dem ius gentium zugerechnet werde und daß das Decretum Gratiani diese Lehre in der Feststellung zusammenfasse, daß „getrennter Besitz und Sklaverei aus dem ius gentium kommen" und daß „nach dem Naturrecht der Besitz allen gemeinsam ist und alle die gleichen Freiheitsrechte genießen[3]". Mit besonderer Aufmerksamkeit wendet sich Sousberghe der Eigentumslehre des hl. Thomas zu und erinnert nachdrücklich an folgende Sätze:

1. „Distinctio possessionum et servitus non sunt inductae a natura, sed per hominum rationem, ad utilitatem humanae vitae[4]".

2. „Communitas rerum attribuitur iuri naturali, non quia ius naturale dictet omnia esse possidenda communiter et nihil esse quasi proprium possidendum: sed quia secundum ius naturale non est distinctio possessionum, sed magis secundum humanum condictum ... Unde proprietas possessionum non est contra ius naturale; sed iuri naturali superadditur per adinventionem rationis humanae[5]."

Damit will Sousberghe auf folgendes hinweisen: Das Privateigentum habe bei Thomas von Aquin nicht dem ius naturale im engeren Sinn, sondern dem ius gentium angehört, das in der Tradition der kirchlichen Eigentumslehre von der Patristik bis zur Scholastik als Folge der Erbsünde angesehen wird, in der Überzeugung also, daß sich im Zustand der unversehrten menschlichen Natur, also ohne den Eintritt der Erbsünde, die Herrschaft über die Güter der Erde nach dem Naturrecht in Gütergemeinschaft vollziehen sollte. Dieser Anspruch des primären Naturrechts mußte abgewandelt werden infolge des Sündenfalls. Auf Grund der Beeinträchtigung

---

begriffes. In: Freiburger Zeitschrift für Philosophie und Theologie (Divus Thomas), 1. Bd. 1954, S. 64 ff. — Inwiefern gründet das Privateigentum im Naturrecht? In: Herder-Korrespondenz, 5. Jg. 1950/51, S. 269 ff.

2 Vgl. Luigi Taparelli, Saggio teoretico di diritto naturale appoggiato sul fatto. Palermo 1840.

3 Sousberghe, Privateigentum, S. 124 ff.

4 S. th. I, II, 94, 5 ad 3.

5 S. th. II, II, 66, 2 ad 1.

der Menschennatur durch die Erbsünde hat die Wirkungsweise des primären Naturrechts Änderungen erfahren, da die Verfassung des Menschen in statu naturae lapsae auch an die Weise des menschlichen Zusammenlebens neue Anforderungen stellte. Hinsichtlich der Herrschaft der Menschen über die Güter bedeutete das den Übergang von der Gütergemeinschaft zur individuellen Güterherrschaft, zum Privateigentum. Dieses gehört also jener Auffassung zufolge nicht zum Inhalt des primären, sondern des sekundären Naturrechts, worunter eben das Naturrecht in seiner Anwendung auf die Verhältnisse des erbsündigen Menschen zu verstehen ist[6]. Daß auch Thomas dieser Auffassung zuneigte, wurde schon erwähnt[7].

Es ist in diesem Zusammenhang nicht notwendig, der Frage der Zugehörigkeit des Privateigentums zum sekundären Naturrecht im einzelnen nachzugehen. Sousberghe behauptet jedenfalls, daß im „Gesamturteil der scholastischen Tradition ... das Eigentum als ein Zugeständnis an die verderbte Natur" angesehen wird[8], und zieht daraus weitreichende Konsequenzen: Der Sündenfall führte zu einer Störung der menschlichen Natur, infolgedessen auch zu einem Bruch in der Ordnung menschlichen Zusammenlebens dergestalt, daß die Gemeinsamkeit in der Herrschaft über die Welt der Sachgüter, so wie sie dem Menschen auf Grund der Schöpfungsordnung anvertraut war, verlorenging. „Im Herrschaftsbereich des Menschen über die Natur fand ein Bruch statt, so daß durch kollektive Initiative diese Herrschaft nicht wiederhergestellt werden kann, das heißt, der Bruch im Herrschaftsbereich war identisch mit einem Bruch der Solidarität[9]." Nachdem einmal dieser Bruch eingetreten und die Gemeinsamkeit der Menschen in der Beherrschung der Natur verlorengegangen sei, so folgert Sousberghe weiter, kann sich die Herrschaft über die Güter nur vom einzelnen her vollziehen.

Aus dieser theologisch-historischen Perspektive ergibt sich aber nach Sousberghe für die Begründung des Privateigentums folgendes: „Die richtige Begründung des individuellen Herrschaftsbereichs ist aber nicht abzuleiten von der Entfaltung oder Finalität der Persönlichkeit, nicht vom Recht auf die Frucht der Arbeit und auch nicht vom Egoismus und der Faulheit, denen der Mensch ohne Interessenbindung verfallen würde, sondern vom

---

6 Vgl. Messner, a. a. O., S. 318, 949. — Gallus Manser, Angewandtes Naturrecht. Freiburg (Schweiz) 1947, S. 89.
7 Vgl. S. th. I, 98, 1 ad 3.
8 Sousberghe, a. a. O., S. 126.
9 a. a. O., S. 137.

Mangel an Solidarität, der eine wertvolle Inbesitznahme der Welt nur noch auf dem Umweg über eine persönliche Inbesitznahme gestattet[10]."

Sousberghe zieht noch weitere Konsequenzen: Das Ideal bleibt die Gütergemeinschaft, was Sousberghe auch für die Tradition von Väterlehre und Scholastik als selbstverständlich ansieht, die ja übereinstimmend auch unter den Verhältnissen der erbsündigen Natur den naturrechtlichen Charakter der Gütergemeinschaft betonen. Deshalb muß, so folgert Sousberghe, die Inbesitznahme der Güter durch einzelne Personen, wie sie im Zustand der gefallenen Natur notwendig geworden ist, als „Zwischenglied", als Etappe angesehen werden, „um von der negativen Gütergemeinschaft zur positiven zu gelangen[11]", um also von der Gütergemeinschaft des Urzustandes, in der die Güter weder im Eigentum der Gesellschaft noch irgendwelcher Privatpersonen standen, zu einer Gütergemeinschaft zu kommen, in der die Güter im Eigentum der Gesellschaft stehen. Das freilich will Sousberghe nicht im Sinne einer allgemeinen Sozialisierung verstanden wissen, sondern in erster Linie in der Weise, daß mit jedem einzelnen, der in irgendeiner Weise Herrschaft über Güter ausübt, die Gesamtheit die Güterherrschaft antritt: „Weil der einzelne ein Glied der Menschheit ist, wird indirekt durch die Inbesitznahme von seiten eines einzelnen die ganze Menschheit in diesen Besitz gesetzt[12]", wobei Sousberghe sich wiederum auf den hl. Thomas beruft: „Ille qui praeveniens ad spectacula, praepararet aliis viam, non illicite ageret: sed ex hoc illicite agit quod alios prohibet. Et similiter dives non illicite agit si, praeoccupans possessionem rei quae a principio erat communis, aliis communicat: peccat autem si alios ab usu illius rei indiscrete prohibeat[13]."

Allerdings versteht Sousberghe seinen Begriff von Gütergemeinschaft nicht nur im Sinne einer moralischen Treuhänderschaft des Eigentümers, die ihm etwa von der Gemeinschaft übertragen sei, sondern er sieht von diesen theoretischen Ausgangspunkten her auch weitgehende Möglichkeiten einer Realisierung der positiven Gütergemeinschaft, die überall in Betracht komme, wo das „koina ton philon" im Sinne des Aristoteles[14] als die Norm jeglicher Gütergemeinschaft Wirklichkeit geworden sei: „Die Gütergemeinschaft bemißt sich nach dem Grad der Seelen- und Herzensgemeinschaft[15]",

[10] a. a. O., S. 137.
[11] a. a. O., S. 138.
[12] a. a. O., S. 138.
[13] S. th., II, II, 66, 2 ad 2.
[14] Vgl. Aristoteles, Politik, a. a. O., II, 5.
[15] Sousberghe, a. a. O., S. 139.

so daß es „nunmehr die Möglichkeit, ja sogar die Notwendigkeit eines kollektiven Herrschaftsbereichs dort gibt, wo vorher die individuelle Herrschaft geboten war[16]".

Eine kritische Würdigung des Versuchs von Sousberghe, die Eigentumslehre aus einem neuen und tieferen Verständnis der Tradition neu zu begründen, muß davon ausgehen, daß auch Sousberghe für den Zustand der gefallenen Natur der individuellen Person das Recht zur Herrschaft über die Sachgüter zuerkennt. Er sieht „den überlegenen Wert der individuellen Besitzergreifung, der individuellen Herrschaftsstellung über die Natur" und „die Unvollkommenheit des kollektiven Herrschaftsbereiches oder der kollektiven Inbesitznahme des Universums" als eine „endgültige Erkenntnis" an[17]. Über die Notwendigkeit des Privateigentums besteht also auch bei Sousberghe kein Zweifel.

Es ist ein Verdienst Sousberghes, mit Nachdruck darauf hingewiesen zu haben, daß der Zweck der Erdengüter darin besteht, *allen* Menschen zu dienen, und daß die Eigentümer auf Grund der inneren Zusammengehörigkeit der Gemeinschaftsglieder die Pflicht der „Mitteilung der Güter" an ihre Mitmenschen haben. Deshalb unterstreicht Sousberghe mit Recht die thomistische Lehre, die das ius „quantum ad usum" dem ius naturale primarium und das ius „quantum ad potestatem habere propria" nur dem ius gentium zurechnet, und betont deren Konsequenzen: daß die grundsätzliche Erlaubtheit individueller Güterherrschaft von der Erfüllung der sozialen Zweckbestimmung der Güterwelt abhängig ist. Zwar ist das der Grundgedanke der traditionellen katholischen Eigentumslehre, er steht aber ständig in der Gefahr, im Strudel des neuzeitlichen Liberalismus unterzugehen. Deshalb hat das kirchliche Lehramt seit Leo XIII. mit besonderer Eindringlichkeit in immer neuen Formulierungen und unter den verschiedensten Aspekten den Gedanken der Sozialnatur des Eigentums hervorgehoben. Dies aber ist auch die Quintessenz der in der Idee der „Vergemeinschaftung oder Mitteilung der Güter" gipfelnden Ausführungen Sousberghes.

Es gehört ebenfalls zum Bestand der kirchlichen Eigentumslehre, wenn Sousberghe sagt, „daß sich für das Kollektiv die Möglichkeit ergibt, sich direkt gewisser wirtschaftlicher Bereiche zu bemächtigen" und die individuelle durch kollektive Güterherrschaft abzulösen[18]. Allerdings müssen

---

16 a. a. O., S. 141.

17 a. a. O., S. 136.

18 a. a. O., S. 141. — Vgl. dazu Quadragesimo anno, n. 114.

diese Feststellungen ergänzt werden durch den Hinweis auf das Subsidiaritätsprinzip, das entsprechend der Forderung „Soviel Freiheit für die Person wie möglich, soviel Bindung wie notwendig“ die Ablösung individueller durch kollektive Güterherrschaft nur aus Gründen des Gemeinwohls erlaubt und jedem staatlichen Eingriff in die private Sphäre zugunsten der Ausdehnung kollektiver Tätigkeit die Beweislast seiner Richtigkeit und gesellschaftlichen Notwendigkeit auferlegt, wobei in dubio wie auch ceteris paribus die Entscheidung gegen das Kollektiv zugunsten der personalen Initiative zu treffen ist. Die Ablösung individueller durch „kollektive Herrschaftsbereiche“, womit im Zusammenhang der Ausführungen Sousberghes im wesentlichen die Überführung von privatem in öffentlich-rechtliches Eigentum gemeint ist, muß Ausdruck einer gesellschaftlichen Notlage sein und ist nicht ein anzustrebendes Ideal. Von diesen die Sozialisierung im Interesse des Gemeinwohls begrenzenden Leitsätzen des Subsidiaritätsprinzips ist aber bei Sousberghe weder explicite die Rede noch in der Tendenz seines Gedankengangs etwas zu spüren.

Damit sind auch die Bedenken berührt, die gegen Sousberghe geltend gemacht werden müssen: Er ist hinsichtlich der bisher diskutierten Thesen anfechtbar weniger in dem, was er sagt, als in dem, was er ausläßt. Das berechtigte Anliegen Sousberghes, die Unterordnung des Privateigentums unter das Prinzip des usus communis, gerät dadurch in ein Zwielicht, daß er im wesentlichen von den *Grenzen* des Privateigentums und von den *Möglichkeiten* kollektiver Güterherrschaft spricht, jenes also negativ und diese positiv behandelt. Die *positiven Möglichkeiten* aber des Privateigentums als des primären Mittels zur Verwirklichung des Gemeingebrauchsprinzips und der *negative* Aspekt der *Grenzen* kollektiver Güterherrschaft treten zurück.

Infolgedessen können Sousberghes Überlegungen den Eindruck aufkommen lassen, es werde hier eine Eigentumslehre vorgetragen, die in ihrer Grundhaltung beherrscht ist von dem Heimweh nach dem verlorenen Paradies. Obwohl der „überlegene Wert der individuellen Besitzergreifung“ und die „Unvollkommenheit des kollektiven Herrschaftsbereichs“ nicht bestritten, sondern bestätigt werden, gewinnen dennoch in der Akzentuierung des Gedankengangs die Idee der Gütergemeinschaft, kollektives Eigentum und Sozialisierung eine Bedeutung, die ihnen unter den Bedingungen der erbsündigen Menschheit nicht zukommt. So ist auch ein Satz wie der folgende auf den ersten Blick mißverständlich: „Gemeinschaft im Besitz und Eigentum sind beide Naturrecht. Das Eigentum, indem es den notwendigen Weg oder das unvermeidliche Zwischenglied bildet für den Übergang von der negativen zur positiven Gütergemeinschaft[19]." Diese Aussage ist in sich anfechtbar und steht auch im Zusammenhang des Gedankengangs, in dem sie bei Sousberghe erscheint, ungeschützt gegenüber kollektivistischen Ausdeutungen. Daß er diese „positive Gütergemeinschaft" aber nicht als Totalsozialisierung, als Überführung des gesamten Privateigentums auf die Gesellschaft, verstanden wissen will — das wäre marxistischer als Karl Marx —, das geht allein schon daraus hervor, daß er späterhin für die anzustrebende Form der Güterordnung verlangt, es müßten „recht verschiedene Formen der Gütermitteilung neben dem Eigentumserwerb bestehen und sich aus ihm heraus frei gestalten[20]". Was aber Sousberghe mit „positiver Gütergemeinschaft" meint, bedürfte der Erläuterung. Er schafft sich Angriffsflächen der Kritik, weil er seinen Begriff „communauté positive des biens" aliter et aliter, d. h. unter verschiedener Rücksicht, aber indistincte verwendet und einmal an Kollektiveigentum, ein anderes Mal an die Verwirklichung des Gemeingebrauchs denkt. Nur dieses letztere kann in *diesem* Zusammenhang sinnvollerweise gemeint sein. Dann aber ist der oben zitierte Satz unanfechtbar.

Dennoch erscheint im Ganzen des Gedankengangs die Idee der Gütergemeinschaft — nicht im Sinne des ethischen usus communis, sondern der juridischen potestas communis — überbelichtet und das Privateigentum zu schwach bewertet. Infolge der durch die Erbsünde bewirkten Zerstörung der menschlichen Solidarität müßte nach Sousberghe das Privateigentum, weil Folge der Erbsünde — was theologisch kontrovers ist —, als notwendiges Übel hingenommen werden, demgegenüber die Gütergemeinschaft — nicht nur die negative im Sinne des sozialphilosophischen Prinzips des usus communis, sondern auch die positive im soziologisch-juridischen Sinne einer wenigstens partiellen Schaffung von Kollektiveigentum — als Ideal erscheinen. Die Eigentumslehre Sousberghes geht aus von der Gütergemeinschaft und endet bei ihr; auf diesem Wege fungiert das Privateigentum nur als Etappe, als Durchgangspunkt: „Dieses Eigentum dient als Heilmittel für die unheilbare Unfähigkeit der Gemeinschaft, Dinge in vollen Besitz zu nehmen, und als Zwischenglied, um letztlich doch wieder zur Gütergemein-

[19] a. a. O., S. 127. — Der französische Text lautet: „Communauté et appropriation, toutes deux de droit naturel, l'appropriation étant la voie ou l'étape indispensable pour passer de la communauté négative à la communauté positive des biens" (a. a. O., p. 585).

[20] a. a. O., S. 140.

schaft wenigstens des Gebrauchs zu gelangen[21]." Soweit dieser Satz die Aussage mitumschließt, daß das Privateigentum als Mittel zur Verwirklichung des Gemeingebrauchs der Güter verstanden werden muß, ist er unangreifbar. Aber er zielt, wie die Formulierung selbst und die folgenden Ausführungen ergeben, weiter und meint nicht nur das ius quantum ad usum, sondern auch ein ius quantum ad potestatem, dies zumindest im Blick auf den „Zielpunkt des geschichtlichen Prozesses der individuellen Güterherrschaft", wenn dann auch wieder gesagt wird, daß diese Gütergemeinschaft im Sinne eines ius potestatis communis „keine unmittelbare Folgeerscheinung ist und sich sogar unbegrenzt weit hinausschieben läßt[22]".

Solche Formulierungen sind nicht dazu angetan, die präzise Distinktion des hl. Thomas in S. th. II, II, 66, 2 zu unterstreichen, die Unterscheidung zwischen der sozialethischen und der soziologischen Seite der Eigentumslehre, zwischen dem ius quantum ad usum und dem ius quantum ad potestatem procurandi et dispensandi. Das der metaphysischen Ebene angehörende ius communitatis rerum ad usum muß streng geschieden werden vom ius potestatis der soziologischen Ebene. Sousberghes Darlegungen sind nicht hinreichend gegen den Einwand abgeschirmt, daß er vom ius ad usum communem auf ein ius ad potestatem communem schließt. Zwar ist die positive Gütergemeinschaft, so etwa in der Form der Verstaatlichung, aus Gründen des Gemeinwohls immer wieder erforderlich, sie ist aber neben dem Privateigentum nur eine subsidiäre Form der Güterherrschaft und vor allem: Sie ist selbst auch immer nur *Mittel* im Dienste des usus communis, niemals aber ein ihm gleichgeordnetes Ziel. Das kommt in Sousberghes Formulierungen nicht immer deutlich genug zum Ausdruck.

Es ist aber auch anfechtbar, die Begründung des Privateigentums nur negativ, im „Mangel an Solidarität", zu sehen[23]. Wenn man sich auch Sousberghe anschließt und von der Voraussetzung ausgeht, daß im Zustand der unversehrten Natur des Menschen keine individuelle Güterherrschaft, sondern nur Gütergemeinschaft bestanden habe, dann kann der Verlust dieser Solidarität infolge der Erbsünde nur als *Anlaß*, nicht aber als ausreichende *Begründung* des Privateigentums angesehen werden. Seine Begründung findet das Privateigentum, wie dargetan, zunächst im Gemeinwohl und sodann in bestimmten soziologischen Gegebenheiten, in die der Mensch hineingestellt ist. Ob diese Gegebenheiten aber — die Inhalte der oben

---

[21] a. a. O., S. 138.
[22] Vgl. a. a. O., S. 138 f.
[23] Vgl. a. a. O., S. 137.

entfalteten soziologischen Prämisse in der Begründung des Privateigentums — ausnahmslos Folge der Erbsünde sind, ist zweifelhaft. Es wurde schon erwähnt, daß Suarez und de Lugo in diesem Punkte Bedenken gegenüber der Patristik geäußert haben. Wenn man also auch nur behauptet, die Erbsünde sei *Anlaß* für die Entstehung des Privateigentums, so hat auch schon diese Feststellung nur hypothetischen Charakter.

Noch ein weiterer Vorbehalt gegenüber Sousberghe sei ausgesprochen, und zwar gegenüber seiner Behauptung, daß im 18. und 19. Jahrhundert ein Bruch in der Tradition der katholischen Eigentumslehre eingetreten sei[24]. Seither stünden sich die „alte Lehre", repräsentiert durch Thomas von Aquin, und die „neue Lehre", die ihren Niederschlag in den Sozialenzykliken gefunden habe, beziehungslos gegenüber. Die Tradition zur Scholastik sei abgerissen, weil diese „aufgehört hatte, eine lebendige Tradition darzustellen und schrittweise wieder entdeckt und neu belebt werden mußte[25]". Die katholische Eigentumslehre sei neu begründet worden durch Taparelli, dessen Thesen „durch die päpstlichen Enzykliken sanktioniert" worden seien, während er selbst aber, „losgelöst von jeder Tradition", die scholastischen Lehren nicht „auch nur von fern gekannt" habe[26]. Erst Taparelli habe die These vom Eigentum als Naturrecht in die katholische Eigentumslehre eingeführt und zur Begründung diese beiden Argumente herangezogen: 1. die dem Menschen als planendem Wesen aufgegebene Zukunftsvorsorge, 2. das Recht des Menschen auf die Frucht seiner Arbeit. Beide Argumente seien Ergebnisse des autonomen neuzeitlichen Bewußtseins, sie seien ebenso wie die Menschen- und Freiheitsrechte durch den Individualismus und Liberalismus des 17. und 18. Jahrhunderts entfaltet worden. Speziell die naturrechtliche Begründung des Eigentums aus dem Recht auf die Frucht der Arbeit sei im Kampf gegen die Fiskalpolitik der Stuarts durch John Locke entwickelt worden, der in Kardinal Johannes de Lugo schon einen Vorläufer gehabt habe. Vor diesem hat allerdings schon Suarez das Recht auf die Frucht der Arbeit als eigentumsbegründend angesehen[27].

Ob Taparelli wirklich so bar jeder Kenntnis der Scholastik war, wie Sousberghe erklärt, muß füglich bezweifelt werden, mag aber auf sich beruhen. Für Leo XIII. und für Rerum novarum trifft es jedenfalls nicht zu, daß hier, abgelöst von der scholastischen Tradition, eine „neue Lehre"

[24] Vgl. a. a. O., S. 130 ff.
[25] a. a. O., S. 134.
[26] a. a. O., S. 134.
[27] Vgl. De Opere Sex Dierum, lib. V, cap. VII, n. 18.

des Privateigentums und seiner Begründung erscheint. Dies aber will Sousberghe sagen. Leo XIII. hat indessen die thomasische Eigentumslehre sowohl in ihrer formalen Struktur als auch in ihrem materiellen Gehalt in Rerum novarum aufgenommen[28]. Die Hinzunahme der beiden genannten Argumente – Zukunftsvorsorge und Recht auf die Frucht der Arbeit – in Rerum novarum bedeutet aber nicht Neubegründung des Privateigentums, sondern nur eine Fortführung der scholastischen Tradition. Mag auch bei Taparelli selbst die These vom Recht des Menschen auf die Frucht der Arbeit und auf vorsorgende Zukunftsplanung eine beherrschende Stellung für seine Eigentumsbegründung einnehmen, in Rerum novarum jedenfalls ist sie fest eingefügt in die Fundamente der traditionellen katholischen Eigentumslehre, die ihren Ausgang nimmt von der sozialen Zweckbestimmung der Güter und um dieser Bestimmung willen Privateigentum fordert. Wenn Leo XIII. die überkommene Begründung der scholastischen Eigentumslehre erweitert mit der Feststellung, daß es dem Menschen gegeben ist, Zukunftsvorsorge zu treffen[29], und ferner, „daß die Frucht der Arbeitsanstrengung denen gehört, die die Arbeit leisten[30]“, so ist es für den Wert dieser beiden Argumente unwesentlich, ob sie sich am neuzeitlichen Denken, an der Idee der autonomen Persönlichkeit entzündet haben oder nicht; entscheidend ist nur, daß sie richtig sind und organisch eingefügt sind in das System der thomistischen Eigentumslehre.

Das aber wird von Sousberghe, nachdem er zunächst den Zusammenhang der Leonischen Eigentumslehre mit der scholastischen Tradition bestritten hat, in Frage gestellt: „Wie will man noch von einem Recht auf die Frucht der Arbeit sprechen in einer industriellen Gesellschaft, in welcher die Arbeit des einzelnen nur in einem Strom des Zusammenwirkens vieler einen Wert besitzt, so daß der einzelne darin völlig verlorengeht? Was wäre denn diese Einzelleistung ohne das vielgestaltige Zusammenspiel im komplizierten Apparat der industriellen Gesellschaft, ohne die Multiplikatoren dieser Leistung, welche die Maschinen darstellen, und die Erfindungen aller Art, die der Mensch von seinen Vorgängern im Schoß der Gesellschaft ererbt? Wie will man die Rechte des Direktors, der Ingenieure, der Werkführer, der Arbeiter, der Nachtwächter auf das Ergebnis der Fabrik bestimmen[31]?“ Sousberghe ist also offenbar davon überzeugt, daß die Begründung

[28] Vgl. insbes. R. n., n. 19,
[29] Vgl. R. n., n. 6.
[30] R. n., n. 8.
[31] Sousberghe, a. a. O., S. 135.

des Privateigentums aus dem Recht auf die Frucht der Arbeit allein schon daran scheitern müsse, daß sich in der modernen arbeitsteiligen Produktion das Produktionsergebnis nicht den Produktionsfaktoren zurechnen lasse. Demgegenüber muß zunächst darauf hingewiesen werden, daß sich immerhin die theoretische Nationalökonomie seit Böhm-Bawerk und Wieser um die Lösung des Zurechnungsproblems bemüht. Aber ganz unabhängig davon, ob die Theorie für jeden Fall eine brauchbare Lösung zur Verfügung hat, ist die wirtschaftliche Praxis tagtäglich gezwungen, die Frage auf irgendeine Weise zu lösen. Und schließlich ist ja auch die Forderung des gerechten Lohnes an die Voraussetzung gebunden, daß es gangbare Wege gibt, die Produktivität der Arbeit in etwa zu bestimmen. Schwierigkeiten der Messung können jedenfalls nicht geltend gemacht werden, um ein Recht, hier das Recht auf die Frucht der Arbeit, in Frage zu stellen.

Auch die Eigentumsbegründung mit Hilfe des Arguments der Zukunftsvorsorge wird von Sousberghe angefochten, zumindest wird ihre Aktualität für die moderne Wirtschaftsgesellschaft bezweifelt: „Auch hier läßt sich einwenden, daß diese Funktionen der Vorsorge in der heutigen Gesellschaft nur in sehr beschränktem Maße sich ausüben lassen. Einzig das Kollektiv ist imstande, wirklich vorzusorgen ... Wirkt dieses Argument nicht auch wie ein Archaismus in einer Gesellschaft, wo täglich mehr von sozialer Planung und sozialer Sicherheit gesprochen wird[32]?“ Eine solche Argumentation verfehlt allerdings ganz und gar ihr Ziel und schlägt wie ein Bumerang zurück. Wenn es mit der modernen Gesellschaft wirklich schon so stünde, wie Sousberghe anzunehmen scheint: daß im Sog des Versorgungsstaates und unter der Macht des Kollektivs für personale Initiative kaum noch Entfaltungsmöglichkeiten bestünden, dann bekäme das Argument der Zukunftsvorsorge ein Gewicht, welches ihm Leo XIII. vermutlich noch nicht zumessen wollte. Es müßte dann mit noch größerer Eindringlichkeit an den Menschen appelliert werden, sich aus den Umklammerungen des Kollektivs zu lösen, seine Menschenwürde vor dem Untergang im Strudel des Kollektivismus zu retten und deshalb alle Kraft aufzubieten, sein Schicksal – Gegenwart und Zukunft seines Daseins – selbst in die Hand zu nehmen. Die Tendenz zunehmender Kollektivierung der Gesellschaft würde nicht Abschwächung, sondern Verstärkung des Arguments der Zukunftsvorsorge bedeuten, will man nicht der Resignation eines müden Determinismus und Fatalismus verfallen und nunmehr dem Kollektiv alle Initiative überlassen. Die abschließende Behauptung Sousberghes also, daß „Wert und Anwen-

[32] a. a. O., S. 136.

dungsmöglichkeit dieser beiden Argumente (der Zukunftsvorsorge und des Rechtes auf die Frucht der Arbeit) niemals bedeutend waren", trifft nicht zu[33].

Desgleichen ist die Feststellung Sousberghes unhaltbar, daß Taparelli anhand dieser beiden Eigentumsargumente und unter dem Einfluß John Lockes die Lehre vom Eigentum als Naturrecht in die neuere katholische Eigentumslehre eingeführt, daß sie von da aus Eingang in die Enzyklika Rerum novarum gefunden habe und daß die Eigentumsbegründung der neueren katholischen Soziallehre seit Rerum novarum aus der Gedankenwelt des 18. Jahrhunderts stamme[34]. Das Resümee Sousberghes zur Tradition der katholischen Eigentumslehre: „La tradition catholique commence donc au milieu du dix-neuvième siècle", bedeutet ein merkwürdiges Vorbeisehen am Kern der neueren katholischen Eigentumslehre, wie sie sowohl in den beiden Sozialenzykliken als auch in den Verlautbarungen Pius' XII. dargelegt ist.

Trotz solcher Vorbehalte bleibt es ein Verdienst Sousberghes, mit Nachdruck daran erinnert zu haben, daß man in der Eigentumslehre den Begriff Naturrecht nicht für die Privateigentumsordnung reservieren darf, sondern daß diesem Naturrecht das des usus communis rerum übergeordnet ist.

3. Die Eigentumslehre der evangelischen Sozialethik

a) Das Eigentum in der Lehre der Reformatoren

Die Eigentumslehre *Luthers* kann nur vom Zentralanliegen seines religiösen und theologischen Denkens her verstanden werden[1]. Es geht in

---

33 a. a. O., S. 136.

34 Vgl. a. a. O., S. 134.

1 Vgl. Gottfried W. Locher, Der Eigentumsbegriff als Problem evangelischer Theologie. 2. Aufl., Zürich, Stuttgart 1962. - Paul Joachimsen, Sozialethik des Luthertums. München 1927. - Hermann Lutze, Das Eigentum nach der Auffassung Martin Luthers. In: Das Eigentum als Problem evangelischer Sozialethik (Heft 2 der Schriftenreihe: Kirche im Volk. Hrsgg. von der Leitung der Evangelischen Kirche im Rheinland). Essen 1949, S. 119—124. - Rudolf Hermann, Gott und Mensch nach evangelischem Verständnis. In: Theologische Literaturzeitung, 77. Bd., 1952, S. 663—674. - Werner Betcke, Luthers Sozialethik. Gütersloh 1934. Ernst Troeltsch, Die Soziallehren der christlichen Kirchen und Gruppen. Tübingen 1912. - Ders., Luther, der Protestantismus und die moderne Welt. In: Ernst Troeltsch, Aufsätze zur Geistesgeschichte und Religionssoziologie (Hrsgg. von Hans Baron). Tübingen 1925, S. 202—254. - Hanns Meyer, Eigentum im AT, NT, bei den Kirchenvätern, Luther und Calvin. In: Evangelisches Soziallexikon. Stuttgart 1954, Sp. 275—280. - Georg Wünsch, Der Zusammenbruch des Luthertums als Sozialgestaltung. Tübingen 1921. - Heinz Reymann, Glaube und Wirtschaft bei Luther. Gütersloh 1934.

Luthers religiöser Welt um eine Antwort auf die Frage: Wie finde ich einen gnädigen Gott?, und er gibt diese Antwort in seiner Rechtfertigungslehre: In der Gnade des Glaubens erfährt der der Sünde verfallene Mensch die ihm durch die Heilstat Christi erwirkte Rechtfertigung vor Gott, das Widerfahrnis des sündenvergebenden Liebeswillens Gottes, und wird so in den Stand des Christen als des „simul peccator et iustus" gestellt. Der durch den Glauben Gerechtfertigte aber lebt seinen Glauben in der Weise der Liebe. Der Glaube als Täter findet seine rechte Erfüllung in der Liebe als der Tat des Glaubens: „Der Intensität des lutherischen Glaubensbegriffes entspricht die Radikalität seines Verständnisses der christlichen Liebesforderung[2]." Aus dem christusförmigen Sein des gerechtfertigten Menschen geht mit Notwendigkeit das von der Liebe getragene Tun hervor.

Von Luthers Rechtfertigungslehre her, die den gleichen Menschen als Sünder und Gerechten, als „Weltperson" und „Christperson" sieht, führt der Weg zu seiner Lehre von den beiden Reichen oder Regimenten Gottes[3]. Das *geistliche* Regiment ist die Erlösungsordnung, in welcher die Menschen durch das gläubig aufgenommene Wort des Evangeliums den Gnadenzuspruch der Liebe Gottes erfahren; durch welche sie „fromm und gerecht werden, also daß sie mit derselben Gerechtigkeit das ewige Leben erlangen[4]". Im geistlichen Regiment herrschen Glaube, Gnade und Sündenvergebung, es ist nur mit den Augen des Glaubens erkennbar und dient dem jenseitigen Leben. Die der Sünde verfallene Welt aber kann nicht „nach dem Evangelium regiert" werden. Wohl „ist es wahr, daß Christen um ihrer selbst willen keinem Recht noch Schwert untertan sind, noch seiner bedürfen, aber sieh zu und gib der Welt zuvor voll rechter Christen, ehe du sie christlich und evangelisch regierst. Das wirst du aber nimmermehr tun. Denn die Welt und die Menge ist und bleibt Unchristen, obgleich sie alle

---

[2] Locher, a. a. O., S. 22. - Lutze kennzeichnet diesen durch Luther vollzogenen „Neubau der Sittlichkeit" folgendermaßen: „Der Mensch tut nicht gute Werke, um selig zu werden, sondern weil er selig ist, darum tut er gute Werke. Die guten Werke erwachsen aus dem Glauben als seine Früchte" (a. a. O., S. 119).

[3] Vgl. Franz Xaver Arnold, Zur Frage des Naturrechts bei Martin Luther. Ein Beitrag zum Problem der natürlichen Theologie auf reformatorischer Grundlage. München 1937. - Eugène Ehrhardt, La notion du droit naturel chez Luther (Etudes de Théologie et d'Histoire publiées par M. M. les Professeurs de la Faculté de Théologie protestante de Paris). Paris 1911. - Franz Lau, Luthers Lehre von den beiden Reichen. Berlin 1953. - Hans Robert Gerstenkorn, Weltlich Regiment zwischen Gottesreich und Teufelsmacht. Bonn 1955. - Heinrich Bornkamm, Luthers Lehre von den zwei Reichen im Zusammenhang seiner Theologie. 2. Aufl., Gütersloh 1960.

[4] Dr. Martin Luthers Werk. Kritische Gesamtausgabe. Weimar 1883 ff. (W. A.), 19, 629.

getauft und Christen heißen ... Darum leidet sichs in der Welt nicht, daß ein christlich Regiment gemein werde über alle Welt, ja noch über ein Land oder große Menge: denn der Bösen sind immer viel mehr denn der Frommen[5]."

Die Welt muß also, damit sie nicht der Zerstörung durch die Macht des Bösen preisgegeben werde, mit Hilfe der von Gott gegen die Sünde aufgerichteten „Erhaltungsordnung" des *weltlichen* Regiments regiert werden, welche in Recht, Staat, Ehe, Beruf und Eigentum in die Erscheinung tritt. Im weltlichen Regiment herrschen Gesetz, Macht, Gewalt und Strafe. Die Norm, nach der im weltlichen Regiment regiert wird, ist die „bürgerliche Gerechtigkeit", die iustitia civilis, im Unterschied zur „Gerechtigkeit Christi", die dem Christen in der sündenvergebenden Liebe Gottes als Rechtfertigung zugesprochen wird: „Daß mans aber recht vernehme, muß man wohl und eigentlich wissen zu unterscheiden die zwei Regiment oder zweierlei Frömmigkeit. Eine hier auf Erden, welche Gott auch geordnet hat, und unter die zehn Gebote in die andere Tafel gestellt, und heißt eine weltliche oder menschliche Gerechtigkeit und dient dazu, daß man hier auf Erden untereinander lebe und brauche der Güter, die uns Gott gegeben hat. Denn er wills haben, daß auch dieses Leben fein friedlich, still und einträchtig regiert und zugebracht werde, daß ein jeglicher tue, was ihm befohlen ist, und niemand sich vergreife an eines andern Amt, Güter oder Person ... Wiederum aber, wo man solches nicht tun will, hat er dagegen geordnet Schwert, Galgen, Rad, Feuer, Wasser usw., damit er heißet wehren und steuern denen, so nicht wollen fromm sein ... Das soll nun ein Stück sein unserer Lehre, daß man diese äußerliche Gerechtigkeit treibe ... mit Vermahnen und Dräuen, und nicht gering achten lassen; denn wer solches verachtet, der hat Gott und sein Wort verachtet ... Über diese äußerliche Frömmigkeit ist nun eine andere, die nicht auf Erden zu diesem zeitlichen Leben gehört, sondern allein für und gegen Gott gilt und uns führt und erhält in jenes Leben nach diesem; denn jene besteht in Werken, so dies Leben fordert, unter den Leuten zu üben gegen Ober- und Unterpersonen, Nachbarn und Nächsten und hat ihren Lohn hier auf Erden, nimmt auch ihr Ende mit diesem Leben ... Diese aber fährt und schwebet hoch und weit über alles, was auf Erden ist ... Also ist der Mensch geteilet in diese zwei Regimente: Außen in diesem Leben soll er fromm sein, gute Werke

---

[5] Von weltlicher Obrigkeit, 1523, in: Dr. Martin Luthers sämtliche Werke. Hrsgg. von Joh. Georg Plochmann. Erlangen 1826 ff. (E. A.), 22, 68 f.

tun ... Wenn er aber über dies Leben fährt, mit Gott handeln will, soll er wissen, daß da weder seine Sünde noch Frömmigkeit gelte[6]."

Die Trennung der beiden Bereiche des geistlichen und des weltlichen Regiments bedeutet also nicht Lösung der Welt von Gott, ihre Preisgabe an das Böse, Anerkennung einer „Eigengesetzlichkeit" und Bestätigung menschlicher Selbstherrlichkeit und Selbstsucht. Auch das weltliche Regiment ist Ausdruck der Liebe Gottes und unter seinen Anspruch gestellt. Das geistliche und das weltliche Regiment sind verklammert in Gott, der den Menschen in beiden Bereichen ergreift und ihm auch innerhalb des Raumes

---

[6] E. A., 14, 175 ff. - Georg Wünsch spricht von Luthers „zweierlei Moral". Die eine gelte für das Jenseits und den inneren Menschen, die andere für das Diesseits und den äußeren Menschen. Jene sei Luthers „Personenmoral", diese seine „Amtsmoral". Und zwar sei „diese Doppelmoral nicht so verteilt, daß innerhalb des sozialen Ganzen ein Teil dieser, der andere Teil jener Moral folgte, sondern diese Doppelmoral hat ihren Platz in jedem einzelnen Menschen, der nach seinem Gewissen entscheiden lernen muß, wo er dieser und wo er jener folgen soll. Nach der Personenmoral handelt der Mensch als Christ nach den Geboten Jesu in der Bergpredigt. Er lebt ganz für Gott und verachtet die Welt. Er opfert sich in schrankenloser Güte dem Nächsten; er liebt den Feind; er leidet lieber Unrecht als daß er streitet und prozessiert; er ist unabhängig von Familie und Besitz; er geizt nicht und sorgt nicht. Und das alles in dem Gefühl, innerlich an göttlichem Besitz mehr zu haben als die ganze Welt wert ist, in der Hoffnung auf die alle Widersprüche lösende Ewigkeit. Diese Moral fragt nur nach Gott und seinen Gesetzen und nichts nach der Welt oder danach, ob diese Gesetze in die Welt passen. Dagegen sorgt die Amts- oder Berufsmoral für die Anpassung an die Forderungen der Welt, aber keineswegs mit dem Zweck, die Weltverhältnisse nun für sich auszunützen, sondern auch hier sie im Dienst für Gott und für den Nächsten zu gebrauchen. Jeder hat ein Amt oder einen Beruf; da gilt die Moral der Bergpredigt, die Moral der Hingabe, des Nachgebens, der Feindesliebe nicht; da muß der Hausvater im Daseinskampf für seine Familie erwerben, da muß er auf seinem Recht beharren und gegebenenfalls zum Richter gehen ... In der Amtsmoral kann sich Luther zu einer Verherrlichung der Gewalt aufschwingen, die nicht mehr christlich erscheint und auch viel Anstoß erregt hat. Das Amt des Fürsten, Gutsherrn oder Hausvaters fordert strengste Aufrechterhaltung der Autorität um der Ordnung willen; denn die schlechte Welt ist der Ordnung feind und nicht durch Einsicht, sondern nur durch Gewalt zu bändigen. Gegen Aufruhr und Umsturz der Sozialordnung, also gegen den Satan und für Gott, geht kaum eine Hartherzigkeit zu weit. Es wäre Sünde, wenn der Fürst nicht alle Mittel zur Erhaltung der Ordnung anwendete. Darin zeigen sich die schroffste Autoritätsnatur Luthers und seine beispiellose Abneigung gegen entfesselte Volksmassen; er sah in ihnen die Bosheit verkörpert. Da konnte er schwelgen in Mord- und Blutgedanken und innerhalb der Amtsmoral die Gewalt verherrlichen, wie er es gegen die aufständischen Bauern und Täufer tat ... Die doppelte Moral Luthers ist eine notwendige Folge seines schroff dualistischen Weltgefühls: sehr fein empfunden, durchaus rein und christlich, wenn man sie mit den Augen Luthers zu sehen versteht, aber eine grauenhafte Versuchung zu Heuchelei und Selbstbelügung, wie ja ohne Luthers große Ewigkeitsverantwortung alle Scheußlichkeiten im Rahmen der Doppelmoral verchristlicht werden können und auch verchristlicht wurden" (Wünsch, a. a. O., S. 16 ff.).

der Welt seine Verantwortung nicht abnimmt, sondern ihn aufruft, sich in den Ordnungen der Welt und des Berufes zu bewähren. Der Kampf um die irdische Gerechtigkeit ist dem Menschen aufgegeben, weil ohne Bestand und Durchgriff des weltlichen Regiments auch das geistliche nicht zur Wirkung käme. Man muß „beide Regimente mit Fleiß scheiden und beides bleiben lassen: Eins, das fromm macht, das ander, das äußerlich Frieden schaffe und bösen Werken wehrt; keins ist ohne das andere genug in der Welt[7]."

Von Luthers Unterscheidung zwischen geistlichem und weltlichem Regiment her wird seine Eigentumsauffassung verständlich. Das Eigentum gehört zum Bereich des weltlichen Regimentes, dessen Bestand und Ordnung die Institution des Privateigentums erfordern: „Zum weltlichen Regiment gehört, daß man Geld, Gut, Ehre, Gewalt, Land und Leute habe, und kann ohne dieses nicht bestehen. Darum soll und kann ein Herr und Fürst nicht arm sein; denn er muß allerlei Güter zu seinem Amt und Stand haben. Darum ists nicht die Meinung, daß man so müsse arm sein, daß man ja nichts Eigenes habe. Denn es kann die Welt nicht so bestehen, daß wir alle sollten Bettler sein und nichts haben. Denn auch kein Hausvater sein Haus und Gesinde nähren könnte, wenn er selbst gar nichts hätte[8]."

Seine Auffassung von der Notwendigkeit des Privateigentumsrechtes bekräftigt Luther in der Auseinandersetzung mit den aufständischen Bauern, die sich im Kampf gegen das Privateigentum und zur Durchsetzung ihrer kommunistischen Bestrebungen auf biblische Aussagen, insbesondere auf Genesis 1 und 2, beriefen: „Es hilft auch den Bauern nicht, daß sie vorgeben, Genesis 1 und 2 seien alle Dinge frei und gemein geschaffen und daß wir alle gleich getauft sind. Denn im Neuen Testament hält und gilt Moses nicht, sondern da steht unser Meister Christus und wirft uns mit Leib und Gut unter den Kaiser und weltlich Recht: ‚Gebet dem Kaiser, was des Kaisers ist.' So spricht auch Paulus Röm. 13 zu allen getauften Christen: ‚Jedermann sei der Gewalt untertan'; und Petrus: ‚Seid untertan aller menschlichen Ordnung.' Dieser Lehre Christi sind wir schuldig zu geloben ... Denn die Taufe macht nicht Leib und Gut frei, sondern die Seelen. Auch macht das Evangelium nicht die Güter gemein, es sei denn, daß

[7] Von weltlicher Obrigkeit, 1523, in: E. A., 22, 68 f.

[8] W. A., 32, 307. - Hierzu bemerkt Lutze: Das Eigentum ist für Luther eine „gnädige Anordnung (Ordinatio) Gottes. Gerade der Begriff der Ordinatio, durch den Luther immer mehr den von der Scholastik übernommenen Begriff der ‚lex naturalis' (Naturrecht) ersetzt, zeigt, wie stark der Reformator auch die äußeren Dinge dieses Lebens in die unmittelbare Beziehung zu Gott setzt. Er spürt die Hände Gottes in den Erhaltungsordnungen dieser Welt" (a. a. O., S. 119).

jemand das freiwillig tun wollte[9]." Luther verteidigt das Privateigentum, weil er — hier durchaus in Übereinstimmung mit der aristotelisch-thomistischen Tradition — davon überzeugt ist, daß seine Abschaffung zu Anarchie und Chaos führen würde.

Die Bejahung des Eigentumsrechts durch Luther bedeutet aber nicht Bejahung der Willkür und unbedingten Verfügungsgewalt des Eigentümers. Ihm sind die Dinge anvertraut als Lehen und Leihgabe Gottes, damit sich in der Verwaltung der Erdengüter die Liebe als Dienst am Nächsten bewähre. Luther sieht am Eigentum nicht in erster Linie das Verfügungsrecht des Eigentümers, sondern die ihm aufgegebene Verantwortung: „Also ist jetzt dein Gut nicht mehr dein, sondern deines Nächsten[10]." Deshalb wäre es falsch, „Luther als einen Propheten der Heiligkeit des Privateigentums zu bezeichnen. Nicht das Eigentum ist ihm heilig, sondern das Gebot Gottes und die Liebesforderung des Herrn Jesus[11]." Es ist zwar die Aufgabe des weltlichen Regiments, die Eigentumsrechte zu schützen und notfalls Gewalt einzusetzen, „auf daß die Welt nicht wüst werde, Friede untergehe und der Leute Handel und Gemeinschaft gar zunichte werde, welches alles würde geschehen, wo man die Welt nach dem Evangelio regieren und die Bösen nicht mit Gesetzen und Gewalt treiben und zwingen sollte, zu tun und zu leiden, was recht ist[12]". Dem geistlichen Regiment aber ist aufgegeben, die Christen zu ermahnen, daß ihnen Eigentum anvertraut ist als Mittel der Verwirklichung des Liebesgebotes, als „ein recht nützlich Gut, das andern wird mitgeteilet und nicht auf ein Haufen gesammelt ... Das heißt ein recht Gut[13]".

Es ist hinsichtlich seines Verhältnisses zur Sozialordnung und Sozialgestaltung, insbesondere zur Ordnung der Eigentumsverteilung, oft von

---

9 W. A., 18, 359 f.

10 W. A., 12, 684.

11 Locher, a. a. O., S. 27. - Vgl. auch Lutze, a. a. O., S. 120, 123 f.

12 W. A., 15, 302.

13 W. A., 19, 561. - Im Hintergrund dieser Mahnung Luthers steht die Mahnung des Apostels in 1 Tim 6, 17 ff. Auf diese wiederum hatte sich schon Thomas von Aquin zur Begründung und Erläuterung des Gemeingebrauchsprinzips bezogen: „Et quantum ad hoc (ad usum rerum) non debet homo habere res exteriores ut proprias, sed ut communes: ut scilicet de facili aliquis ea communicet in necessitates aliorum. Unde Apostolus dicit 1 ad Timoth. ult. ‚Divitibus huius saeculi praecipe facile tribuere, communicare'" (S. th. II, II, 66, 2c). Den gleichen Gedanken spricht Luther an anderer Stelle aus: „Also müssen Gottes Güter fließen aus einem in den anderen und gemein werden ..., aus Christo fließen sie in uns ... aus uns sollen sie fließen zu ihren Brüdern ... Sieh, das ist die Natur der Liebe, wo sie wahrhaftig ist" (zitiert nach Lutze, a. a. O., S. 124).

Luthers Konservativismus gesprochen worden. Was bedeutet dieser Konservativismus, und worin liegt er begründet? Die sozialen Verhältnisse seiner Zeit waren für Luther — soziologisch-sozialpolitisch gesehen — Gegebenheit, nicht Aufgabe. Der Reformator hat sich weder die Frage einer Gerechtigkeit der Eigentumsverteilung noch ihrer Umordnung gestellt. Die Eigentumssituation war ihm Datum, nicht Problem; die Möglichkeit ihrer Gestaltbarkeit lag außerhalb seines Blickfeldes. Er ist mit den revoltierenden Bauern nicht in eine Auseinandersetzung über Recht und Unrecht der von ihnen bekämpften Eigentumsordnung eingetreten, sondern hat a limine den Aufstand gegen die bestehenden Herrschaftsverhältnisse als Sünde und Verbrechen gebrandmarkt.

Um Luthers konservative Haltung zu verstehen, muß man sich wieder auf den Zentralpunkt seines Lebens und Denkens besinnen: Luther geht es um das Heil des von seinem Gewissen angefochtenen Sünders, der vor Gottes Zorn im Glauben zu Gottes Gnade findet. Es ist verständlich, wenn von dieser Grundhaltung her „keine Sozial-, sondern nur noch eine Individualethik entworfen wird. Wenn die Frage hier nicht lautet: Wie wird die Welt verwandelt?, sondern: Wie lebe ich meines Glaubens[14]?" Das Evangelium ist ihm die frohe Botschaft von der Rechtfertigung des Sünders durch Christus, er sucht und findet in ihm aber nicht Weisungen zur Ordnung menschlichen Zusammenlebens: „So doch das Evangelium sich weltlicher Sachen gar nicht annimmt und das äußerliche Leben allein in Leiden, Unrecht, Kreuz und Verachtung zeitlicher Güter und Lebens setzt[15]."

Zu dieser ganz von der Hinordnung auf Gott, Ewigkeit und Jenseits bestimmten, den Menschen Luther bis in die Wurzeln seiner Existenz ergreifenden Religiosität tritt der Gedanke des unmittelbar bevorstehenden Endes der Geschichte. Luthers eschatologische Grundhaltung bestätigt und bestärkt seine konservative Einstellung gegenüber der überkommenen Gesellschaftsordnung: Es ist keine Zeit mehr, und es lohnt sich nicht, an den bestehenden Verhältnissen noch etwas zu ändern. Deshalb ist es ihm eigentlich auch nicht der Mühe wert, „noch einen Hausstand zu gründen, der Reformator beeilt sich aber doch, es vor Toresschluß eben zu tun, um seinem alten Vater noch eine Freude zu machen. Also heiratet er ‚propter

[14] Locher, a. a. O., S. 24.

[15] W. A., 18, 321; vgl. auch 52, 217, 419. - Wünsch folgert daraus: „Luthers Lebensgefühl ist das schroffer Jenseits- und Innenorientierung, ablehnend konservativ gegenüber der Welt als Ganzem, bejahend konservativ in seiner Obrigkeits- und Familienmoral. Seine sittlichen Grundsätze fordern daher der Welt gegenüber in erster Linie Geduld im Leiden, quietistische Kreuztragung und Hoffnung auf die Ewigkeit" (a. a. O., S. 20).

patrem, propter ecclesiam, propter papam et diabolum' — um den Papst und den Teufel zu ärgern[16]."

Maßgeblich bestimmt wurde Luthers Ablehnung sozialer Gestaltung auch durch sein Vertrauen auf die Obrigkeit. Nicht der Wille des Volkes, sondern die Gewalt der Obrigkeit galt ihm als „die einzige Möglichkeit einer christlichen Weltordnung ... Die ausgesprochene Autoritätserziehung Luthers in Elternhaus, Burse und Kloster förderten sein Freiheitsbewußtsein nur nach innen; nach außen hielt er unerschütterlich an der einmal gegebenen Staats- und Gesellschaftsordnung fest. Jede, auch die unwürdige und grausame Obrigkeit, ist von Gott; jeder Aufruhr gegen sie nach göttlichem und menschlichem Recht verboten; es wäre eine Auflehnung gegen Gottes Ordnung. Empörung und Rotterei sind für Luther die greulichsten Sünden, da sie die Ehrfurcht vor Gottes Willen verletzen, den jede Obrigkeit schon dadurch, daß sie Obrigkeit *ist,* dokumentiert. Luther hält die Obrigkeiten nicht im entferntesten alle für einen Segen; er nimmt kein Blatt vor den Mund, wenn er eine derselben abzukanzeln Ursache hat, aber nach seiner Ansicht ist die Welt nicht dazu da, ein Paradies zu sein oder zu werden, sondern sie ist und bleibt die Welt voller Widersprüche, Sinnlosigkeiten, Unglücksfälle und Bosheiten ... Es würde zugehen auf der Welt wie in einem Käfig, in den man Löwen, Adler, Bären und Wölfe sperrte, wenn die Obrigkeit nicht mit Schwert, Rad und Galgen Ordnung hielte und dadurch das Chaos, den sofortigen Zusammenbruch hinderte[17]."

Luther fühlte sich in seinem Verlangen nach Erhaltung und Anerkennung der sozialen Verhältnisse als gottgewollter Ordnungen in Staat, Familie, Berufssystem, Eigentums- und Wirtschaftsverfassung durch das Evangelium bestätigt, durch welches er alles Handeln des Menschen in jene von Gottes Vorsehung gewirkte Sphäre gestellt sah, in welcher jeder einzelne den ihm zugesprochenen Beruf und die ihm zugedachte Lebensaufgabe zu erkennen und zu erfüllen habe: „Doch gerade so, wie es der Herr einem jeden zugeteilt, wie Gott einen jeden berufen hat, soll er weiter wandeln ... In dem Stande, in dem ein jeder berufen wurde, darin soll er bleiben. Bist du als Sklave berufen worden, so mach dir deswegen keinen Kummer, sondern selbst wenn du frei werden könntest, bleibe dabei ...

---

16 Locher, a. a. O., S. 25.

17 Wünsch, a. a. O., S. 13 f. - Von daher wird Luthers erschreckende Härte gegenüber den Bauern verständlich. Er selbst sagt dazu: „Ich habe im Aufruhr alle Bauern erschlagen; all ihr Blut ist auf meinem Hals. Aber ich weiß es auf unseren Herrn Gott; der hat mir solches befohlen zu reden" (W. A., 3, 2911).

Worin ein jeder berufen wurde, Brüder, darin bleibe er vor Gott[18]." Deshalb hält Luther an der Ständeordnung des Mittelalters fest, er müht sich um eine Eingrenzung des Wirtschaftslebens auf die einfachen und überschaubaren Verhältnisse agrarisch-handwerklicher Produktion, auf die Stufe eines von christlicher Frömmigkeit bestimmten Patriarchalismus, der auf der einen Seite väterliche Fürsorge als von Gott auferlegte Pflicht und auf der anderen Seite die von Gott gewollte Unterwerfung der dem Stand der Untergebenen Eingegliederten anerkennt und Herrschende und Beherrschte in Vertrauen, Treue und gegenseitiger Verantwortung miteinander verbindet[19]. Deshalb aber auch bekämpft Luther die aufkommende kapitalistische Geldwirtschaft und verurteilt das Zinsnehmen als Wucher: „Christlicher Handel und Wohlbrauch zeitlicher Güter steht in den drei Graden oder Weisen: geben umsonst, leihen ohne Aufsatz und mit Fried fahren lassen, was mit Gewalt genommen wird[20]." Er weist die kapitalistische Wirtschaft zurück, weil er davon überzeugt ist, daß sie in ihrer vom Erwerbsprinzip beherrschten Grundtendenz die Liebe verletze wie auch die gesellschaftlichen Bedingungen für die Entfaltung des Gottesreiches — eben jene Stabilität, Einfachheit und Überschaubarkeit der Lebensformen — zerstöre.

Von diesen Voraussetzungen her wird es verständlich, daß es Luther hinsichtlich des Eigentums nicht um die Durchsetzung von Recht und Gerechtigkeit geht, um Eigentumspolitik und soziale Reformen, sondern um die Verwirklichung des Liebesgebotes, unter dessen Anspruch jedes Eigentumsrecht steht. Das Eigentum als Lehen Gottes schafft dem Christen Raum, in Opferbereitschaft die ihm aufgegebene Bruderliebe zu bewähren. Sie ist die den Eigentumsgebrauch beherrschende Norm. Der rechte Umgang mit den Gütern muß also bestimmt sein von der Grundhaltung des pauli-

---

[18] 1 Kor 7, 17 ff.

[19] Vgl. Troeltsch, Soziallehren, S. 442 ff., 575 f. - Wünsch, a. a. O., S. 12 ff.

[20] W. A., 6, 51. - In dieser Haltung führte Luther, wie Troeltsch bemerkt, „nicht nur den Kampf gegen die ihm vorliegenden Erscheinungen des Frühkapitalismus und seiner sozialen Konsequenzen, etwa gegen besondere Ausartungen der neuen Wirtschaftsordnungen, sondern er führt im Grunde den Kampf der christlichen Genügsamkeits- und Liebesethik, des Vorsehungs- und Ergebungsglaubens gegen den nie völlig zu zügelnden Egoismus und das weltliche Selbstvertrauen alles Besitzstrebens überhaupt. Er kämpft gegen das neue Prinzip selbst. Erst wenn er dabei bis hart an die Grenze der Sittenethik kommt, dann betont er wieder Recht und Funktion des Besitzes, die Güte der göttlichen Gaben und die göttliche Einsetzung der Obrigkeit und damit der organisierten Gesellschaft" (Troeltsch, Soziallehren, S. 576 f.). - Vgl. auch Lutze, S. 122 f.

nischen „Haben als hätte man nichts" (1 Kor 7, 30) und im Eigentum „ein Mittel zur Betätigung des Liebesgebotes" sehen[21].

Die Eigentumslehre *Zwinglis* bekommt ihren besonderen Akzent durch die Tatsache, daß er seine reformatorische Aufgabe primär politisch und sozial sieht. Während bei Luther die Frage nach der persönlichen Heilsgewißheit im Vordergrund steht, geht es Zwingli in erster Linie um die „Rettung des Volkes aus der wachsenden moralischen und materiellen Verwahrlosung und Verderbnis", um den Aufbau einer christlichen Gemeinde, die im Gehorsam gegen Gottes Macht und Gnade bereit ist, „alle Lebensgebiete, auch und insbesondere das soziale und politische, mitsamt ihren Mitteln, in den Dienst ihres Herrn zu stellen. Das ‚imperium Christi etiam externum', wie Zwingli sich einmal in deutlicher Abgrenzung gegen Luthers Lehre von den zwei Reichen ausdrückt, muß aufleuchten[22]." Christen- und Bürgergemeinde sind in Zwinglis Lehre eng miteinander verbunden und beide von Gottes Willen beherrscht. Seine Lehre war „von Anfang an auf das ‚Regnum Christi' *in* der Welt (nicht nur ‚über' die Welt) ausgerichtet, auf seine Ausbreitung und Befestigung in Gesellschaft, Stadt und Staat (nicht nur in einzelnen Bekennern und christlichen Familien). Seine Fassung der Heilslehre galt nicht nur der überweltlichen Erlösung, sondern der innerweltlichen Heiligung der Gemeinde, sie forderte geschichtliche Erscheinung des ‚Volkes Gottes' in seiner sittlichen Lebensgemeinschaft. So war Zwinglis ‚theologische Existenz' mit seiner politischen ab initio unlösbar verflochten[23]." Weil die Zuständigkeit des Wächteramtes der Kirche auch

---

21 Vgl. Locher, a. a. O., S. 164. - Lutze, S. 123.

22 Locher, Eigentumsbegriff, a. a. O., S. 30. - Vgl. auch Rudolf Pfister, Zwingli. In: Evangelisches Kirchenlexikon. Kirchlich-theologisches Handwörterbuch. 3. Bd. Göttingen 1959, Sp. 1948—1952. - Paul Meyer, Zwinglis Soziallehren (Diss. Zürich), Linz a. D. 1921. - Alfred Farner, Die Lehre von Kirche und Staat bei Zwingli. Tübingen 1930. - Heinrich Schmid, Zwinglis Lehre von der göttlichen und menschlichen Gerechtigkeit. Zürich 1959. - Walther Köhler, Huldrych Zwingli, 2. Aufl. 1952. - Oskar Farner, Der Reformator Huldrych Zwingli. 1949. - Erik Wolf, Die Sozialtheologie Zwinglis. In: Festschrift für Guido Kisch. Stuttgart 1955, S. 167—188. - Wilhelm Herding, Die wirtschaftlichen und sozialen Anschauungen Zwinglis. Erlangen 1917.

23 Wolf, a. a. O., S. 167 f. - Infolge dieser Verflochtenheit von Christengemeinde und Bürgergemeinde war, so sagt Wolf an anderer Stelle, „jene Distanzierung des Glaubenslebens vom politischen, aus der Luther sagen konnte, daß *jede* Art von ‚Obrigkeit' (Schwertmacht), gute wie böse, rechtliche wie tyrannische, christliche wie heidnische, wenn sie nur überhaupt ‚regierte' (äußerlich Ordnung hielt), Gehorsam verlangen dürfe und in leidender Duldung (grundsätzlich) respektiert werden müsse, für Zwingli unmöglich. Die bloße ‚Macht', das ‚Schwert' einer gewalthabenden Person, war für ihn noch nicht ‚Obrigkeit' im Sinne des Römerbriefs. Er sah sie nur dort, wo die Guten beschützt und die

den Staat ergreift, schloß Zwingli in seine Aufgabe wesentlich auch die politische und sozialreformatorische Gestaltung ein und mußte von daher gerade auch in der Eigentumsfrage ein Ordnungsproblem ersten Ranges sehen. Ihren Niederschlag fand diese Einstellung in bedeutenden sozialpolitischen Maßnahmen der schweizerischen Reformation, wie etwa in der Abschaffung der Leibeigenschaft, im Verbot des Wuchers und in der Bekämpfung monopolistischer Machtstellungen.

Zwinglis Eigentumslehre empfängt ihre entscheidende Prägung durch die Tatsache, daß er noch in der Schule des „alten Weges" steht und in seinem Denken sowohl von der aristotelisch-thomistischen Philosophie als auch von der Väterlehre abhängig ist[24]. Ebenso wie diese geht er von der Voraussetzung aus, daß im Urzustand der Menschheit Gütergemeinschaft geherrscht habe, die durch den Sündenfall zerstört worden sei: „Rerum proprietas ex perfidia et philantia originem habet. Creavit deus ut communia essent omnia, malitia humana et cupiditas propria fecit. Quandoquidem igitur philantia et cupiditas prava in omnibus est hominibus, nihil est quod de communione rerum loquamur. Fac ut omnia sint communia, in isto momento quisque de proprietate cogitabit[25]." Deshalb erklärt Zwingli an andrer Stelle das Eigentum als eine „große Sünde genug, darum uns Gott verdammt; denn das er uns frei gibt, das machen wir zu Eigentum[26]".

Die Liebesgemeinschaft des Urzustandes ist aber unwiderruflich verloren und damit auch die auf ihr gründende Gemeinsamkeit der Güterherrschaft. Damit dennoch die Menschheit nicht in Anarchie und Chaos untergehe, hat Gott zum Wohl des Menschen die Privateigentumsinstitution als Erhaltungs- und Notordnung errichtet und durch sein Gebot geschützt. Um zu verhüten, daß nach der Zerstörung der paradiesischen Liebesgemeinschaft „Unruhe oder Übel kommen, gebietet uns Gott: Du sollst niemands Gut begehren (Exod. 20,17)[27]". Die Parallelität des *Begriffs* der Notordnung bei Zwingli zu dem des ius gentium bei Thomas von Aquin ist ebenso bemerkenswert wie die Parallelität der *Begründung* der Notordnung des

Bösen bestraft werden. Wo Staatsmacht diese Aufgabe nicht erfüllte, kein rechtes Mittel zum rechten Zweck war, den Gott ihr gesetzt hatte, bestand sie für Zwingli nicht. Unrechter Gewalt aber, ‚Tyrannis', müsse seitens der berufenen Volksvertreter widerstanden werden, lehrte er. Wirklich christliche Obrigkeit sah er immer gebunden an das Naturrecht und an die Gebote Gottes" (a. a. O., S. 184). - Vgl. dazu auch Meyer, a. a. O., S. 110ff.

24 Vgl. Wolf, a. a. O., S. 174ff.

25 Zwinglis Werke, Editio M. Schuler und J. Schulthess, 8 Bde. 1828ff. Bd. VI, I, 607 m.

26 Zwinglis Werke, in: Corpus Reformatorum, 1905ff. Bd. II, 511, 2ff.

27 Zwinglis Werke, a. a. O., Bd. II, 511, 14ff.

Eigentums zu der thomistischen Begründung des Eigentums als eines ius gentium[28]. Weil ohne die Notordnung des Eigentums menschliches Zusammenleben in statu naturae lapsae nicht möglich ist, richtet Zwingli sich auch gegen die kommunistischen Tendenzen der Täufer und der aufständischen Bauern und hält ihnen entgegen, daß jeder, der das Eigentumsrecht verletzt, „die arme aber notwendige menschliche Gerechtigkeit und auch die göttliche bricht; darum fällt er sowohl in die Hände der Menschen als auch in die Hand Gottes[29]".

Stets aber ist Zwingli von dem Gedanken erfüllt, daß das Eigentum Folge der Sünde und des Abfalls von der Liebe ist und daß es deshalb zur Gefährdung und Verwirrung des sozialen Lebens führen kann. Das ist ihm Grund genug, sich von jeder Verklärung des Eigentums fernzuhalten und ihm in Mißtrauen und mit beunruhigtem Gewissen zu begegnen[30]. Deshalb auch betont er mit Nachdruck, daß der eigentliche und größte Eigentümer Gott ist, der dem Menschen die Güter nur als Lehen übertragen hat: „Du sollst dein zeitlich Gut nicht als dein eigen haben; du bist nur ein Schaffner darüber[31]." Der Mensch als Verwalter der in Gottes Eigentum stehenden

---

28 Vgl. Thomas, S. th., II, II, 66, 2c.

29 Zwinglis Werke, a. a. O., Bd. II, 511, 22 ff. - Vgl. auch Meyer, a. a. O., S. 49 f., 71 ff.

30 Es ist Geist vom Geiste Zwinglis, wenn Locher gegenüber einer allzu forschen und unbeschwerten Verteidigung des Privateigentums als Sicherung der Persönlichkeitswerte gegenüber den Gefährdungen der Vermassung treffend bemerkt, daß solche Argumentationen zwar ihre Richtigkeit haben, aber einseitig bleiben: „Als wenn es keine schwerreichen Massenmenschen gäbe! Wie leicht der Besitz den Besitzer versklavt und gerade ihn zum konformen Funktionär der im Kapital liegenden Gesetze macht, kann man in der Bibel und bei — Karl Marx nachlesen" (a. a. O., S. 170).

31 Zwinglis Werke, a. a. O., Bd. II, 451, 9 f. - In immer neuen Wendungen bringt Zwingli diesen Gedanken zum Ausdruck: „Cogitemus nos non dominos rerum nostrarum esse sed procuratores et administros, dei esse omnia quaecumque possidemus" (Zwinglis Werke, Schuler und Schulthess, Bd. VI, I, 607 m). „Divitiae alienae sunt homini, quod ad adquisitionem attinet, non enim sunt hominis, sed dantur a deo. Deinde quantum pertinet ad usum, nostrae non sunt, quia dispensatores dei sumus" (a. a. O., Bd. VI, I, 6780). Beachtung verdient auch hier die Parallelität zu Thomas von Aquin: „Quantum ad hoc (ad usum) non debet homo habere res exteriores ut proprias, sed ut communes" (S. th. II, II, 66, 2c). Der *Unterschied* zwischen der Auffassung Thomas' und der Zwinglis besteht darin, daß das individuelle Eigentumsrecht von Thomas unter Hinweis auf das Naturrechtsprinzip des usus communis rerum, von Zwingli unter Berufung auf die Allherrschaft Gottes als des alleinigen Eigentümers der Erdengüter „quantum ad usum" begrenzt wird. Es handelt sich aber nicht um Gegensätze, sondern nur um unterschiedliche Nuancierungen der Argumentation; denn Gottes Oberherrschaft über die Dinge ist auch von Thomas betont hervorgehoben worden und bildet den Ausgangspunkt seiner Eigentumslehre: „Deus habet principale dominium omnium rerum ... Dominium soli Deo convenit" (S. th. II, II, 66, 1 ad 1 et 3).

Dinge trägt die Verantwortung für ihren rechten Gebrauch, er muß fähig sein, sich innerlich von den Dingen zu lösen und ihnen in Freiheit zu begegnen. Die Erneuerung der Eigentumsordnung, die Zwingli anstrebt, setzt also einen Wandel der Gesinnung voraus. Deshalb erscheint ihm „der Arme, der gierig nach den Glücksgütern der Reichen schielt . . ., kein bißchen besser als der egoistische, nur sich selbst lebende Reiche. Für beide ist die innere Freiheit von Hab und Gut das, worauf es ankommt. Für den Reichen ergibt sich daraus die Verpflichtung zur Verwendung seines Besitzes im Dienst des bedürftigen Nächsten. An den Armen aber ergeht die Mahnung zur Zufriedenheit und Genügsamkeit, im festen Vertrauen auf Gott[32]". Wenn die einzelnen in ihrer Verpflichtung zum rechten Gebrauch der Güter versagen, so daß Mißstände eintreten, dann muß die Obrigkeit eingreifen, Härten mildern und die erforderlichen sozialpolitischen Maßnahmen durchführen[33].

Auch *Calvins* Eigentumsauffassung geht von der Überzeugung aus — insoweit mit Luther und Zwingli übereinstimmend —, daß das Eigentum ein natürliches Recht und in der Ordnung Gottes begründet ist[34]. Ernst Troeltsch versucht allerdings nachzuweisen, daß die naturrechtliche Abstützung des Eigentumsgedankens bei Calvin wesentlich stärker sei als bei Luther. Denn obwohl Calvin „die lutherisch-melanchthonischen Formeln vom absoluten Naturgesetz des sündlosen Urstandes und dem relativen, den Bedingungen des Sündenstandes angepaßten Naturgesetz der Gegenwart" kenne und verwende, werde von ihm diese Unterscheidung „weit weniger betont als bei Luther[35]". Das komme in besonderer Weise zum Ausdruck in der positiven Auffassung des Staates und der Eigentumsinstitution: „Von einer Abwandlung des ursprünglichen Liebeskommunismus zu der Ordnung des Privateigentums ist nie die Rede; vielmehr erscheint das letztere gleichfalls als unmittelbare Stiftung Gottes. Es tritt also der Kontrast von Urstand und Sündenstand — vermutlich unter der Einwirkung des Prädestina-

[32] Meyer, a. a. O., S. 54.

[33] Vgl. Meyer, a. a. O., S. 55 ff., 104 ff.

[34] Vgl. Locher, a. a. O., S. 36 ff. - Wilhelm Kolfhaus, Die Frage nach dem Eigentum in den Bekenntnissen der reformierten Kirchen. In: Das Eigentum als Problem evangelischer Sozialethik. Essen 1949, S. 125—128. - André Biéler, La Pensée économique et sociale de Calvin. Genève 1959. - Erik Wolf, Theologie und Sozialordnung bei Calvin. In: Archiv für Reformationsgeschichte, 42. Bd. 1951. - Josef Bohatec, Calvin und das Recht. Graz 1934. - Emil Blaser, Der soziale Gehalt der Predigt Calvins (Mitteilungen der Sozialen Studienkommission des Schweizerischen Reformierten Pfarrervereins, 67, 68). Bern-Bümpliz 1944.

[35] Ernst Troeltsch, Die Soziallehren der christlichen Kirchen und Gruppen. Tübingen 1912, S. 657 ff.

tionsdogmas — viel weniger stark hervor; die politischen und wirtschaftlichen Ordnungen erhalten von Hause aus viel mehr den Charakter göttlicher Ordnungen für den Zweck der Ruhe und Harmonie der Gesellschaft[36]." Im einzelnen wird aber auch bei Calvin die Linie der traditionellen, im Blick auf den status naturae lapsae geführten Argumentation sichtbar, in der auch Luther und Zwingli stehen: „Es ist für die Erhaltung des Friedens unter den Menschen notwendig, daß das Eigentum geteilt bleibt[37]." Deshalb wendet sich Calvin gegen die das Gemeinschaftsleben gefährdenden Forderungen der Wiedertäufer und Schwarmgeister, welche die Umwandlung der Privateigentumsinstitution in Gütergemeinschaft erstreben.

Auch darin stimmt Calvin mit der Tradition überein, daß er das Verständnis des Eigentums als eines absoluten und schrankenlosen Rechtes zurückweist und in ihm eine Gnadengabe Gottes sieht, welche dem Menschen als Lehen anvertraut und in seine Verantwortung gegeben ist. Deshalb „steht auch dort, wo Calvin von dem durch die Natur geforderten Eigentumsrecht redet, im Hintergrund der Gedanke, daß Gott der Geber und Herr unseres Besitzes ist. Das, was wir erwerben, ist zugleich Geschenk der Gnade Gottes und dient seiner Ehre[38]." Die Ehre Gottes aber verwirklicht sich im Dienst am Nächsten: „Ein frommer Mann muß alle seine Möglichkeiten zu den Möglichkeiten seiner Brüder machen und auf seine privaten Interessen nur im Hinblick auf den gemeinsamen Aufbau der Kirche bedacht sein[39]." Der Dienst am Nächsten aber besteht in der Erfüllung des Liebesgebotes: „Jede Verwendung unserer Güter muß mit der Liebe verbunden sein[40]." Hier schließt sich der Kreis: Die Güter sind dem Menschen zu eigen gegeben nicht auf Grund eigenen Verdienstes, sondern als göttliche Gnadengabe, damit er sie als Lehen verwalte und im Gehorsam gegen das Gebot der Liebe Gott die Ehre gebe[41].

Es ist leicht zu erkennen, daß Calvins Eigentumslehre in ihrer eben skizzierten Struktur im wesentlichen mit den Gedanken Luthers und Zwinglis übereinstimmt. Und dennoch läßt sich nicht ohne gewaltsames Pressen der Gedanken und Fakten so etwas wie eine reformatorische „Einheitslinie" der Eigentumslehre konstruieren. Die bisher geschilderten

---

36 Troeltsch, a. a. O., S. 662 f.
37 Institutio religionis Christianae, IV, 1, 3.
38 Kolfhaus, a. a. O., S. 126.
39 Institutio III, 7, 5.
40 Institutio III, 10, 5.
41 Vgl. hierzu auch Kolfhaus, a. a. O., S. 125. - Locher, a. a. O., S. 36 f.

Umrisse der calvinischen Eigentumsauffassung betreffen mehr ihr äußeres Gefüge und ihre formale Struktur: Insoweit bestehen wesentliche Übereinstimmungen nicht nur mit Luther und Zwingli, sondern auch mit der patristischen und scholastischen Lehre vom Eigentum. Bei Calvin jedoch kommt etwas Neues hinzu, er trägt Aspekte und Dimensionen heran, welche dem Gedanken des Eigentums trotz formaler Parallelitäten mit der Tradition inhaltlich eine Intensität und Dynamik geben, die nicht einfachhin als Anschluß an schon begangene Wege und deren kontinuierliche Fortsetzung erklärt werden können. Dieses Neue deutete sich schon an in der eben zitierten Bemerkung Troeltschs zur Naturrechtsauffassung Calvins, konkret ist es von Locher formuliert: „Laufen so gleichsam die beiden Linien der ersten Generation — wie auch in anderen theologischen Fragen — bei Calvin zusammen, so unterscheidet Calvin sich doch deutlich von ihr, sowohl indem er von ihrem Treffpunkt aus einen Schritt weiter geht, als auch indem er im Unterschied insbesondere zu Zwingli, aber auch zu Luther, das *Problem* des Eigentums als solches nicht mehr empfindet. Mit dem Faktum des achten Gebotes Gottes erscheint bei ihm auch das Faktum des Privatbesitzes aller Fragwürdigkeit enthoben, ja als eine Ordnung mit verpflichtender Kraft. Sie ist in der göttlichen Vorsehung und Weltregierung unlösbar verwoben. Wie kein Reformator vor ihm ist Calvin auf die praktischen Einzelaufgaben des wirtschaftlichen Lebens eingegangen und hat mit ihnen gerungen; der Besitz selbst aber wird nie verhandelt, er gilt überall als selbstverständliche Voraussetzung[42]."

Genau diese Tatsache aber, daß für Calvin das Eigentumsrecht kein Problem mehr ist, sondern „selbstverständliche Voraussetzung", ist im Zusammenhang dieser Überlegungen unser Problem: Wie ist es zu erklären, daß die Unruhe und die Not, in der Luther und Zwingli um die Begründung des Eigentumsrechtes gerungen haben, bei Calvin der vorbehaltlosen Anerkennung seiner Gültigkeit gewichen sind?

Als Ausgangsbasis für eine Antwort auf diese Frage muß das Verständnis des reformatorischen Berufsethos angesehen werden, durch das unter dem Einfluß Luthers die religiöse Anerkennung der weltlichen Berufe gegenüber den geistlichen ein neues Gewicht bekam. Max Weber hat in seinen berühmten Untersuchungen erstmals darauf hingewiesen[43], Ernst Troeltsch

[42] Locher, a. a. O., S. 36 f.

[43] Vgl. Max Weber, Die protestantische Ethik und der Geist des Kapitalismus (1904/1905). In: Max Weber, Gesammelte Aufsätze zur Religionssoziologie. 4. Aufl. 1947, S. 17—206, insbes. S. 63 ff.

bestätigte seine Aussagen[44]. Der entscheidende Ansatzpunkt wird darin gesehen, daß Luther durch seine Bibelübersetzung das Wort „Beruf" (beruff) in seinem heutigen Verständnis in den Sprachgebrauch einführte[45]. Das Wort „stammt in seinem heutigen Sinn aus den Bibelübersetzungen, und zwar aus dem Geist der Übersetzer, nicht aus dem Geist des Originals ... Und wie die Wortbedeutung, so ist auch der Gedanke neu und ein Produkt der Reformation[46]." Der neue Gedanke aber besteht darin, daß Luther in Abwendung von der mittelalterlichen Überordnung der geistlichen über die weltlichen Berufe und der darauf bezogenen Unterscheidung der ‚consilia' von den ‚präcepta' „nicht eine Überbietung der innerweltlichen Sittlichkeit durch mönchische Askese, sondern ausschließlich die Erfüllung der innerweltlichen Pflichten kennt, wie sie sich aus der Lebensstellung des einzelnen ergeben, die dadurch eben sein ‚Beruf' wird[47]". Gewiß wurden auch schon im Mittelalter Stand und Erwerbsberuf als sittliche Aufgabe verstanden, in der sich der Mensch im Dienste Gottes bewähren muß. Das wird von Max Weber nicht bestritten, sondern ausdrücklich anerkannt, indem er hervorhebt, daß „Ansätze zu jener Schätzung der weltlichen Alltagsarbeit, welche in diesem Berufsbegriff vorliegt, schon im Mittelalter, ja selbst im (späthellenistischen) Altertum, vorhanden gewesen waren[48]". Als das entscheidend Neue aber erkennt Max Weber die Tatsache, daß das reformatorische Berufsethos im Gegensatz zur hierarchischen Gesellschaftsauffassung des Mittelalters nicht mehr dem Mönch- und Priesterstand einen Vorrang einräumt und nur die Zugehörigkeit zu diesem Stand als auserwählenden Ruf Gottes und deshalb als Beruf im eigentlichen Sinn verherrlicht, sondern die direkte Berufung jedes einzelnen durch Gott in die ihm

---

44 Vgl. Ernst Troeltsch, Die Soziallehren der christlichen Kirchen und Gruppen. Tübingen 1912, insbes. S. 644 ff. - Ders., Calvinismus und Lutherthum. In: Ernst Troeltsch, Aufsätze zur Geistesgeschichte und Religionssoziologie (hrsg. von Hans Baron). Tübingen 1925, S. 254—261. - Karl Holl, Gesammelte Aufsätze zur Kirchengeschichte, I. Bd.: Luther, Tübingen 1921, 7. Aufl. 1948. - Ders., Die Geschichte des Wortes Beruf (Sitzungsberichte der preußischen Akademie der Wissenschaften. Phil.-hist. Klasse). Berlin 1924. - Gustaf Wingren, Luthers Lehre vom Beruf. München 1952.

45 Luther übersetzte Jesus Sirach 11, 20—21: „Bleibe in deinem Beruf", und 1 Kor 7, 20: „Ein jeglicher bleibe in dem Beruf, in dem er berufen ist."

46 Weber, a. a. O., S. 65, 69. - Weber macht darauf aufmerksam, daß vor Luther nur Johannes Tauler zwar nicht das Wort „Beruf", aber das Wort „Ruf" in der Beziehung auf den Arbeitsberuf gebrauchte, und führt eine Stelle aus der Predigt Taulers über Eph. 4 an, wo er den Bauern sagt, daß sie besser handeln „so sie folgen einfeltiglich irem Ruff denn die geistlichen Menschen, die auf iren Ruff nicht acht haben" (vgl. a. a. O., S. 66).

47 Weber, a. a. O., S. 69.

48 Weber, a. a. O., S. 69.

zugedachte Lebensstellung und damit die Hoheit der weltlichen Berufe hervorhob. Weil aber die weltlichen Berufe als Auftrag und Berufung Gottes gesehen wurden, war der einzelne zu gewissenhafter Erfüllung seiner Berufspflicht gehalten, zu strenger Lebensauffassung, zu maßvoller Lebensführung und harter Selbstzucht, er war einer Askese unterworfen, die nicht weniger anspruchsvoll war als die des Mönchs- und Priesterstandes, einer „innerweltlichen Askese[49]".

An diesem Punkt jedoch trennen sich die Wege Luthers und Calvins. Wenn auch Luther die kreatürliche Welt in ihrer Sündhaftigkeit bedauerte, sah er doch diese Welt in der Rechtfertigung überwunden und nahm deshalb ihre Gestalt und ihre Geschicke, Gut und Böse in Geduld und Ergebenheit hin. Deshalb ist für ihn der Beruf auch nicht Mittel der Weltgestaltung, sondern die dem einzelnen zugewiesene Sphäre, in der er bleiben soll, um darin dem aus dem Evangelium vernommenen Anruf zu gehorchen. Ganz anders ist das Verhältnis Calvins zu Welt und Beruf. Ausgehend von dem leitenden Gedanken seiner Theologie, daß die Anerkennung der Majestät und Ehre Gottes, der absoluten Souveränität seines Herrenwillens die oberste und im letzten die einzige Sinnbestimmung der Kreatur sei, entfaltet Calvin die Idee der heiligen Gemeinde, die als der eigentliche Zweck der Heilstat Christi die Gläubigen zusammenschließt zur Verherrlichung Gottes im tätigen Gehorsam gegen sein biblisches Sittengesetz. Dieser Gedanke an den Aufbau einer heiligen Gemeinde führt Calvin zu einem im Vergleich zu Luther wesentlich intensiveren und dynamischen Verständnis der innerweltlichen Askese, die nun „planmäßig und im weitesten Umfange alle weltlichen Mittel anerkennt, aber sie nur zu Mitteln ohne jeden eigenen Selbstwert herabsetzt, um in dieser Benutzung aller Mittel die heilige Gemeinde zu erzeugen ... So ist hier das Ideal nicht die Ergebung in ein fertiges, von der Vorsehung geleitetes System der Berufe, sondern die freie Verwendung der Berufe als Mittel für die heilige Gemeinde[50]."

Im Dienst des Aufbaus der heiligen Gemeinde stehen alle Berufe, nicht nur Bauerntum und Handwerk, sondern auch Handel, Gewerbe und Kapitalbesitz. Ihnen allen gab Calvin ein gutes Gewissen, insofern auch Hab und Gut den Zwecken der heiligen Gemeinde und damit letztlich der Verherrlichung Gottes dienen. So erzog Calvin die Besitzenden zu einer Haltung, in der sich unermüdliche Berufsarbeit und rationales Gewinnstreben mit jenseitiger Lebensorientierung und dem Verzicht auf den Genuß

49 Vgl. Troeltsch, Soziallehren, S. 648 f.
50 Troeltsch, a. a. O., S. 649, 655.

des Arbeitsergebnisses verbanden, und formte damit jenen Unternehmertyp, der in der Atmosphäre des niederrheinischen, niederländischen, englischen und amerikanischen Calvinismus zu voller Entfaltung kam. Diesem calvinistischen Unternehmer sind Gewinnstreben und Vermögensbildung nicht mehr religiös verdächtig wie im Mittelalter und im frühen Luthertum, sondern Geschenk der Güte Gottes, anvertrautes Lehen, das wie alle Kräfte und Mittel des Menschen unter dem Anspruch der christlichen Gemeinde und der Ehre Gottes steht.

Die calvinistische Eigentumsethik ist also kein Normenkomplex neben anderen, sondern eine Resultante der Berufs- und Arbeitsethik: Die uneingeschränkte positive Wertung des Eigentums ist Ausdruck des religiösen Verständnisses der Berufsarbeit als eines Mittels im Dienste der Gemeinde. Deshalb sagt Locher überzeugend: „Ist wirklich der Aufbau und die Darstellung der Gemeinde, in der die Ehre Christi leuchtet, Calvins Ziel, so wird auch verständlich, warum in seinem Denken das alte Problem des Eigentums durch das der Arbeit verdrängt, ja ersetzt wird; denn nicht in Gütern und Dingen, sondern in ihres Glaubens lebenden, tätigen, mit den Dingen wirkenden Menschen will Gottes Geist herrschen", dies aber in der Weise, daß die innerweltliche Askese „bei Calvin selbst nicht eigentlich den Sinn der Pflege eines bestimmten frommen Persönlichkeitsideals hatte, sondern den der Betätigung der Liebesgemeinschaft innerhalb des kirchlichen Organismus[51]". Daraus formte sich eine Haltung, die, wenn auch nicht organisatorisch, so doch gesinnungsmäßig in die Nähe zum Liebeskommunismus des Urchristentums führte und Züge eines christlichen, von der Genfer Idee der heiligen Gemeinde geprägten Sozialismus aufwies, weshalb es verständlich ist, „daß gegenüber der modernen Ausbildung des Kapitalismus der Umschlag in einen christlichen Sozialismus immer nahe gelegen hat und noch nahe liegt[52]".

Diese den Calvinismus vom Luthertum unterscheidende Dynamik seiner Berufsethik hat, wie sich aus Max Webers Untersuchungen ergibt, eine weitere Verstärkung durch Calvins Prädestinationslehre erfahren[53]. Gottes Gnadenwahl, gründend in der absoluten Souveränität seines Willens, beruft ohne jedes Verdienst den einen zum Heil und stürzt den anderen ins Verderben. Seinem majestätischen Herrenwillen gegenüber hat niemand einen

---

51 Locher, a. a. O., S. 37 f.

52 Troeltsch, a. a. O., S. 721. - Vgl. auch Troeltsch, Calvinimus, S. 260 f. - Locher, a. a. O., S. 39 f.

53 Vgl. Weber, a. a. O., S. 89 ff.

Anspruch, ein Erwählter statt eines Verdammten zu sein, ebensowenig wie er an ihn die Forderung richten könnte, ein Mensch und nicht ein Tier zu sein. Zwar verkündete auch Luther in seiner Schrift „Von der Freiheit eines Christenmenschen" (1520) die Prädestinationslehre in ihrer strengen und konsequenten Ausprägung. Der Gedanke trat bei ihm aber späterhin, ohne daß er ihn ganz aufgegeben hat, so stark in den Hintergrund, daß er für das Luthertum keine zentrale Stellung gewann. Herrschend wurde vielmehr die Überzeugung, daß die Gnade dem Menschen geschenkt werde; daß sie verlierbar sei, aber in demütig-gläubigem Vertrauen auf Gottes Wort wiedergewonnen werden könne. Ganz anders verlief die Entwicklung bei Calvin. Er verkündete die Lehre von Gottes unergründlicher Gnadenwahl in äußerster Härte und Konsequenz und hielt entschieden daran fest, daß ein Teil der Menschen ohne eigenes Verdienst zum Heil berufen, ein anderer ohne jede Schuld verdammt wird. Ebenso unverlierbar wie für die Erwählten, ebenso unerreichbar ist Gottes Gnade für die Verworfenen. Ihnen kann auch Christus keine Rettung bringen; denn Gott hat von Ewigkeit her beschlossen, Christi Opfertod nur den Erwählten zuzurechnen. Es ist das Gesetz, das Gott sich in freier Willkür gegeben hat: das Gesetz seiner Selbstverherrlichung im Jubel der verdienstlos Begnadeten und im Jammer der schuldlos Verdammten.

Diese Lehre mußte „in ihrer pathetischen Unmenschlichkeit ... vor allem die eine Folge haben: ein Gefühl einer unerhörten inneren Vereinsamung des einzelnen Individuums. In der für die Menschen der Reformationszeit entscheidendsten Angelegenheit: der ewigen Seligkeit, war der Mensch darauf verwiesen, seine Straße einsam zu ziehen, einem von Ewigkeit her feststehenden Schicksal entgegen, Niemand konnte ihm helfen[54]." In dieser Situation legte sich auf den von Calvins Lehren überzeugten Menschen die qualvolle Angst der Frage nach seinem Heil. Alle Interessen seiner irdischen und religiösen Existenz wurden zurückgedrängt von der einen Frage: Bin ich zum Heil berufen, und wie kann ich mich dessen vergewissern? Calvin selbst fühlte sich von dieser Frage nicht belastet, weil er, von einem prophetischen Sendungsbewußtsein erfüllt, sich als Werkzeug Gottes fühlte und seiner Erwählung sicher war. Für die in der Not und Unruhe um ihre religiöse Existenz lebenden Gläubigen hatte er „nur die Antwort: daß wir uns an der Kenntnis des Beschlusses Gottes und an dem

---

[54] Weber, a. a. O., S. 93 f. - Miltons Urteil über Calvins Prädestinationslehre war: „Mag ich zur Hölle fahren, aber solch ein Gott wird niemals meine Achtung erzwingen" (vgl. Weber, ebda, S. 91).

durch den wahren Glauben bewirkten beharrlichen Zutrauen auf Christus genügen lassen sollen. Er verwirft prinzipiell die Annahme: Man könne bei anderen aus ihrem Verhalten erkennen, ob sie erwählt oder verworfen seien, als einen vermessenen Versuch, in die Geheimnisse Gottes einzudringen. Die Erwählten unterscheiden sich in diesem Leben äußerlich in nichts von den Verworfenen, und auch alle subjektiven Erfahrungen der Erwählten sind — als ‚ludibria spiritus sancti' — auch bei den Verworfenen möglich, mit einziger Ausnahme jenes ‚finaliter' beharrenden gläubigen Vertrauens. Die Erwählten sind und bleiben also Gottes unsichtbare Kirche[55]."

Diese Verweisung auf das Selbstzeugnis des von der Gnade gewirkten und stetig durchgehaltenen Glaubens genügte zwar Calwin, nicht aber seinen Schülern und den Pfarrern, vor allem auch nicht der breiten Schicht der Gläubigen. Sie alle drängten nach greifbaren Kriterien der Bestätigung des Gnadenstandes. In diesem Bemühen, der Berufung zum Heil sicher zu sein, gewann die Berufsidee erneut eine überragende Bedeutung. Wenn schon der Sinn der Berufsarbeit als eines im Aufbau der heiligen Gemeinde sich vollziehenden opus Dei in der Verherrlichung Gottes gesehen wurde, lag der Gedanke nahe, die Berufsarbeit als ein hervorragendes Mittel aufzufassen, welches dem einzelnen die ersehnte Gewißheit seiner Erwählung verschaffen könnte; welches „den religiösen Zweifel verscheuche und die Sicherheit des Gnadenstandes gebe[56]". In der Tat hat denn auch dieser Gedanke in der weiteren geschichtlichen Entwicklung des Calvinismus eine bedeutende Rolle gespielt[57]. Wo immer er Aufnahme fand, verstärkte er den Ernst und die Strenge des calvinistischen Berufsethos: Da nun der erfolgreiche Vollzug der Berufsarbeit als Erfüllung eines göttlichen Auftrages gleichzeitig als Zeichen der Vorherbestimmung zum Heil angesehen wurde, führte der

---

[55] Weber, a. a. O., S. 103 f.

[56] Weber, a. a. O., S. 106.

[57] Es hat daneben, wie Max Weber ausdrücklich hervorhebt, auch andere Versuche gegeben, angesichts des Dunkels und der psychischen Belastung des Prädestinationsgeheimnisses über den eigenen Gnadenstand Sicherheit zu erlangen. So beschreibt Max Weber selbst einen anderen Typus der Seelsorgspraxis, welcher des Prädestinationsproblems in der Weise Herr zu werden versucht, daß dem einzelnen „schlechthin zur Pflicht gemacht wird, sich für erwählt zu *halten* und jeden Zweifel als Anfechtung des Teufels abzuweisen, da ja mangelnde Selbstgewißheit Folge unzulänglichen Glaubens, also unzulänglicher Wirkung der Gnade sei ... An Stelle der demütigen Sünder, denen Luther, wenn sie in reuigem Glauben sich Gott anvertrauen, die Gnade verheißt, werden so jene selbstgewissen ‚Heiligen' gezüchtet, die wir in den stahlharten puritanischen Kaufleuten jenes heroischen Zeitalters des Kapitalismus und in einzelnen Exemplaren bis in die Gegenwart wiederfinden" (a. a. O., S. 105; vgl. auch die Verdeutlichung dieses Gedankens S. 120).

Anspruch dieses Ethos dahin, daß man sich in harter Selbstzucht, strenger Lebensführung und systematischer Selbstkontrolle rastloser Berufsarbeit hingab, im Gehorsam gegen Gott und im Vertrauen darauf, auf diese Weise die Erwählung zum ewigen Heil bestätigt zu finden. Im Erfolg der Berufsarbeit mußte sich der Glaube als „fides efficax“ in seinen objektiven Wirkungen bewähren und wurde so zum sicheren Unterpfand der certidudo salutis. Zur Begründung einer solchen „Werkheiligkeit“, die nicht als Mittel zur Erlangung der Seligkeit, sondern als Zeichen der Erwählung verstanden wurde[58], bezog man sich auf das Neue Testament: „Prüfet euch, ob ihr im Glauben steht, erforschet euch selbst! Oder könnt ihr euch nicht das Zeugnis geben, daß Jesus Christus in euch ist? Wenn nicht, könnt ihr nicht bestehen[59].“

Von der Prädestinationslehre her und ihren Konsequenzen für den Bereich der innerweltlichen Askese erfuhr das calvinistische Berufsethos ein weiteres Mal eine Intensivierung und Erhöhung, die wiederum auch dem Eigentumsgedanken zugute kommen mußte. Wenn schon im Erfolg der Berufsarbeit ein Zeichen der Erwählung zu sehen ist, dann kann es dem Kaufmann, dem Unternehmer und Kapitalbesitzer nicht gleichgültig sein, Chancen der Gewinnerzielung und Vermögenssteigerung auszunutzen. Das Streben nach Reichtum ist ja nur dann bedenklich, wenn es darauf gerichtet ist, Lebensgenuß, Bequemlichkeit und ein sorgloses Ausruhen zu ermöglichen. Als Berufsarbeit jedoch, die im Aufbau der heiligen Gemeinde der Verherrlichung Gottes dient und die Gewißheit der Erwählung vermittelt, ist es nicht nur gestattet, sondern sittlich geboten[60]. Richard Baxter sprach es klar aus: „Wenn Gott Euch einen Weg zeigt, auf dem Ihr ohne Schaden für Eure Seele oder für andere in gesetzmäßiger Weise mehr gewinnen könnt als auf einem anderen Wege und Ihr dies zurückweist und den minder gewinnbringenden Weg verfolgt, dann kreuzt Ihr einen der Zwecke Eurer Berufung, Ihr weigert Euch, Gottes Verwalter zu sein und seine Gaben anzunehmen, um sie für ihn gebrauchen zu können, wenn er es verlangen

---

[58] Vgl. Weber, a. a. O., S. 110 ff.

[59] 2 Kor 13, 5.

[60] Vgl. Weber, a. a. O., S. 167 ff. - Es ist verständlich, wenn unter diesen Voraussetzungen die Armut suspekt war und der ausgesprochene Wille, arm zu sein, also auch das Gelübde der Armut geradezu als pathologisch angesehen wurden, vergleichbar dem Wunsch, krank zu sein. In einer Eingabe an das Konzil von Trient wurde argumentiert: Wer nach seinem Stand arm ist, solle es tragen, aber wenn er gelobt, es zu bleiben, so ist dies dasselbe, als ob er gelobt, dauernd krank zu sein oder üblen Leumund zu haben (vgl. a. a. O., S. 177).

sollte. Nicht freilich für Zwecke der Fleischeslust und Sünde, wohl aber für Gott dürft Ihr arbeiten, um reich zu sein[61]."

Max Weber und Ernst Troeltsch haben auf die Zusammenhänge zwischen diesem calvinistischen Ethos und der Entstehung des modernen Kapitalismus hingewiesen. Calvins Lehre befreite das Gewinnstreben von den Hemmungen der überkommenen Ethik und machte vom Religiösen her den Weg frei für den durch die „Grenzenlosigkeit des Erwerbsstrebens" gekennzeichneten „Geist des Kapitalismus": Da die rational und systematisch betriebene rastlose Berufsarbeit als höchste Form der Askese und der Erfolg als sicheres Zeichen der Erwählung galt, wurde dieses Ethos zu einem starken Hebel der Expansion des kapitalistischen Geistes. Wenn man „jene Einschnürung der Konsumtion mit dieser Entfesselung des Erwerbsstrebens zusammenhält, so ist das äußere Ergebnis naheliegend: Kapitalbildung durch asketischen Sparzwang. Die Hemmungen, welche dem konsumtiven Verbrauch des Erworbenen entgegenstanden, mußten ja seiner produktiven Verwendung, als Anlagekapital, zugute kommen[62]."

Die weitere geschichtliche Entwicklung verlief allerdings in der Weise, daß sich vom Kapitalismus das genuin religiöse, auf die gloria Dei bezogene Ethos Calvins ablöste. Mit dem Absterben der religiösen Wurzel und der daraus folgenden Metamorphose seiner Zwecke wurde dieses Ethos seinem ursprünglichen Sinn entfremdet, es wurde Mittel zum Zweck der Rentabilität und in den Dienst einer rein utilitaristischen Diesseitigkeit gestellt[63]. Es blieb die Intensität des Erwerbsstrebens, aber in einer ganz weltlichen, nun vom Geist des Liberalismus geprägten Gesinnung, welche der Begründung durch die calvinistische Ethik nicht mehr bedurfte. So entstand ein spezifisch bürgerliches Berufsethos, welches sich vom Calvinismus zwar das gute Gewissen des Gelderwerbs bestätigen ließ, dessen transzendente Bezüge

---

61 Richard Baxter, Christian Directory (zitiert nach Weber, a. a. O., S. 176).

62 Weber, a. a. O., S. 192 f. - Vgl. auch Troeltsch, Calvinismus, S. 254 ff. - Ders., Soziallehren, S. 643 ff. - Es muß gegenüber immer wieder auftretenden Mißverständnissen mit Nachdruck darauf hingewiesen werden, daß Weber in der Ethik des Calvinismus nicht *die* Ursache der Entstehung des modernen Kapitalismus gesehen hat, sondern nur eine Komponente neben anderen, und daß es nicht seine Absicht war, „an Stelle einer einseitig ‚materialistischen' eine ebenso einseitig spiritualistische kausale Kultur- und Geschichtsdeutung zu setzen" und „zu einer förmlichen ‚Konstruktion', die alles an der modernen Kultur ‚Charakteristische' aus dem protestantischen Rationalismus logisch deduzierte, fortzuschreiten. Aber derartiges bleibt besser jenem Typus von Dilettanten überlassen, die an die ‚Einheitlichkeit' der ‚Sozialpsyche' und ihre Reduzierbarkeit auf *eine* Formel glauben" (Weber, a. a. O., S. 205 f.).

63 Vgl. Troeltsch, Soziallehren, S. 655. - Weber, a. a. O., S. 197 ff. - Locher, a. a. O., S. 40.

aber ausklammerte. Dieses gute Gewissen, das die calvinistische Ethik dem Erwerbsstreben mit auf den Weg gegeben hatte, entartete bis zur Gewissenlosigkeit, die hinsichtlich des Ausmaßes an Robustheit und Brutalität gegenüber dem Arbeiter keine Grenzen mehr kannte. Hier werden Ambivalenz und Dialektik des Eigentums sichtbar: „Indem die Askese die Welt umzubauen und in der Welt sich auszuwirken unternahm, gewannen die äußeren Güter dieser Welt zunehmende und schließlich unentrinnbare Macht über den Menschen wie niemals zuvor in der Geschichte[64]."

Doch auch dieses muß hier noch einmal hervorgehoben werden: Die calvinistische Ethik selbst ist keineswegs individualistisch, sondern vom Gedanken der heiligen Gemeinde her bis in ihre Wurzeln altruistisch und von der Verantwortung gegenüber dem Nächsten bestimmt, so daß sie der Idee eines den modernen Verhältnissen angepaßten „christlichen Sozialismus" stets nahegestanden hat. Überall, wo dieses ursprüngliche, der Gemeinschaft verpflichtete Ethos noch in ungebrochener Kraft wirksam war, ist der Calvinismus den sozial bedenklichen Wirkungen des modernen Kapitalismus entgegengetreten. Ernst Troeltsch gibt konkrete Hinweise: „Die große englische Armen-, Arbeiter- und Lohngesetzgebung trug — freilich in dem zünftlerisch-ständischen Sinne und vor allem mit Rücksicht auf Erziehung zur Arbeit — Spuren seines Geistes. Gegen die manchesterliche Staats- und Wirtschaftsauffassung hat dann Carlyle bewußt wieder altpuritanische Gedanken geltend gemacht. Der heutige christliche Sozialismus der Engländer ist wesentlich calvinistischen Ursprungs, und die Wirksamkeit der amerikanischen Kirchen ist oft geradezu eine christlich soziale, gegen die Ausartungen des Kapitalismus gerichtete. In der Schweiz, den Niederlanden, in England und Amerika gibt es heute sozialistische Geistliche, während das auf dem Boden des Luthertums als ein Angriff auf alle heiligen Grundlagen der gottgesetzten Ordnung, als Einmischung in rein weltliche Dinge, als verwerflicher Revolutionsgeist und menschlicher Eingriff in den Gang der Vorsehung betrachtet wird; die sozialen Häresien sind bei uns gefährlicher und verwerflicher als die dogmatischen. Das bedeutet aber wiederum, daß der Calvinismus in größerem Einverständnis mit der modernen sozialen Lebensbewegung sich befindet als das Luthertum, auch als der Katholizismus, der wenigstens in seinen romanischen Stammländern gleichfalls diese Häresien von sich fernhält. Darauf aber beruht dann auch das ungeheure Selbstgefühl des Calvinismus, die einzige dem modernen Leben gewachsene Form des Christentums zu sein, indem er

[64] Weber, a. a. O., S. 203 f.

einerseits die modernen Produktionsformen vor dem Gewissen zu rechtfertigen und andererseits deren Ausartungen durch den christlichen Sozialismus zu bekämpfen weiß[65]."

b) Die evangelische Eigentumslehre der Gegenwart

In der evangelischen Eigentumslehre der Gegenwart kehren Grundhaltung und Grundgedanken der Reformation nicht ohne bemerkenswerte Nuancierungen und Abtönungen wieder[1]. Es ist aber nicht so, daß sich diese Differenzierungen in exakter Parallelität einerseits zu Luther und andererseits zu Calvin nunmehr durch die beiden Pole der lutherischen und der dialektischen Theologie fixieren lassen. Sie ziehen sich vielmehr quer durch die beiden Felder der protestantischen Theologie und wehren dem Versuch einer vereinfachenden Schematisierung, welcher die gegenwärtige evangelische Eigentumslehre kurzerhand auf zwei „Richtungen" — eine lutherische und eine reformierte — festlegen möchte. Auf das Ganze gesehen, ist sie der Ausdruck eines Gesprächs, welches geführt wird ohne allzu starke Einengung und Belastung durch Schulmeinung und Tradition, in der Nähe zur Gegenwartssituation, in Offenheit für Neues und Künftiges und vor allem auch in der Bereitschaft, hinzuhören und hinzuzulernen.

Versucht man Leitmotive dieses Gesprächs festzuhalten, so wird man sagen dürfen, daß die in der Linie der *lutherischen* Theologie stehenden Überlegungen zum Eigentum deutlich den individualethischen Ansatz

65 Troeltsch, Soziallehren, S. 721 f. - Vgl. auch die von Troeltsch zusammengetragenen geschichtlichen Beispiele (S. 678) sowie die Belege aus Calvins Institutio (III, 7—10), welche Calvins soziale Denkweise so stark hervortreten lassen, daß Troeltsch schon hier das „Programm eines christlichen Sozialismus" zu erkennen glaubt (S. 723).

1 Vgl. Theodor Lorch, Die Beurteilung des Eigentums im deutschen Protestantismus seit 1848. Gütersloh 1930. - Erwin Fahlbusch, Eigentum. In: Evangelisches Kirchenlexikon, 1. Bd. Göttingen 1956, Sp. 1036—1043, insbes. Sp. 1042 f. - Friedrich Karrenberg, Die Eigentums-Diskussion in der neueren evangelischen Theologie. In: Zeitschrift für Evangelische Ethik, 4. Jg. 1960, S. 136—148. - Rudolf Hermann, Gott und Mensch nach evangelischem Verständnis. In: Theologische Literaturzeitung, 77. Bd. 1952, S. 663—674. - Locher, Eigentumsbegriff, a. a. O., S. 173 ff. - Ders., Eigentum (sozial-ethisch). In: Die Religion in Geschichte und Gegenwart, 3. Aufl. 2. Bd. Tübingen 1958, Sp. 373—375. - Arthur Rich, Christliche Existenz in der industriellen Welt. Zürich 1957. - Hans Meyer, Das Eigentum in der neueren katholischen und evangelischen Sozialethik. In: Das Eigentum als Problem evangelischer Sozialethik (Heft 2 der Schriftenreihe Kirche im Volk), hrsg. von der Leitung der Evangelischen Kirche im Rheinland. Essen 1949, S. 129—144. - Theodor Heckel (Hrsg.), Eigentum und Eigentumsverteilung als theologisches, rechtsphilosophisches und ökonomisches Problem. München 1962. - Gerhard Wendland, Theologische Gesichtspunkte zur Eigentumsfrage. In: Zeitschrift für Evangelische Ethik, 5. Jg. 1961, S. 281 ff.

Luthers erkennen lassen[2]. So sieht beispielsweise Adolf *Schlatter* die Begründung des Eigentums darin, daß der Mensch zur freien Entfaltung seiner Personalität des Eigentums bedarf, damit er nicht „in die Abhängigkeit von anderen falle[3]". Deshalb erinnert er den Staat an seine Pflicht, im Interesse der Stärkung des einzelnen und der Familie das individuelle Eigentum zu gewährleisten. Der Eigentümer selbst aber ist verpflichtet, sein Gut in den Dienst Gottes und der Erfüllung des Liebesgebotes zu stellen. Entscheidend ist für Schlatter – hier kommt der lutherische Ansatz zu voller Entfaltung – die innere Haltung: die innere Freiheit des Christen vom Besitz, das paulinische „Haben als hätte man nicht" (1 Kor 7, 30). Die Gefahr des Eigentums sieht Schlatter darin, daß das Begehren der Güter Macht über den Menschen gewinnen und ihm seine Freiheit nehmen kann. Das gilt in gleicher Weise für die Besitzenden wie für die Nichtbesitzenden, deren Not weniger in der äußeren Entbehrung besteht als in den Verlokkungen der dem Irdischen verfallenen Phantasie, welche die entbehrten Güter zu Gegenständen höchsten Glückes ausmalt. Deshalb hält Schlatter – hier wiederum ganz lutherisch denkend – nichts von gesellschaftspolitischen Reformen, sondern erwartet Hilfe von der Erziehung zur rechten Gesinnung, von der Gewinnung jener Haltung, die sich in der inneren Freiheit vom Besitz dem Dienst Gottes unterstellt[4].

Paul *Althaus* stimmt mit Schlatter überein, sofern er das Eigentum „als Voraussetzung zu einem Eigen-Leben, als Bedingung der Freiheit von den anderen, als Mittel eignen freien Dienstes" ansieht, dies freilich im Gehorsam gegen Gottes Gebot, welches den Eigentümer verpflichtet, seine Güter nicht als absolutes Recht, sondern als von Gott anvertrautes Lehen zu verwalten und sie in der Gesinnung der Liebe als gemeinschaftsgebundenes Eigentum zu gebrauchen[5]. Wenn auch Althaus' Eigentumslehre in ihrer formalen Struktur zu der Schlatters weitgehend parallel läuft, unterscheidet sie sich von ihr doch in ihrer Akzentuierung dadurch, daß die sozialethische Beanspruchung des Eigentums und die Verantwortlichkeit des Eigentümers vor Gott erheblich stärker betont werden als bei Schlatter[6].

---

[2] Vgl. Fahlbusch, a. a. O., Sp. 1042. - Locher, Eigentumsbegriff, S. 24, 177 ff.

[3] Vgl. Adolf Schlatter, Die christliche Ethik. 3. Aufl., Stuttgart 1929, S. 423 ff.

[4] Vgl. Schlatter, a. a. O., S. 428 ff.

[5] Vgl. Paul Althaus, Grundriß der Ethik. 2. Aufl., Gütersloh 1953, S. 78 ff.

[6] Wenn Erwin Fahlbusch (a. a. O., Sp. 1042) von Althaus' Eigentumslehre sagt, sie bewege sich „auf der Linie des Individualismus, der mit sozialistischen Gedanken entschärft wird", so erheben sich gegen eine solche Formulierung, mag auch die Sache richtig gesehen werden, Bedenken: Althaus' Ausgangspunkt ist individualethisch, aber nicht der des Individualis-

Auch Friedrich *Brunstäd* sieht im Eigentum „Voraussetzung und Funktion personenhafter Feiheit“ und ist davon überzeugt, daß der in Gemeinschaft mit anderen lebende Mensch des Eigentums bedarf; denn wenn er nicht über die lebensnotwendigen Güter verfüge, sei ihm auch die Verfügung über sich selbst entzogen[7]. Das bemerkenswert Neue an Brunstäds Eigentumslehre ist indessen die Tatsache, daß er gleich in den ersten Ansatz seiner Begründung des Eigentums auch dessen soziale Gebundenheit hineinnimmt, die er in der Personalität des Menschen verankert: Der einzelne führt kein isoliertes Dasein, sondern ist in seiner Personalität wesensmäßig durch die Bezogenheit zur Existenz des Mitmenschen konstituiert. Infolge dieser Gemeinschaftsbezogenheit des Menschen ist auch jedes Recht von der Gemeinschaft her beansprucht. Deshalb liegt auf dem Eigentumsrecht eine „soziale Hypothek“, eine Dienstpflicht, derzufolge die Besitzenden für die Gemeinschaft und insbesondere für die „Lebenssicherung der Nichtbesitzenden“ einstehen müssen[8]. Ob der Begriff der „sozialen Hypothek“, der, soweit ersichtlich, von Brunstäd in den Sprachgebrauch eingeführt wurde und eine starke Resonanz gefunden hat, sehr glücklich ist, darf bezweifelt werden, da er das Gemeinte abschwächt. Der Gedankengang selbst jedoch, die Begründung der Sozialpflichtigkeit des Eigentums aus der Sozialnatur der Person, ist eindeutig und steht in einer überraschenden Parallelität zum Begriff der Individual- und Sozialnatur des Eigentums in der Enzyklika Quadragesimo anno (n. 45).

Noch um eine Nuance stärker als bei Brunstäd ist die Intensität der sittlichen Verantwortlichkeit bei Georg *Wünsch* hervorgehoben[9]. Zur

---

mus: im traditionellen und auch im gegenwärtigen Sprachgebrauch verstanden als autonome, von transzendenten ethischen Normen abgelöste sittliche Haltung. Dieser individualethische Ansatz Althaus' ist von Anfang an in sozialethische Bezüge hineingestellt, nicht aber „mit sozialistischen Gedanken entschärft“, wenn man nicht den an sich schon weitgespannten Terminus „sozialistisch“ bis zur Bedeutungslosigkeit ausdehnen will. Und schließlich will auch der Begriff des „Entschärfens“ das Zuordnungsverhältnis der ethischen Komponenten bei Althaus nicht treffen, insofern er den Eindruck erweckt, als ob hier im ersten Schritt Individualethik getrieben würde, deren „Virulenz“ dann im zweiten Schritt sozialethisch paralysiert wird. Bei Althaus steht aber doch beides — und hier liegt die Nuancierung gegenüber Schlatter — gleichursprünglich nebeneinander, wenn man nicht sagen will: es ist ineinander verwoben.

[7] Vgl. Friedrich Brunstäd, Das Eigentum und seine Ordnung (1930). In: Gesammelte Aufsätze und kleinere Schriften. Berlin 1957, S. 355 ff.

[8] Vgl. Brunstäd, a. a. O., insbes. S. 363.

[9] Vgl. Georg Wünsch, Evangelische Wirtschaftsethik. Tübingen 1927, S. 657 ff. - Ders., Eigentum. In: Die Religion in Geschichte und Gegenwart, 2. Aufl. 2. Bd. Tübingen 1928, Sp. 57—66.

Begründung des Eigentums führt auch Wünsch an, daß es Bedingung für den Vollzug personaler Freiheit sei: „Es gehört zum Wesen des Menschen, sich selbst und seine Umgebung in Freiheit zu gestalten; und das ist nur möglich durch freie Verfügung über die Auswahl und Ordnung der ihm erreichbaren Gebrauchsgüter. Daher ist um der freien Entwicklung der Person willen ein Kommunismus, der bis in die persönliche Lebenshaltung hinein regiert, unmöglich; zum mindesten muß er das Privateigentum an Gebrauchsgütern zulassen[10]." Diese Theorie des Eigentums erhält nun aber unter dem bestimmenden Einfluß Luthers ihre besondere Färbung und Dynamik: Es sind zwei Grundgedanken der Eigentumslehre Luthers, denen Wünsch eine zentrale Stellung einräumt: die eschatologische Sicht des Eigentums und sein Lehenscharakter. Das Eigentum steht unter dem Urteil Gottes und gewinnt deshalb „im Verhältnis zu ihm die eschatologische Ferne; es wird vergleichgültigt. Das ist vom Neuen Testament und von Luther zu lernen. Nicht nur geschichtlich, sondern auch religiös betrachtet, ist keine Eigentumsordnung absolut. Die Rede von der ‚Heiligkeit' des Eigentums wird unmöglich; es verliert seine schreiende Wichtigkeit. Damit ist die vorurteilslose sachliche Freiheit für die Umordnung der Eigentumsverhältnise gewonnen[11]." Es kommt hinzu, daß das Eigentum „als Lehen von Gott gelten muß, das nur in der Veranwortung vor seinem Willen zu gebrauchen ist[12]". Damit sind die Voraussetzungen geschaffen, den Besitzenden eindringlich ihre Pflichten ins Gewissen zu rufen und, falls deren Verantwortlichkeit versagt, durch gesellschaftspolitische Maßnahmen Fehlentwicklungen zu unterbinden oder zu korrigieren. Denn „bei aller eschatologischen Ferne und Vorsicht gegen die Gefährlichkeit des Eigentums verlangt es doch eine Regelung aus sittlichen Gründen, und zwar um der Liebe willen. Die echte Liebe will den Nächsten zu seiner eigentümlichen Bestimmung als freie Person gelangen lassen. Ihr Ziel ist nun in erster Linie, daß er zu Gott komme; deshalb muß die Eigentumsordnung so beschaffen sein, daß sie durch Versuchungen und Hemmungen nach menschlichem Ermessen den Weg zu Gott nicht versperre[13]."

Wolfgang *Trillhaas* knüpft wieder stärker an die durch Schlatter und Althaus vorgezeichnete Linie an[14]. Seine Eigentumsbegründung bestätigt,

---

[10] Wünsch, Eigentum, a. a. O., Sp. 65 f.
[11] Wünsch, a. a. O., Sp. 65.
[12] a. a. O., Sp. 65.
[13] a. a. O., Sp. 65.
[14] Vgl. Wolfgang Trillhaas, Ethik. Berlin 1959. S. 295 ff.

was als „opinio communis“ der evangelischen Eigentumsethik angesehen werden darf: „Das Eigentum macht den Menschen unabhängig von anderen, indem es ihm die Verfügung über gewisse Dinge gibt ... Eigentum bestätigt den Menschen in seiner Menschenwürde. Es macht ihn frei und unabhängig, und jede Verarmung bringt den Menschen in eine unwürdige Abhängigkeit von anderen Leuten[15].“ Hinsichtlich des Eigentumsgebrauchs erachtet Trillhaas es „von unmittelbar ethischer Bedeutung, daß uns das Eigentum auch instandsetzt, wohltätig zu sein, daß es uns frei macht und daß es uns Impulse vermittelt, Anreiz zur Initiative ist und dgl. mehr“, wobei er aber einräumt, „daß das keine christlichen Besonderheiten sind, sondern daß es sich hier um allgemein menschliche Dinge handelt[16]“. Die spezifisch christliche Betrachtung des Eigentums sieht Trillhaas in der Berücksichtigung zweier Erfahrungen, daß nämlich „das Eigentum eine geheime Kraft in sich hat, den Eigentümer selbst zu besitzen“, und daß aller irdischer Besitz der Vergänglichkeit unterworfen ist. Daraus „resultiert eine Grundeinstellung der Christen zum Eigentum: Es gilt, von dem irdischen Besitz unabhängig zu werden. Mag es richtig sein, daß der irdische Besitz den Menschen in irdischer Beziehung frei macht, so steht die andere Freiheit, nämlich die Freiheit des Herzens von allem Besitz, noch höher. Erst diese Freiheit des Herzens vom Eigentum macht unsere Wohltaten flüssig; denn den Besitz, an dem wir nicht hängen, geben wir leichter her (vgl. Phil. 4, 14—19)[17].“

Die Grundgedanken der evangelischen Eigentumsethik wurden, wenn auch in nicht unbedeutenden Nuancierungen, erneut sichtbar im Zusammenhang eines auf die gegenwärtigen Probleme der Eigentumspolitik bezogenen Kolloquiums unter dem Thema „Das Privateigentum und die evangelische Soziallehre“, in dessen Mittelpunkt Grundsatz-Referate von Klaus von Bismarck, Walter Künneth, Ernst Steinbach und Heinz-Dietrich Wendland standen[18].

Klaus *von Bismarck* setzt die Notwendigkeit des Privateigentums voraus: Jeder Mensch bedarf „eines gewissen persönlichen Eigentums, das ihm jedenfalls in seinem engeren Bereich Raum für persönliche Verantwortung schafft und ihn davor schützt, in eine völlige Abhängigkeit von gesellschaft-

---

15 Trillhaas, a. a. O., S. 297, 306.
16 Trillhaas, a. a. O., S. 306.
17 Trillhaas, a. a. O., S. 306 f.
18 Vgl. Eigentum und Eigentümer in unserer Gesellschaftsordnung (Veröffentlichungen der Walter-Raymond-Stiftung, Bd. 1). Köln, Opladen 1960, S. 94 ff.

lichen Einrichtungen abzusinken... Die Möglichkeit des einzelnen, sich durch Rücklagen für Unvorhergesehenes eine gewisse Sicherung für die Zukunft aus eigener Kraft zu schaffen, muß positiv bewertet werden[19]". Neben diese — in der Formulierung von Friedrich Brunstäd, aber auch von Quadragesimo anno — „Individualnatur" des Eigentums stellt von Bismarck sogleich seine „Sozialnatur", indem er erklärt, daß „Eigentum nach evangelischer Auffassung immer sozial gebunden ist, das heißt, die Verfügbarkeit ist durch die Rücksicht auf die Nächsten begrenzt. Es trägt also niemals einen rein individuellen Charakter. Sein Gebrauch soll wie das Leben zugleich dem Allgemeinwohl dienen[20]." Die starke Betonung des „Dienstcharakters jedes Eigentums" und seiner „sozialen Gebundenheit" ist überhaupt das Charakteristikum dieses Beitrags von Bismarcks zum evangelischen Eigentumsverständnis[21]. Besondere Beachtung verdient die Tatsache, daß von Bismarck aus der Sozialnatur des Eigentums sogleich ohne jeden Winkelzug in einer geradezu befreienden Unmittelbarkeit und Geradlinigkeit die eigentumspolitischen Konsequenzen für die gegenwärtige Situation zieht: Wenn das Wort Gottes „jede überkommene Eigentumsstruktur unter eine soziale Prüfung stellt", dann kann sich daraus ergeben, daß diese „unter Umständen die Korrektur und Umgestaltung dieser Ordnung fordert. In dieser Weise ist für das evangelische Denken jedes gültige Argument zur Verteidigung von Eigentumsrechten auch ein Argument für die weitestmögliche Verteilung dieser Rechte (Oxford, 1937)[22]." In der gegenwärtigen Situation der Bundesrepublik führt das zu der Forderung einer „gerechten Verteilung des Eigentumszuwachses" und einer „möglichst breiten Eigentumsstreuung", die nicht allein betriebsindividuell durchzuführen ist, sondern „eine Frage der gesamten sozialen Strukturpolitik" darstellt und darauf abzielt, daß „bei einem allgemeinen Zuwachs des Volkseinkommens... all die verschiedenen Bevölkerungskreise nach Möglichkeit einen stärkeren Anteil am Sozialprodukt im Ganzen bekommen sollten[23]".

Daß in dem zitierten Sammelband sogleich im Anschluß an Klaus von Bismarck auch Walter *Künneth* federführend für die evangelische Eigen-

---

19 Klaus von Bismarck, Das Eigentum hat sozialen Charakter. Evangelische Vorstellungen zur Eigentumsbildung. In: Eigentum und Eigentümer, a. a. O., S. 97 f.

20 von Bismarck, a. a. O., S. 98.

21 Vgl. von Bismarck, a. a. O., insbes. S. 95 f, 102 f.

22 von Bismarck, a. a. O., S. 95.

23 Vgl. von Bismarck, a. a. O., S. 96, 100 f. - Bismarcks eigentumspolitische Auffassungen treffen sich mit denen v. Nell-Breunings und bekunden besonders deutlich, wie stark die Gemeinsamkeiten zwischen evangelischer und katholischer Eigentumslehre sind.

tumslehre in die Erscheinung tritt, zeigt die große Spannweite und Variationsbreite der evangelischen Auffassung des Eigentumsproblems[24]. Der den Gedankengang Künneths beherrschende Grundzug ist seine betont wohlwollende und positive Wertung des Kapitaleigentums: „Kapital ist der Ermöglichungsgrund der Gütererzeugung ... Je größer also das Kapital ist, desto größer wird das Sozialprodukt, der Wohlstand des Volkes, der Wirtschaft, der Gesellschaft. Das Kapital hat also eine Fundamentalbedeutung für die Realisierung des unter dem Aspekt der Erhaltungsordnung Gottes stehenden Wirtschaftszweckes. Das Werk der Wirtschaft muß ja immer in dieser letzten Bezogenheit gesehen werden: Das Kapital dient der Realisierung dieser Ordnung Gottes. Das gilt auch bis zu einem gewissen Grade für die Kapitalkonzentration in Wirtschaftskonzernen und Aktiengesellschaften. Es ist an sich auch dort Sammlung von Kapitalgut für die Erfüllung von Wirtschaftsaufgaben. Da ist zunächst einmal eine geschichtliche Möglichkeit, welche als solche keineswegs von vornherein mit einem negativen Vorzeichen versehen werden darf. Das gilt auch für den Reingewinn und für die Ausschüttung der Dividenden[25].“ Schon hier stellt sich kritisch die Frage, ob aus den Prämissen nicht mehr gefolgert wird, als es die Sachverhalte erlauben: Daß „der Wohlstand des Volkes und der Gesellschaft“ eine Resultante der Kapitalausstattung der Wirtschaft sei, darf man bezweifeln, wenn man Volkswohlstand und Gemeinwohl nicht mit der Summe der materiellen Güter gleichsetzen will. Anfechtbar erscheint auch die von Künneth dem Kapitaleigentümer gewiesene Richtung seiner ethischen Verantwortung: „Das Kapital ist anvertrautes Gut. Das Gleichnis Jesu von den anvertrauten Pfunden ist ein überaus seltsames und doch hochmodernes Gleichnis. Hier wird nämlich gesagt, daß eigentlich Gott selbst der Stifter dieses Gutes ist, eines Gutes, das nicht tot, sondern zur Arbeit bestimmt ist. Das Kapital ist nach Gottes Willen keine ruhende Größe, sondern immer in Bewegung. Es umfaßt daher Recht und Pflicht zur Vermehrung, zur Steigerung des Kapitalbesitzes[26].“ Das Neue Testament enthält keine Unternehmerethik und keine Aufforderung zur Gewinnmaximierung, das darf man ohne Bedenken der zu leicht gerüsteten bibli-

---

[24] Vgl. Walter Künneth, Rechte und Pflichten des Kapitaleigentümers nach der evangelischen Sozialethik. In: Eigentum und Eigentümer, a. a. O., S. 107—123. - Ders., Moderne Wirtschaft - Christliche Existenz. Eine Einführung in die Hauptprobleme einer christlichen Wirtschaftsethik. München 1959, S. 31 ff.

[25] Künneth, Rechte und Pflichten, a. a. O., S. 113 f.

[26] Künneth, a. a. O., S. 116.

schen Argumentation Künneths entgegenhalten[27]. Es trifft allerdings zu, wenn Künneth sagt, daß „der historische Entstehungsgrund des Kapitaleigentums ... eine ethische Möglichkeit darstellt, zu der wir nicht von vornherein nein sagen können. Denn auch das Kapitaleigentum ist nur eine Variation des persönlichen Privateigentums, das freilich bestimmte Rechte und Pflichten einschließt[28]." Und was im einzelnen zur „personellen Bedeutung des Kapitaleigentums" ausgeführt wird, deckt sich im wesentlichen — von individualistischen Überspitzungen abgesehen — mit der herkömmlichen Begründung des Privateigentums überhaupt: „Der Kapitalbesitz bietet über den Verbrauch und Erwerb von Konsumgütern hinaus die Ermöglichung der Freiheit persönlicher Existenz. Die grundsätzliche Konstanz dieses Eigentums bedeutet ja Machtsetzung, erweckt Ansehen, Einfluß und Ehre. Dadurch ist die Basis für das Leben und Handeln der freien Persönlichkeiten jedenfalls im Prinzip gegeben. So wird Kapitalbesitz in der Tat zu einem Sinnbild des unabhängigen Herrentums in Kontrast zum unfreien Sklaventum ... Zugleich verbindet sich mit der Dauerhaftigkeit des Privateigentums eine gewisse Garantie der Sicherheit der Existenz. Der Kapitalbesitz ermöglicht prinzipiell eine Existenz, die nicht unmittelbar von den Wechselfällen des Schicksals bedroht und nicht abhängig ist von Schwankungen und Unsicherheiten. Die Stabilität des Kapitaleigentums ist eine Voraussetzung sinnvoller, die Zukunft miteinplanender Existenzgestaltung ... Das Kapitaleigentum muß zutiefst als ein Medium der Persönlichkeitsbildung verstanden werden. Im Besitzen soll ja zum Bewußtsein gebracht werden, daß der Mensch bestimmte Möglichkeiten hat, das Leben zu gestalten[29]." Zu dieser individualethischen tritt die sozialethische Sinnbestimmung des (Kapital-)Eigentums hinzu, von Künneth als die „regulative, kritische Funktion der Sozialethik" angesprochen, als das „sozialethische Sinngefüge", welches „im Dienstcharakter des Kapitaleigentums zum Tragen kommt" und in Frage gestellt wird, „wenn der Kapitalbesitz

---

[27] Ernst Wolf bemerkt zu Künneths Eigentumsethik, sie zeige „die trotz aller Versuche zur Erreichung der gegenwärtigen Situation durchgängig bestimmende Rückgewandtheit des Blicks auf das 19., ja zum Teil auf das 16. Jahrhundert" und erklärt sie „als Beispiel des Rückzuges gegenüber einem ‚Unheimlichen' der Eigentumsproblematik oder als Ausdruck vorherrschender Verlegenheit und Unzulänglichkeit ihr gegenüber, wobei im allgemeinen ein ungeklärter Begriff von ‚Privat'-Eigentum im Hintergrund steht" (a. a. O., S. 2 f.).

[28] Künneth, a. a. O., S. 112.

[29] Künneth, a. a. O., S. 112 f. - Vgl. auch Künneth, Moderne Wirtschaft - Christliche Existenz, a. a. O., S. 32 f.

als Selbstwert mißdeutet und damit der Dienstcharakter des Kapitals geleugnet wird. Dann tritt an die Stelle des verantwortlichen Eigentums die subjektive Willkür, eine Willkür, welche ohne sozialethische Bändigung zu radikalen Mißbräuchen führt. Das Kapital wird dann vergeudet oder fehlgeleitet, indem es in falscher Weise, vielleicht sogar für unethische Zwecke oder auch in rücksichtslosen wirtschaftlichen Machtpositionen verwendet wird[30].“ Auf der Basis der „grundsätzlichen Bejahung der sozialen Partnerschaft“ und der „prinzipiellen Bereitschaft zu einer gerechten Verteilung des Produktionsergebnisses“ spricht Künneth sich auch für den Gedanken des Miteigentums aus[31]. Im ganzen sind aber seine sozialethischen und sozialpolitischen Konsequenzen, verglichen mit denen Klaus von Bismarcks, bedeutend kürzer und schwächer. Der Weg einer makroökonomischen, auf die Steigerung der Anteile am Sozialprodukt im ganzen gerichteten Vermögensbeteiligung liegt außerhalb seines Blickfeldes; eine gesetzlich-tarifliche Regelung erscheint suspekt, weil in ihr das „Prinzip der Freiwilligkeit“, die „Freiheit der persönlichen Entscheidung“ und der „persönliche Einsatz“ nicht zur Geltung kommen. Demgegenüber muß es auffallen, wenn Künneth an anderer Stelle erklärt: „Das Kapitaleigentum kann Erbe sein. Dann ist es ein schicksalhaftes, übertragenes, in Besitz genommenes Gut“, welches „persönlich unverdient und ohne persönliche Leistung erworben“ ist[32]. Verwirrt steht Künneth vor Ludwig Rosenbergs Wort vom „Skandal der ungerechten Vermögensverteilung“ und kann es sich anscheinend nur tiefenpsychologisch als Rückfall in die dunkelsten Abgründe marxistischer Verworfenheit erklären[33], obwohl es sich um die bekannte, von Paul Jostock geprägte Formulierung eines exakt-wissenschaftlich nachgewiesenen Sachverhalts handelt[34]. Es liegt in der Linie der individualethisch akzentuierten Betrachtungsweise Künneths, wenn er ohne Einschränkung Sozialisierungsmaßnahmen als „Verantwortungsschrumpfung“ zurückweist, weil „dem einzelnen die Verantwortung durch die Entscheidung des Kollektivs abgenommen (wird). Hier zeigt sich ein unethisches Gefälle zu einer unpersönlichen Anonymität[35].“ Es ist aber Gemeingut der

---

[30] Künneth, Rechte und Pflichten, a. a. O., S. 114 f.

[31] Vgl. Künneth a. a. O., S. 118 ff.

[32] Vgl. Künneth, a. a. O., S. 111 f., 116, 120 f. - Zum Vergleich sei verwiesen auf die Ausführungen Klaus von Bismarcks, a. a. O., S. 99 ff.

[33] Vgl. Künneth, a. a. O., S. 110.

[34] Vgl. Paul Jostock, Das Sozialprodukt und seine Verteilung. Paderborn 1955.

[35] Künneth, a. a. O., S. 115.

Soziallehre, daß Sozialisierungen unvermeidlich sind, wenn es sich um anonyme, das Gemeinwohl gefährdende Machtgebilde handelt, deren Virulenz auf andere Weise nicht beseitigt werden kann.

Ernst *Steinbach* ist darum bemüht, die theologische Sicht des Eigentums und der eigentumspolitischen Gegenwartsproblematik von ideologischen Überlagerungen zu befreien und die Theologie des Eigentumsgedankens auf ihren biblischen Kern zu reduzieren: Es haben sich „die verschiedensten Sozialtheorien auf die Bibel berufen. Die konservativen Protestanten des späten 19. Jahrhunderts haben ihre Auffassung von der Heiligkeit des Privateigentums mit ihr begründet. Andere wieder haben genau die umgekehrten Folgerungen gezogen; radikale Veränderungen der Eigentumsordnung im Sinne des Kommunismus sind unter Berufung auf die Bibel gefordert worden. Ich glaube, wir sollten daraus schnellstens die Konsequenz ziehen, daß diese Methode, mit der Bibel zu argumentieren, in jedem Falle falsch ist[36]." Ebenso entschieden weist Steinbach aber auch die Auffassung zurück, die Bibel kümmere sich um die Frage der Eigentumsordnung überhaupt nicht. Schon das *Alte Testament* habe die Eigentumsfrage in den Zusammenhang der Zehn Gebote aufgenommen. In ihnen aber gehe es um die unmittelbare Beziehung von Person zu Person, zwischen Gott und dem Menschen, zwischen dem Menschen und seinem Nächsten, um eine Begegnung, die sich in concreto an dem Lebensstoff bewähre, den die Gebote nennen. Zur rechten Begegnung aber mit dem Nächsten gehörten auch das Wissen um das, was ihm gehört, und die Bereitschaft, das ihm Gehörende zu achten. „Damit wird das Eigentum mit aller Deutlichkeit zum konstitutiven Merkmal der menschlichen Existenz erklärt. Wer dem anderen auf irgendeine Weise nimmt oder vorenthält, was ihm gehört, hat in Wirklichkeit die Person des anderen gekränkt[37]." Im siebenten Gebot wird „nicht etwa die allgemeine Berechtigung erteilt, Eigentum zu haben", sondern „das Eigentum als Institution ist von dem Gebot einfach vorausgesetzt", und auf Grund dieser Voraussetzung verlangt es, daß wir uns um eine lebendige Ordnung bemühen, in welcher der Nächste geehrt und geliebt wird in bezug auf das, was ihm gehört[38]. Die Dinge sind im letzten aber Gottes Eigentum und dem Menschen als Lehen übertragen, woraus sich die Forderung ergibt, „daß man mit den Gütern dieser Welt treuhänderisch

---

[36] Ernst Steinbach, Verlangt die evangelische Soziallehre eine Politik der breiten Eigentumsstreuung? In: Eigentum und Eigentümer, a. a. O., S. 127.

[37] Steinbach, a. a. O., S. 129.

[38] a. a. O., S. 130.

umzugehen habe[39]". Die Wegweisung des evangelischen Eigentumsverständnisses durch das *Neue Testament* läßt sich nach der Überzeugung Steinbachs in den drei Begriffen der Personalität, der Solidarität und Liberalität zusammenfassen. *Personalität* besagt dieses: Der Mensch ist in Christus dem persönlichen Gott begegnet und hat in dieser Begegnung das eigentliche Wesen von Welt und Leben erkannt. So ist der Mensch reich und zugleich frei geworden: Mit dem durch die Begegnung mit Gott gewonnenen Reichtum erlangte er zugleich die Freiheit von den Banden menschlicher Bedürftigkeit. Der Adel des Menschen ist, „daß er in Freiheit durch die Welt wandern darf... Die Freiheit darf niemals aufgegeben werden; immer muß die Möglichkeit gegeben sein, sie im Leben praktisch zu verwirklichen[40]." Der Grundsatz der *Solidarität* aber gründet in der Gemeinsamkeit, in der die Menschen den göttlichen Reichtum erfahren haben, und verlangt deshalb, daß „wir einander helfen, das göttliche Geschenk unter uns auszuteilen..., daß wir die Freiheit zum Dienst erlangen[41]". Wo es also dem einzelnen nicht gelingt, seine personale Freiheit zu erringen, muß er auf die Hilfe der Mitmenschen rechnen können. Der Gesichtspunkt der *Liberalität* meint „die Hochbewertung des großzügigen Menschen, der zu schenken vermag"; der die Sachgüter als Werkzeug ansieht, „dessen er sich zum Schenken bedienen kann", und in dieser Bereitschaft zum Verzicht „die höchste Selbstdarstellung der christlichen Einstellung zum Eigentum repräsentiert, weil solche Haltung die höchste Selbstdarstellung des durch die Begegnung mit Gott reich und frei gewordenen Menschen ist[42]". „Nur wer die Freiheit besitzt zu schenken, vor allem sich selbst zu verschenken, hat nachgewiesen, daß er ein reicher Mensch ist, daß er den schenkenden Gott in seiner Freiheit und in seinem Reichtum erkannt hat[43]." — Von diesen Gesichtspunkten her ergeben sich folgende Konsequenzen: Der Grundsatz der Personalität führt im institutionellen Bereich zu der Auffassung, „daß eine Gesellschaft um so gesünder ist, je mehr selbständige Existenzen sie enthält". Dabei ist sowohl „an die äußere, an die wirtschaftliche Selbständigkeit gedacht" als auch an „die innere Unabhängigkeit". Sofern das Eigentum ein Mittel der Sicherung dieser Unabhängigkeit ist, „muß vom Gesichtspunkt der Personalität, der für die evangelische Soziallehre wesentlich

39 a. a. O., S. 132.
40 a. a. O., S. 137 f.
41 a. a. O., S. 137, 141.
42 Vgl. a. a. O., S. 134, 143 f.
43 a. a. O., S. 136.

ist, die Forderung einer breiten Streuung von Eigentum zweifellos bejaht werden", wobei vor allem zu berücksichtigen ist, daß dieses Eigentum an die Familie gebunden sein muß; daß „die Familie als kleinster Haftungsverband, als enge Lebensgemeinschaft, in welcher der eine auf den anderen unmittelbar angewiesen ist, in einer gesunden Gesellschaft mit dem größten denkbaren Maße von äußerer und innerer Unabhängigkeit ausgestattet sein" muß. Hinsichtlich des Verfahrens der Eigentumsstreuung wird als notwendig erachtet, daß unter den psychologischen Voraussetzungen einer Übergangszeit auch Maßnahmen eines „eleganten Zwanges" mit in Kauf genommen werden müssen[44]. Aus dem Grundsatz der Solidarität aber folgt, daß eine als Dienstordnung verstandene Gesellschaft in ihrem Ordnungsstreben „niemals zur Ruhe kommen kann. Immer ist uns die bessere Gesellschaft als Aufgabe gesetzt; die Frage, ob die Gesellschaft wirklich im christlichen Sinne eine Dienstordnung sei; ob sie nicht erheblich mehr und anderes leisten müsse, um eine solche Ordnung zu werden, steht auch vor uns. Die Christen können also niemals eine bestimmte Gesellschaftsordnung und ebensowenig eine bestimmte Eigentumsordnung als die für ein und allemal gültige, durch das christliche Sozialvorurteil sanktionierte Ordnung bejahen... Man muß das ausdrücklich sagen, weil immer wieder in der Geschichte und auch heute in unserer Gegenwart starre konservative Einstellungen mit christlichen Argumenten verkleidet werden[45]."

Heinz-Dietrich *Wendland* sieht den Ausgangspunkt der Eigentumsbegründung in der „engen Verknüpfung zwischen Person und Eigentum[46]". Es ist Wendland bewußt, daß bei der Wahl dieses Ansatzpunktes für das weitere Verständnis des Eigentums das rechte Verständnis des Personbegriffs von entscheidender Bedeutung ist. Er definiert deshalb präzis, daß „unter Person der einzelne in seiner von Gott geschaffenen und zur Gemeinschaft berufenen Personalität verstanden wird", dies in der Weise, „daß unser Personsein jeweils durch die Gegenwart des Nächsten bestimmt ist", daß es also „überhaupt kein Personsein im evangelischen Verständnis gibt, das nicht durch die — mich bedrängende, mich in Anspruch nehmende, mich bindende, mich begrenzende — Wirklichkeit des Nächsten bestimmt wäre", weshalb es „keinen evangelischen Personenbegriff gibt, der formuliert werden könnte, ohne daß die Kategorie und die Realität des Nächsten voraus-

---

44 Vgl. a. a. O., S. 139 ff., 144 f.

45 a. a. O., S. 142.

46 Heinz-Dietrich Wendland, Eigentum und Gesellschaftsordnung im Lichte der evangelischen Soziallehre. In: Eigentum und Eigentümer, a. a. O., S. 152.

gesetzt wird[47]". Nachdem Wendland in dieser Form die Individual- und Sozialnatur der Person als gleichursprüngliche und gleichwertige, die Personalität konstituierenden Komponenten hervorgehoben hat, kann vernünftigerweise ein Mißverständnis nicht mehr auftreten, wenn er nun das Eigentum bestimmt als „Ausdrucksmittel, Gestaltungsmittel des persönlichen Lebens dieser Person", als „Ausdruck, Bedingung und Gestaltungsmittel des ‚Eigenseins' dieser Person", als „institutionellen Raum, in dem personale Freiheit agiert[48]". Durch die Einbeziehung der socialitas in die Wesensbestimmung der Person ist sichergestellt, daß dieser der Person mit Hilfe des Eigentums zugesprochene Raum der Freiheit nicht autonom-individualistisch aufzufassen ist, sondern als Bindung in Freiheit an den Mitmenschen: „Gerade wegen dieser personalen Gebundenheit, wegen dieser personalen, im Eigentum sich sozusagen kristallisierenden, sozial sich realisierenden Freiheit liegt auf dem Eigentum eine Dienstpflicht", welche es ausschließt, daß „man in der überlieferten, individualistischen Weise vom ‚Privateigentum' redet, als wenn das etwas wäre, was ich für mich gesondert behalten und gesondert zurückbehalten könnte. Die apostolische Mahnung hebt gerade diese Möglichkeit schlechterdings auf. Was ich als Eigner bin, bin ich ja gerade in der Begegnung, in der Relation zu dem Mitmenschen. Daraus ist dann später auch die andere — gleichsam sozialpädagogisch orientierte — evangelische Lehre entwickelt worden, daß sich auch die Ausreifung der sittlichen Persönlichkeit gerade in dieser Begegnung mit dem Mitmenschen, mit dem Nächsten vollzöge[49]." Wendland bezieht sich in der Betonung der aus der Sozialnatur der Person resultierenden sozialen Gebundenheit des Eigentums auf Friedrich Brunstäds Begriff der „sozialen Hypothek", Beachtung verdient aber auch bei ihm die schon bei Brunstäd festzustellende Übereinstimmung mit den in Quadragesimo

[47] Wendland, a. a. O., S. 152 f.

[48] a. a. O., S. 152.

[49] a. a. O., S. 152 f. - Zur Begründung der sozialen Gebundenheit des Eigentums verweist Wendland auf Aussagen in den Briefen der Apostel: „Dieses Motiv (der Gebundenheit des Eigentums) spielt auch in den Briefen der Apostel eine Rolle, wenn dort gesagt wird: Das, was du mit deiner Hände Arbeit dir erwirbst - und du sollst arbeiten -, ist dazu bestimmt, damit du etwas habest, um anderen in ihrer Not davon darzureichen, selbst aber nicht anderen zur Last fällst (vgl. 2 Kor 9, 8; 1 Thess 4, 12; Jak 2, 15 f.)." - Vgl. dazu die Ähnlichkeit der biblischen Begründung der Sozialnatur des Eigentums bei Thomas von Aquin, S. th. II, II, 66, 2c: „Et quantum ad hoc (ad usum rerum) non debet homo habere res exteriores ut proprias, sed ut communes: ut scilicet de facili aliquis ea communicet in necessitates aliorum. Unde Apostolus dicit 1 ad Timoth. ult.: ‚Divitibus huius saeculi praecipe facile tribuere, communicare.'"

anno (n. 45) unter dem Begriff der Individual- und Sozialnatur des Eigentums beschriebenen Sachverhalten. – Auf der Basis dieser anthropologischen Grundlegung der Eigentumslehre untersucht Wendland umsichtig und behutsam, welche eigentumspolitischen Konsequenzen sich daraus für die evangelische Sozialethik ergeben könnten. Wendland scheut globale und simplifizierende Patentlösungen. Um überhaupt zu fundierten Ergebnissen zu kommen, hält er es unter den gegenwärtigen Verhältnissen für notwendig, daß man innerhalb des Eigentumsbegriffs wesentlich schärfer differenziert, als das früher geschehen ist[50]. Er unterscheidet vier Stufen des Eigentums, die jeweils durch eine andere Qualität des Verhältnisses der Person zum Eigentum bestimmt sind: 1. das persönliche Gebrauchs- und Verbrauchseigentum, zu dem auch das Eigenheim gehört; 2. das kleine und mittlere personale Eigentum an Produktionsmitteln, bei dem persönliche Eigentümerschaft und persönliche Verantwortung für das Eigentum noch lebendig sind; 3. das Großeigentum an Produktionsmitteln, das für die moderne Wirtschaft charakteristisch ist; 4. das öffentliche Eigentum. Es bestehe kein Zweifel, so führt Wendland nun im einzelnen aus, „daß die evangelische Soziallehre auf die Stärkung und Verbreitung des persönlichen Gebrauchs- und Verbrauchseigentums immer den größten Wert gelegt hat und legen muß . . ., daß eine breite Bildung personalgebundenen Verbrauchs- und Gebrauchseigentums der Ordnung einer Gesellschaft von Freien dienlich ist . . . Vorausgesetzt ist dabei, daß wir den Willen zur Eigenständigkeit der Person und darum auch zum personalgebundenen Eigentum als eine Grundkraft unserer Gesellschaft erkennen und mit allen Mitteln zu stärken versuchen. Denn breite Eigentumsbildung dient dem sozialen Frieden und kann durch Stärkung der Eigenständigkeit vieler ein Aufbauelement der ‚verantwortlichen' Gesellschaft werden[51]." Bei der Beurteilung des kleineren und mittleren Eigentums an Produktionsmitteln müsse zunächst die Tatsache zur Kenntnis genommen werden, daß die moderne Wirtschaft um der Produktion und ihres Ergebnisses willen des Großeigentums an Produktionsmitteln in viel höherem Maße bedarf als frühere Gesellschaftsordnungen; daß von daher aber auch die Gefahr der Übermächtigung der menschlichen Gesellschaft durch „Superstrukturen" gegeben ist. Gerade unter diesen Umständen erachtet Wendland es als eine „verantwortliche Pflicht der evangelischen Kirche und Soziallehre, der Entfaltung des kleineren und

---

[50] Vgl. hierzu und zum folgenden Wendland, a. a. O., S. 156.
[51] a. a. O., S. 156 f.

mittleren Eigentums an Produktionsmitteln und seinem Schutz zu dienen[52]". Die eigentliche Schwierigkeit der eigentumspolitischen Gegenwartsproblematik sieht Wendland in der „Frage nach dem Miteigentum breiter Bevölkerungsschichten in Gestalt des eigentlichen Produktionseigentums[53]". Wendland gibt zunächst zu bedenken, daß die herkömmlichen Warnungen vor dem Kollektivismus, obwohl in sich berechtigt, doch zu der Gefahr führen können, das Schlagwort „Kollektivismus" zu einer Verdeckung der Probleme des Miteigentums auszunutzen: „Weder mit dem Begriff des ‚Kollektivismus' noch mit dem Begriff der ‚Sozialisierung' und deren Ablehnung können die Probleme des Miteigentums einfach negativ erledigt werden[54]." Es gehe bei dieser Frage gewiß nicht um das Rechenexempel, vorhandenes Vermögen nach formalistischen Gleichheitsprinzipen schematisch auf die Beteiligten umzulegen. Die soziale Gerechtigkeit verbiete es aber, daß durch die Eigentumsmacht einer gesellschaftlichen Gruppe die andere ausgeschlossen und so ökonomisch-soziale Unfreiheit erzeugt würde. Die Gerechtigkeit fordere nicht eine statische Ordnung, sondern die Dynamik des ständigen Ausgleichs jener Ungleichheiten des Besitzens, die zur Unfreiheit und Ungerechtigkeit führen. Wendland distanziert sich aber von jeder Form einer „Rückwärts-Illusion", die eine Rückverwandlung unserer Gesellschaft in eine altbürgerliche Wirtschaftsordnung erwartet, bestehend aus einem von unabhängigen Einzeleigentümern getragenen Produktiveigentum. Er stellt aber die Frage, ob sich nicht neue Formen von gesellschaftlichen Trägern des Eigentums an Produktionsmitteln entwickeln ließen, Formen von Korporativeigentum, genossenschaftliche Träger von gruppenmäßig begrenztem „Gemeineigentum", in denen er ein bedeutsames Gegengewicht sieht gegen einseitig individualistische oder kollektivistische Lösungen der Eigentumsfrage und gegen einen alleinherrschenden Typus von Eigentum. Jedenfalls dürfe es nicht zu einem Verzicht auf Änderung der vorhandenen Eigentumsverteilung kommen; denn „eine verantwortliche Gesellschaft von Freien muß anders aussehen als die heutige, d. h. es müssen so viele Besitzlose als irgend möglich Anteil am Eigentum erhalten. Nur so ist eine reale Verbindung von Freiheit und Gerechtigkeit möglich, wie sie die evangelische Sozialethik fordert." Da es aber immer Nichtbesitzende geben wird, gilt die Forderung, „daß wir uns solidarisch wissen mit unseren Mitarbeitern in der Gesellschaft und daß wir uns solidarisch miteinander

[52] a. a. O., S. 157.
[53] a. a. O., S. 158.
[54] Vgl. hierzu und zum folgenden Wendland, a. a. O., S. 158 ff.

wissen als die Genossen an denselben Rechten und als Träger derselben Gemeinschaft", so unterstreicht Wendland noch einmal die Sozialnatur des Eigentums. Deshalb muß „der Blick evangelisch-sozialen Denkens immer besonders auf die Schwachen und Besitzlosen in der menschlichen Gesellschaft gerichtet werden, um diese zu stärken und zu Teilhabern ihrer Güter, vor allem aber auch zu Mitträgern der ‚verantwortlichen' Gesellschaft zu machen. Der Dienst an den Schwachen folgt aus der Ursendung und den Uraufgaben der Kirche in dieser Welt[55]."

Ernst *Wolf* hebt hervor, „daß dem Eigentum der Charakter einer Institution bzw. eines Mandates zukommt als einer entscheidenden Grundlage für die Verwirklichung menschlicher Existenz in bestimmten und konkreten innerweltlichen Bezügen", wobei Institutionen verstanden werden als „Stiftungen Gottes ..., die weithin gestaltungsfähig, aber im Grundriß vorgegeben sind", so daß in der Wirklichkeit der Institutionen „nicht nur ein Zustand, sondern und vor allem ein Vorgang" gesehen werden muß. Demnach ist Eigentum „auch wesentlich gestaltungsbedürftiger Vorgang, nicht bloß Zustand[56]". Das Eigentum als eine in seinem Grundriß vorgegebene und unverfügbare Institution ist von daher zu verstehen, „daß nach der Bibel Gott als der Eigentümer seiner Schöpfung den Menschen als seinen Stellvertreter einsetzt, damit er durch ihn seinen Herrschaftsanspruch auf der Erde wahre und damit der Mensch darin im Verhältnis auch zur Natur Mensch werde. Denn so wie der Mensch als Mensch lebt vom und im Gegenüber zu dem ihm von Gott geschenkten Mitmenschen, das heißt in einem personalen Verhältnis, so wird auch sein natürliches Verhältnis zur Erde — wie es das Tier zeigt — durch die Institution Eigentum befreit zu einem personalen. Eigentum ist also die Stabilisierung menschlich verfügenden Verhaltens im Bereich der Mitmenschlichkeit ... Die Eigentumsinstitution betrifft die mit- und zwischenmenschliche Beziehung im Hinblick auf Sachen, die zwischenmenschliche, und nicht die einer Person auf eine Sache, und auf Sachen, nicht auf Personen. Die eigentumsmäßige Verfügungsgewalt gestaltet die solidarische Existenzgemeinschaft mit der Erde im Rahmen der Mitmenschlichkeit und unter ihrer Voraussetzung. Daher kann Eigentum seinen ‚Sinn' nicht in der blanken Befriedigung rein biologischer Grund- und Folgebedürfnisse der Daseinsvorsorge haben, sondern in der

---

[55] a. a. O., S. 160 f.

[56] Vgl. Ernst Wolf, Eigentum und Existenz. Das Eigentumsproblem im Rahmen christlicher Sozialethik. In: Zeitschrift für Evangelische Ethik, 6. Jg. 1962, S. 15.

wesenhaften Menschwerdung des Menschen[57]." Die Institution Eigentum als Stiftung Gottes, durch die der Mensch stellvertretend Gottes Herrschaftsanspruch über das Geschaffene ausübt, „nimmt den Menschen in Verantwortung[58]". Wenn Wolf sagt, das Eigentum sei eine vorgegebene und unverfügbare, aber gestaltungsfähige und gestaltungsbedürftige Institution, so läuft das parallel zu den Aussagen der katholischen Eigentumslehre, daß die Institution Eigentum im unwandelbaren Naturrecht gründet und *als* Institution unaufhebbar ist; daß aber ihre Ausgestaltung unter dem Anspruch der jeweiligen geschichtlichen Situation steht und deshalb den Menschen als ständige Aufgabe gestellt ist[59]. Es muß aber noch die Feststellung Wolfs hinzugenommen werden, daß es sich nicht darum handeln könne, „eine ‚Eigentumslehre' als Teilstück etwa einer evangelischen Soziallehre im Sinne der traditionellen naturrechtlichen Erörterung des Eigentumsproblems innerhalb des strukturellen Ganzen einer Gesellschaftslehre zu entwickeln. Es geht vielmehr um die Frage nach der ethischen Bewältigung einer vorgegebenen Zugehörigkeit von Eigentum (als Institution) und menschlicher Existenz unter den für diese Existenz entscheidenden Gesichtspunkten der Freiheit und der Gerechtigkeit. Eine ‚gerechte Eigentumsordnung' aus einer hintergründigen Eigentumsontologie gewinnen zu wollen im Sinne etwa ‚gerechter' Zuteilung aller irdischen Güter, läuft immer wieder Gefahr, die Freiheit zu vergewaltigen und die jeweilige konkrete geschichtliche Existenz durch eine Ideologie, sei es des Gemein-, sei es auch des Privateigentums, zu gefährden[60]." Diese Feststellungen Wolfs sind mit dem vorangehend Gesagten nicht recht in Einklang zu bringen. Wenn Wolf sagt, daß das Eigentum als Stiftung Gottes eine vorgegebene und unverfügbare Institution sei, so handelt es sich hier doch um eine eminent ontologische Aussage, eben um eine Seinsaussage über einen vom Bewußtsein und Wollen des Menschen unabhängigen Tatbestand, dessen Existenz durchaus in der Linie der überkommenen naturrechtlichen Erörterung formuliert und verhandelt wird. Was Wolf zum Eigentum sagt, bewegt sich also offenbar auf der Basis einer „hintergründigen Eigentumsontologie", dies nicht in despektierlicher Bedeutung, sondern im Vollsinn des Wortes und im Verständnis der naturrechtlichen, ontologisch begründeten Eigentumslehre. Und daß sich auf der Basis der ontologischen Bestimmung des Eigentums

[57] Wolf, a. a. O., S. 15 f.
[58] a. a. O., S. 15 f.
[59] Vgl. hierzu insbes. Quadragesimo anno, n. 49.
[60] Wolf, a. a. O., S. 17.

als einer Institution kraft göttlicher Stiftung die Frage nach einer ‚gerechten' Eigentumsordnung stellt, wird durch Wolfs eigene Darstellung nicht nur nahegelegt, sondern erscheint unabweisbar; denn wenn die Institutionen als nicht nur „gestaltungsfähig", sondern auch als „wesentlich gestaltungsbedürftig" erklärt werden, so erhebt sich sogleich die Frage nach Weg und Richtung, nach Maßstab und Ziel dieser Gestaltung. Wolf fürchtet, daß die Freiheit vergewaltigt und die konkrete Situation gefährdet werde. Gewiß geht es um die Freiheit, die nur dann gesichert ist, wenn die geschichtlichen Gegebenheiten in vollem Umfang berücksichtigt werden. Aber die jeweilige geschichtliche Situation *allein* kann nicht die Maßstäbe liefern für eine Gestaltung der Eigentumsinstitution; denn diese ist ja „in ihrem Grundriß unverfügbar", eben weil sie Stiftung Gottes ist. So muß also jede Gestaltung — bei aller Berücksichtigung des historischen Befundes — die der Institution als Stiftung Gottes mitgegebene Entelechie des göttlichen Willens als Wegweisung beachten. Eigentumspolitische Gestaltung muß also auf Gerechtigkeit hin angelegt sein, verstanden als Gehorsam gegenüber dem in der Stiftung sich aussprechenden Willen Gottes. Das Bemühen um Gerechtigkeit ist somit nur möglich auf dem Boden einer „hintergründigen Eigentumsontologie", eines vorgängigen Verständnisses des der Institution von Gott gestifteten Sinngefüges.

In der vorangehenden Darstellung evangelischer Überlegungen zur Eigentumsfrage kamen diejenigen Theologen zu Wort, die schwerpunktmäßig in der Linie der lutherischen Theologie stehen und in ihrem Denken von Luthers religiös-theologischen Grundentscheidungen geprägt sind. Es zeigte sich, daß in den verschiedenen Stellungnahmen zum Eigentumsproblem zwar bestimmte Strukturen und Kategorien wiederkehren, daß aber von einer glatten Kongruenz und monolithischen Geschlossenheit nicht die Rede sein kann. Im folgenden kommt es nun darauf an, die Gedanken der von der dialektischen Theologie geprägten evangelischen Theologen zur Thematik des Eigentums in den Blick zu nehmen und auch hier festzustellen, was ihnen gemeinsam ist und was sie trennt.

Die Eigentumslehre Emil *Brunners* ist anthropologisch begründet in seiner Lehre vom Menschen als Imago Dei[61]. In seiner Gottebenbildlichkeit ist der Mensch als selbstmächtiges Wesen geschaffen, mit Freiheit und Ver-

[61] Vgl. Emil Brunner, Das Gebot und die Ordnungen. Entwurf einer protestantisch-theologischen Ethik. Tübingen 1932. - Ders., Der Mensch im Widerspruch. Berlin 1937. - Ders., Gerechtigkeit. Eine Lehre von den Grundgesetzen der Gesellschaftsordnung. Zürich 1943.

fügungsmacht ausgestattet und aufgerufen, in der Aktualisierung seiner Selbstmächtigkeit sein Menschtum zu verwirklichen. Die biblische Grundlegung dieser Auffassung des Menschen als Imago Dei findet Brunner, ebenso wie Dietrich Bonhoeffer, in der Genesis: „Gott schuf den Menschen nach seinem Bild und Gleichnis“ (Gen 1, 27) und in der Aufforderung an die Menschen: „Machet euch die Erde untertan“ (Gen 1, 28). Diese dem Menschen von der Schöpfung her mitgegebene Verfügungsmacht, seine Individualnatur, ist nur die eine Komponente seiner Gottebenbildlichkeit; denn die biblische Botschaft sieht den Menschen nicht als isolierte Individualität, sondern in der Zuordnung zum Mitmenschen, in der gegenseitigen Angewiesenheit. Gottebenbildlichkeit bedeutet also nicht nur Selbststand, sondern gleichzeitig Partnerschaft, die ihre biblische Begründung ebenfalls schon in der Genesis findet: „Gott schuf den Menschen als Mann und Frau“ (Gen 1, 27). Die Gottebenbildlichkeit ist also die Verklammerung des Menschen in der Doppelseitigkeit seiner Individual- und Sozialnatur. In genauer Entsprechung zu dieser Polarität der Person ergibt sich für Brunner die Sicht des Eigentums. Der Individualnatur des Menschen entspricht die Individualnatur des Eigentums: „Der individuell geschaffene Mensch bedarf eines Lebensraumes, in dem er sein Eigentümliches gestalten kann[62].“ Vom Negativen her formuliert: „Wer über nichts verfügt, kann auch nicht frei handeln ..., ohne Privateigentum gibt es keine Freiheit[63].“ Aus der Nähe des Eigentums zur Person ergeben sich Grade der Abstufung seiner personalen Gebundenheit. So stehen Kleidung, Hausrat und Wohnung in einer stärkeren Nähe zur Person als etwa manche abstrakten Formen des modernen Kapitaleigentums. Darauf folgert Brunner: „Je enger die Verbundenheit mit der Person, desto mehr ist Eigentum um der schöpfungsmäßigen Freiheit willen notwendig[64].“ Aber ebensowenig wie die Individualnatur der Person individualistisch mißverstanden werden darf, ebensowenig berechtigt die Individualnatur des Eigentums zu Mißbrauch und Willkür in der Verfügung über die Sachgüter. Das ist der eine Aspekt des Eigentums. Der andere ist dieser: Aus der Sozialnatur des auf die Gemeinschaft hin angelegten Menschen ergibt sich die Sozialnatur des Eigentums, der „Gemeinschaftsvorbehalt“ gegenüber der individuellen Verfügung über Sachgüter. Wenn der Mensch wesensmäßig, von der Schöpfungsordnung her

---

62 Brunner, Gebot, a. a. O., S. 389.

63 Brunner, Gerechtigkeit, a. a. O., S. 70.

64 Brunner, Gerechtigkeit, a. a. O., S. 176.

der Gemeinschaft zugeordnet ist, dann wirkt sich diese Zuordnung auch auf den Eigentumsgebrauch aus. Ebenso wie wir „im Glauben an die Schöpfung den einzelnen nie anders als den einzelnen in Gemeinschaft kennen", in seiner Angewiesenheit auf die Gemeinschaft, ebenso ist auch die Verfügungsmacht über Sachwerte bedingt durch diese Angewiesenheit und Gebundenheit des Menschen in seiner Sozialnatur[65]. Brunner betont, daß das Schöpfungsrecht des Eigentums jedem Menschen zustehe, wenn auch jede „ungerechte Gleichmacherei" zurückgewiesen werden müsse, weil „das natürliche Empfinden uns sagt, daß nichts unerträglicher wäre als die Gleichheit", und weil die schöpfungsmäßige Ungleichheit der Menschen auch zu Ungleichheiten in den Eigentumsverhältnissen führe[66]. Die tatsächliche Ungleichheit aber in der Verteilung der Erdengüter, die einen großen Teil der Menschen vom Eigentum ausschließe und ihnen damit den Raum für die Entfaltung ihres Menschseins nehme, beruhe keineswegs auf der in der Schöpfungsordnung gründenden Ungleichheit der Menschen, sondern sei eine Folge „gemeinschaftswidriger Energien", wie etwa des hemmungslosen Erwerbsstrebens, des Geizes und der Skrupellosigkeit in der Durchsetzung wirtschaftlicher Interessen. Deshalb wendet sich Brunner gegen jedes Privateigentum, welches die berechtigten Ansprüche anderer auf Eigentum nicht zur Geltung kommen läßt, insbesondere gegen jede Form mißbräuchlicher Ausnutzung monopolistischer Machtpositionen.

Er sieht die Tragik der modernen kapitalistischen Wirtschaft darin, daß die der schöpfungsmäßigen Wirtschaftsordnung widersprechende Konzentration von Kapital, die den Charakter einer „schicksalsmäßigen Unvermeidlichkeit" zu haben scheine, die Besitzenden ohne eigene Leistung automatisch reicher werden lasse. Übermäßige Besitzkonzentration einzelner bedeutet eine Gefährdung des Gemeinwohls und muß deshalb vom Anspruch der sozialen Gerechtigkeit her bekämpft werden. Diese richtet sich aber nicht auf die Verwirklichung des anderen Extrems, den Staatssozialismus und die *Gleichheit* aller, sondern auf *Ausgleichung* sozialer Ungerechtigkeiten, so etwa mit Hilfe des Verfahrens der Abschöpfung übergroßer Vermögen durch progressive Besteuerung und ähnliche Mittel.

Nils H. *Soe* sucht die Eigentumslehre des Alten und des Neuen Testamentes, der Kirchenväter und der Reformatoren zu verdeutlichen und setzt sich sodann mit den beiden Extremen des Individualismus und des Kom-

---

[65] Vgl. Brunner, Gebot, a. a. O., S. 389; Gerechtigkeit, a. a. O., S. 176.
[66] Vgl. hierzu und zum folgenden Brunner, Gerechtigkeit, a. a. O., S. 175 ff.

munismus auseinander[67]. Seine Darlegungen bringen resümierend allgemein bekannte Gedanken, denen er neue Gesichtspunkte nicht hinzufügt. Die Begründung und Sinnbestimmung des Eigentums bei Soe ist ein aus biblischen, humanitären und pragmatischen Elementen zusammengefügter Argumentationskomplex. Seine Eigentumsbegründung faßt er in der Feststellung zusammen: „Ein Recht auf Besitz von Verbrauchsgütern kann man dem einzelnen Menschen praktisch nicht bestreiten, da sich ja das Leben nur durch den ständigen Erwerb zum mindesten der Nahrung erhalten läßt. Und auch das kulturelle Leben ist nur dadurch möglich, daß der einzelne ein solches Verfügungsrecht über bestimmte Güter erhält, daß es faktisch einem Eigentumsrecht gleichkommt[68].“ Wenn der Christ „Ungerechtigkeit beobachtet, die sich durch bessere Gesetzgebung beseitigen ließe, gilt es nicht Passivität, sondern Kampf“, wenn auch „gerade der Christ um die Unmöglichkeit weiß, jemals eine völlig gerechte Verteilung des Eigentums oder eine alle befriedigende Erwerbsmöglichkeit zu schaffen, und einsieht, daß Veränderungen in der Besitzverteilung keine so tiefgreifende Wirkung haben werden, wie man es in sozialdemokratischen Kreisen noch oft annehmen möchte“. Unabhängig davon, wie die jeweilige soziale Ordnung im einzelnen aussehen mag, muß der Christ wissen, „daß ihm sein Eigentum nicht zum eigenen Wohlergehen und zur Bereicherung seines Lebens gegeben ist, sondern als Mittel zum Dienst der Liebe, d. h. einerseits als Mittel zur rechten Ausübung seiner Berufsarbeit, andererseits für den unmittelbaren Dienst am Nächsten, etwa um seiner Not abzuhelfen. Schon außerhalb der christlichen Ethik wird man zugeben, daß die zentrale Frage nicht die ist, wieviel einer besitzt, sondern ... wie er das gebraucht, was er hat. Der christliche Glaube bekennt sich zu dieser Auffassung, unterstreicht aber zugleich die Gefahren des Reichtums und die Pflicht, anderen zu helfen. Er fordert keine Askese, schärft aber die Genügsamkeit ein, die für jeden Menschen selbstverständlich sein muß, der in dieser notvollen Welt ‚in Liebe zu wandern‘ berufen ist[69].“

Alfred de *Quervain* bringt in seiner Eigentumslehre die Grundgedanken der calvinischen Ethik kraftvoll zur Geltung[70]. Calvins Eigentumsethik

---

[67] Vgl. Nils H. Soe, Christliche Ethik. Ein Lehrbuch (deutsche Ausgabe besorgt von Walter Thiemann). München 1949, S. 248 ff.

[68] Soe, a. a. O., S. 248.

[69] Vgl. Soe, a. a. O., S. 257 f.

[70] Vgl. Alfred de Quervain, Ruhe und Arbeit, Lohn und Eigentum (Ethik, 2. Teil, 3. Bd.). Zollikon 1956.

ist ja, wie erwähnt, von diesem Gedanken beherrscht: Die Bestimmung des Eigentums besteht darin, daß der Mensch mit Hilfe seiner Güter in der Gliedschaft der heiligen Gemeinde dem Nächsten diene und in diesem Dienst die Ehre Gottes verherrliche. Der Gedanke, daß christliches Leben sich verwirkliche im Dienst und im Aufbau der Gemeinde, nimmt bei Quervain wieder eine zentrale Stellung ein. Alle dem Menschen anvertrauten Gaben sind Geschenk der Liebe Gottes. Nach Gottes Willen aber soll er sich im Umgang mit den Gütern als ein für den Nächsten Verantwortlicher bewähren. In der Verwirklichung der Möglichkeit, dem ihm in der Gliedschaft der Gemeinde verbundenen Nächsten zu helfen, antwortet der Mensch Gott im Dank für die ihm zuteil gewordenen Gaben und Segnungen und im Lobe seiner Ehre. Privateigentum kann also niemals individualistisch verstanden werden in dem Sinn, „daß das, was der Mensch hat, zu seiner freien Verfügung steht. Wie er selber immer des anderen Bruder und Nächster ist, kann er das, was ihm zuteil wird, ihm nicht entziehen. Gerade weil er sich seines Eigentums freuen darf, weil es ihm gehört, gehört es zu dem Leben, das er gemeinsam mit den anderen lebt[71].“ Über diese Bezogenheit hinaus aber ist das Eigentum Mittel, die Güte und Ehre Gottes zu verherrlichen. Das ist seine letzte und höchste Sinnbestimmung[72].

Gottfried W. *Locher* bemüht sich, den Leitgedanken evangelischen Eigentumsdenkens nachzuspüren, und stellt fest, daß „entsprechend der Botschaft, daß unser keiner sich selber lebt und daß nur, wer sein Leben hingibt, es gewinnt, Gemeinschaft dem einzelnen, drum auch das Wohl der Gemeinschaft dem Privateigentum vorgeht. In Seiner Gemeinde hat Christus ein totales Recht, wir müsen alles Ihm zu unterstellen, alles aufzugeben bereit sein ... Nur wo alle das bonum commune suchen, kann jedem das Seine, suum cuique, zugeteilt werden. Es ist die Aufgabe des Staates, daß dies geschieht.“ Der Vorrang des bonum commune bedeutet, daß „die Wirtschaft als Ganzes wie das Eigentum des einzelnen eine dienende Funktion zu erfüllen hat. Sie soll durch die Bedarfsdeckung dem Aufbau der Gemeinschaft dienen und im Rahmen derselben dem einzelnen den Raum persönlicher Freiheit bereiten“, woraus sich des weiteren die Forderung ergibt: „Begrenzung der Freiheit, sich Eigentum zu erwerben und darüber zu verfügen, Begrenzung der potestas procurandi et dispensandi. Schutz der Freiheit durch Opfer an Freiheit, Schutz des Eigentums

---

[71] Quervain, a. a. O., S. 120.

[72] Vgl. im einzelnen zu Quervains Eigentumslehre Locher, Eigentumsbegriff, a. a. O., S. 191 ff.

durch Opfer an Eigentum ... Daß darin nicht ein notgedrungener und bedauernswerter Mangel an Freiheit und Eigentum liegt, sondern daß beide nur in dieser Begrenzung ihren Sinn und ihren Zusammenhang mit dem Dienst Gottes und mit der Humanität finden, das muß die evangelische Sozialethik mit aller Deutlichkeit betonen. Denn im Licht des Glaubens darf die Begrenzung nicht niedriger bewertet werden als die Betätigung der Freiheit und die Sammlung von Eigentum. Die Grenze ist ja der Ort meiner Begegnung mit dem andern und mit der Gemeinschaft, sie schafft die Möglichkeit, daß meine Freiheit und mein Eigentum der Freiheit und dem Eigentum des andern dienen[73]." Wenn die evangelische Ethik am Eigentumswesen festhält, so „mag dabei der Hinweis auf seine Bedeutung für des Menschen personhafte Freiheit und für die Entfaltung der Persönlichkeit seine Richtigkeit haben; daß er *das* evangelische Argument sei, wird man nicht aufrechterhalten können; ruft uns doch das Evangelium gerade in jene Nachfolge, in der wir vom Eigentum unabhängig werden. Wo die Bibel, besonders im Alten Testament, diese Persönlichkeitsentfaltung des Frommen in seinem ‚Haus' und dessen Gütern schildert, wird dabei deutlich genug an den schenkenden Segen Gottes erinnert; diese Dinge, nicht nur das Eigentum, sondern auch die Entfaltung der Persönlichkeit, gehören zu denjenigen, die uns ‚hinzugefügt' werden, wenn wir ganz nach dem Reich Gottes trachten. Im Glauben erkennen wir die Abhängigkeit unseres Menschseins von unserm Eigentum Gott sei Dank als begrenzt[74]." Daraus ergeben sich für die evangelische Eigentumslehre weitere essentialia, die Locher eindringlich und prägnant in ihrer inneren Folgerichtigkeit darstellt: Ein wesentliches Element ist der Gedanke, „daß alles Eigentum ein Lehen darstellt, das der *Verantwortung* unterliegt", die Betonung also des „reformatorischen Lehensgedankens, der mich über meinen Besitz zur Rechenschaft zieht[75]". Die im Lehenscharakter des Eigentums dem Menschen aufgegebene Verantwortung bewährt sich in der *Solidarität:* „Solidarisch eingesetztes und verwertetes Eigentum wird nie als ‚ungerecht' empfunden werden, auch wenn es dem Eigentümer hohen Gewinn einbringt. Was die christliche Ethik von jeher über die Notwendigkeit gesagt hat, daß Eigentum dauernd durch Arbeit neu zu rechtfertigen sei, muß nach dieser Seite hin ergänzt werden: Eigentum ist dauernd durch stets neue Solidarität zu rechtfertigen. Diese Solidarität muß sichtbar, kontrollierbar werden ... Der reformatorische

---

[73] Locher, Eigentumsbegriff, a. a. O., S. 205, 221.
[74] a. a. O., S. 206.
[75] a. a. O., S. 206, 214.

Lehensgedanke muß sich im wirtschaftlichen Dienstgedanken fortsetzen und im organisatorischen Solidaritätsgedanken realisieren ... Denn indem Christus uns erlöst hat zur verantwortlichen Bindung an Ihn und an den ‚Nächsten', hat er uns befreit von der knechtischen Bindung an die Dinge, auch von derjenigen an unser ‚Eigentum'. Christus hat uns geheiligt zur Bruderschaft; darum ist ein Zustand, in dem mein Eigentum oder eine allgemeine Eigentumsordnung als solche unüberwindlich zwischen mich und meinen Bruder tritt, eine Entheiligung und eine Verleugnung und lähmt die Gemeinde." Weil Christus in seiner Treue bei uns bleibt, weil er uns aus unserer verkehrten Einsamkeit und Gebundenheit befreit und in die Gemeinschaft stellt, deshalb „kommt die Christenheit keinen Tag mehr daran vorbei, um die rechte Gestaltung und Verwendung der uns anvertrauten Güter zu ringen. Denn die Eigentumsfrage ist nur eine Form der Frage, in der sie selbst gefragt ist: Wo ist dein Bruder[76]?" So dient das Eigentum in seiner letzten und höchsten Sinnbestimmung der Verherrlichung der Ehre Gottes. Das ist der alles überwölbende und verklammernde Zentralgedanke: Die mit dem Lehenscharakter des Eigentums aufgegebene Verantwortung, die Pflicht zur Solidarität zielen im letzten auf den Dienst Gottes und die „Bezeugung der Herrschaft Gottes", auf die Verwirklichung des christlichen Freiheitsideals: daß „wir frei werden zur Liebe. Daß der Dienst Gottes unsere Freiheit ist, das tritt nirgends deutlicher zutage als über unserem Eigentumsbegriff[77]."

Ein eindrucksvolles Dokument evangelischen Eigentumsverständnisses ist die Denkschrift des Rates der Evangelischen Kirche in Deutschland vom 6. April 1962, veröffentlicht unter dem Titel „Eigentumsbildung in sozialer Verantwortung — Eine Denkschrift zur Eigentumsfrage in der Bundesrepublik Deutschland[78]". Vorweg sei auf die Systematik der meisterhaft

[76] Vgl. Locher, a. a. O., S. 207 ff.

[77] Vgl. Locher, a. a. O., S. 209, 218, 222. - Zur Begründung verweist Locher auf die Aussagen des Römerbriefes: „So mahne ich euch, Brüder, bei dem Erbarmen Gottes, bringet euch als lebendige, heilige, Gott wohlgefällige Opfergabe dar, als euren geistigen Gottesdienst. Gleichet euch nicht dieser Welt an, vielmehr wandelt euch durch Erneuerung des Sinnes, um durch Erfahrung zu lernen, was der Wille Gottes ist, das Gute, Wohlgefällige und Vollkommene . . . Gebet allen, was ihr ihnen schuldig seid: wem Steuer, dem Steuer; wem Zoll, dem Zoll; wem Furcht, dem Furcht; wem Ehre, dem Ehre. Bleibet niemandem etwas schuldig, nur eines schuldet ihr immer: einander zu lieben. Denn wer den Nächsten liebt, hat das Gesetz erfüllt" (Röm 12, 1—2; 13, 7—8).

[78] Vgl. Eigentum in sozialer Verantwortung. Ein Beitrag zur Eigentumsfrage in der Bundesrepublik Deutschland. Mit einer Einführung von Friedrich Karrenberg. In: Zeitschrift für Evangelische Ethik, 6. Jg. 1962, S. 243—252. - Horst Dahlhaus, Mut zu einer breiten

aufgebauten Denkschrift aufmerksam gemacht: Die sozialethischen und sozialpolitischen Postulate der Denkschrift sind seinsmäßig fundiert: Am Anfang der Denkschrift stehen theologisch begründete Aussagen über Grund, Sein und Sinn des Eigentums (Teil I). Sodann folgt die Situationsanalyse, die Sichtung des empirischen Befundes (Teil II und III). Und dann erst werden die aus diesen beiden Prämissen sich ergebenden Forderungen erläutert (Teil IV und V). Gewiß verbinden sich in den einzelnen Aussagen immer wieder indikative mit normativen Formulierungen (eine solche Denkschrift ist ebensowenig wie eine Enzyklika als akademischer Traktat abgefaßt, sondern als Wort und Anruf zum Verstehen der Zeit und zur Bewältigung ihrer Aufgaben). Grundsätzlich aber ist klar und folgerichtig jener im Schema eines logischen Syllogismus verlaufende Weg der Entfaltung sozialethischer Probleme beschritten, den auch die katholische Gesellschaftslehre zu gehen pflegt: 1) Erkenntnis der wegweisenden Grundsätze und Leitbilder (theoretische Prämisse), 2) Feststellung des empirischen Sachverhaltes (empirische Prämisse), 3) Konsequenzen und Aufgaben menschlichen Handelns im sozialen Bereich (normative Konklusion)[79]. In ihrer theologischen Grundlegung macht die Denkschrift zunächst darauf aufmerksam, daß „alle Güter Gott zu eigen sind" (I, 1)[80]. Gott hat aber dem Menschen geboten, sich die Erde untertan zu machen und die Erdengüter zu verwalten, weil er „in Freiheit und in Verantwortlichkeit vor Gott seiner Bestimmung leben soll", und weil die Verfügung über die irdischen Güter „den Menschen hilft, in Verantwortung und Freiheit miteinander zu leben" (I, 2 und 4). Diese allgemeine Begründung des Eigentums wird sodann in ihren einzelnen Elementen entfaltet. In seiner wahren, den rechten Gebrauch normierenden Sinnbestimmung „dient das Eigentum dem Menschen dazu: a) für sein Leben und für das seiner Nächsten selber

---

Streuung des Eigentums. In: Sozialer Fortschritt, 11. Jg. 1962, S. 146—149. - Oswald v. Nell-Breuning, Eigentumsbildung in sozialer Verantwortung. In: Stimmen der Zeit, 170. Bd. 1961/1962, S. 304—307. - Eigentumsbildung heute in evangelischer Sicht. In: Herder-Korrespondenz, 16. Jg. 1961/62, S. 402—404.

79 Vgl. die präzise Markierung dieser logischen Struktur der Denkschrift in I, 6, letzter Satz: 1) Theoretische Prämisse: „Evangelische Gesichtspunkte", 2) Empirische Prämisse: Prüfung der „neu entstandenen Verhältnisse in der industriellen Gesellschaft und der besonderen Entwicklung der Eigentumsverhältnisse in der Bundesrepublik Deutschland", 3) Normative Konklusion: „Anregungen für eine Verbesserung der bestehenden Eigentumsverhältnisse".

80 Ähnlich der Ansatz der Eigentumsbegründung bei Thomas: „Deus habet principale dominium omnium rerum" (S. th., II, II, 66, 1 ad 1).

Vorsorge zu treffen; b) seine Gaben und seine Schaffenskraft in Freiheit zu entfalten; c) seine sittlichen Entscheidungen in größerer wirtschaftlicher Unabhängigkeit zu treffen; d) die Rechte des einzelnen und der Gesellschaft gegenseitig zu begrenzen und zu sichern; e) Wirtschaft und Gesellschaft als Ganzes interessiert und verantwortlich mitzubestimmen" (I, 4). Im Anschluß daran formuliert die Denkschrift den der Tradition der evangelischen und katholischen Eigentumslehre bekannten Gedanken der Individual- und Sozialnatur des Eigentums — ohne Verwendung des Terminus selbst — in einer geradezu klassischen Prägnanz, die im sozialethischen Sprachgebrauch ihren Platz behaupten wird: „Aus diesen Gründen treten wir als evangelische Christen dafür ein, daß jedem Menschen eine reale Möglichkeit eröffnet wird, Eigentum zu erwerben. Der Mensch soll ‚mein' sagen können, um frei zu sein. Im Dienst Gottes und des Verhältnisses zu den Mitmenschen und um des Gemeinwohls willen gilt freilich auch der Satz: Der Mensch muß ‚dein' sagen können, um frei zu bleiben" (I, 4 f.)[81]. Es ist Geist vom Geiste lutherischen Eigentumsdenkens, wenn alle diese Einzelaussagen bewußt und betont in den Zusammenhang ihrer biblischen Bezüge gestellt werden: Nachdem allen Menschen in Christus die Erlösung angeboten ist, muß sich jegliches Denken über das Eigentum von der einen entscheidenden Tatsache leiten lassen, daß „der Mensch mit oder ohne Eigentum berufen ist, in der Freiheit der Kinder Gottes zu stehen" (I, 3). Wenn auch „diese Freiheit des Menschen in Christus nicht so mißdeutet werden darf, als wäre das Eigentum ohne Bedeutung für das Menschsein" (I, 4), so wird sich doch der Christ, der in der Nachfolge des Herrn und als Mitmensch der Notleidenden lebt, „immer wieder persönlich vor die Frage gestellt sehen, ob er nicht alles hergeben müsse. Die Bewährung der Menschen vollzieht sich auch in Verzicht und Opfer und in Distanz gegenüber Hab und Gut. So sagt der Apostel Paulus von den rechten Christen, daß sie ‚haben, als hätten sie nicht' (I, 5)." Der Heiligen Schrift sind indessen „keine unabänderlich gültigen Einzelbestimmungen zur Frage des Eigentums" zu entnehmen. Sie gibt dem Menschen die Weisung, daß er im Umgang mit dem Eigentum „nach Gottes Willen in einer Spannung zwischen der Freiheit zur Aneignung und zum Verzicht leben soll". Darüber hinaus aber ist es notwendig, „daß sich jede Generation von neuem

---

81 Vgl. als Parallelen hierzu insbes. Brunstäd, a. a. O., S. 355 ff. - Brunner, Das Gebot, a. a. O., S. 389; Gerechtigkeit, a. a. O., S. 175 ff. - von Bismarck, a. a. O., S. 94 ff. - Quadragesimo anno, n. 45.

unter sorgfältiger Beobachtung der sachlichen Voraussetzungen mit einem von der Heiligen Schrift erleuchteten Gewissen prüft, wie zwischen Recht und Unrecht in der Frage des Eigentums zu unterscheiden ist" (I, 6)[82]. Nachdem die Denkschrift auf diese Weise das theoretische Fundament, die Wegweisungen und Haltepunkte ihres Eigentumsverständnisses bestimmt hat, geht sie nun dazu über, die beiden nächsten Schritte zu tun, indem sie die geschichtlich-konkrete Eigentumssituation prüft und sodann die sozialnormativen Schlußfolgerungen für die Eigentumspolitik herausstellt: „Diese evangelischen Gesichtspunkte geben Veranlassung, im folgenden die neu entstandenen Verhältnisse in der industriellen Gesellschaft und die besondere Entwicklung der Eigentumsverhältnisse in der Bundesrepublik Deutschland kritisch zu prüfen und Anregungen für eine Verbesserung der bestehenden Eigentumsverhältnisse zu geben" (I,6). - Die Beschreibung des empirischen Befundes der geschichtlichen Eigentumsverhältnisse beginnt mit der Charakterisierung der industriellen Gesellschaft. Die Verfasser der Denkschrift haben sich, ebenso wie Leo XIII. und Pius XI., keine Sorgen darum gemacht, mit ihrer Analyse der kapitalistischen Klassengesellschaft in die Nähe von Karl Marx zu kommen: Es ist ein typisches Kennzeichen der modernen industriellen Gesellschaft, daß „der einzelne weithin nicht mehr Eigentümer seiner Arbeitsmittel sein kann" und infolgedessen „in vielfältige Abhängigkeiten verflochten wird" (II,7). Wenn auch solche Abhängigkeiten „nicht im Widerspruch zur Freiheit und zur Würde des Menschen zu stehen" brauchen, so haben sie tatsächlich doch dahin geführt, daß in der modernen Wirtschaft „einseitig die einen begünstigt, die anderen aber benachteiligt werden"; daß „sich das Eigentum am Produktivvermögen in verhältnismäßig wenigen Händen vereinigt" und eine Ordnung entstanden ist, „die eine einseitige Anhäufung von Eigentum an Produktivvermögen begünstigt, die große Masse der damit arbeitenden Menschen

---

[82] Vgl. die Feststellungen Oswald v. Nell-Breunings, a. a. O., S. 305: „Sehr schön wird die bereits von Pius XI. in „Quadragesimo anno" 49 so stark betonte Wandelbarkeit der Institution des Privateigentums damit begründet und dahin erläutert, der Mensch soll ‚im Umgang mit dem Eigentum . . . in einer Spannung leben zwischen Freiheit zur Aneignung und zum Verzicht' . . . Für die evangelische Haltung ist kennzeichnend, daß eigens betont wird, die Heilige Schrift wolle uns keine unabänderlich gültigen Einzelbestimmungen zur Frage des Eigentums auferlegen; nichtsdestoweniger wird die Prüfung dem ‚von der Heiligen Schrift erleuchteten Gewissen' aufgetragen. Auch der katholische Christ wird sein Gewissen von der Heiligen Schrift erleuchten und vor allem schärfen lassen; in der ‚sorgfältigen Beobachtung der sachlichen Voraussetzungen' wird er die ihm geläufige Orientierung an der lex divina naturalis, den naturrechtlichen Normen, wiedererkennen."

aber daran weithin ausschließt" (II, 8, 9, 10)[83]. Eine solche Ordnung „kann zwar unter bestimmten Umständen einer Stärkung der Produktivkraft der Wirtschaft dienlich sein, sie entspricht aber nicht den Grundsätzen einer gerechten Verteilung des Sozialprodukts" (II, 10). Gegenüber den ständigen Versuchen, die industriellen Großvermögen durch den Hinweis auf unternehmerische Leistung zu rechtfertigen, wirkt die Feststellung der Denkschrift geradezu befreiend: „Niemand besitzt Güter und Gaben, die er nur durch seine eigene Leistung und nicht in erster Linie durch göttliche und menschliche Hilfe empfangen hat." Daraus werden sogleich die Konsequenzen gezogen: „Die wirtschaftliche Überlegenheit solcher Menschen, die ein höheres Einkommen und Eigentumsrechte an Produktionsmitteln haben, legt diesen auch größere soziale Verpflichtungen auf" (II, 12). Der Hinweis der Denkschrift, es müsse in einer freien Wirtschaft vor allem „durch funktionierenden Wettbewerb und durch Stabilität der Währung dafür gesorgt werden, daß die gesetzlich festgelegte Mehrbelastung der wirtschaftlich Stärkeren real bleibt und nicht nur nominellen Charakter annimmt", verdient besondere Beachtung (II, 12). — Nach dieser generellen, auf die industrielle Gesellschaft im ganzen bezogenen Analyse stellt die Denkschrift im Blick auf die besonderen Verhältnisse der Bundesrepublik fest, daß sich in der Zeit nach dem zweiten Weltkrieg die einseitige Vermögensbildung in den Händen weniger fortgesetzt hat. Sie läßt die Frage offen, ob diese Entwicklung unvermeidlich war oder ob nicht ein einigermaßen gleichmäßiger Start und eine gerechte Verteilung der neu entstandenen Vermögen erreichbar waren, und nennt nur die wichtigsten Gründe dieser Fortsetzung der Vermögenskonzentration: Warenhortung vor der Währungsreform, Steuervergünstigungen, Marshallplanhilfe und insbesondere Preissteigerungen für Verbrauchsgüter infolge des Nachholbedarfs. Auf diese Weise wurden die Inhaber von Eigentumsrechten über Produktionsmittel nicht „entsprechend ihrer Leistungsfähigkeit belastet, sondern im Interesse des wirtschaftlichen Wiederaufbaus entlastet und somit in ihrer Eigentumsbildung einseitig gestärkt" (III, 13). Weil die so entstandene Eigentumsverteilung in vielen Fällen den Beiträgen der im Wirtschaftsleben tätigen Menschen nicht gerecht wird, muß sie als bedenklich angesehen werden

---

83 Vgl. hierzu Rerum novarum, n. 1, 2, 35; Quadragesimo anno, n. 3 ff., 57, 100, 105 ff. - Die Sprache von Rerum novarum und Quadragesimo anno freilich ist Empörung und Anklage und steht in ihrer Schärfe und Kompromißlosigkeit nicht hinter dem Kommunistischen Manifest zurück. Verglichen mit Karl Marx, aber auch mit Leo XIII. und Pius XI. ist der Ton der Denkschrift temperiert, in der Sache besteht Übereinstimmung.

(III, 14). Die Denkschrift erörtert in diesem Zusammenhang auch die „Anhäufung großer Vermögenswerte in der öffentlichen Hand", die Schaffung von Eigenheimen und den Mißstand „ungerechtfertigter Bodengewinne" (III, 15, 16). — Aus der theoretischen Prämisse, der evangelischen Eigentumslehre, und der empirischen Prämisse, der Situationsanalyse, zieht die Denkschrift nunmehr die normative Konklusion, thematisch formuliert als „die Aufgabe der breiteren Eigentumsverteilung" (IV). Vom Anspruch einer „gerechteren Eigentumsordnung" her drängt sie darauf, daß „bisher nicht begünstigte Glieder des Volkes aus Gründen der Gerechtigkeit und im Interesse einer gesünderen Sozialstruktur durch besondere Maßnahmen in ihrer Vermögensbildung unterstützt werden"; daß „die Empfänger von Lohneinkommen in wachsendem Maße selbst Eigentum an Produktionsmitteln bilden und dieses ständig vermehren" (IV, 17, 18). Die Denkschrift hebt hervor, daß „die Schaffung kräftiger Sparanreize sowie eine spürbare Erleichterung der Sparleistung und des Aktienerwerbs der Arbeitnehmerschaft ein notwendiges und berechtigtes Mittel zur Verhütung einer weiteren einseitigen Vermögensbildung ist" (VI, 22), geht dann aber über diese Empfehlung weit hinaus und macht sich — ohne Verwendung des Terminus selbst — den Gedanken des unter dem Stichwort „Investivlohn" diskutierten Vorschlags zu eigen: „Der Wille zum Sparen kann auch dadurch geweckt werden, daß neben dem frei verfügbaren Lohn ein zusätzlicher Einkommensteil gewährt wird, der nicht zum Verbrauch, sondern zur produktiven Eigentumsbildung bestimmt ist und darum besonderen Bindungen unterliegt. Durch die Fortentwicklung und Verbesserung der auf diesem Gebiet bereits getroffenen gesetzgeberischen Ansätze könnten weitere Volkskreise erfolgreich an eine höhere Spartätigkeit herangeführt werden. Ein Zwangssparprozeß zugunsten der Unternehmen und der öffentlichen Hand vollzog sich bisher schon dort, wo die Konsumentenschaft durch die hohen Preise der Nachkriegszeit gezwungen war, zu der Bildung von Investitionskapital beizutragen. Es kann kein Widerspruch zu einer freiheitlichen Gesellschaftsordnung sein, wenn der Sparzwang nun auch denen zugute kommt, die bisher an der Kapitalbildung keinen Anteil hatten. Es ist jedoch sicherzustellen, daß das angesparte Kapital in Form von persönlichen Anteilsrechten (Festkonten, Investment-Zertifikaten, Aktien usw.) den einzelnen Arbeitnehmern gutgeschrieben und in absehbarer Zeit für den Eigentümer verfügbares Vermögen wird. Dabei sollen möglichst alle Kreise der Arbeitnehmerschaft, nicht nur die Arbeitnehmer der gewerblichen Wirtschaft, berücksichtigt werden" (IV, 23). — Im Schlußteil (V) wird darauf hingewiesen, daß die Verantwortung für eine gerechtere Eigentumsverteilung nicht nur beim Gesetzgeber liegt, sondern auch bei den Arbeitgebern und Arbeitnehmern und ihren Verbänden. Sodann warnt die Denkschrift noch einmal eindringlich vor den Gefahren der einseitigen Vermögensbildung, indem sie die Verantwortlichen je auf ihre besondere Verpflichtung anspricht: „Kapitalbesitzer, die über ihrem augenblicklichen Vorteil die zukünftigen politischen Gefahren übersehen, die mit einer einseitigen Kapitalanhäufung verbunden sind, untergraben die politischen Grundlagen ihrer Existenz. Arbeitnehmer, die nur danach trachten, gegenwärtig besser zu leben, und die ihnen gebotenen Gelegenheiten zur Teilnahme an der Kapitalbildung nicht wahrnehmen, verbauen sich selbst die Möglichkeit, einen höheren persönlichen Anteil am Volksvermögen zu gewinnen. Verbände der Arbeitgeber oder der Arbeitnehmer, die Bestrebungen, das Eigentum breit zu streuen, behindern, statt ihre Mitglieder dazu anzuregen, versäumen eine wichtige Gelegenheit, die freiheitliche Wirtschafts- und Gesellschaftsordnung zu stärken" (V, 24)[84]. Gerade im Hinblick auf eine Gesellschaftsordnung, deren oberste Richtschnur der Dienst am Menschen ist, „sind Bestrebungen und Entwicklungen, die auf eine immer stärkere Konzentration der Eigentumsrechte hinführen, bedenklich", weil sie „die Gefahr vermehren, daß politische und wirtschaftliche Machtentfaltung in dieselben Hände geraten, statt sich gegenseitig in Schach zu halten" (V, 27). Deshalb ist neben einer breiteren Streuung der Anteilsrechte an größeren wirtschaftlichen Unternehmungen auch „die Erhaltung der Selbständigkeit kleiner und mittlerer Unternehmen, soweit sie sich wirtschaftlich vertreten läßt, von wesentlicher Bedeutung für die Entfaltung und Weiterentwicklung freiheitlicher Lebensformen" (V, 28). Weil aber eigentumspolitische Maßnahmen „die Stabilität des Geldwertes, einen hohen Beschäftigungsgrad und ein gesundes Wachstum unserer Wirtschaft, das notwendige Steueraufkommen und vor allem die freiheitliche Ordnung unserer Gesellschaft nicht gefährden dürfen", empfiehlt die Denkschrift eine Vielfalt „aufeinander abgestimmter und in ihrer Wirkung schrittweise zu erprobender Maßnahmen", betont aber mit Nachdruck, daß „auch ein behutsames Vorgehen einen unbeirrbaren Willen und starke, in der Gesellschaft wirksame Impulse erfordert, wenn es nicht alsbald erlahmen soll" (V, 29)[85]. Die Denkschrift schließt mit

[84] Vgl. die mahnenden Worte Pius' XI. in Quadragesimo anno, n. 61 f., Johannes' XXIII. in Mater et Magistra, n. 113 ff.

[85] Friedrich Karrenberg bemerkt hierzu: „Vielleicht hätte man das (am Schluß von 29) erwähnte behutsame Vorgehen nicht besonders zu betonen brauchen. Übereilig und über-

dem Satz: „Das Eintreten für eine Verbesserung der gesellschaftlichen Ordnung gehört zu den Diensten, über deren rechte Erfüllung wir Gott Rechenschaft schulden" (V, 30)[86]. Im Blick der katholischen Gesellschaftslehre gilt für die Denkschrift als Ganzes die Feststellung Oswald v. Nell-Breunings: „Alles, was in dieser Denkschrift empfohlen wird, könnte ebensogut in einer päpstlichen Sozialenzyklika stehen und empfohlen werden... Der soziale Katholizismus in Deutschland und über Deutschlands Grenzen hinaus hat allen Grund, sich zu diesem einflußreichen Verbündeten aufrichtig zu beglückwünschen[87]."

Zusammenfassend darf man zu den verschiedenen Darstellungen der evangelischen Eigentumslehre sagen, daß zwar Unterschiede in der Akzentuierung der einzelnen Gedanken bestehen, aber keine sachlichen Gegensätze und erst recht keine Widersprüche. Es hat sich aus den vorangegangenen Darlegungen vielmehr ergeben, daß, ungeachtet aller Abtönungen und Modifikationen, bestimmte Grundgedanken und Strukturelemente in der evangelischen Ethik des Eigentums regelmäßig und durchgehend von der Reformation bis zur Gegenwart festzustellen sind. Ohne sich einer unzulässigen Vereinfachung schuldig zu machen, darf man sagen, daß sich alle Aussagen zum Eigentum innerhalb der evangelischen Theologie auf das durch den Begriff der Individual- und Sozialnatur des Eigentums umschriebene gedankliche Grundmodell beziehen lassen. Wenn auch der Terminus selbst nicht Gemeingut im Sprachgebrauch der evangelischen Eigentumslehre ist, so ist doch der damit gemeinte Sachverhalt das entscheidende, alle Überlegungen tragende und miteinander verbindende Strukturelement evangelischen Eigentumsdenkens. Beide Komponenten des

---

eifrig werden diese Dinge ja ohnehin nicht betrieben. Aber daß die hier gegebenen Aufgaben einen unbeirrbaren Willen und starke Impulse erforderlich machen, wenn die ganze Sache nicht wieder erlahmen soll, ist ganz sicher" (Eigentum in sozialer Verantwortung, a. a. O., S. 245).

86 Diese Feststellung der Denkschrift trifft sich in vollem Umfang mit der in Mater et Magistra: „Jeder, der sich Christ nennt, muß es als seinen Auftrag und als seine Sendung ansehen, sich mit aller Kraft für die Vervollkommnung der Gesellschaft einzusetzen" (n. 179).

87 v. Nell-Breuning, a. a. O., S. 304, 307. - Vgl. auch Karrenberg, in: Eigentum in sozialer Verantwortung, a. a. O., S. 244. - Dahlhaus, a. a. O., S. 148. - Paul Becher, Katholische und evangelische Stimmen zur Eigentumspolitik. In: Die neue Ordnung, 16. Jg. 1962, S. 286 ff. - Franz Coester, Stand und Wege sozialer Eigentumspolitik. In: Politisch-Soziale Korrespondenz, 11. Jg. 1962, S. 12 ff. - Heinrich Josef Ehlert, Evangelisch-katholische Gemeinsamkeit in der Eigentumsfrage. In: Gesellschaftspolitische Kommentare, 9. Jg. 1962, S. 245 ff.

Eigentums, seine Individual- und seine Sozialnatur, bilden die Grundlage des Eigentumsverständnisses der Reformatoren und ebenso der evangelischen Theologie der Gegenwart.

Die *Individualnatur* des Eigentums, die Tatsache also, daß Eigentum notwendig ist, damit der Mensch in der gefallenen Welt als Mensch existieren kann, ist von Luther ausgesprochen worden im Gedanken der Erhaltungsordnung des weltlichen Regiments, in dessen Bereich auch die Eigentumsinstitution gehört, bei Zwingli erscheint der gleiche Gedanke im Begriff der Notordnung, und auch Calvin erklärt, daß die Erhaltung des Friedens unter den Menschen die Individualisierung der Güterherrschaft verlange. In der evangelischen Theologie der Gegenwart wird die Individualnatur des Eigentums in unterschiedlichen Wendungen zum Ausdruck gebracht: Das Eigentum dient der „Entfaltung der Personalität", dem „Vollzug personaler Freiheit", es schafft einen „Raum persönlicher Verantwortung" und ist „Gestaltungsmittel des persönlichen Lebens". Stets geht es darum, daß das Eigentum Mittel und Hilfe für den Menschen ist, den Daseinssinn seiner Existenz zu verwirklichen.

Mit der Anerkennung der Individualnatur verbindet sich durchgehend auch die der *Sozialnatur* des Eigentums: daß der Mensch in der Verfügung über das Eigentum sittlich gebunden ist durch die Rücksicht auf den Mitmenschen. Luther begründet die Sozialnatur des Eigentums damit, daß die Erdengüter dem Menschen als Lehen und also als Mittel zur Verwirklichung des Liebesgebotes anvertraut sind. Auch Zwingli betont den Lehenscharakter des Eigentums und seine Verwendung im Dienst am Nächsten. Mit besonderer Eindringlichkeit lehrt Calvin, daß der Mensch das Eigentum als Lehen verwalten müsse, um mit seiner Hilfe im Aufbau der heiligen Gemeinde und im Gehorsam gegen das Gebot der Liebe Gott die Ehre zu geben. Die reformatorische Begründung der Sozialnatur des Eigentums vom Lehensgedanken her hat auch der neueren evangelischen Eigentumsethik nachhaltig wirkende Impulse vermittelt. Vor allem Paul Althaus, Georg Wünsch, Ernst Steinbach, Alfred de Quervain und Gottfried W. Locher heben die reformatorische Lehre, daß das Eigentum ein dem Menschen anvertrautes und im Dienst am Nächsten vor Gott zu verantwortendes Lehen ist, mit Nachdruck hervor und räumen diesem Gedanken in ihrer Eigentumslehre eine zentrale Stellung ein. Nicht weniger stark ist die Sozialnatur des Eigentums dort begründet, wo zur biblischen die anthropologische Argumentation hinzutritt und aus der Polarität der Person als ens individuale et sociale die Sozialgebundenheit des Eigentums abgeleitet wird.

Als repräsentativ für diese Betrachtungsweise seien Friedrich Brunstäd, Emil Brunner, Klaus von Bismarck und Heinz-Dietrich Wendland genannt.

Aber nicht nur die Gemeinsamkeit der Strukturelemente, sondern auch die Differenzierungen und unterschiedlichen Färbungen in der evangelischen Eigentumsethik lassen sich vom Begriff der Individual- und Sozialnatur des Eigentums her erklären. Sie bestehen in dem Gewicht, welches jeweils diesen beiden Komponenten des Eigentumsbegriffs zugemessen wird. Unter den Reformatoren selbst hat Calvin, vor allem von der dynamischen Eindruckskraft seines Gedankens der heiligen Gemeinde her, der Sozialpflichtigkeit des Eigentums eine überragende Bedeutung zugesprochen. Man würde aber die Situation der evangelischen Eigentumslehre unzutreffend wiedergeben, wenn man von den im reformatorischen Eigentumsverständnis festzustellenden unterschiedlichen Akzentuierungen her die neuere evangelische Eigentumsethik kurzschlüssig festlegen wollte auf eine lutherische, vorwiegend individualethisch bestimmte und eine calvinistische, schwerpunktmäßig sozialethisch orientierte Linie. Gewiß haben Theologen wie etwa Quervain und Locher den Impuls des calvinistischen Ethos in seiner vollen Wirkung aufgenommen und zur Geltung gebracht, von Nils Soe dagegen, der ebenfalls der dialektischen Theologie zuzurechnen ist, wird der Gedanke der sozialen Verpflichtung des Eigentums, verglichen mit Calvin selbst, nur sehr verhalten und abgeschwächt ins Gespräch gebracht. Andererseits ist es eines der auffallendsten Kennzeichen gerade der neueren lutherischen Eigentumslehre, daß in ihr das etwa bei Schlatter und Künneth noch festzustellende Übergewicht des individualethischen Ansatzes stark zurückgedrängt und die Sozialnatur des Eigentums in ihrer vollen Bedeutung und Auswirkung erkannt wird. Mögen auch die Äußerungen zur Eigentumsfrage etwa bei Brunstäd, Steinbach, Wendland, von Bismarck und die Stellungnahme der evangelischen Eigentumsdenkschrift hinsichtlich der Begründung der Sozialverpflichtung des Eigentums im Vergleich zur calvinistischen Eigentumslehre ihre eigenen Wege gehen. Das Gewicht aber der sozialen Komponente des Eigentums und ihrer gesellschaftspolitischen Konsequenzen ist — gerade auch durch die Hinzunahme der anthropologischen Argumentation — in höchst eindrucksvoller und überzeugender Weise zur Geltung gebracht.

Mit Recht wird sowohl von evangelischen als auch von katholischen Autoren die im Grundsätzlichen bestehende Gemeinsamkeit der Auffassungen in der evangelischen und katholischen Eigentumslehre betont[88]. Wohl

---

88 Vgl. Hanns Meyer, a. a. O., S. 141 ff. - Ernst Wolf, a. a. O., S. 11. - Wendland, a. a. O., S. 149. - Karrenberg, in: Eigentum in sozialer Verantwortung, a. a. O., S. 244. - Dahlhaus,

weist man gelegentlich darauf hin, daß die evangelische Soziallehre überwiegend biblisch, die katholische überwiegend naturrechtlich argumentiere. Da aber „die Grundsätze des Naturrechts und die Offenbarungswahrheiten, wie zwei keineswegs entgegengesetzte, sondern gleichgerichtete Wasserläufe, beide ihre gemeinsame Quelle in Gott haben[89]", besteht dennoch weitgehende Übereinstimmung in den Grundgedanken: Der Gedanke der Individual- und Sozialnatur des Eigentums ist Gemeingut der evangelischen und der katholischen Eigentumslehre. Daß es auf der Basis dieses Leitgedankens unter den Theologen unterschiedliche Auffassungen und „Richtungen" gibt, ist keine Besonderheit der evangelischen Eigentumslehre: Auch in der katholischen Eigentumslehre decken sich keineswegs alle Äußerungen zur Eigentumsfrage; die Unterschiede sind ebenso wie in der evangelischen Eigentumslehre darauf zurückzuführen, daß auf der einen Seite mehr die Individualnatur des Eigentums, auf der anderen Seite mehr seine Sozialnatur betont wird. Die Schnittlinie der verschiedenen Auffassungen deckt sich also nicht mit der Grenzziehung: evangelisch-katholisch, sondern geht quer durch die Felder der Konfessionen hindurch, wie auch die Gemeinsamkeiten einerseits zwischen den Theologen, welche vom individualethischen Ansatz ausgehen, und andererseits zwischen denjenigen, welche die Sozialnatur des Eigentums gebührend zur Geltung bringen, die konfessionellen Grenzen überschreiten.

Im übrigen muß sich die Behauptung, die evangelische Soziallehre begründe ihre Aussagen vorwiegend biblisch, die katholische argumentiere im wesentlichen naturrechtlich, zumindest im Hinblick auf die Eigentumslehre erhebliche Vorbehalte und Einschränkungen gefallen lassen. Es ist eine irrige Vorstellung anzunehmen, die katholische Eigentumslehre übergehe die Offenbarung und verfahre nur naturrechtlich. Man kann sich durch einen Blick in die Eigentumslehre des hl. Thomas (insbes. S. th. II, II, 66) und die Sozialenzykliken leicht davon überzeugen, daß regelmäßig die einschlägigen biblischen Aussagen herangezogen und ausgeschöpft werden. Und hinsichtlich der evangelischen Soziallehre muß beachtet werden, daß die Reformatoren selbst an der Naturrechtslehre festgehalten haben. Gerade für die Begründung ihrer Eigentumslehre ist sie von entscheidender Bedeutung[90]. Auch die neuere evangelische Eigentumslehre bedient sich auf weite

a. a. O., S. 148. - v. Nell-Breuning, Eigentumsbildung in sozialer Verantwortung, a. a. O., S. 304.

[89] Pius XII., Radiobotschaft an Pfingsten 1. Juni 1941. In: Utz-Groner, n. 498.

[90] Vgl. dazu Lutze, a. a. O., S. 119. - Arnold, a. a. O., S. 16 ff., 87 ff. - Erik Wolf, a. a. O., S. 174 ff. - Troeltsch, Soziallehren, a. a. O., S. 657 ff.

Strecken hin der naturrechtlichen Argumentation. Wer die Standardwerke der evangelischen Ethik studiert, ist überrascht darüber, welches Gewicht gerade in der Darstellung der Eigentumslehre den Begründungen aus der natürlichen Vernunfterkenntnis zugesprochen wird[91]. Hier sei noch einmal auf eine Feststellung der evangelischen Eigentums-Denkschrift verwiesen, welche im Hinblick auf die Erkenntnis der Eigentumsprobleme das Verhältnis von Offenbarung und Vernunfterkenntnis folgendermaßen formuliert: „Die Heilige Schrift will uns keine unabänderlich gültigen Einzelbestimmungen zur Frage des Eigentums auferlegen. Es ist vielmehr notwendig, daß sich jede Generation von neuem unter sorgfältiger Beobachtung der sachlichen Voraussetzungen mit einem von der Heiligen Schrift erleuchteten Gewissen prüft, wie zwischen Recht und Unrecht in der Frage des Eigentums zu unterscheiden ist (I, 6)." Diese Aussage der Denkschrift könnte wörtlich auch in jeder Sozialenzyklika stehen: Auch der katholische Christ ist verpflichtet, sich um ein „von der Heiligen Schrift erleuchtetes Gewissen" zu mühen, um sodann auf Grund der sachlichen Gegebenheiten, aus der Natur der Sache zu erkennen, was rechtens ist. Er sieht in den „sachlichen Voraussetzungen" die natürlichen Tatsachen und Zusammenhänge und sucht auf Grund dieser natürlichen Gegebenheiten „zwischen Recht und Unrecht zu unterscheiden", also das von „Natur Rechte" zu erkennen. Der Hinweis der Denkschrift auf „die Beobachtung der sachlichen Voraussetzungen" trifft sich sonach mit dem, was die traditionelle Naturrechtslehre die lex naturalis nennt[92].

III. DAS EIGENTUM IM POSITIVEN RECHT

Die juridische Eigentumslehre befindet sich gegenüber dem Privateigentum in dem nicht leicht zu bewältigenden Spannungsverhältnis einer Polarität, die darin besteht, daß auf der einen Seite das Institut des Privateigentums als Sicherung menschlicher Freiheit Anerkennung und Schutz durch das positive Recht verlangt; daß auf der anderen Seite aber alle

---

[91] Die überwiegende Begründung des Eigentums aus der „Persönlichkeitsentfaltung des Menschen", der „Sicherung seiner Freiheit und Unabhängigkeit" und ähnlichen Gesichtspunkten geht den Weg des rational-natürlichen Erkenntnisverfahrens. So ist auch der Begriff der Individual- und Sozialnatur des Eigentums, der, soweit ersichtlich, von Friedrich Brunstäd in den Sprachgebrauch der evangelischen Eigentumslehre eingeführt wurde und zu weitreichender Wirkung gelangt ist, keine theologische, sondern eine philosophisch-naturrechtliche Kategorie.

[92] Vgl. v. Nell-Breuning, a. a. O., S. 305.

Rechte notwendig begrenzt werden müssen durch die im Staat geordnete Gemeinschaft, auf deren Bestand und Funktion der Mensch angewiesen ist. Wird die Stellung des Staates überspannt, dann lösen sich alle individuellen Eigentumsrechte in Staatsrechte auf, es wird die „Überführung des Privateigentums in Gemeineigentum" eingeleitet, auf welche die Idee der „klassenlosen Gesellschaft" des orthodoxen Marxismus abzielt. Die Übersteigerung der individuellen Freiheit indessen führt zur absoluten Eigentumstheorie des Liberalismus, dessen Eigentumsideal die „totale und ausschließende Herrschaftsmacht" des Eigentümers ist, welche den Staat zum „Nachtwächterstaat" degradiert. Beide Positionen, die marxistische und die liberale, sind, konsequent durchdacht, Utopien, weil sie sich in voller Reinheit geschichtlich nicht verwirklichen lassen. Immerhin ist dem Bolschewismus, wenn auch unter radikaler Ausklammerung der personalen Freiheit, zumindest eine approximative Realisierung des marxistischen Modells gelungen. Aber auch die absolute Eigentumsidee des Liberalismus ist keineswegs nur Theorie geblieben, sondern entfaltet in den Kodifikationen der Neuzeit bis in die Gegenwart hinein ihre Wirkungen.

Den geistesgeschichtlichen Hintergrund der individualistischen Eigentumstheorie des Liberalismus bilden Deismus, Rationalismus und Aufklärung. Durch sie wurde jene die Geschichte der Neuzeit bestimmende geistige Grundhaltung geformt, die sich in unbegrenztem Vertrauen auf die Kraft der autonomen Vernunft allen Kulturgebieten zuwandte in der Überzeugung, mit Hilfe des Denkens die gesamte Wirklichkeit restlos zu begreifen, alle Lebensbereiche zu gestalten und zu beherrschen. Mit diesem Vertrauen in die Vernunft verband sich der Glaube an die ursprüngliche Gutheit der menschlichen Natur wie überhaupt der ganzen Schöpfung. Dieses Weltbild der Aufklärung erhielt seine theologische Begründung durch den Deismus, wie ihn John Locke entfaltete: Die Welt ist von Gott erschaffen ähnlich einem Uhrwerk, das nun gemäß dem in ihm angelegten Mechanismus abläuft. Deshalb bedarf sie zu ihrer Erhaltung und Lenkung nicht der Mitwirkung Gottes. Sie ist ein geschlossenes Ganzes, das nach unabänderlichen Gesetzen abläuft und keinerlei Ansatzpunkte für ein Mitwirken und Eingreifen Gottes enthält. Das bedeutete die Ablösung des regnum Dei durch das regnum hominis, wie es schon Francis Bacon als Kulturideal vorschwebte. Im Denken der Aufklärung war der Mensch Mittelpunkt der Welt geworden. „Volk und Knecht und Überwinder, sie gestehn zu aller Zeit: Höchstes Glück der Erdenkinder sei nur die Persönlichkeit", so gab Goethe dieser Lebenshaltung im „Westöstlichen Diwan" dichterischen Ausdruck. Es ist das Lebensgefühl einer sich selbst genügenden Welt, die sich in ihrer Autonomie selbst rechtfertigt. Ihr letzter Sinn ist die freie und selbstherrliche Persönlichkeit. Diese gab sich ihre metaphysische Bestätigung im individualistischen Naturrecht der Aufklärung, welches die Aufgabe hatte, die Autonomie und den Absolutheitsanspruch des Menschen im gesellschaftlichen Bereich zu schützen.

Damit ist der geistige Raum umschrieben, in welchem auch die individualistisch-liberale Eigentumsauffassung ihren Ort hat. Das Eigentum galt als Mittel, die souveräne Persönlichkeit in ihrem absoluten Freiheitsanspruch zu schützen, und wurde deshalb als das umfassendste Herrschaftsrecht an Sachgütern verstanden. Die Jurisprudenz bediente sich des Eigentumsbegriffs, der im Mittelalter von den italienischen Kommentatoren des Corpus Iuris entwickelt und von Bartolus folgendermaßen definiert wurde: „Dominium est ius de re corporali perfecte disponendi nisi lex prohibeat[1].“ Die Eigentumstheorie des Liberalismus gilt als absolut in dem Sinne, daß das Eigentumsrecht als total und ausschließend gilt, indem 1) das jede Begrenzung abweisende freie Belieben des Eigentümers rechtlich präsumiert und sanktioniert und 2) Dritte von der Einwirkung auf die Eigentumssache ausgeschlossen werden.

Die liberale Eigentumsidee kam zum vollen Durchbruch in der Französischen Revolution und fand ihren Niederschlag in den Kodifikationen des neunzehnten und zwanzigsten Jahrhunderts. Die „Déclaration des droits de l'homme et du citoyen“ von 1789 erklärte das Eigentum zum „droit inviolable et sacré“, und Art. 544 des Code Civil von 1804 gab der Idee des absoluten Eigentums ihre juristische Gestalt: „La propriété est le droit de jouir et disposer des choses de la manière la plus absolue, pourvue qu'on n'en fasse pas un usage prohibé par les lois ou par les règlements.“ Unterschiede in den verschiedenen Zivilrechtskodifikationen beziehen sich lediglich auf den sprachlichen Ausdruck, nicht auf den Inhalt. So erklärt etwa § 354 des Allgemeinen Bürgerlichen Gesetzbuchs Österreichs von 1811 das Eigen-

---

1 Vgl. hierzu Kurt Rudolph, Die Bindungen des Eigentums. Eine rechtsvergleichende Studie. Tübingen 1960, S. 3 ff. - Ludwig Raiser, Eigentumsrecht. In: Handwörterbuch der Sozialwissenschaften, 3. Bd. Stuttgart, Tübingen, Göttingen 1961, S. 39 ff. - Hermann Conrad, Die moderne Entwicklung des Eigentumsbegriffs. In: Staatslexikon, 6. Aufl., 2. Bd. Freiburg 1958, Sp. 1061 ff. - Hans Herold, Das absolute Eigentum und sein Zerfall. In: Schweizerische Beiträge zum fünften internationalen Kongreß für Rechtsvergleichung, Brüssel 1958. Zürich 1958, S. 19—36. - Louis Bagi, La garantie constitutionnelle de la propriété. Doctrine et jurisprudence. Lausanne 1956.

tumsrecht als „die Befugnis, mit der Substanz und den Nutzungen einer Sache nach Willkür zu schalten und jeden Andern davon auszuschließen", während § 903 BGB formuliert: „Der Eigentümer einer Sache kann, soweit nicht das Gesetz oder die Rechte Dritter entgegenstehen, mit der Sache nach Belieben verfahren und andere von jeder Einwirkung ausschließen."

Eigentumsgarantien sind unter dem Einfluß des liberalen Eigentumsgedankens aber nicht nur in die Zivilrechtskodifikationen, sondern auch in das Verfassungsrecht eingegangen. Beispielhaft und von bestimmendem Einfluß wurde das französische Verfassungsrecht (Französische Verfassung von 1791, Art. 2: „Le but de toute association politique est la conservation des droits naturels et imprescriptibles de l'homme. Ces droits sont la liberté, la propriété, la sûreté et la résistance à l'oppression." Art. 17: „La propriété étant un droit inviolable et sacré, nul ne peut en être privé, si ce n'est lorsque la néssecité publique, légalement constatée, l'exige évidemment, et sous la condition d'une juste et préalable indemnité." — Verfassung der Französischen Republik von 1793, Art. 1, Abs. 2: „Le gouvernement est institué, pour garantir à l'homme la jouissance de ses droits naturels et imprescriptibles." Art. 2: „Ces droits sont l'égalité, la liberté, la sûreté, la propriété." Art. 16: „Le droit de propriété est celui, qui appartient à tout citoyen, de jouir et disposer à son gré de ses biens, de ses revenus, du fruit de son travail et de son industrie." Art. 19: „Nul de peut être privé de la moindre portion de sa propriété sans son consentement, si ce n'est lorsque la nécessité publique légalement constatée l'exige et sous la condition d'une juste et préalable indemnité."). Für das deutsche Verfassungsrecht ist von maßgeblicher Bedeutung Art. IX, § 164 der Frankfurter Verfassung von 1849: „Das Eigentum ist unverletzlich. Eine Enteignung kann nur aus Rücksichten des gemeinen Besten, nur auf Grund eines Gesetzes und gegen gerechte Entschädigung vorgenommen werden." Art. 5 des Österreichischen Staatsgrundgesetzes von 1867 erklärt: „Das Eigentum ist unverletzlich." Unter gewandelten geschichtlichen und gesellschaftlichen Bedingungen formuliert sehr viel später Art. 153 der Weimarer Verfassung die Eigentumsgarantie: „Das Eigentum wird von der Verfassung gewährleistet", und an ihn sich anlehnend bestimmt Art. 14 des Bonner Grundgesetzes: „Das Eigentum und das Erbrecht werden gewährleistet." Die Eigentumsgarantie ist auch aufgenommen in Art. 17 der von den Vereinten Nationen beschlossenen „Allgemeinen Erklärung der Menschenrechte" vom 10. Dezember 1948 und in das 1952 abgefaßte Zusatzprotokoll zur Europäischen Menschenrechtskonvention vom 4. November 1950.

Die absolute Eigentumstheorie im Sinne der Auffassung des Eigentumsrechtes als einer totalen und ausschließenden Herrschaftsmacht des Eigentümers wurde von den führenden Romanisten, so insbesondere von Bernhard Windscheid und Rudolf Sohm, mit äußerstem Nachdruck verfochten. Immerhin konnte man nicht darüber hinwegsehen, daß es ein absolutes Eigentum in reiner Form nicht geben kann und daß die Willkür des Eigentümers zumindest an den staatlichen Grenzen und den Rechten Dritter ihre Grenzen finden muß. Diese Begrenzungen wurden deshalb den Eigentumsdefinitionen zwar regelmäßig angefügt, sie wurden aber von der romanistischen Rechtsschule im Sinne der Formel des Bartolus („nisi lex prohibeat") als Ausnahmen und Fremdkörper angesehen, als Beschränkungen, die nur von außen an das Eigentum herangetragen werden, die der absoluten Eigentumsidee im Grunde aber wesensfremd sind.

Dieser Auffassung des Eigentums stellte sich das deutsche Recht entgegen. Infolge der vielfältigen Eigentumsbindungen im germanischen Recht — Miteigentum, Ober- und Untereigentum, Mitherrschaft genossenschaftlicher Verbände — war diesem der Gedanke eines absoluten Eigentums fremd. Während für die liberale Idee eines absoluten Eigentums unter dem Einfluß romanistischer Vorstellungen Eigentumsbeschränkungen von außen kommen, nicht im Begriff des Eigentums liegen, sondern zu ihm im Widerspruch stehen, zumindest eine Inkonsequenz des Eigentumsbegriffs darstellen[2], spricht man hinsichtlich des germanischen Rechts von einem sozialen Eigentumsbegriff, weil für dieses Eigentumsbegrenzungen im Begriff des Eigentums selbst liegen. Die Schranken des Eigentums gelten als immanent und nicht nur als von außen her errichtet[3].

Mit großer Entschiedenheit wies vor allem Rudolph von Ihering die Auffassung zurück, daß das Wesen des Eigentums in der völligen Ungebundenheit der Verfügungsmacht über Sachgüter bestehe, und erklärte: „Meiner Ansicht nach ist diese Vorstellung eine grundirrige ... Nur der Umstand, daß schon das eigene Interesse den Eigentümer bestimmt, von seinem Eigentum regelmäßig denjenigen Gebrauch zu machen, der zugleich dem Interesse der Gesellschaft entspricht, bewirkt es, daß die Gesellschaft mit ihren Anforderungen beim Eigentum so wenig hervortritt ... Es ist also nicht wahr, daß das Eigentum seiner ‚Idee' nach die absolute Verfügungsgewalt

---

[2] Vgl. Rudolf Sohm, Institutionen. Geschichte und System des römischen Privatrechts. Bearbeitet von L. Mitteis, hrsg. von L. Wenger. Berlin 1949.

[3] Vgl. Otto von Gierke, Deutsches Privatrecht. 2. Bd.: Sachenrecht. Leipzig 1905.

in sich schlösse. Ein Eigentum in solcher Gestalt kann die Gesellschaft nicht dulden und hat es nie geduldet — die ‚Idee' des Eigentums kann nichts mit sich bringen, was mit der ‚Idee der Gesellschaft' in Widerspruch steht. Diese Vorstellung ist noch ein letzter Rest jener ungesunden naturrechtlichen Vorstellung, welche das Individuum auf sich selbst isolierte ... Der Grundsatz der Unantastbarkeit des Eigentums heißt die Dahingabe der Gesellschaft an den Unverstand, Eigensinn und Trotz, an den schnöden, frevelhaften Egoismus des einzelnen — ‚mag alles zugrunde gehen, wenn mir nur mein Haus, Land, Vieh bleibt!' Aber bleibt es Dir in Wirklichkeit, Du Kurzsichtiger? Die Gefahren, die allen drohen, drohen auch Dir; die See, das Feuer, die Seuche, der Feind ereilen auch Dich, im allgemeinen Ruin wirst Du mit begraben —, die Interessen der Gesellschaft sind in Wahrheit Deine eigenen, und wenn letztere in Dein Eigentum beschränkend eingreift, so geschieht es ebenso Deinet- als ihretwegen[4]." Eine anschaulichere Verdeutlichung der Idee des Gemeinwohls und der mit ihr verknüpften Sozialnatur des Eigentums ist kaum möglich.

Auch Otto von Gierke wandte sich gegen die romanistisch-absolute Eigentumstheorie, insbesondere gegen die Gleichstellung von Grund und Boden mit beweglichen Sachen[5]. Er bezeichnete es als einen „kulturfeindlichen Widersinn, daß ein Stück unseres Planeten einem einzelnen Menschen in derselben Weise eigen sein soll wie ein Regenschirm oder ein Guldenzettel[6]" und verlangte eine soziale Eigentumsordnung, die von einem Eigentumsbegriff beherrscht sei, welcher die soziale Bindung der Sachherrschaft als wesentliches Begriffsmerkmal in sich aufnehme.

In der Linie der Eigentumsauffassung Iherings und Gierkes steht auch Richard Ely, der den Gedanken der Sozialgebundenheit des Eigentums weiterführt und schon expressis verbis von der Doppelseitigkeit des Eigentums spricht: „Es gibt zwei Seiten des Privateigentums, und beide Seiten sind so wesentlich, daß, wenn auch nur eine davon entfernt würde, das Privateigentumsrecht aufhören müßte zu bestehen. Nicht nur trifft es zu,

---

[4] Rudolph von Ihering, Der Zweck im Recht. 1. Bd. 3 Aufl., Leipzig 1893, S. 519, 523 f. - Unter den Nationalökonomen vertrat den gleichen Gedanken Adolph Wagner, Allgemeine oder theoretische Volkswirtschaftslehre. 1. Teil, Leipzig, Heidelberg 1876, S. 499 ff.

[5] Vgl. Otto von Gierke, Das deutsche Genossenschaftsrecht. 2. Bd.: Geschichte des deutschen Körperschaftsbegriffs. Berlin 1873, S. 134. - Ders., Der Entwurf eines Bürgerlichen Gesetzbuches und das Deutsche Recht. Leipzig 1889, S. 323. - Ders., Deutsches Privatrecht, a. a. O., S. 347 ff.

[6] Otto von Gierke, Die soziale Aufgabe des Privatrechts. Berlin 1889, Neudruck Frankfurt 1943, S. 16.

daß, wenn die Individualseite weggenommen wird, das Privateigentum aufhört zu bestehen, sondern es ist ebenso wahr, obwohl dies im allgemeinen nicht verstanden wird, daß, wenn die soziale Seite des Privateigentums zu bestehen aufhört, das Recht gleicherweise zu bestehen aufhören müßte, weil das Privateigentum dann eine Unmöglichkeit wird, insofern es das soziale Leben zerstören würde[7]."

Nicht nur in der Rechtstheorie, sondern auch in der Rechtsprechung und Gesetzgebung bahnte sich in der zweiten Hälfte des neunzehnten Jahrhunderts eine Wandlung der Eigentumsauffassung an, eine Abkehr von der absoluten Eigentumsidee des liberalen Individualismus und die Einsicht, daß die soziale Gebundenheit des Eigentums ohne Schaden für das Ganze der gesellschaftlichen Ordnung nicht mißachtet werden dürfe. Vor allem in der Sozialpolitik, im Arbeits- und Betriebsschutz kam diese neue Sicht des Eigentums zum Ausdruck. Die mit Beginn des neunzehnten Jahrhunderts einsetzende Arbeitsschutzgesetzgebung mit ihren dem Unternehmer im Interesse menschenwürdiger Arbeitsbedingungen, der Gesundheit und Moral der Arbeitnehmer auferlegten Pflichten bedeutete eine Beschränkung des Unternehmereigentums und war eine klare Anerkennung der Sozialpflichtigkeit des Eigentums.

Dennoch war es noch nicht möglich, den Gedanken eines sozialgebundenen Eigentums auch im Bürgerlichen Gesetzbuch zur Geltung zu bringen. Unter dem starken Einfluß der romanistischen Rechtsschule wurde das Eigentum als rein privates Vermögensrecht und als präsumtiv unbegrenzte Herrschaftsmacht des einzelnen verstanden. Die Formulierung des § 903 BGB ging an der gewandelten Stellung des Eigentums im Gesellschaftsganzen und den seine Sozialpflichtigkeit betonenden Eigentumstheorien vorbei und machte die romanistisch-absolute Idee des Eigentums als totaler ausschließender Verfügungsmacht des Eigentümers noch einmal sichtbar. Das bedeutet nicht, daß nun auch die Rechtswirklichkeit von der formalen Definition des § 903 BGB beherrscht worden sei. Denn der Eigentumsgedanke hat sich „noch nie in einer formalen Definition erschöpft. Er hat eine tiefere und zugleich realere Existenz: Er ruht in der Rechtswirklichkeit und integriert sich aus der *ganzen* Rechtsordnung in *allen* Funktionen — und kann

---

[7] Richard Theodore Ely, Property and contract in their relations to the distribution of wealth. New York, London 1914 (Übersetzung nach Adolph Geck, Eigentum als soziale Institution. In: Ordo Socialis, 3. Jg. 1955, S. 12).

auch nur aus dieser Gesamtordnung gewonnen werden[8]." Aus der Gesamtordnung des Rechts und der Gesellschaft ergeben sich also die Möglichkeiten und Grenzen des „freien Beliebens" des Eigentümers: „Wie weit die Freiheit des Eigentümers reicht, mit der Sache nach Belieben zu verfahren, folgt nicht aus dem Begriff des Eigentums, sondern aus der Gesamtrechtsordnung, die das Recht verleiht und dabei den Raum des Eigentümerbeliebens konkret absteckt[9]." So konnten schon die Verfasser des Bürgerlichen Gesetzbuches nicht umhin, in dieses selbst erhebliche Beschränkungen des Eigentumsrechtes aufzunehmen, so etwa das Nachbarrecht (§§ 904 ff.), aber auch die Eigentumsbindungen an Grund und Boden innerhalb der durch das Einführungsgesetz zum BGB in Wirksamkeit gebliebenen Landesrechte, ganz abgesehen von den zahlreichen öffentlich-rechtlichen Bindungen des Grundeigentums durch Städtebaugesetze, Fluchtliniengesetze und baupolizeiliche Verordnungen.

Zu einer tiefgreifenden Neuorientierung der Eigentumsauffassung innerhalb des positiven Rechts und einer den geschichtlichen Wandlungen angemessenen Fortbildung des juridischen Eigentumsgedankens kam es jedoch erst in der Zeit nach dem ersten Weltkrieg. Der Anstoß ging vom Verfassungsrecht aus. Unter dem wachsenden Einfluß des Sozialismus und unter dem Eindruck der Not des ersten Weltkrieges gewann nicht nur der Gedanke der Sozialisierung breiten Raum. Es setzte sich vielmehr die Überzeugung durch, daß das Vermögensrecht nicht lediglich als isoliertes Individualrecht, sondern in seiner sozialen Funktion als ein durch die Gemeinschaft mitbedingtes und auf sie bezogenes Recht gesehen werden müsse. Art. 151, Abs. 1, der Weimarer Reichsverfassung erhob diesen Gedanken zu einem Grundsatz der Gesamtrechtsordnung: „Die Ordnung des Wirtschaftslebens muß den Grundsätzen der Gerechtigkeit mit dem Ziele der Gewährleistung eines menschenwürdigen Daseins für alle entsprechen. In diesen Grenzen ist die wirtschaftliche Freiheit des einzelnen zu sichern." Diese generelle Norm wird in Art. 153, Abs 3, im Hinblick auf das Privateigentum spezifiziert: „Eigentum verpflichtet. Sein Gebrauch soll zugleich Dienst sein für das gemeine Beste." Damit ist der Gedanke der Sozialpflichtigkeit, der

---

8 Rudolph, a. a. O., S. 7.

9 Ludwig Enneccerus, Theodor Kipp, Martin Wolff, Lehrbuch des Bürgerlichen Rechts. 3. Bd.: Sachenrecht. 10. Bearbeitung von Martin Wolff und Ludwig Raiser. Tübingen 1957, S. 174. - Vgl. auch Franz Wieacker, Wandlungen der Eigentumsverfassung. Hamburg 1935, insbes. S. 9 ff.

Sozialnatur des Eigentums verfassungsrechtlich juridifiziert. Martin Wolff stellte fest, daß Art. 153 der Weimarer Verfassung „die alte sittlich-religiöse Pflicht des Reichen zur Rechtspflicht steigert[10]." Die in Art. 156 formulierte Institution des Gemeineigentums ist nur eine rechtliche Konsequenz der in Art. 153 positivierten, die individuellen Eigentumsrechte übergreifenden Sozialpflichtigkeit des Eigentums.

Dieses vom Verfassungsrecht her vollzogene Neuverständnis des Eigentumsrechts blieb nicht ohne Auswirkung auf das Privatrecht. § 903 BGB mußte seither, ohne daß es einer Neuformulierung seines Wortlauts bedurft hätte, in einem anderen Sinne verstanden werden: Das Eigentum kann nun nicht mehr im Sinne der absoluten Eigentumstheorie als ungebundene Verfügungsmacht angesehen werden, an die Begrenzungen jedweder Art nur von außen kommend und letztlich nur in Inkonsequenz zum Eigentumsbegriff herangetragen werden können. Vielmehr gilt das Eigentumsrecht nunmehr als unter dem Anspruch des Gemeinwohls stehend und somit innerlich gebunden. Die Eigentumsbindung durch das Gemeinwohl gehört zum Wesen des Eigentumsrechtes selbst und kann von ihm nicht abgelöst werden, ohne daß sich der Eigentumsbegriff auflöst. § 903 behält in sich seine formale Gültigkeit. „Aber der Geist, in dem wir ihn anwenden", so schreibt Ludwig Raiser, „ist seitdem ein anderer geworden. Mit dem Ende des Laissez-faire und der Einsicht in seine sozialen Schäden ist auch wieder deutlich geworden, daß es schrankenlose Rechte und Freiheiten in einer Gemeinschaftsordnung nicht geben kann und daß Mißbrauch darum keinen Schutz verdient. Die Rechtsprechung hat in Deutschland wie anderswo dieser Einsicht längst in wachsendem Maße Rechnung getragen und unter dem Gesichtspunkt des Rechtsmißbrauchs oder der nach Treu und Glauben gebotenen Rücksicht auf andere, besonders die Nachbarn, oder auf das Gemeinwohl dem freien Eigentümerbelieben Grenzen gesetzt, die heute als immanente, nicht nur ausnahmsweise von außen her errichtete Schranken des Eigentums gelten[11]." Ebenso weist Hermann Conrad darauf hin, daß durch die in Art 153 der Weimarer Verfassung ausgesprochene „Verpflichtung des Eigentumsgebrauchs im Dienst für das gemeine Beste" die „innere Bindung" des Eigentums anerkannt worden sei[12]. Der älteren Auffassung vom Eigentum als einem grundsätzlich unbeschränkten Recht stehe nunmehr

---

[10] Martin Wolff, Reichsverfassung und Eigentum: In: Festgabe der Berliner Juristischen Fakultät für Wilhelm Kahl. Tübingen 1923, S. 12.

[11] Raiser, a. a. O., S. 40.

[12] Conrad, a. a. O., Sp. 1064.

„die neuere Auffassung von der Sozialpflichtigkeit des Eigentums gegenüber[13]".

Art. 14, Abs. 2, des Bonner Grundgesetzes bestätigt den Gedanken der Sozialpflichtigkeit des Eigentums: „Eigentum verpflichtet. Sein Gebrauch soll zugleich dem Wohle der Allgemeinheit dienen[14]." Ebenso wie schon für Art. 153 der Weimarer Verfassung ist auch für das Bonner Grundgesetz die Sozialpflichtigkeit des Eigentums „nicht nur Schranke oder von außen kommende Belastung, sondern notwendiges Korrelat der Eigentümerbefugnisse, Inhalt des Eigentums auch da, wo sie nicht durch ein besonderes Gesetz in bestimmter Hinsicht konkretisiert worden ist[15]". Die Bestimmung des Art. 14, Abs. 2, enthält „eine echte unmittelbare Rechtspflicht des Eigentümers" und erhebt „die ‚immanente' Gebundenheit des Eigentums . . . zum Verfassungsgrundsatz[16]".

Der Grundsatz der Sozialpflichtigkeit erhält im Bonner Grundgesetz, verglichen mit der Weimarer Verfassung, ein wesentlich stärkeres Gewicht durch die in Art. 20,28 formulierte Sozialstaatklausel, durch welche die staatliche Gemeinschaft explizite der obersten Norm des Gemeinschaftslebens, dem Gemeinwohl unterstellt wird[17]. Art. 14, Abs. 2, wiederum ist nur eine Konkretisierung des Sozialstaatprinzips im Hinblick auf das Eigentumsrecht[18]. Seine Aussage „muß im Zusammenhang mit dem Grundgebot des ‚sozialen' Staates gelesen werden" und „ist gewissermaßen seine Abspiegelung, seine Anwendung auf dem Gebiet des Eigentumsrechts[19]".

---

[13] Conrad, a. a. O., Sp. 1065. - Vgl. auch Rudolph, a. a. O., S. 14 f., 99 f. - Friedrich Karl Kübler, „Eigentum verpflichtet" - eine zivilrechtliche Generalklausel? In: Archiv für die zivilrechtliche Praxis, 159. Bd. 1960, S. 236—293. - Louis Bagi, La garantie constitutionnelle de la propriété. Doctrine et jurisprudence. Lausanne 1956.

[14] Vgl. Hermann von Mangoldt, Friedrich Klein, Das Bonner Grundgesetz, Bd. 1, 2. Aufl., Berlin, Frankfurt 1957, Anm. V, 2 (S. 433 f.).

[15] Enneccerus, Kipp, Wolff, a. a. O., S. 179.

[16] Rudolph, a. a. O., S. 16.

[17] Vgl. von Mangoldt, Klein, a. a. O., Anm. VII, 3 zu Art. 20 (S. 608). - Ernst Knoll, Eingriffe in das Eigentum im Zuge der Umgestaltung gesellschaftlicher Verhältnisse. Zur Lehre vom Eigentum, der Enteignung und der Entschädigung. In: Archiv des öffentlichen Rechts, 79. Bd. 1953/54, S. 455—502, insbes. S. 480 f. - Theodor Maunz, Deutsches Staatsrecht. 5. Aufl. München, Berlin 1956, S. 58. - Günter Dürig, Verfassung und Verwaltung im Wohlfahrtsstaat. In: Juristenzeitung, 1953, S. 193—199. - Franz Klüber, Die Sozialstaat-Klausel des Bonner Grundgesetzes und ihre gesellschaftspolitischen Konsequenzen. In: Jahrbuch des Instituts für Christliche Sozialwissenschaften der Westfälischen Wilhelms-Universität Münster, 3. Bd. 1962, S. 167—179.

[18] Vgl. von Mangoldt, Klein, a. a. O., Anm. V, 2a zu Art. 14 (S. 433 f.).

[19] Knoll, a. a. O., S. 489.

Das bedeutet, daß die individuellen Eigentumsrechte den Forderungen des Gemeinwohls unterworfen und nur von daher in ihrer rechtlichen Gültigkeit legitimiert sind. Art. 14, Abs. 2, „statuiert, unter Abkehr vom liberal-individualistischen Eigentumsbegriff, die rechtliche Gebundenheit des Eigentums an die soziale Gemeinschaft[20]". Gemeinwohlwidriges Eigentum, also solches Eigentum, das in seiner tatsächlichen Gestalt oder in der Weise seiner Nutzung dem Gesamtwohl der staatlichen Gemeinschaft widerstreitet, wäre ein Nicht-Recht und könnte für sich den Schutz der Eigentumsgarantie des Art. 14, Abs. 1, des Bonner Grundgesetzes nicht in Anspruch nehmen; denn „der Schutz des Eigentums ist durch das soziale Interesse der Gesamtheit bedingt[21]".

Weil aber das Eigentum rechtlich von der Norm des Gemeinwohls abhängig ist, stehen die gesetzliche Eigentumsbindung (Art. 14, Abs. 1) und die Sozialpflichtigkeit des Eigentums (Art. 14, Abs. 2) nicht zusammenhanglos nebeneinander, sondern ihre gemeinsame Wurzel ist die Abhängigkeit sowohl der Eigentumsinstitution im ganzen als auch der individuellen Eigentumsrechte von der Norm des Gemeinwohls. Aus dieser das Eigentumsrecht begründenden Kraft des Gemeinwohls leitet sich auf der einen Seite die Rechtspflicht des Eigentümers ab, im Gebrauch seines Eigentums „dem Wohle der Allgemeinheit zu dienen" (Art. 14, Abs. 2), und auf der anderen Seite das Recht und die Pflicht des Staates, „Inhalt und Schranken (des Eigentums) durch Gesetze zu bestimmen" (Art. 14, Abs. 1). Durch Art. 14, Abs. 1 und 2, in Verbindung mit Art. 20,28 ist der absolute Vorrang des Gemeinwohls und der Sozialgebundenheit des Eigentums gegenüber den individuellen Eigentumsrechten ausgesprochen. Deren rechtliche Gültigkeit ist relativ und bedingt, weil abhängig von den vorgeordneten Notwendigkeiten des Gemeinwohls. Sie haben nur Instrumentalcharakter, insofern sie im Dienst der Verwirklichung der sozialstaatlichen Ordnung stehen, und müssen als relatives Recht zurücktreten, wenn sie dem höheren Recht des Gemeinwohls widerstreiten. Die soziale Bindung des Eigentums ist also im Bonner Grundgesetz gegenüber der Weimarer Verfassung wesentlich verstärkt, weil die Sozialpflichtigkeit des Eigentums nicht nur zur Rechtspflicht erklärt ist, sondern darüber hinaus durch das Prinzip der Sozialstaatlichkeit der Anspruch des Gemeinwohls zur absoluten, die indi-

---

[20] Ernst Rudolf Huber, Wirtschaftsverwaltungsrecht. 2. Bd. 2. Aufl. Tübingen 1954, S. 13. - Vgl. auch Rudolph, a. a. O., S. 10 ff.

[21] Friedrich Giese, Grundgesetz für die Bundesrepublik Deutschland vom 23. Mai 1949. 4. Aufl. Frankfurt/Main 1955, Anm. II, 5 zu Art. 14 (S. 35).

viduellen Eigentumsrechte relativierenden Norm erklärt wird. Das bedeutet, da die Norm des Gemeinwohls das Gemeingebrauchsprinzip impliziert, die verfassungsrechtliche Positivierung des sozialphilosophischen Grundsatzes des usus communis rerum.

Daraus folgt aber nicht, daß nunmehr § 903 BGB, wie behauptet wird, in „vollem Widerspruch" zur verfassungsrechtlichen Regelung des Eigentumsrechtes stünde, weil er die Verfügungsmacht in das „freie Belieben" des Eigentümers stelle[22]. Rein formell betrachtet und losgelöst von rechtsideologischen und rechtspolitischen Vorstellungen behauptet § 903, daß die Verfügungsmacht über Sachgüter rechtlich individualisiert und mittels der Institution der Privateigentumsordnung der Initiative der einzelnen überantwortet ist. Zum Wesen der Privateigentumsinstitution aber gehört es, daß der einzelne innerhalb der Grenzen seines Vermögensrechtes in Freiheit entscheidet. Die so verstandene Aussage des § 903 behält auch innerhalb einer dem Sozialstaatprinzip unterstellten Gemeinschaftsordnung ihre Gültigkeit. Die Privateigentumsordnung ist ohne die freie Entscheidung, das „Belieben" des einzelnen, nicht denkbar. Diese Freiheit kann allerdings nicht als Willkür und Anarchie verstanden werden, sie ist nur sinnvoll, soweit sie sich als sozial gebundene Freiheit versteht und ihre Entscheidungen dem Anspruch des Gemeinwohls und der mit ihm ausgesprochenen Norm des usus communis rerum unterstellt. So bleibt der Vorrang des Gemeinwohls vor den individuellen Eigentumsrechten unangefochten; denn die freie Entscheidung des Eigentümers findet in einer vom Sozialstaatprinzip beherrschten Gemeinschaftsordnung Sinn und Erfüllung in der freien Unterordnung unter das Gemeinwohl. Für den Eigentümer selbst bedeutet das nicht Schwächung und Verarmung, sondern Bereicherung und Vervollkommnung seiner personalen Existenz, die ihre Sinnerfüllung darin findet, daß der einzelne sich nicht auf sich isoliert, sondern im Dienst an der Gemeinschaft Werte verwirklicht und so zur Persönlichkeit wird. Dieses Ziel einer in dienender Einordnung in das Gemeinschaftsleben sich vollziehenden Persönlichkeitsentfaltung zu fördern, ist der eigentliche Sinn des dem einzelnen mit Hilfe des Rechts, zumal des Eigentumsrechts, zugesprochenen Freiheitsraumes.

---

22 Vgl. von Mangoldt, Klein, a. a. O., Anm. V, 2, b zu Art. 14 (S. 434).

II. Teil: Eigentumspolitik

I. EIGENTUMSRECHT UND EIGENTUMSPOLITIK

1. Eigentumspolitik als Gestaltung der Eigentumsrechte

Möglichkeit und Notwendigkeit der Eigentumspolitik ergeben sich aus der im vorangehenden entfalteten Eigentumstheorie, sie sind die Konsequenz aus dem Wesen des Eigentums und seiner naturrechtlichen Sinnbestimmung: Es wurde nachzuweisen versucht, daß die Gültigkeit der Privateigentumsordnung als einer naturrechtlichen Institution im Gemeinwohl gründet. Aus der Gemeinwohlgerechtigkeit ergibt sich die Forderung des usus communis rerum, des Gemeingebrauchs der Erdengüter, in dem Sinne, daß *jeder* Mensch, und zwar im Maße seiner besonderen Berufung und seiner besonderen Stellung im Ganzen der Gemeinschaft, zur Teilhabe an der Güternutzung berechtigt ist. Die den gegebenen geschichtlichen Bedingungen angemessene juridische Form der Verwirklichung des Gemeingebrauchsprinzips aber ist die Institution des Privateigentums, verstanden als Abgrenzung und Individualisierung der Güterherrschaft, als die von der Rechtsordnung bestätigte Aufteilung der Gütersphären in mein und dein. Die rechtliche Gültigkeit der Privateigentumsordnung leitet sich also von der Tatsache ab, daß sie sich als das relativ zweckmäßigste Mittel erwiesen hat, das Gemeingebrauchsprinzip zu verwirklichen, von ihrer Bestimmung also, „immer dem Nutzen der Allgemeinheit dienstbar zu bleiben[1]".

Weil aber die Privateigentumsordnung ihre Existenz von jenem höheren Recht des Gemeingebrauchs der Güter herleitet, muß sie diesem in ihrer konkreten Ausgestaltung entsprechen. Das bedeutet, daß die individuellen Eigentumsrechte nicht absolut und unanfechtbar gültig sind, sondern wandelbar; denn ihre rechtliche Geltung ist davon abhängig, daß sie dem Ursinn der Privateigentumsordnung, der Verwirklichung des Gemeingebrauchs der Güter, dienen. Widerstreiten sie dem Anspruch des Gemeingebrauchs und also dem Gemeinwohl, dann drängt die Forderung der Gemeinwohlgerech-

[1] Rerum novarum, n. 7.

tigkeit auf eine Neugestaltung und Neuabgrenzung der konkreten Eigentumsrechte.

Die Neuabgrenzung der individuellen Gütersphären ist ständige Aufgabe, weil sich die geschichtlichen Verhältnisse in dauerndem Fluß befinden. Das bedeutet für die positiv-rechtlichen Erscheinungsformen des Privateigentums, für die konkrete Gestaltung und Abgrenzung der individuellen Eigentumsrechte dieses: Was heute noch gültig ist, kann morgen schon unrecht sein und der Gemeinwohlgerechtigkeit widersprechen. Mit dem Wandel der Geschichte wandeln sich auch die Ansprüche des Gemeinwohls an die Ausgestaltung der Eigentumsinstitution, anders formuliert: Die stets gleichbleibende Forderung des usus communis rerum verlangt, damit sie angesichts der wechselnden geschichtlichen Verhältnisse verwirklicht werden kann, eine stets wechselnde Ausformung der Privateigentumsordnung. Pius XI., selbst Historiker, hat das anschaulich verdeutlicht: „Der Staat kann mit Rücksicht auf die Erfordernisse des Gemeinwohls im einzelnen anordnen, was die Eigentümer hinsichtlich des Eigentumsgebrauchs dürfen, was ihnen verwehrt ist. Leo XIII. hat sogar gelehrt, daß Gott der menschlichen Geschicklichkeit und den staatlichen Einrichtungen die Verteilung und Ordnung des Privateigentums anheimgegeben habe. In der Tat erweist die Geschichte, daß, wie die übrigen grundlegenden Bestandstücke des gesellschaftlichen Lebens, so auch das Eigentum nicht unwandelbar ist: Wie verschiedene vergegenständlichte Formen hat doch das Privateigentum angenommen: angefangen von seiner urzeitlichen Gestalt bei den wilden Völkern, deren vereinzelte Zeugen auch noch in unseren Tagen anzutreffen sind, bis zum Eigentum in der patriarchalischen Zeit und Erscheinungsform und schrittweise weiter in den verschiedenen Formen der Tyrannis (wir nehmen das Wort in seinem klassischen Sinn); dann durch die feudalen Gestaltungen hindurch, endlich unter den Abwandlungen der monarchischen Verfassung und zuletzt in allen einander ablösenden Erscheinungen der jüngsten Zeit[2]."

Damit zeichnet sich das Anliegen der Eigentumspolitik ab: Ihre Aufgabe besteht darin, die konkreten Eigentumsrechte entsprechend den soziologischen Wandlungen mit dem Gemeingebrauchsprinzip in Einklang zu bringen. Das kann grundsätzlich auf zweierlei Weise geschehen: innerhalb der

[2] Q. a., n. 49. - Vgl. hierzu Matthias Laros, Vom christlichen Eigentumsrecht. In: Hochland, 25. Jg. (2. Bd.) 1928, S. 37 ff., insbes. S. 42, 46. - Fedor Stepun, Die Pflicht zum Eigentum und das Recht der Enteignung. In: Hochland, 39. Jg. 1946/47, S. 20 ff., insbes. S. 30 ff.

Privatrechtsphäre mit Hilfe des privaten Rechts oder mit Hilfe des öffentlichen Rechts, auf dem Wege über die öffentliche Gewalt, in letzter Instanz durch den Staat als den obersten Hüter des Gemeinwohls.

2. *Privatrechtliche Eigentumsgestaltung*

Den Vorzug unter den genannten Formen der Eigentumspolitik verdient die Neugestaltung der Eigentumsverhältnisse innerhalb der Sphäre des Privatrechts, von der Initiative der einzelnen Personen her. Die Entscheidung für die Privateigentumsordnung als primäre Form der Güterordnung geht ja von der Erwartung aus, daß dieser Weg der relativ geeignetste sei, die soziale Zweckbestimmung der Erdengüter zu verwirklichen. Alle Eigentumspolitik muß also im Raum des Privatrechts ansetzen und zunächst dessen Möglichkeiten ausschöpfen.

Die private Sphäre ist der Verfügungsbereich der Person, die sich hier im Zusammenleben mit den Mitmenschen in Freiheit entfalten und bewähren soll, insbesondere auch im Umgang mit den Gütern. Das erfordert einerseits klare Abgrenzung der individuellen Interessensphären, der Schranken von mein und dein, mit Hilfe des privaten Rechts, welches die äußeren Grenzen zwischen den einzelnen absteckt. Das erfordert andererseits aber auch die ständige Möglichkeit der Gestaltung dieser Grenzen durch die einzelnen, was regelmäßig mit Hilfe des Vertrags geschieht. Die Vertragsfreiheit ist kein beliebiges Anhängsel der Privatsphäre, das man ihr gewähren kann oder auch nicht, sondern eine Bedingung der freien sittlichen Entfaltung des Menschen im Umgang mit den Gütern. Abgrenzung der individuellen Herrschaftssphären durch das private Recht (als Gesamtheit der iura in re et ad rem) als statisches Element und ihre Gestaltungsmöglichkeit mit Hilfe der Vertragsfreiheit als dynamisches Element bilden im ganzen die Einheit der Privatrechtsordnung. Sie steht unter dem Schutz der iustitia commutativa, welche die gegenseitige Anerkennung der bestehenden Rechtskreise und der von den Individuen in Freiheit vollzogenen Rechtsgestaltung verlangt.

Der Schutz der individuellen Herrschaftssphären durch die iustitia commutativa ist nichts Geringes und Unbedeutendes, das man mit einem falschen ethischen Pathos als etwas „Äußeres" abtun dürfte. Sie bezieht sich zwar „nur" auf die Regelung der äußeren Beziehungen der Menschen, also auf den Rechtsverkehr, weil sich jener äußere Verkehr notwendig, wenn nicht als Chaos, dann in den Bahnen des Rechts vollziehen muß, weshalb die iustitia commutativa sinnvoll auch Verkehrsgerechtigkeit genannt wird. Auf die äußere Ordnung menschlichen Zusammenlebens bezogen, schützt sie aber die Grundlagen für die innere sittliche Entfaltung des Menschen, dem sie den Raum schafft, damit die Ordnung der sittlichen Werte verwirklicht werden kann. Die iustitia commutativa darf also nicht verstanden werden als Schutz und Freibrief individualistischer Willkür; ihr Sinn weist in die entgegengesetzte Richtung: Sie schafft die Bedingungen dafür, daß der Mensch ohne Einschränkung in die volle Beanspruchung des Sittengesetzes genommen werden kann. Es ist ihr Sinn, dem Menschen zu ermöglichen, innerhalb der durch das Privatrecht gewährten Grenzen von seinen Rechten in Freiheit Gebrauch zu machen und sich im Dienst am Gemeinwohl zu bewähren. Es entspricht der Würde und Verantwortung der Person, nicht unter gesetzlichem Zwang, sondern in freier Ausübung und Gestaltung ihrer Rechte ihren Beitrag zum Gemeinwohl zu leisten und in diesem Sinne auch über ihr Eigentumsrecht zu verfügen.

Dafür gibt es mannigfache Möglichkeiten. Zunächst sei genannt die Pflicht des einzelnen, dem notleidenden Mitmenschen zu helfen und ihm von seinen Gütern abzugeben, die Pflicht zur Mildtätigkeit, zum Almosen. Man hat sich immer wieder Gedanken gemacht, wieviel der einzelne abzugeben verpflichtet sei, und hat auf die „superflua“ verwiesen: diejenigen Güter, deren der Mensch zur „ehrbaren Lebenshaltung“, zum „standesgemäßen Lebensunterhalt“ nicht mehr bedarf [3]. Oswald v. Nell-Breuning kommt auf Grund von Quadragesimo anno, n. 50—51, wo der Papst neben „der strengen Pflicht der Mildtätigkeit, der Wohltätigkeit im weiteren Sinne“, auch die „Tugend der Großzügigkeit (magnificentia)“ erwähnt, zu der Feststellung, daß es von der Verwendung des einzelnen abhänge, ob seine Güter „superflua“ seien oder nicht. Der für Werke der Liebe zu verwendende Überfluß bedeute nicht das, was allenfalls und zur Not entbehrt werden könne, sondern das, wofür wir keine „in Gottes Augen wohlgefällige Verwendung haben, die der im Augenblick mit ihr zur Wahl stehenden Verwendung für Liebeswerke vernünftigerweise gleichgesetzt oder vorgezogen werden kann [4]“.

Schwierigkeiten bereitet auch die Frage, ob die Pflicht zur Mildtätigkeit Rechts- oder Liebespflicht ist. Thomas gab zur Antwort, daß der Überfluß auf Grund des Naturrechts den Armen geschuldet sei; weil es aber viele

---

[3] Vgl. S. th. II, II, 32, 6; R. n., n. 19.

[4] v. Nell-Breuning, Eigentumsfrage, S. 379. - Caritas, in: WdP, III, Sp. 56.

Notleidende gebe und mit derselben Sache nicht allen geholfen werden könne, sei es dem Ermessen des einzelnen überlassen, seine Güter so zu verwalten, daß er damit den Notleidenden helfen könne[5]. Eins ist damit vorweg klargestellt, daß die Pflicht zur Mildtätigkeit nicht der Verkehrsgerechtigkeit angehört, weil sie nicht privatrechtlich auf dem Wege der Klage erzwungen werden kann. Materielle Hilfe ist Tat der Liebe, soweit in ihr der Mensch dem Mitmenschen in Freiheit und in der Gesinnung der Liebe, um seiner Gottebenbildlichkeit willen begegnet. Sie ist aber auch Gerechtigkeit, insofern der Eigentümer damit der Rechtspflicht des Gemeingebrauchsprinzips folgt und zu seinem Teil der sozialen Zweckbestimmung des Privateigentums zur Verwirklichung hilft. An diese Forderung des ius usus communis denkt offenbar Thomas, wenn er sagt, daß die dem Notleidenden gewährte Gabe ihm „iure naturali" zustehe[6].

In der modernen Wirtschaftsgesellschaft reichen Werke der Mildtätigkeit allein nicht aus, um die Forderungen der sozialen Gerechtigkeit hinsichtlich der Eigentumsgestaltung zu verwirklichen. Hier stellen sich neue Aufgaben, es müssen zusätzliche und wirksamere eigentumspolitische Mittel eingesetzt werden, um die soziale Zweckbestimmung der Güter auch unter den Bedingungen der kapitalistischen Wirtschaft zu verwirklichen. Die hier gegebenen Möglichkeiten und die Probleme, die zu lösen sind, damit die Arbeiterschaft den ihr zustehenden Anteil an den Gütern bekomme, lassen sich durch folgende Stichworte kennzeichnen: Sicherung des gerechten Lohnes, Beteiligung am Gewinn und Ertragszuwachs des Betriebes, auf diese Weise Schaffung von Arbeitermiteigentum am Betrieb und im gleichen Maße Umwandlung des Lohnarbeitsverhältnisses in einen Gesellschaftsvertrag.

Die Forderung nach dem gerechten Lohn, der dem Arbeiter seinen und seiner Familie Unterhalt sichert und ihm auch die Anlage bescheidener Ersparnisse ermöglicht, ist seit Leo XIII. mit allem Nachdruck erhoben worden[7]. „Viele Faktoren sind es, die zu einer größeren Streuung des Eigentums mitwirken sollen", sagt Pius XII., „jedoch wird der wichtigste

[5] „Res quas aliqui superabundanter habent, ex naturali iure debentur pauperum sustentationi ... Sed quia multi sunt necessitatem patientes, et non potest ex eadem re omnibus subveniri, committitur arbitrio uniuscuisque dispensatio propriarum rerum ut ex eis subveniat necessitatem patientibus" (S. th. II, II, 66, 7c).

[6] Auch Pius XII. erinnert an den engen Zusammenhang zwischen Rechtspflicht und Liebespflicht: „Die Liebe muß, um wahrhaft echt zu sein, ständig an der Verwirklichung des Rechtes arbeiten" (Brief an den Präsidenten der Sozialen Woche Frankreichs vom 7. Juli 1952, in: Utz-Groner, a. a. O., n. 3389). - Vgl. dazu v. Nell-Breuning, a. a. O., S. 38 f. - Utz, Kommentar, a. a. O., S. 525, 530.

[7] Vgl. R. n., n. 17, 34, 35; Q. a., n. 71, 74 Divini Redemptoris, in: Marmy, n. 217.

immer der gerechte Lohn sein[8]." Unter den anderen Faktoren aber, die geeignet sind, eine gerechte Verteilung der Erdengüter zu bewirken, hat Pius XI. auf die „Anteile der verschiedenen Menschen und gesellschaftlichen Klassen an der mit dem Fortschritt des Gesellschaftsprozesses der Wirtschaft ständig wachsenden Güterfülle" verwiesen[9] und die Forderung erhoben: „Darum ist mit aller Macht und Anstrengung dahin zu arbeiten, daß wenigstens in Zukunft die neugeschaffene Güterfülle nur in einem billigen Verhältnis bei den besitzenden Kreisen sich anhäufe, dagegen in breitem Strom der Lohnarbeiterschaft zufließe[10]." Darüber hinaus empfahl Pius XI. „eine gewisse Annäherung des Lohnarbeitsverhältnisses an ein Gesellschaftsverhältnis nach Maßgabe des Tunlichen[11]".

3. Öffentlich-rechtliche Eigentumsgestaltung

Es bedeutete die Verwirklichung eines Ideals, wenn es gelänge, den Anspruch der sozialen Gerechtigkeit auf Verwirklichung des Gemeingebrauchsprinzips allein innerhalb der privaten Sphäre mit Hilfe individueller Eigentumsverfügungen durchzusetzen, so daß den Trägern der öffentlichen Gewalt nichts anderes zu tun bliebe, als das zu kodifizieren und in das staatliche Rechtssystem einzubauen, was aus freier personaler Initiative hervorgegangen ist und den Forderungen der sozialen Gerechtigkeit auf den jedem Menschen zu gewährenden Anteil an der Güternutzung entspricht. Juristisch formuliert: Es wäre der Gemeinschaft am besten gedient, wenn die auf die Eigentumsgestaltung bezogenen hoheitlichen Rechtsakte nur rechtsdeklaratorischen, nicht rechtskonstitutiven Charakter hätten. Das entspräche in vollkommener Weise der naturrechtlichen Intention, um deretwillen die katholische Eigentumslehre die Privateigentumsordnung als Primärform der Güterherrschaft anerkennt.

---

[8] Pius XII., Radiobotschaft an die Arbeiter Spaniens am 11. März 1951, in: Utz-Groner, a. a. O., n. 710. - Vgl. auch Brief an den Präsidenten der Sozialen Woche Frankreichs, 7. Juli 1952, a. a. O., n. 3391 f.

[9] Q. a., n. 57.

[10] Q. a., n. 61. - Vgl. dazu Oswald v. Nell-Breuning, Eigentumsbildung in Arbeiterhand. 2. Aufl., Paderborn 1955. - Joseph Höffner, Die Funktionen des Privateigentums in der freien Welt. In: Wirtschaftsfragen der freien Welt (Festgabe zum 60. Geburtstag von Bundeswirtschaftsminister Ludwig Erhard). Frankfurt 1957, insbes. S. 127 ff.

[11] Q. a., n. 65. - Vgl. auch Pius XII., Rundfunkbotschaft am 1. September 1944, in: Utz-Groner, n. 736.

Meist aber ist der Anlaß öffentlich-rechtlicher Akte gegenüber dem Privateigentum nicht Bestätigung der privaten Initiative, sondern ihr Versagen. Es ist die Pflicht der Träger der öffentlichen Gewalt, insbesondere des Staates als des obersten Verwalters des Gemeinwohls, immer dann einzugreifen, wenn die Verfügungen innerhalb der Privatrechtssphäre dem Anspruch der sozialen Gerechtigkeit nicht genügen oder ihm widersprechen, sei es die Folge schuldhaften Verhaltens der Individuen oder die Dringlichkeit allgemeiner, über die Kraft des einzelnen hinausgehender Aufgaben. Dem Staat ist dann aufgegeben, seine Hilfestellung gegenüber der privaten Sphäre wirksam werden zu lassen, die privaten Eigentumsrechte neu zu gestalten und „das Eigentum auf die Erfordernisse des Gemeinwohls abzustimmen[12]". Dabei untersteht der Staat allerdings den Anforderungen des Subsidiaritätsprinzips, das ihm gebietet, nur da einzugreifen, wo es

---

[12] Q. a., n. 49. - Vgl. auch R. n., n. 7, 35. - Pius XII., Rundfunkbotschaft am 1. September 1944, a. a. O., n. 736. - Zu der Frage, ob Begrenzung und Gestaltbarkeit der privaten Eigentumsrechte durch den Staat eine nur von außen an das Eigentum herangetragene oder eine innere, zu Begriff und Substanz des Eigentums gehörende Schranke sei, vgl. v. Nell-Breuning, soziale Enzyklika, S. 77 f. - Gallus Manser bezweifelt es, ob man es überhaupt gelten lassen könne, von einem Begriff - hier vom Eigentumsbegriff - zu sagen, daß er Schranken in sich trüge, weil jeder Begriff seinem „Was-sein", seiner essentia nach, wenn er in sich wahr sei, schrankenlos sein müsse. Es könne deshalb auch keine immanenten Schranken des Eigentums, sondern nur äußere Schranken geben, „weil die Schranke das, was beschränkt wird, also die Wesenheit, schon voraussetzt" (vgl. Angewandtes Naturrecht. Freiburg/Schweiz 1947, S. 82). Der Argumentation Mansers kann man sich nicht anschließen, weil sie einen Trugschluß enthält, indem von der Schrankenlosigkeit des Begriffs auf die Schrankenlosigkeit des Sachverhalts geschlossen wird. Es liegt hier eine Metabasis eis allo genos vor, ein Sprung von der logischen auf die ontologische Ebene, von der Ebene des Denkens auf die des Seins. Der Begriff als logisches Gebilde ist freilich seinem „Was-sein" nach schrankenlos, man kann aus ihm aber nicht die Unbegrenztheit des ihm zugrunde liegenden Sachverhalts folgern und also nicht von der Unbeschränktheit des Eigentumsbegriffs *als Begriff* den Schluß auf die Unbeschränktheit des von ihm erfaßten Sachverhalts „Eigentum" ziehen. Diese Schrankenlosigkeit der Wesenheit des Begriffs als eines logischen Elements steht hier gar nicht zur Diskussion, wenn von Beschränktheit oder Unbeschränktheit des Eigentumsbegriffs die Rede ist, sondern es geht um den vom Begriff des Eigentums umschlossenen Sachverhalt. - Es sei hier nur noch angemerkt, daß dem Privateigentum Beanspruchung und Beschränkung durch das Gemeinwohl von seiner ursprünglichen Bestimmung her mitgegeben sind. Die Begrenzung der Verfügungsmacht des Eigentümers ist also eine innere, zur Substanz des Eigentums gehörende Schranke, gleichgültig, wie sie zur Geltung kommt: ob in freiwilligem Vollzug durch den einzelnen oder durch eigentumsgestaltende Eingriffe des Staates, der hier nur subsidiär dem Unvermögen des einzelnen nachhilft und wirksam werden läßt, was dieser versäumt hat, um auf diese Weise zu verhüten, „daß die Einrichtung des Privateigentums, vom Schöpfer in weiser Voraussicht zur Erleichterung des menschlichen Lebens bestimmt, zu unerträglichen Unzuträglichkeiten führt und so sich selbst das Grab gräbt" (Q. a., n. 49).

not tut, und nur das Mittel anzuwenden, welches ausreicht, um einem Notstand abzuhelfen, also das leichte dem schweren Mittel vorzuziehen. Während innerhalb der privaten Sphäre alle Eigentumsverfügungen, die sich in den Grenzen der Verkehrsgerechtigkeit halten, rechtlich wirksam sind, kommt innerhalb des öffentlichen Rechts nur *den* Verfügungen rechtliche Gültigkeit zu, die durch das Gemeinwohl geboten sind.

Dem Staat steht zur Durchführung seiner Eigentumspolitik eine ganze Skala von Mitteln zur Verfügung. Um mit den leichteren Mitteln zu beginnen: Er läßt die bestehenden Eigentums*rechte* unberührt, stellt aber Regelungen für den Eigentumsgebrauch auf, indem er „mit Rücksicht auf Erfordernisse des allgemeinen Wohls genauer im einzelnen anordnet, was die Eigentümer hinsichtlich des Eigentumsgebrauchs dürfen, was ihnen verwehrt ist[13]". Typische Beispiele sind behördliche Bebauungspläne und polizeiliche Bauvorschriften, aber auch das Instrumentarium einer staatlichen Zwangswirtschaft gehört zum großen Teil hierher. Der nächste und schwerere Eingriff in die Eigentumsverhältnisse besteht darin, daß der Staat dem Eigentümer nicht lediglich Beschränkungen hinsichtlich des *Gebrauchs,* sondern hinsichtlich des *Rechts* an seinem Eigentum auferlegt. Der wichtigste Anwendungsfall in der Gegenwart ist das staatlich verordnete Mitbestimmungsrecht, das zwar noch keine Neuabgrenzung der bestehenden Gütersphären vornimmt, aber das Eigentumrecht des bisherigen Eigentümers durch Gewährung von Mitverfügungsrechten beschränkt. Ein weiteres Mittel staatlicher Eigentumspolitik, das noch wesentlich tiefer in die Eigentumsverhältnisse eingreift, besteht in der Neugestaltung der Eigentumsrechte durch Neuabgrenzung der Gütersphären und Umleitung von Güterströmen[14]. Die wichtigsten Fälle sind durch die Stichworte Steuerpolitik, Lastenausgleich, Bodenreform, Vermögensbildung umschrieben. Das

---

13 Q. a., n. 49. - Vgl. auch Pius XII., Rundfunkbotschaft am 24. Dezember 1942, in: Utz-Groner, a. a. O., n. 243.

14 Schon Thomas erwähnt im Anschluß an Basilius den Fall, daß jemand durch das Gesetz verpflichtet werden kann, seine Güter an die Armen abzugeben, sei es wegen dringlicher Not, sei es infolge Überflusses an Besitz: „... aliquis tenetur ex debito legali bona sua pauperibus erogare, vel propter periculum necessitatis, vel etiam propter superfluitatem habitorum" (S. th, II, II, 118, 4 ad 2). Cajetan kommentiert diese Feststellung des hl. Thomas mit aller Deutlichkeit: „... habens de superfluo nec volens sponte impertiri indigentibus, potest a principe cogi ad subventionem indigentium: ita quod potest princeps ex officio, ut iustitia in divitiis servetur a nolente superfluum naturae et personae dispensare, distribuere illud indigentibus, tanquam auferendo dispensationem divitiarum commissam diviti ab ipso indigno ... Quam iniuriam princeps, qui custos iusti est, ex officio auferre potest et debet, si constat evidenter" (S. th. II, II, 118, 4, Commentaria Cardinalis Caietani).

äußerste Mittel der Eigentumspolitik aber ist die Verstaatlichung („Sozialisierung"), die Umwandlung von Private
Oberster Grundsatz auch der Verstaatlichung ist das Gemeinwohl und das Prinzip des usus communis, so daß über das konkrete Ausmaß öffentlich-rechtlichen Eigentums im Verhältnis zum Privateigentum keinerlei generelle, allein auf Grund sozialphilosophischer oder sozialtheologischer Überlegungen gewonnene Aussagen möglich sind[16].

Die im vorangehenden nur stichwortartig angedeuteten Mittel privater und staatlicher Eigentumspolitik bedürfen einer genaueren Durchleuchtung sowohl theoretisch-grundsätzlich, vom Standpunkt katholischer Eigentumstheorie aus, als auch praktisch, im Blick auf ihre geschichtliche Aktualität. Wir erörtern im folgenden die Probleme des Mitbestimmungsrechtes, der Eigentumsbildung und der Sozialisierung.

---

15 Vgl. Q. a., n. 114; Pius XII., Rundfunkbotschaft am 1. September 1944, in: Utz-Groner, a. a. O., n. 736; Ansprache am 11. März 1945 a. a. O., n. 2919; Ansprache am 7. Mai 1949, a. a. O., n. 3347. - Zu beachten ist immerhin auch S. th. II, II, 66, 8 ad 3, wenn auch Thomas hier in erster Linie an die Eintreibung von Abgaben denkt und sich noch nicht mit dem Problem monopolistischer Machtballung auseinandersetzen konnte. Der Tatbestand ist aber von der Aussage („si principes a subditis exigant quod eis secundum iustitiam debetur propter bonum commune conservandum, ... non est rapina") mitumschlossen.

16 Privateigentum als naturrechtlich begründete Primärform der Güterherrschaft bedeutet also nicht in jedem Fall ein quantitatives, sondern grundsätzlich nur ein qualitatives Übergewicht privater gegenüber öffentlich-rechtlichen Eigentumsrechten, d. h., daß zunächst alle Möglichkeiten des Privateigentums für die Verwirklichung des Gemeinwohls ausgeschöpft sein müssen, bevor es in öffentlich-rechtliches Eigentum umgewandelt werden kann. Dem Grenzfall der extrema necessitas des Individuums steht freilich als Extrem der Grenzfall der extrema necessitas der Gemeinschaft gegenüber: Es kann sich für eine Gemeinschaft eine Notstandssituation ergeben (Krieg, Hungersnot, Naturkatastrophen u. a.), in der das Gemeinwohl ausnahmslos öffentlich-rechtliches Eigentum verlangt. Für beide Grenzfälle gilt der Grundsatz: In necessitate sunt omnia communia, im ersten Falle freilich im Sinne der negativen, im zweiten Falle im Sinne der positiven Gütergemeinschaft des öffentlich-rechtlichen Eigentums. Die naturrechtliche Unaufhebbarkeit der Privateigentumsinstitution erscheint hier auf der höchsten Abstraktionsebene und bleibt wirksam als Unaufhebbarkeit der ständig gültigen Forderung an die Gemeinschaft, in jeder Situation alle Möglichkeiten der Verwirklichung des Privateigentums auszuschöpfen, sie bleibt also wirksam als praesumptio pro proprietate privata. Von daher gesehen versteht man freilich noch besser, daß der hl. Thomas, dessen Soziallehre mit großer Entschiedenheit beim Gemeinwohl ansetzte, das ius gentium nicht dem unwandelbaren Naturrecht, sondern dem wandelbaren positiven Recht zuordnete.

II. EIGENTUM UND MITBESTIMMUNG

Es geht in der Idee der Mitbestimmung um ein gesamtgesellschaftliches Strukturproblem, um eine Frage der Gesellschaftsordnung im ganzen und nicht lediglich um die Gestaltung von Eigentumsrechten. Als Beschränkung und Neugestaltung von Eigentümerbefugnissen berührt sich der Gedanke der Mitbestimmung aber mit der Lehre vom Eigentum und muß deshalb auch unter eigentumsrechtlichen Gesichtspunkten angegangen werden. In der Zuordnung und Begrenzung auf das Thema dieser Abhandlung geht es naturgemäß im folgenden primär um die Sicht vom Eigentum her, während die gesamtgesellschaftliche Problematik nur soweit zur Sprache kommen kann, wie es die eigentumsrechtliche Fragestellung erfordert. Aus dieser Einengung auf den eigentumsrechtlichen Aspekt ergibt sich, daß die Erörterung des Mitbestimmungsrechts den Sachverhalt nicht ausschöpfen kann und unvollständig bleiben muß.

An das Hauptanliegen der folgenden Überlegungen, die Stellungnahme zum Problem der Mitbestimmung in der Sicht der Eigentumslehre, soll ein Überblick über die geschichtliche Herkunft und Entwicklung der Idee der Mitbestimmung heranführen[1]

1. Ideengeschichtlicher Überblick zur Frage der Mitbestimmung

a) Die geschichtlichen Ausstrahlungen der Idee der Produktivgenossenschaft

Der Terminus „Mitbestimmung" hat erst in der Zeit nach dem ersten Weltkrieg Eingang in die Öffentlichkeit der gesellschafts- und wirtschaftspolitischen Diskussion gefunden. Der Sachverhalt selbst ist bedeutend älter und lief bis dahin unter den Begriffen der Produktivgenossenschaft und des Gesellschaftsvertrages. Erst später ist er sowohl als „Wirtschaftsdemokrie" wie auch als „Mitbestimmung" diskutiert und unter beiden Begriffen bis an die Gegenwart herangetragen worden.

---

[1] Vgl. Adolph Geck, Betriebliche Mitbestimmung der Arbeiter in geschichtlicher Entwicklung. In: Die Kirche in der Welt, 3. Bd. 1950. - Heinz Dietrich Ortlieb, Das Problem der Wirtschaftsdemokratie und seine Wandlung. In: Gewerkschaftl. Monatshefte, 1. Jg. 1950. - Richard Seidel, Der geschichtliche Weg zum Mitbestimmungsrecht. In: Gewerkschaftl. Monatshefte, 2. Jg. 1951. - Hans Jürgen Teuteberg, Geschichte der industriellen Mitbestimmung in Deutschland. Ursprung und Entwicklung ihrer Vorläufer im Denken und in der Wirklichkeit des 19. Jahrhunderts. Tübingen 1961.

Wenn man an die Wurzeln der Idee der Wirtschaftsdemokrie herankommen will, so muß man schon bis in die erste Hälfte des neunzehnten Jahrhunderts zurückgehen, in jene Zeit, da die Entwicklung des industriellen Zeitalters gewaltige Fortschritte machte und der Kapitalismus zu seiner letzten, von Sombart als „Hochkapitalismus" bezeichneten Phase ansetzte. Aber auch die Kehrseite des Kapitalismus, das ganze Elend des Proletariats, trat in einer so erschreckenden Weise in die Erscheinung, daß der Gedanke an eine Erkrankung des Gesellschaftsorganismus aufkommen mußte; daß dann auch in der Tat die Rufe nach dem Neubau der Gesellschaftsordnung immer eindringlicher wurden und bis in unsere Tage fortdauern.

Theoretische Ansätze einer gesellschaftlichen Neuordnung, die in der Idee der Wirtschaftsdemokratie bis in unsere Zeit fortwirken, finden sich schon in jener eigenartigen vormarxistischen sozialreformerischen Bewegung eines Sozialismus, den Karl Marx fälschlich als „utopischen Sozialismus" abgestempelt hat[1]. Es läßt sich nämlich nachweisen, daß in den Ideen jenes „utopischen Sozialismus" mehr Realität und praktische Verwirklichungsmöglichkeiten stecken als in Marxens „wissenschaftlichem Sozialismus", dessen utopischer Charakter zweifelsfrei feststeht; so daß selbst der marxistische Sozialismus seit seiner Wandlung zum Revisionismus seine ideologische Substanz mit Hilfe der Vermittlung durch Lassalle in weit größerem Maße vom „utopischen" als vom „wissenschaftlichen" Sozialismus beziehen mußte, um den vielfältigen, auf eine Lösung drängenden sozialen Gegenwartsproblemen, denen gegenüber die Idee der sozialistischen Zukunftsgesellschaft wenig besagte, gewachsen zu sein.

Was jene Sozialreformer nichtmarxistischer Herkunft am stärksten miteinander verbindet, ist die bis heute fortwirkende Idee der Produktivassoziation[2]. Sie waren davon überzeugt, daß die Wurzel der sozialen

---

1 Innerhalb dieses sozialreformerischen Sozialismus ist auch der Begriff „Sozialismus" selbst entstanden, dessen Vaterschaft einem seiner Repräsentanten, Pierre Leroux, zugesprochen werden muß (vgl. Charles Gide, Charles Rist, Geschichte der volkswirtschaftlichen Lehrmeinungen. 2. Aufl., Jena 1913, S. 296).

2 Deshalb werden die Repräsentanten dieses vormarxistischen Sozialismus von Gide und Rist als „Assozialisten" bezeichnet (vgl. Gide-Rist, a. a. O., S. 261 ff.). - Die stärkere Wirklichkeitsnähe jenes sozialreformerischen Sozialismus von Saint-Simon bis Louis Blanc im Gegensatz zur Utopie des marxistischen Sozialismus ist darauf zurückzuführen, daß jener „nicht zerstörend, sondern aufbauend ist, und wo der deutsche Sozialismus sich in erster Linie mit dem verneinenden Bemühen quält, dem verhaßten Gegner die Larve vom Gesicht zu reißen, hat der französische Sozialismus an der positiven Errichtung neuer, im Heute verwirklichbarer Wirtschaftsformen sich versucht" (Edgar Salin, Geschichte der Volkswirtschaftslehre, 4. Aufl., Bern, Tübingen 1951, S. 108).

Not des kapitalistischen Zeitalters in der Trennung von Arbeit und Kapital zu sehen sei, und suchten deshalb nach einer Wirtschaftsform, in der sich die Sozialpartner zu gemeinsamem Schaffen im Blick auf das gemeinsame Ziel der Gütererzeugung zusammenfinden könnten. Hier bot sich ihnen der Gedanke der Produktivgenossenschaften an als Zusammenschluß von Arbeitern im gemeinsamen Betrieb und in gemeinsamer Produktion dergestalt, daß die Arbeiter als Miteigentümer und Mitunternehmer am Gewinn beteiligt werden sollten.

Schon bei Saint-Simon (1760-1825), der jene Bewegung des sozialreformerischen Sozialismus einleitete, ist der Gedanke der Gewinnbeteiligung der Arbeiter auf dem Wege über eine Mitunternehmerschaft angedeutet[3]. In ausführlicher Breite hat ihn dann Charles Fourier (1772-1837) unter dem Begriff der Phalanstère entfaltet. Die praktischen Versuche Fouriers und seiner Anhänger sind zwar gescheitert, die Idee lebte aber weiter und erscheint gerade im Blick der Gegenwart erstaunlich modern und aktuell, wenn man bedenkt, daß Fourier sich nicht nur über die Form der Produktivgenossenschaften, sondern auch über ihren Zweck ganz klar ausgesprochen hat: Er sieht in ihnen das geeignete Mittel einer Umwandlung der Lohnarbeitsverhältnisse durch den Gesellschaftsvertrag! Das erste Problem der Volkswirtschaft war für ihn „die Verwandlung der Lohnempfänger in beteiligte Miteigentümer[4]".

In England kämpfte Robert Owen (1771-1858) für die Idee der Produktivgenossenschaft als eines Mittels, die Trennung von Arbeit und Kapital zu beseitigen. Überzeugt davon, daß soziale Spannungen und Störungen das Ergebnis ungünstiger Umweltverhältnisse seien, kam es ihm auf die Schaffung eines guten Milieus an, auf die Herbeiführung eines günstigen ‚Betriebsklimas' und die Pflege der ‚human relations', so würden wir heute sagen, ohne zu bedenken, daß solche uns sehr modern erscheinenden Gedanken schon im „utopischen" Sozialismus eines Robert Owen in aller Breite ausgeführt sind[5]. Diesem Anliegen der Partnerschaft sollten die Produktivgenossenschaften dienen, mit deren praktischer Verwirk-

---

[3] Vgl. Henri de Saint-Simon, Du système industriel Paris 1821. - Ders., Le Nouveau Christianisme, Paris 1825 (dt. Übersetzung von Muckle, Neues Christentum. Leipzig 1911).

[4] Vgl. Charles Fourier, Théorie des quatre mouvements. Lyon 1808, 2. Aufl. 1841. - Ders., Le nouveau monde industriel et sociétaire. Paris 1829, 2. Aufl. 1845.

[5] Vgl. Robert Owen, A New View of Society; or Essays on the Principle of the Formation of the Human Character and the Application of the Principle to Practice. London 1812. (dt. Übersetzung von Collmann, Neue Ansicht der Gesellschaft. Leipzig 1900).

lichung Owen auf die Dauer allerdings ebensowenig Erfolg hatte wie Fourier, während der Gedanke selbst und das von einem hohen Ethos getragene Wollen in die Zukunft weiterwirken.

Während Fourier und Owen mit der Produktivgenossenschaft auch Vorstellungen einer Konsum- und Lebensgemeinschaft verbanden, wurde sie in reiner Form als eine ausschließliche auf der Basis der Gemeinsamkeit von Kapitalbeteiligung, Produktion, Absatz und Gewinnbeteiligung durchgeführte Genossenschaft von Philipp Buchez (1796-1865), einem Schüler Saint-Simons, und schließlich mit größerem praktischem und vor allem auch ideell tiefgreifendem Erfolg von Louis Blanc (1813-1882) propagiert. Die Wirksamkeit der Blancschen Produktivgenossenschaften beruht darauf, daß sie nur die Arbeiter desselben Berufszweiges zusammenfassen wollen, im Gegensatz zu den Vollgenossenschaften Fouriers, die alles herstellen wollen, was für den Lebensbedarf ihrer Mitglieder notwendig ist. Blanc entfaltete eine starke Aktivität in der Errichtung von Produktivgenossenschaften und forderte dafür auch vom Staat entscheidende finanzielle Unterstützung[6].

In genau der gleichen Weise, in der Blanc die Idee der Produktivgenossenschaft entwickelt und propagiert hatte, wurde sie von Ferdinand Lassalle (1825-1864) übernommen und den Arbeitern als ein zu erstrebendes Ziel vor Augen gestellt[7]. Es ist bekannt, daß Lassalle auf Bismarck einen großen Einfluß ausübte und daß auch - was für den Aufweis der geistesgeschichtlichen Linie der Idee der „Wirtschaftsdemokratie" von großer Bedeutung ist - Bischof Wilhelm Emanuel von Ketteler (1811-1877) von seiner Forderung nach Schaffung von Produktivgenossenschaften stark beeindruckt war und in ihnen ein entscheidendes Mittel zur Lösung der sozialen Frage gesehen hat[8].

Ketteler wandte sich gegen das Lohnverhältnis und sprach in diesem Zusammenhang von einer „neuen Form der Sklaverei", von der „neuen

---

6 Vgl. Louis Blanc, Organisation du Travail. Paris 1839 (dt. Übersetzung von R. Prager, Organisation der Arbeit. Berlin 1899).

7 Vgl. Ferdinand Lassalle, Gesammelte Reden und Schriften. 12 Bde. Hrsgg. von E. Bernstein, Berlin 1919/20.

8 Vgl. Clemens Bauer, Wandlungen der sozialpolitischen Ideenwelt im deutschen Katholizismus des 19. Jahrhunderts. In: Die soziale Frage und der Katholizismus. Festschrift zum 40jährigen Jubiläum der Enzyklika Rerum novarum. Paderborn 1931, S. 24. - Jakob Strieder, W. E. von Ketteler und die soziale Frage, a. a. O., S. 55. - Fritz Vigener, Ketteler. Ein deutsches Bischofsleben des 19. Jahrhunderts. München, Berlin 1924. S. 435, 441 ff., 456 f.

Sklaverei unserer Tage", der gegenüber man nicht einwenden könne, daß Freiwilligkeit und Freizügigkeit der Arbeit bestehe, da der Arbeiter, wenn er mit seiner Familie nicht verhungern wolle, „nicht wochenlang auf Reisen gehen" könne und deshalb auf seinen Betrieb angewiesen sei[9]. Er forderte deshalb, insoweit durch Lassalle angeregt, mit dem er sich mehrfach auseinandersetzte[10], den Ersatz des Lohnverhältnisses durch Produktivgenossenschaften, „deren Wesen eben darin besteht, daß die Arbeiter ganz oder teilweise die Eigentümer des Geschäftes sind, so daß auch der Gewinn desselben ihnen zufällt[11]". In dieser durch die Produktivgenossenschaften zu verwirklichenden „Teilnahme der Arbeiter am Geschäftsbetrieb" ist der Arbeiter „zugleich Geschäftsunternehmer und Arbeiter und hat daher einen doppelten Anteil an dem Einkommen, den Arbeiterlohn und seinen Anteil an dem eigentlichen Geschäftsgewinn[12]".

Rechtlich handelt es sich bei der Idee der Produktivgenossenschaften also um eine Ablösung des Lohnvertrages durch den Gesellschaftsvertrag: An die Stelle der Abhängigkeit des Arbeiters, der unter der Bedingung jederzeitiger Kündigung zum Einsatz seiner Arbeitskraft verpflichtet ist, tritt die gleichberechtigte Partnerschaft mit dem Unternehmer, an die Stelle von Über- und Unterordnung Gleichordnung; der leicht kündbare Lohnvertrag wird ersetzt durch ein im Miteigentum des Arbeiters fundiertes dauerhaftes Rechtsverhältnis.

Es ist wiederum für die hier aufzuweisende geschichtliche Linie der „Wirtschaftsdemokratie" sehr wesentlich, die Tatsache festzuhalten, daß Ketteler späterhin den Gedanken der Produktivgenossenschaft weitergeführt hat in Richtung einer ständischen Organisation der Arbeiterschaft, in der er einen entscheidenden Weg zur Lösung der sozialen Frage gesehen hat[13].

b) Der Gesellschaftsvertrag in der Gedankenwelt der katholisch-konservativen Bewegung

Die vom „utopischen Sozialismus" über Lassalle zu Ketteler hinführende Linie einer Sozialreform, die sich schwerpunktmäßig auf den

---

9 W. E. von Ketteler, Die Arbeiterfrage und das Christentum (1864). In: Johannes Mumbauer, Kettelers Schriften, Bd. 3, 2. Aufl., Kempten 1924, S. 89, 92, 131.

10 Vgl. Ketteler, Arbeiterfrage, a. a. O., S. 55 ff.

11 Ketteler, Arbeiterfrage, a. a. O., S. 57 f. - Vgl. auch Ketteler, Christentum und Sozialdemokratie (nach 1875). In: Mumbauer, a. a. O., S. 178.

12 Ketteler, Arbeiterfrage, a. a. O., S. 124 f.

13 Ketteler, Christentum und Sozialdemokratie, a. a. O., S. 171, 175 f., 178, 180.

Gedanken der Produktivgenossenschaft konzentrierte, die Ketteler dann in seiner Spätzeit durch ständische Ansätze erweitere, wird fortgeführt durch die katholisch-konservative Bewegung, die in Karl Freiherrn von Vogelsang (1818-1890), Albert Maria Weiß (1844-1925) und dem jungen Franz Hitze (1851-1921), in Belgien vor allem in Charles Périn (1815-1905) ihre bedeutendsten Wegbereiter gefunden hat.

Vogelsangs gesellschaftspolitische Ideenwelt ist bestimmt durch den unmittelbaren Einfluß Kettelers, dem er seine Konversion zur katholischen Kirche verdankt, ferner durch seine Verehrung für die romantische Gesellschaftslehre, wie sie durch Adam Müller, Josef Görres und Franz Baader repräsentiert wurde, und schließlich durch Einflüsse der Soziologie Lorenz von Steins wie auch des sozialreformerischen Sozialismus Blancs und Lassalles[15]. Von daher ist es verständlich, wenn auch in Vogelsang gesellschaftspolitischer Konzeption die Produktivgenossenschaft, aufgefaßt als „Gesellschaftsverhältnis . . . zwischen Arbeiter und Arbeitgeber", einen beherrschenden Raum einnimmt[16]. Dabei bleibt Vogelsang aber nicht stehen. Das Gesellschaftsverhältnis von Arbeitnehmern und Arbeitgebern als Ablösung des Lohnvertrages ist ihm nur Vorstufe und Voraussetzung für den Aufbau einer ständisch gegliederten Gesellschaftsordnung, die allerdings in der Intention Vogelsangs den Staat mitumspannen soll in der Weise, daß auch die politische Vertretung des Volkes entsprechend der Ständeordnung ständisch gegliedert wird.

Vogelsang forderte also eine *dreifache* Neugliederung der Gesellschaft: Korporative Organisation des Betriebes durch „organisch vor sich gehendes Hineinwachsen der Arbeiterschaft in Mitverantwortung und Mitverwaltung ihres Arbeitsraumes" in der Form des *Gesellschaftsvertrages,* korporative Organisation gleichartiger Betriebe in *Ständen* (Bauernstand, Handwerkerstand, Handelsstand, Stand der Industrie) und schließlich die Verbindung des ständischen mit dem politischen Prinzip für die Organisation des Staates in der Form eines aus den Vertretern der verschiedenen

---

15 Vgl. Joh. Allmayer-Beck, Vogelsang. Vom Feudalismus zur Volksbewegung. Wien 1952, S. 26. - August M. Knoll, Karl von Vogelsang und der Ständegedanke. In: Die soziale Frage, a. a. O., S. 64 ff. - Hans Rizzi, Vogelsang, In: Staatslexikon. 5. Aufl., 5. Bd., Freiburg 1932, S. 868 ff. - Wilhelm Schwer, Lorenz von Stein. In: Staatslexikon, a. a. O., S. 97 ff. - Wiard von Klopp, Die sozialen Lehren des Freiherrn Karl von Vogelsang. St. Pölten 1894.

16 Freiherr Karl von Vogelsang, Eine sozialpolitische Debatte, In: Österreichische Monatsschrift für Christliche Sozial-Reform. 5. Bd. Wien 1883, S. 351.

Stände gebildeten *Ständeparlaments*[17]. „Das korporativ reorganisierte Handwerk, die korporativ organisierte Industrie, der . . . Bauernstand werden selbstverständlich mit der Zeit eine ständische Interessenvertretung, an Stelle des jetzigen ideologischen und plutokratischen, konstitutionellen Wahlsystems erlangen[18].“ Vogelsang erstrebte also in Anlehnung an Adam Müller eine Verschmelzung und Identifizierung der Gliederung des gesellschaftlichen mit der des staatlich-politischen Organismus in der Weise, daß er jede gesellschaftliche Institution zugleich als staatliche aufgefaßt wissen wollte und umgekehrt[19].

Neben Vogelsang ist Albert Maria Weiß einer der bedeutendsten Vertreter der katholisch-konservativen Bewegung. Mit Vogelsang stimmte er darin überein, daß er auf die Ablösung des Lohnarbeitsverhältnisses durch den Gesellschaftsvertrag und den Aufbau einer ständisch gegliederten Gesellschaft hinwirkte[20]. Daß auch Franz Hitze in seiner Frühzeit entschlossener Anhänger der sozialreformerischen Ideen der katholisch-konservativen Bewegung war, ist ebenfalls bekannt[21].

c) Produktivgenossenschaft und Wirtschaftsdemokratie in der evangelisch-sozialen Bewegung

Auf protestantischer Seite bemühte sich Viktor Aimé Huber (1800-1869) um eine Neugestaltung des Verhältnisses von Kapital und Arbeit. In der Schaffung von Produktivgenossenschaften sah er *die* Lösung der sozialen Frage schlechthin[22]. Späterhin hat dann Friedrich Naumann (1860-1919) die Forderung nach Schaffung von Produktivgenossenschaften mit dem Begriff der „Wirtschaftsdemokratie“ verknüpft[23]. Naumann denkt dabei durchaus schon an eine „volle Demokratisierung der Betriebe“, die den „Übergang des Besitzes in die Hand der organisierten Arbeits-

---

17 Vgl. dazu Knoll, Karl von Vogelsang, a. a. O., S. 75 ff.

18 Vogelsang, Sozialpolitische Debatte, a. a. O., S. 351.

19 Vgl. Allmayer-Beck, a. a. O., S. 136, 143.

20 Vgl. Albert Maria Weiß, Soziale Frage und soziale Ordnung. 3. Aufl., 2. Teil. Freiburg 1896, S. 589 ff., S. 612 ff.

21 Vgl. Franz Hitze, Die soziale Frage und die Bestrebungen zu ihrer Lösung. Paderborn 1877, S. 207 ff. - Ders., Kapital und Arbeit und die Reorganisation der Gesellschaft. Paderborn 1880, S. 397 ff., 440, 473.

22 Vgl. Bauer, a. a. O., S. 21.

23 Vgl. Friedrich Naumann, Neudeutsche Wirtschaftspolitik (1902). In: Hannah Vogt Friedrich Naumann, Ausgewählte Schriften. Frankfurt 1949, S. 279 ff.

gemeinschaft" voraussetzt[24]. Er ist aber davon überzeugt, daß es sich hier um Zukunftsideen handelt, für deren Verwirklichung, so sehr sie auch erwünscht sei, gegenwärtig auf seiten der Sozialpartner noch die ideellen und ethischen Voraussetzungen fehlten. Unter den damals gegebenen Verhältnissen aber forderte Naumann als Vorwegnahme der späteren Betriebsräte „Betriebsparlamente", die aber „in keinem Fall über die Verwendung des Reinertrages zu beschließen haben, die nicht im Stande sind, Betriebsausgaben zu bestimmen, die deshalb auch nicht in der Lage sind, über Gehälter und Löhne etwas Maßgebendes auszumachen. In allen geschäftlichen Fragen sind sie notwendig ausgeschaltet oder haben nur beratende Stimme[25]." Ihnen kann nur obliegen „die Fragen der Einstellung und Entlassung von Arbeitskräften, die Fabrikordnung und Strafgewalt, die räumliche und zeitliche Arbeitseinteilung und möglicherweise die Verteilung des Lohnquantums" innerhalb der verschiedenen betrieblichen Arbeitsgruppen[26].

d) Die Berufsgemeinschaften in Peschs System des Solidarismus

Die weitere Entwicklung der sozialreformerischen Ordnungsideen der katholisch-konservativen Bewegung erfuhr in den achtziger Jahren eine ziemlich schroffe Zäsur durch das Vordringen jener Strömung der christlich-sozialen Bewegung, die unter Führung v. Hertlings, Lehmkuhls und Hitzes als gesellschaftspolitische Gegenwartsaufgabe die Sozialpolitik innerhalb der bestehenden Gesellschaftsordnung ansah und ihr den Vorrang zuschrieb gegenüber der in erster Linie auf institutionelle Erneuerung drängenden Sozialreform. Im Zuge dieser Entwicklung traten die Fragen des Gesellschaftsvertrages in den Hintergrund, um erst in der Gegenwart, insbesondere in der Idee der betrieblichen Mitbestimmung und der „communauté de travail" des französischen Institutionalismus wiederaufzuleben[27]. Das sozialreformerische Ideal der ständischen Ordnung dagegen lebte weiter, wenn auch unter Anerkennung einer für die

---

24 Naumann, a. a. O., S. 279.

25 Naumann, a. a. O., S. 279.

26 Naumann, a. a. O., S. 281.

27 Vgl. Bauer, a. a. O., S. 26 ff., 37 ff. - Joseph Höffner, Menschenwürde und Betriebsverfassung. Um die Grundlagen des Mitbestimmungsrechts. In: Trierer Theologische Zeitschrift, 59. Jg. 1950, S. 369 ff.

Gegenwart notwendigen sozialpolitischen Staatsintervention, und wurde vor allem getragen durch die „Freie soziale Studienvereinigung deutscher und österreichischer Katholiken", deren geistiger Mittelpunkt der Fürst von Löwenstein auf Schloß Haid in Böhmen war. Auf internationaler Grundlage wurden die sozialreformerischen Ideen gefördert durch die „Union catholique d'études sociales et économiques à Fribourg" unter Führung von Kardinal Mermillod[28]. Freilich wurde das ständisch konzipierte Anliegen dieser katholisch-sozialreformerischen Bewegung durch die in breiter Front in Angriff genommenen und die Tagespolitik beherrschenden sozialpolitischen Probleme so stark zurückgedrängt, daß es neben den Bemühungen um den Einsatz der Sozialpolitik als aktueller Weg zur Lösung der sozialen Frage bis zum Ausgang des ersten Weltkrieges keine bedeutende Rolle mehr spielte.

Daß allerdings dennoch die Tradition der auf eine ständisch gegliederte Gesellschaftsordnung abzielenden sozialreformerischen Bestrebungen der katholisch-konservativen Bewegung nicht abriß, ist nicht nur den eben genannten Vereinigungen zuzuschreiben, in denen Albert Maria Weiß nach wie vor eine starke Aktivität entfaltete, sondern auch einem Manne wie Heinrich Pesch (1854-1926), der unter dem Einfluß der Soziallehre Vogelsangs den Entwurf einer ständisch gegliederten Gesellschaft zur Grundlage seines Systems des Solidarismus machte[29].

Pesch hat das Verdienst, daß er den Ständegedanken ablöste von romantisch-mittelalterlichen Vorstellungen, die ihm im Denken der katholisch-konservativen Bewegung noch anhafteten, und daß er ihm im wesentlichen die Form gab, in der er dann 1931 Eingang fand in die Enzyklika Quadragesimo anno. „Vergesellschaftung der Menschen" an Stelle einer „Vergesellschaftung der Produktionsmittel[30]" fordert Pesch als Grundlage einer neuen Sozialordnung. In diesem Sinn erstrebte er eine Durchgliederung der Gesellschaft, die ihren Ausgang nehmen sollte von der „Solidarität der Berufsgenossen", von der Gemeinsamkeit der Berufsleistung als einem „pflichtmäßigen Zusammenarbeiten zur Erfüllung einer gemeinsamen Aufgabe", von der Gemeinsamkeit der „sozialen Funktion im Dienste der

---

[28] Vgl. Bauer, a. a. O., S. 41 f.

[29] Vgl. Heinrich Pesch, Lehrbuch der Nationalökonomie. 2. Bd. 3. Aufl., Freiburg 1920, S. 219 ff. - Heinrich Lechtape, Pesch. In: Staatslexikon. 5. Aufl., 4. Bd., Freiburg 1931, S. 132, 134.

[30] Pesch, a. a. O., S. 219.

Wohlfahrt des gesamten Volkes[31]". Pesch fordert „Berufsgemeinschaften" als „Organe der Gesellschaft", denen er selbst schon die Bezeichnung „Berufsstände" beilegte[32]. Diese Berufsstände stehen nach seiner Lehre unter der Beanspruchung durch das Solidaritätsprinzip: „Einer für alle, und alle für einen." Sie müssen sich deshalb dem Gemeinwohl verpflichtet fühlen und der Gefahr des Abgleitens in einen engherzigen Gruppenegoismus entgegentreten[33]. Die von Pesch entworfene Form einer berufsständischen Ordnung wurde von seinen Ordensbrüdern Constantin Noppel, Gustav Gundlach und Oswald von Nell-Breuning aufgenommen und bis an Quadragesimo anno herangetragen.

e) Berufsständische Ordnung als wirtschaftsdemokratische Forderung der München-Gladbacher Richtung und der Christlichen Gewerkschaften

Noch wichtiger für die Zusammenhänge unserer Fragestellung ist aber die Tatsache, daß auch Franz Hitze und die München-Gladbacher Richtung in allem Einsatz für die durch die Zeit geforderte Aktivierung der Sozialpolitik den Gedanken einer berufsständischen Gesellschaftsordnung nie aus dem Auge verloren haben, sondern sich ihm nach Beendigung des ersten Weltkrieges mit besonderem Interesse wieder zuwandten[34]. Hitze selbst „hoffte auch in der beruflichen Organisation der Gewerkschaft den Ansatz zur berufsständischen Korporation, zugleich den Lebensraum für die Pflege des Berufsgeistes und berufsständischen Geistes zu gewinnen" und erreichte es, daß der Volksverein für das Katholische Deutschland auf dem Wege über Schulungskurse und Publikationen das Verständnis für den berufsständischen Gedanken weckte und förderte mit dem Ergebnis, daß „die katholischen Arbeitervereine und die christlichen Gewerkvereine die Parole der Standwerdung der Arbeiter aufgenommen haben[35]".

---

31 Pesch, a. a. O., S. 219 ff. - Es ist interessant, die Genesis des berufsständischen Gedankens bei Pesch zu verfolgen. Während die erste Auflage seines Hauptwerkes nur knappe und allgemeine Andeutungen enthält (vgl. 2. Bd. Freiburg 1909, S. 194, 200, 206 f.), findet sich in der elf Jahre später nach Kriegsende erschienenen Neuauflage ein voll entfaltetes System einer nach Sinn und Struktur sehr konkret bis in Einzelheiten beschriebenen berufsständischen Ordnung.

32 Pesch, a. a. O., S. 220 f.

33 Pesch, a. a. O., S. 221.

34 Vgl. August Pieper, Franz Hitze und die Korporationsidee. In: Die soziale Frage, a. a. O., S. 94 ff., 97.

35 Pieper, a. a. O., S. 97.

Ein erster bedeutsamer Erfolg der sozialpädagogischen Erziehungsarbeit Hitzes und des München-Gladbacher Volksvereins im Sinne einer Wegbereitung der berufsständischen Ordnung war die Entschließung des 10. Gewerkschaftskongresses der Christlichen Gewerkschaften Deutschlands 1920 in Essen, der „durch die Reden der Arbeiterführer Stegerwald und Theodor Brauer . . . zu einem Ereignis ersten Ranges für die deutsche Gewerkvereinsgeschichte wurde[36]". Dieser Gewerkschaftskongreß nahm als Ergebnis seiner Arbeiten die Grundsätze der Wirtschaftsdemokratie in seine Entschließung auf und verstand sie als Forderung nach Verwirklichung der berufsständischen Ordnung, ganz im Sinne des Solidarismus von Heinrich Pesch, dessen Anliegen der Sache und dem Worte nach hier programmatisch fixiert wurde. Solidarismus - Wirtschaftsdemokratie - berufsständische Ordnung wurden gleichbedeutend verstanden und von Adam Stegerwald in diesem Sinne erläutert: „Wir wollen keine generelle Vergesellschaftung der Wirtschaft, aber wir wollen Wirtschaftsdemokratie; wir wollen in der Wirtschaft den Selbstverwaltungsgedanken und damit den Selbstverantwortungsgedanken ... durchgeführt wissen[37]." Neben Stegerwald rief auch Theodor Brauer die Christlichen Gewerkschaften zur Mitarbeit am Aufbau einer berufsständischen Ordnung und zur Verwirklichung der „Solidarität aller Stände" auf[38].

Die Leitsätze der als berufsständische Ordnung verstandenen Wirtschaftsdemokratie, so wie sie von den Christlichen Gewerkschaften formuliert worden waren, blieben als gesellschaftspolitische Forderung auf der Ebene der Programmatik und der Diskussion stecken und erzielten keine in die Realität der Gesellschaftsordnung hineinreichenden Wirkungen. Die Zeit war erfüllt von der Sorge um die elementaren Existenzgrundlagen: Inflation, kurze Scheinblüte und dann erneut eine Wirtschaftskrise von bisher nicht gekanntem Ausmaß, daneben politische Krisen von ähnlicher Schwere nahmen das ganze öffentliche Interesse in Anspruch. Hier kam es darauf an, Staat, Gesellschaft und Wirtschaft von einem Tag in den anderen hinüberzuretten, ohne daß ernsthaft an einen Neubau der Fundamente gedacht werden konnte. Als sich in den dreißiger Jahren schließlich deutliche Anzeichen eines beginnenden Gesundungsprozesses bemerkbar machten und

---

[36] Adolf Weber, Der Kampf zwischen Kapital und Arbeit (1910). 6. Aufl., Tübingen 1954, S. 65.

[37] Zitiert nach R. H. Ruis, Die Probleme des Artikels 15 des Bonner Grundgesetzes. Duisburg 1952, S. 26.

[38] Weber, a. a. O., S. 92 f.

überdies die Idee der ständisch aufgefaßten Wirtschaftsdemokratie mit dem Erscheinen von Quadragesimo anno einen gewaltigen moralischen Kraftzuwachs bekam, wurden, jedenfalls in Deutschland, alle Möglichkeiten einer praktischen Verwirklichung durch den politischen Umbruch abgeschnitten.

f) Das wirtschaftsdemokratische Programm der freien Gewerkschaften

Inzwischen allerdings hatte der als berufsständische Ordnung konzipierte Gedanke der Wirtschaftsdemokratie innerhalb des ideologischen Raumes eine seltsame Abwandlung erfahren. Freie Gewerkschaften und Sozialdemokratie hatten sich bisher auf ihn nicht eingelassen, da sie seit Ende des ersten Weltkrieges im Banne der Sozialisierung standen, die allerdings in ihren Ergebnissen keinem ihrer Verfechter die Enttäuschung zu hoch gespannter Erwartungen erspart hat: Einerseits war es nicht gelungen, das Programm der Vollsozialisierung durchzuführen, und andererseits wurde in den wenigen sozialisierten Betrieben der Mißerfolg so offensichtlich, daß selbst strenge Sozialisierungsideologen die Wirksamkeit ihres Programmes bezweifelten. „Jeder von uns weiß nun, . . . daß im Seelenleben der deutschen Arbeiterbewegung etwas gebrochen ist. Eine Illusion ist geplatzt. Das, woran man jahrzehntelang geglaubt hat, . . . ist nicht in Erfüllung gegangen. Die Enttäuschung darüber ist das innere Unglück der deutschen Arbeiterbewegung“, so klagte Fritz Tarnow, der Führer der Holzarbeiter, einer der Einflußreichsten der freien Gewerkschaftler[39]. Auch die „Arbeitsgemeinschaften“ als Organisationen zur kollektiven Regelung der Lohn- und Arbeitsbedingungen, die allerdings darüber hinausgreifend eine kollektive Gestaltung des Wirtschaftslebens herbeiführen sollten, hatten versagt[40]. Und selbst mit der Tätigkeit der Betriebsräte war man nicht mehr zufrieden[41].

Es kam deshalb darauf an, eine neue Idee zu propagieren, „an die die Massen glauben können“, so forderte Tarnow, „ein Thema von werbender Kraft“ mußte es nach der Meinung Leiparts sein[42]. Unter diesen Gesichts-

39 Vgl. Jack Schiefer, Geschichte der deutschen Gewerkschaften. 1. Bd. Aachen 1947, S. 98.

40 Vgl. dazu Richard Seidel, Die Gewerkschaftsbewegung in Deutschland. Köln 1952, S. 67 f. - Schiefer, a. a. O., S. 92 f. - Johann Herzig, Die Stellung der deutschen Arbeitergewerkschaften zum Problem der Wirtschaftsdemokratie. Jena 1933, S. 16.

41 Vgl. dazu Richard Seidel, Die deutschen Gewerkschaften. Stuttgart 1948, S. 121 f.

42 Fritz Tarnow, Die Wirtschaft und die Gewerkschaften. Berlin 1925, S. 42. - Jahrbuch 1928 des ADGB, S. 54.

punkten griff man die Idee der Wirtschaftsdemokratie auf, die mit dem Begriff der Mitbestimmung gekoppelt wurde. Es handelte sich um eine Verlegenheitslösung des Sozialismus, der „kaum so viel Ausbaumöglichkeiten gehabt und kaum jemals so steril gewesen ist wie in der Blütezeit der Sozialisierungsdebatten[43]".

Aus dieser Situation heraus also wandte man sich der „Wirtschaftsdemokratie" zu, gab ihr aber im Unterschied zur gleichlautenden Konzeption der christlichen Gewerkschaften einen Inhalt, der ebensowenig geistig durchdacht und verarbeitet war wie das Sozialisierungsprogramm, das man ablösen wollte, weil eben auf seiten des Sozialismus „die Kenntnis der Wirtschaft und der Methoden der Wirtschaftsbeeinflussung nicht ausreichten[44]". Was nun eigentlich unter Wirtschaftsdemokratie zu verstehen sei, darüber ist man sich damals weder klar noch einig geworden. Die Verworrenheit war so groß, daß man sich noch nicht einmal darüber verständigen konnte, was eigentlich mit der Parole der Wirtschaftsdemokratie den Arbeitern angeboten werden sollte.

Als sie erstmals in aller Breite 1925 auf dem Breslauer Gewerkschaftskongreß diskutiert wurde, standen sich zwei Auffassungen gegenüber. *Eine* Richtung wollte Wirtschaftsdemokratie nicht als Gegenwarts-, sondern als Zukunftsforderung auffassen im Sinne einer „Zusammenfassung der Einzelwirtschaften unter einen Gesamtwillen", also genau das, was die nationalökonomische Theorie als Zwangs- oder zentrale Planwirtschaft bezeichnet[45].

Die entgegengesetzte Richtung in der Auffassung der Wirtschaftsdemokratie wollte diese als Gegenwartsforderung verstanden wissen und konkretisierte sie als „Durchführung der Bestimmungen des Artikels 165 der RV[46]" im Sinne einer weiteren Ausgestaltung und Intensivierung der Mitwirkung der Arbeiter „an der Regelung der Lohn- und Arbeitsbedingungen sowie an der gesamten wirtschaftlichen Entwicklung der produktiven Kräfte" (Artikel 165 Weimarer Verfasung).

Auf dem 1928 in Hamburg durchgeführten Kongreß der freien Gewerkschaften kam es unter dem Einfluß von Naphtali zu einem Kompro-

---

[43] Theodor Cassau, Die sozialistische Ideenwelt vor und nach dem Kriege. In: Festgabe für Lujo Brentano zum 80. Geburtstag. 1. Bd., München, Leipzig 1925, S. 152.

[44] Cassau, a. a. O., S. 145.

[45] Vgl. Herzig, a. a. O., S. 17.

[46] Vgl. Herzig, a. a. O., S. 18. - Fritz Naphtali, Wirtschaftsdemokratie. Ihr Wesen, Weg und Ziel. 3. Aufl., Berlin 1928.

miß in der Weise, daß man unterschied einerseits *„Demokratisierung der Wirtschaft“* als Zusammenfassung aller schon erreichten und in nächster Zukunft anzustrebenden Formen der Mitwirkung der Arbeiter an der Wirtschaftsführung und andererseits *„Wirtschaftsdemokratie“* als Ideal und Endziel sozialistischer Gesellschaftsauffassung im Sinne der Marxschen Utopie einer durch „Gemeineigentum“ und zentrale Lenkung bestimmten Wirtschaftsordnung[47].

In der begrifflichen Klärung dieses unausgegorenen Programms des Hamburger Kongresses ist in der Folgezeit weder innerhalb noch außerhalb der freien Gewerkschaften eine Übereinstimmung erzielt worden. Wohl war man sich darüber einig, daß es nicht Aufgabe der Gewerkschaften sein könne, unmittelbar Verwaltung und Leitung der Betriebe zu übernehmen, daß sie vielmehr „frei und ungebunden wie seither die Arbeitsinteressen der Betriebsleitung gegenüber wahrnehmen“ müßten[48]. Bei aller Unklarheit im einzelnen kann man den Inhalt des Begriffes „Wirtschaftsdemokratie“ doch dahin zusammenfassen, daß es sich hier um ein Bündel wirtschaftspolitischer Ideen und Forderungen handelt, die „auf die überbetriebliche Wirtschaftsführung unter Beibehaltung der Verfassung und Funktion des unternehmerischen Einzelbetriebes“ abzielen, also auf das Wirtschaftssystem der zentral gelenkten Planwirtschaft[49]. Es war jedenfalls klar, daß man nicht an eine Mitbestimmung der Betriebsvertretungen im Betrieb dachte, sondern an die Mitbestimmung überbetrieblicher Kollektivvertretungen der Arbeiterschaft, die sich auf die Lenkung der Gesamtwirtschaft beziehen sollte. Die Stellung des Unternehmers in seiner Funktion als Eigentümer und Leiter des Betriebes sollte zwar erhalten bleiben, nicht aber seine freie Initiative in der Aufstellung von Betriebsplänen und Produktionsprogrammen. In dieser Hinsicht war ihm die Stellung eines beauftragten Funktionärs zugedacht, der an die Weisung überbetrieblicher Gremien gebunden sein sollte. Nicht Lenkung der Volkswirtschaft durch eine Vielzahl betrieblicher, über Markt und Preis miteinander koordinierten Einzelpläne, sondern Aufstellung eines zentralen

---

47 Vgl. Herzig, a. a. O., S. 19.

48 Schiefer, a. a. O., S. 101.

49 Josef Dobretsberger, Wirtschaftsdemokratie. In: Staatslexikon. 5. Aufl., 5. Bd., Freiburg 1932, S. 1356. - Vgl. auch Bruno Rauecker, Wirtschaftsdemokratie als nationale Aufgabe. Berlin 1929. - Johannes Gerhardt, Liberalismus und Wirtschaftsdemokratie. Berlin 1930. - Otto Kraus, Wirtschaftsdemokratie und Wirtschaftsaufbau. München 1947. - Franz Böhm, Das wirtschaftliche Mitbestimmungsrecht der Arbeiter im Betrieb. In: Ordo, 4. Bd. 1951, S. 21 ff.

Planes durch Zentralstellen (wie etwa Reichswirtschaftsrat, Reichsarbeiterrat), also zentralplanwirtschaftliche Ordnung des Wirtschaftsprozesses, das war das eigentliche Anliegen der Wirtschaftsdemokratie.

Auch dieses Programm konnte ebensowenig in irgendeiner Form verwirklicht werden wie das der christlichen Gewerkschaften, weil eben die wirtschaftlichen und politischen Krisen um und nach 1928 so bedrohliche Ausmaße annahmen, daß sie das Tagesgeschehen beherrschten und das ganze öffentliche Leben in ihren Bann zogen, bis dann von 1933 an ohnhin jede Möglichkeit wirtschaftspolitischer Aktivität außerhalb der Generallinie des Nationalsozialismus ausgeschlossen war.

g) Betriebliche Mitbestimmung als Abwandlung berufsständischer und wirtschaftsdemokratischer Gedanken

In völlig neuer Form erstand das Programm der Wirtschaftsdemokratie am Ende des zweiten Weltkrieges. Es wurde entworfen und propagiert durch Einheitsgewerkschaft und Sozialdemokratie, die hier auf Erfahrungen ihrer wirtschaftsdemokratischen Programmatik aus der Zeit der zwanziger Jahre zurückgreifen konnten. Was uns allerdings in diesen Jahren seit Kriegsende an wirtschaftsdemokratischen Ideen begegnete, hat nur wenig mit dem Programm des Gewerkschaftskongresses von 1928 zu tun. Dort ging es, wie gesagt, um überbetriebliche Mitbestimmung in zentralen Gremien, also letztlich um eine Form zentraler Wirtschaftslenkung[50], während jetzt gerade das in den Vordergrund gerückt worden ist, was 1928 noch ausdrücklich abgewiesen wurde: nämlich die *betriebliche* Mitbestimmung. Der Terminus „Wirtschaftsdemokratie“, der in den ersten Jahren noch neben „Mitbestimmung“ verwendet wurde, trat späterhin immer mehr zurück und ist nunmehr fast ganz ersetzt durch den die Diskussion beherrschenden Begriff der Mitbestimmung[51].

---

[50] Vgl. dazu auch Goetz Briefs, Zwischen Kapitalismus und Syndikalismus. Die Gewerkschaften am Scheideweg, München 1952, S. 106 f.

[51] Der Begriff selbst trat gleich nach Ende des ersten Weltkriegs in die Erscheinung und kennzeichnete die Tätigkeit sowohl der Betriebsräte als auch der Arbeitsgemeinschaften. Für die Entwicklung des Begriffs ist von Interesse: Pesch, Lehrbuch der Nationalökonomie. 2. Bd., in dessen 1. Aufl. von 1908 noch mit keinem Wort von Mitbestimmung die Rede ist, während die 2. Aufl. von 1920 immerhin schon ein paar skizzenhafte Andeutungen enthält (vgl. Pesch, Lehrbuch, a. a. O., S. 223). Offensichtlich war aber in der Auffassung Peschs das wirtschafts- und gesellschaftspolitische Gewicht der „Mitbestimmung“ noch nicht so stark, daß der Terminus Eingang in das sehr sorgfältig und subtil ausgearbeitete Sachregister hätte finden können. - Vgl. auch Heinz-Dietrich Ortlieb, Das Problem der Wirtschaftsdemokratie und seine Wandlung. In: Gewerkschaftl. Monatshefte,

Auskunft über den Ursprung der Idee der betrieblichen Mitbestimmung gibt Goetz Briefs, der in Heinrich Dinkelbach, einem früheren Mitglied des Vorstandes der Vereinigten Stahlwerke, ihren geistigen Urheber sieht[52]. Von ihm stamme der Gedanke einer Ergänzung des Vorstandes durch den Arbeitsdirektor und einer paritätischen Vertretung der Arbeiterschaft im Aufsichtsrat. Der Vorschlag sei auch von anderen Wirtschaftsführern, so etwa von dem Vorsitzer des Aufsichtsrates der Klöckner-Werke, Jarres, aufgenommen und im Laufe des Jahres 1946 an die Gewerkschaften herangetragen worden in der Absicht, auf diese Weise eine gute Zusammenarbeit mit ihnen sicherzustellen. Die Gewerkschaftsvertreter seien von diesen Vorschlägen „sehr überrascht" gewesen, „sie hätten sich nicht dagegen ausgesprochen, aber darauf bestanden, daß sie die Sozialisierung von Eisen, Stahl und Bergbau verlangten und daß sie diese Forderung unmöglich aufgeben könnten[53]". Der Unternehmerseite kam es offensichtlich darauf an, mit Hilfe der Mitbestimmungsidee die Sozialisierungsforderungen der Gewerkschaften abzufangen, was von den Gewerkschaftsvertretern ja auch in diesem Sinne verstanden und mit dem Hinweis beantwortet wurde, daß Mitbestimmung keine Entschädigung für Sozialisierung sein könne. Bis zum Jahre 1948 hatte die Idee noch keine weiten Kreise gezogen, und erst nachdem sie in die Entschließung des Bochumer Katholikentages aufgenommen war, setzte eine großangelegte, von Gewerkschaften und Sozialdemokratie getragene Agitation ein, die das Mitbestimmungsrecht zur „unabdingbaren Forderung" der Gewerkschaften proklamierte; die schließlich mit der Drohung des Generalstreiks das Parlament unter Druck setzte und dann sehr bald ihren Niederschlag fand im Mitbestimmungsgesetz vom 21. Mai 1951.

Nachdem einmal die Entscheidung für die Mitbestimmung gefallen war, wurden nachträglich recht verschiedenartige Argumente zu ihrer Begründung herangezogen. Zunächst standen politische Argumente im Vordergrund, insbesondere der Hinweis auf das Versagen mancher Unternehmerkreise, die zu tatkräftiger Unterstützung der nationalsozialistischen Politik bereit waren, weil sie von ihr Befreiung vom Druck der organisierten Arbeiterschaft erhofften. Die Verwirklichung der Mitbestimmung sollte solchen Entwicklungen innerhalb der Unternehmerschaft künftighin vor-

---

1. Jg. 1950. - Richard Seidel, Der geschichtliche Weg zum Mitbestimmungsrecht. In: Gewerkschaftl. Monatshefte, 2. Jg. 1951.

52 Vgl. Briefs, a. a. O., S. 108 f.

53 Vgl. Briefs, a. a. O., S. 108 f.

beugen[54]. Starken Auftrieb erhielt die Idee auch durch den Gedanken der Partnerschaft und Betriebsgemeinschaft, der als besonderer Beitrag der christlichen Soziallehre zur Lösung der sozialen Spannung wohl den entscheidenden Anstoß gab, dem Problem der Mitbestimmung auch unter dem Blickpunkt einer möglichen christlichen Antwort auf die Frage nach der Überwindung der Klassengegensätze nachzugehen. Tatsächlich war der Arbeiter in den industriellen Großbetrieben zur bloßen Nummer degradiert worden. Mitbeteiligung an der Unternehmensführung wurde als ein Weg angesehen, daß auch im Betrieb Menschenwürde und Freiheit anerkannt würden, die man im Ablauf der industriellen Revolution mißachtet hatte. Der Arbeiter sollte nicht mehr Objekt sein, sondern Subjekt des wirtschaftlichen Geschehens werden. Die Mitbestimmung wurde schlagwortartig als Konsequenz der „sozialen Mündigkeit" des Arbeiters gefordert, wobei sowohl hinsichtlich der Behauptung selbst wie auch der daraus gezogenen Folgerung noch vieles ungeklärt ist[55].

Die christliche Soziallehre wandte sich der Mitbestimmungsidee zu, um von da her, wie schon erwähnt, neue Möglichkeiten für die Verwirklichung betrieblicher Partnerschaft zwischen Arbeitnehmer und Arbeitgeber zu gewinnen. Auf diese Zusammenhänge hat insbesondere O. v. Nell-Breuning hingewiesen und darauf aufmerksam gemacht, daß Mitbestimmung nur dann einen Sinn hat, wenn man sie nicht in das Lohnverhältnis hineinzwängt, sondern in ihr einen Weg zur Überwindung des Lohnarbeitervertrages in Richtung auf das Gesellschaftsverhältnis sieht[56]. Die von den Gewerkschaften bisher angestrebte Form der Mitbestimmung „will das Lohnarbeitsverhältnis mit seiner individuellen Unterordnung des einzelnen Arbeiters unter das fremde Interesse bestehen lassen, jedoch durch das Gegengewicht der kollektiven Mitbestimmung der organisierten Arbeiterschaft aufwiegen, . . . zwei komplementäre oder kompensatorische Halbwahrheiten, aber keine Ganzheit[57]". Gegen eine solche durch Mitbestimmung zu

---

[54] Vgl. dazu Böhm, a. a. O., S. 54 ff. - Briefs, a. a. O., S. 115. - John F. Cronin, Mitbestimmung im Streit der Meinungen. Bad Nauheim 1953, S. 35.

[55] Vgl. Friedrich Karrenberg, Mitbestimmung in der Wirtschaft. In: Jahrbücher für Nationalökonomie und Statistik, Bd. 164. 1952, S. 421 ff., insbes. S. 437. - Jakob David, Mitbestimmung und soziale Mündigkeit. In: Frankfurter Hefte, 5. Jg. 1950, S. 483 ff., insbes. S. 487, 490. - Thomas E. M. McKitterick, R. D. V. Roberts, Workers and Management. The German Co-determination Experiment. London 1953. - Xavier Herlin, Les expériences allemandes de cogestion. Techniques et réalisations. Paris 1959.

[56] O. v. Nell-Breuning, Zur Überwindung des Lohnarbeitsverhältnisses. In: Sozialer Fortschritt, 2. Jg. 1953, S. 152.

[57] v. Nell-Breuning, a. a. O., S. 152.

ermöglichende Ganzheit wehren sich die Gewerkschaften mit dem Hinweis auf die Gefahr des Betriebsegoismus, ein Hinweis, hinter dem als wirkliche Gefahr die „Auflösung der Solidarität der Arbeiterschaft“ gesehen wird[58]. Die Gefahr des Betriebsegoismus aber ist eine wichtige Aufgabe einer gut durchgebildeten Marktwirtschaft und gehört in den Bereich des Monopolproblems. Je mehr Raum dem Wettbewerb eingeräumt wird und je schärfer das Kartellrecht ist, um so geringer wird die Gefahr, daß sich Betriebsinteressen gegenüber dem Gemeinwohl durchsetzen. Ein „Betriebsegoismus“ aber, der dem aus dem Wettbewerb resultierenden Zwang zur Leistungssteigerung und Preissenkung entspringt, ist sehr erwünscht und verdient gefördert zu werden[59]. Wesentlich wäre aber, daß dieses Betriebsinteresse nicht mehr nur die Sache des Betriebseigentümers, sondern der Betriebsgemeinschaft von Unternehmern und Arbeitern wird.

Bislang hat die Idee der Mitbestimmung unter der Arbeiterschaft nur eine schwache Resonanz gefunden, obwohl sie mit großer agitatorischer Kraft verbreitet wurde. Viele Arbeiter sind im unklaren darüber, um was es geht, und haben nur die Vorstellung, daß es sich um einen der Sozialisierung verwandten Sachverhalt handele. Von einer Spontaneität und einem ursprünglichen Impuls zugunsten der Mitbestimmung ist auf seiten der Arbeiterschaft nicht viel zu spüren. Adolf Geck stellt fest, daß „im Grunde unsere Arbeiter weniger auf sogen. Mitbestimmung im Betrieb - in personaler, sozialer, organisatorischer, technischer und wirtschaftlicher Art - bedacht sind als auf menschengerechte Lebensverhältnisse im Betrieb und eine den Lebensbedürfnissen entsprechende Entlohnung. Die Erfahrung beweist, daß gar manche Arbeiter sogar lohnmäßige Verzichte auf sich nehmen, wenn die Arbeitsbedingungen ihnen gut liegen[60]“.

Trotz aller Unzulänglichkeiten, die der Idee der Mitbestimmung in den bisher verwirklichten Formen anhaftet, hat doch die katholische Soziallehre von Anfang an auch ihre positiven Möglichkeiten gesehen: die Ansatz-

---

58 a. a. O., S. 155.

59 Vgl. a. a. O., S. 155.

60 Adolph Geck, Zusammenarbeit im Betrieb - ein Zentralproblem. In: Soziale Beziehungen in der Industrie. 3. Jg. 1952, S. 87. - Vgl. auch Alfred Horné, Der beklagte Sieg. Gespräch über die Mitbestimmung. Villingen 1959. - Xavier Herlin, Les expériences allemandes de cogestion. Techniques et réalisations. Paris 1959. - Walter Weddigen (Hrsg.), Zur Theorie und Praxis der Mitbestimmung. 1. Bd. Berlin 1962. - Fritz Voigt, Die Mitbestimmung - ein Fortschritt? Zu den Erfahrungen in der Bundesrepublik Deutschland. In: Sozialer Fortschritt, 11. Jg. 1962, S. 194—200. - Otto Neuloh, Der neue Betriebsstil. Untersuchungen über Wirklichkeit und Wirkungen der Mitbestimmung. Mit Beiträgen von Markus Kühn und Friedrich Baerwald. Tübingen 1960.

punkte, die sie bietet, auf dem Wege einer allmählichen Ablösung des Lohnarbeitsverhältnisses durch den Gesellschaftsvertrag zu einer echten Sozialreform zu kommen. Eben jene Forderungen nach menschengerechten Lebensverhältnissen im Betrieb, von denen die Rede war, nach Anerkennung der Subjekt-Stellung und Menschenwürde des Arbeiters innerhalb der Wirtschaft, nach Verwirklichung einer echten Partnerschaft zwischen Unternehmer und Arbeiterschaft lassen sich nicht verwirklichen allein mit Arbeiterschutzgesetzgebung, kollektivem Arbeitsrecht und betrieblicher Sozialpolitik. Der politischen Lebensform einer absolutistischen Monarchie („Alles für, nichts durch das Volk") könnte der Wirtschaftsstil des Herr-im-Hause-Standpunktes eines Stumm-Halberg („Alles für, nichts durch den Arbeiter") allenfalls noch entsprochen haben, wobei von der Unwahrhaftigkeit jener Klischees abgesehen werden mag. Inzwischen haben sich aber im Lebensgefühl der abendländischen Menschheit und zumindest seit Karl Marx auch im Bewußtsein der Arbeiterschaft Wandlungen vollzogen, die innerhalb des politischen Bereichs in der Demokratie den ihnen adäquaten Ausdruck gefunden haben. Innerhalb des wirtschaftlichen Bereichs indessen besteht noch ein Anachronismus, der je länger je mehr die sozialen Spannungen verschärft, weil die Arbeiterschaft längst aus dumpfer Proletarität aufgewacht und zu einem Bewußtsein ihres Persönlichkeitswertes und ihrer Eigenständigkeit gekommen ist, die nicht weniger stark ausgeprägt ist als die anderer Berufsschichten. Deshalb geht es nicht an, den Arbeiter weiterhin nur als Objekt des Wirtschaftsprozesses gelten zu lassen und in sozialer Abhängigkeit zu halten. Es ist nicht lediglich eine Frage der Zweckmäßigkeit, sondern eine Forderung der sozialen Gerechtigkeit, dem Arbeiter die ihm zukommende Subjekt-Stellung auch im Wirtschaftsprozeß einzuräumen[61].

Soll der Betrieb, in dem der Arbeiter einen wesentlichen Teil seines bewußt gelebten Lebens verbringt, für ihn wirklich wieder zu einem personalen Lebensraum werden - im Sinne einer Partnerschaft, wie sie von der christlichen Soziallehre gefordert wird -, dann ist das nur möglich, wenn Betriebseigentümer auf Teile ihrer Verfügungsrechte verzichten und die Arbeiterschaft als gleichberechtigter Partner eingesetzt wird. In der gegenwärtigen wirtschaftsgeschichtlichen Situation, die infolge des Vordrängens

[61] Vgl. Gerhard Weisser, Für oder gegen Marktwirtschaft - eine falsche Frage. 2. Aufl., Köln 1954, S. 14 ff. - Ders., Eigentumspolitik als Ausweg aus zunehmender sozialer Abhängigkeit. In: Eigentum in der industrialisierten Gesellschaft. Hrsgg. vom Ständigen Ausschuß für Selbsthilfe, anläßlich des Dritten Deutschen Selbsthilfetages 1958. Göttingen 1958, S. 9 ff.

der Großbetriebe ohnehin die Tendenz zu einem ständigen Rückgang der selbständigen Arbeitsplätze zeigt, kann Mitbestimmung trotz der angedeuteten Vorbehalte immerhin ein Ansatz sein, die Subjektstellung des Arbeiters im Betrieb und seine Standwerdung im Wirtschaftsleben zu fördern.

h) Zusammenfassung

Die Idee der Mitbestimmung hat eine eigenartige „dialektische" Entwicklung durchgemacht: Der Sachverhalt, der in der Gegenwart als Mitbestimmung in die Erscheinung tritt, hat eine auffallende Ähnlichkeit mit den unter dem Begriff der Produktivgenossenschaft zusammengefaßten Bestrebungen des vormarxistischen sozialreformerischen Sozialismus. Dessen Wirkungen reichen über Lassalle und Ketteler in die katholisch-konservative Bewegung Vogelsangs und Albert Maria Weiß' hinein, wo unter der Forderung des Gesellschaftsvertrages das alte Anliegen der Produktivgenossenschaft, aufgefaßt als Miteigentum und Mitunternehmertum der durch den Betrieb zusammengeschlossenen Arbeitspartner, in neuem Gewande aufgenommen und weitergetragen wurde. Es kam aber in der katholisch-konservativen Bewegung etwas Entscheidendes hinzu: In ihr floß die geistesgeschichtliche Linie der nun als Gesellschaftsvertrag charakterisierten Produktivgenossenschaft zusammen mit dem in der Romantik neu konzipierten Ständegedanken. Die weitere Entwicklung vollzog sich dann in der Weise, daß der Gedanke des Gesellschaftsvertrags zurücktrat gegenüber der Idee einer ständisch gegliederten Gesellschaftsordnung, die auch über die Zeit vorwiegender sozialpolitischer Aktivität hinweg im Bewußtsein der katholischen Soziallehre lebendig blieb; die vor allem durch Pesch weiter entfaltet wurde und besonders nach dem ersten Weltkrieg eine starke Resonanz in der Bewegung des Mönchen-Gladbacher Volksvereins fand. Von da aus wurde sie 1920 unter dem Namen der berufsständischen Ordnung in das von Stegerwald und Brauer ausgearbeitete Programm der christlichen Gewerkschaften aufgenommen und mündete dann 1931 in die Enzyklika Quadragesimo anno.

Das Programm der Wirtschaftsdemokratie als Forderung christlicher Gesellschaftspolitik, so wie sie durch die christlichen Gewerkschaften erhoben wurde, deckte sich mit der Forderung nach einer berufsständisch gegliederten Gesellschaftsordnung. Diese Auffassung von Wirtschaftsdemokratie erfuhr aber einen Umschlag mit der Übernahme dieser Idee durch die freien Gewerkschaften. Hier wurde sie verstanden als Inbegriff zentraler

Lenkungsmaßnahmen unter entscheidender Beteiligung der Arbeiterschaft. Und nach einem neuen „dialektischen" Umschlag des wirtschaftsdemokratischen Gedankens erschien dieser dann schließlich nach dem zweiten Weltkrieg als betriebliche Mitbestimmung. Sie ist in ihrem gegenwärtigen Sinngehalt das Ergebnis einer doppelten Abwandlung der Idee der berufsständischen Ordnung, insofern diese unter der Flagge der Wirtschaftsdemokratie das erste Mal (1925—1928) durch die freien Gewerkschaften als Zentralplanwirtschaft „nach oben", das zweite Mal (nach dem zweiten Weltkrieg) durch die Einheitsgewerkschaft als betriebliche Mitbestimmung „nach unten" abgebogen wurde[62]. In dieser zweifach abgewandelten Form einer gleich nach dem ersten Weltkrieg durch die christlichen Gewerkschaften zunächst als berufsständische Ordnung konzipierten Wirtschaftsdemokratie nähert sich die Idee der Mitbestimmung selbst wieder dem Sinngehalt der Produktivgenossenschaften des vormarxistischen sozialreformerischen Sozialismus, von dem sie ihren Ausgang nahm und zu dem sie in einem merkwürdigen Kreislauf einer mehrfach gestuften „Dialektik" wieder zurückzukehren scheint.

2. *Spannungen zwischen Eigentums- und Mitbestimmungsrecht*

Die Mitbestimmung der Arbeitnehmer tritt in dreifacher Form auf: als soziale, personelle und wirtschaftliche Mitbestimmung. Im Blickpunkt der christlichen Eigentumslehre ist von diesen drei Formen nur die wirtschaftliche Mitbestimmung problematisch, weil sie als Mitverfügung über Produktionsmittel die Substanz des Eigentumsrechts berührt. Unter der Fragestellung des Eigentumsrechts geht es selbstverständlich nur um das Mitbestimmungs*recht,* also nicht um die tatsächlich, sondern nur um die rechtlich verankerte Mitbestimmung[1].

---

62 Es soll dabei nicht verkannt werden, daß die Gewerkschaften mit großem Nachdruck ein einheitliches Programm der betrieblichen *und* überbetrieblichen Mitbestimmung verfochten haben. Der Umstand aber, daß parlamentarisch nur die betriebliche Mitbestimmung durchzusetzen war, hat zur Verengung des Blickfeldes auf diese geführt.

1 Zur Einführung in die Problematik vgl. Oswald v. Nell-Breuning, Mitbestimmung. Landshut 1950. - Hans Hirschmann, Was sagt Bochum zum Mittbestimmungsrecht? Paderborn 1951. - Franz Xaver Arnold, Das Mitbestimmungsrecht im Lichte christlicher Soziallehre. Stuttgart 1951. - Friedrich Karrenberg, Mitbestimmung in der Wirtschaft. In: Jahrbücher für Nationalökonomie und Statistik, 164. Bd. 1952, S. 421 ff. - Eberhard Müller, Recht und Gerechtigkeit in der Mitbestimmung. Ein evangelischer Ratschlag. Stuttgart 1950. - Franz Böhm, Das wirtschaftliche Mitbestimmungsrecht, a. a. O., S. 21 ff.

Zur wirtschaftlichen Mitbestimmung gehört „alles, was den wirtschaftlichen Erfolg oder Mißerfolg des Betriebes bzw. Unternehmens unmittelbar angeht[2]“, also sowohl die grundlegenden Entscheidungen über Betriebsorganisation und Produktionsplan wie auch die alltäglichen Maßnahmen des Betriebsablaufs mit ihrer Vielzahl betriebstechnischer und kaufmännischer Vorgänge. Die Forderung nach wirtschaftlicher Mitbestimmung der Arbeiterschaft allerdings kann sich sinnvollerweise nur auf die Beteiligung an Grund- und Existenzfragen des Betriebes richten, nicht auf Mitwirkung an den laufenden Geschäften. Es geht um den Einfluß auf die betriebliche Weichenstellung, nicht aber um die Betriebsabläufe im einzelnen.

Unabhängig von allen Fragen der geschichtlichen Entstehung und Entwicklung der Mitbestimmungsidee, ihrer Verwurzelung in der Arbeiterschaft und ihrer theoretischen Durchdringung steht für die Gegenwart die Tatsache fest, daß hier ein Fragenkomplex aufgeworfen ist, mit dem sich die Gesellschaftswissenschaft auseinandersetzen muß. Die katholische Soziallehre hat sich des Problems schon sehr bald in großer Aufgeschlossenheit angenommen und es sowohl auf seine positiven wie auch auf seine negativen Möglichkeiten hin beleuchtet. Dabei ergab sich, daß die umstrittensten Probleme der wirtschaftlichen Mitbestimmung da liegen, wo die Idee mit der christlichen Eigentumslehre konfrontiert wird. Es gibt zwar kaum einen Bereich der Sozialwissenschaften, der von der Frage der wirtschaftlichen Mitbestimmung unberührt bliebe. Aber wo sie sonst Meinungsverschiedenheiten auslöste, etwa für Nationalökonomie, Soziologie und Betriebswirtschaft, erwies sich doch, daß hier Wege und Lösungen schneller gefunden werden können als innerhalb der Eigentumslehre. Daß etwa die Auswirkung der wirtschaftlichen Mitbestimmung auf die volkswirtschaftliche Produktivität für sich allein als ausschlaggebendes Moment weder für noch gegen ihre Verwirklichung geltend gemacht werden kann, ist für die christliche Soziallehre selbstverständlich, da sie der Wirtschaft innerhalb der Hierarchie der Werte die ihr gebührende unterste Stufe zuweisen muß. Andere strittige Punkte der wirtschaftlichen Mitbestimmung, etwa Grad und Ausmaß ihrer Verwirklichung, betreffen mehr Fragen des Ermessens und der Zweckmäßigkeit, während von der Eigentumslehre her *prinzipielle* Einwendungen erhoben werden.

Mitbestimmung als Mitverfügung über Produktionsmittel greift in das Eigentumsrecht des Unternehmers ein und beansprucht für sich Funktionen,

---

[2] v. Nell-Breuning, a. a. O., S. 31.

die dem Eigentümer in Ausübung seines Eigentumsrechts zustehen. Die zur Mitbestimmung Berechtigten treten in der praktischen Konsequenz der Mitbestimmung als Miteigentümer gleichberechtigt neben die bisherigen Eigentümer, weil sie an der Ausübung von Eigentumsrechten mitbeteiligt sind. Verwirklichung der Mitbestimmung deckt sich also mit der Übertragung von Eigentumsrechten.

Daß zum Wesen des Eigentumsrechts die freie Verfügungsmacht über Güter gehört, wurde oben dargelegt. Ebenso wurde die Entscheidung der katholischen Eigentumslehre für die Privateigentumsordnung begründet. In diese Entscheidung sind grundsätzlich Güter jeglicher Art einbezogen. Von daher gesehen ist es deshalb gleichgültig, ob sich das Privateigentum auf Konsumgüter oder Produktionsmittel erstreckt, auf Güter, die in der „Individualsphäre" der Haushalte oder auf solche, die in der „Sozialsphäre" der Betriebe stehen.

3. Zur Frage des Betriebsvermögens

Es ist nicht überflüssig, in diesem Zusammenhang ausdrücklich auf die eben genannten Tatsachen hinzuweisen. Denn es ist mehrfach der Versuch gemacht worden, die der wirtschaftlichen Mitbestimmung durch die Privateigentumsordnung aufgegebenen Probleme mit Hilfe eines Radikalmittels zu lösen, indem man einen Schnitt zieht zwischen dem „Privateigentum in der bürgerlich-rechtlichen Sphäre des Individuums, d. h. Privateigentum an den persönlichen Gebrauchs- und Bedarfsgütern des Einzelmenschen" und dem „Privateigentum in der sozialökonomischen Sphäre, d. h. . . . dem Privateigentum an den Produktionsmitteln[3]", um dann für beide Eigentumsbereiche zwei verschiedene „Eigentumstheorien" zu improvisieren. Die in diesen Behauptungen zutage tretenden sprachlichen und logischen Schiefheiten seien hier nur beiläufig vermerkt: Privateigentum kann nach bisheriger feststehender Terminologie ex definitione nur der bürgerlich-rechtlichen Sphäre angehören. Privateigentum der sozialökonomischen Sphäre, das also der bürgerlich-rechtlichen nicht zugehören *soll,* der öffentlich-rechtlichen Sphäre als *Privat*eigentum aber nicht zugehören *kann,* ist eine contradictio in adiecto.

---

[3] Philipp Hessel, Der Wandel des Eigentumsbegriffs. In: Gewerkschaftliche Monatshefte, 3. Jg. 1952, S. 32. - Vgl. ferner Karl Hinkel, Mitbestimmung und Eigentumsrecht. In: Gewerkschaftliche Monatshefte, 1. Jg. 1950, S. 571.

Sachlich wird eine solche Trennung damit begründet, daß die „Macht des Privateigentums in der bürgerlich-rechtlichen Sphäre relativ unproblematisch ist, und zwar deshalb, weil sie in ihren Wirkungen durchaus einseitig, d. h. auf den Eigentümer bezogen, ist. Die Tatsache, daß ein Mensch Privateigentum an persönlichen Gebrauchs- und Bedarfsgütern hat . . ., berührt im Grunde genommen nur ihn, nicht aber den Dritten... Der Eigentumsbegriff als soziologisches Phänomen ist hier noch (in der privaten Sphäre) rein einseitig individualistisch, d. h. die Wirkung von Privateigentum auf den Eigentümer ist positiv, auf den Nichteigentümer, den Dritten, neutral[4]." Im Unterschied dazu wird das Wesen des Privateigentums an den Produktionsmitteln darin gesehen, daß es „wirtschaftliche Macht und persönliche Herrschaft über Menschen" verleihe[5]. Die selbstverständliche Konsequenz aus solchen Eigentumsvorstellungen wäre dann natürlich „die Vergesellschaftung der Produktionsmittel", dieses Mal in der Form der Mitbestimmung als einer „Mitbeteiligung", die deshalb eben notwendig sei, weil sie „zur Beseitigung des Grundsatzes des alleinigen Privateigentums des Unternehmers an den Produktionsmitteln (führt)[6]".

Wenn man von der Ich-Bezogenheit des Eigentums in der „bürgerlich-rechtlichen Sphäre" und seiner Macht-Bezogenheit in der „sozialökonomischen Sphäre" spricht, so wird dabei übersehen, daß jegliches Eigentum, angefangen von Gütern privatester und persönlichster Natur bis hin zu den Produktionsmitteln, unter dem unabdingbaren Anspruch des Sittengesetzes steht, daß Eigentum zunächst weder ich- noch machtbezogen, sondern auf die personale Entfaltung des Menschen hingeordnet ist, daß also sowohl das Brot auf dem Tisch wie auch der Backofen, in dem es gebacken wird, auf die Person des Eigentümers als eines sittlichen Wesens und durch ihn und über ihn hinaus auf die Gemeinschaft bezogen sind, was die katholische Soziallehre in dem schon erläuterten Begriff der Individual- und Sozialnatur des Eigentums zum Ausdruck bringt. In diesem letzten Sinne ist dann das Privateigentum freilich auch ich-bezogen: nämlich auf die Person als eines allerdings nur von der Transzendenz und von der Forderung des Sittengesetzes her zu verstehenden Wesens, und unter diesem Blickpunkt ist es schließlich auch machtbezogen: nämlich als eine ethisch zu verantwortende Teilnahme an der Allherrschaft des Schöpfers.

---

[4] Hessel, a. a. O., S. 33.

[5] Hessel, a. a. O., S. 34.

[6] Hessel, a. a. O., S. 36.

Es gibt kein Privateigentum, welches nicht auf irgendeine Weise in den sozialen Raum hineinstrahlt. Die sozialethische Beanspruchung des Privateigentums trifft unterschiedslos die Güter der „bürgerlich-rechtlichen" wie auch die der „sozialökonomischen" Sphäre. Die Möglichkeiten einer Entartung des Eigentumsgebrauchs und die daraus folgenden Schädigungen der „sozialökonomischen Sphäre" sind hier wie dort gleich groß. Man wird es deshalb nicht gelten lassen können, daß unter den genannten Gesichtspunkten eine Aufgliederung des Privateigentums vorgenommen wird. Es ist nicht einzusehen, warum das Eigentum an einer Schuhmacherwerkstätte, an einer Roggenmühle oder an einem Textilbetrieb *als* Privateigentum bedenklicher sein soll als das an Villen, Rennställen, Luxusautos und anderen Objekten des Amüsements, wo die Möglichkeiten mißbräuchlicher Machtausübung über Menschen - weil dem Lichte der Öffentlichkeit und des öffentlichen Rechts oft nur schwer zugänglich - ungleich größer sind als in den erstgenannten Fällen. Es wird von der hier angedeuteten Eigentumstheorie her möglich sein, Eigentumsrechte derjenigen zu begrenzen, die erspartes Geld zur Gründung, Erhaltung und Erweiterung von Arbeitsstätten und Betrieben verwenden, und auf der anderen Seite denjenigen Eigentumsgebrauch unbehelligt zu lassen, der in Luxusausgaben und Verschwendungen besteht.

Die Versuche, mit Hilfe einer Zweiteilung des Privateigentums in eine „bürgerlich-rechtliche" und eine „sozialökonomische" Gütersphäre dem Mitbestimmungsrecht einen Weg zu bahnen, haben manche Berührungspunkte mit den Auseinandersetzungen um die rechtliche und soziologische Gestalt des Betriebes, die durch den Kampf um die Mitbestimmung ausgelöst bzw. wieder aktualisiert worden sind. In der Erkenntnis der Tatsache, daß die Frage der wirtschaftlichen Mitbestimmung zusammenhängt mit der Frage nach dem Eigentum am Betrieb, hatte beispielsweise der Deutsche Evangelische Kirchentag in Stuttgart 1952 diese ganze Problematik unter das Leitthema gestellt: Wem gehört der Betrieb? Diese Fragestellung ist heftig angegriffen worden mit dem Hinweis darauf, daß „der Betrieb in seiner heutigen Wesensgestalt und Wesensprägung mehr ist als Eigentum", daß er ein „soziales Gebilde eigener Art und Prägung" geworden sei und „nur noch im Zusammenhang mit den übrigen sozialen Gebilden der heutigen menschlichen Gesellschaft wie z. B. Ehe, Familie, Kirche, Staat, gesehen und nur noch mit ihnen verglichen werden" dürfe, woraus sich dann die Folgerung ergäbe, „daß dem Betrieb gegenüber eine Sicht nur vom Eigentum her genauso einseitig und sinnlos wäre, wie eine gleiche Sicht nur vom Eigentum her auf die Familie oder auf die Kirche[7]". Auf dem Kirchentag selbst wurde auf diese Einwürfe eine sehr klare Antwort gegeben: „Ein Betrieb ist eine organische Kombination von sachlichen und immateriellen Werten, die durch sinnvollen Einsatz menschlicher Arbeit Güter erzeugt, transportiert und verteilt. Ein Betrieb besteht somit aus einer sachlich-technischen Grundlage und einem Sozialkörper, nämlich den in ihm beschäftigten Menschen: der Betriebsgemeinschaft. Es kann kein Zweifel darüber sein, daß die Sachwertgrundlage eines Betriebes seinem Eigentümer gehört[8]."

Die vorliegend skizzierte Auseinandersetzung zeigt, daß es notwendig ist, zunächst ein Einverständnis über den Begriff des Betriebes herzustellen, wenn man die wirtschaftliche Mitbestimmung unter der Fragestellung des „Eigentums am Betrieb" angehen will; denn schon die eben angeführten Einwendungen lassen erkennen, daß es offensichtlich Auffassungen vom Betrieb gibt, die von vornherein die Frage nach dem Eigentum am Betrieb ausschließen oder zumindest zur Bedeutungslosigkeit abwerten können. Nun ergibt allerdings schon eine flüchtige Einsicht in die einschlägige, dem Betrieb unter irgendeinem Gesichtspunkt zugeordnete Literatur, daß hier von einer Übereinstimmung oder auch nur von einer „herrschenden Lehre" in der Begriffsbestimmung des Betriebes keine Rede sein kann. Die Unterschiede und Gegensätze gehen so weit, daß es nicht nur fachwissenschaftlich divergierende und vielleicht durch das besondere Formalobjekt der einzelnen Wissenschaften bedingte unterschiedliche Auffassungen des Betriebes gibt, sondern daß sich auch jeder Autor, der zu dem Problem Stellung nimmt und nicht mißverstanden werden will, regelmäßig gezwungen sieht, vorweg klarzustellen, was er unter „Betrieb" versteht. Auffallende Unterschiedlichkeiten bestehen innerhalb der Betriebswirtschaftslehre selbst, die den Betrieb zwar vorwiegend unter technisch-ökonomischen und weniger unter eigentumsrechtlichen Gesichtspunkten sieht, ohne sich aber im einzelnen über die Abgrenzung ihres Gegenstandes einig zu sein[9]. Von den

---

7 Vgl. Dirk Cattepoel, in: Wem gehört der Betrieb? In: Der Mensch in der Wirtschaft. Mitteilungen der Gesellschaft der Freunde christlicher Akademie-Arbeit. H. 1, 2. Jg. 1952, S. 25.

8 Vgl. a. a. O., S. 25 ff.

9 Es ginge über den Rahmen dieser Abhandlung hinaus, die verschiedenen Auffassungen hier zu erörtern oder auch nur darzustellen. Vgl. im einzelnen Erich Gutenberg, Grundlagen der Betriebswirtschaftslehre. 1. Bd. Die Produktion. Berlin 1951, S. 394. - Heinrich Nicklisch, Betrieb. In: Handwörterbuch der Betriebswirtschaft. 2. Aufl. 1. Bd. 1938, S. 755. - Karl Rößle, Allgemeine Betriebswirtschaftslehre. 2. Aufl., München 1951, S. 16. - Martin Lohmann, Einführung in die Betriebswirtschaftslehre. Tübingen 1949, S. 36. - Guido Fischer, Allgemeine Betriebswirtschaftslehre. 5. Aufl., Stuttgart 1948, S. 17. - Wilhelm Kalveram, Industriebetriebslehre. Wiesbaden (o. J.), S. 17.

Betriebsbegriffen der Betriebswirtschaftslehre unterscheiden sich die des Steuerrechts[10], des Gewerberechts[11] und der allgemeinen Rechtslehre[12], die aber auch unter sich wiederum unterschiedlich gefaßt sind.

In einer anderen, von Betriebswirtschaftslehre und Rechtslehre wesentlich verschiedenen Schau wird der Betrieb gesehen von der Soziologie, die hier in der speziellen Form der Betriebssoziologie in die Erscheinung tritt. An ihre Auffassungen des Betriebes sollen sich die folgenden Überlegungen anschließen. Goetz Briefs erklärt, daß „die Soziologie, sofern sie sich auf den Betrieb bezieht, mit den üblichen Betriebsbegriffen nicht operieren kann; nicht jeder Betrieb ist auch schon Betrieb in ihrem Sinn. Ihr Erfahrungsobjekt vom Betrieb ist der Betrieb, der als soziales Gebilde auftritt, also Kooperation mehrerer Menschen umschließt[13]." Sodann gibt Briefs dem Betrieb als Formalobjekt der Betriebssoziologie eine Definition, die sich behauptet und bis heute im wesentlichen ihre Gültigkeit behalten hat: „Die Betriebssoziologie hat es also zu tun mit dem Betrieb als institutionellem Gebilde, in welchem eine Mehrzahl von Menschen mit Hilfe eines Zweckmittelsystems für die laufende Bedarfsversorgung kooperiert . . . er ist räumlich gebunden, zeitlich normierte, mit technischer Apparatur ausgestattete derartige Kooperation von Menschen, daß spezifische soziale Beziehungen, soziale Prozesse und Beziehungsgebilde aus ihr entstehen[14]." Die Auffassung des Betriebes als Institution im Sinne eines dauerhaften sozialen Funktionsgefüges wird auch vertreten von Eugen Rosenstock[15], René König[16] und Helmut Schelsky[17].

---

[10] Vgl. Ottmar Bühler, Steuerrecht. 1. Bd. Wiesbaden 1951, S. 146.

[11] Vgl. Hans D. Rewolle/Ewald Köst, Handkommentar zum Arbeitsrecht. Göttingen 1953, § 1, Anm. 1 GO (S. 163).

[12] Vgl. Erwin Jacobi, Betrieb und Unternehmen als Rechtsbegriffe (Sonderabdruck aus der Festschrift der Leipziger Juristenfakultät für Viktor Ehrenberg). Leipzig 1926. - Robert Pohl, Die Rechtsbedeutung des Betriebes. Berlin 1930, insbes. S. 5 ff.

[13] Goetz Briefs, Betriebssoziologie. In: Handwörterbuch der Soziologie. Stuttgart 1931, S. 32. - Vgl. ferner: Adolph Geck, Die sozialen Arbeitsverhältnisse im Wandel der Zeit. Berlin 1931, insbes. S. 4. - Ders., Entstehungsgeschichte der Betriebssoziologie. In: Soziologische Forschungen unserer Zeit. Köln, Opladen 1951, S. 107. - Peter F. Drucker, Gesellschaft am Fließband. Frankfurt 1950, S. 72 ff. - Hans Schneider, Das soziale Jahrhundert, Frankfurt, Bonn 1950, S. 96. - Franz H. Mueller, Soziale Theorie des Betriebes. Berlin 1952, S. 112 ff. - Werner Ziegenfuß, Der Mensch als Gesellschaftswesen und der Betrieb. In: Schmollers Jahrbuch, 72. Jg. 1952, S. 385. - Ralf Dahrendorf, Sozialstruktur des Betriebes - Betriebssoziologie. Wiesbaden 1959.

[14] Briefs, a. a. O., S. 32, 34.

[15] Vgl. Eugen Rosenstock, Vom Industrierecht. Berlin 1926, insbes. S. 17.

Unter dem Einfluß betriebssoziologischer Erkenntnisse hat auch das Arbeitsrecht in der Bestimmung des arbeitsrechtlichen Betriebsbegriffes eine bemerkenswerte Annäherung an die soziologischen Tatbestände vollzogen, die vor allem in Erläuterungen und Stellungnahmen zu dem vom Gesetzgeber nicht definierten Betriebsbegriff des Betriebsverfassungsgesetzes vom 11. Oktober 1952 ihren Niederschlag findet[18]. Diese Wandlung des Arbeitsrechts in der Auffassung des Betriebes, den die früher herrschende Lehre unter dem Einfluß der Betriebswirtschaftslehre als „Vereinigung von persönlichen, sachlichen und immateriellen Mitteln zur fortgesetzten Verfolgung eines technischen Zwecks" bestimmte, vollzog sich unter dem Eindruck der Erkenntnis, daß es der Personenwürde des Arbeiters widerspricht, die persönlichen Arbeitskräfte im Betrieb gleichgeordnet neben sachliche und immaterielle Produktionsmittel zu stellen[19]. Alfred Hueck schlug deshalb eine neue Definition vor, die von der herrschenden Lehre angenommen wurde: „Betrieb ist die organisatorische Einheit, innerhalb derer ein Unternehmer allein oder in Gemeinschaft mit seinen Mitarbeitern mit Hilfe von sachlichen und immateriellen Mitteln bestimmte arbeitstechnische Zwecke fortgesetzt verfolgt[20]."

Die herrschende Lehre des Arbeitsrechts stimmt also mit der Betriebssoziologie darin überein, daß sie den Betrieb als Ganzes vom Menschen her sieht und ihn bestimmt als eine Leistungsgemeinschaft, die sich zur Erreichung ihres Zieles eines Sachapparates bedient. Diese Übereinstimmung

---

16 Vgl. René König, Peter Atteslander, Heiner Treinen, Hans-Wolfgang Stieber, Betriebssoziologische Mikroanalyse. In: Kölner Zeitschrift für Betriebssoziologie, 8. Bd. 1956, S. 46 ff.

17 Helmut Schelsky, Industrie- und Betriebssoziologie. In: Soziologie. Ein Lehr- und Handbuch zur modernen Gesellschaftskunde, hrsg. von Arnold Gehlen und Helmut Schelsky. 3. Aufl., Düsseldorf, Köln 1955, insbes. S. 182 ff.

18 Vgl. Hans Galperin, Kommentar zum Betriebsverfassungsgesetz. Heidelberg 1953, § 1, Anm. 4 (S. 58). - Gerhard Erdmann, Das Betriebsverfassungsgesetz vom 11. Okt. 1952, erläutert für die Betriebspraxis. Neuwied 1952, § 1, Anm. 1 (S. 58). - Rolf Dietz, Betriebsverfassung. München, Berlin 1953, § 1, Anm. 36 (S. 63). - Karl Fitting, Walter Kraegeloh, Betriebsverfassungsgesetz. Frankfurt, Berlin 1952, § 3, Anm. 1 (S. 48).

19 Vgl. Alfred Hueck, Deutsches Arbeitsrecht. 2. Aufl., Berlin 1944, S. 51.

20 Hueck, a. a. O., S. 51. - Es wirkt wie ein Anachronismus, wenn angesichts dieser offensichtlichen Fortschritte in der Bestimmung des arbeitsrechtlichen Betriebsbegriffes Herbert Monjau unter Berufung auf längst überholte literarische Äußerungen (aus veralteten Auflagen von 1927 und 1932) mit fragloser Selbstverständlichkeit die von der herrschenden Lehre längst aufgegebene betriebswirtschaftlich bestimmte Auffassung des Betriebes wiedergibt, ohne von dem inzwischen vollzogenen Bedeutungswandel überhaupt Kenntnis genommen zu haben (vgl. H. Monjau, Betriebsverfassungsgesetz. Köln 1952, S. 20).

kommt aber auch in der klar ausgesprochenen Tatsache zum Ausdruck, daß in dieser Bestimmung des Betriebsbegriffs zwei Sachverhalte zusammengefaßt sind, die zwar als konstitutive Elemente die höhere Einheit dieses soziologischen Betriebsbegriffs ergeben, die aber unter den Gesichtspunkten anderer Fragestellungen, so insbesondere der Eigentumslehre, streng voneinander geschieden werden müssen, nämlich:

1. Betrieb ist technische Apparatur, Sachgrundlage. In diesem Sinne ist er zu verstehen als technisch-organisatorische Einheit von Sachwerten, die mit Hilfe des Einsatzes menschlicher Arbeit der Erstellung von Gütern und Leistungen dienen. Er ist als Zusammenfassung von Produktionsmitteln die materielle Grundlage für das Wirksamwerden der menschlichen Arbeitskraft. Im Unterschied zu dem oben umschriebenen allgemeinen und umfassenderen soziologisch-arbeitsrechtlichen Betriebsbegriff kann man im Hinblick auf diese technisch-sachliche Apparatur von Betrieb im engeren Sinne sprechen. Der Begriff des Betriebs deckt sich insoweit mit dem des Betriebsvermögens.

2. Betrieb ist ein soziales Gebilde, ein sozialer Organismus, aufgebaut durch eine bestimmte Gruppe von Menschen, die durch das gemeinsame Ziel der Erstellung einer konkreten Leistung miteinander verbunden sind. Der Betrieb als Sachzusammenhang, als Betriebsvermögen im erstgenannten Sinne wird seiner Zweckbestimmung zugeführt durch die Betriebsgemeinschaft der auf das gleiche Leistungsziel hingeordneten Menschen, die deshalb nicht als dem sachlichen Betriebsmechanismus eingefügte Objekte, sondern als Subjekte des Produktionsprozesses anzusehen sind, allerdings nicht als Gesellschaft im Sinne des französischen Institutionalismus. Diese letztere Bestimmung des Betriebs ist ebenso wie im ersten Fall eine Verengung des allgemeinen soziologisch-arbeitsrechtlichen Betriebsbegriffs, allerdings nun in einer ganz anderen Richtung, nämlich nicht auf die Sachgrundlage der technischen Apparatur hin, sondern auf die Menschen, die sich ihrer als eines Werkzeuges bedienen[20a].

In der Diskussion um den Betrieb im Sinne der Betriebsgemeinschaft als eines sozialen Gebildes geht es naturgemäß im wesentlichen um Fragen der durch die innerbetrieblichen Hinordnungen auf ein gemeinsames Leistungsziel bedingten zwischenmenschlichen Beziehungen und weniger um Fragen des Eigentums an der betrieblichen Apparatur. Wenn aber die Fra-

---

[20a] Vgl. hierzu Briefs, a. a. O., S. 33, 34 ff. - Hueck, a. a. O., S. 51. - Galperin, a. a. O., § 1, Anm. 6 ff. (S. 58 ff.). - Dietz, a. a. O., § 1, Anm. 38 (S. 63). - Erdmann, a. a. O., § 1, Anm. I (S. 58).

ge nach dem „Eigentum am Betrieb" gestellt wird, dann handelt es sich selbstverständlich immer um den Betrieb im engeren Sinne der technisch-organisatorischen Einheit von Sachwerten, also um das Betriebsvermögen. Wirtschaftliche Mitbestimmung ist stets, wenn auch nicht ausschließlich, eine Frage des Eigentums am Betriebsvermögen in diesem zuletzt gemeinten engeren Sinne der organisatorischen Einheit von Produktionsmitteln, die im Privateigentum des Unternehmers stehen. Mit der Forderung nach Mitbestimmung als Mitverfügung über diese betriebliche Apparatur wird also von Nichteigentümern der Anspruch auf Übertragung von Eigentumsrechten, von Miteigentum am Betriebsvermögen geltend gemacht. Ob er begründbar ist und zu Recht erhoben werden kann, soll im folgenden an Hand der für diese Frage in Betracht kommenden Leitsätze der katholischen Eigentumslehre erörtert werden.

4. Der Lösungsversuch des Institutionalismus

In dem Bemühen um eine Antwort auf die Frage, ob und inwieweit die Forderung nach Mitbestimmung begründet ist, knüpfen wir an die oben erwähnte betriebssoziologische Auffassung an, die den Betrieb als „Institution" im Sinne eines „auf Dauer gestellten und versachlichten sozialen Verhaltens- und Funktionsgefüges" versteht[21]. Von daher könnte man in der Frage des Eigentums am Betriebsvermögen zu ähnlichen Folgerungen kommen, wie sie die Staatslehre in der Abweisung der Patrimonialtheorie hinsichtlich der rechtlichen Begründung des Staates und der Staatsgewalt gezogen hat.

Die das mittelalterliche Staatsdenken beherrschende Patrimonialtheorie leitet die staatliche Gewalt aus dem Verhältnis des Grundherrn zu den Grundsassen ab und gründet sie auf die Anschauung, daß der Monarch Obereigentümer des Bodens sei. Der hoheitliche Charakter des Staates und die durch den Monarchen ausgeübte Staatsgewalt erscheinen als Zubehör des Bodeneigentums. Ihren entschiedensten theoretischen Verfechter fand die Patrimonialtheorie aber erst im 19. Jahrhundert in Carl Ludwig von Haller[22]. Es war sein Anliegen, im Rückgriff auf mittelalterliches Staatsdenken den durch das Naturrecht der Aufklärung und die Ideen der Fran-

---

[21] Schelsky, a. a. O., S. 183.

[22] Vgl. Carl Ludwig von Haller, Über die Notwendigkeit einer anderen obersten Begründung des allgemeinen Staatsrechts. Bern 1807. - Ders., Restauration der Staatswissenschaften. 6 Bde. Winterthur 1816/25.

zösischen Revolution ins Wanken geratenen monarchischen Verfassungen wieder einen festen Halt zu geben. Deshalb erklärte er das Eigentum an Grund und Boden als die einzige rechtliche Basis bestehender Herrschaftsbefugnisse. Der Herrscher hat in seiner natürlichen Überlegenheit als oberster Grundherr auch die ausgedehntesten Herrschaftsrechte. Der Staat ist ein privatrechtliches Verhältnis von allseitiger Unabhängigkeit, von anderen Privatrechtsverhältnissen nur unterschieden wie „das Kleine von dem Größeren, das Vollendete von dem Unvollendeten" und gilt als „die höchste Gradation natürlicher Dienst- und Machtverhältnisse[23]". Der Fürst *als* Grundeigentümer steht in der Staatslehre Hallers logisch an erster Stelle, der Staat ist aus dem Eigentum hervorgegangen und nur die Folge einer dem Fürsten aus dem Grundeigentum zuwachsenden Ordnungsaufgabe[24].

Der Irrtum der Patrimonialtheorie besteht darin, daß sie nicht zu unterscheiden vermag zwischen der Bedeutung grundherrlicher Verhältnisse für das konkrete geschichtliche Werden eines bestimmten Staates und dem Wesen des Staates an sich. Jene ist unbestritten. In der Geschichte des deutschen Staatswesens insbesondere baut sich auf der Vorstellung, daß dem Monarchen als dem Obereigentümer der Boden gehöre, das Gerüst des mittelalterlichen Staates auf, das Feudal- und Lehnssystem, und es hat tiefgreifender innerer Wandlungen bedurft, bevor aus ihm der moderne Staat hervorging[25]. Mit dem Hinweis auf diese geschichtlichen Tatsachen ist aber in keiner Weise das zeitlos gültige Wesen des Staates getroffen. Dieser ist in juristischer Sicht ein innerhalb eines bestimmten Raumes organisierter Zusammenschluß von Menschen, und zwar in der Form einer mit souveräner Herrschaftsgewalt ausgestatteten öffentlich-rechtlichen Körperschaft; in staatsphilosophischer Sicht: ein in der Wesensanlage der Person als ens sociale gründendes naturnotwendiges, mit oberster und unabhängiger, von keiner irdischen Autorität abgeleiteten Herrschaftsmacht ausgestattetes Sozialgebilde (societas naturalis et perfecta). Daß aber eine Staatstheorie, die prinzipiell im Herrscher nur einen Grundherrn mit ungewöhnlich ausgedehnten Befugnissen sieht, zu unhaltbaren Konsequenzen führen müßte - vor allem im Hinblick darauf, daß es sich in der Aus-

---

[23] Vgl. Haller, Restauration, 1. Bd. 2. Aufl., 1820, S. 463 ff.

[24] Vgl. Haller, a. a. O., S. 511 ff.

[25] Vgl. Alfred Weber, Die Krise des modernen Staatsgedankens in Europa. Stuttgart 1925, S. 12 ff.

übung der Staatsgewalt nicht lediglich um die Verfügung über Sachen, sondern entscheidend um den Vollzug von Autorität und den Einsatz von Macht über Personen handelt -, das hat schon Görres erkannt und deshalb die Patrimonialtheorie als „naturalistische Verirrung“ zurückgewiesen[26].

Hier stellt sich die Frage: Gelten diese Überlegungen analog nicht auch für die Beurteilung des Problems der betrieblichen Eigentumsrechte? Auch im Betrieb werden durch den Eigentümer des Betriebsvermögens auf Grund eben dieses Eigentums Führungsansprüche geltend gemacht und Herrschaftsmacht über Personen ausgeübt. Die dem Unternehmer gegenüber dem abhängigen Arbeiter zustehende, die Verfügungsbefugnisse über den Arbeitsplatz miteinbeziehende Herrschaftsstellung ist für die personale Existenz des Arbeiters wesentlich einschneidender als die hoheitliche Gewalt einer modernen rechtsstaatlichen Demokratie.

Wenn nun Unternehmer auf der Grundlage ihres Eigentums an Produktionsmitteln solche weitgespannten Führungsansprüche über Betriebsangehörige erheben, so könnte man demgegenüber ähnliche Einwendungen geltend machen, wie sie die Staatslehre der Patrimonialtheorie entgegengehalten hat: daß hier nicht unterschieden werde zwischen der historischen Entstehung des Betriebes und der stets gleichbleibenden Wesensgestalt seiner rechtlichen Struktur. Der historische Ansatz des modernen Betriebs sei zwar in den meisten Fällen privates Vermögen, das unbestreitbar einmal im Eigentum dessen gestanden habe, der sich entschloß, dieses Vermögen nicht konsumtiv zu verwenden, sondern mit seiner Hilfe „ergiebigkeitssteigernde Produktionsumwege“ einzuschlagen, und zur Erreichung dieses Zwecks menschliche Arbeitskräfte mittels des Lohnvertrages heranzog und miteinsetzte. Diese Arbeitskraft läßt sich aber nicht lösen von der Person ihres Trägers. So gewann der Unternehmer mit der Verfügung über die Arbeitskraft eine Herrschaftsstellung auch über die Person des Arbeiters[27]. Überall aber, wo Macht über Menschen ausgeübt wird, kann dies nicht geschehen innerhalb des dem Prinzip der rechtlichen Koordination und der iustitia commutativa unterstehenden Raumes des Privatrechts, in dem sich die

---

[26] Vgl. Joseph von Görres, Europa und die Revolution. Stuttgart 1821, S. 16 ff.

[27] Das bedeutet keinen Einwand gegen die sachnotwendige Aufteilung in leitende und ausführende Funktionen, ohne die ein Betrieb als die Einheit eines technisch-wirtschaftlichen Funktionsgefüges nicht existenzfähig wäre. Diese funktionsmäßige Aufgliederung eines Betriebes, die auch zwischen den rechtlich gleichrangigen Gesellschaftern einer OHG oder einer G. m. b. H. notwendig ist, hat noch nichts zu tun mit dem Ausbau von Machtpositionen von der Art, wie sie in der kapitalistischen Wirtschaft der über das Produktionsmitteleigentum verfügende Unternehmer über den eigentumslosen Arbeiter innehat.

einzelnen auf gleicher rechtlicher Stufe gegenüberstehen. Herrschaftsstellungen und Machtausübung sind *zu Recht* nur möglich innerhalb der Ordnung des öffentlichen Rechts, die dem Prinzip der Subordination untersteht und also der iustitia distributiva, vollzogen durch die mit hoheitlicher Gewalt ausgestatteten behördlichen Organe.

Der Schluß, den man daraus für die rechtliche Struktur des Betriebes zieht, könnte nun so lauten: Ebensowenig wie die Machtbefugnisse des Herrschers kraft angeblichen Eigentums am Staatsgebiet geltend gemacht werden können, sondern kraft der rechtlichen Qualifizierung des Staates als öffentlich-rechtliche Körperschaft, ebensowenig können Machtpositionen über Betriebsangehörige aus Eigentumsrechten am Betriebsvermögen abgeleitet werden, sondern wenn überhaupt, dann nur, soweit der Betrieb als öffentlich-rechtliche Körperschaft oder Anstalt angesehen werden kann. Das würde dann des weiteren bedeuten, daß das Betriebsvermögen nicht Unternehmereigentum, sondern Unternehmenseigentum ist, ebenso wie das Staatsgebiet - ganz unabhängig von der Weise der geschichtlichen Entstehung eines Staates - nicht im Privateigentum des jeweiligen Trägers der Staatsgewalt steht, sondern unter der hoheitlichen Gewalt des Staates als juristischer Person des öffentlichen Rechts.

Die Auffassung, daß der Betrieb eine der öffentlich-rechtlichen Sphäre angehörende autonome Institution ist, wird in der Tat durch den französischen Institutionalismus vertreten, ohne daß sie - soweit ersichtlich - explicite in Parallelität und analog zur staatsrechtlichen Auseinandersetzung mit der Patrimonialtheorie entwickelt und begründet wird[28]. Die Lehre des Institutionalismus wurde in ihren Grundgedanken erarbeitet von M. Hauriou[29] und weitergeführt durch G. Renard[30] und J. Delos[31]. Der Kern-

---

[28] Die hier angesprochene Lehrmeinung des in rechtsphilosophischen Kategorien denkenden *französischen* Institutionalismus muß unterschieden werden von dem durch Thorstein B. Veblen begründeten *amerikanischen* Institutionalismus, dessen Forschungsziel die empirisch-pragmatische Analyse organisierter Gruppen, der sozialen Institutionen ist. Wissenschaftsgenetisch und wissenschaftsmethodisch stehen sich die beiden Lehrsysteme ohne inneren Zusammenhang und geradezu konträr gegenüber, insofern der französische Institutionalismus in Reaktion zum Rechtspositivismus des 19. Jahrhunderts entstand, während der amerikanische Institutionalismus sich in der Frontstellung zur sozialwissenschaftlichen Theorie, insbesondere zur theoretischen Nationalökonomie J. Bates Clarkes und der Österreichischen Schule entfaltete.

[29] Vgl. Maurice Hauriou, Précis de droit administratif et de droit public général. Paris 1892, 12. Aufl., 1933. - Ders., Leçons sur le mouvement social. Paris 1899. - Ders., Principes de droit public. Paris 1910, 2. Aufl, 1916. - Ders., L'institution et le droit statuaire. Paris 1906.

gedanke des Institutionalismus ist darin zu sehen, daß der Betrieb, ähnlich wie Staat und Gemeinde, als „organisme public“, als öffentlich-rechtliche, mit hoheitlicher Gewalt ausgestattete Körperschaft verstanden wird[32]. Daraus würde folgen, daß innerbetriebliche Anordnungen den Charakter von Verordnungen und Verfügungen haben, und vor allem auch dieses: daß die interpersonalen Beziehungen der Betriebsangehörigen und ihr Verhältnis zum Betrieb nicht mit Hilfe privatrechtlicher Verträge geregelt und dem Anspruch der iustitia commutativa unterstellt sind, sondern daß die Rechte aller Beteiligten auf das gesellschaftliche Ganze des Betriebes als solchen bezogen und also der iustitia distributiva zuzuordnen sind.

Eine Auseinandersetzung mit der im Bereich der Rechtsphilosophie beheimateten Lehre des Institutionalismus ist sinnvoll nicht möglich unter vordergründig-empirischen Gesichtspunkten, auch nicht von ihren gesellschaftspolitischen Konsequenzen her, die noch anzudeuten sind, sondern nur auf der ihr adäquaten Ebene naturrechtlicher Prinzipien. Die entscheidende Fragestellung ist diese: Steht der Betrieb seiner Natur nach innerhalb der Ordnung des Privatrechts oder der des öffentlichen Rechts? Von der Beantwortung dieser Frage hängt auch die Antwort auf die andere Frage ab: Kann das Betriebsvermögen als Privateigentum angesehen werden oder steht es, analog dem Gebiet einer Gebietskörperschaft, unter der hoheitlichen Gewalt der Betriebsgemeinschaft als solcher?

Die Erörterung der Frage nach der naturrechtlichen Struktur des Betriebes als eines Teilbereichs des Gesellschaftslebens setzt ein Einverständnis über die Begründung und den Sinn der Gesellschaft überhaupt voraus[33]. Es ist die übereinstimmende Überzeugung der in der Tradition des aristotelisch-thomistischen Naturrechts stehenden Gesellschaftslehre, daß im Mittelpunkt des Gesellschaftslebens der Mensch steht. Zwar geht es in der Gesell-

---

30 Vgl. G. Renard, L'institution, fondement d'une rénovation de l'ordre social. Paris 1933. - Ders., La philosophie de l'institution. Paris 1939.

31 Vgl J. T. Delos, La théorie de l'institution. In: Archives de philosophie du droit et de sociologie juridique, t. I, 1931, p. 97 ff.

32 Vgl. Hauriou, Précis, p. 106 ff. - Ders., Principes, p. 100 ff. - Romed Giner, Beiträge der katholischen sozialen Strömungen im Frankreich der Gegenwart zur Lösung der sozialen Frage. Eine kritische Würdigung. Innsbruck 1956, S. 34 ff. - Hermann J. Wallraff, Mitbestimmung. In: Staatslexikon, 6. Aufl., 5. Bd. 1960, Sp. 749 ff., insbes. 752.

33 Die Begriffe Gemeinschaft und Gesellschaft werden innerhalb der naturrechtlichen Gesellschaftslehre synonym verwendet und umfassen die von Tönnies unter *soziologischen* Gesichtspunkten erarbeiteten Begriffe der vom „Kürwillen“ bestimmten „Gesellschaft“ und der vom „Wesenswillen“ bestimmten „Gemeinschaft“ (vgl. Ferdinand Tönnies, Gemeinschaft und Gesellschaft, 7. Aufl., Berlin 1926).

schaftsphilosophie um das Gemeinwohl, um die rechte Ordnung des gesellschaftlichen Ganzen. Dessen Grund und Ausgangspunkt, seine sinngebende Mitte und sein Ziel ist aber die Person als ens individuale et sociale: „Ausgangspunkt und Wesensziel des Gemeinschaftslebens bildet die Wahrung, Entfaltung und Vervollkommnung der menschlichen Persönlichkeit[34]."

Die besondere Struktur der Person aber, durch die sie sich von jeder anderen geschöpflichen Individualisierung unterscheidet, besteht darin, daß sie mit der Anlage des Selbstbewußtseins und der Selbstverfügung, mit Vernunft und Freiheit ausgestattet ist. Der ontologische Grund für die Personalität ist die Geistnatur des Menschen. Sie gibt ihm als *denkendem* Wesen die Macht, sich selbst zu bestimmen und sich auf selbstgesetzte Ziele hin zu entscheiden. In diesen beiden Möglichkeiten des sich selbst bewußten *Erkennens* und des in Freiheit sich entscheidenden *Wollens*, der Selbsterkenntnis und der Selbstverfügung, liegt das Wesen der Personalität. Der Mensch ist in diesem seinem Selbststand und seiner Selbstverfügbarkeit gleichzeitig auch Selbstzweck, nicht Mittel zum Zweck. Er lebt um seiner selbst willen, das will sagen: Ihm ist das Dasein als Person gegeben, damit er frei über sich selbst verfüge, selbst seinen Weg bestimme und sich nicht - wie die untermenschliche Schöpfung - mit naturgesetzlicher Notwendigkeit, sondern in Freiheit für das transzendente Ziel der Schöpfung, nämlich den Schöpfer selbst als das summum bonum, entscheide. Das ist der Sinn menschlicher Personalität: die in Freiheit zu vollziehende Erfüllung von Werten, also die Bejahung des Guten als des im Sittengesetz sich aussprechenden transzendenten Willens des Schöpfers. Das bedeutet innere Bereicherung, Sinnerfüllung und Vollendung der personalen Existenz.

Aus dieser Daseinsverfassung der Person zieht das Subsidiaritätsprinzip die Konsequenzen für die Ordnung der Gesellschaft und das Verhältnis von Person und Gesellschaft[35]. Der Grundsatz der Subsidiarität ist in der

---

[34] Pius XII., Rundfunkbotschaft am 24. Dezember 1942, in: Utz-Groner, n. 227. - Auch in seiner Ansprache am 20. Februar 1946 erklärte Pius XII., daß der Mensch „der Ursprung und zugleich das Ziel des menschlichen Gesellschaftslebens und somit auch das Prinzip seines Gleichgewichts" sei (in Utz-Groner, n. 4093).

[35] Vgl. Oswald v. Nell-Breuning, Sozialprinzipien. In: Zur Christlichen Gesellschaftslehre (Wörterbuch der Politik, I). 2. Aufl., Freiburg 1954, Sp. 43. - Eberhard Welty, Grundsätze der Gemeinschaftsordnung (Sozialprinzipien). In: Herders Sozialkatechismus I. Bd. Freiburg 1951, S. 111 ff. - Gustav Ermecke, Die christlichen Sozialprinzipien. In: Theologie und Glaube, 40. Jg. 1950, S. 119 ff. - Arthur-Fridolin Utz, Formen und Grenzen des Subsidiaritätsprinzips. Heidelberg 1956. - Das Subsidiaritätsprinzip. Herausgeber:

Enzyklika Quadragesimo anno formuliert worden und hat seither eine weit über den Raum der katholischen Soziallehre hinausgehende Resonanz gefunden. Die Formulierung der Enzyklika lautet: „Es muß allezeit unwandelbar jener überaus schwerwiegende sozialphilosophische Grundsatz festgehalten werden, an dem nicht zu rütteln und zu deuteln ist: Was der Einzelmensch aus eigener Initiative und mit seinen eigenen Kräften leisten kann, darf ihm nicht entzogen und der Gesellschaftstätigkeit zugewiesen werden; ebenso verstößt es gegen die Gerechtigkeit, das, was die kleineren und untergeordneten Gemeinwesen leisten und zum guten Ende führen können, für die weitere und übergeordnete Gemeinschaft in Anspruch zu nehmen[36]."

Die sehr komprimierte und im Pastoralstil des kirchlichen Lehramtes abgefaßte Formulierung des Subsidiaritätsprinzips bedurfte, um wissenschaftlich und gesellschaftspolitisch fruchtbar zu werden, der sozialphilosophischen Analyse und Entfaltung, worum sich die katholische Gesellschaftslehre namentlich in den Jahren nach 1945 bemüht hat[37]. Wir heben in diesem Zusammenhang nur die für den Bereich unserer engeren Fragestellung relevanten Inhalte des Subsidiaritätsprinzips hervor. Sein Ansatzpunkt ist der im Vorhergehenden schon angedeutete Selbststand, die Selbstzwecklichkeit und also die Freiheit und Selbstverantwortlichkeit der Person. Nun sagt aber ein scholastisches Axiom: Omne agens agendo perficitur, das heißt: Jedes auf Betätigung hin angelegte Wesen entfaltet sich, indem es diese seine Potenz auch aktualisiert; indem es sich also betätigt. So gelangt es zur Sinnerfüllung und Vollendung seines Daseins. Dies gilt in besonderer Weise für den Menschen. Nur indem er handelt, indem er seine körperlichen, geistigen und sittlichen Kräfte sinnvoll, das heißt: in Entsprechung zur Sinnbestimmung seiner Menschennatur, aktiviert, vollendet er sich zur Persönlichkeit und verwirklicht so den Sinn seines Daseins, den Sinn seiner personalen Eigenständigkeit und Selbstzwecklichkeit.

Auf Grund dieser durch die Schöpfungsordnung vorgegebenen metaphysischen Sachverhalte fordert das Subsidiaritätsprinzip als sozialethisches

---

A. F. Utz unter Mitwirkung von H. E. Hengstenberg, G. Küchenhoff, J. J. M. von der Ven. Heidelberg 1953. - Ewald Link, Das Subsidiaritätsprinzip. Sein Wesen und seine Bedeutung für die Sozialethik. Freiburg 1955. - Heinz Maiworm, Subsidiarität als pädagogisches Prinzip. In: Ordo Socialis, 5. Jg. 1957, S. 57 ff.

[36] Quadragesimo anno, n. 79.

[37] Vgl. die unter [35] genannte Literatur.

Prinzip, daß der Mensch gemäß jenem Gesetz „omne agens agendo perficitur“ seine Kräfte rege; daß er jede an ihn herantretende Aufgabe selbst erfülle, soweit er dazu fähig ist. Die Gemeinschaft darf nur „subsidiär“ eingreifen und dem einzelnen keine Aufgabe abnehmen, welche er aus eigener Kraft bewältigen kann. Sonst nähme sie ihm die Möglichkeit, die in ihm angelegten Fähigkeiten zu aktualisieren und den Sinn seiner Personalität zu verwirklichen. In der Aussage des Subsidiaritätsprinzips sind also zwei Forderungen ausgesprochen: 1. gegenüber der Person, daß sie ihre Kräfte entfalte und sich bewähre, 2. gegenüber der Gemeinschaft, daß sie ihre activitas socialis nicht überspanne und die Initiative der Person nicht lähme, sondern nur eingreife, wenn die Kräfte des einzelnen in der Erfüllung seines Lebenssinnes und seiner Lebensaufgaben nicht ausreichen. Für die Art dieses Eingreifens stellt das Subsidiaritätsprinzip folgende Richtlinien auf: Die zu leistende gesellschaftliche Hilfe muß *Hilfe zur Selbsthilfe* sein, welche die personalen Anlagen und Kräfte nicht zurückdrängt, sondern fördert und möglichst zur vollen Entfaltung bringt; ferner: Sie darf nur supplementären Charakter haben und muß *ergänzende* Hilfe sein, die sogleich zurückzunehmen ist, wenn sich der Mensch selbst helfen kann.

Um die Sachverhalte weiter zu verdeutlichen, wird gelegentlich das Bild vom Turner und der ihm gewährten Hilfestellung herangezogen[38]: Es ist die Aufgabe des Turners, die turnerische Leistung selbst zu vollbringen. Die Hilfestellung will ihm nichts abnehmen, sondern ihm nur ermöglichen, sich voll zu entfalten, indem sie eingreift, wenn er in Gefahr kommt. Eine ähnliche Aufgabe hat die Gemeinschaft gegenüber dem einzelnen. Sie soll die personalen Kräfte wecken und fördern, nicht aber die Initiative der Person ersetzen und zerstören.

Wir spannen nun von hierher den Bogen wieder hinüber zur Eigentumstheorie. Die metaphysische Zweckbestimmung der materiellen Güterwelt besteht darin, allen mit der Würde der Personalität ausgestatteten Geschöpfen die äußeren Voraussetzungen und den Raum für ihre personale Entfaltung zu gewähren: Das ist die in der scholastischen Redeweise vom usus communis rerum zum Ausdruck gebrachte Aussage. Um noch einmal das Bild des Turners in Anspruch zu nehmen: Die apersonale Dingwelt ist vergleichbar dem Turngerät als Mittel zum Zweck, die im einzelnen angelegten Fähigkeiten zur Geltung zu bringen. Die naturrechtliche Entscheidung für die Institution des Privateigentums als Primärform

---

38 Vgl. Oswald v. Nell-Breuning, Einzelmensch und Gemeinschaft. Heidelberg 1950, S. 19.

der Güterherrschaft stützt sich darauf, daß auf diese Weise - eben durch die privateigentumsrechtliche Individualisierung der Güterherrschaft - unter den historisch-soziologischen Bedingungen des status naturae lapsae jene auf die Person bezogene Zweckbestimmung der materiellen Güter am besten verwirklicht werden könne.

Mit diesen Feststellungen sind die Ausgangspositionen bezeichnet, von denen her eine Stellungnahme zum Institutionalismus möglich ist. Da die Güter im Dienst der freien Verfügbarkeit durch die Person stehen und in statu naturae lapsae rechtlich individualisiert sind, nimmt die Güterherrschaft ihrer naturrechtlichen Bestimmung nach von der durch die freie Entscheidung des einzelnen beherrschten Privatsphäre ihren Ausgang. Die Verfügung über die Güter, das Wirtschaften, die Entscheidung darüber, ob Sachwerte konsumtiv oder produktiv verwandt werden sollen: dies alles ist vom Anspruch des Naturrechts her um der Person willen mit Vorrang dem Raum des Privatrechts zugewiesen. Auch die besondere Art der Organisation der individuellen Güterherrschaft berührt nicht die naturrechtliche Entscheidung für die Privateigentumsordnung. Die Güter bleiben in der Verfügungsgewalt des einzelnen, unabhängig davon, ob er als Eigentümer allein über sie verfügt oder ob das geschieht durch eine „Kooperation von Menschen[39]", unter ihnen im Lohnverhältnis stehende Arbeiter, die sich dem Eigentümer in der Verfügung über sein Eigentum zu abhängigen Dienstleistungen verpflichten.

Auf Grund dieser Überlegungen können wir sonach der Auffassung des Institutionalismus, daß der Betrieb ipso iure aus der Natur der Sache eine mit hoheitlicher Gewalt ausgestattete im Raum des öffentlichen Rechts stehende Selbstverwaltungskörperschaft ist, nicht zustimmen. Das einzige soziologische Gebilde, dessen Charakter als autonome Körperschaft des öffentlichen Rechts sich naturrechtlich erweisen läßt, ist der Staat als eine in der gesellschaftlichen Wesensanlage des Menschen gründende Institution, die im Zusammenleben der Menschen unverzichtbar ist, weil Rechtsbeziehungen bestehen, Ansprüche und Verpflichtungen, die auf Verwirklichung drängen; die eine Abgrenzung verlangen und eine oberste, letztinstanzliche und letztverantwortliche Autorität erfordern. Die Güterherrschaft aber ist, ganz gleich, in welcher Form sie sich vollziehe, von ihrer naturrechtlichen Zweckbestimmung her primär der Sphäre des Privatrechts zugewiesen. Es ist deshalb auch nicht möglich, aus der Abweisung der Patrimonial-

---

[39] Vgl. Goetz Briefs, a. a. O., S. 32 ff.

theorie analoge Schlußfolgerungen für die rechtliche Struktur des Betriebes zu ziehen, ihn zur Selbstverwaltungskörperschaft zu erklären und in den Raum des öffentlichen Rechts zu stellen.

Damit ist allerdings die Auseinandersetzung mit der Lehre des Institutionalismus noch nicht abgeschlossen. Es könnte nunmehr folgender Gesichtspunkt geltend gemacht werden: Wenn auch zugegeben werden mag, daß die Verfügung über Sachgüter prinzipiell der Privatsphäre zugewiesen ist, so läßt es sich doch nicht bestreiten, daß es im modernen Großbetrieb nicht lediglich um die schlichte Ausübung von Eigentumsrechten geht, sondern daß sich mit der Verfügungsmacht über Sachgüter auch Herrschaftsmacht über Personen verbindet. Da es sich aber rechtlich nicht begründen läßt, aus dem Eigentum Führungs- und Herrschaftsansprüche des Eigentümers über Menschen abzuleiten, und dennoch faktisch von ihm im Betrieb eine solche, von Rechts wegen nur den Trägern der hoheitlichen Gewalt zustehende Herrschaftsgewalt ausgeübt wird, so scheint die Problematik nicht damit abgetan zu sein, daß man erklärt, der Betrieb gehöre der Ordnung des Privatrechts an, und das Betriebsvermögen stehe im privaten Eigentum des Unternehmers bzw. des Kapitalgebers.

Darauf wäre zunächst zu erwidern, daß es keine „normative Kraft des Faktischen" gibt und daß aus dem tatsächlichen Bestehen von Herrschaftsstellungen innerhalb der Ordnung des Privatrechts nicht der Schluß gezogen werden kann, sie seien auch rechtlich statthaft. Wo auf Grund von Eigentumsrechten Macht über Menschen ausgeübt wird, erhebt sich vom Anspruch der sozialen Gerechtigkeit her gegenüber der Gesellschaftspolitik die Forderung, solche Machtstellungen zu beseitigen oder zumindest sie zu entschärfen und durch Gegengewichte zu kompensieren. Die Geschichte der Sozialpolitik etwa seit dem Beginn des neunzehnten Jahrhunderts ist eine einzige Kette von Versuchen, die Virulenz privater, auf das Eigentum an Produktionsmitteln gestützter Herrschaftsstellungen zu paralysieren (so insbesondere mittels der Arbeiterschutzgesetzgebung, des kollektiven Arbeitsrechts, der gewerkschaftlichen Selbsthilfe und in der Gegenwart mit Hilfe von Mitbestimmung und Kapitalbeteiligung).

Gegenüber dem Institutionalismus wäre also folgendermaßen zu argumentieren: Aus der Tatsache, daß es in der kapitalistischen Gesellschaft Herrschaftsstellungen auf der Basis von Privateigentum gibt, darf nicht der Schluß gezogen werden, diesen Gesellschaftsbereich der Ordnung des öffentlichen Rechts zuzuweisen, sondern es ist umgekehrt zu folgern: Wo innerhalb der Privatsphäre und auf Grund von Privateigentum Macht über

Menschen ausgeübt wird, ist es die Aufgabe der Gesellschaftspolitik, geeignete Mittel zur Auflösung solcher Machtpositionen einzusetzen. Erweisen sich zur Erreichung dieses Zieles alle anderen Mittel als unzulänglich, dann kann als ultima ratio allerdings in Erwägung gezogen werden, privates in öffentlich-rechtliches Eigentum überzuführen. Das ist der Tatbestand der Sozialisierung. Erst in dieser äußersten Zuspitzung der gesellschaftlichen Situation, wenn der Grenzfall der Sozialisierung gegeben ist, nähert sich die naturrechtliche Eigentumslehre dem Grundgedanken des Institutionalismus. Während dieser aber die Hineinnahme des Betriebes in die Sphäre des öffentlichen Rechts als das Normale und Naturgemäße ansieht, ist für eine von der Person ausgehende und im Subsidiaritätsprinzip verankerte Gesellschaftslehre die „Vergesellschaftung" eines Betriebes nicht ein seiner Zweckbestimmung adäquater Vorgang, sondern nur das äußerste Mittel, um einer Notstandssituation Herr zu werden, in der einer das Gemeinwohl gefährdenden privaten Herrschaftsmacht auf andere Weise nicht beizukommen ist. Das ist die Intention der viel diskutierten Sozialisierungsstelle in der Enzyklika Quadragesimo anno[40]. Hier ist im Blick auf die kapitalistische Gesellschaftsordnung die Rede von einer „wider alles Recht angemaßten gesellschaftlichen Herrschaftsstellung des Eigentums", die „von Rechts wegen gar nicht dem Eigentum, sondern der öffentlichen Gewalt zukommt". Daraus folgert die Enzyklika: „Mit vollem Recht kann man ja dafür eintreten, bestimmte Arten von Gütern der öffentlichen Hand vorzubehalten, weil die mit ihnen verknüpfte übergroße Macht ohne Gefährdung des öffentlichen Wohls Privathänden nicht überantwortet bleiben kann[41]."

Aber auch hier muß auf das Subsidiaritätsprinzip hingewiesen werden, unter dessen Anspruch alle Eingriffe in die Privatsphäre, in diesem Fall in das Privateigentumsrecht, stehen. Mit der Behauptung des Vorrangs der personalen vor der kollektiven Initiative ist auch der Vorrang des privaten vor dem öffentlichen Recht ausgesprochen. Öffentlich-rechtliche Eingriffe in das Privateigentum und also ein Zurückdrängen der privatrechtlichen zugunsten der öffentlich-rechtlichen Sphäre müssen supplementär verstanden werden und sind also nur statthaft, soweit die private Initiative versagt. Aber auch dann - das ergibt sich des weiteren aus dem Subsidiaritätsprinzip - müssen zunächst die in Betracht kommenden minimalen Mittel des Eingriffs in

[40] Vgl. Q. a., n. 114.
[41] a. a. O., n. 114.

Erwägung gezogen werden, bevor an das schwerste und tiefgreifendste Mittel der Sozialisierung gedacht werden kann; dies aus dem gleichen Grunde, weshalb in der Wirtschaftspolitik die indirekten und marktkonformen Methoden der „leichten Hand" den direkten und nichtmarktkonformen Eingriffen der „schweren Hand" vorzuziehen sind. Die letzte Begründung dafür liegt nicht darin, daß es sich hier um ein „Gesetz der Sparsamkeit" handelt[42], sondern um den durch das Subsidiaritätsprinzip ausgesprochenen Kompetenzvorrang der Person gegenüber der öffentlichrechtlichen Ordnung, was man schlagwortartig mit der Formel „Soviel Freiheit wie möglich, soviel Bindung wie nötig" auszudrücken pflegt. Die Lehre des Institutionalismus indessen würde den Freiheitsraum der Person zugunsten der öffentlich-rechtlichen Sphäre ungebührlich einengen und käme in ihren Konsequenzen einer Vollsozialisierung sehr nahe, da dann die Betriebe der privaten Initiative entzogen und dem Weisungsrecht behördlicher Organe, in letzter Instanz dem Aufsichtsrecht des Staates, unterstellt wären.

Wir kommen also im Unterschied zum Institutionalismus zu dem Ergebnis, daß der Betrieb und dessen materielles Substrat, das Betriebsvermögen, prinzipiell nicht der öffentlich-rechtlichen, sondern der privatrechtlichen Ordnung angehören und dieser nur ausnahmsweise - wenn private Verfügungsmacht zu einer Gefährdung des Gemeinwohls führt - entzogen werden dürfen.

Die katholische Soziallehre der Gegenwart hat im Zusammenhang der Auseinandersetzungen um das Mitbestimmungsrecht sehr entschieden zum Ausdruck gebracht, daß das Betriebsvermögen wie jedes Eigentum grundsätzlich der Privatrechtsordnung angehört und im Eigentumsrecht desjenigen steht, der rechtmäßig Verfügungsmacht über die Betriebsmittel erworben hat; daß demnach die wirtschaftliche Mitbestimmung auch eine Eigentumsfrage ist. Pius XII. hat in seiner Ansprache am 7. Mai 1949 die Auffassung zurückgewiesen, daß „jede Unternehmung ihrer Natur nach in den Bereich des öffentlichen Rechts hineinrage", richtig sei vielmehr, daß sie „der privatrechtlichen Ordnung des Wirtschaftslebens unterliege[43]". Daraus ergibt sich nach der Lehre des Papstes die Konsequenz, daß „der Eigentümer der Produktionsmittel, wer immer es sei . . . innerhalb der Grenzen des

---

[42] Vgl. Karl Schiller, Sozialismus und Wettbewerb. Hamburg 1955, S. 30.

[43] Pius XII., Ansprache am 7. Mai 1949 an die IX. Internationale Konferenz der katholischen Unternehmerverbände. In: Herder-Korrespondenz, 3. Jg. 1948/49, S. 454.

öffentlichen Wirtschaftsrechts Herr seiner wirtschaftlichen Entschlüsse bleiben muß[44]". Und des weiteren, daß „die Wirtschaft - wie jeder andere Bereich menschlicher Tätigkeit - ihrer Natur nach keine Einrichtung des Staates ist, sondern ganz im Gegenteil das lebendige Ergebnis der freien Initiative der Einzelmenschen und ihrer in Freiheit gebildeten Gruppen[45]".

Am 3. Juni 1950 nahm Pius XII. noch einmal zum Mitbestimmungsrecht Stellung, indem er vor der Gefahr einer Überschreitung der Grenzen der Sozialpolitik warnte: „Diese Grenze liegt dort, wo die Gefahr sich erhebt, daß jetzt die Arbeiterschaft in den gleichen Fehler fällt wie seinerzeit das Kapital. Der Fehler bestand darin, die Verfügungsgewalt über die Produktionsmittel - namentlich in den Groß- und Riesenunternehmen - der persönlichen Verantwortlichkeit des privaten Eigentümers (sei dieser ein einzelner, sei es eine Personengemeinschaft) zu entziehen, um sie anonymen kollektiven Formen der Verantwortlichkeit zu überantworten[46]." Diese Warnung verband Pius XII. mit dem Hinweis darauf, „welch grundlegende Bedeutung dem Recht auf Eigentum zukommt, um in der Wirtschaft die Entschlußfreudigkeit zu selbständigem Handeln zu wecken und die Verantwortungsbereiche klar zu umschreiben[47]". Um allen Mißverständnissen, die insbesondere durch den französischen Institutionalismus mit seiner Theorie der „communauté de travail" ausgelöst worden sind, zu begegnen, erklärt der Papst, daß weder die Natur des Lohnarbeitsvertrages (der nur auf gegenseitige Leistungen abzielt) noch die Natur des Betriebes (der nicht ipso iure eine öffentlich-rechtliche Körperschaft oder eine Gesellschaft aller Betriebsangehörigen mit gleichem Recht auf Eigentumsanteil, sondern ein auf dem Privateigentum des Unternehmers gründendes privatrechtliches Gebilde ist) von sich aus notwendig das Mitbestimmungsrecht nach sich ziehen[48].

---

44 Pius XII., a. a. O., S. 454.

45 Pius XII., a. a. O., S. 454.

46 Pius XII., Ansprache am 3. Juni 1950 an die Teilnehmer des Internationalen Kongresses für Sozialwissenschaften. In: Herder-Korrespondenz, 4. Jg. 1949/50, S. 452.

47 Pius XII., a. a. O., S. 452.

48 Vgl. Pius XII., a. a. O., S. 452. - Es ist nicht zweifelhaft, daß sich diese Ansprache des Papstes vom 3. Juni 1950 auch auf die deutschen Verhältnisse bezieht, wenn sie auch mit ausgelöst sein mag durch außerdeutsche gesellschaftspolitische Auseinandersetzungen wie vor allem durch den französischen Institutionalismus, dessen Probleme aber denen der wirtschaftlichen Mitbestimmung verwandt sind (vgl. Cronin, a. a. O., S. 51 f. - Ferner: Zur Deutung der Papstworte. In: Herder-Korrespondenz 1949/50, S. 503 f.).

Die Deutungen, welche die Papstworte, besonders die Ansprache vom 3. Juni 1950, gefunden haben, stimmen nicht in jeder Hinsicht überein. Entscheidend für den Zusammenhang unserer Fragestellung ist dieses: Es gibt keine Anhaltspunkte, die darauf hinweisen, daß es sich hier um eine abschließende Aufzählung aller für die Beurteilung der Mitbestimmung in Frage kommenden Gesichtspunkte handelt, so daß man also nicht den Schluß ziehen könnte: Der Papst habe sich zu allen in Betracht kommenden Möglichkeiten verneinend ausgesprochen, deshalb sei Mitbestimmung kein diskutabler Weg der katholischen Soziallehre. Davon kann keine Rede sein. Der Papst sagt nur dies und nicht mehr: daß weder aus der Natur des Betriebes noch aus dem Lohnvertrag ein Recht auf Mitbestimmung geltend gemacht werden kann. Wenn man sie dennoch rechtfertigen will, muß man sie auf andere als die beiden genannten Gründe stützen. Das ist weder durch Pius XII. noch in der Tradition der katholischen Soziallehre in Frage gestellt worden.

In einer Ansprache vom 1. Februar 1952 vor dem Nationalrat der katholischen Unternehmervereinigung Italiens hat Pius XII. ein weiteres Mal unter Berufung auf jene beiden Ansprachen die kirchliche Lehre zum Mitbestimmungsrecht dargelegt, wobei er die Möglichkeit einer zwischen Arbeitgeber und Arbeitnehmer frei vereinbarten Mitbestimmung in der Form des Ersatzes des Lohnverhältnisses durch den Gesellschaftsvertrag, wovon Pius XI. in Quadragesimo anno (n. 65) spricht, als „eine im ganzen nebensächliche (del tutto accessoria) Bemerkung" bezeichnet, die nicht zum Hauptteil der Enzyklika gehöre und deshalb auch nicht mißbraucht werden dürfe, um darauf ein Sozialprogramm aufzubauen[49].

In der Botschaft Pius' XII. an den Wiener Katholikentag (1.-14. September 1952) erinnert der Papst an die fundamentale Bedeutung des Eigentums zur Lösung der sozialen Frage und sieht darin „die tieferen Gründe, weshalb die Päpste . . . es verneint haben, aus der Natur des Arbeitsvertrages das Miteigentumsrecht des Arbeiters am Betriebskapital und daraus folgend sein Mitbestimmungsrecht . . . abzuleiten. Es mußte verneint werden, weil dahinter jenes größere Problem (des Eigentums) sich auftut[50]."

---

[49] Vgl. Pius XII., Ansprache am 1. Februar 1952 an den Nationalrat der katholischen Unternehmervereinigung Italiens. In: Herder-Korrespondenz, 6. Jg. 1951/52, S. 270.

[50] Vgl. Pius XII., Ansprache an den Österreichischen Katholikentag (11.—16. Sept. 1952). In: Herder-Korrespondenz, 7. Jg. 1952/53, S. 9.

Wenige Tage später sandte das Staatssekretariat des Hl. Stuhles ein Schreiben an die italienische Soziale Woche in Turin (21.—27. September 1952), das ebenfalls zur Frage des Mitbestimmungsrechts Stellung nahm. Das Schreiben knüpft an die maßgeblichen Äußerungen Pius' XII. zum Mitbestimmungsrecht an, insbesondere an die Ansprache vom 3. Juni 1950, auf die ausdrücklich Bezug genommen wird, und kommt somit zu dem Schluß, daß „es als grundsätzliche Forderung keinen strengen Rechtsanspruch des Arbeiters auf Beteiligung an der Leitung des Betriebes gibt[51]". Sodann wird allerdings hinzugefügt, daß das „den Unternehmer nicht hindert, ihn (den Arbeiter) in geeignetem Maße und geeigneter Form an ihr (an der Leitung des Betriebes) zu beteiligen, wie es auch den Staat nicht hindert, der Arbeitnehmerschaft die Befugnis einzuräumen, in der Leitung des Unternehmens ihre Stimme zu Gehör zu bringen, jedenfalls in solchen Betrieben und solchen Fällen, in denen die sich selbst überlassene Übermacht des anonymen Kapitals sich offenbar gemeinschädlich auswirken könnte[52]".

5. Möglichkeiten der Verwirklichung der Mitbestimmung

Diese letzte Äußerung des Turiner Schreibens will darauf hinweisen, daß die Idee des Eigentums die Möglichkeit einer Mitbestimmung nicht ausschließt. Damit ist nichts grundsätzlich Neues gesagt. Es handelt sich um eine Tatsache, die auch in den eben genannten Verlautbarungen Pius' XII. nicht zurückgewiesen, allerdings auch nicht explicite erwähnt wurde, weil es offenbar darauf ankam, zunächst Grenzen und Gefahren der Mitbestimmung deutlich zu machen. Nachdem das hinlänglich geschehen war, hielten es die Verfasser des Turiner Schreibens für notwendig, die Idee der Mitbestimmung auch von der positiven Seite her zur Sprache zu bringen und die Wege anzudeuten, die für ihre Verwirklichung offenstehen: die frei vereinbarte und die staatlich verordnete Mitbestimmung. Beides sind Möglichkeiten, die durchaus in der traditionellen Linie der katholischen Soziallehre liegen und auch durch Pius XII. niemals in Frage gestellt worden sind, sondern aus dem Zusammenhang seiner maßgeblichen Äußerungen zu den Fragen des Eigentums und der Mitbestimmung herausgelesen werden können.

---

[51] Vgl. Schreiben des Staatssekretariats des Hl. Stuhls zur 25. Sozialen Woche Italiens in Turin (21.—27. Sept. 1952). In: Herder-Korrespondenz, 7. Jg. 1952/53, S. 78.

[52] Schreiben nach Turin, a. a. O., S. 78.

a) Die frei vereinbarte Mitbestimmung

Die *frei vereinbarte* Mitbestimmung, also das Recht des Unternehmers, die Arbeiterschaft in die Leitung des Unternehmens mit einzubeziehen und ihr ein Verfügungsrecht über seine Produktionsmittel einzuräumen, ergibt sich schon aus seinem Eigentums*recht,* das ihm die Befugnis gibt, über sein Eigentum nach freiem Ermessen zu verfügen. Die ethische Beanspruchung des Eigentumsgebrauchs kann ihm unter Umständen sogar die Verpflichtung auferlegen, die Arbeiter an der Unternehmungsleitung zu beteiligen, falls er davon überzeugt ist, dem Gemeinwohl auf diese Weise besser dienen zu können. So nur sind die wohlwollenden und aufmunternden Äußerungen Pius' XI. verständlich, mit denen er unter geeigneten Voraussetzungen den Umbau des Lohnverhältnisses in den Gesellschaftsvertrag anregt[53]. Pius XII. warnt zwar vor den Gefahren des Institutionalismus, der diesen Gedanken dadurch abwertet, daß er das zu einer grundsätzlichen rechtlichen Forderung macht, was in erster Linie Ergebnis der freien Initiative von Unternehmer und Arbeiterschaft sein sollte, indem er unter Verneinung der privatrechtlich bestimmten Ordnung des Betriebes dessen öffentlichrechtlichen Charakter behauptet[54]. Die Möglichkeit der frei vereinbarten Mitbestimmung selbst aber ist in der kirchlichen Lehre niemals in Frage gestellt worden. Auch Pius XII. spricht vom „Nutzen aller jener Maßnahmen, die nach dieser Richtung hin (auf eine Umbildung des Lohnvertrages zum Gesellschaftsvertrag) auf verschiedene Art und Weise bisher schon ergriffen wurden zum beiderseitigen Vorteil der Arbeiter und der Eigentümer[55]".

Die vertraglich vereinbarte Mitbestimmung liegt aber durchaus auf der Linie des Gesellschaftsvertrages. Die eben angeführten Äußerungen Pius' XII. knüpfen an die Idee des Gesellschaftsvertrages an, ohne jedoch die „nach dieser Richtung hin" zu treffenden Maßnahmen starr zu fixieren. Der Papst spricht ja von „allen jenen Maßnahmen", von der „verschiedenen Art und Weise" ihrer Verwirklichung und läßt also allen Bemühungen der *privaten* Initiative um eine nicht nur gesinnungsmäßige, sondern auch institutionelle Verwirklichung einer echten Partnerschaft einen großen Spielraum.

---

[53] Q. a., n. 65.

[54] Vgl. Hans Hirschmann, Was sagte Bochum zum Mitbestimmungsrecht? Paderborn 1951, S. 20 f. - Briefs, Zwischen Kapitalismus und Syndikalismus, a. a. O., S. 132 f.

[55] Pius XII., Ansprache vom 3. Juni 1950, a. a. O., S. 452.

Die Mitbestimmung, die zwischen Unternehmer und Arbeiterschaft vereinbart wird, steht der Idee des Gesellschaftsvertrages zweifellos nahe: Durch die frei vereinbarte Mitbestimmung räumt der Unternehmer den Arbeitern seines Betriebes ein Verfügungsrecht über sein Eigentum an den Produktionsmitteln ein. Die Arbeiter erlangen also durch Gewährung des Mitbestimmungsrechts Miteigentum am Betrieb als der organisatorischen Zusammenfassung der Produktionsmittel und stehen insoweit gleichgeordnet neben den durch Gesellschaftsvertrag in die Rechte von Miteigentümern eingesetzten Arbeitern.

Die Besonderheit der in der westdeutschen Bundesrepublik durch die Gewerkschaften angestrebten Mitbestimmung besteht allerdings darin, daß hier die Arbeiter, obwohl durch Gewährung des Mitbestimmungsrechts zu Miteigentümern eingesetzt, dennoch zu ihrem Betrieb im Lohnarbeitsverhältnis stehen. Das ist eine Inkonsequenz und Halbheit, durch welche die Möglichkeiten der Mitbestimmungsidee für die Verwirklichung einer echten Partnerschaft verkürzt werden[56].

Im übrigen unterscheidet sich die Idee der vertraglich vereinbarten Mitbestimmung in den bislang diskutierten Formen vom Gesellschaftsvertrag im wesentlichen hinsichtlich der Haftung der *Arbeiterschaft*, insofern Mitbestimmung gewährt wird, ohne den Arbeiter auch in die betriebliche Haftung unter Einsatz seines Vermögens einzubeziehen, worüber noch zu sprechen ist. Wo aber an eine Mitbestimmung unter Fortfall des Lohnarbeitsverhältnisses und Beteiligung des Arbeiters an Betriebsrisiko und Haftung gedacht ist, sollte man der Klarheit halber nicht mehr von Mitbestimmung, sondern von Gesellschaftsvertrag sprechen, dessen Begriffsmerkmale dann in vollem Umfang gegeben wären.

Aber wie auch immer die Dinge liegen mögen und an welche Form der Mitbestimmung im einzelnen gedacht sein mag, die wiederholten kritischen Äußerungen Pius' XII. gegenüber dem Mitbestimmungsrecht richteten sich nicht gegen die Mitbestimmung als solche, sondern nur gegen jene Strömungen, die dem Arbeiter als Arbeiter einen Rechtsanspruch auf Mitbestimmung und also auf Miteigentum zusprechen, sei es auf Grund seines Lohnarbeitsvertrags (die überwiegende Auffassung der deutschen Gewerkschaf-

---

56 Vgl. O. v. Nell-Breuning, Zur Überwindung des Lohnarbeitsverhältnisses. In: Sozialer Fortschritt, 2. Jg. 1953, S. 152. - Ders., Mitbestimmung und Partnerschaft auf der Ebene von Betrieb und Unternehmung. In: Wege zum sozialen Frieden. Beiträge zur Mitbestimmung und sozialen Partnerschaft in der Wirtschaft. Hrsg. von H. D. Ortlieb und H. Schelsky. Stuttgart, Düsseldorf 1954, S. 121.

ten) oder auf Grund seiner Zugehörigkeit zum Betrieb (die Auffassung des französischen Institutionalismus). Selbst in der Ansprache vom 3. Juni 1950, der es wohl in erster Linie darauf ankam, vor Gefahren der Mitbestimmung zu warnen, unterließ es der Papst nicht, auch vom Nutzen jener „möglichen Maßnahmen" zu sprechen, die auf eine freiwillige Umbildung des Lohnvertrages in Richtung auf ein Miteigentumsverhältnis hinzielen[57].

In dieser Linie liegt es, wenn das Turiner Schreiben davon spricht, daß das Fehlen eines strengen Rechtsanspruchs des Arbeiters auf Mitbestimmung „den Unternehmer nicht hindert, ihn in geeignetem Maße und geeigneter Form an ihr (der Betriebsleitung) zu beteiligen[58]". Das ist auch innerhalb der deutschen Diskussion um die Mitbestimmung mehrfach zur Sprache gekommen, wobei übereinstimmend festgestellt wurde, daß Mitbestimmung als Einschränkung des Eigentumsrechts „auf Grund einer freien Vereinbarung . . . keine Schwierigkeit ist[59]", daß es sogar ein „Gebot der Stunde" sei, daß „die Unternehmen (Betriebe) von sich aus den Arbeiter zur Mitwirkung heranziehen[60]".

Es muß freilich beachtet werden, daß es sich hier um Vereinbarungen innerhalb der privaten Sphäre handelt, die sich auf der Grundlage des privaten Rechts, ohne den Staat und die Einschaltung des öffentlichen Rechts vollziehen. Diese private Sphäre aber ist der Raum, in dem sich die Person in freier sittlicher Entscheidung entfalten und mit Hilfe ihrer Verfügungsmacht über Güter als sittliches Wesen bewähren soll. Diese Verfügungsmacht des Privateigentumsrechtes bezieht sich sowohl auf Konsumgüter wie auch auf den als Einheit von sachlichen Produktionsmitteln verstandenen Betrieb. Der Betriebseigentümer hat infolgedessen als Inhaber des Eigentumsrechts durchaus die Freiheit, sein Eigentumsrecht in der Weise zu beschränken, daß er sich mit seinen Arbeitern darin teilt; daß er ihnen eine Direktionsbefugnis über den Einsatz der Produktionsmittel einräumt und sie auf diese Weise zu Miteigentümern macht, indem er etwa die Idee

---

57 Pius XII., Ansprache am 3. Juni 1950, a. a. O., S. 452.

58 Vgl. dazu O. v. Nell-Breuning, Der Papst zum Mitbestimmungsrecht. Die Botschaft nach Turin. In: Orientierung, 16. Jg. 1952, S. 227.

59 Vgl. Hirschmann, a. a. O., S. 19, 24.

60 Verantwortung und Mitverantwortung in der Wirtschaft. Was sagt die katholische Gesellschaftslehre über Mitwirkung und Mitbestimmung? Hrsg. v. Joseph Kardinal Frings. Köln 1949, S. 86, 111. - Vgl. auch O. v. Nell-Breuning, Mitbestimmung des Arbeiters. In: Stimmen der Zeit. 146. Bd. 1949/50, S. 287 f. - Ders., „Kollektive" Mitbestimmung. In: Stimmen der Zeit. 146. Bd. 1949/50, S. 375 ff.

des Gesellschaftsvertrages verwirklicht. Die Einräumung der Mitbestimmung, aufgefaßt als Umwandlung des Lohnarbeitsverhältnisses in ein Gesellschaftsverhältnis, ist also von der Sicht der christlichen Soziallehre her nicht nur ein legitimer, sondern erwünschter Weg einer gesellschaftlichen Neuordnung des Verhältnisses von Kapital und Arbeit. Aber auch dies kann dem Unternehmer auf Grund seines Eigentumsrechts nicht verwehrt werden: daß er unter Fortbestand des Lohnarbeitsverhältnisses Eigentumsrechte an seine Arbeiterschaft abtritt, aber darauf verzichtet, sie in die Haftung des Unternehmens einzubeziehen. Das ist zwar von der Sicht des Gesellschaftsvertrages her, wie überhaupt von der Idee der betrieblichen Partnerschaft zwischen Unternehmer und Arbeiterschaft, nicht das Ideal, kann aber immerhin ein erster Schritt auf dieses Ziel hin sein. Vom Eigentums*recht* allein her können gegen ein solches Verfahren jedenfalls keine Einwendungen erhoben werden; es müßten schon andere Bedenken geltend gemacht werden: Gefährdungen des Gemeinwohls infolge monopolistischer, zentralplanwirtschaftlicher oder kollektivistischer Tendenzen u. ä. Das wären aber Tatfragen, keine Grundsatzfragen.

b) Die staatlich verordnete Mitbestimmung

Aber auch die *staatlich verordnete Mitbestimmung*, die das Turiner Schreiben an zweiter Stelle erwähnt, ist eine gesellschaftspolitische Möglichkeit, die auch für die katholische Soziallehre durchaus diskutabel ist. Sie ist wesentlich verschieden von der auf der Grundlage der Freiwilligkeit zwischen den Sozialpartnern vereinbarten Mitbestimmung: Diese gehört ganz und gar der privaten Sphäre und der Ordnung des privaten Rechts an, sie untersteht den Grundsätzen der Verkehrsgerechtigkeit und ist dem freien Ermessen der Sozialpartner anheimgegeben. Die staatlich verordnete Mitbestimmung dagegen untersteht der sozialen Gerechtigkeit. Sie kann nicht nach freiem Belieben vertraglich ausgehandelt werden, sondern über Notwendigkeit, Ausmaß und Form ihrer Einführung hat der Staat als verantwortlicher Hüter des Gemeinwohls zu befinden.

Es ist deshalb verwirrend, freiwillige und staatlich erzwungene Mitbestimmung gleichgeordnet nebeneinander zu stellen und von „Mitbestimmung" schlechthin zu sprechen, ohne genau zu differenzieren. Es besteht ein fundamentaler Unterschied zwischen der privatrechtlich vereinbarten und der öffentlich-rechtlich verordneten Mitbestimmung: Was der private Eigentümer in Ausübung seines Eigentumsrechts tun kann, ist deshalb keineswegs auch schon dem Staat erlaubt. Der Betriebseigentümer darf, ohne daß von der Eigentumslehre her Bedenken erhoben werden könnten, seinen Arbeitern Direktionsbefugnisse übertragen, wobei es bedeutungslos wäre, in welcher juristischen Form das im einzelnen geschehen würde. Solche Vorgänge innerhalb der privaten Sphäre können aber nicht als Vorbild und Maßstab für analoge Maßnahmen innerhalb der öffentlich-rechtlichen Sphäre angesehen werden. Der Staat steht, wenn er sich zu einem Eingriff in die private Sphäre veranlaßt sieht, unter der Forderung des Subsidiaritätsprinzips und hat sich deshalb jeweils des leichtesten Mittels zu bedienen. Die Verfügungsbefugnisse von Betriebseigentümer und Staat gegenüber privaten Produktionsmitteln stehen geradezu in umgekehrt proportionalem Verhältnis zueinander, und auch hinsichtlich der ethischen Anforderungen, die in der Verfügung über privates Betriebseigentum an den privaten Eigentümer einerseits und den Staat anderseits gestellt werden, könnte man in etwas zugespitzter Formulierung sagen: Einem Maximum an Bereitschaft der privaten Produktionsmittelbesitzer zur Vergesellschaftung im privaten Bereich sollte innerhalb der öffentlich-rechtlichen Sphäre ein Minimum an Vergesellschaftungstendenzen gegenüberstehen, die nur subsidiär zum Zuge kommen sollten, wenn die Initiative der privaten Produktionsmittelbesitzer zu sozialer Bindung ihres Eigentums versagt und auch nicht mit Mitteln der ‚leichten Hand' geweckt werden kann.

Immerhin ist die staatlich verordnete Mitbestimmung, worauf auch das Turiner Schreiben hinweist, neben der vertraglich vereinbarten die zweite Möglichkeit, der Mitbestimmungsidee zur Verwirklichung zu helfen. In der Stellungnahme des Turiner Schreibens wird man im Hinblick auf die Tradition der katholischen Soziallehre nichts überraschend Neues sehen, sondern nur die Akzentuierung eines Sachverhaltes, der zum überkommenen Bestand der katholischen Eigentumslehre gehört. So muß man die Dinge allein schon deshalb sehen, weil Pius XII. noch wenige Tag zuvor in seiner Botschaft an den Österreichischen Katholikentag zur Mitbestimmungsfrage Stellung genommen hatte. Wenn man an die Kontinuität des kirchlichen Lehramtes denkt, erscheint es ausgeschlossen, daß ein Schreiben des Päpstlichen Staatssekretariats in Abweichung von der bisherigen Linie eine Wendung vollzieht, um plötzlich eine positive Beurteilung der Mitbestimmung durch die Kirche auszusprechen. Wenn das kirchliche Lehramt es für notwendig gehalten hätte, in dieser Frage seine bisherige Lehre um wesentlich neue Gesichtspunkte zu ergänzen, dann bliebe es unverständlich, warum Pius XII. nicht seine Botschaft nach Wien zum Anlaß genommen haben soll, persönlich die

Frage des Mitbestimmungsrechts in ein neues Licht zu stellen. Es darf deshalb schon von der Natur des Vorgangs her angenommen werden, daß das kirchliche Lehramt in seiner Lehre zum Mitbestimmungsrecht nicht innerhalb weniger Tage durch ein Schreiben des Päpstlichen Staatssekretariats eine Neuorientierung vorgenommen hat, sondern daß hier nur an längst feststehende Wahrheiten erinnert wurde.

Tatsächlich gehören denn auch die Feststellungen des Turiner Schreibens zum staatlich verordneten Mitbestimmungsrecht schon lange zum Inhalt der katholischen Soziallehre. Sie sind eine der vielen möglichen Konkretisierungen des allgemeinen Grundsatzes, daß der Staat einer gemeinwohlwidrigen Gestaltung der Eigentumsordnung mit Eigentumsreformen begegnen kann dergestalt, daß er die bestehenden Eigentumsrechte oder den Eigentumsgebrauch neu ordnet[61].

Die Mittel, derer sich der Staat bedienen kann, sind sehr vielgestaltig: Sie umspannen die ganze Skala von verhältnismäßig belanglosen Auflagen bezüglich des Eigentumsgebrauchs bis zu der unter bestimmten Bedingungen erlaubten und gebotenen Verstaatlichung als Umwandlung von privatem in öffentlich-rechtliches Eigentum. Wenn Erfordernisse des Gemeinwohls als ultima ratio diesen stärksten Eingriff des Staates in die Privateigentumsordnung, die Verstaatlichung, rechtfertigen und sittlich gebieten können, dann kann kein Zweifel an der Befugnis des Staates bestehen, der Arbeiterschaft gegebenenfalls auf dem Umweg über das öffentliche Recht auch das Mitbestimmungsrecht einzuräumen, sich also eines Mittels der Eigentumsgestaltung zu bedienen, das in seinen Konsequenzen von der Sicht der Privateigentumsordnung her wesentlich schwächer ist als das Radikalmittel der Verstaatlichung.

Wenn aber Erfordernisse des Gemeinwohls die Einführung der Mitbestimmung verlangen, sei es die Rücksicht auf den sozialen Frieden, das wirtschaftliche Wohl oder die Menschenwürde der Arbeiter – was Tatfrage ist und nur empirisch, nicht theoretisch zu entscheiden ist –, dann kann selbstverständlich gegen eine solche Entscheidung nicht mehr das Privateigentum an den Produktionsmitteln ins Feld geführt werden; denn die Privateigentumsordnung ist selbst nur Mittel zum Zweck der Verwirklichung des Gemeinwohls und muß deshalb in ihrer konkreten Gestalt dessen jeweiligen Erfordernissen angepaßt werden. Und ebensowenig könnten dann – das sei in diesem Zusammenhang nur beiläufig bemerkt – etwa

---

61 Vgl. Q. a., n. 48, 49.

vom Subsidiaritätsprinzip her Bedenken erhoben werden; denn das Gemeinwohl zielt auf die rechte Ordnung der Gemeinschaft im Blick auf die Person und schließt das Anliegen des Subsidiaritätsprinzips in sich. Was Forderung des Gemeinwohls ist, gehört mit zur Zielsetzung des Subsidiaritätsprinzips und umgekehrt. Sprechen Gründe des Gemeinwohls für die Verwirklichung der Mitbestimmung, dann steht sie dem Subsidiaritätsprinzip nicht entgegen, sondern gehört zu dessen Forderungen [62].

Die vorangegangenen Feststellungen führen zu dem Schluß, daß das Mitbestimmungsrecht „unter bestimmten Umständen mit Rücksicht auf das Gemeinwohl erfordert" und dann „naturrechtlich geboten" sein kann [63]. Der mit den gesellschaftspolitischen Problemen der Gegenwart befaßte Arbeitskreis um Kardinal Frings stellte fest, man könne nicht beweisen, „daß Mitwirkung und Mitbestimmung, wenn durch menschliches Gesetz auch innerhalb der selbständigen Betriebe (Unternehmungen) eingeführt, einen Mißbrauch der staatlichen Hoheitsgewalt darstellen und keinen verpflichtenden Charakter haben [64]". Und an anderer Stelle wird hinsichtlich des Mitbestimmungsrechts die Überzeugung ausgesprochen, daß „der Staat befugt ist, Dinge, die aus sich nur den Charakter der Angemessenheit oder einer zeit- und entwicklungsbedingten Notwendigkeit erreichen, gesetzlich zu regeln, d. h. ihnen durch Gesetz rechtlich-verbindliche und verbürgte Geltung zu geben ... nach Maßgabe, zur Sicherung und Förderung des Gemeinwohls [65]". Auch Hirschmann anerkennt die Möglichkeit einer durch staatlichen Zwang realisierbaren Mitbestimmung, wenn „nicht nur ein Interesse des Arbeitnehmers nachgewiesen wird, sondern auch eine vom Gemeinwohl her bestehende Notwendigkeit [66]".

In der Sicht dieser Situation kann das Mitbestimmungsrecht im Sinne des Bochumer Katholikentages als ein „natürliches Recht in gottgewollter Ordnung" bezeichnet werden, das „zu bejahen ist wie das Recht auf Eigentum [67]"; denn wenn die vom Staat verordnete Mitbestimmung aus Gründen

---

62 Vgl. dazu Eberhard Welty, Grundgesetze der Gemeinschaftsordnung (Sozialprinzipien). In: Herders Sozialkatechismus. I. Bd. Freiburg 1951, S. 111, insbes. S. 143 f.

63 Vgl. v. Nell-Breuning, Mitbestimmung, S. 66. - Josef Fuchs, Lex naturae. Zur Theologie des Naturrechts. Düsseldorf 1955, S. 109 f.

64 Verantwortung und Mitverantwortung, a. a. O., S. 111.

65 a. a. O., S. 123 f.

66 Hirschmann, a. a. O., S. 19, 24. - Vgl. auch v. Nell-Breuning, Kollektive Mitbestimmung, a. a. O., S. 384. - Franz X. Arnold, Das Mitbestimmungsrecht im Lichte christlicher Soziallehre. Stuttgart 1951.

67 Gerechtigkeit schafft Frieden. Der 73. Deutsche Katholikentag vom 31. August bis 4. September 1949 in Bochum. Paderborn 1949, S. 213. - Vgl. dazu auch Hirschmann,

des Gemeinwohls geboten ist, hat sie den Charakter eines Naturrechts, wenn auch nicht eines Prinzips oder einer Institution des ursprünglichen, so doch einer Forderung des angewandten Naturrechts. *Ob* die soziale Lage einer Zeit und eines Landes im Interesse des Gemeinwohls als der Maxime des angewandten Naturrechts Mitbestimmung verlangt, ist Sache der empirischen Sozialforschung und steht in diesem Zusammenhang nicht zur Diskussion. *Wenn* aber der empirisch-soziologische Befund für Mitbestimmung spricht, können „prinzipiell" — unter dem Gesichtspunkt von Naturrecht, Gemeinwohl, Privateigentumsordnung und Subsidiaritätsprinzip — keine Einwendungen mehr geltend gemacht werden. Es hat deshalb auch wenig Sinn, statt von „natürlichem Recht" oder von „Naturrecht" von „Angemessenheit" zu sprechen und damit eine einmal getroffene gesellschaftspolitische Entscheidung abzuschwächen und halb zurückzunehmen. Eine solche Entscheidung ist entweder richtig oder falsch. Im ersten Fall ist sie naturrechtlich geboten, ein „natürliches Recht", im zweiten Fall widerspricht sie dem Naturrecht: tertium non datur. Die Sachverhalte selbst schon sind oft nur schwer richtig zu beurteilen, eine unscharfe und schillernde Terminologie macht sie noch komplizierter.

c) Zur innerkirchlichen Diskussion um die Mitbestimmung

Man muß also Gustav Gundlach insoweit zustimmen, wenn er feststellt, daß das Turiner Schreiben kein neues Licht auf die Frage der Mitbestimmung werfe und nicht als „erste positive Stellungnahme der Kirche" aufzufassen sei[68]; denn es spricht etwas aus, was genuiner Bestand der katholischen Soziallehre ist. Sein weiteres Bemühen allerdings, die Stellungnahme des Turiner Schreibens zur Mitbestimmung „im einheitlichen Licht der Papstworte nach Wien und des Sendschreibens nach Turin zu entlarven[69]", hat innerhalb der katholischen Soziallehre zu Kontroversen geführt.

Gundlach setzt sich zunächst mit der im Turiner Schreiben an zweiter Stelle erwähnten staatlich verordneten Mitbestimmung auseinander. Das Mitbestimmungsrecht gehöre zu den „unvertretbaren Elementen" im viel-

---

a. a. O., S. 19. - Jakob David, Mitbestimmungsrecht der Arbeiterschaft? In: Orientierung, 13. Jg. 1949. - Eberhard Welty, Nochmals: natürliches Recht! In: Die neue Ordnung, 4. Jg. 1950, S. 25.

68 Vgl. Gustav Gundlach, Neues Licht zur Mitbestimmung? In: Rheinischer Merkur, Nr. 2 vom 9. Januar 1953, S. 9.

69 Gundlach, a. a. O., S. 9.

schichtigen Komplex der Mitbestimmungsidee und wird von ihm, weil „eine Nebenordnung von beiden (vom Eigentumsrecht und Mitbestimmungsrecht) grundsätzlich unmöglich“ sei, auch als öffentlich-rechtlich verordnete Neugestaltung der Eigentumsverhältnisse abgelehnt[70]. Das Turiner Schreiben spreche nur davon, daß der Staat unter Umständen den Arbeitern das Recht gewähren könne, „in der Unternehmensleitung ihre Stimme zu Gehör zu bringen“, vom wirtschaftlichen Mitbestimmungsrecht sei aber keine Rede[71].

Gundlach will die Formulierung „zu Gehör bringen“ wörtlich als ein bloßes Recht auf Anhörung verstanden wissen. Wollte das Turiner Schreiben aber nur dieses aussprechen, so wäre damit für die Gegenwart etwas höchst Überflüssiges und also nichts gesagt. Seitdem die Arbeiterschaft in den Betrieben durch Betriebsräte vertreten ist, kann sie von diesem Recht hinlänglich Gebrauch machen, und es wird ihr ernsthaft wohl kaum noch von jemandem bestritten. Im Turiner Schreiben geht es in diesem Zusammenhang um gemeinschädliche Auswirkungen der „sich selbst überlassenen Übermacht des anonymen Kapitals[72]“, so daß dem Sinne nach zumindest an ein echtes Vetorecht gedacht ist, worauf Oswald v. Nell-Breuning hinweist[73]. Gundlach ist von der Sorge erfüllt, daß in dieser Zeit einer allgemeinen Verwirrung und Auflösung von Begriffen und Sachverhalten die *Substanz* des Eigentums als personaler Herrschaftsbefugnis über Sachen in eine bloße soziale *Funktion* abgewandelt werden könnte, in der das Eigentum dann lediglich als „Verklammerung im System der anderen Verklammerungen in der Statik des Baues der Gesellschaft“ oder als „Verkehrsregel im System der anderen Verkehrsregeln in der Dynamik der Gesellschaft“ angesehen werden könnte[74]. Demgegenüber könnte man aber fragen, ob die Anerkennung der mannigfaltigen staatlichen Möglichkeiten der Eigentumsgestaltung einer Preisgabe der Substanz des Eigentumsbegriffs gleichzustellen ist, da es doch nur darauf ankommt, im Hinblick auf Anforderungen des Gemeinwohls das Recht des Staates anzuerkennen, auf den Eigentumsgebrauch und die Gestaltung individueller Eigentumsrechte Einfluß zu nehmen, das „Eigentum auf die Erfordernisse des Gemeinwohls

---

70 a. a. O., S. 9.

71 a. a. O., S. 9.

72 Vgl. Schreiben nach Turin, a. a. O., S. 78.

73 Vgl. Oswald v. Nell-Breuning, Der Papst zum Mitbestimmungsrecht. Die Botschaft nach Turin. In: Orientierung, 16. Jg. 1952, S. 227.

74 Gundlach, a. a. O., S. 9.

abzustimmen" (Q. a. 49) und notfalls auch bestehende Eigentumsformen durch andere zu ersetzen. Die Eigentumssubstanz als Herrschaftsrecht über Vermögenswerte bleibt unberührt davon, ob etwa im Vorgang der Verstaatlichung ein privater Rechtsträger durch eine juristische Person des öffentlichen Rechts ersetzt wird, ob mit Hilfe der Enteignung ein privater Eigentümer durch einen anderen ersetzt wird oder ob durch öffentlich-rechtlich verordnete Mitbestimmung die Arbeiter des Betriebes neben dem bisherigen Eigentümer als Miteigentümer eingesetzt werden. Die Möglichkeit staatlich verordneter Mitbestimmung ist begründet in der allgemeinen Funktion des Staates als des obersten Hüters der iustitia socialis, die jede durch das Gemeinwohl gebotene Form der Eigentumsgestaltung zuläßt und gebietet.

Zu der im Turiner Schreiben erwähnten frei vereinbarten Mitbestimmung bemerkt Gundlach, daß „als Gegenstand der Vereinbarung dasselbe verstanden werden muß, was ... der Staat gesetzlich einführen kann[75]". Da der Staat nicht berechtigt sei, den Arbeitern das wirtschaftliche Mitbestimmungsrecht zu gewähren, so heiße das also, daß seine Einführung auch nicht auf dem Wege freier Vereinbarung zwischen den Sozialpartnern rechtmäßig erfolgen könne. Deshalb weist Gundlach es zurück, das im Turiner Schreiben verwendete Wort „Mitdirektion" im wörtlichen Sinne zu verstehen, und stellt fest, „der Sprachgebrauch in Italien (sei) in unserer Problematik noch nicht so festgelegt wie in der deutschen und sonstigen Diskussion und in den persönlichen Kundgebungen des Papstes". „Mitdirektion" sei demnach lediglich auf die „vertretbaren Elemente" des Mitbestimmungskomplexes bezogen und bedeute nicht mehr als eine Mitwirkung der Arbeiter an den Sachverhalten, die wir heute unter dem Begriff der „human relations" zusammenzufassen pflegen[76].

Dennoch scheint es kaum möglich zu sein, im Zusammenhang des Turiner Schreibens dem Wort „codirezione" einen anderen Sinn zu geben als den von „wirtschaftlicher Mitbestimmung": Einleitend wird in Zusammenfassung des Inhalts der päpstlichen Ansprachen zum Mitbestimmungsrecht festgestellt, daß es „als grundsätzliche Forderung keinen strengen Rechtsanspruch des Arbeiters auf Beteiligung an der Leitung des Betriebes gibt" (wobei natürlich, wie sich aus dem Vorangegangenen ergibt, nur an das private Recht gedacht ist und nicht die Verwirklichung der Mitbestimmung

[75] a. a. O., S. 9.
[76] a. a. O., S. 9.

durch das öffentliche Recht ausgeschlossen wird)[77]. Diese letzte Redewendung „Beteiligung an der Leitung des Unternehmens", die sowohl nach den vorangegangenen Äußerungen des Schreibens als auch davon abgelöst in ihrem eigenen Sinngehalt als wirtschaftliche Mitbestimmung verstanden werden muß, erscheint im italienischen Text unter dem Begriff „codirezione". Wenn dann in Antithese dazu gesagt wird, daß deshalb der Unternehmer nicht gehindert sei, dem Arbeiter diese „codirezione" zu gewähren, dann wird man den Bearbeitern des Turiner Schreibens nicht unterstellen dürfen, daß sie von einem Satz zum anderen, zudem noch in dieser antithetischen Gegenüberstellung, im Gebrauch des gleichen Terminus einen so fundamentalen Bedeutungswandel vollzogen haben.

Gundlach stellt des weiteren fest, daß es eine Mitdirektion als frei vereinbartes Mitbestimmungsrecht nicht geben könne, weil noch nicht einmal die „röteste Gesetzgebung so weit gehe" und weil seine Bejahung „jeglichen Sozialismus übertreffen würde[78]".

Dieser Beurteilung einer vertraglich zwischen den Sozialpartnern vereinbarten Mitbestimmung muß folgendes entgegengehalten werden:

1. Es erscheint fraglich, ob der Unternehmer zum Gegenstand seiner Vereinbarung nur das machen kann, was auch der Staat gesetzlich einführen kann. Der Unternehmer kann innerhalb der Schranken des öffentlichen Rechts frei über sein Eigentum entscheiden. Es kann für ihn unter Umständen ein Gebot der sozialen Gerechtigkeit sein, durch Gewährung wirtschaftlicher Mitbestimmung seine Arbeiter an der Verfügung über sein Betriebseigentum zu beteiligen, selbst dann, wenn man dem Staat das Recht, Mitbestimmung zu verordnen, aus irgendwelchen Gründen noch nicht zubilligen sollte. Denn der Unternehmer hat in der Verfügung über sein Eigentum mehr Freiheit als der unter der Forderung des Subsidiaritätsprinzips stehende Staat.

2. Es ist nicht einzusehen, daß die Anerkennung einer derartig zwischen den Sozialpartnern frei vereinbarten Mitbestimmung jeglichen Sozialismus übertreffen soll. Es hat nichts mit Sozialismus zu tun, wenn man dem Unternehmer bestätigt, daß er frei über sein betriebliches Eigentum entscheiden kann und diese Entscheidungsfreiheit gegebenenfalls auch zum Zwecke der Verwirklichung der Mitbestimmung einsetzen darf. Jener Sozialismus, an den Gundlach möglicherweise denkt, fordert Mitbestimmung als generelles Recht der Arbeiter und stellt innerhalb der *privaten*

---

[77] Vgl. Schreiben nach Turin, a. a. O., S. 78.

[78] Gundlach, a. a. O., S. 9.

Rechtssphäre dieses Recht auf Mitbestimmung gleichrangig neben das private Eigentumsrecht, indem er ein Mitbestimmungsrecht der Arbeiter *trotz* des unternehmerischen Eigentumsrechts behauptet. Es werden insoweit also Eigentümer und Nichteigentümer nebeneinander auf *eine* Ebene einer gleichgearteten Verfügungsbefugnis über den Betrieb gestellt. Das Turiner Schreiben dagegen behauptet lediglich die Möglichkeit einer Mitbestimmung der Arbeiter auf dem Wege der freien Verfügung des Unternehmers über sein Eigentum. Wenn es ausdrücklich feststellt, daß der Arbeiter privatrechtlich „keinen Rechtsanspruch" auf Mitbestimmung hat (weil er Nichteigentümer ist), daß aber der Unternehmer „nicht gehindert ist", Mitbestimmung zu gewähren (eben, weil er Eigentümer ist), so sind die Möglichkeiten und Grenzen der Mitbestimmung klar aufgewiesen.

Die durch das Turiner Schreiben angedeutete Möglichkeit einer durch freie Vereinbarung geschaffenen Mitbestimmung bedeutet — falls im übrigen alle soziologisch-ethischen Bedingungen erfüllt sind — nicht „die Pensionierung der Privateigentümer durch anonym-kollektive Formen der Verantwortung in den Unternehmensleitungen[79]", sondern eher eine Aktivierung des Eigentumsrechts, zu der die Betriebseigentümer auf Grund der Sozialfunktion des Eigentums in besonderem Maße immer wieder aufgerufen sind.

Noch ein letzter Punkt in der Stellungnahme Gundlachs zum Turiner Schreiben muß hier kurz berührt werden: Seine Zurückweisung einer frei vereinbarten Mitbestimmung begründet Gundlach auch damit, daß man „den Sachberatern bei Abfassung des Schreibens schwerste Vorwürfe nicht ersparen könnte", wenn sie eine frei vereinbarte Mitbestimmung für einwandfrei erklärt hätten, „ohne von der rechtlichen Mitverantwortung zu reden; denn kein Eigner der Unternehmung ... könne vernünftigerweise, also auch sittlicherweise (die vertraglich vereinbarte Mitbestimmung) zulassen oder gewähren, solange er rechtlich allein die Verantwortung habe". Diese Tatsachen auszulassen, „wäre in dem Fall des Schreibens nach Turin entweder verantwortungslose Ignoranz oder schlimmste Demagogie". Nach Gundlachs Auffassung gibt es keine Mitbestimmung ohne Mitverantwortung, die er versteht als „persönliche Verantwortung, die auf dem Einsatz von Hab und Gut beruht[80]".

Demgegenüber muß eingewendet werden, daß Mitbestimmung nicht regelmäßig als Pendant Mitverantwortung fordert (worunter in diesem

[79] a. a. O., S. 9.
[80] a. a. O., S. 9.

Zusammenhang in Übereinstimmung mit Gundlach die auf dem Einsatz des Eigentums und der Haftung mit dem gesamten Eigentum gründende Mitverantwortung gemeint ist). Diese Verbindung von Mitbestimmung und Mitverantwortung ist in den modernen, rechtlich als juristische Personen organisierten und von ‚Managern' dirigierten Großbetrieben, die durch die Trennung von Eigentumsrecht und Eigentumsverwendung charakterisiert sind, schon fast zur Ausnahme geworden. Eine solche Einheit von Mitbestimmung und Mitverantwortung noch als selbstverständlich anzusehen, ist „eine Annahme, die freilich weder aus sich selbst heraus einsichtig ist noch durch die tatsächlichen Formen unternehmerischer Verantwortung in der heutigen Großwirtschaft bestätigt wird[81]". Damit ist nicht gesagt, daß diese Formen unternehmerischer Verantwortung innerhalb der modernen Großbetriebe, die sich vielfach als Flucht der persönlichen Verantwortung in die Anonymität darstellen, in jedem Fall als ethisch einwandfrei und erwünscht angesehen werden können. Aber selbst wenn man die anonyme Verantwortung, wie sie vor allem in den Kapitalgesellschaften mit ihrer durchgängigen Trennung von Eigentumsrecht und Unternehmensleitung herrscht, zurückdrängen wollte, käme man nicht daran vorbei, für bestimmte wirtschaftliche Aufgaben die Notwendigkeit beispielsweise der Aktiengesellschaft anzuerkennen und damit auch die Trennung der Verfügung über Produktionsmittel von der sachlichen Haftung der Verfügenden. Ebenso ist es möglich, daß der Unternehmer die Arbeiterschaft seines Betriebes an der Mitverfügung über die Produktionsmittel beteiligt. Rechtlich ist eine solche Regelung einwandfrei. Wenn der Unternehmer von der persönlichen und sachlichen Eignung seiner Arbeiter überzeugt ist und sich von ihrer „Mitdirektion" günstige Auswirkungen auf Betriebsgemeinschaft und Gemeinwohl verspricht, kann es ihm nicht verwehrt werden, wenn er ihnen zwar die Befugnis zur Mitbestimmung und damit also Miteigentum überträgt, sie aber nicht mit der sachlichen Verantwortung im Sinne einer Haftung mit ihrem Privateigentum belastet, sondern auch künftighin bereit ist, die Totalhaftung allein zu tragen. Von der Idee des Gesellschaftsvertrags und von dem gesellschaftspolitischen Ziel einer allseitig ausgewogenen betrieblichen Partnerschaft her gesehen ist das freilich noch keine vollkommene Lösung, da die ‚Wohltat' der Haftungsbeschränkung von der Arbeiterschaft mit dem Verbleiben im Lohnarbeitsverhältnis erkauft wird. Dennoch ist sie unter den eben bezeichneten Bedingungen rechtlich statthaft und

81 Moraltheologische Erörterungen des Mitbestimmungsrechts. In: Herder-Korrespondenz, 7. Jg. 1952/53, S. 256.

kann als ein erster Schritt zur Partnerschaft und zum Gesellschaftsvertrag sozialethisch erwünscht und geboten sein.

Johannes XXIII. hat in Mater et Magistra das Mitbestimmungsrecht nicht nur gebilligt, sondern mit Nachdruck auf seine Verwirklichung gedrängt, und zwar vorbehaltlos und ohne Begrenzung auf eine bestimmte Form: „In der menschlichen Natur selbst ist das Bedürfnis angelegt, daß, wer produktive Arbeit tut, auch in der Lage sei, den Gang der Dinge mitzubestimmen und durch seine Arbeit zur Entfaltung seiner Persönlichkeit zu gelangen[82].“ Mit Recht stellt Eberhard Welty fest: „Es muß auffallen, daß Johannes XXIII. sich zwar auf Pius XII. beruft und ihn einmal wörtlich zitiert, daß er aber keine jener Äußerungen seines Vorgängers wiederholt, in denen von den Grundlagen und Grenzen des wirtschaftlichen Mitbestimmungsrechtes die Rede ist. Ist das Zufall oder Absicht? Uns scheint, daß man den Aussagen Johannes' XXIII. keine Gewalt antut, wenn man sie dahin erklärt, daß der Papst die Frage bezüglich der Bereiche, Grade und Arten der Mitverantwortung bewußt offenlassen und sie der Verantwortung der Menschen, der Sozialpartner und des Staates als des Hüters des Gemeinwohls anheimstellen wolle[83].“ Die Berechtigung also der Mitbestimmung steht in Mater et Magistra außer Frage. Der Papst bezeichnet sie sogar als eine Notwendigkeit, die in der menschlichen Natur grundgelegt ist („sita in ipsius hominis natura necessitas“) und trägt damit einen ganz neuen Aspekt an die Idee der Mitbestimmung heran. Aus dieser ontologischen Begründung der Mitbestimmung zieht Johannes XXIII. die sozialethischen Konsequenzen und erklärt, daß „die Arbeiter mit Recht aktive Teilnahme am Leben des sie beschäftigenden Unternehmens fordern“; daß „in jedem Fall die Arbeiter an der Gestaltung der Angelegenheiten ihres Unternehmens aktiv beteiligt werden sollten“ und daß „bei der Erledigung der Angelegenheiten und beim Ausbau des Unternehmens auch die Stimme des Arbeiters gehört und seine Mitverantwortung angesprochen

---

[82] MM, n. 82: „Sita enim in ipsius hominis natura necessitas est, ut qui aliquid operando efficiat, eidem liceat et gerendarum rerum praestare rationem, et seipsum operam dando perficere.“ - Vgl. auch Oswald v. Nell-Breuning, Mater et Magistra. In: Stimmen der Zeit, 169. Bd. 1961, S. 116—128. - Eberhard Welty, Der vielfache Anruf im neuen Sozialrundschreiben „Mater et Magistra“. In: Die neue Ordnung, 15. Jg. 1961, S. 401—421. - Herbert Reichel, Mitbestimmung jedes einzelnen. Mater et Magistra zur Reform des Menschen. In: Gesellschaftspolitische Kommentare, 9. Jg. 1962, S. 169—171.

[83] Welty, a. a. O., S. 411.

werden sollte[84]". Der Papst hebt eigens hervor, daß es keine generell gültige Form der Mitbestimmung gibt, weil jeweils die besonderen Verhältnisse der Zeit und des Ortes berücksichtigt werden müssen[85]. Die Enzyklika läßt aber keinen Zweifel darüber aufkommen, daß gerade die Stufe der Mitbestimmung, die hier und dort noch umstritten ist, nämlich die wirtschaftliche Mitbestimmung, nicht nur in die Empfehlungen des Papstes eingeschlossen, sondern vorzugsweise angesprochen ist[86]. Von besonderer Bedeutung ist die Feststellung: „Die weitergehende Verantwortung, die heute in verschiedenen Wirtschaftsunternehmen den Arbeitern übertragen werden soll, entspricht durchaus der menschlichen Natur; sie liegt aber auch im Sinn der geschichtlichen Entwicklung von heute in Wirtschaft, Gesellschaft und Staat[87]." Dem Papst sind die neueren Bemühungen um die Verwirklichung des Mitbestimmungsrechts, so insbesondere auch das deutsche Mitbestimmungsgesetz und Betriebsverfassungsgesetz, nicht unbekannt. Auch solche tiefgreifenden und schwerwiegenden, die kollektive Mitbestimmung einbeziehenden Beteiligungsformen finden nicht nur die Zustimmung des Papstes, sondern werden, wie dies zuvor schon im Hinblick auf das Mitbestimmungsrecht im allgemeinen geschehen ist, noch einmal ausdrücklich mit dem Hinweis auf die Erfordernisse der menschlichen Natur begründet („cum hominis natura apte componi")[88]. Auf das Ganze gesehen, sind also die Darlegungen der Enzyklika Mater et Magistra zur Mitbestimmungsfrage nicht nur „mit-

---

84 MM, n. 91: „Persuasum habemus, opifices merito expetere, ut in partem vocentur vitae societatis bonis procreandis, cui addicti sint et in qua suam ponant operam ... Non dubitamus, quin opificibus actuosae partes sint attribuendae in negotiis societatis, cui navent operam"; n. 92: „Ad negotia expedienda societatisque incrementum quod attinet, opportune admodum audiantur opificum optata eorumque socia advocetur opera."

85 Vgl. MM, n. 84, 91.

86 Die Formulierung beispielsweise in n. 92 („ad negotia expedienda societatisque incrementum quod attinet") läßt sich, wenn man sie nicht gewaltsam spiritualisiert, gar nicht anders verstehen als eine konkrete und direkte Empfehlung des wirtschaftlichen Mitbestimmungsrechts. Die beiden historisch ihm vorangehenden Stufen, die personelle und soziale Mitbestimmung, sind in ihrer Gültigkeit unangefochten und überdies so tief in das Bewußtsein der Zeit eingegangen, daß der Papst sie nur noch beiläufig erwähnt, es aber nicht mehr für notwendig hält, für ihre Durchsetzung noch die Autorität einer Enzyklika in Anspruch zu nehmen.

87 MM, n. 93: „Commemorandum denique est, quae graviora usque munera in variis societatibus bonis gignendis hodie opificibus deferri optantur, ea non solum cum hominis natura apte componi, sed etiam cum oeconomicis, socialibus ac civilibus progredientis aetatis rationibus omnino congruere."

88 Vgl. hierzu Klemens Brockmöller, Semiliberalismus in Mater et Magistra? In: Deutsche Tagespost, 15. Jg. 1962, Nr. 57, S. 5. Die Ausführungen der Enzyklika Mater et Magistra

bestimmungsfreundlich", sondern sie eröffnen darüber hinaus neue Aspekte, die als eine bedeutsame Weiterführung der katholischen Soziallehre angesehen werden müssen [89].

6. Das Ergebnis der Auseinandersetzungen um die Mitbestimmung

Die kirchliche Lehre zur Frage der Mitbestimmung läßt sich nun folgendermaßen kurz zusammenfassen:

Wirtschaftliche Mitbestimmung der Arbeiter im Betrieb heißt Mitverfügung über den Einsatz der im Eigentum des Unternehmers stehenden Produktionsmittel. Die Forderung nach Mitbestimmung macht ein Verfügungsrecht über fremdes, nämlich unternehmerisches Eigentum geltend. Sie wird zum Problem, weil sie als Mitverfügung über Produktionsmittel die Substanz bestehender Eigentumsrechte berührt.

Das Eigentumsrecht schließt in sich Verfügungsmacht über Vermögenswerte, es erlaubt also dem Eigentümer, die in seiner Herrschaftsmacht stehenden Güter nach freiem Ermessen einzusetzen, die Weise ihres Gebrauchs zu bestimmen und auch darüber zu entscheiden, ob er sie als Konsumgüter für den Gegenwartsbedarf oder als Produktionsmittel für den Zukunftsbedarf verwenden will. Der Betrieb als Zusammenfassung von sachlichen Produktionsmitteln gehört also ebenso wie anderes Privateigentum dem Privatrecht an und steht im Eigentum des Unternehmers.

Grundsätzlich gibt es zwei Wege, die Mitbestimmung in rechtlich erlaubter Weise durchzuführen:

1. Die Mitbestimmung kann auf dem Wege freier Vereinbarung zwischen Unternehmer und Arbeiterschaft verwirklicht werden, und zwar

---

zur Mitbestimmungsfrage ergeben, so erklärt Brockmöller, daß „aus der Funktion der Arbeit dem Arbeitenden im wirtschaftlichen Unternehmen und seinen Betrieben nicht nur ein soziales, sondern auch ein sehr wesentliches wirtschaftliches Mitbestimmungsrecht zusteht. Wenn auch nicht im einzelnen gesagt werden kann, wie die rechtliche Institutionalisierung dieses Rechtes aussehen muß, weil immer verschiedenartige Verhältnisse berücksichtigt werden müssen, so ist es nach diesem Text schlechterdings unbegreiflich, wie man sagen kann, daß zu unseren deutschen Problemen des Mitbestimmungsrechtes, zu dem, was im Betriebsverfassungsgesetz und Mitbestimmungsgesetz institutionalisiert worden ist, und zu den Fragen der Mitbestimmung im Anschluß an den Bochumer Katholikentag 1949 der Enzyklika nichts zu entnehmen ist" (a. a. O., S. 5).

[89] Vgl. auch v. Nell-Breuning, a. a. O., S. 124 f. - Brockmöller, a. a. O., S. 5. - Eberhard Welty, Die Sozialenzyklika Papst Johannes' XXIII. Mater et Magistra. 2. Aufl. mit einem ausführlichen Kommentar und einer Einführung in die Soziallehre der Päpste von Leo XIII. bis zu Johannes XXIII. Freiburg 1962, Anm. 54 ff. (S. 131 ff.).

sowohl auf dem Wege des Einzelarbeitsvertrags als auch des Tarifvertrags. Diese Möglichkeit ergibt sich aus dem Eigentumsrecht des Unternehmers, das ihm wie jedem anderen Eigentümer im Rahmen der iustitia commutativa gestattet, über seine Produktionsmittel zu verfügen. Er untersteht dabei selbstverständlich den Anforderungen der Ethik, durch die ihm eine gewissenhafte, am Gemeinwohl orientierte Prüfung solcher betrieblicher Grundentscheidungen aufgegeben ist. Im übrigen aber ist es dem Betriebseigentümer rechtlich freigestellt, selbst mit den Arbeitern zu vereinbaren, in welcher Weise er sie gegebenenfalls zur Mitbestimmung heranziehen will, ob durch ausdrückliche Einweisung in Miteigentum in der Form des Gesellschaftsvertrags oder durch einfache Übertragung des Rechtes der Mitverfügung über den Einsatz der Produktionsmittel, sei es in der Form eines Vetorechts oder eines positiven Mitgestaltungsrechts. Und schließlich ist auch dieses seinem Ermessen anheimgestellt: ob er die Mitbestimmung abhängig machen will von der Bedingung der Mitbeteiligung an Betriebsrisiko und Haftung oder ob er die Arbeiter davon ausnehmen will und diese Haftung allein zu tragen bereit ist.

2. Die Mitbestimmung kann ferner mit Hilfe des öffentlichen Rechts staatlich verordnet werden. In diesem Falle steht ihr nicht die Grenze des Eigentumsrechts entgegen, weil der Staat als oberster Hüter des Gemeinwohls berechtigt ist, in die Privatsphäre einzugreifen und gegebenenfalls eine Neuordnung der Eigentumsverhältnisse vorzunehmen. Der Staat kann dem Arbeiter Mitbestimmung zusprechen, nicht weil dieser ein privates Recht, sondern obwohl er kein *privates* Recht auf Mitbestimmung hat. Eine solche Einweisung des Arbeiters in die Mitbestimmung am Betrieb hat also nicht deklaratorische, sondern rechtskonstitutive Bedeutung.

In der Wahrnehmung solcher Aufgaben ist der Staat aber den Forderungen des Subsidiaritätsprinzips unterworfen, das ihm einen Eingriff in die Eigentumsordnung nur dann gestattet, wenn die sich selbst überlassene private Initiative nicht fähig ist, eine dem Gemeinwohl gemäße Ordnung der Eigentumsverhältnisse zu schaffen.

Mitbestimmung als staatlich verordneter Vorgang trägt deshalb die Beweislast der Richtigkeit und Notwendigkeit und ist nur durch Gründe des Gemeinwohls zu rechtfertigen. Liegen diese vor, dann ist Mitbestimmung eine naturrechtliche Forderung, zwar kein Prinzip und keine Institution — wie etwa Familie und Staat — des ursprünglichen Naturrechts, aber doch eine aus diesem abgeleitete Forderung (derivatio) des angewandten Naturrechts.

III. EIGENTUMSBILDUNG

1. Der Sinn der Forderung nach Eigentumsbildung

Grund und Ziel der Institution des Privateigentums bestehen darin, daß allen Menschen der ihnen gebührende Anteil an den Erdengütern zuteil werde. Nur dann erfüllt die Ordnung des Privateigentums ihren Sinn: die Sicherung der personalen Freiheit und Initiative, die Möglichkeit der Lebensentfaltung des einzelnen und seiner Familie, seine Unabhängigkeit vom Staat und von gesellschaftlichen Machtgebilden.

Man wird aber nicht behaupten können, daß sich die Eigentumsverhältnisse in einem Zustand befinden, der jene Sinnbestimmung der Privateigentumsordnung zur Geltung kommen läßt. Leo XIII. spricht in Rerum novarum von „der zunehmenden Zusammenballung von Vermögen in den Händen weniger und der Verelendung der Masse", die „in erbarmenswerter Not ein menschenunwürdiges Dasein führt", indem „die Arbeiter schutzlos der Unmenschlichkeit der Besitzenden ausgeliefert sind" und „eine verschwindend kleine Schicht gutgestellter und sehr vermögender Leute eine breite Masse von Besitzlosen in beinahe sklavischer Abhängigkeit hält[1]". Deshalb fordert der Papst „eine der Billigkeit mehr entsprechende Verteilung der Güter"; denn „die Macht der Umschichtungen in der Gesellschaft hat in den Städten zwei Klassen von Bürgern auseinandergerissen, und zwar so, daß eine nicht geringe Kluft zwischen beiden liegt. Auf der einen Seite die Herrenschicht, die nur herrscht, weil sie Geld hat. Diese Schicht ist allein ausschlaggebend in Handel und Industrie, sie weiß die Produktivität der Wirtschaft in die Richtung des eigenen Vorteils und Interesses zu lenken und hat auch in der Politik das entscheidende Wort. Auf der anderen Seite ist die breite Masse, eine hilflose, schwache, seelisch ungesunde und jeder Wühlarbeit zugängliche Schicht[2]." Es komme also alles darauf an, „die armen Werktätigen aus den Klauen profitgieriger Leute zu befreien, welche die Arbeiter um eines übermäßigen Gewinns willen erbarmungslos ausbeuten und sie nicht als Menschen, sondern wie einen Sachapparat behandeln[3]".

In ebenso scharfer Weise verurteilt auch Pius XI. die Unordnung und Ungerechtigkeit der Eigentumsverhältnisse des kapitalistischen Zeitalters. Der Papst beklagt die „Spaltung der Gesellschaft in zwei Klassen: Die eine

[1] R. n., n. 1, 2.
[2] R. n., n. 35.
[3] R. n., n. 33.

Klasse, nur gering an Zahl, genoß fast allein die Annehmlichkeiten, welche die neuzeitlichen Erfindungen so reichlich zu bieten vermochten; die andere Klasse dagegen, die große Masse der Arbeiterschaft umfassend, litt unter dem Druck jammervoller Not, ohne sich trotz angestrengtesten Bemühens aus ihrer kläglichen Lage befreien zu können[4]." Dieser Gedanke kehrt in Quadragesimo anno immer wieder: „Lange genug konnte das Kapital ein Übermaß für sich vorwegnehmen. Das gesamte Erträgnis, die ganzen Überschüsse nahm das Kapital vorweg für sich in Anspruch, dem Arbeiter kaum die Notdurft für die Erhaltung der Arbeitskraft und ihre Reproduktion übrig lassend ... So ist die überwältigende Massenerscheinung des Proletariats gegenüber einem kleinen Kreise von Überreichen ein unwidersprechlicher Beweis dafür, daß die Erdengüter, die in unserem Zeitalter des sogenannten Industrialismus in so reicher Fülle erzeugt werden, nicht richtig verteilt und den verschiedenen gesellschaftlichen Klassen nicht entsprechend zugute gekommen sind[5]." Als auffallendstes Kennzeichen der kapitalistischen Wirtschaft bezeichnet Pius XI. „die gewaltige Zusammenballung nicht nur an Kapital, sondern an Macht und wirtschaftlicher Herrschgewalt in den Händen einzelner, die sehr oft gar nicht Eigentümer, sondern Treuhänder oder Verwalter anvertrauten Gutes sind, über das sie mit geradezu unumschränkter Machtvollkommenheit verfügen[6]".

Den gleichen Gedanken spricht Pius XII. aus: „Wir sehen heute tatsächlich oft, wie eine ständig zunehmende Masse von Arbeitern sich ungeheuren Zusammenballungen von Wirtschaftsgütern gegenüberfindet, die – häufig unter dem Deckmantel anonymer Formen – sich ihren sozialen Pflichten zu entziehen wissen und den Arbeiter sozusagen in die Unmöglichkeit versetzen, für sich wirkliches Eigentum zu bilden ... Wir sehen auf der einen Seite ungeheure Reichtümer, welche die private und öffentliche Wirtschaft, ja oft sogar das bürgerliche Leben beherrschen, auf der anderen Seite die zahllose Menge derer, die, jeder unmittelbaren oder mittelbaren Existenzsicherheit bar, keinen Sinn mehr für die wahren und hohen Werte des Geistes aufbringen, sich der Sehnsucht nach einer echten Freiheit verschließen, sich bedenkenlos der Knechtschaft irgendeiner politischen Partei verschreiben und zu Sklaven eines jeden werden, der ihnen auf irgendeine Weise Brot und Ruhe verspricht[7]."

[4] Q. a., n. 3.
[5] Q. a., n. 54, 60.
[6] Q. a., n. 105.
[7] Pius XII., Rundfunkbotschaft am 1. September 1944, in: Utz-Groner, n. 733. - Vgl. Schreiben des päpstlichen Staatssekretariats an die 29. Italienische Soziale Woche in Ber-

Eine solche Situation bedeutet eine Pervertierung der Ordnung des Privateigentums und nimmt ihm jeden Sinn, dies sowohl auf seiten der Besitzenden als auch auf seiten der Nichtbesitzenden: Diesen wird die materielle Grundlage ihrer Existenz und personalen Entfaltung genommen, jene aber mißbrauchen die in ihrer Hand zusammengeballten Güter als Mittel des Machteinsatzes gegenüber anderen Menschen. Der Ansatz dieser Entwicklung liegt in der Technisierung des Produktionsprozesses. Das Handwerkszeug des Arbeiters verlor seine Bedeutung und wurde ersetzt durch die Apparatur des Betriebes. So wurde der Arbeiter gegenüber dem Inhaber der Produktionsmittel „entwaffnet" und entmachtet. Mittelpunkt des Produktionsprozesses wurde der Betrieb, verstanden als technisch-organisatorische Einheit. Der Arbeiter verlor seine Subjekt-Stellung, er wurde nicht nur Objekt der Produktion, sondern noch weniger, nämlich Anhängsel des zum Subjekt erhobenen sachlichen Substrats der gewerblichen Einzelwirtschaft, eben des Betriebes. Streng unternehmensrechtlich gehört der Arbeiter noch nicht einmal zum Betrieb, er ist nicht Glied des Betriebes, sondern wird durch das Lohnarbeitsverhältnis von außen her zu den jeweils benötigten Dienstleistungen am Betrieb herangezogen. So wurde er in die totale Abhängigkeit der Produktionsmittelbesitzer gegeben, diese hatten in jedem Fall den längeren Atem, der Arbeiter konnte infolge seiner Eigentumslosigkeit mit dem Angebot seiner Arbeitskraft nicht warten und war infolgedessen der Möglichkeit wirtschaftlicher Ausbeutung schutzlos preisgegeben.

Wohl hat sich in den fortschrittlichen Ländern auf dem Wege über den Ausbau der Sozialpolitik und die gewerkschaftliche Selbsthilfe der Arbeiterschaft deren Lage wesentlich gebessert. Aber auch unter diesen Bedingungen, die bisher nur einem Teil der Menschheit zugute gekommen sind, bedeutet die einseitige Vermögensbildung eine Gefährdung der Gesellschaftsordnung. Deshalb hielt es auch Johannes XXIII. für notwendig, erneut auf diesen Sachverhalt hinzuweisen und auf Abhilfe zu drängen[8]. Auch die evange-

---

gamo vom 29. 9. 1956 (abgedruckt und kommentiert von Eberhard Welty, in: Die neue Ordnung, 10. Jg. 1956, S. 322). - Vgl. dazu auch Oswald v. Nell-Breuning, Eigentumsbildung in Arbeiterhand. 2. Aufl., Paderborn 1955, S. 5 ff. - Joseph Höffner, Die Funktionen des Privateigentums in der freien Welt. In: Wirtschaftsfragen der freien Welt (Erhard-Festgabe), Frankfurt 1957, S. 121—131, insbes. S. 127 ff. - Paul Jostock, Eigentum als Ordnungs- und Unordnungsmacht. In: Naturordnung in Gesellschaft, Staat, Wirtschaft (Messner-Festschrift). Innsbruck, Wien, München 1961, S. 326 ff. - Eigentumsbildung in sozialer Verantwortung, a. a. O., n. 9, 10.

[8] Vgl. MM, n. 111 ff.

lische Eigentums-Denkschrift warnt vor der Konzentration des Produktionsvermögens in den Händen weniger: „Man kann nicht erwarten, daß eine gesellschaftliche Ordnung durch alle daran Beteiligten mitgetragen wird, wenn in ihr einseitig die einen begünstigt, die anderen aber benachteiligt werden ... Eine Ordnung, die eine einseitige Anhäufung von Eigentum an Produktionsvermögen begünstigt, die große Masse der damit arbeitenden Menschen aber davon weithin ausschließt, kann zwar unter bestimmten Umständen einer Stärkung der Produktivkraft der Wirtschaft dienlich sein, sie entspricht aber nicht den Grundsätzen einer gerechten Verteilung des Sozialprodukts. Dadurch wird die Bereitschaft der Menschen, solche gesellschaftlichen Ordnungen zu schaffen und zu erhalten, in denen die Freiheit des Menschen gewahrt wird, ernstlich gefährdet. Ordnungen der Freiheit, die nicht zugleich so weit als irgend möglich der Gerechtigkeit dienen, gefährden die Freiheit selbst[9]."

Erich Preiser hat nachgewiesen, welche entscheidende Rolle die Besitzverteilung für die Einkommensverteilung spielt[10]. Er hebt hervor, daß der Grad der Besitzdifferenzierung nicht nur die personelle, sondern schon die funktionelle Einkommensverteilung maßgeblich bestimme, weil die Lohnhöhe wesentlich mitbedingt sei durch die Elastizität des Arbeitsangebots[11]. Steigende Elastizität des Arbeitsangebots bedeute soviel wie Verkleinerung eines starren Angebots. Hinter der Elastizität des Angebots aber stehe die Macht, die der Besitz verkörpert, „und dieses Fundament ist weitaus stabiler als etwa ein Kollektivmonopol der Arbeiter, das das Angebot von Arbeit nur künstlich und der Natur der Sache nach nur vorübergehend einschränken kann[12]". Deshalb verlangt Preiser von einer den sozialen Ausgleich anstrebenden Wirtschaftspolitik, daß sie sich nicht auf die Bekämpfung von Monopolen beschränke, sondern ihre Aufmerksamkeit auch den auf einem Startvorsprung hinsichtlich des Besitzes gründenden Quasimonopolverhältnissen zuwende und Maßnahmen ergreife, „die die Besitzverteilung gleichmäßiger machen[13]". Eine dem Besitzlosen zu Besitz verhelfende Politik gebe ihm „nicht nur Anteil an der Rente, sondern sie

---

[9] Eigentumsbildung in sozialer Verantwortung, a. a. O., n. 9 f. - Vgl. auch a. a. O., n. 14, 24 ff.

[10] Vgl. Erich Preiser, Besitz und Macht in der Distributionstheorie. In: Synopsis (Festgabe für Alfred Weber). Heidelberg 1948, S. 333—358. - Oswald v. Nell-Breuning, Ist Eigentum eine Ordnungsmacht? In: WG III, S. 298 ff.

[11] Vgl. Preiser, a. a. O., S. 340 ff., insbes. S. 348.

[12] a. a. O., S. 346.

[13] a. a. O., S. 358.

erhöht auch die Elastizität des Arbeitsangebots mit dem Ergebnis, daß die Quote des Arbeitseinkommens am Sozialprodukt steigt, die des Besitzeinkommens sinkt. Die Beschäftigung und damit das Sozialprodukt geht freilich zurück, aber dafür nimmt die Freizeit zu. Im ganzen erhöht sich bei verminderter Arbeitszeit das Einkommen derjenigen, die arbeiten *und* besitzen, während das Einkommen derer, die *nur* besitzen, zurückgeht[14]."

Der gewerkschaftliche Zusammenschluß der Arbeiter, der Ausbau des kollektiven Arbeitsrechts, das System der Sozialversicherung und strukturpolitische Maßnahmen wie die Einführung des Mitbestimmungsrechts haben zwar die Möglichkeiten des Mißbrauchs von Produktionsmitteleigentum als eines Mittels der Macht über die im abhängigen Lohnarbeitsverhältnis stehenden Arbeiter erheblich eingeschränkt. Nach wie vor aber kann der Produktionsmittelbesitzer auf Grund seines Eigentums an der Kapitalausstattung des Betriebes den Lohnarbeiter zu abhängiger Arbeit zwingen. Damit ist nicht gemeint die sachnotwendige Über- und Unterordnung, ohne die kein Betrieb arbeiten und die auch von niemandem sinnvollerweise abgelehnt werden kann, sondern jene andere Tatsache, daß infolge der Ballung von Eigentum auf der einen Seite und der Entblößung von Eigentum auf der anderen Seite jenes sachlich geforderte Verhältnis von Über- und Unterordnung „den Charakter eines Machtverhältnisses (in diesem Sinne ‚Herrschaftsverhältnisses') gewinnt, gegen das der zur Unterordnung gezwungene Teil sich innerlich auflehnt und das er, durch den Zusammenschluß mit anderen, seine Machtunterlegenheit überwindend, auch äußerlich zu brechen gewillt ist[15]". Deshalb ist die „Akkumulierung von Reichtum in den Händen weniger Leute und die Akkumulierung von Pauvreté bei der großen Masse des Volkes eine ernste Gefahr für den Bestand der menschlichen Gesellschaft[16]".

Die Mitbestimmung *allein*, zumindest in der Form, wie sie in Deutschland angestrebt wird, reicht nicht aus, weil sie der Idee nach zwar auf rechtliche Gleichstellung des Arbeiters mit dem Unternehmer abzielt, diese aber unter Beibehaltung des Lohnarbeitsverhältnisses, also unter Beibehaltung der Unterordnung des Arbeiters unter das kapitalmäßig unterbaute fremde Interesse des Arbeitgebers verwirklichen will und somit auf die

---

[14] a. a. O., S. 358.

[15] O. v. Nell-Breuning, Mitbestimmung und Partnerschaft auf der Ebene von Betrieb und Unternehmen. In: WG II, S. 147.

[16] Franz Greiss, Eigentum und Miteigentum. Möglichkeiten und Grenzen. Bonn, Frankfurt 1954.

‚Quadratur des Zirkels' hinausläuft[17]. Machtstellung und Machtmißbrauch mit Hilfe von Produktionsmitteleigentum mögen auf diese Weise in etwa kompensiert werden, der Arbeiter bleibt aber weiterhin von Eigentum entblößt. Die Wirkungen, um derentwillen sich die christliche Soziallehre zum Privateigentum bekennt, kommen nicht zum Tragen. Sollen sie nicht vereitelt werden, so setzt das eine breite Streuung des Eigentums, eine umfassende Eigentumsbildung voraus: „Wealth is like muck, it is not good but if it be spread", so hat schon Bacon herzhaft und etwas drastisch, aber richtig die hier gestellte Aufgabe umschrieben. Es kann nicht darauf ankommen, die Privateigentumsordnung aufzuheben oder auch nur zurückzudrängen und etwa Eigentum in Konsum aufzulösen, sondern nur darauf, eine Neuabgrenzung der Eigentumsrechte in die Wege zu leiten. Das aber erfordert einerseits die Beschränkung des Großeigentums und andererseits die Beseitigung der Eigentumslosigkeit der breiten Masse, die Bereinigung einer Situation, die — insoweit hat Karl Marx die Situation richtig gesehen — nur die Vorstufe ist zur Negation des Privateigentums überhaupt und ihrer Auflösung durch den Staatskapitalismus, auf den der orthodoxe Marxismus in der Konsequenz hinausläuft. Das sind die wesentlichen Gründe, weshalb das kirchliche Lehramt seit Rerum novarum unablässig zu einer breiten Streuung des Eigentums und zur Eigentumsbildung in den Händen der Arbeiter aufgerufen hat[18].

Es ist das Anliegen der folgenden Darlegungen, die wichtigsten Formen und Wege zu erörtern, die gegenwärtig als Möglichkeiten der Eigentumsbildung diskutiert werden.

---

[17] Vgl. v. Nell-Breuning, a. a. O., S. 147 f.

[18] Vgl. R. n., n. 5 ff., 35; Q. a., n. 57, 58, 59 ff.; Divini Redemptoris, in: Marmy, n. 217; Pius XII., Radiobotschaft an die Arbeiter Spaniens am 11. März 1951, in: Utz-Groner, n. 709 f.; Brief an den Präsidenten der Sozialen Wochen Frankreichs vom 7. Juli 1952, in: Utz-Groner, n. 3392; Rundfunkbotschaft am 1. September 1944, in Utz-Groner, n. 732 ff.; Rundfunkbotschaft am 24. Dezember 1942, in: Utz-Groner, n. 255; Ansprache an italienische Arbeiter am 13. Juni 1943, in: Utz-Groner, n. 687.

2. *Formen der Eigentumsbildung*

Die Formen, in denen sich die Eigentumsbildung vollziehen kann, lassen sich in verschiedene „Ringe bergenden Eigentums" aufgliedern, die sich wie konzentrische Kreise um den Menschen ziehen[1]. Den innersten Ring bilden die als Hausrat bezeichneten Gebrauchsgüter, einen zweiten Eigenheim und Garten und einen dritten die Beteiligung an der Kapitalaustattung der Volkswirtschaft.

a) Gebrauchsgüter

Unter den Gebrauchsgütern verdienen hier erwähnt zu werden diejenigen Güter, die man im Begriff des Hausrats zusammenzufassen pflegt.

Der Hausrat als Inbegriff aller dem Gebrauch in einem Privathaushalt dienenden Gegenstände (Möbel ,Wäsche, Geschirr usw.) ist jener Bereich der Sachgüterwelt, der dem Menschen am nächsten liegt. Diese Dinge, welche er zwischen seinen vier Wänden besitzt, bilden deshalb den „innersten Ring bergenden Eigentums", weil er sie „am anschaulichsten und unmittelbarsten als sein eigen erlebt[2]". Deshalb ist hinsichtlich dieser Dinge eine starke Bereitschaft zum Sparen auch unter den Menschen festzustellen, deren Eigentumswille im übrigen durch die Entwicklung des vergangenen Jahrhunderts erheblich geschwächt wurde. Angesichts der Möglichkeit, das Einkommen in kurzfristige Konsumgüter umzusetzen und unmittelbar in Essen und Trinken aufgehen zu lassen, ist diese Tatsache immerhin ein Positivum.

Allerdings zeigt sich doch auch gerade im Umgang mit diesen Dingen des täglichen Bedarfs die Hilflosigkeit und Ziellosigkeit vieler Menschen in ihrem Verhältnis zum Eigentum und zu den materiellen Gütern über-

---

[1] Vgl. MM, n. 115. - Höffner, a. a. O., S. 127 ff. - J. Heinz Müller, Die Bildung breitgestreuten Eigentums als Mittel der Gesellschaftspolitik. In: Naturordnung in Gesellschaft, Staat, Wirtschaft (Messner-Festschrift). Innsbruck, Wien, München 1961, S. 316 ff. - Ders., Wirtschaftliche Fragen der Bildung breitgestreuten Eigentums. Probleme auf dem Wege zu einem wichtigen Ziel der Wirtschafts- und Sozialpolitik. In: Ordo, 10. Bd. 1958, S. 291 ff. - Zur gesetzlichen Förderung der Eigentumsbildung vgl. Günter Halbach, Vermögensbildung der Arbeitnehmer. Stuttgart 1962, S. 8 ff. - Gerhard Zweig, Hans-Georg Feldhege, Eigentum für alle. Stand und Möglichkeiten der Eigentumsbildung in breiten Schichten. Bad Godesberg 1961, S. 27 ff. - Oskar Klug, Volkskapitalismus durch Eigentumsstreuung. Stuttgart 1962.

[2] Höffner, a. a. O., S. 128. - Vgl. auch Hartmut Michel, Eigentumspolitik. Voraussetzungen und Wirkungen aus psychologischer Sicht. Tübingen 1962, S. 130 ff. - Gerhard Scherhorn, Sparen und „konkretes Eigentum". In: Blätter für Genossenschaftswesen, 106. Jg. 1960, S. 362 ff. - J. Heinz Müller, Die Bildung breitgestreuten Eigentums, a. a. O., S. 319 f.

haupt. Es fehlt ihnen eine vernünftige Norm und Rangskala für Wert und Notwendigkeit der angeschafften Güter. Maßstab ist vielfach nicht der eigene und selbstgeformte Lebensstil, sondern der Lebensstil, nach dem ‚man' lebt. Dieser wird bestimmt durch die anonymen Mächte der Reklame, Mode und Meinungsbildung, durch Prestige und die Sucht nach Gelten und Mehr-Gelten. Diese Grundhaltung kommt zum Ausdruck im Begriff des „demonstrativen Konsums": Um der Erhöhung seines Prestiges willen drängt der eine den anderen zu immer neuen Aufwendungen, Ausgaben und Anschaffungen, die nicht gemacht werden um der Entfaltung und Erfüllung des eigenen personalen Lebens willen, sondern um den anderen zu beweisen, daß man sich „das schon längst leisten kann". So sind es vielfach noch nicht einmal die Sucht nach Wohlleben, Genuß und Amüsement, der „Götze Lebensstandard", sondern eben jener „demonstrative Konsum", um dessentwillen manche Fernsehapparate, Kraftwagen und Campingausstattungen buchstäblich erhungert werden.

In den hier angedeuteten Verhaltensweisen wird sichtbar, wieviel an erzieherischer Arbeit noch zu leisten ist, damit nicht nur der Eigentumswille geweckt werde, sondern auch die Beziehung des Menschen zu den Dingen in die rechte Ordnung komme.

b) Insbesondere: das Eigenheim

Stärker und eindeutiger als in der Anschaffung von beweglicher Habe zeigen sich der Wille und die Befähigung zu echter Eigentumsbildung im Erwerb eines eigenen Heimes in Verbindung mit einem Stück Garten, womit ein zweiter Ring bergenden Eigentums angedeutet ist, der um den einzelnen und seine Familie gezogen wird. Als Stätte des Familienlebens wird das Heim am stärksten als Eigentum empfunden, von ihm gehen die nachhaltigsten Wirkungen aus in Richtung einer Entproletarisierung und inneren Gesundung der Arbeiter und ihrer Familien. Gemeint ist freilich nicht lediglich die „Wohnung", die „meist nur ein Behälter für Menschen ist[3]", auch nicht das Wohnungseigentum im Sinne des Wohnungseigentumsgesetzes vom 15. März 1951, sondern das für nur eine Familie bestimmte, in sich abgeschlossene Eigenheim, an das sich ein Garten von der Größe etwa eines halben Morgens und eine Wiese von etwa 1000 qm anschließen[4].

---

[3] Nikolaus Ehlen, Das familiengerechte Heim. Idee und Verwirklichung. Recklinghausen 1950, S. 20.

[4] Vgl. dazu im einzelnen Ehlen, a. a. O., S. 20 ff.

Ein solches Heim gibt dem einzelnen und seiner Familie einen Standort, ein Zuhause, wie keine andere Form der Wohnung es ihm geben kann. Es ist zu „vergleichen mit der Schale der Nuß; wie sie den Kern schützt, so schützt das Heim die Familie und macht ihr Wachsen und ihre Entfaltung möglich[5]". Das Heim als persönliches Eigentum befreit die Familie aus dem Eingeengtsein in ein Netz von Vorschriften und Rücksichtnahmen und gibt ihr jenen Raum an Freiheit und Unabhängigkeit, dessen sie zu ihrem Gedeihen bedarf. Alle die Begebenheiten, die zwischen Geburt und Tod liegen, Arbeit und Freizeit, Freude und Trauer und auch Geburt und Tod selbst, bedürfen der Verklammerung auf einen Ort hin, durch den alles, was geschieht, hineingenommen wird in die Bewahrung der Familie. Dieser Ort aber ist das Heim. Es schafft die Bedingungen, unter denen sich ein echtes und natürliches Familienleben entfalten kann, und gibt insbesondere der kinderreichen Familie die Grundlagen zurück, welche Kinderreichtum wieder zu einem natürlich erstrebten Ziel machen und nicht zu einer drückenden Last, die man nur unter moralischer Überanstrengung zu tragen vermag und dann nur resigniert; die man nach Möglichkeit aber zu meiden sucht.

Wohl mag es zutreffen, daß die letzte Ursache der heutigen Flucht vor dem Kind im Moralischen zu suchen ist; der Verzicht auf Nachkommenschaft ist oft ein Symptom des Komfortismus, der dem Leben mit seinen Bindungen und Härten auszuweichen sucht. Doch muß man auch bedenken, daß diese Haltung durch die moderne großstädtisch-industrielle Entwicklung die stärksten Antriebe erfährt. Unter den gegenwärtigen Lebensverhältnissen ist eine große Kinderzahl für viele Familien zu einem kaum tragbaren Passivum des Familienhaushalts geworden. An sich notwendige Ausgaben für eine sinnvolle Freizeitgestaltung, für Erholung, Ausflüge und Ferien der Familie werden zu einer schweren materiellen Last, weil die Kinder zu einem Multiplikator der Ausgaben werden. Unter den ungesunden und unnatürlichen Bedingungen des industriellen und großstädtischen Lebens, das notwendig nach einem Ausgleich verlangt, sind Ausgaben für die genannten Zwecke aber unentbehrlich.

---

[5] Ehlen, a. a. O., S. 19 f. - Vgl. auch Anton Böhm, Eigenheim als Hort der Freiheit. In: Die neue Ordnung, 12. Jg. 1958, S. 365—370. - Otto Dibelius, Die Bedeutung des Eigenheimgedankens. In: Gesellschaftspolitische Kommentare, 5. Jg. 1958, S. 287—290, 302 bis 304. - Michel, a. a. O., S. 133 f. - Hans Harro Bühler, Familienpolitik als Einkommens- und Eigentumspolitik. Berlin 1961. - J. Heinz Müller, a. a. O., S. 319 f. - Paul Becher, Katholisches Siedlungswesen. In: Die neue Ordnung, 15. Jg. 1961, S. 215 ff. - Max Wingen, Die wirtschaftliche Förderung der Familie. Paderborn (o. J.), S. 77 ff. - Zweig, Feldhege, a. a. O., S. 49 ff.

Hier könnte die Dezentralisierung des Wohnens durch Eigenheim und Garten wesentliche Hilfe leisten. Zunächst bedarf ein gesundes Familienleben rein vom Natürlichen her nicht nur der „Wohnstubenkraft“, wie Pestalozzi es genannt hat, sondern auch der „Gartenkraft“. Die seelischen und leiblich-gesundheitlichen Werte, welche einer Familie und insbesondere wieder den Kindern dank der durch einen Garten gewährten Naturverbundenheit zuwachsen, sind unersetzlich[6]. Vergil, der „Vater des Abendlandes“, hat davon gewußt, und nach ihm der hl. Benedikt und der hl. Bruno, dessen Ordensregeln die Karthäusermönche zur Bebauung eines Gartens verpflichten. Es war auch für die aufsteigende kapitalistische Wirtschaft ein bedeutsamer Faktor, daß sie mit Arbeitern beginnen konnte, die aus jener Verbundenheit mit dem Boden und der Natur viel unverbrauchte Kraft mitbrachten.

Wichtig sind auch die wirtschaftlichen Aspekte eines Eigenheims mit Garten. Die Ausgaben für Erholung und Entspannung, welche etwa eine großstädtische Familie als Ausgleich für die Naturferne ihrer Existenz tragen muß, fallen nicht nur weg, sondern das, was früher eine Ausgabenquelle war, kann nun zu einer wenn auch bescheidenen Einnahmequelle werden, da die Arbeit im Garten nicht nur der Erholung dient, sondern auch Naturaleinnahmen abwirft. Erholung, die sonst einen Geldaufwand erforderte, ermöglicht hier sogar bis zu einem gewissen Grade die wirtschaftliche Selbstversorgung der Familie.

Hier liegen die Gründe für die Krisenfestigkeit von Siedlerfamilien. Sie können mit Hilfe der Intensivierung der Gartenarbeit wirtschaftliche Schwankungen und selbst gelegentliche Arbeitslosigkeit leichter bestehen als jene, die keinerlei Rückhalt an eigenem Grund und Boden haben. Man denke an die berühmte Krisenfestigkeit der württembergischen Wirtschaft, die in der Existenz des „Arbeiterbauern“ gründet, der nach Feierabend sein „Gütle“ bewirtschaftet. Da sein Garten- oder Ackerland als Produktionseigentum zur Produktion der lebenswichtigen Güter ausreicht, ist er gegenüber den Tücken des Marktes mit seinen Konjunkturschwankungen und Lohnkämpfen weitgehend abgeschirmt.

Eine wesentliche Aufgabe fällt dem Eigenheim zu hinsichtlich des Problems der Integration der Familie. Ein bedenkliches Charakteristikum des Zustandes der Familie in der Gegenwart ist ihre Desintegration aus dem gesamtgesellschaftlichen Prozeß, die Tatsache, daß die Familie im Laufe der

---

[6] Vgl. dazu die mit überzeugender Eindruckskraft ausgesprochenen Darlegungen bei Ehlen, a. a. O., S. 21 ff.

neuzeitlichen Entwicklung zur Wirtschafts- und Massengesellschaft immer mehr Funktionen an die Gesellschaft abgegeben hat[7]. Ihre Funktion als Produktionsgemeinschaft hatte sie, abgesehen vom bäuerlichen und kleingewerblichen Bereich, schon um die Mitte des vergangenen Jahrhunderts mit dem Durchbruch des Hochkapitalismus weithin verloren. Der Fortschritt der Technik, die Rationalisierung und Ökonomisierung des Konsums einerseits, ungünstige Wohnverhältnisse andererseits sind die Gründe, daß sie auch ihre Funktion als Verbrauchsgemeinschaft in zunehmendem Maße an die Gesamtgesellschaft abtritt (ständige Erweiterung des Sortiments an konsumfertigen konservierten Lebensmitteln, Darbietung von Lebensmitteln einschließlich Frischspeisen durch Automaten, Einnahme der Mahlzeiten in Gaststätten und Schnellbüffets usw.). Im Schwinden begriffen sind schließlich auch die Funktionen der Familie als Erziehungs- und als Lebensgemeinschaft, in dieser letzteren Hinsicht insbesondere infolge der Kollektivierung der Freizeitgestaltung durch Kino und Sport, durch organisierten und standardisierten Freizeitkonsum. Es macht sich eine Tendenz bemerkbar, ihre Funktionen so weit zurückzudrängen, daß sie zur bloßen Wohngemeinschaft entleert wird. Dieser Funktionsschwund der Desintegration der Familie aber ist eine entscheidende Komponente für ihre Desorganisation, um einen weiteren Begriff der modernen Familiensoziologie zu gebrauchen, für ihre innere Deformation und Auflösung, die in Ehezerrüttung, Jugendverwahrlosung und Ehescheidung ihren Ausdruck findet.

Auch hier könnte das Eigentum die Entwicklung zum Besseren wenden, und zwar nicht nur, indem es in der schon angedeuteten Weise direkt zur biologisch-seelischen Gesundung der Familie beiträgt, sondern auch dadurch, daß es jene weithin verlorengegangenen Funktionen reaktiviert, welche die Familie wie ein Band umschließen und auch zu ihrer inneren Festigkeit und Gesundung beitragen. So vermag die gemeinsame Arbeit in Stall und Garten der Familie wieder einen Teil ihrer Funktion als ökonomischer Einheit zurückzugeben[8]. Und ist eine Wohnung wirklich zum „Heim" geworden, was ja das Anliegen aller Bemühungen um das Eigenheim ist, dann kann die Familie auch die ihr wesensmäßig zukommende Funktion als Lebensgemeinschaft zurückgewinnen, insbesondere dann, wenn das Heim wieder zum Mittelpunkt der Freizeitgestaltung geworden ist.

---

[7] Zum Begriff der Desintegration vgl. René König, Materialien zur Soziologie der Familie. Bern 1946, S. 57 ff.

[8] Vgl. dazu Oswald v. Nell-Breuning, Leitsätze über „familiengerechte" Wohnungen. In: WG I, S. 367 f.

Hinsichtlich der Vorzüge und der Förderungswürdigkeit des Eigenheims besteht wohl innerhalb der katholischen Soziallehre und Sozialbewegung weitgehende Übereinstimmung, nicht freilich hinsichtlich der zu ergreifenden wohnungspolitischen Maßnahmen. Oswald v. Nell-Breuning weist darauf hin, daß es zwar Aufgabe der Wohnungspolitik sei, die von seiten der Wohnung einer Familiengründung und dem natürlichen Wachstum der Familie entgegenstehenden Hindernisse zu beseitigen, sie müsse es aber zurückweisen, „sich als bevölkerungspolitisches Instrument gebrauchen zu lassen[9]". Die Wohnungspolitik habe ihre Aufgabe erfüllt, wenn sie den Familien, die sich für ein Eigenheim eignen und es erstreben, den Zugang zum Eigenheim erschließt und überdies Hemmnisse beseitigt, die den Wunsch nach einem Eigenheim gar nicht aufkommen lassen. Sie könne es aber nicht Familien aufdrängen, denen es nicht entspricht und die es auch nicht wünschen[10].

Nikolaus Ehlen erklärt demgegenüber, es komme nicht darauf an, „was die Menschen wünschen, sondern sie zum Rechten hinzuleiten, indem wir ihnen erst vorstellen, was wirklich familiengerecht ist, und dann, wie es zu verwirklichen ist[11]". In der weiteren Auseinandersetzung mit dem Gutachten des Wohnungswirtschaftlichen Beirats zur Frage der „familiengerechten Wohnung[12]" und insbesondere mit Oswald v. Nell-Breuning erklärt Ehlen: „Mit dem Hinweis auf die gleiche Chance für das Eigenheim gegenüber anderen Wohn- und Rechtsformen ist uns durchaus nicht gedient, weil wir auf das gottgewollte Soll und nicht auf das positivistische Ich hinzielen. Die Mietwohnung von heute ist der große Betrug des Menschen und des Volkes um sein Eigentum[13]." In anderem Zusammenhang knüpft Ehlen noch einmal an diese Auseinandersetzung an und mahnt, den Menschen in der Mietskaserne nicht seinem Schicksal zu überlassen, sondern ihm zu helfen, damit er aus dem ihm in der Degeneration drohenden Untergang befreit werde. Oft liege es nur an der Hoffnungslosigkeit des Arbeiters, schuldenfrei zu werden, die ihn auf das Eigentum verzichten ließe, das dann in die Hände der großen Wohnungsbaugenossenschaften gehe; deren Hypotheken aber müßten die Arbeiterfamilien mit ihren Mietzahlungen amortisieren. Immer dann aber, wenn dem Arbeiter die Schaf-

---

9 Oswald v. Nell-Breuning, Die „familiengerechte" Wohnung. In: WG I, S. 362.

10 Vgl. v. Nell-Breuning, a. a. O., S. 364.

11 Nikolaus Ehlen, in: Lotsenrufe, April 1953, Nr. 2, S. 5.

12 Vgl. Gutachten des Wohnungswirtschaftlichen Beirats 1951—1953. Schriftenreihe des Bundesministers für Wohnungsbau, 3. Bd. Bonn 1954, S. 72 ff.

13 N. Ehlen, in: Lotsenrufe, Juni 1953, Nr. 3, S. 7.

fung des Eigentums erträglich und möglich gemacht würde, ginge er „fast hundertprozentig darauf ein[14]". Die hier sichtbar werdenden wohnungspolitischen Meinungsverschiedenheiten hinsichtlich des Eigenheims liegen freilich nicht im Grundsätzlichen, sondern in der unterschiedlichen Betrachtungsweise der die konkrete Situation, ihre Möglichkeiten und Anforderungen allseitig abwägenden wissenschaftlichen Analyse einerseits und der kämpferischen Grundhaltung des seine ganze Kraft für die Verwirklichung eines Ideals einsetzenden Sozialreformers andererseits.

c) Kapitalbeteiligung

Eine weitere Form der Eigentumsbildung, die für die breiten Massen des Volkes in Betracht kommt, ist die Beteiligung an der volkswirtschaftlichen Kapitalbildung, durch die der Mensch in einen dritten Ring bergenden Eigentums hineingenommen wird[15]. Wir verstehen unter Kapitalbildung die Erstellung von Zwischenprodukten, von dauerhaften Produktionsgütern, die zu einer Ergiebigkeitssteigerung der Produktion führen. Die Herstellung solcher Zwischenprodukte vollzieht sich zweistufig im Sparprozeß und im Investitionsvorgang, indem also Einkommensbezieher die ihnen zur Verfügung stehende Kaufkraft nicht konsumtiv verwenden, sondern sie durch „Rückversetzung" auf ihrem Wege zum Konsum der Investition zuführen und dergestalt durch die Ermöglichung ergiebigkeitssteigernder Produktionsumwege zu einer gesteigerten Bedarfsdeckung beitragen[16]. Kapitalbeteiligung der Arbeitnehmer würde bedeuten, daß diese einen Teil der ihnen zur Verfügung stehenden Subsistenzmittel, also potentielles Konsumeinkommen, der Produktion von Zwischengütern zur Verfügung stellen und auf diese Weise Anteil und Verfügungsmacht über die Kapitalausstattung einer Volkswirtschaft erlangen.

Die Frage der Eigentumsbildung der breiten Massen durch Kapitalbildung, insbesondere die Frage der Beteiligung der Arbeiterschaft an der Kapitalausstattung der Volkswirtschaft, ist deshalb so ernst und bedrängend geworden, weil sich seit etwa einem Jahrhundert Kapitalbildung und Sub-

---

14 N. Ehlen, Das familiengerechte Heim, in: Eigentum in Arbeiterhand. Hrsgg. vom Sozialreferat der Abendländischen Akademie. München 1954, S. 189.

15 Vgl. Höffner, a. a. O., S. 128 ff. - J. Heinz Müller, a. a. O., S. 320 ff. - Alfred Klose, Kapitalbildung und Eigentumsstreuung. In: Naturordnung in Gesellschaft, Staat, Wirtschaft (Messner-Festschrift). Innsbruck, Wien, München 1961, S. 337—350, insbes. S. 339 ff. - Oskar Klug, Volkskapitalismus durch Eigentumsstreuung. Stuttgart 1962.

16 Vgl. Walter Eucken, Kapitaltheoretische Untersuchungen. 2. Aufl., Tübingen, Zürich 1954, S. 52 ff.

stanzzuwachs an Produktionsgütern einseitig in den Händen der „Kapitalisten“ vollzogen haben, denen die ihres Handwerkszeugs verlustig gegangenen, vom Eigentum an den Produktionsmitteln entblößten Arbeiter gegenüberstehen. Das bedeutet nicht nur Akkumulation riesiger Kapitalblöcke und Konzentration von wirtschaftlicher Macht in den Händen weniger, sondern ist zugleich auch „die Ursache des sog. Klassenmonopols und des als Klassen-Rente anzusprechenden Teils der Kapitalrendite[17]“. Damit ist nichts gesagt gegen die Kapitalrendite als solche, also das Einkommen aus Kapitalbesitz. Mitausgesprochen ist in jener Feststellung vielmehr ein Vorwurf gegen jenen Teil der Kapitalrendite, der das Ergebnis der Monopolisierung des Kapitals in den Händen einiger weniger Kapitalbesitzer ist; der aber wegfallen bzw. sich in breiter Streuung aufteilen würde, wenn alle oder auch nur ein Großteil der in einer Volkswirtschaft mitwirkenden Menschen, insbesondere die Arbeitnehmerschaft, in die volkswirtschaftliche Kapitalbildung hineinwachsen würde.

Ein weiterer Gesichtspunkt kommt hinzu: Ein typisches Kennzeichen des modernen Großbetriebes ist die Trennung zwischen Eigentümerfunktion und Unternehmerfunktion: Es sind regelmäßig andere, die das Vermögen in eine Unternehmung einbringen, und andere, die „Manager“, die dieses Vermögen beherrschen und produktiv einsetzen. Ein Grund für diese Entwicklung ist in der Rechtsform der juristischen Person zu sehen, in der die Kapitalgesellschaften (Aktiengesellschaft, Gesellschaft mit beschränkter Haftung, Kommanditgesellschaft auf Aktien) geführt werden. Dieser Prozeß wurde noch verschärft durch das Aktiengesetz von 1937, das die Befugnisse der Hauptversammlung zugunsten von Vorstand und Aufsichtsrat erheblich einschränkt. Auch die Möglichkeit der Zusammenfassung von Aktien zu Aktienpaketen, die nicht zum Börsenkurs gehandelt werden und schon einer geringen Minderheit von Aktionären eine beherrschende Stellung in der Hauptversammlung zu sichern vermögen, und auf der anderen Seite die Ausübung des Stimmrechts der Kleinaktionäre durch Depotbanken haben zu einer weiteren Entmachtung der Eigentümer und zu einer Verstärkung der Position der Manager geführt. Diese Trennung von Eigentumsrechten und Verfügungsmacht über Vermögen wird ein weiteres Mal potenziert durch die Existenz von Konzerngesellschaften, die an die juristische Möglichkeit anknüpfen, daß die Anteilseigner einer Kapitalgesellschaft selbst wieder eine juristische Person sein können und auf diese Weise

---

17 v. Nell-Breuning, Eigentumsbildung, a. a. O., S. 9.

eine Kapitalgesellschaft, die Obergesellschaft, die andere, die Untergesellschaft, beherrschen kann. So entstehen Konzerngebilde, „in denen es ganze Kaskaden von Beteiligungsverhältnissen gibt, wo jede von einer Obergesellschaft beherrschte Kapitalgesellschaft wieder von ihr abhängige Untergesellschaften beherrscht[18]“. Formaljuristisch sind zwar die Manager in jedem Fall durch die Anteilseigner als die Inhaber der Eigentumsrechte an den Kapitalgesellschaften zur Ausübung von Verfügungsmacht über fremdes Vermögen legitimiert, tatsächlich aber verfügen sie selbstherrlich und in eigener Entscheidung über fremdes Vermögen und sind sich ihrer Macht auch durchaus bewußt. Der Manager, so führt Oswald v. Nell-Breuning aus, vollziehe Unternehmenskombinationen, ohne daß diesen eigentumsmäßige Verbindungen vorausgingen; für ihn sei es typisch, daß er die Herrschaft über einen Produktionsmittelapparat, über Betriebe und ganze Unternehmenskomplexe, die nicht sein eigen sind, okkupiere, in manchen Fällen geradezu usurpiere[19].

Die Situation der Eigentumslosigkeit auf der einen, der Vermögensballung auf der anderen Seite wird also durch das Managertum noch verschärft dergestalt, daß diese Kapitalblöcke nicht mehr von denen verwaltet werden, in deren Eigentumsrecht sie stehen, sondern von einer kleinen Zahl von Nichteigentümern. Indem die privaten Eigentümer durch die Manager entmachtet sind, hat das Eigentum als Verfügungsmacht über Vermögenswerte wesentliche Funktionen verloren, es ist „entfunktionalisiert[20]“.

Man hat in der Tatsache der Managerherrschaft einen weiteren Grund für die Neugestaltung der Eigentumsverhältnisse und eine breite Streuung des Eigentums an den Produktionsmitteln gesehen, ähnlich wie auch schon im Kampf um das Mitbestimmungsrecht die Beherrschung der Wirtschaft

[18] Oswald v. Nell-Breuning, Eigentum und Verfügungsgewalt in der modernen Gesellschaft. In: WG III, S. 256. - Vgl. James Burnham, The Managerial Revolution. New York 1941; dt.: Das Regime der Manager. Stuttgart 1948. - Hans Otto Lenel, Eine neue Geschichtstheorie. Zu James Burnhams Werk „Das Regime der Manager“. In: Ordo, 3. Bd. 1950, S. 293—302. - Gérard Dion, Property and Authority in Business Enterprise. In: Relations industrielles, t. 16, 1961, p. 30—52. - Hermann J. Wallraff, Mitbestimmung und Eigentumsbildung der Arbeitnehmer. In: Mitbestimmung und Miteigentum in Europa. Freiburg 1960, S. 14—34, insbes. S. 29 ff.

[19] Vgl. v. Nell-Breuning, a. a. O., S. 258.

[20] Vgl. v. Nell-Breuning, a. a. O., S. 259 ff. - Rechtsphilosophisch könnte man diesen Prozeß der ‚Entfunktionalisierung‘ des Eigentums freilich auch als eine Umformung der bestehenden Eigentumsverhältnisse bezeichnen, als Wechsel der Trägerschaft des Eigentums und Übergang von Eigentumsrechten auf neue Eigentümer mittels der Rechtsfigur der juristischen Person, eine Weise der Neugestaltung von Eigentumsverhältnissen, für die das positive Recht noch keine zureichenden Ausdrucksformen gefunden hat.

durch die Manager als ein wesentliches Argument mitangeführt wurde, die Arbeiterschaft im gleichen Maße in die Verfügung über die Kapitalausstattung der Volkswirtschaft miteinzusetzen. Man muß sich allerdings darüber im klaren sein, daß auch dieses gestreute Eigentum rebus sic stantibus sehr bald wieder in die Verfügungsmacht der Manager geriete und „entfunktionalisiert" bliebe. Es ist auch fraglich, ob sich im Zeitalter der Manager durch eine Neugestaltung der Rechtsformen mit Hilfe positivrechtlicher Sicherungen daran etwas ändern läßt[21]. Dennoch bleibt es in jedem Fall entscheidend, in wessen Hand sich künftighin das Eigentum bildet. Die Forderung nach Eigentumsbildung in Arbeiterhand verliert auch unter der „Herrschaft der Manager" nichts an Gewicht, weil es wichtig ist, daß diejenigen, die *im* Betriebe abhängig sind, wenigstens ihre Unabhängigkeit und Freiheit *vom* Betrieb gewinnen und sich damit auch gegenüber den Machtgebilden des gesellschaftlichen Lebens und letztlich auch gegenüber dem Staat die Unabhängigkeit ihrer Existenz sichern. Mag auch die *Dispositionsfunktion* des Eigentums im Zeichen der Managerherrschaft weithin verlorengegangen sein, so hat es doch seine *Sicherungsfunktion* erhalten. Es ist nicht einzusehen, warum es in dieser gesellschaftspolitisch nach wie vor bedeutsamen Funktion der Arbeiterseite nicht in gleichem Maße wie der Kapitalseite zugute kommen soll.

Die Forderung nach breit gestreuter Eigentumsbildung hinsichtlich der volkswirtschaftlichen Kapitalbildung stellt sich ein weiteres Mal im Blick auf das System einer sozialen Marktwirtschaft. Ein marktwirtschaftliches Wirtschaftssystem, dem es nicht nur auf die Maximierung des Sozialprodukts und also nicht nur auf die funktionale Sicherung, sondern in erster Linie auf den sozialen Vollzug und ein soziales Ergebnis des Wirtschaftsprozesses ankommt, verlangt die Schaffung annähernd gleicher Startbedin-

---

[21] Vgl. die andere Sicht des Problems bei Achim von Loesch, Freiheit durch Eigentum? In: Gewerkschaftliche Monatshefte, 9. Jg. 1958, S. 37—41. Loesch kommt auf Grund der Entfunktionalisierung des Eigentums in den Großbetrieben zu der Feststellung, daß „nicht die Eigentumslosigkeit die Freiheit bedroht, sondern das Fehlen einer wirksamen demokratischen Kontrolle . . . Das Privateigentum alten Stils hat nur noch einen Sinn in der Konsumsphäre und hat im Produktionssektor nur noch da Berechtigung und Inhalt, wo noch im Stil des 19. Jahrhunderts produziert wird, nämlich beim Mittelstand und den Klein- und Mittelbetrieben der Industrie. Ungelöst ist nicht das Eigentumsproblem bei Staat und Gesellschaft, sondern das Bürokratieproblem im Sinne von Max Weber, die Kontrolle der Verwaltungsapparate in Staat, Industrie und Verbänden, die die persönliche Freiheit der einzelnen gefährden. Sie sind es auch, deren Verhalten zugleich den Grad der Vollbeschäftigung und das soziale Klima in der Gesellschaft bestimmen und hierdurch mittelbar das Eigentum, wo es noch funktioniert, garantieren" (a. a. O., S. 41).

gungen für die Partner dieses Wirtschaftsprozesses. Zu einer sozialen Marktwirtschaft, die den Begriff „sozial" im Sinne des von der sozialen Gerechtigkeit geforderten ordo socialis versteht und ernst nimmt, gehört die Gestaltung einer macht-neutralen Ordnung in dem Sinne, daß das wirtschaftliche Kräftespiel frei bleibt von persönlichen Abhängigkeiten: daß die Partner des Produktionsprozesses vom ökonomischen System her gesehen gleichgestellt sind und diese Gleichheit der Startbedingungen grundsätzlich jedem einzelnen innerhalb des ökonomischen Bereichs die gleiche Erfolgschance eröffnet. Daß die Praxis der sozialen Marktwirtschaft von der Verwirklichung dieser ihrer Idee immanenten Forderung noch weit entfernt ist, darüber bestehen wohl kaum Zweifel. Eine um den Arbeitsmarkt zentrierte Volkswirtschaft, in der sich Arbeit und Kapital als zwei Machtblöcke kollektiv gegenübertreten und kollektiv die Arbeitsbedingungen aushandeln, ist insoweit weder marktwirtschaftlich noch sozial organisiert. Denn zu einem sozial erträglichen Ablauf und Ergebnis des Produktionsprozesses kommt es unter solchen Umständen nicht auf Grund der persönlichen Initiative der einzelnen Wirtschaftspartner und des „freien Spiels der Kräfte", sondern auf Grund kollektiver Regelungen und Verhaltensweisen. Doch reichen diese nicht aus, sondern müssen ergänzt werden durch das System einer umfassenden Redistributionspolitik, die ein ständiger Zeuge dafür ist, daß der Wirtschaftsprozeß als die wesensmäßige Einheit eines gesellschaftlichen Vorgangs sozusagen schizophren gespalten ist in eine „wirtschaftliche" und eine „soziale" Komponente dergestalt, daß im ersten Akt Wirtschaft und Wirtschaftspolitik besorgt werden, deren Ergebnis sodann im zweiten Akt sozial korrigiert wird. Das mag dem Programm einer *neoliberalen,* nicht aber dem einer richtig verstandenen *sozialen* Marktwirtschaft entsprechen [22]. Eine breite Streuung des Eigentums an der volkswirtschaftlichen Kapitalausstattung könnte durch die Stärkung der wirtschaftlichen Position der Arbeiterschaft die Entwicklung in die Richtung einer annähernden Startgleichheit der Wirtschaftspartner drängen und so der vollen Verwirklichung der Idee einer sozialen Marktwirtschaft wesentliche Hilfen leisten.

In Wirklichkeit allerdings ist der Prozeß der Eigentumsbildung auch in den vergangenen Jahren wieder in der entgegengesetzten Richtung verlaufen. So ist bekannt, daß der in der Bundesrepublik den Unternehmern

---

22 Vgl. dazu im einzelnen Franz Klüber, Das System der Marktwirtschaft und die Formen seiner Verwirklichung. In: Ordo Socialis, 4. Jg. 1956, S. 63—87. - Ders., Neoliberale und soziale Marktwirtschaft. In: Die neue Ordnung, 14. Jg. 1960, S. 321—334.

in der Zeit von 1948 an zugefallene Vermögenszuwachs jährlich ca. acht Milliarden DM beträgt[23]. Dieser Nettovermögenszuwachs tritt zu dem bis dahin schon vorhandenen unternehmerischen Gesamtvermögen hinzu, das zwar statistisch nicht erfaßt ist, aber auf annähernd 200 Milliarden DM geschätzt werden darf. Wenn man des weiteren bedenkt, daß bei anhaltend guter Konjunktur den Unternehmern auch künftighin ein Reinvermögenszuwachs von etwa acht Milliarden DM jährlich zufließen wird, bekommt man eine Vorstellung von den Größenordnungen des Produktionsvermögens und der Eigentumsbildung innerhalb des Produktionsmittelapparates.

---

[23] Vgl. hierzu und zum folgenden Wilhelm Hankel, Gerhard Zweig, Die Vermögensbeteiligung der Arbeitnehmer in der Marktwirtschaft. In: Sozialer Fortschritt, 6. Jg. 1957, S. 73—77. - Gerhard Kroll, Vermögensbildung und soziale Gerechtigkeit. In: Die neue Ordnung, 10. Jg. 1956, S. 1—10. - Paul Jostock, Das Sozialprodukt und seine Verteilung. Paderborn 1955, S. 37 f. - Ders., Kollektive Kapitalbildung oder Eigentumsbildung beim einzelnen? In: Die neue Ordnung, 11. Jg. 1957, S. 219—225. - Aloys Masloh, Wohlstand für alle? Zur Einkommens- und Vermögenssituation in der Bundesrepublik. In: Die Arbeitskammer, Zeitschrift der Arbeitskammer des Saarlandes, 8. Jg. 1960, S. 16—21. - Norbert Kloten, Finanzpolitik, Einkommensgestaltung und Vermögensbildung. In: Ordo, 9. Bd. 1957, S. 199—215. - R. Sieben, Einkommen, Besteuerung und Sparung in der Bundesrepublik. Versuch eines Vergleichs zwischen 1955 und 1936. In: Gewerkschaftliche Monatshefte, 7. Jg. 1956. - Horst Jecht, Finanzpolitik und Kapitalbildung. Tübingen 1958. - Martin Lohmann, Die westdeutschen Investitionen 1948—1957 und ihre soziale Problematik. In: Hamburger Jahrbuch für Wirtschafts- und Gesellschaftspolitik, 3. Jg. 1958, S. 32 ff. - Klaus Leist, Investitionen und Sozialstruktur in Westdeutschland. Zürich 1956. - Werner Remmers, Konzentration und Wirtschaftspolitik. In: Ordo Socialis, 7. Jg. 1959/1960, S. 105—115. - Erich Gutenberg, Untersuchungen über die Investitionsentscheidungen industrieller Unternehmen. Köln, Opladen 1959. - Hanns Linhardt (Hrsg.), Betriebsgröße und Unternehmenskonzentration. Berlin 1959. - Helmut Arndt (Hrsg.), Die Konzentration in der Wirtschaft (Schriften des Vereins für Sozialpolitik, N. F. Bd. 20, I—III). Berlin 1960. - John Kenneth Galbraith, American Capitalism. The Concept of Countervailing Power. 2. Aufl., Boston 1956; dt.: Der amerikanische Kapitalismus im Gleichgewicht der Wirtschaftskräfte. Stuttgart, Wien, Zürich 1956. - Curt E. Fischer, Die Unternehmenskonzentration als Gegenstand wirtschaftsordnender und gesellschaftsrechtlicher Gesetzgebung. Bonn 1960. - Rudolf Gunzert, Konzentration, Markt und Marktbeherrschung. Frankfurt 1961. - Hans Otto Lenel, Ursachen der Konzentration unter besonderer Berücksichtigung der deutschen Verhältnisse. Tübingen 1962. - Joseph Schumpeter, Capitalism, Socialism and Democracy. New York 1942; dt.: Kapitalismus, Sozialismus und Demokratie. Bern 1946. - Edward Mason, Economic Concentration and the Monopoly Problem. Harvard University Press 1957. - Harold Rasch, Deutsches Konzernrecht. 2. Aufl., Köln, Berlin 1955. - David Lynch, The Concentration of Economic Power. New York, London 1946. - Hermann J. Wallraff, Mitbestimmung und Miteigentum der Arbeitnehmer. In: Mitbestimmung und Miteigentum in Europa. Freiburg 1960, S. 14—34, insbes. S. 23 ff. - Bruno Gleitze, Wo schlägt sich neu gebildetes Kapital in der modernen Wirtschaft nieder? In: Macht oder Ohnmacht des Eigentums (Siebtes Europäisches Gespräch Recklinghausen 1958). Köln-Deutz 1959, S. 93 ff.

„Es ist also nach alter Übung", so stellt Paul Jostock fest, „wohl so gut wie alles wieder ins Eigentum der Unternehmer und Kapitalbesitzer übergegangen. Wohl haben die Arbeiter einen schönen Lohn dabei verdient, aber ein gerechter Anteil am Ertrag, vor allem an den unverteilten Gewinnen, wurde ihnen vorenthalten. Bedenkt man, wie dringend die Reform unserer Vermögensverteilung ist und welch einmalige Gelegenheit diese Nachkriegsentwicklung bot, so kann der Vorgang nur als ein Skandal bezeichnet werden, der nach Abhilfe schreit[24]." Dabei ist noch zu bedenken, daß sich diese Neubildung von Produktionsvermögen in den Händen der Unternehmer vollzog mit Hilfe einer fast uferlosen Steuerbegünstigung für technische Neuanlagen und insbesondere mit Hilfe nicht entnommener Gewinne, also nicht auf dem Wege über freiwillige Ersparnisse des Kapitalmarktes, sondern auf die unsozialste Weise: durch Zwangssparen mittels Preisaufschlägen zu Lasten der Gesamtheit und zum Nutzen einer verschwindend geringen Zahl wirtschaftlich Bevorzugter[25]. Man kann es auch so formulieren: Der Vermögenszuwachs der Unternehmungen ist zustande gekommen durch Vorenthaltung gerechter Löhne und durch den Konsumenten aufgelastete Preiserhöhungen; dadurch, „daß man dem Arbeiter im wesentlichen nur den zum Konsum bestimmten Lohnteil zukommen ließ, dagegen den zur Investition bestimmten Teil in der Summe der unverteilten Gewinne zurückbehielt, investierte und so ins Eigentum der Kapitalbesitzer übertrug. Neben dem Arbeiter wären allerdings hier auch noch jene Konsumenten zu nennen, die weder Arbeiter noch Unternehmer sind und die über die Preiserhöhung mitbetroffen wurden, so daß strenggenommen auch sie noch Eigentumsrechte an entsprechenden Teilen der von den Unternehmungen selbst finanzierten Investitionen geltend zu machen hätten[26]."

Seit Jahrzehnten hat sich die katholische Soziallehre gegen eine solche Entwicklung gewandt und eine breite Streuung des Eigentums auch an den Produktionsmitteln gefordert[27]. Pius XI. verlangt zwar keine rückwirkende Umverteilung des bei den Unternehmern angehäuften Besitzes, um so entschiedener drängt er aber darauf, „mit aller Macht und Anstrengung dahin

---

24 Jostock, Sozialprodukt, a. a. O., S. 38.

25 Vgl. Jostock, Kollektive Kapitalbildung, a. a. O., S. 223.

26 Jostock, a. a. O., S. 224. - Vgl. auch Oswald v. Nell-Breuning, Konsumlohn - Investitionslohn. In: WG I, S. 436 ff.

27 Vgl. R. n., n. 1, 2, 35. - Q. a., n. 54 ff., 60 ff. - Pius XII., Rundfunkansprache am 1. September 1944, in: Utz-Groner, n. 733.

zu arbeiten, daß wenigstens in Zukunft die neugeschaffene Güterfülle nur in einem billigen Verhältnis bei den besitzenden Kreisen sich anhäufe, dagegen in breitem Strom der Lohnarbeiterschaft zufließe[28]". Johannes XXIII. weist auf die Tatsache hin, „daß die wirtschaftlichen Verhältnisse vieler Länder den Mittel- und Großbetrieben ein besonders schnelles Wachstum im Wege der Selbstfinanzierung ihrer Ersatz- und Erweiterungsinvestitionen gestatten. Wo dies zutrifft, muß den Arbeitern ein rechtmäßiger Anspruch an diese Unternehmen zuerkannt werden ... Es genügt nicht, nur das naturgegebene Recht auf Privateigentum, auch an Produktionsmitteln, zu betonen. Mit gleichem Nachdruck muß alles unternommen werden, damit alle Kreise der Bevölkerung in den Genuß dieses Rechtes gelangen ... Breitere Streuung des Eigentums ist, wenn jemals, so heute ganz besonders geboten[29]". Die evangelische Eigentums-Denkschrift drängt darauf, daß „bisher nicht begünstigte Glieder des Volkes aus Gründen der Gerechtigkeit und im Interesse einer gesünderen Sozialstruktur durch besondere Maßnahmen in ihrer Vermögensbildung unterstützt werden" und daß „die Empfänger von Lohneinkommen in wachsendem Maße selbst Eigentum an Produktionsmitteln bilden und dies ständig vermehren". Es sollen Anreize gegeben werden, „die Kapitalgrundlage für wirtschaftliches Wachstum weit mehr als bisher in der Bildung eines breitgestreuten Eigentums zu suchen ... Die Fähigkeit des Menschen, dem göttlichen Auftrag gemäß in rechter Weise ‚mein' und ‚dein' zu sagen, verkümmert, wenn sich nicht ein wachsender Raum der Freiheit vor ihnen eröffnet und sie rechtlich, wirtschaftlich, geistig und sittlich fähig werden, selber Haushalter über einen Anteil am Produktionsvermögen des Volkes zu sein[30]."

In der Verurteilung der gegenwärtigen Eigentumsverteilung und der Forderung nach einer Neugestaltung der Eigentumsverhältnisse stimmt die christliche Soziallehre überein mit Vertretern sowohl des Neoliberalismus als auch des freiheitlichen Sozialismus. „Daß die Verteilung von Vermögen und Einkommen in unserer plutokratischen Wirtschaftsordnung irgend etwas mit sozialer Gerechtigkeit zu tun hätte, wird wohl heute niemand mehr im Ernst behaupten wollen", so erklärt Alexander Rüstow[31]. Vom

---

[28] Q. a., n. 61.

[29] MM, n. 75, 113, 115.

[30] Eigentumsbildung in sozialer Verantwortung, a. a. O., n. 17 f., 21, 26.

[31] Alexander Rüstow, Zwischen Kapitalismus und Kommunismus. In: Ordo, 2. Bd. 1949, S. 122. - Vgl. auch Wilhelm Röpke, Civitas humana. Grundfragen der Gesellschafts- und Wirtschaftsreform. 3. Aufl., Erlenbach-Zürich 1949, S. 279 ff.

freiheitlichen Sozialismus werde, so stellt Gerhard Weisser fest, „keine allgemeine Überführung des Produktivvermögens in die Hand der Allgemeinheit“ gefordert, wohl aber „eine andere Verteilung des Eigentums in der Gesellschaftswirtschaft[32]“. Der freiheitliche Sozialismus mißachte „nicht die Werte des Eigentums; er will, daß auch diejenigen Gesellschaftsmitglieder in den Genuß von Eigentum kommen, denen die Gesellschaftsordnung den Erwerb von Eigentum bisher nahezu unmöglich gemacht hat[33]“.

Aufgabe der folgenden Erörterungen ist die Auseinandersetzung mit den verschiedenen durch Theorie und Praxis empfohlenen Lösungsmöglichkeiten, die dem Problem der Neuordnung der Eigentumsverhältnisse im Sinne einer breiten Streuung des Privateigentums gerecht zu werden suchen.

3. Quellen und Wege der Eigentumsbildung

a) Sparen aus laufendem Einkommen

Das Sparen aus laufendem Einkommen, hinsichtlich des Arbeiters also aus dem Lohnanfall, ist der nächstliegende Weg einer Eigentumsbildung. Seit Leo XIII. besteht die katholische Soziallehre auf der Zahlung des „gerechten Lohnes“, der so hoch sein muß, daß dem Arbeiter „nach Abzug aller Unkosten etwas übrigbleibt, von dem er sich einen kleinen Besitz beschaffen kann[1]“. Der Lohn muß dem Arbeiter die Möglichkeit geben, „durch Sparsamkeit seine Habe zu mehren“, damit er „nicht bloß den Wechselfällen des Lebens gerüstet gegenüberstehe, sondern noch über dieses Leben hinaus die beruhigende Gewißheit habe, daß seine Hinterbliebenen nicht ganz unversorgt dastehen“. Auch im Interesse des Gemeinwohls zielt die Forderung nach Zahlung des gerechten Lohnes dahin, „daß Arbeiter und Angestellte einen Lohn- oder Gehaltsanteil, den sie von der Lebensnotdurft erübrigen, zurücklegen können und so zu bescheidenem Wohlstand gelangen[2]“. Pius XII. erklärt: „Viele Faktoren sind es, die zu einer größeren Streuung des Eigentums mitwirken sollen. Jedoch wird der wichtigste immer

---

[32] Gerhard Weisser, Freiheitlicher Sozialismus. In: Handwörterbuch der Sozialwissenschaften. 9. Bd. 1956, S. 513.

[33] Gerhard Weisser, Freiheitlicher Sozialismus. In: Handbuch sozialdemokratischer Politik. Mannheim 1953, S. 64. - Vgl. ders., Eigentumsbildung und Mitverantwortung durch Arbeiterunternehmungen. In: Gewerkschaftliche Monatshefte, 5. Jg. 1954, S. 264—268.

[1] R. n., n. 35.

[2] Q. a., n. 61, 74.

der gerechte Lohn sein[3]." Johannes XXIII. knüpft an die Tatsache an, „daß in nicht wenigen Ländern in der letzten Zeit die Wirtschaft einen raschen Aufschwung genommen hat". Bei steigendem Ertrag aber „verlangen Gerechtigkeit und Billigkeit auch eine im Rahmen des Gemeinwohls mögliche Erhöhung des Arbeitslohns. Dadurch wird den Arbeitern erleichtert, Ersparnisse zu bilden und ein bescheidenes Vermögen zu erwerben[4]."

Es gibt sicherlich eine beachtliche Schicht von Arbeitern, deren Lohnhöhe ihnen gestattet, nach Deckung des laufenden Bedarfs aus dem Lohn Rücklagen zu machen und so in dieser oder jener Form Eigentum zu bilden. Man darf allerdings nicht die Grenzen dieser Art von Eigentumsbildung übersehen. Sie liegen zunächst im Psychologischen. Der Lohn als eine in verhältnismäßig kurzen Perioden anfallende Geldzahlung drängt mehr zum Konsumieren als zum Sparen. Gerade im Zeichen des schon angesprochenen „demonstrativen Konsums", des gleichen Sachverhalts, den die englische Redewendung „To keep up with the Jones" wiedergibt, bedarf es einer besonderen Disziplin, gegenüber den Suggestionen und vielfältigen Verlockungen der täglichen Umwelt zu einer bewußten Beherrschung des Konsums, zum Maßhalten in der Lebensführung zu kommen und in Selbstbeschränkung und Enthaltung von überflüssigem Konsum einen selbstsicheren Umgang mit den materiellen Gütern zu erringen. Sparen aus laufendem Einkommen ist also ein psychologisch-pädagogisches Problem, das von vielen Menschen noch nicht oder nicht mehr bewältigt wird. Das Einkommen aus Lohn mit seinem periodisch-kurzfristigen Anfall birgt einen starken Anreiz zum Ausgeben in sich, der durch das System der Sozialversicherung mit ihren verschiedenen Formen der Abschirmung

---

[3] Pius XII., Radiobotschaft an die Arbeiter Spanien am 11. März 1951, in: Utz-Groner, n. 710. - Vgl. auch Pius XII., Brief an den Präsidenten der Sozialen Wochen Frankreichs, Charles Flory, anläßlich der 39. Sozialen Woche vom 7. Juli 1952, in: Utz-Groner, n. 3391 f. - Ansprache an die Teilnehmer des 9. internationalen Kongresses der katholischen Arbeiterverbände am 7. Mai 1949, in: Utz-Groner, n. 3349.

[4] MM, n. 112. - Vgl. auch Franz Hermann, Der gerechte Lohn als Eigentumsquelle. In: Gerechtigkeit schafft Frieden (73. Deutscher Katholikentag 1949 in Bochum). Paderborn 1949, S. 225—228. - Michel, a. a. O., S. 90 ff., 149 ff. - Wilhelm Hankel, Vermögensentstehung - Sparen - Eigentum. In: Sozialer Fortschritt, 7. Jg. 1958, S. 91 ff. - Franz Coester, Arbeitnehmer und Sparaufkommen. In: Politisch-Soziale Korrespondenz, 7. Jg. 1958, S. 8 ff. - Fritz Burgbacher, Die bisherigen Ergebnisse der Eigentumspolitik. In: Die neue Ordnung, 15. Jg. 1961, S. 22 ff. - Oswald v. Nell-Breuning, Der Lohn als Erwerbsmittel und Eigentumsquelle. In: Eigentum und Eigentümer in unserer Gesellschaftsordnung (Veröffentlichungen der Walter-Raymond-Stiftung, Bd. 1). Köln, Opladen 1960, S. 51 ff. - Hermann-Joseph Wallraff, Eigentumspolitik. In: Staatslexikon, 6. Aufl., 2. Bd. 1958, Sp. 1085 ff.

gegenüber den „basic needs", den typischen Notständen des Lebens, noch verstärkt wird (woraus aber nicht etwa ein Einwand gegen die Sozialversicherung abgeleitet werden könnte). Es wird nur einem Teil der Menschen gelingen, sich bei der üblichen Höhe der Arbeitnehmereinkommen dem allgemeinen Sog der Konsumausweitung zu entziehen. Real und nüchtern nimmt die evangelische Eigentums-Denkschrift diese Tatsachen zur Kenntnis und wehrt allen überspannten Erwartungen, die vom Sparen aus laufendem Einkommen eine Umstrukturierung der gegenwärtigen Vermögensverhältnisse erhoffen: „Der Konsumverzicht zum Zwecke der Bildung von Produktivkapital ist den Menschen verschieden schwer gemacht. Menschen, die selber unternehmerisch tätig sind, empfangen durch die Hoffnung auf Erfüllung ihres Wirkungs-, Gewinn- oder Geltungsstrebens einen starken Sparanreiz. Zudem ist es für sie leichter zu sparen, da sie meist mehr verdienen als sie gesellschaftsüblich für ihre Haushaltsführung brauchen. Bei den meisten Arbeitnehmern verhält es sich umgekehrt. Die berufliche Bewährung des Arbeitnehmers ist nicht abhängig von seiner Sparfähigkeit. Bei meist viel kleineren Einkommen bleiben viele, oft auch dringende Konsumwünsche unerfüllt. Den starken Werbeanreizen zum Verbrauch stehen wenig Sparanreize gegenüber. Das Geltungsstreben findet oft nur durch gesteigerten Konsum seine Befriedigung, wo es nicht in den Dienst einer selbständigen wirtschaftlichen Existenz gestellt werden kann. Der Anreiz, durch Sparleistungen einen Notgroschen für die Zukunft zu haben, wird durch die Sorge vor einer etwaigen Geldentwertung einerseits und durch die Zuversicht auf Rentenleistungen andererseits weithin neutralisiert[5]."

---

5 Eigentumsbildung in sozialer Verantwortung, a. a. O., n. 22. - Vgl. auch Wilhelm Röpke, Jenseits von Angebot und Nachfrage. Erlenbach-Zürich, Stuttgart 1958. - Michel, a. a. O., S. 99 ff. - David Riesman, The Lonely Crowd. A Study of the Changing American Character. New Haven 1950; dt.: Die einsame Masse. Darmstadt, Berlin-Frohnau, Neuwied a. Rh. 1956. - Arnold Gehlen, Die Seele im technischen Zeitalter. Hamburg 1957. - Karl Jaspers, Die geistige Situation der Zeit (1931). Berlin 1953. - Georg Scherer, Konsumhaltung und Menschenbild. In: Die Kirche in der Welt, 10. Jg. 1958, S. 17 ff. - John Kenneth Galbraith, The Affluent Society. Boston 1958; dt.: Gesellschaft im Überfluß. München, Zürich 1959. - Jochen Schmauch, Zur Überwindung der Konsumhaltung in der gegenwärtigen Gesellschaft. In: Ordo Socialis, 7. Jg. 1959/60, S. 167—182. - Karl Bednarik, An der Konsumfront. Zwischenbilanz des modernen Lebens. Stuttgart 1957. - Anton Böhm, Lebensstandard - wozu? Osnabrück 1961. - Vance Packard, The Hidden Persuaders. New York 1957; dt.: Die geheimen Verführer. Der Griff nach dem Unbewußten in jedermann. Düsseldorf 1958. - Ders., The Waste Makers. New York 1960; dt.: Die große Verschwendung. Düsseldorf 1961. - Ernest Dichter, The Strategie of Desire. New York 1961; dt.: Strategie im Reich der Wünsche. Düsseldorf 1961. - Werner Mahr, Konsum-

Das ist allerdings kein Grund, diese Konsumentenschicht als „Parasiten" zu diffamieren, als „Kostgänger der Wirtschaft", die sich „mit durchschleppen lassen", aber „nicht vollwertige Wirtschaftsbürger" seien[6]. Dem wird das Idealbild des kapitalistischen Unternehmertums entgegengehalten, das die „Last der volkswirtschaftlichen Kapitalbildung" auf sich nahm[7]. Gemeint ist damit also auch jene „kleine Schicht von Besitzenden", die „der breiten Masse der Besitzlosen ein nahezu sklavisches Joch auferlegt[8]", welche „die Arbeiter erbarmungslos ausbeutet und sie nicht als Menschen, sondern wie Waren behandelt[9]". Angesichts der ungeheuren Vermögensballungen durch das kapitalistische Unternehmertum des neunzehnten Jahrhunderts und angesichts der Tatsache, daß auch heute noch das Unternehmereinkommen im Durchschnitt das Sechsfache des Arbeitereinkommens ausmacht, angesichts solcher Tatsachen von einer im Dienst der Gemeinschaft übernommenen „Last" der Kapitalbildung zu sprechen, ist nicht nur mißbräuchliche Auslösung ethischer Assoziationen, sondern auch ein primitiver Aufguß auf Seniors Abstinenztheorie, die in solcher Simplifizierung mit Recht den Spott Lassalles verdient, der von den darbenden Millionären spricht, von dem „abstinent" lebenden Rothschild, der Entbehrung auf sich nehme, weil er sein Kapital der Produktion zur Verfügung gestellt habe. Nachdem jedes Konsumbedürfnis und jeder Lebensgenuß bis zur Erschöpfung abgesättigt sind, fragt man sich, worin denn eigentlich noch die „Last" und die „Entbehrung" der Kapitalbildung bestehen sollen[10]. Andererseits wird im gleichen Zusammenhang das Existenzminimum definiert, zu dem auch „Rundfunkempfänger, das Motorrad, das arbeitsparende Haushalts-

---

wandlung als ökonomisches Problem. In: Civitas. Jahrbuch für christliche Gesellschaftsordnung, 1. Bd. 1962, S. 161 ff. - J. Heinz Müller, Wirtschaftliche Fragen der Bildung breitgestreuten Eigentums, a. a. O., S. 297 ff. - Gerhard Zweig, Hans-Georg Feldhege, Eigentum für alle. Stand und Möglichkeiten der Eigentumsbildung in breiten Schichten. Bad Godesberg 1961, S. 16 ff.

[6] Vgl. Wilfrid Schreiber, Eigentum als soziale Ordnungsmacht. In: Soziale Sicherung durch Neuordnung des Eigentums (4. Kath. Soziale Woche 1953 in München). Augsburg (o. J.), S. 28—51, insbes. S. 39.

[7] Vgl. a. a. O., S. 38 ff.

[8] R. n., n. 2.

[9] R. n., n. 33.

[10] Vgl. dazu v. Nell-Breuning, Eigentumsbildung, a. a. O., S. 20 f.: „Die ‚Kapitalisten' ... können aus zwei Gründen diesen Anteil des Sozialprodukts (den Substanzzuwachs der Produktion) nicht verzehren, einmal ... weil er objektiv unverzehrbar ist, man kann eben Schächte, Hochöfen, Walzenstraßen usw. nicht essen; der zweite Grund aber ist der, daß auch ihr Magen gar nicht die Fassungskraft besäße, um so viel zu verzehren." - Vgl. auch die evangelische Eigentums-Denkschrift „Eigentumsbildung in sozialer Verantwortung", a. a. O., n. 22.

gerät, der Kühlschrank u. ä." gerechnet werden, was also alles als legitimer Bedarf auch des Arbeiters anerkannt wird[11]. So stellt sich hier die von Gerhard Kroll mit Recht aufgeworfene Frage, welche Quote des Arbeitnehmereinkommens nach Deckung des hier nur beispielhaft aufgeführten Bedarfs — der ja offenbar nur einen bestimmten Lebensstandard, zu dem fraglos auch Gegenstände wie der Fernsehapparat und die komplette Campingausstattung gehören, anvisieren will —, welche Quote dann eigentlich noch der Kapitalbildung zugeführt werden könnte. Und warum dann die Statuierung einer Pflicht zum Sparen und der Vorwurf des Versagens gegenüber der breiten Masse der Arbeitnehmer wegen mangelnder Sparleistung? Solche Absurditäten sind die Konsequenz von Interessenkollisionen, sie ergeben sich notwendig, wenn man das Interesse der Produktionsgüterindustrie in gleichem Maße wie das der Konsumgüterindustrie zu vertreten sich bemüht[12].

Alles Bemühen indessen um die rechte Beurteilung des Sparens aus Lohneinkommen als eines Mittels der Eigentumsbildung kommt an der einen Tatsache nicht vorbei, daß angesichts der oben angedeuteten Größenordnungen das Sparen aus laufendem Einkommen im Blick auf eine Umformung der Vermögensstruktur und einer Umleitung der Kapitalbildung, die sich bei der gegebenen Sozialdynamik unserer Gesellschaftswirtschaft auch künftighin fast ausschließlich in den Unternehmungen vollziehen wird, bedeutungslos bleiben wird. Damit soll nicht der einzelwirtschaftliche und volkswirtschaftliche, insbesondere auch der ethische Wert des Sparens aus Lohneinkommen herabgesetzt werden, sondern nur eben dieses gesagt werden, daß der Lohn, solange er nur Leistungsentgelt bleibt, nicht als eine Quelle der Eigentumsbildung angesehen werden kann von der Art, daß man von daher für eine Neuordnung der gegenwärtigen gemeinwohlwidrigen Eigentumsstrukturen spürbare Wirkungen erwarten könnte.

Das gilt auch für den folgenden Vorschlag, den Bernhard Pfister zur Frage der Eigentumsbildung gemacht hat. Der Vorschlag knüpft an das Zwangssparen der Sozialversicherung an und zielt auf eine „Umkehr, welche den Sparsamen belohnt und nicht denjenigen, der die Versicherung ausnutzt[13]".

---

[11] Vgl. Schreiber, a. a. O., S. 40 f.

[12] Vgl. Gerhard Kroll, Eigentumsbildung, Gewinnbeteiligung und Konjunkturstabilisierung. In: Eigentum in Arbeiterhand, hrsg. vom Sozialreferat der Abendländischen Akademie. München 1954, S. 15 ff.

[13] Bernhard Pfister, Eigentum und Miteigentum. In: Hochland, 47. Jg. 1954/55, S. 439.

„Wer fünf oder zehn Jahre die Krankenkasse nicht beansprucht hat, erhält einen Betrag gutgeschrieben, der entweder als zusätzliche Unterstützung im Fall der Erkrankung zu verwenden ist oder als individueller Sparbetrag verzinst wird und vererblich ist. In beiden Fällen wären die Versicherungseinzahlungen individualisiert und zu konkretem Eigentum gemacht, nämlich zu ‚indirektem Eigentum', entsprechend einem Sparkassenbuch oder einem Wertpapier. - Wer fünf, zehn oder fünfzehn Jahre in die Arbeitslosenversicherung eingezahlt, aber nie Arbeitslosenversicherung bezogen hat, wird für ein bzw. zwei oder drei Jahre unter Befreiung von Beitragszahlungen in seinen Rechten weitergeführt, oder es wird ihm für je fünf Jahre die Beitragssumme eines Jahres gutgeschrieben, verzinst und im Fall späterer Arbeitslosigkeit zu höherer Unterstützung verwendet, im Fall des Ausscheidens aus der Berufstätigkeit als Sparguthaben zur freien Verfügung gestellt; im Todesfall ist die gutgeschriebene Summe vererbbar[14]."

Gegenüber diesem Plan ist folgendes zu bedenken: Pfister stellt fest, daß „sowohl die Betriebe wie die öffentlichen Kassen, welche zu den Zahlungen an die Sozialversicherung verpflichtet sind, zuletzt immer wieder notwendigerweise von allen Konsumenten diese Beträge hereinholen. Die Betriebe behandeln die von ihnen zu zahlenden Beiträge als Unkosten, genau wie die Material-, Arbeits- und Kapitalkosten: Sie wälzen sie auf die Preise ab. Wo das nicht möglich ist, führen die Sozialbeiträge der Betriebe zu Investitionsausfall[15]." Das bedeutet also zunächst, daß sich diesem Plan zufolge Eigentum bilden würde auf dem Wege des Zwangssparens zu Lasten der Konsumenten. Zu den Konsumenten gehören aber auch jene Versicherten, die krank und arbeitslos werden; die also von den Wechselfällen des Lebens stärker mitgenommen werden als diejenigen, die sich einer guten Gesundheit erfreuen und auch hinsichtlich der Sicherheit ihres Arbeitsplatzes vom Schicksal begünstigt sind. Der Plan wäre nicht durchführbar bei einem Gesamtausgleich von Einzahlungen und Auszahlungen, sondern erfordert einen Aktivsaldo in der Gesamtrechnung der Sozialversicherung zugunsten der an der Eigentumsbildung partizipierenden Sozialversicherten, die nicht krank oder arbeitslos werden. Er setzt also im Ausmaß der Eigentumsbildung erhöhte Einzahlungen an die Sozialversicherung voraus. Das bedeutet nun des weiteren, daß - gleichgültig ob diese erhöhten Einzahlungen aus Erhöhungen der Beiträge, der Unternehmeranteile oder

14 a. a. O., S. 439.
15 a. a. O., S. 437 f.

der Staatszuschüsse stammen - nach diesem Plan die Eigentumsbildung der Gesunden und der Inhaber der Arbeitsplätze mitfinanziert wird von den Kranken und Arbeitslosen, was sich nur schwer rechtfertigen läßt, ganz abgesehen davon, daß strukturpolitische Wirkungen von der Durchführung eines solchen Planes nicht zu erwarten wären.

b) Umverteilung bestehender Vermögenswerte

Eine Neuordnung der Vermögensschichtung, die dem Anspruch der sozialen Gerechtigkeit genügende Sozialreform sein will und auch die Arbeitnehmer in das Eigentum an den Produktionsmitteln einbezieht, kann grundsätzlich zwei Wege gehen: 1. den revolutionären Weg der *Umverteilung* schon vorhandenen Vermögens und 2. den evolutionären Weg der „Umschaltung der Sozialdynamik" und also der *Umlenkung* der künftigen Vermögensbildung [16].

Seit Leo XIII. ist es unbestrittener Grundsatz der katholischen Soziallehre, daß der Staat „Form und Ausgestaltung der Institution des Privateigentums regeln und mit dem allgemeinen Wohl in Übereinstimmung bringen kann [17]". Pius XI. bekräftigt diese Lehre Leos XIII. und spricht unter Berufung auf die Sozialnatur des Eigentums ebenfalls dem Staat das Recht zu, in gemeinwohlwidrige Eigentumsverhältnisse einzugreifen und bestehende Eigentumsrechte neu abzugrenzen [18]. Ebenso erklärt auch Pius XII.: „Wo die Verteilung des Privateigentums diesem Ziele (der Verwirklichung seiner Individual- und Sozialfunktion) hinderlich im Wege steht, darf der Staat im Interesse der Allgemeinheit eingreifen und den Gebrauch des Privateigentums regeln oder auch, falls sich auf eine andere billige Weise kein Ausweg findet, gegen angemessene Entschädigung die Enteignung verfügen [19]. *Ob* eine gemeinwohlwidrige Gestaltung der Eigentumsrechte vorliegt, ist Tatfrage. *Wenn* es aber zutrifft, was Joseph Höffner mit Recht

---

16 Vgl. v. Nell-Breuning, Eigentumsbildung, S. 11 f., S. 43.

17 R. n., n. 35. - Vgl. auch R. n., n. 7.

18 Vgl. Q. a., n. 49. - Vgl. auch Q. a., n. 56 ff.

19 Pius XII., Rundfunkbotschaft am 1. September 1944, in: Utz-Groner, n. 736. - Es sei darauf aufmerksam gemacht, daß der Papst von *„angemessener* Entschädigung", nicht von Entschädigung schlechthin spricht. Das heißt also, daß nicht ausnahmslos eine Entschädigung zu zahlen ist, sondern nur, soweit es in diesem bestimmten Fall und in dieser Situation angemessen ist. Es gibt also viele Fälle, in denen eine Entschädigung „unangemessen" ist und daher entschädigungslos zu enteignen ist. Dazu gehören alle jene Fälle, in denen im Maße der Entschädigung der Zweck der Enteignung wieder illusorisch gemacht würde, wofür als anschauliches Beispiel der Lastenausgleich angeführt sei.

bejaht, daß „die heutige Eigentumsverteilung gemeinwohlwidrig ist[20]", dann kann sich niemand dem Staat gegenüber auf „wohlerworbene Eigentumsrechte" berufen, dann hat dieser vielmehr das Recht, einzugreifen und in der ihm am zweckmäßigsten erscheinenden Form „das Privateigentum auf die Erfordernisse des Gemeinwohls abzustimmen[21]".

Von der katholischen Soziallehre muß es deshalb entschieden zurückgewiesen werden, wenn gesagt wird: „Ein Eigentum kann und darf niemals entstehen durch Neuverteilung des vorhandenen Eigentums, sondern durch neuen Erwerb. Umverteilung ist eine Utopie. Wir müssen das nun einmal vorhandene Privateigentum respektieren. Oder kann man etwa ein neues Zeitalter weitgestreuten Eigentums mit einem Akt der Mißachtung wohlerworbenen Eigentums beginnen[22]?" Der angeblich ‚utopische' Charakter der Neuverteilung vorhandenen Eigentums steht indessen durchaus in Einklang nicht nur mit eindeutigen Grundsätzen der katholischen Soziallehre, sondern auch mit der ständigen Praxis der staatlichen und kommunalen Politik. Es ist noch niemand auf den Gedanken gekommen, daß Redistributionspolitik (so etwa in der Form der Steuererhebung oder des Lastenausgleichs, also typischer Maßnahmen der Umverteilung bestehenden Eigentums) grundsätzlich rechtswidrig und deshalb für eine auf dem Recht gegründete Gesellschaftsordnung untragbar sei. Die Privateigentumsordnung steht im Dienst des Gemeinwohls. Dieses aber verlangt Eigentum für alle. Das ist die unabdingbare Forderung des absoluten Naturrechts, das gerade nicht auf die Erhaltung, sondern auf den ständigen Wandel der individuellen Eigentumsrechte zielt, entsprechend dem Wandel der geschichtlichen Situation. Die Gemeinwohlgerechtigkeit wehrt sich gegen die Verabsolutierung einer statisch und positivistisch mißverstandenen Rechtsordnung, gegen die Konservierung „wohlerworbener Eigentumsrechte" als ein reaktionäres Festhalten an einem durch die geschichtlichen Wandlungen überholten und deshalb rechtlich nicht mehr verbindlichen System von güterrechtlichen Abgrenzungen. Es ist das Ziel der Gemeinwohlgerechtigkeit, zu verhüten,

---

20 Höffner, Das Eigentum in christlicher Sicht, a. a. O., S. 104.

21 Q. a., n. 49.

22 Franz Greiss, Eigentum und Miteigentum. Möglichkeiten und Grenzen. Bonn, Frankfurt 1954, S. 11. - Im gleichen Sinne äußert sich W. Schreiber: „Das ganze Problem (der Bildung von Eigentum) ist keine Frage der Neuverteilung vorhandenen Eigentums, sondern ausschließlich eine Frage der zukünftigen Einkommenverwendung. In einer sittlichen, auf dem Recht begründeten Gesellschaft kann Eigentum nur durch Sparen, d. h. durch Verzicht auf möglichen Konsum gebildet werden" (Eigentum als soziale Ordnungsmacht, a. a. O., S. 37). - Vgl. auch Clarence E. Ayres, The Divine Right of Capital. Boston 1946.

daß unter Berufung auf die falschverstandene Gerechtigkeit eines toten Rechtsformalismus die Gemeinschaftsordnung ausgehöhlt und zerstört wird. Die individuellen Eigentumsrechte können durch die geschichtliche Entwicklung überholt und dann in hohem Grade rechtswidrig und gemeinschaftsschädlich sein. Eigentumsrechte solcher Art auch dem Staat gegenüber grundsätzlich als unantastbar und unwandelbar zu erklären, entspricht der liberalistischen, nicht der katholischen Eigentumslehre.

Verfehlt wäre es auch, gegen eine Neuordnung bestehender Eigentumsrechte Argumente ins Feld zu führen wie etwa diese: „Eigentum muß erarbeitet werden[23]" oder „Eigentum darf nicht geschenkt, sondern muß erworben sein, und zwar durch Leistung oder Sparen[24]." Solche wohlklingenden Formulierungen sind Umhüllungen des Egoismus; denn jedermann weiß, daß der weitaus größere Teil aller materiellen Güter nicht konsumiert werden kann und mit dem Tode seiner Nutznießer nicht zu bestehen aufhört, sondern an die folgende Generation verschenkt wird, und gerade die Vermögenden wissen, daß die Substanz ihres Reichtums von ihnen weder erspart noch erarbeitet worden ist, sondern ihnen von ihren vermögenden Ahnen zugeflossen ist. Ebenso wie den Vermögenden Eigentum geschenkt wurde, werden und wollen auch die Arbeitnehmer ihr Eigentum der ihnen folgenden Generation weitergeben.

Wie aber ist es überhaupt um die immer wieder zitierten „wohlerworbenen Eigentumsrechte" bestellt? Die gegenwärtigen Eigentumsverhältnisse sind das Ergebnis eines vielfältig verschlungenen Ursachenkomplexes von

---

[23] Fritz Berg, Präsident der Bundesvereinigung der Arbeitgeberverbände, auf einer Kundgebung der Bundesvereinigung in Bremen am 27. November 1953.

[24] Thesen der Arbeitsgemeinschaft selbständiger Unternehmer, in: Monatsblätter für freiheitliche Wirtschaftspolitik, Nr. 1, Mai 1955, S. 47. - Demgegenüber erklärt Klaus von Bismarck mit Recht: „Eine rechte Verwaltung des Eigentums erfordert gewiß persönliche Verantwortung. Damit ist aber noch nicht gesagt, daß jede Eigentumsbildung Eigeninitiative und persönliche Verantwortung voraussetzt" (Das Eigentum hat sozialen Charakter, a. a. O., S. 99). - Vgl. auch Wallraff, Mitbestimmung und Miteigentum, a. a. O., S. 28: „Arbeitnehmereigentum, dessen Bildung durch Kollektivverträge oder durch gesetzgeberische Maßnahmen angeregt bzw. begünstigt wird, sollte man nicht leichtfertig geschenktes Eigentum nennen und es dadurch diffamieren. Derartiges kann leicht zurückschlagen auf analoge Vorgänge. Man kann in bezug auf die derzeitigen industriellen Vermögensmassen nachweisen, daß sie deutlich durch staatliche Entscheide, steuerrechtliche, außenhandelspolitische und andere, begünstigt und erhöht wurden. Würde man das Motto: Eigentum muß aus eigener Leistung hervorgehen, das man in Deutschland den Arbeitern entgegenzuhalten pflegt, dem derzeitigen Großeigentum entgegenhalten, dann würde dort vieles in Frage gestellt. Es gibt nur wenige Eigentumsformen, die ausschließlich aus der Kraft ihrer Vorstufen hervorwuchsen und nicht auch aus Begünstigungen der öffentlichen Hand." - Vgl. ferner Rüstow, a. a. O., S. 122 f.

sinnlosen Zufällen, von Konjunkturbegünstigungen, ungerechten Wirtschafts- und Sozialordnungen, von ungerechter Politik und Gesetzgebung, insbesondere der Steuergesetzgebung. Gerhard Weisser macht darauf aufmerksam, daß sich die Steuergesetzgebung in ihren Ergebnissen „vom Willen des Gesetzgebers und vom objektiven Recht in bedrohlichem Maße" entferne und die Mängel des Steuerwesens so tief greifen, daß sie die moralischen Grundlagen der Gesellschaft und die Fundamente der Verfassung erschüttern[25]".

Noch bedenklicher ist, daß die Konzentration der Vermögen in den Händen weniger zu einem entscheidenden Teil auch das Ergebnis einer rücksichtslosen Ausbeutung der Arbeiterschaft ist. Dahinter steht also die Tatsache, daß „das Kapital lange genug ein Übermaß für sich vorwegnehmen konnte", daß „das Kapital vorweg das gesamte Erträgnis, die ganzen Überschüsse für sich in Anspruch nahm, den Arbeitern kaum die Notdurft für die Erhaltung der Arbeitskraft und ihre Reproduktion übriglassend", und sie so „zu Enterbten machte, die auf diese Weise um ihr angeborenes Recht auf wirtschaftlichen Aufstieg betrogen wurden[26]". Die Arbeiterschaft „ertrug in tiefer Verbitterung diesen Stand der Dinge, unter dem ihr ein so hartes Los zufiel, sie bäumte sich auf gegen ein so unerträgliches Joch", weil „sie sich nicht einreden ließ, daß eine so ungeheuerliche Ungerechtigkeit in der Verteilung der zeitlichen Güter den Absichten des allweisen Schöpfers entsprechen sollte[27]", während „eine die Forderung der Gemeinwohlgerechtigkeit verletzende satte Bourgeoisie in naiver Gedankenlosigkeit es als die natürliche und befriedigende Ordnung der Dinge ansieht, daß ihr allein alles zufällt und der Arbeiter leer ausgeht[28]".

Das sind die Gründe für die Vermögensakkumulation auf der einen Seite, für die Eigentumslosigkeit auf der anderen Seite. Der Hinweis auf die „wohlerworbenen Eigentumsrechte" steht geschichtlich also auf schwachen Füßen. Aber selbst dann, wenn Eigentümer sich darauf berufen können, daß bei der Entstehung ihrer Vermögen Betrug und Ausbeutung der Arbeiterschaft oder andere, persönlich zu verantwortende Ungerechtigkeiten nicht mitgespielt haben, so muß ihnen dennoch entgegengehalten werden, daß über allen individuellen Eigentumsrechten, gleichgültig wie sie zustande

---

[25] Gerhard Weisser, Die Stellung des Eigentums in der Steuerreform. In: Finanzarchiv, 13. Bd. 1951/52, S. 531. - Vgl. auch Norbert Kloten, Finanzpolitik, Einkommensgestaltung und Vermögensschichtung. In: Ordo, 9. Bd. 1957, S. 199—215.

[26] Pius XI., Q. a., n. 54. - Vgl. auch R. n., n. 17, 33.

[27] Q. a., n. 4, 5.

[28] Q. a., n. 57.

gekommen sind, die Forderung der sozialen Gerechtigkeit steht, die in jeder Situation eine dem Gemeinwohl entsprechende Vermögensstreuung verlangt. Die von Interessenten und Nutznießern einer ungerechten Eigentumsverteilung immer wieder vorgebrachte Behauptung, daß die Unantastbarkeit bestehender Eigentumsrechte eine Neuverteilung des bestehenden Vermögens nicht zulasse, muß von der katholischen Soziallehre als unhaltbar abgewiesen werden; denn „die sozialen Verhältnisse können", wie Joseph Höffner den hier in Betracht kommenden Grundsatz der katholischen Eigentumslehre formuliert, „eine eigentliche Eigentums-Neuverteilung gebieterisch verlangen[29]". Gemeinwohlwidriges Privateigentum verstößt gegen das Naturrecht und ist also rechtlich nicht begründet. In diesem Falle verlangt das gleiche Naturrecht, in dem die Institution des Privateigentums begründet ist, die Beseitigung einer dem Gemeinwohl entgegenstehenden Eigentumsverteilung und die Neuabgrenzung der individuellen Eigentumsrechte: „Indem die Staatsgewalt das Sondereigentum auf die Erfordernisse des Gemeinwohls abstimmt, erweist sie den Eigentümern keine Feindseligkeit, sondern einen Freundschaftsdienst; denn sie verhütet auf diese Weise, daß die Einrichtung des Sondereigentums, vom Schöpfer in weiser Vorsehung zur Erleichterung des menschlichen Lebens bestimmt, zu unerträglichen Unzuträglichkeiten führt und so sich selbst ihr Grab gräbt. Das heißt nicht das Sondereigentum aufheben, sondern es schirmen; das ist keine Aushöhlung des Eigentums, sondern seine innere Festigung[30]."

Mit Recht erklärt deshalb Hermann Josef Wallraff: „Oberstes Richtmaß des Privateigentums ist das allgemeine Wohl. Wenn die konkrete Gestalt, die es angenommen hat oder anzunehmen droht, den Sinngehalten der Wirtschaft und Gesellschaft entgegensteht und sie damit ordnungsethisch fragwürdig wird, kann es Rechtens sein, dieses Eigentum durch öffentliche Rechtsakte zu modifizieren, u. U. sogar zu sozialisieren. Ist gegebenenfalls selbst die schroffe Sozialisierung erlaubt, dann können erst recht mildere Auflagen institutions-konform sein, sofern das bonum commune sie nämlich als notwendig erweist[31]." Der gleiche Grundgedanke bestimmt aber auch das Eigentumsverständnis der evangelischen Sozialethik: „Grundsätzlich kann es nach evangelischem Verständnis bei der Erörterung jeder

---

29 Höffner, a. a. O., S. 106.

30 Q. a., n. 49.

31 Hermann Josef Wallraff, Unternehmenseigentum und katholische Sozialethik. In: Eigentum und Eigentümer in unserer Gesellschaftsordnung (Veröffentlichungen der Walter-Raymond-Stiftung, Bd. 1). Köln, Opladen 1960, S. 89 f.

Eigentumsstruktur niemals nur um die Verteidigung und Sanktionierung vorgegebener Eigentumsstrukturen gehen. Jede solche Struktur muß sich mit dem Wandel der geschichtlichen Verhältnisse die sozialethische Frage gefallen lassen, ob im Interesse einer gerechteren Eigentumsordnung nicht eine Revision angebracht ist[32]." Das sind eigentumspolitische Konsequenzen, die sich aus der Überordnung des Gemeingebrauchsprinzips über das Privateigentum notwendig ergeben.

Stehen mehrere Wege für eine durch die soziale Gerechtigkeit geforderte Neuordnung der Eigentumsverhältnisse zur Verfügung, so sind allerdings die Mittel der „leichten Hand" denen der „schweren Hand" vorzuziehen. Es ist also zu prüfen, welcher Weg unter den relativ geringsten Störungen und Reibungsverlusten für die Wirtschafts- und Gesellschaftsordnung zum Ziele führt. Die Erfahrung, insbesondere mit dem Lastenausgleich, hat gezeigt, daß eine Vermögenskorrektur ex tunc mit erheblichen Kosten und volkswirtschaftlichen Vermögenseinbußen verbunden ist und überdies nicht gewährleistet, daß die Weichen für die künftige Vermögensbildung richtig gestellt werden, so daß wahrscheinlich schon nach einiger Zeit die Eigentumsstrukturen wiederum eine Korrektur verlangen und also in relativ kurzen Abständen immer wieder reformiert werden müßten. Deshalb ist zunächst zu überlegen, welche Möglichkeiten der schon erwähnte Weg der Umlenkung der *künftigen* Vermögensbildung in Aussicht stellt; ob nicht eine Vermögenskorrektur ex nunc die geforderte Reform der Eigentumsverhältnisse reibungsloser und „geräuschloser" zu bewerkstelligen vermag und vor allem eine intensivere Wirksamkeit und größere Dauerhaftigkeit der auf diese Weise eingeleiteten Neuordnung verspricht. Dieser Weg kommt natürlich nur in Betracht für vermehrbare Güter, nicht für Grund und Boden, wo eine Neuabgrenzung der Eigentumsrechte infolge der Unvermehrbarkeit des Bodens nur durch Umverteilung dessen, was schon vorhanden ist, erfolgen kann.

c) Umlenkung künftiger Vermögensbildung

In der gegenwärtigen Diskussion zur Neuordnung der betrieblichen Eigentumsverhältnisse wird denn auch in der Tat, zumindest innerhalb der christlichen Soziallehre, der Weg einer rückwärts auf die bestehenden Eigentumsverhältnisse gerichteten Umverteilung der vermehrbaren Güter kaum

[32] Klaus von Bismarck, a. a. O., S. 104. - Vgl. auch Heinz-Dietrich Wendland, a. a. O., S. 159.

noch in Betracht gezogen. Der Schwerpunkt aller Überlegungen liegt auf der Frage nach der Umlenkung der künftig sich bildenden Vermögen, nach einer die Arbeitnehmerschaft in die betriebliche Vermögensbildung miteinbeziehenden Umschaltung der kapitalistischen, bisher nur einer gesellschaftlichen Minderheit zugute kommenden Sozialdynamik, also auf der Frage nach der Schaffung einer Betriebsstruktur, die „nicht vom Eigentum her, sondern auf Eigentum hin aufgebaut" ist[1].

Die theoretisch erörterten und praktisch schon beschrittenen Wege zu diesem Ziel sind sehr vielgestaltig. Allerdings lassen sich diese vielfältigen Formen der gegenwärtigen Bemühungen, die Arbeiterschaft an der betrieblichen Eigentumsbildung zu beteiligen, auf einige Grundtypen zurückführen, als deren Kriterium die kalkulatorische Beteiligungsgrundlage angesehen werden kann, nach der die Vermögensanteile der Arbeitnehmer berechnet werden. Grundsätzlich lassen sich alle bisher diskutierten Beteiligungsformen auf drei Ansatzpunkte zurückführen, an die eine betriebliche Vermögensbeteiligung der Arbeitnehmerschaft anknüpfen kann. Es sind 1. der *Gewinn* der Unternehmung, der sich aus der Bilanz — der Handels- oder Steuerbilanz — ergibt, und zwar jener Teil des Gesamtgewinns, der für eine Ausschüttung in Betracht kommt; 2. die unabhängig vom Bilanzgewinn aufgestellte *Ertragsrechnung* des Betriebes, die an den Rohertrag (an Produktions- oder Umsatzgrößen) anknüpft oder an einen bereinigten Ertrag, von dem bestimmte Posten der Aufwandsseite (etwa Roh- oder Hilfsstoffe) abgezogen sind; 3. der *Substanzzuwachs* des Betriebes, der zwar — insoweit in Parallelität zu 1. — aus der Bilanz abgelesen wird, aber — nunmehr in Gegensatz zu 1. — nicht in bar ausgeschüttet wird, sondern sich in einer Erhöhung der betrieblichen Substanz niederschlägt und an diese gebunden bleibt.

Gemeinsam ist den drei genannten Beteiligungsformen, daß sie an das materielle *Ergebnis,* an den berechenbaren *Erfolg* des ökonomischen Prozesses, anknüpfen. Sie lassen sich deshalb am zweckmäßigsten unter dem Oberbegriff der *Ergebnisbeteiligung* oder der *Erfolgsbeteiligung* zusammenfassen und wären sodann voneinander zu unterscheiden als *Gewinnbeteiligung, Ertragsbeteiligung* und *Substanzbeteiligung* (bzw. Substanzzuwachsbeteiligung). Diese letztere Beteiligungsform wiederum, die Substanzbeteiligung, kann sich auf zweierlei Weise vollziehen: Mikroökonomisch oder makroökonomisch, das will sagen: Die Vermögensbeteiligung des Arbeit-

---

1 v. Nell-Breuning, Eigentumsbildung, a. a. O., S. 42.

nehmers kann im Blick auf den arbeitgebenden Betrieb und unter Isolierung auf diesen organisiert werden oder als eine auf die Umstrukturierung der Gesamtgesellschaft abzielende Lösung, in welche die Arbeiterschaft und das Produktionsvermögen einer *Volkswirtschaft* insgesamt einbezogen werden[2].

Es sei aber angemerkt, daß der Sprachgebrauch der Wissenschaft und der Praxis noch keineswegs gefestigt ist. Insbesondere werden die Begriffe Erfolgsbeteiligung, Gewinnbeteiligung und Ertragsbeteiligung vielfach synonym und als Oberbegriffe für den gesamten Komplex der Beteiligungsformen verwendet. In jedem Falle, wo mit diesen Termini gearbeitet wird, ist also zunächst der gemeinte Sachverhalt zu klären. Ökonomische und vor allem gesellschaftspolitische Gesichtspunkte sprechen dafür, der oben angedeuteten Terminologie und Systematisierung den Vorzug zu geben, was die nachfolgende Darstellung der Sachverhalte und die Auseinandersetzung mit ihnen bestätigen mögen.

---

2 Vgl. hierzu und zum folgenden Walter Huppert, Erfolgsbeteiligung der Arbeitnehmer. Berlin, München 1953. - Gustav Egli, Probleme der Erfolgsbeteiligung. St. Gallen 1956. - Adolf Mann, Aus der Praxis einer Ertragsbeteiligung. Bonn, Frankfurt 1954. - Oswald v. Nell-Breuning, Joint Management and Profit Sharing in Western Germany. In: WG II, S. 98 ff. - Ders., Vermögensbildung in Arbeiterhand. In: WG I, S. 422 ff. - Franz Coester, Vorschläge zur Vermögensbildung der Arbeitnehmer. In: Ordo Socialis, 6. Jg. 1958/59, S. 139—151, insbes. S. 141 ff. - Konrad Stopp, Vermögensbildung in Arbeitnehmerhand (hrsg. von der Pressestelle der Evangelischen Aktionsgemeinschaft für Arbeiterfragen in Deutschland). Bad Boll 1960. - Robert S. Hartmann, Die Partnerschaft von Kapital und Arbeit. Köln, Opladen 1958. - Hartmut Weber, Vermögensbildung in Arbeitnehmerhand. In: Die Mitarbeit. Evangelische Monatshefte zur Gesellschaftspolitik, 10. Jg. 1961, S. 2 ff. - Zweig, Feldhege, a. a. O., S. 75 ff. - Wallraff, Eigentumspolitik, a. a. O., Sp. 1067 f. - Hans Bayer, Gewinnbeteiligung. Internationale Erfahrungen. Wirtschaftstheoretische Untersuchungen. Wirtschaftspolitische Erkenntnisse. Wien 1952. - Otto Debatin, Gewinnbeteiligung der Arbeitnehmer. Stuttgart 1951. - Franz Spiegelhalter, Gewinnbeteiligung. Illusionen und Möglichkeiten. München, Düsseldorf 1951. - Ders., „Miteigentum“ und „Gewinnbeteiligung“. Kritische Analyse einiger Schlagworte. Köln 1957. - Ders., Aus der Praxis der Erfolgsbeteiligung. In: Der Arbeitgeber, 9. Jg. 1957, S. 311 ff., 352 ff., 377 ff., 412 ff., 457 ff., 578 ff. - Ders., Eigentumsbeteiligung wo und wie? Essen 1958. - Ders., Der unbekannte Lohn. Statistische Durchleuchtung des betrieblichen Sozialaufwands. Neuwied a. Rh., Berlin, Darmstadt 1961. - Ders., Ziele und Möglichkeiten der Ergebnisbeteiligung der Arbeitnehmer. Paderborn (o. J.). - Ders., Eigentumsbildung. Pläne und Möglichkeiten. Neuwied a. Rh., Berlin, Darmstadt 1959. - Spiegelhalter hat sich in den genannten Veröffentlichungen um die begriffliche Klärung und Systematisierung der Sachverhalte besondere Verdienste erworben. Die hier verwendeten Begriffe der Gewinnbeteiligung, der Erfolgsbeteiligung und der Substanzbeteiligung schließen sich seiner Terminologie an.

aa) Mikroökonomische Umlenkung

aaa) Gewinnbeteiligung

Die Gewinnbeteiligung ist jenes materielle Beteiligungssystem, das den nach Abschluß einer Wirtschaftsperiode erzielten Gewinn unter Unternehmensleitung, Kapitalteilhaber und Arbeitnehmer aufteilt. Eine besondere Form der Gewinnbeteiligung ist die Dividendenbeteiligung, die „Beteiligung der Belegschaft am Gewinn einer Kapitalgesellschaft, wobei die Dividende als wesentlicher Maßstab für den Anteil der Belegschaft dient[3]".

Die Anteilschlüssel, nach welchen Unternehmensleitung, Kapital und Arbeit am Gewinn und seinen Veränderungen beteiligt werden können, sind sehr unterschiedlich. Für die Dividendenbeteiligung, die unter den Aktiengesellschaften der Bundesrepublik das am weitesten verbreitete Beteiligungssystem ist, wählt man überwiegend zwischen zwei Anteilschlüsseln: Die Arbeiter erhalten entweder auf ihren Lohn den gleichen Prozentsatz wie die Aktionäre auf ihr Aktienkapital (Dividendensatzsystem), oder sie erhalten den gleichen Gesamtbetrag als Ergebnisanteil, der den Aktionären als Dividende ausgezahlt wird (Dividendensummensystem), so daß also in diesem letzten Fall die Dividendensumme ein weiteres Mal, und zwar an die Arbeitnehmer, ausgeschüttet wird und auf diese aufzuteilen ist[4].

Die Gewährung eines Gewinnanteils an den einzelnen Arbeiter kann auf freiwilliger oder rechtlich festgelegter Basis erfolgen. Die rechtliche Festlegung kann sich des Einzelarbeitsvertrages oder der Betriebsvereinbarung bedienen. Regelmäßig wird einer dieser beiden Wege gewählt. Möglich ist allerdings auch der Weg tarifvertraglicher oder gesetzlicher Festlegung, was aber eine Schematisierung und Erstarrung der Gewinnbeteiligung bedeuten würde und im Hinblick auf Schwankungen im Kosten- und Preisgefüge für die einzelnen Betriebe zu schweren Belastungen führen könnte. Rechtsansprüche können allerdings auch durch wiederholte Gewährung von Gewinnanteilen entstehen, soweit sich auf diese Weise Gewohnheitsrecht herausgebildet hat, so etwa im Falle wiederholt und vorbehaltlos gewährter Weihnachtsgratifikationen.

Geschichtlich reicht die Idee der Gewinnbeteiligung bis etwa in die Mitte des vergangenen Jahrhunderts zurück[4a]. So führte beispielsweise schon

---

3 Gottschalk, a. a. O., S. 11.

4 Vgl. Gottschalk, a. a. O., S. 13.

4a Vgl. Karl Viktor Böhmert, Die Gewinnbeteiligung. 2 Bde. Leipzig 1878.

Johann Heinrich v. Thünen auf seinem Gut Tellow in Mecklenburg die Gewinnbeteiligung für seine landwirtschaftlichen Arbeiter ein. Die wissenschaftlich-sozialpolitische Diskussion setzte aber erst nach 1870 ein, nachdem der Verein für Sozialpolitik sein Gutachten zur Frage der Gewinnbeteiligung veröffentlicht hatte. Von den dann folgenden Bemühungen um die Verwirklichung der Gewinnbeteiligung sind bekannt geworden insbesondere die Versuche, die Heinrich Freese[5] in seiner Berliner Jalousiefabrik und Ernst Abbe[6] in den Jenaer Zeiß-Werken machte. Nach dem ersten Weltkrieg trat die Frage der Gewinnbeteiligung stärker in den Blickpunkt des sozialpolitischen Interesses, man dachte zuweilen sogar an eine gesetzliche Regelung. Bis 1922 wurde in 29 deutschen Unternehmungen die Idee der Gewinnbeteiligung praktiziert. Inflation, Weltwirtschaftskrise und die bald einsetzende Kriegswirtschaft setzten weiteren Bemühungen um die Verwirklichung der Gewinnbeteiligung ein vorläufiges Ende. Seit Beendigung des zweiten Weltkriegs aber wurde der Gedanke allseitig aufgegriffen und in vielen Betrieben in fast unübersehbar vielfältigen Formen verwirklicht. Weit verbreitet ist die Gewinnbeteiligung der Arbeitnehmer auch in Frankreich, England und den Vereinigten Staaten (französisch: participation en bénéfice, englisch: industrial partnership, amerikanisch: profit sharing)[7].

Zur Begründung der Gewinnbeteiligung werden folgende Gesichtspunkte angeführt: Sie fördere die Überwindung der Klassengegensätze zwischen Kapital und Arbeit, indem sie - wie es insbesondere die Dividendenbeteiligung sinnfällig zum Ausdruck bringe - die Interessen des Kapitals mit denen der Arbeit verknüpfe. Gewinnbeteiligung vermöge ferner als Incentive der Produktion zu wirken, indem sie das Interesse des Arbeiters am Betrieb und seine Mitverantwortung wecke und so zu einer Produktivitätssteigerung führe, die ihrerseits wiederum beiden Teilen, Kapital und Arbeit, zugute komme. Betriebssoziologisch dränge sie auf eine Verbesserung des ‚Betriebsklimas' und der ‚Human Relations' im Betrieb. Ihr sozialethischer Effekt wird vor allem darin gesehen, daß sie dem angesichts der schematisierenden Wirkungen des Tarifrechts nicht genügend zur Geltung kommenden Prinzip der kommutativen Gerechtigkeit, hier also der Lohngerechtigkeit, zu besserer Wirksamkeit verhelfe. Und schließlich verspricht

---

[5] Vgl. Heinrich Freese, Die konstitutionelle Fabrik. Jena 1909, S. 66 ff.

[6] Vgl. Ernst Abbe, Sozialpolitische Schriften. 2. Aufl. Jena 1921, S. 102 ff.

[7] Zur Frage der Verbreitung der Gewinnbeteiligung im Ausland und der mit ihr gemachten Erfahrungen vgl. Bayer, a. a. O., S. 103 ff.; Huppert, a. a. O., S. 52 ff.; Debatin, a. a. O., S. 70 ff.

man sich von der Gewinnbeteiligung auch die Förderung der Eigentumsbildung in Arbeiterhand. Ob und in welchem Umfang solche an die Gewinnbeteiligung geknüpften Erwartungen berechtigt und realisierbar sind, darüber läßt sich generell kaum etwas aussagen. Das hängt von der Gesamtsituation des einzelnen Betriebes ab, darüber hinaus von mancherlei soziologischen, politischen und ökonomischen Fakten, die nach Ländern und Zeiten verschieden und ständig im Fluß sind[8].

Kritisch wird den Befürwortern der Gewinnbeteiligung zunächst die Frage entgegengehalten, wie es um die Verlustbeteiligung der Arbeitnehmer stehe, die konsequent zu einer Gewinnbeteiligung gehöre. Soweit man im Gewinnanteil des Arbeiters ein von der Lohngerechtigkeit gefordertes Korrektiv sieht, würde die Frage gegenstandslos, weil dann dieser Gewinnanteil als Lohnbestandteil aufzufassen wäre, auf den der Arbeiter unabhängig vom Schicksal des Betriebes einen Rechtsanspruch hätte[9]. Unabhängig aber davon, ob der Gewinnanteil als Lohnbestandteil aufzufassen ist oder nicht, muß der Frage nach der Verlustbeteiligung in jedem Fall entgegengehalten werden, daß das Unternehmen in allen Perioden, die mit Gewinn abschließen, eine Risikoprämie erhält, die vom Gewinn abgesetzt wird und sinnvollerweise auch als ein eigener, zweckgebundener Fonds ausgewiesen werden müßte, damit sie in Verlustzeiten eingesetzt werden kann. Außerdem wird die Gewinnbeteiligung in der Praxis vielfach so gehandhabt, daß den Arbeitern ein Prozentsatz ihres Gewinnanteils einer nicht abhebbaren Verlustdeckungsrücklage zugeführt wird, so daß auf diese Weise die Arbeitnehmerschaft ohnehin am Haftungskapital und gegebenenfalls auch an Verlusten des Unternehmens mitbeteiligt wird.

Andere Vorbehalte gegenüber der Gewinnbeteiligung knüpfen an die Aussage der nationalökonomischen Theorie an, der zufolge ein Gewinn im Modellfall der beiderseitigen freien Konkurrenz und des von Machtstellungen unabhängigen Arbeitsmarktes nicht entstehen kann und deshalb als Ergebnis einer Monopolsituation angesehen werden muß, zumindest als Symptom von Gleichgewichtsstörungen und Anpassungsschwierigkeiten, die dem auf diese Weise begünstigten Unternehmen eine Monopolrente zu

---

[8] Vgl. dazu im einzelnen Huppert, a. a. O., S. 10 ff.; Debatin, a. a. O., S. 42. - Bayer, a. a. O., S. 76 ff.

[9] Vgl. Burghardt, a. a. O., S. 152. - Oswald v. Nell-Breuning, in: Wissenschaft und Weltbild, September 1957 (Besprechung des Burghardtschen Buches: Eigentumsethik und Eigentumsrevisionismus. München 1955).

Lasten der Verbraucherschaft gewähren[10]. Aus den hier angesprochenen Fällen ist zunächst jener auszuklammern, in dem der Unternehmergewinn sich bei freiem Wettbewerb gebildet hat und als Ergebnis besserer unternehmerischer bzw. gesamtbetrieblicher Leistung zu erklären ist. Gegen eine Differentialrente solcher Art können — zumindest in ihrer Entstehung — weder volkswirtschaftliche noch ethische Bedenken erhoben werden. Von diesem Fall der unternehmerischen Differentialrente abgesehen, kann man allerdings gegenüber der Gewinnbeteiligung geltend machen, daß sie geeignet sei, einen Betriebsegoismus zu fördern, dessen Wurzel das gemeinsame Interesse von Unternehmer und Arbeiterschaft sei, die Machtstellung des Betriebes auf dem Markt zu erhalten und auszubauen und sich zu Lasten der Konsumenten über möglichst hohe Preise einen weder ökonomisch noch sozialethisch gerechtfertigten Gewinnanteil zu sichern. Auf diese Weise könne „die Gewinnbeteiligung geradezu dahin führen, daß Monopolpositionen und Differentialrenten zum Schaden der Verbraucher künstlich konserviert werden; wenn die Belegschaft daran mitinteressiert ist, wird das oft leichter möglich sein, als wenn der Unternehmer allein Nutznießer eines überhöhten Gewinns ist[11]". Darüber hinaus wird, insbesondere von gewerkschaftlicher Seite, auf die möglichen Wechselwirkungen zwischen Gewinnbeteiligung und betrieblicher Mitbestimmung verwiesen, die als zusätzliches Instrument einer einseitig auf das Profitinteresse ausgerichteten Betriebspolitik eingesetzt werden könne. So kommt man gelegentlich zu dem Schluß, daß sich die gewinnbeteiligten Arbeiter einer monopolistischen Unternehmung an der Ausbeutung der Verbraucher mitschuldig machen. Es wird behauptet, daß es speziell in den Vereinigten Staaten manchen Unternehmern bewußt darauf ankäme, die Arbeiterschaft in eine solche Mitschuld zu verwickeln, um den eigenen Profit zu sanktionieren.

Man wird freilich bedenken müssen, daß sich jener gemeinwohlwidrige Betriebsegoismus vieler Mittel bedienen kann, darunter allerdings auch des Mittels der Gewinnbeteiligung. Die Möglichkeit ihres Mißbrauchs allein wäre allerdings wohl noch kein ausreichender Grund, die Gewinnbeteiligung abzuweisen. Vielmehr bestünde hier ein weiteres Mal ein dringender Anlaß zum Appell an die Wirtschaftspolitik, Monopolstellungen aufzu-

---

10 Vgl. Joseph Schumpeter, Theorie der wirtschaftlichen Entwicklung. München, Leipzig 1926, S. 39. - Alfred Amonn, Grundzüge der theoretischen Nationalökonomie. Bern 1948, S. 135. - Bayer, a. a. O., S. 93 ff.

11 Oswald v. Nell-Breuning, Vermögensbildung in Arbeiterhand. In: WG I, S. 425. - Vgl. auch Bayer, a. a. O., S. 95.

heben oder zumindest so zu beschränken, daß Gewinnbeteiligung nicht Monopolrentenbeteiligung wird, weil diese, auch wenn sie als Stimulans der Produktion wirkt, zu Lasten der Gesamtheit geht. Wo aber nun einmal unternehmerische Differentialrenten zustande gekommen sind — gleich welcher Art sie sind und auf welche Weise sie sich gebildet haben —, wäre nicht recht einzusehen, daß sie allein dem Unternehmer zufließen sollen. Wenn schon der Markt das unternehmerische Produkt aufgenommen und -vielleicht „gezwungen" und über Gebühr - honoriert hat, haben Kapitalgeber, Unternehmer *und* Arbeiter als gemeinsam Produzierende auch einen „Anspruch auf Beteiligung an den Früchten dieser Gemeinschaftsarbeit[12]".

Ein weiterer Einwand gegen die Gewinnbeteiligung bezieht sich darauf, daß der Gewinn vom Arbeitsplatz und von der individuellen Leistung weit entfernt ist und daß sich ein genauer Zusammenhang zwischen dem Bilanzgewinn und dem Beitrag des einzelnen Arbeitnehmers zum Betriebserfolg nicht feststellen läßt. Der Gewinn als eine in der Unternehmungsspitze erscheinende abstrakte Sammelgröße ist das Ergebnis des Zusammenwirkens vieler Faktoren, wie etwa Konjunkturschwankungen, Beschäftigungsgrad, Situation auf den Einkaufs- und Verkaufsmärkten sowie auf dem Kapitalmarkt, finanzpolitische und steuerliche Erwägungen. Der Leistungsgrad der Betriebsangehörigen ist nur *eine* unter diesen den Bilanzgewinn bestimmenden Komponenten. Wie lose die Beziehungen zwischen Gewinn und Leistungseinsatz der Belegschaft seien, könne man, so wird behauptet, daran ermessen, daß gerade in Zeiten der Depression, wenn keine Gewinne gemacht würden, regelmäßig am intensivsten gearbeitet würde, während zur Zeit der Hochkonjunktur bei allgemeiner Verknappung des Arbeitsmarktes und hohen Profiten die individuellen Leistungen der Arbeitnehmer erheblich nachließen[13]. Statt dieser Gewinnbeteiligung „von oben" wird deshalb von mancher Seite eine Gewinnbeteiligung „von unten" vorgeschlagen, die sich inhaltlich mit dem eben definierten Begriff der Ertragsbeteiligung deckt.

bbb) Ertragsbeteiligung

Die Ertragsbeteiligung sucht den zuletzt genannten Mangel der Gewinnbeteiligung zu vermeiden, indem sie nicht vom Bilanzgewinn des Betriebes, sondern von der Ertragsrechnung ausgeht; indem sie also näher bei der

[12] In diesem Sinne äußert sich der Beitrag: Eigentumsbildung und Einkommen in Westdeutschland, in: Herder-Korrespondenz, 10. Jg. 1955/56, S. 382—386.

[13] Vgl. Debatin, a. a. O., S. 34.

Arbeitsleistung der Belegschaft ansetzt und diese tunlichst unter Ausschaltung außerbetrieblicher Faktoren (Marktschwankungen, Steuerpolitik u. a.) an den von ihr beeinflußbaren innerbetrieblichen Ergebnissen beteiligen möchte. Berücksichtigung der betrieblichen Leistung der Belegschaft ist also das Ziel der Ertragsbeteiligung. Ihre Methoden sind sehr vielgestaltig. Sie kann den Bruttoertrag bzw. Umsatz zugrunde legen, und zwar ohne Rücksicht auf die Aufwendungen, wie dies etwa beim Prämienlohnsystem der Fall ist. Eine noch stärkere Bezugnahme auf die individuelle Leistung ist möglich, wenn auch die Aufwandseite mit berücksichtigt wird, dergestalt, daß vom Ertrag jene Aufwendungen abgesetzt werden, auf die der Arbeiter einen Einfluß hat. Indem man bestimmte Posten der Aufwandseite in Abzug bringt, kommt man zu bereinigten Umsatz- und Produktionsgrößen. Vielfach nennt man diesen Fall der Ertragsbeteiligung auch Leistungsbeteiligung. Als „innerbetriebliche Ergebnisbeteiligung", als „Direktgewinnbeteiligung" oder „Gemeinschaftsertrag" beteiligt sie den Arbeiter vorweg - noch bevor die innerbetrieblichen Gewinnelemente an der Spitze des Unternehmens in das Sammelbecken des Bilanzgewinns eingeflossen sind - an innerbetrieblichen Kosteneinsparungen[14]. Eine bedeutende Form der Ertrags- bzw. Leistungsbeteiligung ist auch die „individuelle Leistungswertung", die mit Hilfe von Arbeitsleistungsanalysen, Leistungswertungen und Arbeitsplatzbewertungen exakte Maßeinheiten für die Berechnung der einzelnen Ertragsanteile zu ermitteln sucht[15]. Die Berücksichtigung der betrieblichen Aufwendungen im System der Ertragsbeteiligung kann so weit gehen, daß man die rechte Seite der Ertragsrechnung, den Rohertrag, mit allen Teilen der Aufwandseite saldiert. Auf diese Weise kann man zu einer Beteiligung am betrieblichen Nettoertrag kommen, die sich im Grenzfall nur noch formal, in der Form der Kalkulation, von einer Gewinnbeteiligung unterscheidet[16].

Dem Vorteil der Ertragsbeteiligung, ihrem Zusammenhang mit der Leistung, stehen bedenkliche Nachteile gegenüber. Da die Bewertung der

---

[14] Vgl. W. Neumayer, Direktgewinnbeteiligung durch Leistungslohn und Plankostenrechnung (Sonderheft der Zeitschrift für Betriebswirtschaft: „Die Gewinnbeteiligung der Arbeitnehmer, vom Wunsch zur Wirklichkeit"). Wiesbaden 1951. - Spiegelhalter, Miteigentum, a. a. O., S. 35 ff. - F. Kampschulte, Mitdenken im Betrieb als Bestandteil partnerschaftlicher Zusammenarbeit. 2. Aufl. Düsseldorf 1954, insbes. S. 81.

[15] Vgl. Alexander Hellwig, Individuelle Leistungswertung. Lutzeyers Fortsetzungswerke: Aktuelle Betriebsfragen, H. 2. Frankfurt, Bonn (o. J.). - Ders., Leistungswertung der Produktionskräfte (3. Bd. des Werkes „Mensch und Arbeit"). - Lutzeyers Fortsetzungswerke. Frankfurt, Bonn 1953.

[16] Vgl. Spiegelhalter, Miteigentum, a. a. O., S. 36.

Leistung nicht von dem erst in Zukunft zu realisierenden Gewinn ausgeht, muß sie sich auf fiktive Produktionswerte stützen, gleichgültig, ob diese sich mehr an die Ertrags- oder an die Aufwandseite anlehnen. Die Ertragsbeteiligung gründet also auf Vorkalkulationen, bei denen es fraglich ist, ob sie durch den Markt bestätigt werden. Solche Vorkalkulationen stützen sich ja auf die Ergebnisse der vergangenen Epoche. Es ist aber zweifelhaft, ob der zukünftige Erlös die gegenwärtig unterstellten Plankosten decken wird. Volkswirtschaftlich könnte sich das dahingehend auswirken, daß im Falle eines Passivsaldos die der Belegschaft gewährten Ertragsanteile künftighin als Kostenelemente behandelt und im Preis auf die Konsumenten überwälzt werden. Das setzte freilich den Ausbau eines Monopols, zumindest einer monopoloiden Stellung des Betriebes voraus. Es wäre auch denkbar, daß sich eine Branche, deren Unternehmungen insgesamt zur Ertragsbeteiligung übergehen, zu einem stillschweigenden Kalkulationskartell entwickelt, dessen Unternehmungen sich darin einig sind, die ausgeschütteten Ertragsanteile als Kostenfaktoren mit in den Preis einzubeziehen.

Das bekannteste deutsche Beispiel einer Ertragsbeteiligung ist der „Ergebnislohn" der Duisburger Kupferhütte AG, ein Beteiligungssystem, das im wesentlichen vom Generaldirektor der Kupferhütte, Ernst Kuss, konzipiert und erfolgreich praktiziert wurde [17]. Es ist das Ziel dieser Form der Ertragsbeteiligung, den Nettoertrag des Unternehmens gleichmäßig auf Kapital und Arbeit zu verteilen. Verteilungsschlüssel für den Kapitalanteil am Nettoertrag ist das betriebsnotwendige Kapital (also nicht das nominelle Gesellschaftsvermögen, sondern der Kapitalbetrag, der Wert des der Produktion und dem Umsatz dienenden Betriebsvermögens, also die Summe von Anlage- und Umlaufkapital). Als Verteilungsschlüssel für den Anteil der Arbeitsseite ist die Umsatzsumme gewählt. Der unter Kapital und Arbeit zu verteilende Nettoertrag wird gewonnen, nachdem zuvor vom Werksergebnis 5 Prozent Zinsen für das betriebsnotwendige Kapital abgezogen sind. Die dann verbleibende Summe wird im Verhältnis von betriebsnotwendigem Kapital zu Umsatz zwischen Kapitalseite und Arbeitsseite aufgeschlüsselt. Der auf Grund dieser Aufschlüsselung den Arbeitern zuge-

[17] Vgl. Ernst Kuss, Mitbestimmung und gerechter Lohn als Elemente einer Neuordnung der Wirtschaft. Denkschrift der Duisburger Kupferhütte. Duisburg 1950. - Das Beteiligungssystem der Duisburger Kupferhütte gehört nach den hier aufgestellten Begriffselementen in die Kategorie der „Ertragsbeteiligung", wenn es auch in der Literatur vielfach als „Gewinnbeteiligung" bezeichnet wird.

sprochene „Ergebnislohn“ wird also zunächst als Gesamtsumme errechnet und sodann auf die einzelnen Belegschaftsmitglieder verteilt. Auf der Grundlage des Tariflohns einerseits und der Dauer der Werkszugehörigkeit andererseits wird mit Hilfe eines Punktsystems der Einzelanteil errechnet[18].

Das Beteiligungssystem der Duisburger Kupferhütte scheint im Effekt dem Typus der Gewinnbeteiligung näher zu stehen als dem der Ertragsbeteiligung. Die Leitung der Kupferhütte selbst betont indessen mit Nachdruck, daß ihr System nicht als Gewinnbeteiligung bezeichnet werden könne, und kann dafür gute Gründe anführen. Nicht nur hinsichtlich der Berechnungsmethoden besteht ein Unterschied, sondern auch hinsichtlich der Berechnungsgrundlagen: Anknüpfungspunkt für die Berechnung des Anteils der Arbeitsseite ist der Umsatz, der nach der Überzeugung der Werksleitung den Wert der Arbeitsleistung am besten zum Ausdruck bringt. Demgegenüber kann man allerdings darauf hinweisen, daß der Umsatz die gemeinsame Leistung von Unternehmungsführung und Arbeit ist und daß sich deshalb nicht recht einsehen läßt, warum er nur als Leistungsmaßstab für die Arbeit verwendet werden soll. Überdies ist es möglich, daß ein guter Umsatz auch bei qualitativ durchschnittlichen und sogar unterdurchschnittlichen Waren erzielt werden kann, sei es, daß der Unternehmer die Bedarfslage richtiger beurteilte als die Konkurrenz und infolgedessen durch einen zeitlichen Produktionsvorsprung vorübergehend eine Differentialrente erzielt, sei es, daß der Umsatz durch Faktoren hochgetrieben wird, die mit einer besonderen Leistung weder der Belegschaft noch des Unternehmers etwas zu tun haben, wie etwa der Rekordabsatz des Ruhrbergbaus während des monatelangen englischen Bergarbeiterstreiks im Jahre 1926. Die Umsatzhöhe kann auch durch einen allgemeinen Warenmangel bestimmt sein, wie

---

[18] Ein Zahlenbeispiel mag das Beteiligungssystem der Duisburger Kupferhütte erläutern: Das Werksergebnis beträgt 6 Millionen DM, das betriebsnotwendige Kapital 60 Millionen DM und die Umsatzsumme 90 Millionen DM. Vom Werksergebnis werden 5 % Zinsen für die 60 Millionen DM betriebsnotwendiges Kapital abgezogen, von 6 Millionen also 3 Millionen DM. Der auf die Kapitalseite und auf die Arbeitsseite zu verteilende Nettoertrag beträgt dann 3 Millionen DM. Der Verteilungsschlüssel für die Kapitalseite sind die 60 Millionen DM betriebsnotwendiges Kapital, für die Arbeitsseite die 90 Millionen DM Umsatz. Das Schlüsselverhältnis, nach welchem der Nettoertrag von 3 Millionen DM zwischen Kapital und Arbeit aufgeteilt wird, ist also 60 : 90, das ist 2 : 3. Somit entfallen auf die Kapitalseite 1,2 Millionen DM (hinzukommend zu den vorweg erhaltenen 5 % Zinsen in Höhe von 3 Millionen DM) und auf die Arbeitsseite 1,8 Millionen DM „Ergebnislohn“ (hinzukommend zu dem vorweg erhaltenen Grundlohn). Die Gesamtsumme von 1,8 Millionen DM „Ergebnislohn“ wird sodann nach dem erwähnten, hier nicht weiter zu erläuternden Punktsystem unter die einzelnen Belegschaftsmitglieder aufgeteilt.

er etwa nach dem Ende des zweiten Weltkrieges vorherrschte. Dem sellers' market nehmen Nachholbedarf und Warenhunger so gut wie alles ab. Der Umsatz enthält also ausgesprochen marktbedingte Elemente, die sich von den leistungsbedingten Elementen nur schwer trennen lassen. Man könnte sich sodann der Kapitalseite zuwenden und nach der Berechtigung des betriebsnotwendigen Kapitals als Anteilschlüssel der Kapitalbeteiligten fragen. Dieses betriebsnotwendige Kapital ist ein reiner Rechnungsposten für den Wert des Betriebsvermögens, aus dessen Größe man keine Rückschlüsse auf die Leistung des Kapitals ziehen kann.

Solche Fragen und Einwendungen vermögen indessen nicht die Tatsache zu leugnen, daß die Duisburger Kupferhütte mit ihrem System Erfolge erzielt hat. Unter der Belegschaft, die unter ziemlich ungünstigen Bedingungen (Staub, Hitze) arbeiten muß, führte dieses Beteiligungssystem zu größerer Zufriedenheit, zur Steigerung der Arbeitswilligkeit, zu größerem Verantwortungsbewußtsein gegenüber dem Betrieb, was in pfleglicher Behandlung des Produktionsapparates, im Rückgang von Fehlzeiten, von Diebstählen u. a. seinen Ausdruck findet. Selbst die kommunistischen Betriebsratsmitglieder arbeiten im Interesse des betrieblichen Ganzen und machen keine Schwierigkeiten. Soweit man darauf hinweist, daß der Erfolg des Beteiligungssystems der Duisburger Kupferhütte mitbedingt sei durch besondere persönliche Verhältnisse und zum Teil auch durch eine Art Monopolstellung des Betriebes[19], so spricht das nicht gegen das System, sondern nur gegen den Gedanken, es unbesehen auf andere betriebliche Verhältnisse zu übertragen oder gar zu generalisieren. „Jeder ‚neue Weg' wird im Regelfalle auch ein ‚eigener Weg' sein müssen", sagt F. Kampschulte[20].

Eine andere Form der Ertragsbeteiligung ist die von Schueller entwickelte Idee des Proportionallohns, die vor allem in Frankreich praktiziert wird[21]. Das System verknüpft die Lohnsumme des Betriebes mit seinem Gesamtumsatz, und zwar in folgender Weise: Zu irgendeinem Zeitpunkt wird der Prozentsatz der Gesamtlohnsumme am Bruttoumsatz des Betriebs festgestellt und bleibt dann für die künftige Bemessung der Lohnhöhe maßgebend. Angenommen, die Lohnsumme betrage im Jahre der Festsetzung zehn Prozent des Bruttoumsatzes, so erhöht sich bei künftigen Steigerungen

---

19 Vgl. Bayer, a. a. O., S. 116.

20 Kampschulte, a. a. O., S. 6.

21 Vgl. E. Schueller, Le salaire proportionel. Paris 1945. - Ders., Der proportionelle Lohn. In: Bulletin Nr. 1 der intereuropäischen Konferenz für sozialen Frieden. Düsseldorf 1952.

des Bruttoumsatzes automatisch auch die Lohnsumme, weil der Prozentsatz, die Proportion, gleichbleibt, eben deshalb die Bezeichnung Proportionallohn. Kritisch könnte man zunächst fragen, ob die Ausgangssituation des Betriebes für die Fixierung der Proportion von Lohn und Umsatz geeignet war; ob die in dieser Situation bestehende Lohnhöhe in etwa der Forderung der Lohngerechtigkeit entsprach. Ferner könnte man darauf hinweisen, daß Umsatzsteigerungen nicht das Ergebnis verstärkter Arbeitsleistungen zu sein brauchen, sondern auch durch erhöhten Kapitaleinsatz, durch bessere betriebliche Organisation oder auch durch die Marktsituation bedingt sein können. Und schließlich wird man beachten müssen, daß es bei einschneidenden Änderungen der Betriebsorganisation und der Kapitalausstattung des Betriebes unter Umständen erforderlich sein wird, die Lohn-Umsatz-Proportion neu festzulegen, was zu Mißstimmung und Mißtrauen unter der Arbeiterschaft führen und die bisher mit Hilfe eines solchen Beteiligungssystems erzielten Erfolge wieder illusorisch machen kann. Immerhin hat bislang auch das System des Proportionallohns zu beachtlichen Erfolgen geführt, zu besserer Materialverwertung, erhöhter Arbeitsleistung, zum Rückgang von Fehlstunden und Arbeitsniederlegungen[22].

Ein Proportionallohnsystem ist auch der in den Vereinigten Staaten von vielen Betrieben übernommene Rucker-Plan, der von der Eddy-Rucker-Nickels-Corporation, einer Wirtschaftsberatungsfirma in Boston, entworfen wurde[23]. Im Unterschied aber zu dem eben skizzierten Plan Schuellers knüpft der Rucker-Plan nicht an den Bruttoumsatz an, sondern an den Netto-Produktionswert, an die „betriebliche Wertschöpfung" (value added), das ist die Differenz zwischen dem Verkaufswert der Produktion und dem Wert aller Aufwendungen seit Beginn der Produktion, also der Summe der Kosten für Rohmaterial, Hilfs- und Betriebsstoffe und sonstiger Fremdleistungen. Aus dem value added werden die drei an der Produktion mitwirkenden Faktoren Kapital, Management und Arbeitnehmerschaft bezahlt. Rucker nimmt nun an, daß sich der Anteil der Arbeitskosten am value added, ungeachtet konjunktureller und marktlicher Einflüsse und Schwankungen, in einem eingespielten und gutorganisierten Betrieb im wesentlichen auf der gleichen Höhe halte, und will deshalb dem Arbeitnehmer einen festen Anteil am steigenden Netto-Produktionswert garantieren. Dieser

[22] Vgl. Debatin, a. a. O., S. 83.

[23] Vgl. Allen W. Rucker, Steigende Produktivität, steigende Leistung, steigender Lohn. Düsseldorf 1954.

Anteil wird zusätzlich jeden Monat oder vierteljährlich und gesondert vom Normallohn der Ausgangsbasis gezahlt[24].

Auch dem Rucker-Plan gegenüber muß bemerkt werden, daß der value added nicht nur leistungsbedingte, sondern auch marktbedingte Bestandteile enthält. Aber auch ohne dies vermag er weder die Leistung des einzelnen noch die Gruppenleistung zu berücksichtigen, weil beide ununterscheidbar in der Gesamtsumme des value added zusammenfließen. Infolge der Tatsache, daß der value added auch marktbedingt ist, bedarf es einer sehr gründlichen Betriebs- und Marktanalyse, bevor man dazu übergehen kann, den Lohn mit dem Umsatz zu verknüpfen und einen festen Lohnanteil zu gewähren. Starke Preisschwankungen auf den Einkaufs- und Absatzmärkten, möglicherweise auch noch gegenläufiger Art, sowie ein rascher Wechsel des Produktionsprogramms können dazu führen, daß auch die Lohnproportion häufig neu festgesetzt werden muß. Die damit verbundenen Nachteile bestehen nicht nur darin, daß jedesmal umfangreiche Betriebsanalysen und Berechnungen angestellt werden müssen, sondern auch ähnlich dem Schuellerschen Proportionallohnsystem in der Gefahr, daß die Arbeiterschaft das Vertrauen verliert und der betriebspsychologische Effekt eines solchen Beteiligungssystems verlorengeht.

Ähnlich dem Rucker-Plan ist auch der Scanlon-Plan aufgebaut, der ebenfalls darauf abzielt, Produktionsergebnis und Lohnhöhe in eine feste Relation zu bringen, es aber offenläßt, ob der Produktionserfolg in Stück, in Gewichtsgrößen oder im Umsatz bezeichnet wird[25]. Ebenso wie die Fixierung der Lohnproportion ist dem Scanlon-Plan mit dem Schuellerschen System des Proportionallohns und dem Rucker-Plan gemeinsam die bei Änderung der Betriebsorganisation und der Kapitalausstattung sich ergebende Notwendigkeit einer Neufestsetzung der Lohnproportion mit allen

---

24 Zur Verdeutlichung ein Zahlenbeispiel: Im Ausgangsjahr wird nach einer sorgfältigen Betriebsanalyse festgestellt, daß der Anteil des Arbeitnehmerlohnes am value added 40 % beträgt. Eine Steigerung des value added in der Folgezeit wäre also zwischen Belegschaft einerseits, Management und Kapital andererseits im Verhältnis 4 : 6 aufzuteilen. Hat der Betrieb in einem bestimmten Zeitraum 150 000 Dollar Kosten (für Rohstoffe u. a.) aufgewendet und für das Fertigerzeugnis 200 000 Dollar eingenommen, so ist die Differenz von 50 000 Dollar der auf Arbeitnehmerschaft, Management und Kapital zu verteilende value added; der Lohnanteil beträgt 20 000 Dollar (40 %). Erzielt der Betrieb in der nächsten Periode bei einem Aufwand von nur 140 000 Dollar für das Fertigerzeugnis einen Erlös von 210 000 Dollar, so ist der value added auf 70 000 Dollar gestiegen. Die Belegschaft erhält dann wiederum 40 %, so daß dieses Mal 28 000 Dollar auf sie entfallen. Sie bekommt also eine Leistungs- oder Erfolgsprämie von 8000 Dollar.

25 Vgl. Bayer, a. a. O., S. 50 ff.

daraus entstehenden Schwierigkeiten. Im übrigen hat sich gezeigt, daß die Ertragsbeteiligung in den eben aufgeführten Haupttypen ihr Ziel, die Belegschaft an den von ihr beeinflußbaren innerbetrieblichen Ergebnissen zu beteiligen, nur approximativ erreicht, weil man sich angesichts der Marktverflochtenheit des Betriebes aus Rentabilitätsgründen nur schwer dazu entschließen kann, aus der Beteiligungsgrundlage alle marktbedingten Elemente zu eliminieren und die Lohnhöhe allein von der innerbetrieblichen Leistung der Belegschaft abhängig zu machen.

ccc) Substanzbeteiligung

Gewinnbeteiligung und Ertragsbeteiligung sind mögliche Wege der Eigentumsbildung, es bleibt aber offen, in welcher Form sich Eigentum bildet: ob das so erzielte Mehreinkommen konsumtiv oder investiv verwendet wird; ob es in der Form kurzlebiger oder dauerhafter Konsumgüter angelegt wird oder als Beteiligung an der Kapitalausstattung der Volkswirtschaft. Die Richtung der Eigentumsbildung wird von diesen beiden Beteiligungssystemen grundsätzlich nicht beeinflußt oder gar festgelegt. Zwar können Gewinnbeteiligung und Ertragsbeteiligung in der Weise ausgestaltet werden, daß die aus ihnen dem Arbeitnehmer zufließenden Anteile nicht in bar ausgezahlt, sondern festgeschrieben werden und der Ausweitung des Realkapitals dienen, an dem der Arbeiter nunmehr in der Höhe seines Gewinn- oder Ertragsanteils partizipiert. Das sind aber Besonderheiten, die für diese beiden Beteiligungssysteme nicht typisch sind.

Die Substanzbeteiligung aber läßt die Form der Eigentumsbildung nicht offen, sondern ist jenes System einer Erfolgsbeteiligung, das die Arbeiter am betrieblichen Substanzzuwachs beteiligt, diese Anteile aber nicht in bar ausschüttet, sondern sie als Kapitalanspruch der Arbeiter an das Produktionsvermögen gebunden hält, so daß die Arbeitnehmerschaft auf diese Weise Eigentum an der volkswirtschaftlichen Kapitalausstattung erwirbt. Beteiligungsgrundlage dieser Form der Erfolgsbeteiligung ist also die Eigenkapitalbildung aus Gewinnen der Unternehmung. Die Arbeitnehmer werden auf diesem Wege als Inhaber von Aktien, Obligationen, Investment-Zertifikaten oder auch in der Form der stillen Beteiligung oder des gewöhnlichen Darlehens Träger von Kapitalanteilen und fungieren insoweit als „Miteigentümer" und „Mitunternehmer[1]".

---

[1] Vgl. Burghardt, a. a. O., S. 115 ff. - Huppert, a. a. O., S. 33 ff. - Ders., Betriebliches Miteigentum der Arbeitnehmer. Berlin, München 1954. - Oswald v. Nell-Breuning, Vermögensbildung in Arbeiterhand. In: WG I, S. 422 ff. - Paul Jostock, Kollektive Kapital-

Die Substanzbeteiligung läßt sich *mikroökonomisch* verwirklichen, vom einzelnen Betrieb her und unter Beschränkungen auf diesen, oder *makroökonomisch,* wobei der Zuwachs an Realkapital einer Volkswirtschaft im ganzen die Ausgangsbasis darstellt.

Als Beispiel einer mikroökonomischen Substanzbeteiligung ist der „Spindler-Plan" bekanntgeworden, der allerdings diese nicht in reiner Form realisiert, sondern eine Kombination von Gewinnbeteiligung und Substanzbeteiligung ist[2]. Die Arbeitnehmer werden beteiligt am steuerlichen Geschäftsgewinn *und* an den Veränderungen des Betriebsvermögens. Diese Substanzbeteiligung vollzieht sich in der Form einer Beteiligung an der Differenz zweier steuerlicher Einheitswerte. Es wird aber nur ein Teil der Erfolgsanteile auf die Arbeitnehmer ausgeschüttet, ein Teil bleibt als verzinsliche Rücklage an das Unternehmen gebunden („Soll-Rücklage"). Die Arbeitnehmer können über die Soll-Rücklage hinaus Erfolgsanteile gegen Zins mit Kündigungsfrist stehenlassen. In diesen im Betrieb weiterarbeitenden Arbeitnehmeranteilen besteht die Teilhaberschaft am Unternehmen, das Miteigentum und Mitunternehmertum der Arbeitnehmer. Diese werden allerdings bis zur Höhe ihrer Rücklagen auch an Verlusten und Vermögensminderungen des Betriebes beteiligt. Das bedeutet also, daß sich im Spindler-Plan aus dem Mitunternehmertum auch eine Mithaftung ergibt. Des weiteren wird als Konsequenz einer solchen Mithaftung aber auch eine

---

bildung - oder Eigentumsbildung beim einzelnen? In: Die neue Ordnung, 11. Jg. 1957, S. 219—225. - Werner G. Schmitz, Kapitalbeteiligung des Arbeitnehmers am arbeitgebenden Betrieb. Berlin 1955. - Rupprecht Dittmar, Miteigentum. Eine Betrachtung zum Thema Lohngerechtigkeit und Unternehmungsertrag. Hamburg (o. J.). - Franz Coester, Miteigentum und Vermögensbildung der Arbeitnehmer in der Marktwirtschaft. Köln 1954. - Probleme des Miteigentums (Bericht über die 16. Arbeitstagung der Arbeitsgemeinschaft selbständiger Unternehmer in Reutlingen vom 23. bis 25. April 1954 mit Referaten von P. Mertens, B. Pfister, A. Mann und J. Winschuh). Bonn 1954. - Wilhelm Hankel, Gerhard Zweig, Die Vermögensbildung der Arbeitnehmer in der Marktwirtschaft. In: Sozialer Fortschritt, 6. Jg. 1957, S. 73—77, 136—140, 159—162. - Die Neuordnung des Eigentums. In: Herder-Korrespondenz, 7. Jg. 1952/53, S. 375—379. - Christoph Georgi, Kapitalbeteiligung der Arbeitnehmer. In: Gewerkschaftliche Monatshefte, 4. Jg. 1953, S. 520—523. - Konrad Schayer, Wege der Vermögensbildung in Arbeiterhand. In: Gewerkschaftliche Monatshefte, 4. Jg. 1953, S. 649—655. - German Stehle, Klare Begriffe in der Frage des „Miteigentums". In: Gesellschaftspolitische Kommentare, 4. Jg. 1957, Nr. 21, S. 11 f. - Horst Ulbricht, Das Miteigentum der Arbeitnehmer. Frankfurt 1957. - Wolfgang Drechsler, Volkskapitalismus. Baden-Baden 1957. - Hans Besters, Zur Frage des Arbeitermiteigentums. In: Ordo Socialis, 3. Jg. 1955, S. 26—30.

[2] Vgl. Gert P. Spindler, Mitunternehmertum. Vom Klassenkampf zum sozialen Ausgleich. Lüneburg 1951. - Ders., Partnerschaft statt Klassenkampf. Zwei Jahre Mitunternehmertum in der Praxis. Stuttgart, Köln 1954.

erhöhte Mitbestimmung anerkannt und gewährt. So hat der Mitunternehmer in bestimmten Fällen ein Mitentscheidungsrecht, insbesondere bei geplanter Änderung des Betriebszwecks, des Betriebsumfangs um mehr als ein Viertel und bei Vornahme von Investitionen, die über den Umfang der seither üblichen hinausgehen[3].

Konjunkturelle Verschlechterungen, von denen die Textilindustrie betroffen wurde, haben auch die von Spindler propagierte Idee des Mitunternehmertums mitbelastet. Einzelheiten dazu teilte der folgende Pressebericht mit:

„Die Spindler-Werke in Hilden überraschten in diesen Tagen die Öffentlichkeit mit der Mitteilung, daß im Zuge von Produktionseinschränkungen ein Teil der am Substanzzuwachs des Unternehmens beteiligten Arbeitskräfte, sogenannte ‚Mitunternehmer', entlassen werden müßte. Nach Angaben der Unternehmensleitung werden von dieser Maßnahme bis Ende August etwa 200 ‚Mitunternehmer', nämlich rund 10 Prozent der Gesamtbelegschaft, betroffen ...

Die augenblickliche Situation dürfte das ‚Mitunternehmertum' Spindlers vor eine wirklich ernste Belastungsprobe stellen. Insgesamt werden von der Stillegung zweier Zweigbetriebe - womit die vertikale Gliederung des Unternehmens aufgegeben wird - rund 350 ‚Mitunternehmer' betroffen, von denen aber rund 150 in anderen Produktionsabteilungen weiterbeschäftigt werden können. Da fast die gesamte Belegschaft seinerzeit den Mitunternehmervertrag unterschrieb, bleiben immerhin rund 200 Mitunternehmer, das sind bei einer Belegschaft von insgesamt 1980 Personen 10 Prozent, übrig, die entlassen werden. Entsprechend ihrer vorbildlichen sozialen Einstellung hat die Unternehmensleitung bei der Suche nach neuen Arbeitsplätzen geholfen und auch die erworbenen Rechte an der betrieblichen Altersversorgung sehr großzügig behandelt, aber die Tatsache, als vielleicht langjähriger Mitarbeiter und ‚Mitunternehmer' entlassen zu werden, bleibt bestehen. Es liegt auf der Hand, daß ein ‚Mitunternehmer' eine solche Maßnahme stärker empfindet, und es muß die Frage aufgeworfen werden, ob man die Notwendigkeit eines solchen Verfahrens in derartigen Formen der Eigentumsbildung genügend beachtet hat. Vor allem muß gefragt werden, ob ein Miteigentum, wie es hier verstanden ist, überhaupt sozialpolitisch sinnvoll ist.

Die entlassenen Mitunternehmer können in diesem Fall die ‚Soll-Rücklage' sofort fordern oder aber noch zwei Jahre im Betrieb stehenlassen und solange auch an der Ergebnisbeteiligung teilnehmen.

---

[3] Vgl. Spindler, a. a. O., S. 23 ff.

Es ist wohl mehr ein Verdienst der Person Spindlers als der Sache, wenn in diesem Falle die Härten betrieblich notwendiger Umstellungsmaßnahmen auf ein Mindestmaß gemildert wurden. Davon zeugt auch die Feststellung, daß bei einer Umfrage 80 bis 85 Prozent der Belegschaft der Stillegung der Betriebe zustimmte. Diese Einsicht gegenüber harten wirtschaftlichen Tatsachen darf aber nicht immer und überall angenommen werden, schon gar nicht, wenn der Prozentsatz der Betroffenen einmal größer als 10 Prozent ist[4]."

Diese Erfahrungen mit dem Spindler-Plan zeigen nur ein weiteres Mal, daß für die Verwirklichung solcher betrieblichen Beteiligungssysteme entscheidend viel von der besonderen Situation eines jeden Betriebes abhängt, so vor allem vom Verhältnis zwischen Unternehmensleitung und Belegschaft, von der Pflege der ‚human relations' im Betrieb. Es wäre verfehlt, auf Grund von Erfolgen, die mit Hilfe eines Beteiligungssystems erzielt wurden, auf dessen generelle Anwendung zu drängen, wie es ebenso verfehlt wäre, gelegentliche Mißerfolge - die im Falle Spindler eindeutig außerbetrieblich-konjunkturelle Gründe hatten - zum Anlaß zu nehmen, die hier praktizierte Beteiligungsform damit zu belasten und abzutun. Der Spindler-Plan selbst hat trotz der ihm anhaftenden Risiken und Komplikationen eine starke Beachtung gefunden. Seine Grundgedanken wurden von mehreren Unternehmungen übernommen, die sich in der „Arbeitsgemeinschaft zur Förderung der Partnerschaft in der Wirtschaft" (AGP) zusammengeschlossen haben[5].

Bekannt geworden sind in diesem Zusammenhang vor allem die unter der Leitung von Hermann Naegele stehenden Union-Werke in Aalen, die den Spindler-Plan in der Weise zu verwirklichen suchen, daß sie ihren Belegschaftsmitgliedern Anteilscheine am Geschäftsvermögen zum Erwerb anbieten, die zur Beteiligung am Gewinn berechtigen, aber auch die Mithaftung an Verlusten der Gesellschaft bis zur Höhe der Einlage miteinschließen[6]. Die „Stuttgarter Nachrichten" berichten über den Versuch der Union-Werke folgendes:

„Die Arbeitsgemeinschaft (der Union-Gesellschafter, in der die im Besitz von Anteilscheinen befindlichen Belegschaftsmitglieder zusammengefaßt

---

4 Entlassene Mitunternehmer, in: Industriekurier Nr. 30 vom 26. 2. 1957.

5 Vgl. F. Kampschulte, Aus den Erfahrungen der AGP. In: Mensch und Arbeit, 3. Jg. 1951, S. 198—200.

6 Vgl. Hermann Naegele, Der Arbeiterunternehmer - eine betriebswirtschaftliche Realität. In: Mensch und Arbeit, 3. Jg. 1951, S. 161—164. - Ders., Mitunternehmertum und Gewerkschaften. In: Gewerkschaftl. Monatshefte, 3. Jg. 1952, S. 148—154.

sind) gibt Anteilscheine für Einlagen von 10 bis 500 Mark aus. Deckung für die Anteilscheine ist das Firmenvermögen. Mit der Einlage ist der Inhaber des Anteilscheins am Geschäftsvermögen beteiligt. Dieser Anteilschein wird vom Zeitpunkt des Erwerbs an aus einem etwaigen Gewinn der Gesellschaft mit 2 Prozent über dem jeweils geltenden Wechseldiskont der Bank Deutscher Länder verzinst. Er berechtigt und verpflichtet ferner zur Teilnahme am Gewinn und Verlust der Gesellschaft gemäß den Statuten des Gesellschaftsvertrages. Der Geschäftsanteil wird gegen Vorlage des Anteilscheins zurückgezahlt im Falle der Kündigung und in allen übrigen Fällen, die im Gesellschaftsvertrag vorgesehen sind. Der Anteilschein ist nur übertragbar von einem Gesellschafter auf einen anderen nach erfolgter Umschreibung im Anteilschein-Register der Arbeitsgemeinschaft der Union-Gesellschaft Aalen.

Sechzig Prozent der Belegschaft haben die Idee sofort begriffen. Arbeiter und Arbeiterinnen sind entschlossen, jeden Monat so viel Anteilscheine zu kaufen, wie sie irgend können. Durch Zinsen und Gewinne, die im Normalfalle stehenbleiben sollen, und auch durch freiwillige Zuwendungen ihres Teilhabers Dr. Naegele können sich die Anteile der Arbeiter erhöhen. ‚Wir rechnen damit, daß in fünf, sechs Jahren das Arbeiterkapital bereits einen namhaften Teil des Unternehmerkapitals ausmacht.'

Verlockend für die Arbeiter war zuerst die Sparmöglichkeit mit ungewöhnlicher Aussicht auf Verzinsung und Erhöhung des Sparkapitals. ‚Der Arbeiterunternehmer kann sich nach zehn, zwanzig Jahren Arbeit im Betrieb mit einem selbst geschaffenen Vermögen von tausend bis zigtausend Mark zur Ruhe setzen[7].'"

Die Bedeutung der hier nur beispielhaft aufgeführten Formen einer betrieblichen Substanzbeteiligung — die, sozusagen als ‚Prototypen' fungierend, in der Praxis in vielfachen Modifikationen vorkommen[8] — liegt auf betriebssoziologischem und auf dem Gebiet der betrieblichen Sozialpolitik. Damit sind auch schon ihre Grenzen bezeichnet. Es handelt sich nicht um strukturpolitische Vorgänge, die zu einer grundsätzlichen Neuordnung der Eigentumsverhältnisse führen könnten, sondern um „homöopathische Dosen"[9], die an der bisherigen Situation, der Akkumulation des Produktionsmitteleigentums in den Händen weniger, kaum etwas ändern. Dem Monopol des Kapitals muß weiterhin durch ein Monopol der Arbeit begegnet

---

[7] Stuttgarter Nachrichten vom 28. 12. 1950.

[8] Vgl. Huppert, Miteigentum, insbes. S. 34 ff. - Spiegelhalter, Miteigentum, S. 8 ff. - Debatin, a. a. O., S. 70 ff.

[9] v. Nell-Breuning, Eigentumsbildung, a. a. O., S. 30.

werden, so daß auch künftighin die Einkommensverteilung eine Machtfrage bliebe. Es handelt sich außerdem bei den bisher praktizierten Formen der Substanzbeteiligung um Betriebe, welche sich der Gunst einer monopolistischen oder monopoloiden Vorzugssituation auf dem Markt erfreuen. Das ist auch der Grund, weshalb die Gewerkschaften allen Versuchen betrieblicher Erfolgsbeteiligung mit Mißtrauen und weiterhin mit Ablehnung begegnen. Man hält ihnen entgegen, daß es sich um die Nachzahlung vorenthaltener Löhne handele oder um das Bemühen der Unternehmensleitungen, Vorzugsstellungen auf dem Markt gegenüber der Belegschaft dadurch zu rechtfertigen und zu sichern, daß man diese partizipieren läßt und ‚mitschuldig' macht, zum Schaden sowohl der Gesamtheit der Konsumenten als auch der gewerkschaftlichen Solidarität[10].

Man mag die Berechtigung solcher Vorwürfe unterschiedlich beurteilen, ganz unbegründet sind sie sicherlich nicht. Denn „es gibt Unternehmungen, die Monopolrenten beziehen. Diese Unternehmungen zeigen Neigung, ihre Belegschaften an der Monopolrente teilnehmen zu lassen und ersinnen dafür mehr oder weniger komplizierte Schlüssel. Hier wird Edelmut auf Kosten Dritter geübt und verschenkt, was man in einer wirklich sozialen Marktwirtschaft gar nicht in die Hände bekommen würde — ausgenommen die seltenen Fälle, in denen eine Pionierleistung sich zu einer dauerhaften Monopolrente verfestigt hätte. Gewiß ist es ein kleineres Übel, wenn die Monopolrente sich breit auf Aktionäre und Belegschaft verteilt, als wenn sie nur einem kleinen Kreis von Personen zufiele; aber auch das kleinere Übel ist ein Übel. Die Wirtschaftspolitik hat dahin zu streben, die Monopolrenten zwar nicht zu unterbinden, denn das kann sie nicht . . ., wohl aber hat sie die Aufgabe, die Monopolrenten so schnell wie möglich aufzulösen[11]."

Entscheidend in diesem Zusammenhang ist dieses: Die vom einzelnen Betrieb her vorgenommene und auf ihn isolierte Substanzbeteiligung läßt das Produktionsmittelmonopol und die daraus resultierende Monopolrente des Kapitals, damit aber auch das durch das monopolisierte Eigentum an den Produktionsmitteln bedingte Abhängigkeitsverhältnis der „Arbeit"

---

10 An die Gefahr der Zerstörung der gewerkschaftlichen Solidarität erinnert eindringlich Christoph Georgi, Kapitalbeteiligung der Arbeitnehmer. In: Gewerkschaftl. Monatshefte, 4. Jg. 1953, S. 520—523, insbes. S. 523.

11 Oswald v. Nell-Breuning, Das Lohnproblem im Zusammenhang mit der Beteiligung des Arbeiters am Sozialprodukt, insbesondere an der volkswirtschaftlichen Vermögensbildung. In: WG I, S. 420. - Vgl. ders., Vermögensbildung in Arbeiterhand. In: WG I, S. 425. - Ders., Kapitalmarkt und Kapitalbildung. In: WG I, S. 434 f.

zum „Kapital“ unangetastet. Das wichtigste gesellschaftspolitische Ziel der Tradition der katholischen Soziallehre in ihrem Bemühen um die Lösung der sozialen Frage, die Gleichordnung und Gleichberechtigung von Kapital und Arbeit, wird auf diese Weise nicht erreicht. „Mitunternehmertum“ und „Miteigentum“ bedeuten Eigentum minderen Rechts in Abhängigkeit von einem anderen, „richtigen“, einem „Ober“-Eigentum, nicht aber partnerschaftlich gleichgeordnetes Miteigentum der am Produktionsprozeß Beteiligten[12].

bb) Makroökonomische Umlenkung

Das gesellschaftspolitische Problem einer Änderung der Eigentumsstrukturen mit dem Ziel, die Arbeiterschaft zum gleichberechtigten Partner der Besitzer des Produktionsmittelapparates zu machen und auf diese Weise die Klassenschichtung in besitzende Selbständige und besitzlose Unselbständige zu überwinden, läßt sich nicht mikroökonomisch, unter Beschränkung auf den einzelnen Betrieb, sondern nur makroökonomisch, im Blick auf die Gesamtwirtschaft, lösen[13]. Das ist der Grundgedanke der eigentumspoliti-

---

[12] Daß mit solchen Zielsetzungen nicht die Einheitlichkeit der unternehmerischen Willensbildung, sei sie nun ‚monokratisch‘ oder ‚kollegial‘ organisiert, sowie die betriebliche Über- und Unterordnung der verschiedenen Funktionen in Frage gestellt werden soll, ist so selbstverständlich, daß es nicht weiterer Erwähnung bedarf.

[13] Vgl. Oswald v. Nell-Breuning, Eigentumsbildung in Arbeiterhand. 2. Aufl. Paderborn 1955. - Ders., Ist Eigentum eine Ordnungsmacht? In: WG III, S. 272 ff. - Gerhard Weisser, Vermögen und Vermögenspolitik. In: Handwörterbuch der Sozialwissenschaften, 11. Bd. 1961, S. 163—187. - Ders., Eigentumspolitik als Ausweg aus sozialer Abhängigkeit. In: Eigentum in der industrialisierten Gesellschaft, hrsgg. vom Ständigen Ausschuß für Selbsthilfe anläßlich des Dritten Deutschen Selbsthilfetages 1958. Göttingen 1958, S. 9—58. - J. Heinz Müller, Wirtschaftliche Fragen der Bildung breitgestreuten Eigentums. Probleme auf dem Wege zu einem wichtigen Ziel der Wirtschafts- und Sozialpolitik. In: Ordo, 10. Bd. 1958, S. 291—313. - Ders., Die Bildung breitgestreuten Eigentums als Mittel der Gesellschaftspolitik. In: Naturordnung in Gesellschaft, Staat, Wirtschaft (Messner-Festschrift). Innsbruck, Wien, München 1961, S. 316—325. - Eine Kontroverse über die Eigentumsbildung. In: Herder-Korrespondenz, 13. Jg. 1959, S. 495 ff. - Wilfrid Schreiber, Vermögensbildung in breiten Schichten. Vom Sparen, Investieren, Konsumieren und vom Unternehmergewinn. Köln 1958. - Ders., Vermögensbildung in breiten Schichten. In: Wort und Wahrheit. 13. Jg. 1958, S. 681—694. - Paul Jostock, Ein neues Rezept zur breiten Eigentumsstreuung. In: Die neue Ordnung, 13. Jg. 1959, S. 107—118. - German Stehle, Bildung von Produktiv-Kapitalvermögen in der Hand des Arbeitnehmers. In: Die neue Ordnung, 12. Jg. 1958, S. 378—382. - Hildegard Wiegmann, Breitere Vermögensstreuung. Pläne - Möglichkeiten - Grenzen. In: Jahrbuch des Instituts für Christliche Sozialwissenschaften der Westfälischen Wilhelms-Universität Münster, 2. Bd. 1961, S. 147—229. - Paul Adenauer, Zur sozialethischen Bewertung eines gesetzlichen Investivlohns. In: Jahrbuch, a. a. O., 3. Bd. 1962, S. 311—330. - Carl Föhl, Über die Möglichkeit einer Beeinflussung der Vermögensbildung und ihrer Verteilung. In: Finanzarchiv, 19. Bd.

schen Überlegungen Oswald v. Nell-Breunings, der alle seither ausgetragenen Kontroversen und Diskussionen zu der Frage, wie man auf makroökonomischem Wege zu einer Neuordnung des Eigentums an den Produktionsmitteln kommen könne, maßgeblich bestimmt hat.

„Das Zentralproblem ist nicht", so schreibt v. Nell-Breuning, „die Verteilung des Erfolges, des Ergebnisses, des Ertrages der einzelnen Unternehmung; Zentralproblem ist vielmehr der Anteil der verschiedenen Bevölkerungskreise am Sozialprodukt im ganzen[14]." Es komme darauf an, „daß wir die Kapitalrendite insgesamt verkleinern, das Arbeitseinkommen insgesamt vergrößern[15]". „In dem Maße, wie breiteste Kreise — hier der Arbeitnehmerschaft — Anteil am Kapitalbesitz, d. i. an der Sachmittelausstattung der Volkswirtschaft, insbesondere an den ertragbringenden Sachmitteln (Produktionsmitteln) erlangen, setzt sich ihr Einkommen aus mehr als einer funktionellen Einkommensart zusammen. Dadurch wird unmittelbar die Frage der funktionellen Einkommensbildung und Einkommensverteilung entschärft[16]." Hinsichtlich der in Betracht kommenden Größenordnungen hält v. Nell-Breuning „eine Steigerung des realen Anteils am

1958/59. - Hans Peter, Über gerechte Verteilung des Einkommens und Eigentums. In: Zeitschrift für die gesamte Staatswissenschaft, 112. Bd. 1956, S. 218—230. - Erich Preiser, Die ökonomische Problematik der Eigentumsverteilung. In: Th. Heckel (Hrsg.), Eigentum und Eigentumsverteilung als theologisches, rechtsphilosophisches und ökonomisches Problem. München 1962, S. 42—62. - Karl Wagner, Vermögensbildung in breiten Schichten. In: Ordo Socialis, 6. Jg. 1958/59, S. 252 ff. - Franz Coester, Vorschläge zur Vermögensbildung der Arbeitnehmer. In: Ordo Socialis, 6. Jg. 1958/59, S. 139 ff. - Alois Oberhauser, Die wirtschaftlichen Auswirkungen und Grenzen des Investivlohnes. Paderborn 1959. - Ders., Neue Wege zu einer breiteren Vermögensverteilung. In: Ordo Socialis, 7. Jg. 1959/60, S. 35 ff. - Hartmut Weber, Vermögensbildung, a. a. O., S. 3 ff. - von Bismarck, Das Eigentum hat sozialen Charakter, a. a. O., S. 99 ff. - Wallraff, Eigentumspolitik, a. a. O., Sp. 1088 f.

[14] v. Nell-Breuning, Eigentumsbildung, a. a. O., S. 28. - Mit v. Nell-Breuning übereinstimmend, betont auch Klaus von Bismarck, „daß durch die heute mögliche Eigentumsbildung nicht nur bestimmte Gruppen der Arbeitnehmer oder bestimmte Belegschaften privilegiert werden sollten", sondern daß „bei einem allgemeinen Zuwachs des Volkseinkommens . . . all die verschiedenen Bevölkerungskreise nach Möglichkeit einen stärkeren Anteil am Sozialprodukt im ganzen bekommen sollten" (a. a. O., S. 100 f.).

[15] v. Nell-Breuning, Eigentumsbildung, a. a. O., S. 10. - Vgl. auch: Gutachten des Wissenschaftlichen Beirats beim Bundeswirtschaftsministerium vom 24. September 1950, abgedruckt in: Oswald von Nell-Breuning, WG I, S. 429 ff.

[16] v. Nell-Breuning, Eigentumsbildung, a. a. O., S. 53 f. - Vgl. auch Wilhelm Hankel, Gerhard Zweig, Der soziale Fortschritt in der Einkommens- und Eigentumspolitik. In: Sozialer Fortschritt, 8. Jg. 1959, S. 11 ff.: „Mit der primitiven Kaufkrafttheorie der zwanziger Jahre lassen sich die Probleme (der modernen Einkommenspolitik) nicht lösen . . . Wir haben dies in der Bundesrepublik zwischen 1948 und 1956 mit besonderer Deutlichkeit feststellen können . . . In dieser Zeit war durch eine noch so aktive Einkommens-

Sozialprodukt zugunsten der unselbständig erwerbstätigen breiten Massen um 10 bis 15 v. H." als „durchaus im Bereich des Möglichen" liegend[17]. Gemeint ist damit nicht eine die gestiegene Arbeitsproduktivität einholende oder über das Maß der Arbeitsproduktivität hinausgehende Lohnsteigerung, sondern eine Steigerung des dem Faktoreinkommen der Arbeit zufließenden Anteils am Sozialprodukt zu Lasten der Anteile der beiden anderen Faktoreinkommen, gegebenenfalls auch zu Lasten des Residualeinkommens Unternehmergewinn. Diese Steigerung des Anteils der Arbeit am Sozialprodukt würde zurückgehen in dem Maße, je mehr Monopol- und andere Vorzugspositionen durch den Wettbewerb sowohl auf den Arbeits- als auch auf den Absatzmärkten eingeschmolzen werden. Ansatzpunkt einer solchen Umstrukturierung des Eigentums am volkswirtschaftlichen Realkapital ist der Substanzzuwachs der Betriebe, die jährliche Netto-Investitionsrate, die im Sozialprodukt enthalten ist. Unter der Voraussetzung, daß die Expansionsrate der Wirtschaft ein Jahrzehnt lang fünf Prozent ausmachte und es möglich wäre, die Hälfte der neugeschaffenen Vermögenswerte an Realkapital in die Hand der bisherigen Nichteigentümer zu leiten, könnte nach zehn Jahren schon etwa ein Fünftel der Kapitalausstattung der Wirtschaft Eigentum der Arbeitnehmerschaft sein[18].

---

politik keine Verbesserung der realen Lage der Arbeitnehmerschaft über die Grenze hinaus möglich, die durch die Zunahme der Verbrauchsgüterproduktion (einschließlich der möglichen Einfuhren) gezogen war. Darüber hinausgehende Lohn- und Rentenerhöhungen konnten in diesen Zeiten nur die Preise steigen lassen . . . Die Gewerkschaften hätten in dieser Situation nur eines tun können: zu verhindern trachten, daß das über die ‚selbstfinanzierten' Investitionen entstehende Vermögen einseitig den Unternehmern (und dem Staat) zufiel. Dieser Zusammenhang ist jedoch in den vergangenen Jahren nicht gesehen worden; vielmehr ist gerade in den kritischen Jahren von verantwortlichen Gewerkschaftlern die These von der ‚expansiven Lohnpolitik' vertreten worden, womit man in jener Phase nur dem eigenen Schatten, d. h. den steigenden Preisen und Unternehmergewinnen, nachlaufen konnte . . . Eine moderne Eigentumspolitik muß also den Aspekt der gewerblichen Vermögensbildung mit erfassen und in Rechnung stellen. Es geht in der modernen Wirtschaft mit ihrem Zwang zu immer neuen und immer größeren Investitionen nicht mehr an, die Einkommensentwicklung unabhängig von der Vermögensbildung zu sehen und sich als Verteilungsprinzip auf die freiwilligen Ersparnisse zu verlassen." - In ähnlichem Sinne äußerte sich Theodor Blank, Zum Bundeskongreß des DGB. In: Bulletin der Bundesregierung, Nr. 164, 1959, S. 1638: „Die wirtschaftliche Vernunft gebietet Maßhalten in der Lohnpolitik, und auch für die soziale Sicherung gibt es Grenzen der Abschöpfung persönlich erarbeiteter Einkommen, die man nicht ohne Schaden für den einzelnen und die Gesamtheit überschreiten kann. Die Eigentumspolitik dagegen eröffnet neue Möglichkeiten, die Einkommensverteilung nach sozialen Gesichtspunkten zu korrigieren."

[17] v. Nell-Breuning, Eigentumsbildung, a. a. O., S. 29.

[18] Vgl. a. a. O., S. 29, 48.

Eine wesentliche Voraussetzung für die Verwirklichung einer solchen Zielsetzung besteht darin, daß trotz Veränderung der Anteile der verschiedenen Bevölkerungsgruppen am Sozialprodukt dessen volkswirtschaftlich optimale Zusammensetzung gesichert bleibt, das will sagen: Obwohl darauf abzuzielen ist, den Anteil des Faktoreinkommens der Arbeit am Sozialprodukt zu erhöhen, kommt es darauf an, daß sich diese Erhöhung nicht in Konsumsteigerungen niederschlägt. Die Netto-Investitionsrate muß auf jener Höhe bleiben, die auch künftighin die volkswirtschaftlich notwendige Kapitalbildung ermöglicht. Auch nach der Umschichtung der Einkommensquoten von Kapital und Arbeit darf sich die Relation von Konsumgütern und Kapitalgütern nicht wesentlich zuungunsten der letzteren verschieben, da auf diese Weise nicht nur wirtschaftliche Entwicklung und volkswirtschaftliche Produktivität gehemmt und in eine rückläufige Bewegung gebracht würden, sondern auch der Plan einer massiven Kapitalbeteiligung der Arbeitnehmerschaft illusorisch würde[19].

Es liegt solchen Feststellungen die volkswirtschaftliche Erkenntnis zugrunde, „daß die Höhe des Einkommens, verstanden als Anteil am Sozialprodukt, das einer Bevölkerungsgruppe zufließen kann, maßgeblich bestimmt wird durch die Verwendung, der die Einkommensbezieher ihr Einkommen zuführen. Eine Bevölkerungsgruppe, die grundsätzlich ihr gesamtes Einkommen dem Verbrauch zuzuführen entschlossen ist, schließt sich damit selbst vom Bezug höheren Einkommens aus. Diejenige Quote des Sozialprodukts, die — güterwirtschaftlich gesehen — in Kapitalgütern besteht, kann ihrer Natur nach nur Einkommen solcher Einkommensbezieher werden, die bereit sind, ihr Einkommen unmittelbar oder mittelbar in Gestalt von Kapitalgütern entgegenzunehmen und — aufs Ganze gesehen — es in dieser Gestalt auch festhalten. Ebenso darf — geldseitig gesehen — diejenige Quote des Sozialprodukts, die investiert werden muß, nur Einkommen solcher Einkommensbezieher werden, die gewillt sind, diesen Teil ihres Einkommens ... der Investition zuzuführen[20].“ Müßte man also damit rechnen, daß die Arbeitnehmerschaft die ihr zusätzlich zugedachte

[19] Vgl. a. a. O., S. 18 ff., 49 ff. - Vermögensbildung, a. a. O., S. 422 ff.

[20] Eigentumsbildung, a. a. O., S. 52. - Vgl. auch v. Nell-Breuning, Das Lohnproblem im Zusammenhang mit der Beteiligung des Arbeiters am Sozialprodukt, insbesondere an der volkswirtschaftlichen Vermögensbildung. In: WG I, S. 410 ff. - Ders., Kapitalmarkt und Kapitalbildung. In: WG I, S. 431 ff. - Ders., Die Gewerkschaften als Machtfaktor in der Wirtschaft. In: Ordo Socialis, 4. Jg. 1956, S. 145—160, insbes. S. 157 ff. - Ders., Eigentumsbildung durch Ordnung von Verteilung und Verbrauch. In: Soziale Sicherung durch Neuordnung des Eigentums (Vortragsreihe der 4. Kath. Sozialen Woche 1953 in München), Augsburg (o. J.), S. 70—81, insbes. S. 74.

Einkommensquote konsumieren würde, wäre es nicht möglich, sie auf dem Wege der Beteiligung an der Netto-Investitionsrate in das Eigentum an den Produktionsmitteln einzubeziehen.

Hier stellt sich die Frage: Was ist zu tun angesichts der Möglichkeit, daß der zusätzliche Anteil des Faktoreinkommens der Arbeit konsumtiv verwendet wird? Volkswirtschaftlich gesehen kann es sich nur um einen Versuch am untauglichen Objekt handeln, auf diese Weise den Konsum zu steigern; denn die Kaufkraft, die einer Bevölkerungsgruppe auf dem Wege einer Einkommenserhöhung zuwächst und zusätzlich auf dem Konsumgütermarkt eingesetzt wird, stößt — güterwirtschaftlich gesehen — auf feste Größen: den Fonds der Konsumgüter und den der Produktionsmittel, die, weil unverzehrbar, einen gesteigerten Konsumbedarf nicht zur Geltung kommen lassen. Erhöhte Nachfrage nach Konsumgütern führt also zu Preissteigerungen. Das bedeutet, daß das zusätzliche Nominaleinkommen kaufkraftmäßig entwertet wird. In the long run mag es zu einer Umstellung der Produktion kommen, die nun mehr Konsumgüter und weniger Investitionsgüter erzeugt. Das aber führt schließlich zur Minderung der volkswirtschaftlichen Produktivität und somit auch zur Drosselung des Konsums.

Sicherlich kann man nicht darauf vertrauen, daß die Erkenntnis solcher volkswirtschaftlichen Zusammenhänge die Masse der mit zusätzlichem Einkommen ausgestatteten Arbeitnehmer veranlassen wird, von diesem Einkommen den rechten Gebrauch zu machen und es nicht konsumtiv einzusetzen, sondern der Investition zuzuführen. Es ist auch ein natürlicher Vorgang, daß aus geringen Einkommen relativ weniger gespart wird als aus hohen Einkommen. Das freilich wäre auch kein ernsthaftes Bedenken, weil die gegenwärtige Investitionsrate durch den Wiederaufbau der Wirtschaft bedingt ist und auf die Dauer zugunsten der Konsumrate abgesenkt werden kann. In diesem Ausmaß ist eine Steigerung des Konsums nicht nur zulässig, sondern durchaus erwünscht.

Im übrigen wäre es unrecht, behaupten zu wollen, die Arbeitnehmer wären nicht eigentumswillig und würden zusätzliches Einkommen restlos dem Konsum zuführen. Demgegenüber wäre darauf hinzuweisen, daß seit Jahrzehnten die Sparbeträge der Arbeiter einen erheblichen Teil der Einlagen der Spar- und Zwecksparkassen ausmachen. Daß sich viele junge Leute ein Motorrad und manche Arbeiterfamilien eine Musiktruhe kaufen; daß man im Ruhrgebiet wie in allen Bergbaugebieten der Welt stärker zum Konsum neigt — was zu einem entscheidenden Teil psychologisch zu erklären ist und mit der größeren Arbeitsgefahr zusammenhängt —, dies alles besagt noch nichts gegen den Spar- und Eigentumswillen der Arbeitnehmerschaft. Es ist sogar die Annahme berechtigt, daß dann, wenn den Arbeitern umfangreiche Einkommensteile, die gespart werden können, zur Verfügung stehen, zusätzlich noch solche Beträge, um die sich das Sparen bisher nicht lohnte, zurückgelegt werden; dies allein aus der Freude darüber, daß nun die Aussicht besteht, künftighin über ein kleines Vermögen verfügen zu können. Oswald v. Nell-Breuning spricht von „kompensatorischen Konsumeinschränkungen", die, als Ausgleich für Konsumsteigerungen mancher Bevölkerungsschichten und hinsichtlich bestimmter Güter, insofern zu erwarten sind, als „Teile des bisherigen Einkommens, die in den Konsum gingen, nunmehr ebenfalls der Ersparnisbildung zugeführt werden, in dem Augenblick nämlich, wo man sieht: Es ist kein bloßer Tropfen auf einen heißen Stein, sondern es schlägt zu Buche, man kommt damit vorwärts[21]".

Dennoch bedarf es „geeigneter Maßnahmen, um die Menschen zu veranlassen, ihr Denken und dann auch ihren Willen auf das auszurichten, was wirtschaftlich sinnvoll und möglich ist, und abzulassen von einem Streben, bei dem nichts herauskommen kann, bei dem man nur selbst immer wieder den sozialen Fortschritt untergräbt oder rückgängig macht[22]". Zwei Wege stehen zur Verfügung: die Schaffung von Anreizen wirtschaftlicher Art, welche die Beteiligung an der Investition erleichtern und lohnend erscheinen lassen, und ferner eine wirtschaftspädagogische Beeinflussung, welche die Menschen zu einem Verhalten führt, das eine Vermögensbeteiligung am Produktionsmittelapparat möglich macht[23].

Zu den Anreizen wirtschaftlicher Art gehört die Bereitstellung einer Vielfalt von Anlagemöglichkeiten, die dem Arbeiter verständlich und auch vertrauenswürdig genug sind, um ihnen die Disposition über sein Kapital zu überlassen[24]. Eine große Bedeutung kommt immer noch den Sparkassen zu, die als „Sammelbecken von Kapitalsplittern" nach wie vor eine wichtige Funktion auf dem Kapitalmarkt ausüben. Viel diskutiert wird auch die Kleinaktie, die von Kleinsparern erworben oder direkt an Arbeiter und Angestellte gegeben werden könnte. Die Erfahrungen der Vergangenheit

[21] v. Nell-Breuning, Eigentumsbildung, a. a. O., S. 22 f.; vgl. auch S. 51 f.

[22] a. a. O., S. 21.

[23] Vgl. a. a. O., S. 21 f., 51. - Vgl. auch Michel, a. a. O., S. 107 ff. - Gerhard Zweig, Hans Georg Feldhege, Eigentum für alle. Stand und Möglichkeiten der Eigentumsbildung in breiten Schichten. Bad Godesberg 1961, S. 27 ff. - Günter Halbach, Vermögensbildung der Arbeitnehmer. Stuttgart 1962, S. 8 ff. - Oskar Klug, Volkskapitalismus durch Eigentumsstreuung. Stuttgart 1962.

[24] Vgl. v. Nell-Breuning, Eigentumsbildung, a. a. O., S. 51. - Ders., Kapitalmarkt und Kapitalbildung. In: WG I, S. 435.

haben gezeigt, daß der Besitz von Aktien auch über Katastrophenzeiten hinweg eine solide Spareinlage darstellt; denn die Aktionäre haben sowohl über die Weltwirtschaftskrise der dreißiger Jahre als auch über zwei Inflationen hinweg ihr Vermögen gerettet.

Gleichwohl muß gerade der kleine Sparer noch immer einige Hemmungen überwinden, bevor er sich zum Kauf einer Aktie entschließt. Diese Hemmungen beruhen zum Teil auf einer durch die geschichtliche Entwicklung längst überholten Voreingenommenheit gegen dieses frühere „Privileg" gehobener, kapitalkräftiger Bevölkerungsschichten, zum größeren Teil aber auf Unkenntnis und Unsicherheit gegenüber den Funktionen des Wertpapierverkehrs, der Banken und Börsen. Es ist vor allem die Furcht vor dem Risiko, daß sich der Kauf einer Einzelaktie und damit die Beteiligung an einem einzelnen Unternehmen als Fehlschlag erweisen könnte, falls der Geschäftsgang dieses Unternehmens hinter der allgemeinen wirtschaftlichen Entwicklung zurückbleibt. Hier bietet sich das Investmentsparen als Kapitalbeteiligungsform an, die geeignet ist, solche Risiken einzuschränken oder auszuschalten[25].

Gesetzliche Grundlage des Investmentsparens ist das Gesetz über Kapitalanlagegesellschaften vom 16. April 1957. Das Gesetz sieht das Wesen der Kapitalanlagegesellschaft darin, daß diese das eingelegte Geld im eigenen Namen für gemeinschaftliche Rechnung der Einlieger nach dem Grundsatz der Risikomischung in Wertpapieren gesondert von dem eigenen Vermögen anlegt und über diese Rechte den Anteilinhabern Urkunden (Anteilscheine oder Zertifikate) ausstellt (§ 1, Abs. 1). Das von den Sparern eingelegte Geld bildet also ein vom Eigenvermögen der Gesellschaft getrenntes Sondervermögen, das nicht für Verbindlichkeiten der Gesellschaft haftet (§ 6). Je nach den Vertragsbindungen steht das Sondervermögen entweder im Eigentum der Kapitalanlagegesellschaft oder im Miteigentum der Anteilinhaber. Es ist in börsengängigen Wertpapieren anzulegen, welche die Gesellschaft in ihr Portefeuille aufnimmt. Die Ansprüche der Anteilinhaber

---

[25] Vgl. Paul Quittner, Investment. Moderne Prinzipien der Vermögensanlage. Berlin 1930. - Egon Barocka, Investment-Sparen und Investment-Gesellschaften. Eine volkswirtschaftliche und rechtspolitische Betrachtung. Stuttgart 1956. - Claus Schrempf, Sparen und Verdienen durch Investment. München 1956. - Peter H. Werhahn, Wertbeständiges Sparen - ein Ansporn zur Eigentumsbildung. Köln 1951. - Erwin Häussler, Der Arbeiter als Wirtschaftsbürger. In: Sozialer Fortschritt, 5. Jg. 1956, S. 93—97. - August Neuburger, Investment-Sparen - ein sozialpolitisches Ziel. In: Der Volkswirt, Nr. 16/1955, Beilage Wertpapier und Sparer. - Augustinus Thiele, Der Investment-Einleger in der Kapitalwirtschaft. In: Die neue Ordnung, 13. Jg. 1959, S. 53 ff. - Klug, Volkskapitalismus, a. a. O., S. 145 ff.

gegenüber der Kapitalanlagegesellschaft sind in den Anteilscheinen verbrieft, die entweder auf den Namen oder den Inhaber lauten. Die Gesellschaft zahlt den Anteilinhabern einen Durchschnitt der Dividenden, die sie auf die in ihrem Portefeuille befindlichen Papiere erhält. Der Vorteil des Investmentsparens liegt also darin, daß es keine besonderen Wertpapiererfahrungen voraussetzt und auf Grund des Mischungsprinzips und des dadurch bewirkten Risikoausgleichs auch dem kleinen und mittleren Sparer eine Möglichkeit der Kapitalbeteiligung bietet, die bisher nur den Besitzern großer Vermögen offenstand, welche über so erhebliche Beträge verfügten, daß sie diese in Wertpapieren verschiedener Unternehmungen der verschiedensten Branchen anlegen konnten. Die Entwicklung der vergangenen Jahre hat in der Tat gezeigt, daß der Kurs der Investment-Zertifikate wesentlich stetiger und weit geringeren Schwankungen unterworfen war als die Kursentwicklung der Aktien einzelner Unternehmungen[26].

Neben wirtschaftlichen Anreizen solcher Art, zu denen noch andere, so insbesondere steuerliche Begünstigung der Ersparnisbildung, hinzutreten[27], kommt der sozialpädagogischen Beeinflussung eine große Bedeutung zu. Hier eröffnet sich den Gewerkschaften ein weites Feld der Betätigung im Interesse einer sozialen Strukturpolitik. Die Beteiligung der Arbeitnehmerschaft am neu sich bildenden Produktionsmitteleigentum setzt voraus, daß sich die Gewerkschaften dafür einsetzen, in den Arbeitern den Sparwillen zu wecken und ihre Forderungen nach Lohnerhöhung nicht lediglich damit begründen, der Arbeiterschaft eine bessere Lebenshaltung im Sinne einer Ausdehnung des Konsums zu ermöglichen, sondern ihr einen angemessenen Anteil an der volkswirtschaftlichen Vermögensbildung zu sichern. Eine Konkretisierung dieses Gedankens ist also erst dann möglich, „wenn die Gewerkschaften sich überzeugt haben werden, daß seine Verwirklichung unzweifelhaft im Interesse der Arbeitnehmerschaft liegt, und aus dieser Überzeugung heraus mit allen ihnen zu Gebote stehenden Mitteln das Streben ihrer Mitglieder an erster Stelle auf Vermögensbildung hinlenken und erst an zweiter Stelle auf Steigerung der als erhöhter Verbrauch verstandenen Lebenshaltung[28]".

[26] Zur geschichtlichen Entwicklung des Investmentgedankens und der Investment-Gesellschaften vgl. Barocka, a. a. O., S. 17 ff.

[27] Oswald v. Nell-Breuning schlägt vor, „die Einkommensteuer zu spalten in eine Steuer auf den verbrauchten Einkommensteil mit höherem Steuersatz und eine Steuer auf den nichtverbrauchten Einkommensteil mit niedrigerem Steuersatz (Eigentumsbildung durch Ordnung von Verteilung und Verbrauch, a. a. O., S. 80).

[28] v. Nell-Breuning, Eigentumsbildung, a. a. O., S. 51.

Die Überzeugung, daß die Vermögensbeteiligung der Arbeitnehmerschaft am volkswirtschaftlichen Produktionsmittelapparat ein entscheidender Schritt zur Lösung der Arbeiterfrage sei — als Inbegriff der durch die kapitalistische Wirtschaft vollzogenen Trennung von Kapital und Arbeit und der daraus folgenden Proletarisierung der Arbeiterschaft —, diese Überzeugung gewinnt zwar auch innerhalb der Gewerkschaften an Boden[29], in das allgemeine Bewußtsein der gewerkschaftlichen Führungs- und Funktionärsschicht ist sie aber noch nicht eingedrungen. Hier konnte sie sich bislang nicht durchsetzen infolge der immer noch wirksamen Vorherrschaft der Ideen der Sozialisierung, der Mitbestimmung, der sozialen Sicherheit. Um Freiheit und Sicherheit des Arbeiters zu garantieren, hält man noch weithin eine starke und straffe gewerkschaftliche Organisation und den weiteren Ausbau des Systems der sozialen Sicherheit für wichtiger als die Verfügung über Eigentum. Deshalb sei zu überlegen, so meint U. Teichmann, „ob man nicht bei der bewährten klassischen Grundsatzpolitik bleiben sollte, die auf aktive Lohnpolitik, Arbeitszeitverkürzung und allgemeine soziale Sicherung ausgeht. Bisher hatte diese Politik nicht zum Ziele, den Arbeitnehmer unbedingt am Eigentum ... teilhaben zu lassen, sie ging vielmehr darauf aus, ihn am ökonomischen Ertrag der gesellschaftlichen Produktion in größerem Maße zu beteiligen[30]."

Für die überwiegende Auffassung der Gewerkschaften dürfte immer noch die Formulierung des Gewerkschaftskongresses von 1954 zutreffen: „Die deutschen Gewerkschaften lehnen das Miteigentum an Produktionsmitteln in Form der Arbeitnehmeraktie oder ähnlichen Beteiligungsformen ab. Das Miteigentum ändert nichts an dem heutigen Wirtschaftssystem und den damit verbundenen Machtverhältnissen. Durch das sogenannte Miteigentum kann keine der grundlegenden sozialen Fragen gelöst werden. Es

[29] Vgl. Herbert Bachmann, Kapitalbeteiligung der Arbeitnehmer. In: Gewerkschaftliche Monatshefte, 4. Jg. 1953, S. 208—215. - Peter Viehöver, DGB und Eigentumsbildung. In: Gesellschaftspolitische Kommentare, 4. Jg. 1957, Nr. 1, S. 7 f. - Werner Hansen, Eigentumsbildung in Arbeitnehmerhand. In: Die Quelle, Nr. 7, 1956 (vgl. dazu: Gewerkschaftliche Neuorientierung. Zur Frage des Investmentsparens. In: Gesellschaftspolitische Kommentare, 4. Jg. 1957, S. 8 ff.) - Siegfried Aufhäuser, Produktionsmittelmonopol oder Miteigentum? In: Gewerkschaftl. Monatshefte, 5. Jg. 1954, S. 208—210. - Karl Trabalski, Zur Frage der Beteiligung der Arbeiter am Kapital der Unternehmungen. In: WWI. Mitteilungen des Wirtschaftswissenschaftl. Instituts der Gewerkschaften, 9. Jg. 1956, S. 120 bis 132. - Felix Waldraff, Vermögensbildung in Arbeitnehmerhand. In: Gewerkschaftl. Monatshefte, 4. Jg. 1953, S. 630 f. - Konrad Schayer, Wege der Vermögensbildung in Arbeiterhand. In: Gewerkschaftl. Monatshefte, 4. Jg. 1953, S. 649—655.

[30] U. Teichmann, Arbeitnehmereigentum. In: Gewerkschaftliche Monatshefte, 7. Jg. 1956, S. 567.

stellt vielmehr den Versuch dar, eine Art Ersatz zu bilden für die gewerkschaftliche Mitbestimmung und die Überführung, besonders der Grundstoffindustrien, in Gemeineigentum[31]." Unausgesprochen mag allerdings auch der Gedanke mitspielen, daß eine Kapitalbeteiligung der Arbeitnehmerschaft doch wohl zu einer Änderung und Überwindung der heutigen, immer noch durch den Gegensatz von Kapital und Arbeit charakterisierten Gesellschaftsordnung führen könne, daß dann aber ein wesentlicher Ansatzpunkt gewerkschaftlicher Aktivität wegfallen oder gar die Existenzberechtigung der Gewerkschaften überhaupt in Frage gestellt werden könnte.

Es gibt aber auch beachtliche Stimmen innerhalb der Gewerkschaftsbewegung, welche anderer Meinung sind. Die klassische Gesellschaftspolitik sei zwar auch künftighin in der Lage, die materielle Existenz der Arbeitnehmer zu sichern, so meint Bachmann, jedoch könne die „fundamentale Ungleichheit zwischen Besitzenden und Besitzlosen ... durch noch so viel Sozialpolitik des Staates und noch so erfolgreiche Lohnpolitik der Gewerkschaften nicht aufgehoben werden[32]". Bruno Gleitze nennt die Vermögensakkumulation auf der einen Seite und die Besitzlosigkeit auf der anderen Seite einen „sozialpathologischen Zustand", dem „mit den Mitteln der Lohnpolitik überhaupt nicht beizukommen" ist[33]". Deshalb empfiehlt Gerhard Weisser den Gewerkschaften, neben der Strategie der Lohnpolitik auch eine „Vermögensbildungsstrategie" zu entwickeln[34].

Unter der Voraussetzung, daß es gelingt, mit Hilfe wirtschaftspolitischer Anreize und sozialpädagogischer Beeinflussung den Sparwillen der Arbeitnehmerschaft zu wecken, so daß von daher eine Gefährdung der volkswirtschaftlich notwendigen Kapitalbildung nicht zu befürchten wäre, könnte man sich der Frage zuwenden, welche konkreten Wege zu gehen wären, um die Arbeitnehmerschaft am volkswirtschaftlichen Kapitalzuwachs zu beteiligen. Grundsätzlich ließe sich dieses Ziel auf zweierlei Weise erreichen: entweder innerhalb des Lohnarbeitsverhältnisses mit Hilfe von Lohnerhöhungen oder auf dem Wege einer Umwandlung des Lohnvertrages in einen Gesellschaftsvertrag, in dem der Arbeitnehmer als gleichberechtigter Partner neben dem Unternehmer steht und sein Einkommen nicht mehr als

---

[31] Zitiert nach: Welt der Arbeit, Nr. 42 v. 15. Oktober 1954.

[32] Herbert Bachmann, Kapitalbeteiligung des Arbeitnehmers. In: Gewerkschaftl. Monatshefte, 4. Jg. 1953, S. 208.

[33] Bruno Gleitze, Lohnpolitik und Vermögensverteilung. In: Sozialer Fortschritt, 6. Jg. 1957, S. 55.

[34] Gerhard Weisser, Lohnbildung in der Marktwirtschaft. In: Gewerkschaftliche Monatshefte, 7. Jg. 1956, S. 532.

„Lohn“ empfängt, der kalkulatorisch als Kostenelement erscheint, sondern als Gewinn.

Da es im Falle der Kapitalbeteiligung der Arbeitnehmer nicht darum geht, die Anteile der funktionellen Einkommensarten neu zu bestimmen und abzugrenzen, sondern die „Wertschöpfung des Unternehmens“ in befriedigender Weise zu verteilen[35], ist es wirtschaftlich gleichgültig, welchen Weg man geht: den der Lohnerhöhung oder den der Umwandlung des Lohnarbeitsverhältnisses in ein Gesellschaftsverhältnis, auf Grund dessen dem Arbeiter als nunmehrigem Unternehmensteilhaber ein Gewinnanteil zusteht. Man muß im Zusammenhang dieser ganzen Fragestellung aber beachten, daß es nicht auf den Unternehmergewinn im herkömmlichen Sinne und die Beteiligung des Arbeitnehmers an diesem Unternehmergewinn ankommt, sondern auf den Unternehmensgewinn. Das ist nicht ein anderer Terminus für den Unternehmergewinn als Residualeinkommen, sondern etwas völlig anderes, nämlich die im Betrieb und durch die Betriebsgemeinschaft geschaffene, aber durch den Markt bestätigte und honorierte Wertschöpfung, welche auf die an ihrer Entstehung Mitwirkenden aufzuteilen ist[36]. Um die Aufteilung dieser Wertschöpfung geht es gleichermaßen unter den Bedingungen des Lohnarbeitsverhältnisses und des Gesellschaftsvertrags. Nur werden im Falle des Lohnvertrags die Sachverhalte leicht dadurch überdeckt, daß die Lehre von den funktionalen Einkommenskategorien den Eindruck entstehen lassen kann, als seien die Anteile der an der Erstellung des Produktionsergebnisses Beteiligten — eben auf Grund einer zwar modelltheoretisch interessanten, aber sozialpolitisch unverbindlichen Zuordnung zu den funktionalen Einkommenskategorien — vorweg automatisch festgelegt und bedürften nur der Bestätigung oder höchstens gewisser durch „Friktionen“ des Marktmechanismus, insbesondere des Arbeitsmarktes, bedingter Korrekturen. Tatsächlich kommt es aber nicht auf die Höhe des „Lohnes“, des „Kapitalzinses“ und des „Unternehmergewinns“ an, sondern auf die Aufteilung des Sozialprodukts unter reale Personen und Personengruppen, so daß also „die letzte nicht nur rechtliche, sondern auch ursächliche Begründung nicht in der Vergangenheit, sondern im Ausblick auf die Zukunft (liegt), rechtlich auf das Bedürfnis, ursächlich auf die Verwendung[37]“. Soweit der Marktmechanismus von sich aus eine sozial befriedigende Verteilung des Sozialprodukts herbeizuführen vermag,

---

[35] Vgl. v. Nell-Breuning, Lohnproblem, a. a. O., in: WG I, S. 419.
[36] Vgl. a. a. O., S. 419 ff.
[37] a. a. O., S. 419 f.

ist das durchaus erwünscht. Dieser Automatismus enthält indessen keinen Maßstab für richtig und falsch hinsichtlich der Verteilung des Sozialprodukts. Die geschichtlichen Erfahrungen haben gezeigt, daß die eigene Dynamik des ökonomischen Prozesses unter verteilungspolitischen Aspekten gesehen sehr unzulänglich ist. In einer dem Gemeinwohl verpflichteten sozialen Marktwirtschaft „gibt es keinen Automatismus, der über die Höhe der den verschiedenen Funktionstypen zustehenden Einkommensarten entschiede, sondern genießt die Wirtschaftspolitik die souveräne Freiheit, sowohl die Erträge der Unternehmungen als auch deren Verteilung auf die verschiedenen beteiligten Personengruppen so zu lenken, daß eine ‚befriedigende Einkommens- und Vermögensverteilung' herauskommt[38]".

Wie sehr aber noch die Vorstellung verbreitet ist, daß es eine die Höhe der funktionalen Einkommensarten bestimmende und damit auch über „Recht" und „Unrecht" entscheidende Marktgesetzlichkeit gebe, zeigt sich in Äußerungen, welche die wirtschaftspolitische Forderung einer Kapitalbeteiligung mit Diebstahl und Raub vergleichen[39], dem Unternehmer einen „Anspruch auf die gesamte Vermögensmehrung" zusprechen, den „Vorschlag des Miteigentums als unmoralisch und unzumutbar" zurückweisen und zum Ausdruck bringen, daß die durch eine derartige „Entrechtung" bedrohten Unternehmer sich „mit Recht gegen einen solchen legalisierten Raub zur Wehr setzen" werden, weil damit „Prinzipien des Grundgesetzes, in erster Linie das der Gewährleistung des Eigentums", verletzt würden[40]. Hier werden offenbar in unzulässiger Weise modelltheoretische Konstellationen und Abläufe — das der kapitalistischen Wirtschaft abgelesene Schema einer Zuordnung der Kostenelemente Lohn, Zins und Grundrente an die Produktionsfaktoren Arbeit, Kapital und Boden und des dann noch verbleibenden „Restes" an betrieblicher Wertschöpfung als Unternehmergewinn an den Unternehmer — in die Ebene des Normativen verpflanzt und mit der Würde und dem Geltungsanspruch ethischer Normen ausgestattet. Die gegen die Kapitalbeteiligung der Arbeitnehmer erhobenen Einwendungen von der Art, wie sie eben angedeutet wurden, können zu ihrer Begründung nur dieses anführen: Die Einkommensverteilung ist in der kapitalistischen Wirtschaft bisher nach jenem Schema abgelaufen, also muß es so bleiben, eine offenbare petitio principii: Was zu beweisen wäre

[38] a. a. O., S. 421.
[39] So beispielsweise Hans Bolza, Kritisches zur Frage des Miteigentums. In: Der Arbeitgeber, 9. Jg. 1957, S. 774—778, insbes. 775.
[40] a. a. O., S. 776 ff.

— die wirtschaftspolitische Richtigkeit jenes Verteilungsschemas —, wird als bewiesen vorausgesetzt[41].

Demgegenüber ist zu bedenken, daß Kapital und Arbeit nicht erstrangig als Kontrahenten im arbeitsrechtlichen Sinne angesehen werden können, sondern daß sie gemeinsame Produzenten des Sozialproduktes sind, die aufeinander angewiesen sind. Demnach ist der Lohn, auch wenn er kalkulatorisch als Kostenfaktor behandelt wird, seinem Wesen nach etwas anderes. Er ist gleich dem Unternehmergewinn legitimer Anteilsanspruch auf das Wirtschaftsresultat des Betriebes.

Zudem muß beachtet werden, worauf Eberhard Welty hinweist, daß im modernen Industriebetrieb die Eigentümer überwiegend nicht mehr über ihr Eigentum verfügen[42]. Kapitalgeber stellen ihr Kapital zur Verfügung, sie verzichten auf ihre Dispositionsbefugnis und übertragen sie auf Nichteigentümer (Manager, Banken). Das aber bedeutet: „Je weniger der Eigentümer (Kapitalgeber) selbst sein Eigentum durch Arbeit ertragreich macht, desto geringer ist sein Alleinanspruch auf die Erträge, desto höher ist dagegen der Anspruch auf Beteiligung bei jenen, die dieses Eigentum (Kapital) durch ihre Arbeit bzw. Leistung ertragreich machen ... Selbst dort, wo jemand noch wirklich in *seinem* Unternehmen, also im *eigenen* Namen, mit oder an *eigener* Habe arbeitet ..., muß er heute oft genug mit fremdem Kapital (Kredit) arbeiten; auch hier ist auf breiter Ebene die neue Form eingedrungen, daß nämlich Kapital nicht durch Eigentümer, sondern durch Nicht-Eigentümer produktiv wird[43].“

Aus der Art der Kooperation im modernen Industriebetrieb folgt, daß eigentlicher Faktor der Lohnzumessung in erster Linie nicht die Kapital- und die Arbeitsleistung als solche sind, weil es unmöglich ist, das Produktionsergebnis den an seinem Zustandekommen beteiligten Produktionsfaktoren kausal zuzurechnen. Dabei ist noch zu bedenken, daß der Ertrag der Produktion in der modernen Wirtschaft zu einem wesentlichen Teil nicht allein das Ergebnis einer betrieblichen Leistungsgemeinschaft, sondern außer- und überbetrieblicher Bedingungskonstellationen ist (Wirtschaftsordnung, Marktsituation, Konjunktur, Wirtschafts- und Steuerpolitik). Eine kausale Zurechnung ist deshalb „logisch unvollziehbar. Sowenig wir den Ertrag des Ackers auf die Kausalfaktoren Intelligenz und Fleiß des Bauern, Stall-

---

[41] Vgl. dazu: Oswald v. Nell-Breuning, Politischer Lohn? In: Stimmen der Zeit, 159. Bd. 1956/57, S. 251—263, insbes. S. 253.

[42] Vgl. Eberhard Welty, Herders Sozialkatechismus. 3. Bd. Freiburg 1958, S. 270 f., 324 ff.

[43] Welty, a. a. O., S. 328 f.

und Kunstdünger, Sonnenschein, Wind und Regen aufgliedern können, ebensowenig den Ertrag eines gewerblichen Unternehmens, in dessen Rechnungswerk zudem auch immer nur diejenigen Kausalfaktoren erscheinen, die zugleich Kostenelemente sind, andere nicht minder gewichtige Kausalfaktoren, die uns entweder die Natur oder die bestehende gesellschaftliche Ordnung gratis zur Verfügung stellt, dagegen nicht[44]."

Es ergibt sich daraus, daß eine Zurechnung des Produktionsergebnisses auf die Beteiligten nicht kausal, sondern nur teleologisch vorgenommen werden kann. Die teleologische Zurechnung geht von der Tatsache aus, daß die verschiedenen am Produktionsprozeß beteiligten Menschen „innerhalb der menschlichen Gesellschaft bestimmte Aufgaben zu erfüllen haben. Um diese Aufgaben zu erfüllen (erfüllen zu können), müssen sie mit einem Einkommen ausgestattet sein, das ihnen ermöglicht, die Rolle, die sie in der Gesellschaft zu spielen berufen sind, auch wirklich spielen. Ist es dafür erforderlich, daß sie auch über ein gewisses Vermögen verfügen, dann muß sowohl die Einkommensverteilung als auch die Vermögensverteilung daraufhin ausgerichtet sein[45]." Das Prinzip einer teleologischen Zurechnung zielt also darauf, den Beteiligten das zukommen zu lassen, was sie brauchen, um die ihnen gestellte Lebens- und Berufsaufgabe verwirklichen und die ihnen zugewiesene Stellung im Ganzen der Gesellschaft ausfüllen zu können. Gewiß ist die Leistung des einzelnen nicht bedeutungslos, sie ist aber für die Bestimmung der Einkommenshöhe nur *ein* Faktor unter vielen und läßt sich rechnerisch-quantitativ nicht festlegen. Das oberste Kriterium des in diesem Sinne zu verstehenden „Lebenslohnes" oder „Bedarfslohnes" ist das Gemeinwohl, es sind „die Erfordernisse des befriedeten, geordneten, gedeihlichen Gemeinschaftslebens" als der „Richtschnur, mit der allein man sich hier durchfindet[46]".

Auch Klaus von Bismarck betont, daß „der Anteil des einzelnen Produktionsfaktors am Produktionsergebnis offenbar nicht feststellbar ist. Es gibt die verschiedensten Möglichkeiten, durch die sich ein überdurchschnittlich hoher Ertragsüberschuß oder Betriebserfolg ergeben kann. Von hier aus scheint es nicht möglich, den Anteil der Unternehmerinitiative oder den Anteil der Belegschaft nach ihrem Gewicht als Produktionsfaktor allgemeingültig zu bestimmen. Beide Funktionen sind — so ungleich sie sein

---

44 Oswald v. Nell-Breuning, Der Lohn als Erwerbsmittel und Eigentumsquelle. In: Eigentum und Eigentümer, a. a. O., S. 54 f.

45 a. a. O., S. 55.

46 a. a. O., S. 55.

mögen — nur in ihrer Zueinanderordnung zu verstehen. Die evangelischen Überlegungen für eine ‚Verantwortliche Gesellschaft' betonen die Notwendigkeit des Zusammenwirkens der verschiedenen Faktoren. Sie sind nicht in der Lage, ein Primat der Unternehmerinitiative bzw. des Faktors Arbeitskraft zu statuieren[47]."

Tatsächlich aber vollziehen sich Distribution und Vermögensbildung nach dem der kapitalistischen Wirtschaft entlehnten Schema der funktionalen Eigentumsverteilung und unterscheiden sich auch im Zeichen des „sozial temperierten Kapitalismus" in der Grundtendenz nicht wesentlich von der des Hochkapitalismus. Das ist um so anfechtbarer, als diese krasse Disproportionalität der Vermögensschichtung nicht nur eine Gefährdung des Gesellschaftsgefüges bedeutet, sondern auch vermeidbar wäre und keinesweg zu den unabwendbaren Zwangsläufigkeiten des marktwirtschaftlichen Systems gehört[48]. Der Ausschluß der Arbeitnehmer von der Vermögensbildung ist „kein Systemfehler, der nur durch Beseitigung des kapitalistischen Systems behoben werden könnte, sondern ein gewiß schwerwiegender Fehler, der aber im System selber behoben werden kann und muß[49]".

Sicherlich ist die Ermittlung einer richtigen Einkommensverteilung ein kompliziertes Verfahren, weil hier verschiedene Komponenten zu berücksichtigen sind, über deren Bewertung nur schwer eine Übereinstimmung unter denen, die es angeht, zu erzielen ist: Zielsetzungen der staatlichen Wirtschaftspolitik, Stand der Konjunktur, gesamtpolitische Situation, Verhaltensweisen der Sozialpartner[50]. Jede Änderung einer dieser Komponenten nimmt auch der bisherigen Einkommensverteilung ihre Grundlage und drängt auf eine Neufestlegung der Einkommensanteile. Die Einkommensverteilung, in unserer engeren Fragestellung die Lohnfindung, ist an eine „politische Vorentscheidung" gebunden, das will sagen: „Vor der sachverständigen Lohnfindung steht also die politische Aufgabe, sich über ein bestimmtes Ziel, eine bestimmte gesellschaftliche und wirtschaftliche Ordnung, beispielsweise über den Platz und Rang, den die Arbeitnehmerschaft in Gesellschaft und Wirtschaft einnehmen soll, und über den Weg, auf dem man dieses Ziel erreichen will, einig zu werden. Das ist offenbar eine echt

[47] Klaus von Bismarck, Das Eigentum hat sozialen Charakter, a. a. O., S. 101 f.

[48] Vgl. Eine Kontroverse über Eigentumsbildung. In: Herder-Korrespondenz, 13. Jg. 1958/59, S. 495 ff.

[49] Oswald v. Nell-Breuning, Kapitalismus und Kapitalismuskritik. In: Gesellschaftspolitische Kommentare, 5. Jg. 1958, S. 293.

[50] Vgl. v. Nell-Breuning, Politischer Lohn, a. a. O., S. 251.

politische Aufgabe, und in diesem Sinne setzt Lohnfindung notwendig eine politische Vorentscheidung voraus, ist der Lohn in *diesem* Sinne immer ‚politischer Lohn[51]'." Nur auf dem Hintergrund einer solchen Vorentscheidung läßt sich beurteilen, was hinsichtlich der Bemessung der Einkommensanteile der verschiedenen Bevölkerungsschichten „gerecht" oder „ungerecht", „richtig" oder „falsch" ist.

Ist man sich im Sinne der christlichen Soziallehre darüber einig geworden, die Arbeitnehmerschaft am ständig wachsenden Sozialprodukt teilnehmen zu lassen und ihre Einkommensquote entsprechend zu erhöhen, dann könnte man unter den Bedingungen des Lohnarbeitsverhältnisses so vorgehen, daß dem „Konsumlohn" als der zur Deckung des laufenden Bedarfs bestimmten Lohnquote ein nicht konsumfähiges Investitionseinkommen, der „Investivlohn", aufgestockt wird[52], für den, um einer konsumtiven Verwendung vorzubeugen, die „Möglichkeit freiwilliger Bindung im Wege nicht allein der individuellen, sondern auch der kollektiven Vereinbarung" vorgesehen werden kann[53]. Das bedeutet nicht, daß die Quote des Investivlohns für den einzelnen eine starr abgegrenzte Größe ist; es kommt nur darauf an, daß die der Investition zur Verfügung gestellte Lohnquote im ganzen ausreicht, um die volkswirtschaftlich notwendige Kapitalbildung zu sichern. Es kann also an der einen Stelle mehr konsumiert werden, wenn an anderer Stelle entsprechend mehr gespart wird. Aber auch die volkswirtschaftliche Investitionsrate als Ganzes ist keine fixe Größe und kann bei hinreichender Kapitalausstattung einer Volkswirtschaft bedeutend

---

[51] a. a. O., S. 252.

[52] Vgl. Oswald v. Nell-Breuning, Konsumlohn - Investivlohn. In: WG I, S. 439 ff. - Ders., Der Lohn als Erwerbsquelle, a. a. O., S. 62 ff. - Paul Jostock, Kollektive Kapitalbildung oder Eigentumsbildung beim einzelnen? In: Die neue Ordnung, 11. Jg. 1957, S. 219—225, insbes. S. 220. - Erwin Häussler, Der Arbeiter als Wirtschaftsbürger. In: Sozialer Fortschritt, 5. Jg. 1956, S. 93—97. - Ders., Der Arbeitnehmer von morgen, Miteigner und Mitträger der Wirtschaftsgesellschaft. Stuttgart 1955. - Paul Adenauer, Zur sozialethischen Bewertung eines gesetzlichen Investivlohns. In: Jahrbuch des Instituts für christliche Sozialwissenschaften der Westfälischen Wilhelms-Universität Münster, 3. Bd. 1962, S. 311 ff. - Alois Oberhauser, Die wirtschaftlichen Auswirkungen und Grenzen des Investivlohns. Paderborn 1959. - Ders., Neue Wege zu einer breiteren Vermögensverteilung. In: Ordo Socialis, 7. Jg. 1959/60, S. 35 ff. - Klose, a. a. O., S. 339 ff. - J. Heinz Müller, Wirtschaftliche Fragen der Bildung breitgestreuten Eigentums, a. a. O., S. 300 ff. - Hartmut Weber, Vermögensbildung, a. a. O., S. 3 ff. - Zweig, Feldhege, a. a. O., S. 98 ff. - Klaus von Bismarck, a. a. O., S. 99 ff.

[53] v. Nell-Breuning, Eigentumsbildung, a. a. O., S. 50. - Vgl. auch Häussler, Der Arbeitnehmer von morgen, a. a. O., S. 20.

geringer sein als in einer ramponierten oder unterentwickelten, mit Produktionsmitteln neu auszustattenden Wirtschaft[54].

Die Einführung eines Investivlohns, der gegebenenfalls im Interesse der Sicherung der volkswirtschaftlich notwendigen Investitionsrate besonderen Bindungen zu unterwerfen ist, empfiehlt auch die Eigentums-Denkschrift des Rates der Evangelischen Kirche in Deutschland: „Der Wille zum Sparen kann auch dadurch geweckt werden, daß neben dem frei verfügbaren Lohn ein zusätzlicher Einkommensteil gewährt wird, der nicht zum Verbrauch, sondern zur produktiven Eigentumsbildung bestimmt ist und darum besonderen Bindungen unterliegt. Durch die Fortentwicklung und Verbesserung der auf diesem Gebiet bereits getroffenen gesetzgeberischen Ansätze könnten weitere Volkskreise erfolgreich an eine höhere Spartätigkeit herangeführt werden. Ein Zwangssparprozeß zugunsten der Unternehmen und der öffentlichen Hand vollzog sich bisher schon dort, wo die Konsumentenschaft durch die hohen Preise der Nachkriegszeit gezwungen war, zu der Bildung von Investitionskapital beizutragen. Es kann kein Widerspruch zu einer freiheitlichen Gesellschaftsordnung sein, wenn der Sparzwang nun auch denen zugute kommt, die bisher an der Kapitalbildung keinen eigenen Anteil hatten. Es ist jedoch sicherzustellen, daß das angesparte Kapital in Form von persönlichen Anteilsrechten (Festkonten, Investment-Zertifikaten, Aktien usw.) den einzelnen Arbeitnehmern gutgeschrieben und in absehbarer Zeit für den Eigentümer verfügbares Vermögen wird. Dabei sollen möglichst alle Kreise der Arbeitnehmerschaft, nicht nur die Arbeitnehmer der gewerblichen Wirtschaft, berücksichtigt werden[55]."

---

[54] Vgl. v. Nell-Breuning, a. a. O., S. 22 f., S. 32.

[55] Eigentumsbildung in sozialer Verantwortung, a. a. O., n. 23. - Vgl. auch Klaus von Bismarck, Das Eigentum hat sozialen Charakter, a. a. O., S. 102 f. - von Bismarck hebt eigens hervor, daß „nach den Grundgedanken der evangelischen Sozialethik ein überbetrieblicher gesetzlicher Eingriff in die Eigentumsstruktur nicht in jedem Falle als kollektivistische Maßnahme abzulehnen ist . . . Wenn die soziale Gebundenheit jedes Eigentums und seine Einordnung in soziale Zusammenhänge gesehen werden soll, so verläßt sich die evangelische Sozialethik nicht auf die Initiative der einzelnen. Vielmehr betont sie die Aufgabe der Erziehung und Beeinflussung der öffentlichen Meinung. Diese Aufgabe können die Kirchen sicher nicht allein bewältigen. Es hängt entscheidend vom Erfolg einer solchen sozialen Volkserziehung ab, in welchem Ausmaß stützende, gesetzliche Ordnungen und entsprechende Maßnahmen der Steuerpolitik notwendig werden. Eine gesetzliche Regelung braucht also keineswegs die persönliche Verantwortung auszuschalten. Vielmehr ist eine rechte gesetzliche Rahmenordnung der Eigentumsverhältnisse immer die Voraussetzung für die rechte Auswirkung persönlicher Initiative und Haltung" (a. a. O., S. 102 f.).

Eine große Rolle spielt in der Diskussion des Investivlohns auch die Frage, wie die Unternehmer auf eine solche Umschichtung der Einkommensverteilung, die für sie eine Absenkung der Kapitalrendite bedeutet, reagieren werden; ob sie das Interesse an der Produktion verlieren und diese einschränken werden oder ob sie versuchen werden, durch Ausdehnung der Produktion ihren Einkommensanteil trotz relativer Minderung doch in seiner absoluten Größe zu erhalten[56]. Es scheint, daß man dieser Frage die vom Psychologischen her anzugehen wäre, eine zu große Bedeutung beimißt. Sicherlich würde der Plan einer umfassenden Kapitalbeteiligung der Arbeitnehmerschaft durchkreuzt werden, wenn feststünde, daß die Unternehmerschaft durchgängig mit Produktionseinschränkung und Entlassung von Arbeitskräften reagieren würde.

Bei der Erarbeitung und Analyse von Typen unternehmerischer Verhaltensweisen würde man aber vermutlich in einige Verlegenheit kommen, wenn man nach dem Typ des Unternehmers suchen würde, der eine Verkürzung seiner Kapitalrendite mit Produktionseinschränkung beantworten würde. Dem kapitalistischen, von Werner Sombart durch die „Grenzenlosigkeit des Erwerbsstrebens" charakterisierten Unternehmer, der den Erwerb um des Erwerbs willen betreibt und von der Freude am Wachsen seines Betriebes lebt, läge jene Mentalität sehr fern. Bei ihm darf man mit viel stärkeren Gründen die entgegengesetzte Reaktion erwarten: daß er durch erhöhte unternehmerische Aktivität eine Gewinnminderung zu kompensieren sucht. Ähnliches gilt für den Fall des mittleren oder kleinen Familienbetriebes[57]. Es wäre wirklichkeitsfremd anzunehmen, daß dessen Eigentümer seine unternehmerische Aktivität von Gewinnerwartungen abhängig macht. Zumindest wird er bei Gewinnminderung die Produktion nicht einschränken, sondern eher das Gegenteil tun und sie ausdehnen, soweit die Situation des Betriebes und des Marktes dies zuläßt. Und hinsichtlich des Manager-Betriebes besteht ebenfalls kein Grund zu der Annahme, daß die vorgesehenen Umschichtungen der Einkommensverteilung zu einer Drosselung der Produktion führen könnten. Der ursprüngliche Impuls eines echten Managers zu organisieren, über Kapitalien zu verfügen, neue Märkte zu erschließen, Menschen und Apparaturen einzusetzen und immer wieder neu zu kombinieren, würde wohl kaum gehemmt, wenn sich Einkommensverteilung und betriebliche Vermögensbildung zugunsten der

---

56 Vgl. v. Nell-Breuning, a. a. O., S. 24.

57 Vgl. Alexander Hellwig, Über die Familienunternehmen. In: Die Aussprache, 10. Jg. 1960, S. 38—40.

Arbeitnehmer verschieben würden. Wer in so grandioser Form mit fremden Eigentumsrechten fertig zu werden weiß wie die Managerschicht der Großbetriebe, wird sich von Vermögensumschichtungen kaum beeindrucken lassen. Damit werden freilich im Hinblick auf die Eigentumsbeteiligung der Arbeitnehmerschaft neue und schwere Probleme aufgeworfen, wenn der Arbeiter wirklich *Eigentum* an Produktionsmitteln erlangen soll und nicht nur eine Art „Untereigentum", das, weil von Managern beherrscht, in deren „Obereigentum" steht, zwar nicht rechtlich, aber doch faktisch[58]. Hier geht es aber nur um die Frage der Unternehmerreaktion auf eine Umschichtung der künftigen Vermögensbildung. Der Manager-Betrieb jedenfalls bietet ebenfalls keinerlei Ansatzpunkte, sie negativ zu beantworten.

Es dürfte schwer sein, überhaupt einen Unternehmertypus zu beschreiben, für den die Produktion eine Resultante der Gewinnerwartungen ist. In diesem Punkte muß man gegenüber Keynes, dessen Einfluß sich hier offenbar übermäßig geltend macht, erhebliche Einschränkungen machen. Klaus von Bismarck nimmt zu dieser Frage aus der Sicht der evangelischen Sozialethik in folgender Weise Stellung: „Von der Unternehmerseite wird gelegentlich argumentiert, daß eine überhöhte Beteiligung der Arbeitnehmer am Gewinn, Ertrag usw. eine Minderung der Unternehmerinitiative und von hier aus negative Auswirkungen auf die Beschäftigungslage und auf das wirtschaftliche Wachstum ergeben könnte. Die evangelische Sozialethik ist auf Grund ihrer nüchternen (nicht idealistischen) Anschauung vom Menschen in der Lage, die Bedeutung des Gewinnstrebens und des Wettbewerbs zu sehen und diese Antriebsfaktoren in ihren Grenzen als notwendig für die Gesellschaft zu bejahen. Man soll also gewiß dem Ochsen, der da drischt, das Maul nicht verbinden. Die Unternehmerinitiative sollte also nach evangelischer Auffassung durchaus eine ihrem Risiko gerecht werdende materielle Chance haben. Aber es würde die Motive einer sozialethisch fundierten Unternehmerinitiative ungebührlich einschränken, wenn man sie nur auf eine uneingeschränkte Gewinnchance zurückführte und schon in Versuchen einer Aufteilung des Ergebnisses zwischen Kapital, Arbeit und Unternehmerinitiative eine Zurücksetzung der Unternehmerfunktion sähe[59]."

[58] Vgl. Oswald v. Nell-Breuning, Eigentum und Verfügungsgewalt in der modernen Gesellschaft. In: WG III, S. 253 ff.

[59] Klaus von Bismarck, Das Eigentum hat sozialen Charakter, a. a. O., S. 102. - Vgl. auch Carl Föhl, Über die Möglichkeit einer Beeinflussung der Vermögensbildung und ihrer Verteilung. In: Finanzarchiv, 19. Bd. 1959, S. 145. - Paul Jostock, Ein neues Rezept zur breiten Eigentumsstreuung. In: Die neue Ordnung, 13. Bd. 1959, S. 112 f. - Eine Kontroverse über die Eigentumsbildung. In: Herder-Korrespondenz, 13. Jg. 1958/59, S. 498.

Das schwierigste Problem scheint indessen darin zu bestehen, daß der Investivlohn, ungeachtet der Tatsache, daß er der Kapitalbildung zugeführt wird, von den Betrieben als Kostenelement eingesetzt und auf die Preise überwälzt wird, obschon man auch dieser Frage nicht ein Gewicht geben sollte, das ihr nicht zukommt; denn die Möglichkeit der Überwälzung hängt vom Zusammenspiel verschiedener Komponenten ab (Marktform, Konjunktur, Elastizität der Nachfrage), von denen jede für sich schon eine Überwälzung ausschließen kann. Immerhin ist eine Situation denkbar, in der sich die Betriebe zu einer Art Kalkulationskartell zusammenschließen könnten und alsdann die Kapitalbeteiligung der Arbeitnehmer zu Lasten der Allgemeinheit geht. Solchen Gefahren sucht v. Nell-Breuning dadurch zu begegnen, daß er die Umwandlung des Lohnarbeitsverhältnisses in einen Gesellschaftsvertrag vorschlägt, „den Weg der Beteiligung an der Unternehmerfunktion und damit auch am Unternehmergewinn[60]“.

Zur Veranschaulichung dessen, was gemeint ist, eignet sich am besten das Modell einer Offenen Handelsgesellschaft (§§ 105 ff. HGB)[61]. Als Ausgangspunkt wird gewählt das Beispiel einer Einzelfirma, deren Inhaber dazu übergeht, ein jüngeres Belegschaftsmitglied, das bisher im abhängigen Dienst- oder Arbeitsvertrag stand, als Partner in seine Firma hineinzunehmen und mit ihm einen Gesellschaftsvertrag abzuschließen. Die beiden — Senior- und Juniorpartner — verpflichten sich, „die Erreichung eines gemeinsamen Zwecks in der durch den Vertrag bestimmten Weise zu fördern, insbesondere die vereinbarten Beiträge zu leisten“ (§§ 105, Abs. 2, HGB/705 BGB). Diese Beiträge können in Geldleistungen, in der Einbringung von Sachen, insbesondere aber auch in der Leistung von Diensten bestehen. Für die Zwecke dieses Modells wird unterstellt, daß der Juniorpartner keinerlei Vermögen hat, aber ein tüchtiger Mann ist, der also dem Unternehmen allein seine Arbeitskraft zur Verfügung stellen kann. Die Beiträge, zu denen sich der Seniorpartner im Gesellschaftsvertrag verpflichtet, sind seine Arbeitsleistung und Geschäftserfahrung, überdies aber auch

---

60 v. Nell-Breuning, Eigentumsbildung, a. a. O., S. 25.

61 Vgl. v. Nell-Breuning, a. a. O., S. 33 ff. - Ders., Mitbestimmung und Partnerschaft auf der Ebene von Betrieb und Unternehmen. In: WG II, S. 143—158, insbes. S. 148 ff. - Ders., Ist Eigentum eine Ordnungsmacht? In: WG III, S. 272 ff. - Otto Kunze, Gesellschaftsrecht, Unternehmensverfassungsrecht und das öffentliche Interesse in der Unternehmensverfassung. In: Macht oder Ohnmacht des Eigentums (Siebtes Europäisches Gespräch in Recklinghausen 1958). Köln-Deutz 1959, S. 215 ff.

das zur Fortführung des Unternehmens notwendige Kapital[62]. Das Vermögen dieses Unternehmens, sowohl das eingebrachte als auch das zugewachsene, wird „gemeinschaftliches Vermögen der Gesellschafter" (§§ 105, Abs. 2, HGB/718 BGB), es steht im Gesamthandeigentum der beiden Gesellschafter und ist als eine von ihrem Privatvermögen gesonderte rechtliche Einheit dinglich gebundenes Sondervermögen, über das der Gesamtwille der Gesellschafter entscheidet. Auf diese Weise wächst der Juniorpartner in die Vermögensbildung des Unternehmens hinein, er wird „Miteigentümer[63]". Sein Einkommen aber bezieht er nicht mehr in der Form von Lohn oder Gehalt als Kostenfaktoren, sondern nach einem im Gesellschaftsvertrag festgelegten Verteilungsschlüssel aus dem Gewinn, und zwar in der Form, daß ihm daraus eine Vorentnahme zur Bestreitung seines laufenden Unterhalts etwa in der Höhe seines früheren Gehalts oder Lohnes gestattet ist, während der darüber hinausgehende Gewinnanteil der Produktion als Kapital zur Verfügung steht.

Im Blick auf die Kapitalbeteiligung der Arbeitnehmer wäre dieses Modell nunmehr dahingehend zu erweitern, daß an die Stelle des „kapitalstarken" Seniorpartners die Anteilseigner eines Betriebes, etwa die Aktionäre, treten und an die Stelle des Juniorpartners die an der Partnerschaft interessierten Arbeitsbeteiligten, die nunmehr ebenfalls in die Kapitalbeteiligung am Produktionsvermögen hineinwachsen würden, und zwar grundsätzlich in der gleichen Weise, wie es eben im Falle des Juniorpartners angedeutet wurde. Auch den in den Gesellschaftsvertrag einbezogenen Arbeitsbeteiligten müßten zur Bestreitung ihres Lebensbedarfs Vorentnahmen aus dem Gewinn etwa in Höhe des bisherigen Tariflohns gestattet werden, während der darüber liegende Gewinnanteil investiv gebunden bleiben müßte. Nur dies allerdings ist entscheidend: daß dieser Teil des Gewinns nicht konsumiert, sondern der Investition erhalten bleibt. *Wo* er eingesetzt wird, müßte der Freiheit des Gesellschafters überlassen bleiben: ob er ihn im eigenen Unternehmen stehen läßt, ob er ihn als Sparbetrag

---

[62] Der Einfachheit und Anschaulichkeit halber wird hier unterstellt, daß der Senior-Partner sein gesamtes, für die Zwecke dieser OHG notwendiges Kapital (sowohl Anlage- als auch Umlaufkapital) einbringt und nicht, wie es in der Praxis meist geschieht, das Anlagekapital nur im Pachtvertrag zur Verfügung stellt.

[63] ‚Miteigentum' verstanden hier im Sinne des nicht-juristischen Sprachgebrauchs, nicht der Rechtsfigur des ‚Miteigentums nach Bruchteilen' (§§ 1008 ff. BGB) das nur eine unter verschiedenen Möglichkeiten des ‚Miteigentums' im Sinne des alltäglichen Sprachgebrauchs darstellt.

einem Kreditinstitut übergibt oder ob er ihn in Aktien, Obligationen, Pfandbriefen oder Investment-Zertifikaten anlegt.

Im Zusammenhang der Frage einer partnerschaftlichen Beteiligung der Arbeitnehmer in der Form des Gesellschaftsvertrages weist v. Nell-Breuning darauf hin, daß sich von daher auch neue Aspekte für eine befriedigende Lösung der Mitbestimmungsfrage ergeben[64]. Der Versuch, ein vollgültiges, gleichberechtigtes Mitbestimmungsrecht in das Lohnarbeitsverhältnis einzubauen, laufe auf die „Quadratur des Zirkels“ hinaus[65]. Solange man die Mitbestimmung in das Lohnarbeitsverhältnis hineinzwängt, bleibt sie in Halbheiten stecken, weil man dann „das Lohnarbeitsverhältnis mit seiner *individuellen* Unterordnung des einzelnen Arbeiters unter das fremde Interesse *bestehen* lassen, jedoch durch das Gegengewicht der *kollektiven* Mitbestimmung der organisierten Arbeitnehmerschaft *aufwiegen* (will). Also nicht die Unterordnung unter das fremde Interesse beseitigen, sondern sie durch kunstvolle organisatorische Maßnahmen neutralisieren oder, wie man hofft, überkompensieren. Zwei komplementäre oder kompensatorische Halbheiten, aber keine Ganzheit[66]!“ Mit dem Partnerschaftsbetrieb indessen ist die vollgültige Mitbestimmung eo ipso gegeben, aus dem Miteigentum aller Beteiligten folgt selbstverständlich die gleichberechtigte Mitbestimmung, wodurch eine sachnotwendige, nun aber nicht mehr machtmäßig bedingte Über- und Unterordnung, ohne die ein sinnvoller Betriebsablauf unmöglich wäre, nicht ausgeschlossen wird[67].

Das sind die von Oswald v. Nell-Breuning entfalteten Grundgedanken zur Kapitalbeteiligung der Arbeitnehmer. Von ihm mehr oder weniger stark beeinflußt und abhängig sind die Miteigentumspläne der Katholischen Arbeiter-Bewegung Deutschlands (KAB), der Sozialausschüsse der CDU und der Arnold-Plan, wobei allerdings bemerkt werden muß, daß die genannten Pläne weder in der Konzeption noch im Ziel klar und konsequent durchgeführt sind, weil offen bleibt, ob sie in erster Linie vom einzelnen Betrieb her und auf diesen hin, also mikroökonomisch konzipiert

---

64 Vgl. v. Nell-Breuning, Eigentumsbildung, a. a. O., S. 33. - Ders., Mitbestimmung und Partnerschaft, a. a. O., S. 146 ff.

65 v. Nell-Breuning, Eigentumsbildung, a. a. O., S. 33.

66 v. Nell-Breuning, Mitbestimmung und Partnerschaft, a. a. O., S. 147 f.

67 Vgl. a. a. O., S. 146 f. - Zur juristischen Problematik des Partnerschaftsbetriebes, dessen Organisation mit Hilfe der Formen des gegenwärtigen Gesellschaftsrechts zu umständlich und schwerfällig wäre, vgl. Untersuchungen zur Reform des Unternehmensrechts. Bericht der Studienkommission des Deutschen Juristentags. Teil II (Bericht des Ausschusses III): Die Partnerschaft der Arbeitnehmer. Tübingen 1957.

sind oder makroökonomisch als eine gesamtwirtschaftliche, a limine die ganze Volkswirtschaft ergreifende gesellschaftspolitische Grundentscheidung, und ferner: ob es ihnen primär um betriebssoziologische Anliegen geht, so etwa um die Frage der „human relations“ im Betrieb, oder um das strukturpolitische Ziel einer Überwindung der Klassenschichtung in besitzlose Unselbständige und besitzende Selbständige[68].

Der Plan der KAB geht von den Unebenheiten aus, die dadurch entstanden sind, daß die Mitbestimmung nicht durch Partnerschaft und Eigentum fundamentiert ist, sondern unter Fortbestand des Lohnarbeitsverhältnisses geltend gemacht wird[69]. Gefordert wird deshalb „Mitbestimmung durch Miteigentum[70]“. Die bisherigen Möglichkeiten des Sparens über Sparkassen, Bausparkassen und Banken seien aber nicht ausreichend, es müßten vielmehr Wege gefunden werden, die es dem Arbeiter erlauben, „sich auf direktere, weniger mittelbare Weise am Volksvermögen und, soweit möglich, an der Substanz *seines* Betriebes zu beteiligen. Das Sparen in Geld, von dem viele Arbeiter mit gutem Verdienst und geringeren Familienlasten schon heute Gebrauch machen, muß durch Möglichkeiten der Eigentumsbildung in Sachwerten ergänzt werden[71]“. Durch Substanzbeteiligung an Betrieben soll auch den kleinen Sparern die Möglichkeit von Sachwertanlagen gegeben werden, wie sie Großsparern seit je offengestanden haben. Als Grundlage der Kapitalbeteiligung der Arbeitnehmer wird die Eigentumsbildung aus Gewinnen der Unternehmungen angesehen. Die daraus den Arbeitern zu gewährenden Anteile sollen zwar persönliches, individuelles Eigentum der Arbeiter werden, jedoch in der Form, daß sie nicht ausgeschüttet werden, sondern an den Betrieb gebunden bleiben, notfalls mit Hilfe einer gewissen Veräußerungssperre. Bei solcher Kapitalanlage sei es möglich, die Arbeitseinkommen ohne Schaden für die volkswirtschaftliche Produktivität und betriebliche Liquididät über den Tariflohn hinaus zu erhöhen; denn die volkswirtschaftliche Voraussetzung für höheres Arbeitseinkommen bestehe darin, daß das Verhältnis zwischen Investition und Verbrauch gesund bleibt. Damit entfalle der wirtschaftliche Grund für das bisherige Vorrecht der Unternehmer auf den ganzen Substanzzuwachs.

---

[68] Vgl. v. Nell-Breuning, Vermögensbildung, a. a. O., S. 426.

[69] Vgl. Vorschläge zur Eigentumsbildung. In: Ketteler-Wacht, Nr. 24 vom 15. Dezember 1952. - Unser Weg zur sozialen Neuordnung. Eigentumsbildung für den Arbeiter, hrsgg. von Johannes Even (Schriftenreihe des Kartellverbandes der Katholischen Arbeiter-Bewegung Deutschlands). Köln 1953.

[70] Unser Weg, a. a. O., S. 10.

[71] a. a. O., S. 12.

Im einzelnen ist die Durchführung des KAB-Plans so gedacht, daß von dem bilanzmäßigen Gewinn vorrangig die Kapitaleigentümer eine marktgerechte Verzinsung ihrer Einlage, eine Prämie für das Unternehmerrisiko und die selbst mittätigen Unternehmer außerdem einen Mitarbeiterlohn erhalten. Der dann übrigbleibende Gewinn soll zwischen Kapital und Arbeit aufgeteilt werden[72]. Der Plan betrachtet als „naheliegend und besonders reizvoll die Beteiligung des Arbeitnehmers am Betrieb, in dem er selbst arbeitet. Annehmbar ist aber auch eine Beteiligung an anderen Unternehmungen, z. B. in Form von Zertifikaten einer Investment-Gesellschaft ... Voraussetzung wäre hierbei auf die Dauer ein funktionierender Kapitalmarkt, der für den Rückfluß der Anlagemittel in den Betrieb des Arbeitgebers sorgt[73]." Eigentumsbildung der vorgeschlagenen Art dürfe nicht durch die Gesetzgebung erzwungen werden, sondern müsse durch freie Vereinbarungen mit den Unternehmern herbeigeführt werden. Der Gesetzgeber solle nur das Handels- und Gesellschaftsrecht entsprechend anpassen sowie die Bildung und Erhaltung solchen Eigentums durch eine Steuerreform begünstigen, nicht aber sie steuerlich bestrafen. In einer so verstandenen „Beteiligung der Arbeitnehmer an der mit den Unternehmern zusammen erarbeiteten wachsenden Substanz der Betriebe liegt *die* Korrektur, die aus der ‚kapitalistischen' eine ‚soziale' Marktwirtschaft macht[74]".

Zu erwähnen ist ferner der Arnold-Plan, ein in der Linie des KAB-Plans liegender Vorschlag Karl Arnolds zur Frage der Vermögensbildung in Arbeiterhand[75]. Vorgeschlagen wird eine Lohnerhöhung, die unter der Bedingung zu gewähren sei, daß die Arbeiter denselben Betrag zuschießen[76]. Die Gesamtsumme soll als ihr Eigentum im Betrieb angelegt werden, und zwar sachwertbeständig in der Form, daß zur Sicherung der Kapitalanteile der Belegschaft dingliche Forderungsrechte (Hypotheken) begründet werden. In den Fällen, in denen eine Beteiligung am eigenen Unternehmen nicht gewünscht wird oder unzweckmäßig wäre, könnten fungible Forderungsanteile (festverzinsliche Wertpapiere) ausgegeben werden.

---

72 Vgl. im einzelnen a. a. O., S. 13 f.

73 a. a. O., S. 14.

74 a. a. O., S. 13.

75 Arnold hat seinen Plan erstmals auf dem 2. Parteitag der CDU am 20. 10. 1951 in Karlsruhe vorgetragen. Vgl. auch: Miteigentumssparen, Grundgedanken von Karl Arnold (Flugblatt, erschienen 1953). - Karl Arnold, Miteigentum. In: Michael, Nr. 10 vom 10. 3. 1953.

76 Arnold schlug zunächst vor, die Stundenlöhne um 2 Pfennig zu erhöhen unter der Voraussetzung, daß auch die Arbeiter 2 Pfennig ihres Lohnes bereitstellen.

Im Rahmen der Grundgedanken des KAB-Plans und des Arnold-Plans bewegen sich auch die Vorschläge der Sozialausschüsse der CDU, die allerdings die Bildung von Werksgenossenschaften als Rechtsträgern der Belegschaft für die investierten Arbeitnehmergewinnanteile vorsehen und nicht am Grundsatz der Freiwilligkeit festhalten, sondern auf eine gesetzliche Regelung der Kapitalbeteiligung der Arbeitnehmer drängen[77]. Auch auf dem Hamburger und dem Stuttgarter Bundesparteitag hat sich die CDU dafür ausgesprochen, Arbeiter und Angestellte bei der Neubildung von betrieblichem Eigentum zu berücksichtigen, nachdem schon das Ahlener Programm diese Forderung erhoben und die CDU-Fraktion im Nordrhein-Westfälischen Landtag einen entsprechenden Gesetzesvorschlag eingebracht hatte[78].

Schließlich seien in diesem Zusammenhang noch die Vorschläge der Deutschen Angestellten-Gewerkschaft (DAG) erwähnt[79]. Sie zielen darauf ab, daß der „Anteil an der betrieblichen Sparquote, die über den im Betrieb verbleibenden Teil der dem Altkapital zustehenden betrieblichen Risikoprämie hinausgeht . . ., dem einzelnen Arbeitnehmer auf Festkonto bzw. in Anteilsform, d. h. in der Form eines betrieblichen Miteigentums, zuwachsen“ muß, „das ihm nach Art und Nominalwert durch einen Anteilschein . . . dokumentiert wird[80]“. Das Miteigentum soll entweder für die Gesamtwirtschaft durch ein Rahmengesetz oder stufenweise durch eine Bündelung von Spezialgesetzen eingeführt werden. Die Arbeitnehmer sollen in einer Sozial- oder Werksgenossenschaft zusammengeschlossen werden. Diese fungiert als Verwaltungs- und Durchgangsstelle für die Eigentumsrechte der Arbeitnehmer, sie soll von den Unternehmungen Gratisaktien, GmbH-Anteile oder Kommanditanteile zugunsten der Belegschaft entgegennehmen

---

77 Vgl. Rupprecht Dittmar, Miteigentum - ein praktischer Vorschlag. Königstein 1957.

78 Vgl. Hamburger Programm, herausgegeben von der Bundesgeschäftsstelle der CDU, beschlossen vom Parteitag der CDU am 22. April 1953. - 6. Bundesparteitag der CDU, 26.—29. 4. 1956 in Stuttgart, herausgegeben von der Bundesgeschäftsstelle der CDU. - Vgl. hierzu auch Albert Müller, CDU-Programm sozial durchwirkt. Kernpunkte des „Hamburger Programms für den 2. Deutschen Bundestag“. In: Sozialer Fortschritt, 2. Jg. 1953, S. 111 f.

79 Vgl. Miteigentum der Arbeitnehmer - eine Stellungnahme der Deutschen Angestellten-Gewerkschaft. Hrsgg. vom Hauptvorstand der DAG, Hamburg 1955 - Rupprecht Dittmar, Miteigentum. Eine Betrachtung zum Thema Lohngerechtigkeit und Unternehmungsertrag. Hamburg (um 1953). - Ders., Zur Realisierung des Miteigentums. In: Sozialer Fortschritt, 2. Jg. 1953, S. 117 f. - Kritisch zur DAG-Denkschrift: Franz Spiegelhalter, Eigentumsbildung kontra Miteigentum. In: Der Arbeitgeber, 8. Jg. 1956, S. 37—40.

80 Miteigentum der Arbeitnehmer, a. a. O., S. 14.

und je nach der persönlichen Anteilberechtigung Gutschriften erteilen. Beim Wechsel der Arbeitsstelle könnte durch Rückgabe der Anteile an das Unternehmen ein Umtausch in Barkapital oder in einen Rentenanspruch erfolgen.

Es wäre aber daran zu denken, die Werksgenossenschaften in dem übergreifenden System einer Institution zusammenzufassen, dem die Aufgabe zukäme, in einer Art Clearing die Fluktuation der Anteile zwischen den verschiedenen Unternehmungen zu regeln. Auch für die Fälle, in denen sich ein Betrieb nicht zur Bildung von Miteigentum eignet oder sein Kapital nicht ausreicht, wird an eine der Investment-Gesellschaft ähnelnde überbetriebliche Institution gedacht, eine Form des mittelbaren Miteigentums. Durch Einzahlungen der Arbeitnehmer und Zuschüsse der Arbeitgeber sollen die Arbeitnehmer einen Beteiligungsanspruch gegen diese das Miteigentum verwaltende Institution erhalten[81].

Gegen die Vorschläge einer Beteiligung der Arbeitnehmer am Produktionsvermögen sind unter verschiedenen Gesichtspunkten Einwendungen erhoben worden. Schon im vorangehenden, im Zusammenhang der Darstellung der einzelnen Vorschläge, wurden Bedenken, die in der Literatur zur Sprache gekommen sind, berührt. Andere Einwendungen mußten noch zurückgestellt werden, weil sie eine breitere Auseinandersetzung erfordern, und sollen nunmehr erörtert werden.

Die Feststellung Oswald v. Nell-Breunings, daß „keine wirtschaftlichen Gesetzmäßigkeiten bestehen, an denen sie (die Kapitalbeteiligung der Arbeitnehmer) wie so viele andere gutgemeinte, aber nicht zu Ende gedachten Versuche scheitern müßte[82]", nimmt Konrad Littmann zum Anlaß, die Frage zu stellen: „Ist die Vermögensverteilung in einer evolutionären Marktwirtschaft, die auf der Institution des Privateigentums basiert, indeterminiert, d. h. frei von Zwangsläufigkeiten? Oder anders ausgedrückt: Erzeugt der Ablauf im marktwirtschaftlichen System mit Notwendigkeit eine bestimmte Tendenz der Vermögensdistribution[83]?" Im Blick auf das gesellschaftspolitische Anliegen einer Kapitalbeteiligung der Arbeitnehmer wird die Frage dann folgendermaßen formuliert: „Haben die Versuche, langfristig die Vermögensverteilung unter den sozialen Klassen zu beeinflus-

---

81 Vgl. Rupprecht Dittmar, Was muß geschehen? In: Soziale Ordnung, Christlich-demokratische Blätter der Arbeit, Nr. 5, 1954.

82 v. Nell-Breuning, Eigentumsbildung, a. a. O., S. 13.

83 Konrad Littmann, Über einige Zwangsläufigkeiten der Vermögensverteilung in der Marktwirtschaft. Wirtschaftstheoretische Bemerkungen zur neueren sozialpolitischen Diskussion. In: Zeitschrift für die gesamte Staatswissenschaft, 113. Bd. 1957, S. 208.

sen, überhaupt Erfolgsaussichten? Und weiterhin: Errichtet das marktwirtschaftliche System irgendwelche Grenzen gegenüber dem politischen Eingriff, weil auch die Vermögensverteilung – vielleicht mit gewissen Randbreiten – ‚ökonomischen Gesetzen' unterworfen ist[84]?" Das Ergebnis, zu dem Littmann kommt, sei kurz vorweggenommen: Eine tiefgreifende Änderung der Proportionen der im System der Marktwirtschaft sich vollziehenden Vermögensaufteilung zwischen Arbeitgebern und Arbeitnehmern muß notwendig zur Selbstauflösung des marktwirtschaftlichen Systems führen. Das ist eine schwerwiegende Behauptung, die nicht leicht zu überhören ist; die sich allerdings auch eine genaue Prüfung gefallen lassen muß, bevor man sie hinnimmt.

Zum Beweis seiner Thesen bedient sich Littmann des modelltheoretischen Verfahrens, also jener Erkenntnismethode der nationalökonomischen Theorie, die von der Wirklichkeit der empirischen Wirtschaft abstrahiert und nur bestimmte Bedingungen setzt, um sodann nach den innerhalb dieses Konditionalzusammenhangs notwendig sich vollziehenden ökonomischen Abläufen zu fragen. Die Auswahl der Bedingungen, die in ein Modell aufgenommen werden, ist dem Belieben des Theoretikers anheimgegeben. Nationalökonomisches Modelldenken ist aber nicht Spiel um seiner selbst willen, eine Weise des l'art pour l'art, sondern Mittel zur Erkenntnis der historischen Wirtschaft und zur Lösung wirtschaftspolitischer Probleme. Um der historischen Brauchbarkeit des Modells willen – in Euckenscher Formulierung um seiner „Aktualität" willen – sollte man den Abstraktionsgrad des Modells nicht zu hoch treiben und sich in der Auswahl der in das Modell aufzunehmenden Konstellationen nicht zu weit von der historischen Situation und Problematik, um die es jeweils geht, entfernen, weil sonst der Aussagewert der im Modell vollzogenen Ableitungen seine Aktualität verliert, d. h. zur Lösung konkret-geschichtlicher Fragen uninteressant und bedeutungslos wird. Das ist ein von Littmann nicht beachteter Gesichtspunkt und einer der Gründe, weshalb seine Aussagen das angesprochene gesellschaftspolitische Problem nur unzulänglich treffen. Operiert wird nämlich mit dem üblichen Modell der Marktwirtschaft[85], wogegen noch nichts einzuwenden ist. In dieses Modell wird aber als zusätzliche Bedingung noch „das andere mögliche Extrem" zu einer „einseitigen Vermögensbildung zugunsten der Unternehmer" hineingenommen, das heißt also: die einseitige Zuweisung des Vermögenszuwachses der volkswirtschaftlichen

[84] a. a. O., S. 208.
[85] Vgl. a. a. O., S. 210 f.

Kapitalausstattung an die Arbeitnehmer[86]. Auf Grund solcher Voraussetzungen kommt Littmann zu der Feststellung, „die Fremdfinanzierung (erhöhe) im Verhältnis zur Selbstfinanzierung den Zinsaufwand sowie das Risikokalkül jeder Investition, andererseits (senke) das Sparen der Haushalte die Erlöse wie Erlöserwartungen der Unternehmer. Beide Faktoren zusammen schwächen die Grenzleistungsfähigkeit des Kapitals und damit die Investitionsneigung außerordentlich[87]." Das bedeute, „daß sich das marktwirtschaftliche System bei dieser Art der Vermögensverteilung zur Selbstauflösung anschickt" und des weiteren, „daß die Marktwirtschaft zwar bei einer einseitigen Vermögensbildung zugunsten der Unternehmer arbeitsfähig bleiben kann, daß das andere mögliche Extrem jedoch mit den ökonomischen Bedingungen unvereinbar ist[88]".

Zunächst ist hier die Frage zu stellen: Wo in der gesellschaftspolitischen Diskussion um das Miteigentum der Arbeitnehmer und durch wen wird jenes „andere mögliche Extrem" zur Forderung erhoben und als Ziel angestrebt? Da die bisherige „einseitige Vermögensbildung zugunsten der Unternehmer", bei der fast der gesamte Zuwachs an Produktionsvermögen in die Hände der Unternehmer fiel, nach Littmann das eine Extrem darstellt, kann mit dem „anderen Extrem" nur dieser Sachverhalt gemeint sein: daß der Kapitalzuwachs nun einseitig in die Verfügungsmacht der Arbeitnehmerschaft übergeht. Dies also ist die von Littmann zusätzlich in das Modell der Marktwirtschaft aufgenommene Bedingung, mit deren Hilfe er dann zu den oben angedeuteten Folgerungen kommt — wirtschaftstheoretisch offenbar eine reine Spielerei: Warum im Zusammenhang der Diskussion um das Arbeitermiteigentum eine von niemandem ernsthaft erhobene imaginäre Forderung als Bedingung in ein Modell aufnehmen und diesem damit jede Aktualität nehmen? Wer an der gesellschaftspolitischen Diskussion um das Arbeitermiteigentum teilnehmen will, muß ihre Probleme sehen, sie ernstnehmen und nicht mit irgendwelchen freischwebenden Modellen darüber hinweggehen oder die Fragestellung derart versimplifizieren, daß man zu einer schnellen und glatten Lösung, nämlich zur Abweisung des ganzen Anliegens, kommt. Denn es bedürfte nur eines Blickes in die einschlägige Literatur, um sich davon zu überzeugen, daß die bisher aufgestellten und diskutierten Vorschläge zum Arbeitermiteigentum trotz mancherlei Unterschiede doch darin gerade übereinstimmen, daß niemand daran denkt, den

86 Vgl. a. a. O., S. 216.
87 a. a. O., S. 216.
88 a. a. O., S. 216.

ganzen oder auch nur den überwiegenden Vermögenszuwachs der Unternehmungen der Arbeitnehmerschaft zufließen zu lassen. Alle im vorangehenden erwähnten Miteigentumspläne gehen davon aus, daß vom Unternehmensgewinn der Unternehmerlohn, die Verzinsung des Eigenkapitals sowie eine angemessene Wagnis- und Risikoprämie abzusetzen sind; daß aber auch der dann verbleibende „Rest" an Vermögenszuwachs keineswegs auch nur überwiegend der Arbeitnehmerschaft zugeleitet werden soll. Würde man die rein fiktive Bedingung des Littmannschen Modells durch diese den tatsächlichen Anliegen der gegenwärtigen gesellschaftspolitischen Problematik des Arbeitermiteigentums entsprechenden Sachverhalte ersetzen, wird man sicherlich zu anderen Konsequenzen kommen, zumindest nicht zu jener, die sich in die globale Behauptung zusammenpressen läßt, daß die Beteiligung der Arbeitnehmer am Zuwachs des Produktionsvermögens zur Selbstauflösung der Marktwirtschaft führe.

Aber selbst dann, wenn man das von Littmann konstruierte Modell als Diskussionsbasis akzeptieren wollte, so müssen doch seine Konsequenzen bezweifelt werden. Auch dann, wenn man von der Bedingung ausgeht, daß im System der Marktwirtschaft der gesamte Vermögenszuwachs im Produktionssektor den Arbeitern zuflösse, so ließe das keineswegs den Schluß zu, daß sich damit das marktwirtschaftliche System selbst aufhebe. Hier spielen, wie schon dargetan, psychologische Momente eine entscheidende Rolle, die es unmöglich machen, generell-zwingende Aussagen über den Fortgang von Investition und Produktion zu machen. Es ist durchaus möglich, daß trotz Keynes die Gewinnerwartungen der Unternehmer auf deren Investitionsbereitschaft ohne Einfluß bleiben und das Interesse an der Entwicklung und Ausdehnung des Betriebes das Profitinteresse weit überwiegt, so daß eine Umverteilung des betrieblichen Vermögenszuwachses auf die Investition ohne Einfluß bleibt. Mit einer an Sicherheit grenzenden Wahrscheinlichkeit wird man das für die typischen Managerbetriebe, aber gewiß nicht nur für diese, behaupten können. Das anerkennt zum Schluß seiner Darstellung auch Littmann und ist insoweit bereit, sein ursprüngliches Modell zu variieren[89]. Wenn dann allerdings im gleichen Zusammenhang behauptet wird, „daß im Maße der Überleitung von Produktionseinheiten in die Rechtsform der Kapitalgesellschaften" das Privateigentum als Bedingung der Marktwirtschaft aufgehoben würde, so vermißt man wiederum eine hinreichende Begründung. Das mag auf sich beruhen. Entscheidend ist

---

[89] Vgl. a. a. O., S. 218 ff.

indessen die Anerkennung der Tatsache, daß die Kapitalgesellschaften einen Unternehmenstyp repräsentieren, „bei dem die Verteilung des Vermögens — besser: die Streuung der Anteile am Grundkapital — für die Verhaltensweise der Unternehmensleitung nahezu irrelevant ist[90]".

Aber selbst bezüglich des Geltungsgrades der Aussage seines an erster Stelle vorgeführten und analysierten Modells (Überleitung des gesamten betrieblichen Vermögenszuwachses auf die Arbeitnehmer) kommt Littmann abschließend zu der Feststellung, sie besage „nämlich nur, daß auch das Distributionsproblem durch ökonomische Determinanten markiert ist. Sie läßt hingegen offen, welcher Grad der Vermögensdifferentiation unabänderlich sei. Hierauf vermag die allgemeine Theorie keine Antwort mehr zu geben; eine Lösung kann nur unter Berücksichtigung der jeweiligen empirischen Daten erfolgen[91]." Daß die Distribution auch von „ökonomischen Determinanten markiert ist", ist wirtschaftstheoretisch eine Trivalität, die man ohne den bedeutungsschweren Klang der Fremdworte auszusprechen sich scheuen würde. Und mit der Feststellung, daß der volkswirtschaftlich vertretbare „Grad der Vermögensdifferentiation" offenbleibt, werden alle zunächst konstruierten Analysen und Thesen, so insbesondere die von der Selbstaufhebung der Marktwirtschaft als Folge der Kapitalbeteiligung der Arbeitnehmer, wieder illusorisch, und man findet sich schließlich wieder ganz an den Anfang des Problems zurückversetzt[92]. Vielleicht ist es in der Tat so, daß sich zu dem ganzen Fragenkreis der Kapitalbeteiligung der Arbeitnehmer wirtschaftstheoretisch weder positiv noch negativ kaum noch etwas sagen läßt, bevor man nicht einmal damit anfängt, die Dinge zu praktizieren. So fragt man sich angesichts der Ergebnislosigkeit der Konstruktionen Littmanns, warum dennoch umständlich und bedeutungsvoll der theoretische Apparat der Nationalökonomie vorgeführt wird.

Angesichts eines solchen Fehleinsatzes der ökonomischen Theorie ist man um so mehr über die Kühnheit erstaunt, mit der dem Bemühen der Sozialethik und Gesellschaftspolitik um eine gerechte Ordnung der Gesellschaft die wissenschaftliche Fundierung abgesprochen wird. So wird der Gesell-

---

90 a. a. O., S. 219.

91 a. a. O., S. 217.

92 Vgl. dazu auch a. a. O., S. 222: „Trotz der grundsätzlichen Ungleichheit der Vermögensstruktur in der Marktwirtschaft besteht andererseits aber doch ein Spielraum für Interventionen, da die Determination der Vermögensverteilung offensichtlich nicht so stringent ist, daß jede beliebige Distribution als unabänderlich, gleichsam ‚naturgewollt', zu bezeichnen wäre."

schaftspolitik zwar eine „Freiheit der Wahl" zwischen den verschiedenen Zielsetzungen eingeräumt, „eine Entscheidung über den einzuschlagenden Weg und damit über die Rangfolge der Zwecke (liege) jedoch außerhalb aller wissenschaftlichen Aussage[93]". Man fragt sich nach dem wissenschaftlichen Standort, von dem her solche Werturteile begründet werden könnten. Und man fragt sich nach dem maßgeblichen Kriterium, das über Wissenschaftlichkeit und Unwissenschaftlichkeit zu entscheiden vermöchte. Der Wissenschaftsbegriff, der Maßstab dessen, was Wissenschaft ist und was keine Wissenschaft ist, kann wohl nicht aus einer Einzelwissenschaft, etwa aus der Nationalökonomie, gewonnen werden, sondern letztlich nur aus der Philosophie; zumindest erspart die Formulierung des Wissenschaftsbegriffs niemandem die philosophische Auseinandersetzung. Ob das bei jener Aussage bedacht ist oder ob sie nur wissenschaftlichen Vorurteilen entsprungen ist, das bleibt die Frage. Der Glaube an die „Werturteilsfreiheit" der Wissenschaft, von dem in einer falsch verstandenen Nachfolge Max Webers jene Äußerungen getragen sind, bezeugt keinen höheren Grad von Wissenschaftlichkeit, sondern nur dieses: „daß der dürrste Glaube, der Wahn von der objektiven, richterlichen Selbstherrlichkeit des Verstandes an die Stelle ... metaphysischer Bindungen" getreten ist[94]. In jedem Fall muß sich derjenige, der die Werturteilsfreiheit der Wissenschaft betont — wenn er ernst genommen werden will —, selbst von Werturteilen freihalten, insbesondere fehlt ihm jede Kompetenz, mit richterlicher Geste darüber zu entscheiden, was wissenschaftlich und was unwissenschaftlich ist.

Ein anderer, namentlich von Unternehmerseite gegenüber dem Arbeitermiteigentum erhobener Einwand stellt darauf ab, daß man über solche Pläne bestenfalls in Zeiten einer überwiegenden Selbstfinanzierung der Investitionen diskutieren könne. In dem Maße aber, wie die Selbstfinanzierung zurückgehe, schrumpften auch die Möglichkeiten einer Beteiligung der Arbeitnehmer am Substanzzuwachs der Betriebe zusammen[95]. Hier werden offenbar mikroökonomische mit makroökonomischen Sachverhalten verwechselt; denn obwohl das Ausmaß der Selbstfinanzierung in den vergangenen Jahren erheblich geringer geworden ist, sind doch die Nettoinvestitionen nicht zurückgegangen. Nur darum geht es in diesem Zusammenhang: um den der Unternehmer- und Kapitalseite zugeflossenen Sub-

---

[93] a. a. O., S. 221 f.

[94] Edgar Salin, Geschichte der volkswirtschaftlichen Lehrmeinungen. 4. Aufl. Bern, Tübingen 1951, S. 155.

stanzzuwachs des volkswirtschaftlichen Produktionsvermögens, nicht um die Frage, auf welche Weise er zustande gekommen ist[96].

Eine mikroökonomische Sicht des Problems liegt aber auch dann vor, wenn gegenüber einer Substanzbeteiligung der Arbeitnehmer die Forderung erhoben wird, es müßten Sicherungen geschaffen werden, daß die den Arbeitnehmern gewährten zusätzlichen Einkommensteile an den arbeitgebenden Betrieb gebunden blieben, um darin weiterzuarbeiten. Würde dieses Mehreinkommen dem Betrieb entzogen, entstünden Finanzierungsschwierigkeiten, da infolge des unzulänglichen Funktionierens des Kapitalmarktes die künftige Investition gefährdet sei. Das will also sagen, daß man infolge der Funktionsunfähigkeit des Kapitalmarktes nicht auf Selbstfinanzierung verzichten könne. Dem muß entgegengehalten werden, daß durch eine allgemeine Beweglichkeit der den Arbeitern gewährten Gewinnanteile und ihre möglichst breite Streuung über den Kapitalmarkt dessen Funktionsfähigkeit weitestgehend wiederhergestellt werden könnte. Wenn diese Gewinnanteile „aus den Unternehmungen in liquider Form abgezogen und dann — sei es über die Sparkassen, sei es über Investment-Trusts, sei es in welcher Form immer — dem Kapitalmarkt und der Investition zugeführt würden, dann wäre mit einer an Sicherheit grenzenden Wahrscheinlichkeit die Funktionsunfähigkeit des Kapitalmarktes behoben[97]". Das setzt freilich eine gesamtwirtschaftliche Lösung voraus (die einzelne Unternehmung würde, wenn sie sich hinsichtlich der Gewährung von Gewinnanteilen zu weit vorwagen würde, sehr bald illiquide). Eine solche Lösung hätte also nicht nur den sozialpolitischen Effekt, daß sie das den Arbeitern zustehende Eigentum am volkswirtschaftlichen Produktionsvermögen zu einem *verfügbaren* Eigentum machte, sondern würde auch gewährleisten, daß das Kapital den ökonomisch ergiebigsten und bedarfsmäßig fruchtbarsten Verwendungen zugeführt würde[98].

Auf einen weiteren Einwand sei noch kurz eingegangen. Es wird darauf hingewiesen, eine Gewinnbeteiligung ziehe notwendig auch eine Verlustbeteiligung nach sich; es sei aber fraglich, ob die Arbeiter dazu bereit seien

---

95 Vgl. Wilfrid Schreiber, Probleme und Möglichkeiten der Eigentumsbildung der Arbeitnehmer. Köln 1953, S. 7.

96 Vgl. v. Nell-Breuning, Vermögensbildung, a. a. O., S. 427.

97 v. Nell-Breuning, Eigentumsbildung, a. a. O., S. 39.

98 Vgl. dazu im einzelnen v. Nell-Breuning, Einkommensgestaltung in der sozialen Marktwirtschaft. In: WG I, S. 403—410, insbes. S. 404. - Ders., Kapitalmarkt, a. a. O., S. 431 ff., insbes. S. 434.

und ob man ihnen das zumuten könne. Dem ist zunächst entgegenzuhalten, daß die Volkswirtschaft im ganzen in normalen Zeiten regelmäßig mit Gewinn arbeitet. Aufs Ganze gesehen steht also nach Deckung des laufenden Bedarfs immer noch ein Überschuß zur Verfügung, der verteilt werden kann[99]. Natürlich wird es immer einzelne submarginale Betriebe geben, die mit Verlust abschließen und dem Konkurs verfallen können. Nur in diesen Fällen wird das Problem akut. Zunächst muß in diesem Zusammenhang noch einmal daran erinnert werden, daß die Betriebe, solange sie mit Gewinn arbeiten, von diesem eine Wagnis- und Risikoprämie absetzen und im Falle einer Substanzbeteiligung der Arbeitnehmer erst der dann verbleibende Rest für eine Aufteilung in Betracht käme. Damit wäre innerbetrieblich die Frage der Verlustbeteiligung schon erledigt. Die Möglichkeit betrieblicher Verluste und selbst des Konkurses ist also kein Grund, die Arbeiter vom Substanzzuwachs auszuschließen und diesen allein der Kapitalseite zukommen zu lassen. Es kann nur um die Frage gehen, das Verlustrisiko für die heute noch vermögenslose Arbeiterschaft so zu begrenzen, daß es tragbar und zumutbar ist. Soweit die Vermögensbeteiligung auf der Basis eines Gesellschaftsvertrags erfolgt, wäre es angemessen, daß die beteiligten Arbeiter im Innenverhältnis von der nach außen hin freilich nicht auszuschließenden Haftung Dritten gegenüber ausgenommen werden. Für den Fall des Konkurses müßten die den Arbeitslohn ablösenden Mindestentnahmen konkursrechtlich in der gleichen Weise bevorzugt behandelt werden wie im heutigen Recht der Arbeitslohn[100]. Im übrigen ergeben sich aber unter dem Gesichtspunkt betrieblicher Verluste und einer in Einzelfällen auch den Arbeiter treffenden Einbuße keinerlei Ansatzpunkte gegen den Plan der Arbeiter-Kapitalbeteiligung. Der Arbeiter kann äußerstenfalls seinen Arbeitsplatz verlieren; das kann ihm widerfahren, ob Kapitalbeteiligung besteht oder nicht. Das *besondere* Risiko im Falle der Kapitalbeteiligung geht ja nie über den Verlust seines Anteils am Produktionsvermögen. Im schlimmsten Falle könnte er also nur das verlieren, was er ohne Eigentumsbeteiligung gar nicht hätte. Da aber von solchen Verlusten normalerweise nur einzelne Betriebe und Arbeiter, nicht die Volkswirtschaft im ganzen betroffen wird — wenn doch, wie im Falle des Krieges, dann Kapital und Arbeitsseite in gleicher Weise —, so wird davon das strukturpolitische Anliegen der Forderung nach Arbeitermiteigentum, die Beseitigung der Klassenschichtung in Kapital und Arbeit, nicht berührt.

[99] Vgl. v. Nell-Breuning, Eigentumsbildung, a. a. O., S. 37.
[100] Vgl. a. a. O., S. 38.

Ein Einwand, der insbesondere von gewerkschaftlicher Seite vorgebracht wird, macht geltend, das Arbeitermiteigentum beschränke die Freizügigkeit der Arbeitnehmer. Das mag für eine mikroökonomische, nicht aber — oder nur in sehr viel geringerem Grade — für eine makroökonomische Lösung gelten. Soweit der Arbeiter seine Gewinnanteile nicht unmittelbar dem arbeitgebenden Betrieb, sondern dem Kapitalmarkt zur Verfügung stellt, wird die Frage der Freizügigkeit, jedenfalls unter dem Blickpunkt der Kapitalbeteiligung, nicht berührt. Das gleiche gilt für das andere, von den Gewerkschaften vorgebrachte Bedenken, daß das Arbeitermiteigentum die Solidarität der Arbeiterschaft gefährden könnte, ein Bedenken, das ebenfalls bei einer gesamtwirtschaftlichen Lösung der Beteiligungsfrage hinfällig würde. Stärkere Bindungen des Arbeiters an den arbeitgebenden Betrieb könnten sich nur unter dem Gesichtspunkt der Ablösung des Lohnvertrags durch den Gesellschaftsvertrag ergeben, solange das gegenwärtige Gesellschaftsrecht nicht durch neue und elastischere Möglichkeiten der Gestaltung des Partnerschaftsverhältnisses ergänzt ist. Es bleibt aber die Frage, ob hier überhaupt ein echtes Problem vorliegt. Denn die Forderung nach weitgehender Freizügigkeit hat ihren Grund doch wohl offenbar in der Unsicherheit des Lohnarbeitsverhältnisses. Eigentum und Partnerschaft zielen aber gerade auch darauf ab, den arbeitenden Menschen tunlichst von der Last dieser Unsicherheit zu befreien.

Andere Vorbehalte gegenüber dem Arbeitermiteigentum knüpfen daran an, daß viele Betriebe für ein Partnerschaftsverhältnis und eine Kapitalbeteiligung der Arbeitnehmer nicht in Betracht kommen (z. B. manche Familienbetriebe; an der erwerbswirtschaftlichen Produktion nicht beteiligte Betriebe der öffentlichen Hand, wie etwa Bundesbahn, Post, Versorgungsbetriebe u. a.); daß ferner private Betriebe, die ihrer Struktur nach wohl als Partnerschaftsbetriebe geführt werden könnten, keine oder nur sehr geringe Gewinne haben. Dies alles sind jedoch keine unüberwindlichen grundsätzlichen Schwierigkeiten. Sie wären lösbar, wenn man nur bereit wäre, die gesellschaftspolitische Dringlichkeit einer gesamtwirtschaftlichen Ordnung des Arbeitermiteigentums am volkswirtschaftlichen Produktionsvermögen anzuerkennen und einen Anfang zu machen. Hinsichtlich des letztgenannten Einwandes wäre dann an so etwas zu denken wie eine Art „Lastenausgleich" oder Clearing zwischen marginalen und intramarginalen Betrieben, soweit der Wettbewerb nicht ausreicht, Differentialrenten einzuebnen.

Alle diese Einwendungen, die hier zur Sprache gekommen sind, dürften aber wohl kaum ausreichend erklären, warum in der gesellschaftspolitischen

Praxis noch kein Anfang gemacht worden ist, die Neuordnung der Eigentumsstrukturen in Gang zu bringen. Der eigentliche Grund scheint darin zu liegen, daß weithin, auch innerhalb des katholischen Raumes, noch die Bereitschaft zu einer den Forderungen der sozialen Gerechtigkeit entsprechenden Neugestaltung der Gesellschaftsordnung fehlt und daß man Positionen zu verteidigen sucht, die nur dadurch zu halten sind, daß man Fragen der praktischen und technischen Durchführung zu grundsätzlich unüberwindlichen Schwierigkeiten hypertrophiert.

Goetz Briefs wies einmal darauf hin, daß der Gedanke der Eigentumsbildung der Arbeiterschaft die dritte große Idee sei, die Deutschland neben der Idee der Sozialversicherung und der des Mitbestimmungsrechts zur sozialen Entwicklung der westlichen Welt beigesteuert habe: „Die Idee stammt aus christlichen Kreisen. Die päpstlichen Botschaften haben immer wieder auf den Weg verwiesen, die Proletarisierung und Radikalisierung der Arbeiterschaft zu mildern oder zu beheben durch Eigentumsbildung [101]." Es fehlt aber offenbar der Wille, über Einzelkorrekturen hinauszugreifen und entschlossen auf eine die Klassenschichtung von Kapital und Arbeit überwindende gesamtwirtschaftliche Neugestaltung der Eigentumsverhältnisse hinzuarbeiten, was für die katholisch-soziale Bewegung bedeutet, „auf lange Sicht aus der Führung in sozialen Angelegenheiten auszuscheiden", zumal dann, wenn die Idee der Eigentumsbildung als eines ihrer ursprünglichen Anliegen von anderen Bewegungen aufgenommen und der Verwirklichung zugeführt wird [102]. Solche Möglichkeiten eröffnen sich nicht nur innerhalb des freiheitlichen Sozialismus [103], sondern neuerdings in stärkerem Maße auch innerhalb der Gewerkschaften, so insbesondere angeregt durch einen von Bruno Gleitze vorgetragenen Plan, der im folgenden erörtert werden soll.

---

[101] Goetz Briefs, Das Gewerkschaftsproblem gestern und heute. Frankfurt 1955, S. 86.

[102] Vgl. v. Nell-Breuning, Eigentumsbildung, a. a. O., S. 30.

[103] Vgl. Gerhard Weisser, Freiheitlicher Sozialismus. In: Handwörterbuch der Sozialwissenschaften. 9. Bd. 1956, S. 509—518; insbes. S. 513. - Ders., Einkommens- und Vermögensverteilung. In: Handbuch sozialdemokratischer Politik. Bonn 1953, S. 36—43. - Ders., Freiheitlicher Sozialismus. In: Handbuch, a. a. O., S. 63—65. - Ders., Vermögen und Vermögenspolitik. In: Handwörterbuch der Sozialwissenschaften, 11. Bd. 1961, S. 163 bis 187.

cc) Zur Frage der Bildung eines „Sozialfonds"

Durch den Vorschlag Bruno Gleitzes hat die gewerkschaftliche Diskussion des Arbeitermiteigentums neue Antriebe bekommen[1]. Es verdient Beachtung, daß Gleitze die Situation und das Problem der Eigentumsbildung klar gesehen hat, wenn er daran erinnert, daß „bei einer konstanten industriellen Zuwachsrate von nur 3 bis 4 v. H. sich das gegenwärtige westdeutsche Sachvermögen innerhalb von zwanzig Jahren erneut weit mehr als verdoppeln (würde)" und daß „die Neuverteilung dieses erst noch zuwachsenden Vermögens die gesellschaftliche Struktur der kommenden Generation (entscheidet)[2]". Man könne sich angesichts solcher Tatsachen nichts davon versprechen, sich „in einem Sachverständigenstreit sogenannter Sozialpartner um die volkswirtschaftliche Bedeutung von Bruchteilen eines Prozents balgen zu müssen, wenn zu gleicher Zeit durch die gewaltig zunehmende volkswirtschaftliche Produktivität die jetzt schon einseitige Besitzkonzentration immer noch stärker zunimmt[3]". Gleitze erkennt auch richtig, daß mikroökonomische Lösungsversuche, so insbesondere die Gewinnbeteiligung, den hier gestellten Problemen nicht beizukommen vermögen. Den Kernpunkt der Fragestellung sieht er darin, daß „die eigentliche Quelle der Kapitalbeteiligung in den Groß- oder gar Riesenunternehmungen über eine Gewinnbeteiligung überhaupt nicht zu beeinflussen ist, denn die Selbstfinanzierung entzieht sich ja einer Gewinnbeteiligung[4]".

Nach dieser Analyse der Situation sucht Gleitze nach einem Weg, der zu einer Umschaltung des Prozesses einer ständig sich steigernden Vermögensakkumulation in den Händen weniger Kapitalbesitzer führen und diesen Prozeß eigentumspolitisch entspannen könnte. Er sieht ihn in der Einrichtung eines überbetrieblichen Sozialfonds, der an der Kapitalbildung nach zu schaffenden gesetzlichen Maßstäben teilzunehmen hätte und aus dem die Erträge dieser Kapitalbeteiligung allen Arbeitnehmern, gleichgültig, ob sie Lohn- oder Gehaltsempfänger sind, zufließen könnten, auch denen, die nicht

---

1 Vgl. Bruno Gleitze, Lohnpolitik und Vermögensverteilung. In: Sozialer Fortschritt, 6. Jg. 1957, S. 53—56. - Ders., Die Bildung und Verteilung von Sozialkapital. In: Sozialer Fortschritt, 7. Jg. 1958, S. 33—35. - Mit dem Gleitze-Plan stimmt in der Struktur überein der von der Sozialdemokratischen Partei Deutschlands auf ihrem Parteitag 1960 in Hannover beschlossene Deist-Plan. Vgl. hierzu Halbach, a. a. O., S. 20 f.

2 Gleitze, Lohnpolitik, a. a. O., S. 55.

3 a. a. O., S. 55.

4 a. a. O., S. 55.

gerade im Zentrum der Wirtschaft ihren Arbeitsplatz haben[5]. Als Bezugsgröße für die Bildung von Sozialkapital empfiehlt Gleitze entweder die Höhe des im Betrieb arbeitenden Anlagekapitals oder die steuerlich anerkannte Abschreibungssumme oder auch die steuerfreien oder steuerbegünstigten Neuinvestitionen (die früher § 36 des Investitionshilfegesetzes zuließ und die jetzt über § 51 des Einkommensteuergesetzes noch dem Kohlen- und Erzbergbau offenstehen), nicht aber den Arbeitslohn, weil die Kapitalkonzentration der Betriebe aus Differentialgewinnen entstehe und nicht arbeitsplatzabhängig sei und weil ferner eine Belastung des Lohnes als Kostenfaktor dazu führe, dem Lohn durch Rationalisierung auszuweichen[6]. Des weiteren schlägt Gleitze vor, den Sozialfonds einer sozialen Selbstverwaltung zu unterstellen, vergleichbar der Organisation der Sozialversicherung. Gleichzeitig sieht er in einer so gestalteten Kapitalbeteiligung der Arbeitnehmer den bislang noch fehlenden materiellen Unterbau der Mitbestimmung[7].

Es ist ein Verdienst Gleitzes, die Problematik der betrieblichen Vermögensbildung klar gesehen und auch den Weg einer Lösung des Problems bezeichnet zu haben: eine gesamtwirtschaftliche, grundsätzlich sowohl alle Betriebe als auch alle Arbeitnehmer einbeziehende Regelung der Kapitalbeteiligung, die „nicht diejenigen privilegieren (darf), die ihren Arbeitsplatz zufällig in einem gewinnbringenden Unternehmen haben. Die großbetriebliche Kapitalakkumulation ist ein volkswirtschaftlicher Prozeß, der sich unabhängig von der individuellen Leistung an einem Arbeitsplatz vollzieht[8]." Man kann auch nicht das Anliegen dieses Planes leugnen, der darauf abzielt, daß sich echtes Eigentum in Arbeiterhand bilde, welches zwar um der Sicherung des volkswirtschaftlichen Wachstums willen der Investition

---

[5] a. a. O., S. 56. – Der Vorschlag Gleitzes erkennt zutreffend auch die damit sich auftuenden betriebswirtschaftlichen Probleme und die kalkulatorischen Ansatzpunkte ihrer Lösung: „Es ist sicher, daß die Bilanzen der Großunternehmungen bei einer aktiven Einschaltung der Arbeitnehmerschaft oder des Staates in den ständigen Prozeß ihrer Vermögensanreicherung, die sonst nirgends als Einkommen sichtbar wird, ihr Gesicht verändern würden. Die Unterbewertung auf der linken Seite der Bilanz wäre nicht mehr in dem Ausmaße möglich. Kapitalsummen, die heute unter mancherlei Vorwänden – besonders unter den Positionen ‚Rücklagen' oder ‚Rückstellungen' – ausgewiesen werden und in Wirklichkeit doch nichts weiter als ein verschleiertes Eigenkapital darstellen, müßten dann als Verpflichtungen an einen überbetrieblichen Sozialfonds – oder wie man eine derartige Investmentgesellschaft für Arbeitnehmerbeteiligungen nennen mag – deklariert werden" (a. a. O., S. 56).

[6] Vgl. Gleitze, Bildung und Verteilung von Sozialkapital, a. a. O., S. 34.

[7] Vgl. Gleitze, Lohnpolitik, a. a. O., S. 56.

[8] Gleitze, Bildung und Verteilung von Sozialkapital, a. a. O., S. 33.

zur Verfügung stehen müsse, im übrigen aber „die Freizügigkeit jedes langfristig angelegten Vermögens haben (müßte), das man unter bestimmten Voraussetzungen realisieren kann, um darüber frei zu verfügen[9]". Da jeder Anteilsberechtigte am Sozialkapital auf seinen Anteil „einen unmittelbaren individuellen Rechtsanspruch haben (müßte), der in irgendeiner Form zu verbriefen wäre", kann Gleitze sich mit Recht dagegen wehren, daß das in einem überbetrieblichen Sozialfonds zusammenzufassende Sozialkapital „als eine Art Vorstufe von Volkseigentum" angesehen wird[10]. Und schließlich ist Gleitze auch darin zuzustimmen, wenn er feststellt, „daß sehr hohe stille Reserven in den Bilanzen der Unternehmungen nicht mehr die früher nicht unbegründete Entschuldigung für sich beanspruchen können, daß sie als ein Krisenpolster notwendig sind", weil heute wirtschaftspolitische Mittel zur Verfügung stehen, mit deren Hilfe sich Krisen früheren Ausmaßes und die mit ihnen verbundene Kapitalvernichtung ausschließen lassen[11]. Es sei deshalb „eine Grundsatzfrage, ob man die völlige Verzerrung unserer Bilanzen durch Unterbewertungen und anomale Abschreibungen nicht möglichst beseitigen sollte[12]".

Allerdings müssen dem Plan Gleitzes auch Bedenken entgegengehalten werden. Ein Einwand, den er sich selbst stellt, ist dieser: ob nicht die Bildung von Sozialkapital durch Preiserhöhung erkauft werde dergestalt, daß die Betriebe die ihnen auferlegte Bildung von Sozialkapital über die

---

9 a. a. O., S. 33. – Dazu macht Gleitze sehr konkrete Aussagen: „Seine Ansprüche an das Sozialkapital müßte der begünstigte Arbeitnehmer wohl zumindest bei Invalidität oder bei Erreichen einer bestimmten Altersgrenze realisieren können. Mit der Stärkung des allgemeinen Kapitalmarktes wäre es aber sehr wohl denkbar, nach Ablauf einer Art Sperrfrist die volle Verfügbarkeit durch Beleihung oder Verkauf der Anteile zu ermöglichen. Dann tritt normales Sparkapital an Stelle des über den Betrieb gebildeten akkumulierten Sozialkapitals ... Dem sozialen Charakter nach wäre dieses Sozialkapital den betrieblichen Rückstellungen für Pensionen gleichzustellen, nur daß die Angehörigen des Betriebes die Nutznießung dieser neuen Sozialrückstellung nicht allein hätten und jedenfalls ein Wechsel des Arbeitsplatzes keinen Verlust der Ansprüche an das Sozialkapital mit sich bringen würde. Der individuelle Anspruch des Betriebsangehörigen müßte grundsätzlich an den überbetrieblichen Sozialfonds gehen, der seinerseits auf die als Sozialkapital zu betrachtenden Rückstellungen des Betriebes einen schuldrechtlichen Anspruch oder ein Eigentumsrecht erhalten würde. Die individuellen Ansprüche des begünstigten Arbeitnehmers, auch wenn man sie nicht in der Form von Zertifikaten verbrieft – was aber sehr zu überlegen wäre –, würden ein echtes Eigentum an dem produktiven Sachkapital der großbetrieblichen Wirtschaft darstellen. Sie hätten den gleichen Eigentumswert wie die Zertifikate von Investmentgesellschaften" (a. a. O., S. 33).

10 Vgl. a. a. O., S. 33.

11 Vgl. a. a. O., S. 34.

12 a. a. O., S. 34.

Preise auf die Gesamtheit abwälzen[13]. Nun lassen sich gerade zu dieser Frage a priori kaum generelle Aussagen machen. Die Möglichkeit einer Überwälzung hängt von verschiedenen Faktoren ab, von der Elastizität der Nachfrage, vom Stand der Konjunktur und insbesondere von der Verfassung des Marktes. Wenn eine Kapitalbeteiligung einerseits gesamtwirtschaftlich durchgeführt wird, auf der anderen Seite mit Hilfe eines gut funktionierenden, durchgreifenden Kartellrechts dem Wettbewerb ein möglichst breiter Spielraum gewährt wird, sind die Möglichkeiten einer Überwälzung der an die Arbeitnehmer abzuzweigenden Kapitalanteile sehr gering.

Von größerem Gewicht ist die Tatsache, daß die Idee eines Sozialfonds im Sinne Gleitzes auf eine Verfestigung der Selbstfinanzierung hinausläuft und damit verhindert wird, daß die Produktion in die volkswirtschaftlich ergiebigsten und bedarfsmäßig fruchtbarsten Verwendungen dirigiert wird. Gewiß erfolgt in dem Maße, wie die Anteile der Arbeitnehmer am Sozialfonds in deren volle Verfügbarkeit übergehen, auch eine Auflockerung des Kapitalmarktes, da nun eine Streuung der Kapitalanteile über die verschiedensten Kreditinstitute einsetzen wird. Doch sind das, auf das Ganze gesehen, nur schwache Nebenwirkungen, die nichts daran ändern, daß auf lange Zeit die Basis der Investition die Selbstfinanzierung der Betriebe bleiben würde.

Ein weiteres Bedenken gegenüber dem Vorschlag der Schaffung eines Sozialfonds richtet sich gegen die auf diese Weise erneut sich bildende Kapitalkonzentration, die eine Kapitalmacht bisher nicht gekannten Ausmaßes darstellen würde. Es soll nicht übersehen und auch nicht abgeschwächt werden, daß Gleitze die Rechtsansprüche des einzelnen Arbeiters gegenüber dem Sozialfonds klar festgelegt und gesichert sehen will und daß sein Plan auf die volle Verfügbarkeit der Eigentumsanteile durch die Arbeitnehmer abzielt, wenn auch nicht gleich zu Anfang — eben im Hinblick auf die Sicherung der volkswirtschaftlich notwendigen Kapitalbildung —, so doch auf die Dauer. Es besteht aber kein Grund anzunehmen, daß im Zeichen der „Manager-Herrschaft" die Entwicklung künftighin anders laufen wird als unter den bisherigen Verhältnissen, wo sich die Vermögensbildung einseitig in den Händen der „Kapitalisten" vollzieht, über deren Vermögen weithin die Manager verfügen. Immerhin besitzen die Eigentümer der großen industriellen Vermögen unbestreitbar größere Kenntnisse und Erfah-

---

[13] Vgl. a. a. O., S. 34.

rungen auf dem Kapitalmarkt, im Umgang mit Wertpapieren und Eigentumstiteln, als man sie bis jetzt dem Arbeiter zusprechen kann. Um so mehr muß man sich darauf gefaßt machen, daß die Disposition über das in einem Sozialfonds zusammengefaßte Produktionsvermögen der Arbeitnehmer, obwohl formalrechtlich deren Eigentum, durch Manager vorgenommen wird, denen nun eine Kapitalmacht in die Hand gegeben ist, deren Effizienz die der bisherigen, immerhin noch aufgespaltenen industriellen Vermögen um ein Vielfaches übersteigt. Zwar hat sich Gleitze über Einzelheiten des Aufbaus dieses Sozialfonds nicht ausgesprochen. Im Hinblick auf die ihm zugedachten gesamtwirtschaftlichen Funktionen, insbesondere auch als Clearingstelle zwischen gewinnstarken und gewinnschwachen Betrieben, ist er wohl nur in der Form einer straff zentralgelenkten Organisation denkbar. Die den Verwaltern eines solchen Sozialfonds eingeräumte Finanzmacht erlaubt ihnen aber einen auf die gesamte Volkswirtschaft zugreifenden Dirigismus der „leichten Hand", dessen Wirkungen weiter reichen als die einer massiven Sozialisierung.

Nun dürfte es aber möglich sein, sich über Organisationsfragen noch zu verständigen, bevor man an die Verwirklichung eines solchen Planes ginge, und einen Weg zu finden, der Machtballungen im Finanzsektor der Volkswirtschaft von der Art, wie sie der Gleitze-Plan in seiner bisherigen Konzeption mit sich bringen könnte, ausschließen würde, so etwa in der Weise, daß der Sozialfonds, ähnlich wie die Institutionen der Sozialversicherung, als Selbstverwaltungskörperschaft organisiert wird. Im Ergebnis wird man anerkennen müssen, daß Gleitzes Vorschlag ein höchst beachtliches Positivum in der Diskussion des Arbeitermiteigentums darstellt, insofern die Situation, das Problem und prinzipiell auch der Weg seiner Lösung erkannt wird.

Es wäre utopisch, darauf zu warten, bis ein Plan zur Eigentumsbildung vorgelegt wird, der von jedermann und unter allen Aspekten vorbehaltlos akzeptiert werden könnte. Wie man die Lösung des Problems auch angehen mag, ohne Friktionen und gewisse Risiken wird sie sich nicht durchsetzen lassen. „Werden alle Einwände berücksichtigt, so bleiben schließlich für die Politik, die mangels eines echten Automatismus nach allgemeiner Meinung nötig ist, überhaupt keine Mittel mehr übrig ... Von den Mitteln der Eigentumsbildung in Arbeiterhand werden neben in der Tat ungeeigneten auch die geeigneten zerredet [14]."

14 Gerhard Weisser, Einfache Wirtschaftsordnung? In: Gewerkschaftl. Monatshefte, 8. Jg. 1957, S. 525.

Man muß die Dinge aber noch unter einem anderen, im allgemeinen zu wenig beachteten Gesichtspunkt sehen: Man sollte sich nicht damit abfinden und beruhigen, daß der Prozeß der industriellen Vermögenskonzentration in der Richtung, die er bislang genommen hat, ad infinitum weiterlaufen kann. Es ist sozialpsychologisch ganz unwahrscheinlich, daß die Arbeiterschaft und ihre Organisationen nach der seit Karl Marx abgelaufenen geschichtlichen Entwicklung diesen Prozeß der einseitigen Vermögensbildung in Unternehmerhand auf die Dauer hinnehmen werden. Es ist ja schon jetzt keineswegs so, daß die Gewerkschaften am betrieblichen Substanzzuwachs nicht sonderlich interessiert wären. Der Plan Gleitzes mag innerhalb der Gewerkschaften eine recht unterschiedliche Resonanz finden, er kann aber zumindest hinsichtlich des in ihm zum Ausdruck kommenden Interesses an einer Neuverteilung der industriellen Vermögen als repräsentativ für die Gewerkschaften gelten. Wird die Lösung nicht auf dem auch von Gleitze vorgeschlagenen evolutionären Wege der Umlenkung künftiger Vermögenszugänge gefunden, dann darf man sich mit einer an Sicherheit grenzenden Wahrscheinlichkeit darauf einstellen, daß das Eigentumsproblem eines Tages revolutionär durch Sozialisierung oder Neuverteilung der schon vorhandenen Vermögenswerte angegangen wird[15]. Es werden, wenn sich der bisherige Trend der Vermögenskonzentration fortsetzt, alle jene Tendenzen verstärkt, die einer radikalen Lösung der Eigentumsfrage zustreben. Ob man das wünscht oder nicht, ob man es für gerecht oder ungerecht, für volkswirtschaftlich richtig oder falsch hält, ist hier nicht zu untersuchen. Kommt es aber zu einer revolutionären Neuordnung der Eigentumsrechte am volkswirtschaftlichen Produktionsvermögen, so werden angesichts der dann entstehenden Reibungsverluste und Vermögenseinbußen kaum noch Meinungsverschiedenheiten darüber aufkommen, daß es schon allein unter ökonomischen Gesichtspunkten „ergiebiger“ gewesen wäre, den von der christlichen Soziallehre und Sozialbewegung empfohlenen Weg zu gehen. Bis dahin aber scheint man diesen Weg durch Bedenken und Vorbehalte, seien sie begründet oder konstruiert, versperren zu wollen.

---

[15] Vgl. Q. a., n. 62: „Täusche sich niemand! Nur um diesen Preis lassen sich öffentliche Ordnung, Ruhe und Frieden der menschlichen Gesellschaft gegen die Mächte des Umsturzes mit Erfolg behaupten.“ – Vgl. auch Paul Rusch, Der Sozialhirtenbrief der österreichischen Bischöfe. Innsbruck 1957, S. 29, 32.

IV. ENTEIGNUNG UND SOZIALISIERUNG

1. Begriffliche Klärung

In der gleichen Weise wie der Eigentumsbegriff nicht auf das dingliche Eigentumsrecht im Sinne des § 903 BGB beschränkt und nicht nur als dieses absolute umfassendste Herrschaftsrecht an Sachen verstanden werden kann, sondern auch die beschränkten dinglichen Rechte, andere absolute Vermögensrechte, Mitgliedschafts- und Forderungsrechte umfaßt, ebenso bezieht sich der Begriff der *Enteignung* nicht nur auf die Entziehung oder Beschränkung des dinglichen Vollrechtes, sondern auch jedes anderen Vermögensrechtes [1]. Die Rechtsprechung geht soweit, schon die Beschränkung der Vertragsfreiheit des einzelnen durch die Bindung seiner rechtsgeschäftlichen Erklärungen an eine Genehmigung unter Umständen als Enteignung anzusehen [2]. Unter Enteignung ist jeder staatliche Eingriff in den Bereich privater Vermögensrechte anzusehen, also auch Belastungen und Beschränkungen von Vermögensrechten, wie etwa die Anordnung von Bausperren, die Festlegung von Fluchtlinienplänen, die Stellung unter Denkmalsschutz [3].

Eigentum und Enteignung sind also korrespondierende Begriffe: „Eigentum, Enteignung und Entschädigung gehen wirtschaftlich und rechtlich zusammen ... Der Enteignungsbegriff ist keine selbständige Größe, die nach eigenen historischen oder rechtsdogmatischen Gesichtspunkten ermittelt werden könnte; er steht in notwendiger Korrelation zum Eigentumsbegriff und zur Eigentumsordnung [4]."

---

1 Vgl. Kommentar zum Bonner Grundgesetz (Bonner Kommentar), hrsg. von H. J. Abraham, O. Bühler, B. Dennewitz u. a. Hamburg 1950, Anm. 6 zu Art. 14, S. 7. - Das Bonner Grundgesetz, erläutert von H. von Mangoldt, 2. Aufl. von F. Klein, Band I, Berlin, Frankfurt 1957, Anm. VII zu Art. 14, S. 439—454. - Hans Diester, Enteignung und Entschädigung nach altem und neuem Recht. Köln 1953. - Kurt Wiedenfeld, Eigentum und Enteignung. In: Zeitschrift für die gesamte Staatswissenschaft, 110. Bd. 1954, S. 39—47. - Diether Haas, Eigentum und Enteignung. In: Monatsschrift für Deutsches Recht, 5. Jg. 1951, S. 650 ff. - Ernst Knoll, Eingriffe in das Eigentum im Zuge der Umgestaltung gesellschaftlicher Verhältnisse. In: Archiv des öffentlichen Rechts, 81. Jg. 1956, S. 157 ff. - Werner Weber, Eigentum und Enteignung. In: Die Grundrechte, hrsg. von F. L. Neumann, H. C. Nipperdey, U. Scheuner. 2. Bd. Berlin 1954, S. 331 ff. - Herbert Krüger, Sozialisierung. In: Die Grundrechte. 3. Bd. 1. Halbbd. Berlin 1958, S. 267 ff. - Kurt Rudolph, Die Bindungen des Eigentums. Eine rechtsvergleichende Studie. Tübingen 1960, insbes. S. 10 ff.

2 Vgl. Bonner Kommentar, a. a. O., Anm. 6 zu Art. 14, S. 7.

3 Vgl. Diester, a. a. O., S. 39. - Mangoldt-Klein, Bonner Grundgesetz, a. a. O., Anm. VII, 5 zu Art. 14, S. 444 ff.

4 Ulrich Scheuner, Die Abgrenzung der Enteignung. In: Die öffentliche Verwaltung, 7. Jg. 1954, S. 588. - Mit Scheuner übereinstimmend erklärt Diether Haas in der Auseinander-

Nach dem gegenwärtigen Sprachgebrauch von Jurisprudenz und Rechtspraxis „liegt eine Enteignung durch Gesetz nur dann vor, wenn dieses nicht nur gemäß der Befugnis nach Art. 14, Abs. 1, S. 2 (Bonner Grundgesetz) allgemeine inhaltliche Begrenzungen für das Eigentum aufstellt, also bestimmte Vermögensrechte sämtlicher Staatsbürger oder bestimmter Staatsbürgerklassen gleichmäßig einer gleichen Beschränkung unterwirft . . ., sondern einzelnen Personen besondere Opfer auferlegt[5]". Im gleichen Sinne versteht Friedrich Giese unter Enteignung „jede Eigentumsentziehung sowie jede Eigentumsbelastung, welche den Inhaber *ungleich* trifft und zu einem besonderen, allen übrigen Eigentümern nicht zugemuteten Opfer für die Allgemeinheit zwingt[6]". Von daher ergibt sich das Kriterium für die Abgrenzung von Enteignung und gesetzlicher Eigentumsbindung: „Bindung ist gleichwirkendes Allgemeinopfer, Enteignung ungleich wirkendes Sonderopfer[7]." Diese Unterscheidung ist deshalb von großer Bedeutung, weil die Enteignung dem Betroffenen grundsätzlich einen Anspruch auf Entschädigung gibt, nicht aber eine gesetzliche Eigentumsbindung, was selbstverständlich ist, weil allgemeine Lasten, an die sich eine Entschädigungspflicht anschließt, ihren Zweck verfehlten und im Maße der gewährten Entschädigung überflüssig wären[8].

---

setzung mit Art. 14, Abs. 3 des Bonner Grundgesetzes: „... was nicht enteignet werden kann, wird auch durch Art. 14, I, 1 nicht geschützt" (System der öffentlich-rechtlichen Entschädigungspflichten. Karlsruhe 1955, S. 33). - Die juristische Literatur spricht von einem „erweiterten" Enteignungsbegriff, der aber nur die Folge eines „erweiterten" Eigentumsbegriffs ist, und hebt ihn ab vom „klassischen" Enteignungsbegriff des Preußischen Enteignungsgesetzes vom 11. Juni 1874, der sich auf die Enteignung von Grundstücken beschränkt (vgl. Carl Schmitt, Die Auflösung des Enteignungsbegriffs. In: Juristische Wochenschrift, 1929, S. 495 ff. - Diester, a. a. O., S. 33 ff.).

[5] Vgl. Bonner Kommentar, a. a. O., Anm. 7 zu Art. 14, S. 7 f. - Mangoldt-Klein, a. a. O., Anm. VII, 4, S. 443 f.

[6] Friedrich Giese, Enteignung ohne Ende. In: Deutsche Richterzeitung, 1953, S. 61.

[7] Giese, a. a. O., S. 61.

[8] Die Notwendigkeit, positivrechtlich zwischen Enteignung und sozialer Bindung zu unterscheiden, erweist sich überzeugend am Beispiel der Steuer, die materiell eine Enteignung darstellt, aber formell aus dem Enteignungsbegriff ausgeklammert werden muß, weil sie nicht mit einer Entschädigungspflicht verknüpft werden kann. Das ist der Sinn der Unterscheidung von „Allgemeinopfer" und „Sonderopfer", die, mit Hilfe der Einzelakttheorie Gerhard Anschützs oder der Schutzwürdigkeitstheorie Walter Jellineks begründet, prima facie zwar sehr elegant erscheint, in concreto aber oft sehr schwer durchzuführen ist (vgl. Bonner Kommentar, a. a. O., Anm. 7 zu Art. 14, S. 8).

Die Sozialisierung ist ein Sonderfall oder Unterfall der Enteignung[9]. Die Besonderheit der Sozialisierung besteht darin, daß im Privateigentum stehende Produktionsmittel enteignet und auf die öffentliche Hand überführt werden, sei es auf den Staat (Verstaatlichung, Nationalisierung), auf andere, innerstaatliche Gebietskörperschaften, insbesondere Kommunen (Kommunalisierung), auf Sozialgemeinschaften als gemischtwirtschaftliche Körperschaften, die sich aus Vertretern der Belegschaft, der Verbraucherschaft und des Staates zusammensetzen, oder auf die jeweils als Gilde genossenschaftlich organisierte Gesamtheit der in einem bestimmten Wirtschaftszweig Beschäftigten (Gildensozialismus)[10]. Artikel 15, Satz 1, des Bonner Grundgesetzes formuliert folgendermaßen: „Grund und Boden, Naturschätze und Produktionsmittel können zum Zwecke der Vergesellschaftung durch ein Gesetz, das Art und Ausmaß der Entschädigung regelt, in Gemeineigentum oder in andere Formen der Gemeinwirtschaft überführt werden."

Hinsichtlich des Ausmaßes der Sozialisierung oder Vergesellschaftung ist zu unterscheiden zwischen Totalsozialisierung und Teilsozialisierung, die fallweise durchgeführt wird[11]. Die Totalsozialisierung zielt nach der

---

[9] Vgl. Oswald v. Nell-Breuning, Sozialisierung. In: Zur sozialen Frage (Wörterbuch der Politik, Heft III). 2. Aufl. Freiburg 1958, Sp. 97—104. - Bonner Kommentar, a. a. O., Anm. II, 1 zu Art. 15, S. 2. - Friedrich Giese, Enteignung und Entschädigung früher und heute. Eine verfassungstheoretische Untersuchung. Tübingen 1950, insbes. S. 26 ff. - Ders. Zur Frage der Enteignungsentschädigung nach dem Bonner Grundgesetz. In: Neue Juristische Wochenschrift, 3. Jg. 1950, S. 290 ff. - Grundgesetz für die Bundesrepublik Deutschland, staatsrechtlich erläutert von Friedrich Giese. 3. Aufl. Frankfurt 1953, Anm. II, 3 zu Art. 15, S. 36. - Ludwig Raiser, Zur Eigentumsgarantie des Grundgesetzes. In: Archiv des öffentlichen Rechts, 78. Bd. 1952/53, S. 118 f. - H. Goldschmidt, Eigentum und Eigentumsteilrechte in ihrem Verhältnis zur Sozialisierung. Marburg 1920. - W. Ehrenforth, Die Enteignungsentschädigung nach Art. 14 des Bonner Grundgesetzes. In: Deutsches Verwaltungsblatt, N. F. 1. Jg. 1950, S. 266 ff. - Helmut Ridder, Enteignung und Sozialisierung. In: Veröffentlichungen der Vereinigung der deutschen Staatsrechtslehrer, Heft 10, Berlin 1952, S. 124—177. - Hans P. Ipsen, Enteignung und Sozialisierung. In: Veröffentlichungen der Vereinigung der Deutschen Staatsrechtslehrer, Heft 10, Berlin 1952, S. 74—123. - Rolf Stödter, Über den Enteignungsbegriff. Bemerkungen zum Entschädigungsbeschluß des BGH. In: Die öffentliche Verwaltung, 6. Jg. 1953, S. 97 ff. - Ludwig Adamovich, Handbuch des österreichischen Verfassungsrechts. 5. Aufl. (bearbeitet von Hans Spanner). Wien 1957 (dort auch die Feststellung des österreichischen Verfassungsgerichtshofes von 1949, daß „die Verstaatlichung ihrem Wesen nach eine Enteignung ist, verbunden mit der Übertragung des Eigentums an den Staat").

[10] Vgl. v. Nell-Breuning, a. a. O., Sp. 100 f. - Joseph Höffner, Die Sozialisierung der Grundstoffindustrien in der Bundesrepublik Deutschland, beurteilt nach den Grundsätzen der katholischen Soziallehre. Köln 1951, S. 11 f.

[11] Vgl. v. Nell-Breuning, a. a. O., Sp. 98 f.

ursprünglichen Auffassung von Karl Marx auf die Enteignung aller Produktionsmittel und ihre Überführung in die öffentliche Hand, also auf eine strukturelle Umgestaltung der Wirtschaftsverfassung, während die Teilsozialisierung grundsätzlich das Privateigentum an Produktionsmitteln bestehen läßt, und zwar so lange, als nicht die mit dem Eigentum verbundene Macht zu einer Gefährdung des Gemeinwohls führt[12].

Daneben gibt es allerdings noch einen weiteren Begriff von Sozialisierung, den man zweckmäßig mit dem Terminus System-Sozialisierung belegt. Sachlich muß diese Form der Sozialisierung streng unterschieden werden sowohl von der Voll- als auch von der Teilsozialisierung, wenn sie auch geschichtlich mit beiden in engem Zusammenhang steht. Die Systemsozialisierung läßt die Frage des Eigentums und seiner Trägerschaft — ob Privateigentum oder Kollektiveigentum — grundsätzlich unberührt und richtet sich nur auf die Ordnung des Wirtschaftsprozesses. Von Systemsozialisierung wäre dann zu sprechen, wenn die Entscheidung über den Wirtschaftsablauf zentral, von einer Stelle her, erfolgt. Es handelt sich also um jenes Wirtschaftssystem, das die Nationalökonomie als Zentralverwaltungswirtschaft zu benennen pflegt. Die als Systemsozialisierung bezeichnete Form der Sozialisierung war in den Jahren nach dem ersten Weltkrieg, meist unter dem Stichwort der „Wirtschaftsdemokratie“, Gegenstand starker Auseinandersetzungen. Das Problem selbst — die Frage der zentralen Steuerung der Wirtschaft — ist natürlich auch in der Gegenwart noch akut. Es wird aber nicht mehr unter dem Stichwort Sozialisierung diskutiert, sondern unter dem der Zentralverwaltungswirtschaft (gleichbedeutend mit Zentralplanwirtschaft oder Zwangswirtschaft). Für die Gegenwart scheidet der Terminus Sozialisierung, verstanden als Systemsozialisierung im eben dargelegten Sinne, also aus.

In diesem Zusammenhang bedarf auch der schillernde Begriff der Gemeinwirtschaft der Erwähnung. Er entstand in der zweiten Hälfte des neunzehnten Jahrhunderts und diente zunächst der „Propagierung einer neuen Wirtschaftsgesinnung. An die Stelle des reinen Privatinteresses sollte die bewußte Hinwendung auf das Gemeinwohl treten[13].“ Bei der Erörterung der Frage, welcher institutionellen Hilfen man sich bedienen könne, um eine solche Wirtschaftsgesinnung zu verwirklichen, verband sich der Begriff mit dem der Sozialisierung. Für die eben umschriebenen drei For-

[12] Vgl. Höffner, a. a. O., S. 12 f. - v. Nell-Breuning, a. a. O., Sp. 99 f.

[13] Ludwig Wirz, Gemeinwirtschaft. In: Zur Wirtschaftsordnung (Wörterbuch der Politik, Heft IV). 3. Aufl. Freiburg 1958, Sp. 27.

men der Sozialisierung wird seither synonym auch der Begriff Gemeinwirtschaft verwendet, so daß immer dann, wenn er irgendwo erscheint, zunächst zu klären ist, ob an Vollsozialisierung als Entprivatisierung der Produktionsmittel, an Teilsozialisierung als fallweise Entprivatisierung einzelner Betriebe oder Wirtschaftszweige oder an die Systemsozialisierung im Sinne der zentralen Lenkung des Wirtschaftsprozesses gedacht ist. Die terminologischen Komplikationen können sich aber noch dadurch erhöhen, daß der Begriff Gemeinwirtschaft über die verschiedenen Tatbestände der Sozialisierung hinausgreift. Mit Recht nimmt beispielsweise auch die Genossenschaftsbewegung für ihre Organisationen den Begriff Gemeinwirtschaft in Anspruch. Es kommt aber auch vor, daß der Begriff ohne Beziehung auf eine bestimmte Organisationsweise der Wirtschaft „lediglich im Sinne einer auf das Gemeinwohl gerichteten Gesinnung und Weise des Wirtschaftens aufgefaßt wird[14]".

Innerhalb der Rechtslehre sind, ausgelöst durch Artikel 15 des Bonner Grundgesetzes, lebhafte Auseinandersetzungen im Gange, welcher Inhalt und welche Reichweite dem Begriff der Sozialisierung zukommen. Einmütigkeit besteht darüber, daß Sozialisierung ein Fall der Eigentumsentziehung ist. Kontrovers ist aber, ob sie als ein Sonderfall der Enteignung angesehen werden kann (im Sinne des Artikels 14, Abs. 3, Bonner Grundgesetz, oder des Preußischen Enteignungsgesetzes von 1874). Den Anstoß zu dieser Auseinandersetzung gab Werner Weber, der sich in einer grundsätzlichen und vielbeachteten Stellungnahme für die strenge Scheidung von „Enteignung" und „Sozialisierung" ausgesprochen hat[15]. Weber kennzeichnet „die Enteignung im juristischen Sinne" als einen „Güterbeschaffungsvorgang", darin bestehend, „daß für konkrete Vorhaben des öffentlichen Wohls (‚Unternehmen' im Sinne des Enteignungsgesetzes von 1874) bestimmte Güter benötigt werden, die durch freihändigen Erwerb gar nicht oder nur unter besonderen Schwierigkeiten zu erlangen sind. Von jeher ergab sich die Notwendigkeit eines solchen ‚Zwangskaufes' bei Grundstükken, während die Enteignung beweglicher Sachen erst unter den Ausnahmebedingungen der letzten eineinhalb Jahrzehnte zu einem geläufigen Institut geworden ist[16]". Der Ansatz für diese scharfe Differenzierung von Enteignung und Sozialisierung ist die Überzeugung Webers, daß eine Ent-

[14] Wirz, a. a. O., Sp. 27.

[15] Vgl. Werner Weber, Zur Problematik von Enteignung und Sozialisierung nach neuem Verfassungsrecht. In: Neue Juristische Wochenschrift, 3. Jg. 1950, S. 401—405.

[16] Weber, a. a. O., S. 402.

eignung (als klassisches Beispiel: die Enteignung eines Grundstücks zum Zwecke des Ausbaus einer Straße oder einer Eisenbahnlinie) stets durchgeführt werde auf dem Hintergrund einer selbstverständlichen Anerkennung der bestehenden, durch die Entscheidung für die Privateigentumsordnung gekennzeichneten Gesellschaftsstruktur; daß die Enteignung und die mit ihr verknüpfte „Gewährung grundsätzlich eines vollen Äquivalents für die beanspruchte Leistung ... gerade das konservierende Institut einer unerschütterten Rechtslage" sei [17].

Demgegenüber sieht Weber in der Sozialisierung einen Vorgang der „sozialen Umschichtung", der „strukturellen Änderung der Wirtschaftsverfassung" mit „weitausgreifenden Eigentums- und Vermögensüberführungen", dies aber nicht, „weil der neue Eigentums- und Vermögensträger die entzogenen Gegenstände und Werte für konkrete Vorhaben des öffentlichen Wohls seinerseits zwingend benötigt, sondern um eine grundsätzliche Änderung der Sozialstruktur vorzunehmen. Sozialisierung und ‚Bodenreform' (Auflösung des Großgrundbesitzes) sind heute ihre wichtigsten Erscheinungsformen [18]." Der Konservierung der Eigentumsordnung im Falle der Enteignung stehe ihre Revolutionierung im Falle der Sozialisierung gegenüber. Deshalb müsse auch die hier zu leistende Entschädigung „von Äquivalenzvorstellungen überhaupt gelöst werden", regelmäßig schon deshalb, weil die erforderlichen Mittel fehlen, vor allem aber auch, weil eine volle Entschädigung den politischen Zweck des Vorgangs illusorisch machen würde; denn sie würde die Betroffenen mit einem Vermögensäquivalent ausstatten, mit dem sie ihre bisherige wirtschaftliche Machtpolitik behaupten könnten [19].

Weber macht deshalb auch dem Bonner Grundgesetz den Vorwurf, daß in Artikel 14 und 15 zwei verschiedene Sachverhalte gleichbehandelt würden. Zwar habe das Bonner Grundgesetz durch den Entschädigungsvorbehalt in Artikel 15 die Sozialisierung deutlich von der entschädigungslosen Konfiskation abgegrenzt. Es bedeute aber eine folgenschwere Unstimmigkeit zwischen Artikel 14 und 15, daß der Verfassungsschöpfer „zwei ganz konträre Dinge, die Sicherung des Eigentums in der unangefochtenen Ruhelage (Art. 14) und die Revolutionierung der wirtschaftlich-sozialen Struktur (Art. 15), unter dieselbe Entschädigungsnorm gestellt" habe [20]. Die Aus-

---

17 a. a. O., S. 402 f.
18 a. a. O., S. 402.
19 Vgl. a. a. O., S. 402.
20 a. a. O., S. 403.

legungspraxis müsse die Entschädigung für Enteignung und die für Sozialisierung deutlich differenzieren, sonst bestünde die Gefahr, daß „Eigentumsgarantie und Sozialisierungsklausel sich gegenseitig zersetzen[21]".

In dieser Auseinandersetzung um das Verhältnis von Enteignung und Sozialisierung geht es offenbar in erster Linie um die Entschädigungspflicht des Staates gegenüber dem Betroffenen: ob dieser nach dem Äquivalenz- oder dem Billigkeitsprinzip zu entschädigen sei. Man muß Weber darin zustimmen, daß der rechtspolitische Sinn einer Enteignung nach dem Preußischen Enteignungsgesetz von 1874, etwa der Enteignung eines Grundstücks zum Zwecke der Anlage einer Eisenbahnlinie, ein anderer ist als der einer Sozialisierung eines Konzerns oder gar eines ganzen Wirtschaftszweiges und daß deshalb auch die Frage der Entschädigung unterschiedlich beantwortet werden muß. Insoweit wäre Friedrich Giese zu widersprechen, der die strenge Gleichbehandlung von Enteignungs- und Sozialisierungsentschädigung fordert und unter Hinweis auf das Grundrecht der Eigentumsgarantie nur eine den vollen Wert der enteigneten Sache erstattende Entschädigung (Vollentschädigung) für gerecht hält[22].

Man wird allerdings nicht der Auffassung Webers folgen können, daß es sich hier um „zwei ganz konträre Dinge" handele[23]. Demgegenüber ist zunächst darauf hinzuweisen, daß der gemeinsame Bezugspunkt für Enteignung und Sozialisierung das Gemeinwohl ist, durch das beide Arten der Eigentumsentziehung ihre Rechtfertigung erhalten. Es kommen aber noch andere Gesichtspunkte hinzu, die dazu beitragen, daß sich anscheinend

---

21 a. a. O., S. 403. - Vgl. auch Theodor Maunz: „Die ... Sozialisierung ist, obwohl auch sie in jedem Fall entschädigungspflichtig ist, kein Sonderfall des überkommenen, in Art. 14 Abs. 3 geregelten Enteignungsinstituts, sondern eine Rechtseinrichtung eigener Art, die der Verwirklichung des in Art. 20 allgemein ausgedrückten Sozialstaatsgedankens dienen soll" (Deutsches Staatsrecht. München, Berlin. 5. Aufl. 1956, S. 124). - Mangoldt-Klein, Bonner Grundgesetz, Anm. III, 3, c zu Art. 15, S. 461 (im Gegensatz zur 1. Auflage des Kommentars, wo von Mangoldt feststellt, daß Artikel 15 „einen Unterfall der Enteignung des Art. 14 Abs. 3 behandelt": Anm. 2 zu Art. 15, S. 105). - Franz Wieacker sieht in der Sozialisierung „ein Rechtsgebilde, in dem das Bekenntnis der Bundesrepublik und ihrer Gliedstaaten zum sozialen Rechtsstaat sich auf dem Wege der Wirtschaftsverfassung verwirklicht" (Die Sozialisierung. Rechtsguthaben über Geltung und Inhalt von Art. 41 der Hessischen Verfassung. 1953, S. 11). Im gleichen Sinne: Ernst Rudolf Huber, Wirtschaftsverwaltungsrecht II. Bd. 2. Aufl. Tübingen 1954, S. 50, S. 141 ff.

22 Vgl. Giese, Entschädigung, S. 25 ff. - Ders., Enteignungsentschädigung, S. 290 ff. - Günter Janssen, Der Anspruch auf Entschädigung bei Aufopferung und Enteignung. Stuttgart 1961.

23 Noch weiter geht Helmut Ridder, der von „inkommensurablen Größen" spricht (Enteignung und Sozialisierung. In: Veröffentlichungen der Vereinigung der Deutschen Staatsrechtslehrer. Berlin 1952, H. 10, S. 124—177, insbes. S. 125 ff.).

bestehende Gegensätze zwischen Enteignung und Sozialisierung, wenn nicht auflösen, so doch wesentlich abschwächen. Dazu bedarf es allerdings einer genaueren Analyse des Begriffs der Sozialisierung, der vielfach noch zu sehr von Karl Marx her interpretiert wird. Nach der Lehre des orthodoxen Marxismus bedeutet Sozialisierung Überführung der Produktionsmittel auf die „Gesellschaft" und Umwandlung der kapitalistischen, auf dem Privateigentum gründenden Gesellschaftsordnung in die sozialistische, auf dem „Gemeineigentum" gründende Gesellschaft. Eine Sozialisierung solcher Art wäre ohne Frage eine „strukturelle Änderung der Wirtschaftsverfassung", was für Weber das entscheidende Kriterium für seine Differenzierung von Enteignung und Sozialisierung ist.

Hier aber setzen unsere Vorbehalte ein. Wo und von wem innerhalb der Bundesrepublik wird Sozialisierung heute noch in diesem Sinne als Mittel eines Umbaues der Wirtschaftsordnung verstanden? An eine Totalsozialisierung als Nahziel hat selbst der Sozialismus seit dem Einbruch des Revisionismus in seine Ideologie nicht mehr ernsthaft gedacht. Die Hilflosigkeit des Sozialismus nach dem ersten Weltkrieg gegenüber den Anforderungen einer Neuordnung der Wirtschaft muß im wesentlichen damit erklärt werden, daß man sich zwar der marxistischen Tradition verpflichtet fühlte und Sozialisierungsprogramme aufstellte, diese aber doch mehr deklamierte als zielsicher zu realisieren suchte. Soweit Sozialisierung nicht nur als Fernziel und Programm, sondern als konkrete wirtschaftspolitische Forderungen verfochten wurde, ging es um die Teilsozialisierung bestimmter Wirtschaftszweige (des Bergbaues, der Metallindustrie, der Kali- und Elektrizitätswirtschaft u. ä.). Dahinter verbarg sich freilich in manchen Kreisen die Hoffnung, auf diese Weise zu einer Neugestaltung der Wirtschaftsverfassung im ganzen zu kommen. Es gibt heute Strömungen innerhalb der Gewerkschaften, die dieses Ziel mit Hilfe einer Sozialisierung der Grundstoffindustrien erstreben. Es mag auch sein, daß manche Vertreter des freiheitlichen Sozialismus, die am Bonner Grundgesetz mitgearbeitet haben, damals noch hinsichtlich einer Umformung der Wirtschaftsordnung einige Erwartungen an Artikel 15 knüpften[24]. Der Artikel ist aber, wie viele andere des Bonner Grundgesetzes, das Ergebnis eines Kompromisses. Es wird kaum möglich sein, die ratio legis dieses Artikels dahingehend zu fixieren, daß die Verfassungsschöpfer des Bonner Grundgesetzes in ihm ein Instrument der Wirtschafts- und Eigentumsrevolutionierung gesehen haben.

---

[24] Vgl. Mangoldt-Klein, Bonner Grundgesetz, Anm. IV zu Art. 15, S. 462 f.

Inzwischen hat aber der freiheitliche Sozialismus weitere Wandlungen hinsichtlich der Bestimmung seines Verhältnisses zu Staat und Wirtschaft, vor allem auch hinsichtlich seiner Beurteilung wirtschaftlicher Machtballungen in der Hand des Staates, durchgemacht und begegnet der Konzentration wirtschaftlicher Macht auf seiten des Staates mit großer Nüchternheit und Skepsis. Gerhard Weisser sieht ein wesentliches Charakteristikum des freiheitlichen Sozialismus darin, daß er die „verwaltungswirtschaftliche Gesellschaftswirtschaft als System der Unfreiheit“ keineswegs, wie der orthodoxe Marxismus, als Ideal auffasse und erläutert diesen Wandel: „In der Blütezeit des Marxismus wurden für die Gesellschaftswirtschaft Ordnungsformen gefordert, die unter den heute in der Wirtschaftswissenschaft gebräuchlichen Begriff ‚zentralgeleitete Verwaltungswirtschaft‘ fallen. Die wissenschaftlichen Interpreten des heutigen Wollens der Bewegung lehnen diesen Ordnungstyp ab. Während ihn Marx und Engels als eine Gesellschaft der Freien priesen, wird er von den heutigen Sozialisten für eine unfreie Gestalt der Wirtschaftsordnung gehalten[25].“

Zur Begründung zieht Weisser das schon in den „Mehlemer Thesen“ vom April 1954 (These 11) verwertete empirische Sozialgesetz heran, demzufolge „der Lenkungsapparat zentralgeleiteter Verwaltungswirtschaften die Tendenz hat, ein Eigenleben zu entfalten, das sich nicht mehr wirksam durch eine politische Ordnungsgewalt beherrschen läßt[26]“. Solche Auffassungen schränken offenbar den Spielraum für Sozialisierungsmaßnahmen erheblich ein, was auch klar und konsequent ausgesprochen wird: „Der Unterschied gegenüber den marxistischen Konzeptionen besteht darin, daß dafür (für die Verteilung des Eigentums) die allgemeine Überführung des Produktivvermögens in die Hand der Allgemeinheit nicht mehr als das geeignete Mittel angesehen wird. Sozialisierung wird zwar gefordert, aber nur für eine begrenzte Anzahl von Wirtschaftszweigen. Die wissenschaftliche Diskussion über die geeigneten Methoden, mit denen eine andere Verteilung des Gesellschaftsvermögens erreicht werden soll, ist noch im Gange[27].“

Dieser letzte Satz ist besonders aufschlußreich, bringt er doch zum Ausdruck, daß selbst die Teilsozialisierung für den freiheitlichen Sozialismus keineswegs ein unabdingbarer Programmpunkt ist, sondern nur subsidiäre

---

25 Gerhard Weisser, Freiheitlicher Sozialismus. In: Handwörterbuch der Sozialwissenschaften. 9. Bd. 1956, S. 512.

26 a. a. O., S. 512.

27 a. a. O., S. 512.

Funktionen hat, die dann wirksam werden, wenn „eine andere Verteilung des Gesellschaftsvermögens“ zu keinem befriedigenden Ergebnis führt. Von einer der Sozialisierung zugedachten Funktion als Instrument eines Umbaus der Wirtschaftsverfassung ist hier nichts mehr zu spüren. Das gleiche gilt für die Beurteilung der Sozialisierung durch die katholische Soziallehre, die in ihr nur die ultima ratio zur Verhinderung des Mißbrauchs wirtschaftlicher Macht sieht.

So darf man wohl sagen, daß der von verschiedenen Juristen behauptete Abstand und Gegensatz zwischen Enteignung und Sozialisierung bei näherem Zusehen ziemlich unbedeutend wird. Der Begriff Sozialisierung hat Wandlungen durchgemacht, die von der durch Werner Weber repräsentierten Lehre nicht gebührend beachtet worden sind. Innerhalb der das politische Leben tragenden gesellschaftlichen Kräfte und Bewegungen der Bundesrepublik wird das Wort selbst zwar noch verwendet, sein Begriffsinhalt ist aber abgelöst von der Vorstellungswelt, dem es seine Entstehung verdankt, der Ideologie des orthodoxen Marxismus. Die Sozialisierung muß nunmehr, ähnlich dem Begriff der klassischen Enteignung, als ein rechtspolitisches Instrument angesehen werden, das nicht *gegen* die bestehende, auf dem Privateigentum gründende Gesellschaftsordnung eingesetzt wird, sondern *innerhalb* und im *Dienste* dieser Ordnung als *ein* Mittel eines differenzierten Instrumentariums, welches verhüten soll, „daß die Einrichtung des Sondereigentums, vom Schöpfer in weiser Vorsehung zur Erleichterung des menschlichen Lebens bestimmt, zu unerträglichen Unzuträglichkeiten führt und so sich selbst ihr Grab gräbt“ (Q. a., n. 49). In ähnlichem Sinne äußert sich Herbert Krüger: „Mit dem Grundgesetz sind alle diejenigen Motive der Vergesellschaftung vereinbar, denen es um die Ausräumung konkreter Mißstände geht, die auf andere Weise nicht zu beheben sind. So wäre es zweifellos ein legitimes Motiv der Vergesellschaftung, daß die Leistungsfähigkeit eines für die Volkswirtschaft unentbehrlichen Gewerbezweiges anders nicht erhalten und gesteigert werden könnte. Vergesellschaftung wäre nicht minder gerechtfertigt, wenn ohne sie einer für Staat oder Wirtschaft bedrohenden Übermacht eines privaten Gebildes nicht wirksam begegnet werden könnte. Das Grundgesetz hat ... dieses Thema der Vergesellschaftung in lockerer Gestalt formuliert, um sowohl der Fortentwicklung des Gedankens wie der praktischen Erprobung weiten Raum zu lassen ... Art. 15 schafft für den Gesetzgeber völlige Freiheit, andere Formen der Gemeinwirtschaft (als nur die des Gemeineigentums) zu ersinnen und zu verwirklichen — Formen, die gerade nicht in der Überführung des Objektes in Gemeineigentum zu bestehen brauchen und also nicht in der Entziehung des betroffenen Privateigentums. Art. 15 befreit also den Gesetzgeber von allen doktrinären Fesseln der Vergangenheit und gibt ihm jegliche Möglichkeit der Neuorientierung, des Experimentes und der differenzierenden Behandlung[28]."

Heute noch zu distinguieren in der Weise, daß man sagt, „die Enteignung läßt die überlieferte Gesellschaftsstruktur unangetastet, die Sozialisierung sucht diese von Grund auf umzugestalten[29]", ist ein Anachronismus, der eine merkwürdige Blindheit gegenüber dem Wandel soziologischer Ideen und Fakten verrät. Die Sozialisierung, wie sie von der christlichen Soziallehre, aber auch von den geistig führenden Kräften des freiheitlichen Sozialismus verstanden wird, zielt weder auf eine Aufhebung der Privateigentumsordnung noch auf eine Umwandlung der Marktwirtschaft in eine Zentralverwaltungswirtschaft, sondern nur auf die gerechte Ausgestaltung der auf Privateigentum und Marktwirtschaft gründenden Wirtschaftsverfassung. Damit ist noch nichts zur Frage der Möglichkeit oder Notwendigkeit einer Sozialreform gesagt, sondern nur dieses: daß Sozialisierung nicht mehr als das entscheidende Mittel einer Neuordnung der Eigentums- und Gesellschaftsstrukturen angesehen werden kann und von den geistig führenden gesellschaftlichen Kräften der Gegenwart auch nicht als solches angesehen wird.

Man wird deshalb daran festhalten müssen, daß Enteignung und Sozialisierung nicht wesensmäßig, sondern nur graduell voneinander unterschieden sind: „Grundsätzlich besteht zwischen der altbekannten Enteignung und

---

28 Krüger, Sozialisierung, a. a. O., S. 285, 287. - Vgl. auch Franz Klüber, Die Sozialstaat-Klausel des Bonner Grundgesetzes und ihre gesellschaftspolitischen Konsequenzen. In: Jahrbuch des Instituts für Christliche Sozialwissenschaften der Westfälischen Wilhelms-Universität Münster, 3. Bd. 1962, S. 167 ff. - Rudolph, Bindungen des Eigentums, a. a. O., insbes. S. 10 ff.

29 Huber, a. a. O., S. 50. - Auch in anderen Zusammenhängen äußert sich Huber im gleichen Sinne und läßt erkennen, daß sein Begriff der Sozialisierung rein marxistisch geprägt ist und keinerlei Kenntnis nimmt von geschichtlichen Neuorientierungen: „Die Sozialisierung ist die auf Umgestaltung der Eigentumsverfassung gerichtete Verwirklichungsform des Sozialismus. Sie ist der Vollzugsakt, durch den die in der modernen industriellen Gesellschaft entstandene sozialistische Bewegung die Wirtschaftsverfassung des bürgerlich-liberalen Kapitalismus durch ein System der Gemeinwirtschaft ersetzen will, das den besitzlosen Schichten kollektive Verfügungsmacht über das Wirtschaftseigentum verschafft ... Die Marktwirtschaft wird zur zentralgelenkten Planwirtschaft; die private Wirtschaftstätigkeit wird durch die öffentliche oder jedenfalls öffentlich kontrollierte Wirtschaftstätigkeit verdrängt" (a. a. O., S. 141/143).

der Sozialisierung kein wesentlicher, sondern nur ein Gradunterschied[30]." Zweckmäßig lassen sich die hier in Betracht kommenden Sachverhalte so gliedern, daß man die Enteignung im weiteren Sinne von der Enteignung im engeren Sinne unterscheidet. Der Begriff der Enteignung im weiteren Sinne steht dann dem der Eigentumsbindung gegenüber, die sich aus der Sozialnatur jeden Eigentums ergibt, aber die Trägerschaft des Eigentums unberührt läßt, und umfaßt als Gattungsbegriff jede Form der öffentlich-rechtlichen Eigentumsentziehung. Die Enteignung im engeren Sinne (die ‚klassische' Enteignung des Preußischen Enteignungsgesetzes) und die Sozialisierung sind dann Artbegriffe zur Enteignung im weiteren Sinne als öffentlich-rechtliche Entziehung und Neubestimmung von Eigentumsrechten[31].

2. Geschichtliche Auswirkungen der Sozialisierungsidee

Ihre entscheidenden Impulse erhielt die Sozialisierungsidee durch Karl Marx, der in der Überführung der Produktionsmittel in die Hände der „assoziierten Individuen" das Ziel des Klassenkampfes und die Bedingung für die freie Entfaltung des einzelnen in der sozialistischen Gesellschaft sah[1]. Für Karl Marx bestand das Wesen der sozialen Frage in der Unordnung der Eigentumsverhältnisse, ihre Lösung in der Umgestaltung bzw. Aufhebung der Eigentumsordnung. Er ging in seiner Analyse der kapita-

---

30 v. Nell-Breuning, a. a. O., Sp. 103.

31 Dazu gehören natürlich noch andere Enteignungsformen, wie etwa die Einziehung oder Konfiskation, das ist die entschädigungslose Eigentumsentziehung als Folge unwertigen Verhaltens oder Handelns, ein unverzichtbares Mittel jeder Rechstordnung, darüber hinaus aber ein beliebtes Mittel aller Diktaturen, den politischen Gegner zu schädigen oder zu vernichten, indem man ihn als Kriminellen abstempelt.

1 Die einschlägige Stelle des Kommunistischen Manifestes lautet: „Sind im Laufe der Entwicklung die Klassenunterschiede verschwunden und ist alle Produktion in den Händen der assoziierten Individuen konzentriert, so verliert die öffentliche Gewalt den politischen Charakter. Die politische Gewalt im eigentlichen Sinne ist die organisierte Gewalt einer Klasse zur Unterdrückung einer anderen. Wenn das Proletariat im Kampfe gegen die Bourgeoisie sich notwendig zur Klasse vereint, durch eine Revolution sich zur herrschenden Klasse macht und als herrschende Klasse gewaltsam die alten Produktionsverhältnisse aufhebt, so hebt es mit diesen Produktionsverhältnissen die Existenzbedingungen des Klassengegensatzes, die Klassen überhaupt und damit seine eigene Herrschaft als Klasse auf. An die Stelle der alten bürgerlichen Gesellschaft mit ihren Klassen und Klassengegensätzen tritt eine Assoziation, worin die freie Entwicklung eines jeden die Bedingung für die freie Entwicklung aller ist" (Karl Marx und Friedrich Engels, Das Kommunistische Manifest. Februar 1848. In: Wilhelm Mommsen, Deutsche Parteiprogramme. Eine Auswahl vom Vormärz bis zur Gegenwart. München 1951, S. 91).

listischen Wirtschaft davon aus, daß die Arbeit einen Mehrwert schaffe, der aber auf Grund des ‚bürgerlichen' Eigentums an den Produktionsmitteln den Arbeitern von den ‚Kapitalisten' vorenthalten werde und die Ursache der ‚Ausbeutung der Massen' sei. Deshalb könne auch die Lösung der sozialen Frage nur von einer Lösung der Eigentumsfrage, und zwar von der Abschaffung des Privateigentums an den Produktionsmitteln, erwartet werden, was zwangsläufig mit dem Zusammenbruch der kapitalistischen Wirtschaft und ihrer Ablösung durch die sozialistische Gesellschaft eintreten werde dergestalt, daß dann die Produktionsmittel in ‚Gemeineigentum' auf ‚die Gesellschaft' übergehen.

Walter Eucken hat auf die verhängnisvollen Auswirkungen der Marxschen Fragestellung hingewiesen: daß es ein fundamentaler Fehler der wirtschaftspolitischen Diskussion des neunzehnten und des beginnenden zwanzigsten Jahrhunderts war, die Lösung der sozialen Frage allein von der Ordnung des Eigentums her zu erwarten und zu übersehen, daß die soziale Frage entscheidend eine Machtfrage ist[2]. Infolge dieses Irrtums sei das politische Handeln auf einen falschen Punkt gelenkt worden. Da die auf das Privateigentum an den Produktionsmitteln gestützten Machtpositionen zur Ausbeutung der Arbeiterschaft geführt hatten, sei man unter dem Einfluß der aus dem Ideenkampf des neunzehnten Jahrhunderts überkommenen Antithese Privateigentum kontra Kollektiveigentum zu dem Fehlschluß gekommen, die soziale Frage durch Einführung des Kollektiveigentums zu lösen. Man setzte sich damit aber „in Widerspruch zu einer alten geschichtlichen Erfahrung, die sich gerade in der Gegenwart erneut bestätigt: Die Probleme, die mit wirtschaftlicher oder politischer Macht verbunden sind, können nie dadurch gelöst werden, daß man die Macht noch mehr konzentriert. Völker und Zeiten, die politische Weisheit besaßen, wußten, daß Macht und Übermacht und Bedrohung der Freiheit durch Macht und Übermacht nur durch Ausschaltung von Machtkörpern wirkungsvoll bekämpft werden kann — also generell nicht durch weitere Konzentration von Macht[3]." Daß man dieses nicht beachtet habe, darin sieht Eucken zu einem wesentlichen Teil die soziale Frage des zwanzigsten Jahrhunderts. Unter dem Einfluß der Marxschen Ideologie seien die großen ‚Verstaatlichungen' und ‚Sozialisierungen' der letzten Jahrzehnte durchgeführt, bedeutende staatliche

[2] Vgl. Walter Eucken, Die soziale Frage. In: Synopsis (Festgabe für Alfred Weber). Heidelberg 1948, S. 113—131. - Ders., Das ordnungspolitische Problem. In: Ordo 1. Bd. 1948, S. 56—90.

[3] Eucken, Die soziale Frage, a. a. O., S. 122.

Konzerne geschaffen und ganze Industriezweige geschlossen verstaatlicht worden. Durch Verstaatlichung und Sozialisierung aber vollziehe sich eine Konzentration doppelter Art, weil verschiedene Sphären – die wirtschaftliche und die politische – miteinander vereinigt und so die Probleme der Übermacht und der sozialen Abhängigkeit verschärft würden, ganz abgesehen von der Zerstörung jeder Freiheit in der total zentralgelenkten Zwangswirtschaft. Diese Wirtschaftspolitik der Sozialisierung bewege sich also in einer Richtung, „welche die Abhängigkeit und Unfreiheit vergrößert und hiermit unsere heutige soziale Frage noch ernster macht[4]". Das aber bedeute, daß „der einzelne Mensch zur Sache wird und den Charakter als Person verliert. Der Apparat ist Zweck, der Mensch Mittel[5]".

Daß diese von Eucken beschriebene Entwicklung vom marxistischen Sozialismus her die stärksten Antriebe erhielt, wird man kaum bezweifeln können. Ihr kam in besonderer Weise die Tatsache zugute, daß die marxistische Ideologie schon bald eine im Verhältnis zu ihrer ursprünglichen Konzeption durch Karl Marx sehr bedeutsame Abwandlung erfuhr und in einem „dialektischen Umschlag" die Richtung auf den Staatssozialismus nahm. Die Marxsche Lehre selbst gipfelt in der klassenlosen sozialistischen Gesellschaft, die den Staat als Machtinstrument der Klassenherrschaft überwunden hat und ihn nur noch als ein „Spinnrad im Museum" betrachtet. Auf dem Wege zu dieser letzten und vollkommenen Stufe des dialektisch mit innerer Notwendigkeit ablaufenden geschichtlichen Prozesses ist die „Diktatur des Proletariats", das die Macht des Staates an sich reißt und sie dazu benutzt, „der Bourgeoisie nach und nach alles Kapital zu entreißen, alle Produktionsinstrumente in den Händen des Staates zu zentralisieren[6]", nur eine Zwischenstufe, freilich eine notwendige Zwischenstufe. Unter den sehr real denkenden geistigen Nachfahren von Karl Marx haben nur wenige ernsthaft an die Marxsche Utopie der klassenlosen sozialistischen Gesellschaft geglaubt (so etwa Wilhelm Liebknecht, August Bebel und Karl Kautsky), so sehr man auch gerade dieses Stück des Marxschen Systems propagandistisch auszuwerten wußte. Das eigentliche Interesse galt aber jener vorletzten Stufe des von Marx prophezeiten Geschichtsprozesses: der Erkämpfung der staatlichen Macht durch das organisierte Proletariat. Dank dieses Interesses fanden auch die staatssozialistischen Ideen Lassalles innerhalb des marxistischen Sozialismus eine breite Resonanz und verschmolzen

---

[4] a. a. O., S. 122.

[5] Eucken, Das ordnungspolitische Problem, a. a. O., S. 75.

[6] Kommunistisches Manifest, a. a. O., S. 90.

mit der urprünglichen Lehre des Karl Marx zu einer neuen Ideologie, die auf die Macht des Staates und die Macht über den Staat größere Hoffnungen setzte als auf die klassenlose sozialistische Gesellschaft.

Dies kam schon im Eisenacher Programm von 1869, stärker noch im Gothaer Programm von 1875 zum Ausdruck mit der Forderung nach Einführung staatlich subventionierter Produktivgenossenschaften: „Die sozialistische Arbeiterpartei Deutschlands fordert, um die Lösung der sozialen Frage anzubahnen, die Errichtung von sozialistischen Produktivgenossenschaften mit Staatshilfe unter der demokratischen Kontrolle des arbeitenden Volkes[7]." Dem überragenden Einfluß August Bebels gelang es zwar, das von Karl Kautsky formulierte Erfurter Programm von 1891 noch einmal auf die marxistische Linie der materialistischen Geschichtsauffassung und der Lehre von der naturnotwendigen Entwicklung der kapitalistischen Klassengesellschaft zur klassenlosen sozialistischen Gesellschaft zu bringen. Scharf wurde das Privateigentum an den Produktionsmitteln als Instrument der Ausbeutung gebrandmarkt als ein „Mittel, Bauern, Handwerker und Kleinhändler zu expropriieren und die Nichtarbeiter – Kapitalisten, Großgrundbesitzer – in den Besitz des Produkts der Arbeiter zu setzen[8]". Als Ausweg aus diesem Notstand erschien nur „die Verwandlung des kapitalistischen Privateigentums an Produktionsmitteln in gesellschaftliches Eigentum und die Umwandlung der Warenproduktion in sozialistische, für und durch die Gesellschaft betriebene Produktion", wodurch allein es bewirkt werden könne, „daß der Großbetrieb und die stets wachsende Ertragsfähigkeit der gesellschaftlichen Arbeit für die bisher ausgebeuteten Klassen aus einer Quelle des Elends und der Unterdrückung zu einer Quelle der höchsten Wohlfahrt und allseitiger, harmonischer Vervollkommnung werde[9]".

Die Formulierung des Erfurter Programms zeigt, daß es aus dem Geiste Karl Marx' abgefaßt wurde. Die Idee der Sozialisierung, die als „Umwandlung der Warenproduktion in sozialistische, für und durch die Gesellschaft betriebene Produktion" umschrieben wird, hat Bebel selbst nicht anders als im Sinne des Kommunistischen Manifests, also gleichbedeutend mit der Heraufkunft der sozialistischen Gesellschaft und als Totalsozialisierung verstanden. In der Vorstellungswelt der sozialistischen Bewegung aber drang er damit nicht mehr durch. Die Massen der sozialistischen Arbeiterschaft konnte man auf die Dauer nicht mit dem Hinweis auf ein nebel-

---

7 Gothaer Programm, 1875. In: Mommsen, a. a. O., S. 100 f.
8 Erfurter Programm, 1891. In: Mommsen, a. a. O., S. 103.
9 a. a. O., S. 103.

haftes, in eine unbestimmte, ferne Zukunft verlegtes Paradies zufriedenstellen und an sich binden, so sehr sich auch August Bebel bemühte, der Idee dieses sozialistischen Paradieses Leben zu geben, indem er es in glühenden Farben ausmalte[10]. Das trug aber nicht dazu bei, die Glaubwürdigkeit solcher Vorstellungen zu erhöhen. Die Sozialisierung blieb zwar Kernpunkt des sozialistischen Wollens, aber in einer wesentlich abgewandelten und sehr konkret auf die Möglichkeiten ihrer Verwirklichung unter den gegebenen geschichtlichen Bedingungen bezogenen Auffassung.

Hier machte sich der Einfluß des Revisionismus immer stärker bemerkbar. Diese innersozialistische, von Eduard Bernstein maßgeblich beeinflußte Richtung des Sozialismus schloß sich an Lassalles Staatssozialismus an und drängte darauf, die Idee der sozialistischen Gesellschaft zurücktreten zu lassen gegenüber der Mitarbeit an sozialpolitischen Gegenwartsaufgaben, weil der Arbeiter auf den Eintritt der sozialistischen Gesellschaftsordnung nicht warten könne[11]. Die Sozialisierung wird nun nicht mehr als ein am Ende des dialektisch ablaufenden Geschichtsprozesses automatisch eintretender Vorgang angesehen, sondern als *Forderung* ausgesprochen, deren Verwirklichung unter Berücksichtigung der jeweiligen politischen und wirtschaftlichen Verhältnisse des einzelnen Landes mit Hilfe der zur Verfügung stehenden legalen demokratischen Mittel („Revolution durch den Stimmzettel") erkämpft werden muß. Bernstein formuliert, daß das Klasseninteresse der Arbeiter „die Überführung der wirtschaftlichen Monopole in den Besitz der Gesellschaft und deren Betrieb zum Vorteil der Gesellschaft *verlangt*[12]", und spricht also eine ganz andere Sprache als Bebel und das Erfurter Programm. Der Begriff der Sozialisierung hat sich radikal gewandelt: Aus der Utopie ist eine sozialpolitische Gegenwartsaufgabe und Gegenwartsforderung geworden.

Die Möglichkeit, seine Sozialisierungsvorstellungen zu verwirklichen, bot sich dem Sozialismus nach dem ersten Weltkrieg, als auf den militärischen auch der politische Zusammenbruch folgte und die Auflösung des bisherigen politischen Systems den Weg frei machte für eine Neuordnung

---

10 Vgl. August Bebel, Die Frau und der Sozialismus. Zürich 1879, 50. Aufl. Stuttgart 1910, insbes. S. 368 ff.

11 Vgl. Eduard Bernstein, Die Voraussetzungen des Sozialismus und die Aufgaben der Sozialdemokratie. Stuttgart 1899, 3. Aufl. 1921. – Ders., Der Revisionismus in der Sozialdemokratie. Amsterdam 1909. – Ders., Der Sozialismus einst und jetzt. Streitfragen des Sozialismus in Vergangenheit und Gegenwart. 2. Aufl. Berlin 1923.

12 Eduard Bernstein, Leitsätze für den theoretischen Teil eines sozialdemokratischen Parteiprogramms, 1909. In: Mommsen, a. a. O., S. 109.

von Gesellschaft und Wirtschaft. Dabei zeigte sich, daß innerhalb des Sozialismus zwar Einmütigkeit bestand hinsichtlich der Forderung nach Sozialisierung, hinsichtlich der einzuschlagenden Wege indessen war man sich keineswegs im klaren, dies weder innerhalb der politischen noch der wissenschaftlichen Auseinandersetzung[13]. Gefordert wurde Sozialisierung um der Gerechtigkeit willen, um den Arbeiter vor Ausbeutung und Verelendung zu schützen und ihm den ihm gebührenden Anteil an der Güterproduktion zu verschaffen. Als Mittel zur Erreichung dieses Zieles galt die Sozialisierung. Die verschiedenen Formen, unter denen man sich den Vorgang der Sozialisierung vorstellte, lassen sich in zwei Typen zusammenfassen: 1. Sozialisierung als zentrale Lenkung des Wirtschaftsprozesses, also der oben als Systemsozialisierung bezeichnete Fall: Aufbau eines Wirtschaftssystems, das in heutiger nationalökonomischer Theorie dem System der Zentralplanwirtschaft entsprechen würde; 2. Sozialisierung als fallweise Verstaatlichung von Unternehmungen oder Wirtschaftszweigen[14].

Die erstgenannte Form der Sozialisierung wurde unter dem Schlagwort der Gemeinwirtschaft vor allem von Rudolf Wissel und Wichard v. Möllendorf verfochten[15]. Ihr Plan zielte darauf ab, die gesamte Volkswirtschaft einer zentralen Leitung zu unterstellen in der Weise, daß die Betriebe nach ihrer Branchenzugehörigkeit zu öffentlich-rechtlichen Verbänden zusammengeschlossen und diese unter der obersten Leitung des Staates Erzeugung, Verteilung, Preisbildung sowie die Ein- und Ausfuhr der Produkte auf Grund gemeinsamer Planung zu regeln hätten.

---

[13] Vgl. Otto Bauer, Der Weg zum Sozialismus. Berlin 1919. – Eduard Heimann, Mehrwert und Gemeinwirtschaft. Kritische und positive Beiträge zur Theorie des Sozialismus. Berlin 1922. – Ders., Sozialistische Wirtschafts- und Arbeitsordnung, Offenbach 1932, 2. Aufl. 1948. – Ders., Die Sozialisierung, ihre Aufgabe und ihre Form. Berlin 1919. – Franz Eulenburg, Arten und Stufen der Sozialisierung. Berlin 1921. – Karl Bücher, Die Sozialisierung. Tübingen 1919. – Otto Leichter, Die Sprengung des Kapitalismus. Die Wirtschaftspolitik der Sozialisierung. Wien 1932. – Walther Rathenau, Die autonome Wirtschaft. Berlin 1919. – Rudolf Hilferding, Die Sozialisierung und die Machtverhältnisse der Klassen. Berlin 1920. – Emil Lederer, Deutschlands Wiederaufbau und volkswirtschaftliche Neugliederung durch Sozialisierung. Tübingen 1920. – Ders., Planwirtschaft. Tübingen 1932. – Heinrich Ströbel, Die Sozialisierung, ihre Wege und Voraussetzungen. 2. Aufl. Berlin 1922. – Gerhard Stavenhagen, Der Sozialismus und die Sozialisierung. Salzgitter 1949.

[14] Vgl. Stavenhagen, a. a. O., S. 34 f.

[15] Vgl. Rudolf Wissel, Praktische Wirtschaftspolitik. Berlin 1919. – Ders., Kritik und Aufbau. Berlin 1921. – Wichard v. Moellendorff, Der Aufbau der Gemeinwirtschaft. 1919. – Wissell, v. Moellendorff, Wirtschaftliche Selbstverwaltung. Jena 1919.

Diese Vorschläge einer zentralplanwirtschaftlichen Lenkung des Wirtschaftsprozesses lösten eine ausgedehnte und gründliche wissenschaftliche Erörterung des Systems einer Zentralverwaltungswirtschaft aus. Der Schwerpunkt des wissenschaftlichen Interesses lag auf der Frage, ob ein solches Wirtschaftssystem unter dem Gesichtspunkt wirtschaftlicher Rationalität überhaupt durchführbar sei. Den auf eine Zentralverwaltungswirtschaft gerichteten Sozialisierungsplänen hielten Max Weber und Ludwig Mises entgegen, daß ohne eine auf freie Preisbildung gestützte Geldrechnung rationelles Wirtschaften nicht möglich sei[16]. Die von Weber und Mises vorgetragenen Einwendungen lassen sich folgendermaßen zusammenfassen: Eine rationelle Wirtschaftsführung erfordert, daß die knappen Produktionsmittel entsprechend ihrem wirtschaftlichen Wert, also entsprechend ihrer Knappheit, eingesetzt werden. Wertvolle Produktionsfaktoren dürfen nicht zur Erstellung weniger wertvoller Produkte in Anspruch genommen werden. Rationelles Wirtschaften erfordert also einen Vergleich der Werte der investierten Produktionsmittel mit denen der produzierten Güter. Das heißt weiter: Wirtschaftlichkeit der Produktion ist nur zu erreichen auf der Grundlage eines Wertmessers, einer Rechnungseinheit, die einen Vergleich zwischen Aufwand und Ertrag, zwischen Kosten und Nutzen gestattet. Diese Vergleichbarkeit bedarf notwendig dieses Mediums einer Rechnungseinheit, weil die volkswirtschaftlichen Daten in den arbeitsteiligen Großwirtschaften der Neuzeit in natura, durch unmittelbare Anschauung, nicht erfaßbar und bewertbar sind. Sie läßt sich in dem riesigen Prozeß einer modernen Volkswirtschaft nur ermöglichen mit Hilfe der Geldrechnung und des Preismechanismus, die dem Produzenten ein Spiegelbild einerseits der Knappheit der Produktionsfaktoren und andererseits der kaufkräftigen Bedürfnisse vermitteln. In einer zentralgelenkten Wirtschaft aber können Geldrechnung und Preismechanismus ihre Funktionen nicht erfüllen, weil ihrer Wirksamkeit der totale Wirtschaftsplan der Zentralstelle entgegensteht. Ohne den Kompaß einer Bewertung der Produktionsmittel mit Hilfe von Preisvergleichen ist es aber nicht möglich, den unübersehbaren und vielfach verschlungenen Wirtschaftsprozeß der neuzeitlichen Volkswirtschaften rechnerisch in den Blick zu bekommen, geschweige denn von *einer* Stelle aus zentral zu steuern. Eine zentralisierte Wirtschaft muß deshalb notwendig unrationell werden, es finden Fehlleitungen in großem Stil statt,

---

[16] Vgl. Max Weber, Wirtschaft und Gesellschaft (1921/22). 4. Aufl. Tübingen 1956, S. 45 ff. – Ludwig Mises, Die Gemeinwirtschaft. Untersuchungen über den Sozialismus. 2. Aufl. Jena 1932, S. 110 ff.

durch die ungeheure wirtschaftliche Werte vernichtet werden und die Produktivität der Wirtschaft aufs stärkste gedrosselt wird.

Eduard Heimann hielt dennoch eine Wirtschaftsrechnung und also eine rationelle Wirtschaftsführung auch in der zentralgelenkten Wirtschaft für möglich, indem er die Preise auf Grund der „Erzeugungskosten“ errechnen will, „welche die der Verrechnungsstelle angeschlossenen Werke durchschnittlich aufgewendet haben[17]“. Mises entgegnete darauf aber, daß Heimanns Ausführungen „sich im Kreise bewegen“, weil eben in der Zentralplanwirtschaft nicht gerechnet werden könne: „Wo ‚planmäßig‘, d. h. von einer Zentralstelle aus, der alles untertan ist, gewirtschaftet werden soll, schwindet die Grundlage der Rentabilitätsrechnung; nur die Naturalrechnung der Produktivität bleibt übrig[18].“

Alle diese Fragen werden nicht akut, soweit sich die Sozialisierungsmaßnahmen auf die Entprivatisierung einzelner Unternehmungen oder Wirtschaftszweige beschränken, im übrigen aber das System der Marktwirtschaft im wesentlichen gelten lassen, seine Funktionsfähigkeit vielleicht hemmen, aber doch nicht grundsätzlich aufheben. Zwar wirft die Überführung von Privatunternehmungen auf öffentlich-rechtliche Körperschaften neue Probleme auf, die sich aus der Eigenart des öffentlichen Betriebes und der behördlichen Wirtschaftsführung ergeben, wobei vor allem auf die Schwerfälligkeit, auf mangelnde Anpassungsfähigkeit und Initiative solcher Unternehmungen hingewiesen wird. Wesentlich ist aber, daß sie in den Zusammenhang von Marktverkehr, Preisbildung und Geldrechnung eingefügt, nicht aus ihm herausgenommen, gegen ihn gerichtet und auf die Aufhebung des marktwirtschaftlichen Prozesses angelegt sind, wie dies bei zentraler Wirtschaftslenkung der Fall ist.

Die Auseinandersetzungen um die Sozialisierung in der Zeit nach dem ersten Weltkrieg kreisen stets um die beiden genannten Möglichkeiten wirtschaftspolitischer Eingriffe: zentrale Lenkung und Entprivatisierung einzelner Unternehmungen oder Unternehmungszweige. Beide Möglichkeiten aber stehen sowohl in der Gesetzgebung als auch in der wirtschaftspolitischen und wissenschaftlichen Diskussion in so engem Zusammenhang, daß vielfach nur schwer zu erkennen ist, was im einzelnen gemeint ist und intendiert wird. Das ganze Sozialisierungsproblem dieser Jahre ist der Ausdruck einer großen Unklarheit und Unsicherheit hinsichtlich dessen, was nun eigentlich konkret geschehen sollte. Das erklärt sich daher, daß dem Sozialismus sozu-

---

[17] Heimann, Mehrwert und Gemeinwirtschaft, a. a. O., S. 185.

[18] Mises, a. a. O., S. 483.

sagen über Nacht die politische Macht und Verantwortung zufiel, ohne daß er darauf vorbereitet war. Er hatte den Kampf gegen die bestehende Staats- und Gesellschaftsordnung mit Hilfe der Sozialisierungsparole geführt, aber keine Gelegenheit gefunden, sie auf ihre Möglichkeiten für eine positive Ausgestaltung der Sozial- und Wirtschaftsordnung zu prüfen. Nach dem Zusammenbruch aber blieb dafür keine Zeit mehr, es mußte gehandelt werden, weil die Not dazu zwang, aber auch, weil sich die Masse derer, die dem Sozialismus im Vertrauen auf die verheißene Sozialisierung gefolgt waren, nun nicht mehr vertrösten ließ. So ist es zu erklären, daß die gesellschaftswissenschaftliche und gesellschaftspolitische Ausbeute der ganzen Sozialisierungsprogrammatik nach dem ersten Weltkrieg sehr gering war.

Am Anfang der Sozialisierungsaktion stand die Einberufung einer Sozialisierungskommission, die sich aus Sachverständigen und aus Vertretern der Arbeitnehmer und der Arbeitgeber zusammensetzte. Sie nahm ihre Arbeit Ende 1918 auf und faßte das Ergebnis ihrer Untersuchungen in einem „Vorläufigen Bericht" vom 15. Februar 1919 zusammen. Vorgeschlagen wurde von der Mehrheit der Kommission die Enteignung des gesamten Kohlenbergbaus und die Errichtung einer Kohlengemeinschaft, auf welche die Eigentumsrechte übergehen sollten. Diese Vorschläge, die schon in der Kommission auf heftigen Widerspruch gestoßen waren, fanden bei der Reichsregierung keinen Anklang. Sie erließ am 23. März 1919 das Sozialisierungsgesetz, das zwar sowohl für die Enteignung als auch für eine zentralplanwirtschaftliche Lenkung die gesetzlichen Grundlagen schuf, darüber hinaus aber keinerlei konkrete Maßnahmen vorsah[19]. Allerdings wurde für den Bereich des Kohlenbergbaus, ebenfalls am 23. März 1919, das Gesetz über die Regelung der Kohlenwirtschaft erlassen[20]. Durch dieses Gesetz

---

[19] In § 1 des Sozialisierungsgesetzes wird die Arbeitskraft als höchstes wirtschaftliches Gut erklärt, das unter den besonderen Schutz des Reiches zu stellen sei. § 2 bestimmt, daß das Reich befugt sei, im Wege der Gesetzgebung gegen angemessene Entschädigung 1. für eine Gesellschaftung geeignete wirtschaftliche Unternehmungen, insbesondere solche zur Gewinnung von Bodenschätzen und zur Ausnutzung von Naturkräften, in Gemeinwirtschaft zu überführen, 2. im Falle dringenden Bedürfnisses die Herstellung und Verteilung wirtschaftlicher Güter gemeinwirtschaftlich zu regeln (vgl. RGBl. 1919, S. 34).

[20] RGBl. 1919, S. 342. – Schon mit der der Nationalversammlung zugeleiteten Vorlage des Sozialisierungsgesetzes und des Kohlenwirtschaftsgesetzes erließ die Reichsregierung am 4. 3. 19 folgenden Aufruf: „Die Sozialisierung ist da! Das Kohlensyndikat wird sofort sozialisiert. Dadurch gewinnt das Reich, d. h. das ganze Volk, noch vor der Sozialisierung der Gruben selbst maßgebenden Einfluß auf die gesamte Kohlen- und Schwerindustrie. Die Sozialisierung des Kalibergbaus ist in schleuniger Vorbereitung. Das allgemeine Sozialisierungsgesetz, das der Nationalversammlung vorgelegt ist, begründet an Stelle der

wurden die Kohlenerzeuger innerhalb eines bestimmten Bezirks zu Verbänden, an deren Verwaltung auch die Arbeitnehmer beteiligt waren, zusammengeschlossen (Syndikate), diese Verbände wiederum bildeten den Reichskohlenverband, der dem Reichskohlenrat als dem obersten Aufsichtsorgan der Kohlenwirtschaft unterstellt war. Dieser Reichskohlenrat hatte die allgemeinen Richtlinien für die Kohlenwirtschaft festzulegen, während Produktion, Selbstverbrauch und Absatz durch die Verbände geregelt wurden. Auch dieses Gesetz bedeutete nicht viel mehr als Programm. Es schuf zwar den Rahmen für eine Sozialisierung im Sinne einer planwirtschaftlichen Lenkung des Kohlenbergbaus und bot ihr auch praktische Ansatzpunkte. Tatsächlich aber beschleunigte es die Monopolisierung der Kohlenwirtschaft und blieb nach Anlage und Handhabung hinter den Erwartungen der Sozialisierungsbestrebungen weit zurück.

Ähnliches gilt auch für das Kaliwirtschaftsgesetz vom 24. April 1919[21], das Gesetz betreffend die Sozialisierung der Elektrizitätswirtschaft vom 31. Dezember 1919[22] und die Verordnung zur Regelung der Eisenwirtschaft vom 1. April 1920[23]. Das Kaliwirtschaftsgesetz bestimmte die Bildung eines auch die Arbeiterschaft einbeziehenden Reichskalirats, der die Kaliwirtschaft nach „gemeinwirtschaftlichen Grundsätzen" leiten sollte. Während dieses Gesetz also die planwirtschaftliche Variante der Sozialisierungsidee unterstrich, zielte das Elektrizitätswirtschaftsgesetz auf Sozialisierung im Sinne der Entprivatisierung. Es schuf aber auch nur deren rechtliche Voraussetzungen, indem es dem Reich die Befugnis zur Enteignung von Elektrizitätsbetrieben bestimmter Größenordnungen zusprach. Die Eisenwirtschaftsverordnung wiederum steckte die rechtlichen Grenzen einer planwirtschaftlichen Steuerung der Eisenwirtschaft ab und berührte ebensowenig wie das Kohlen- und das Kaliwirtschaftsgesetz die Frage des Eigentums.

---

früheren schrankenlosen Privatwirtschaft die deutsche Gemeinwirtschaft. Das Reich wird dafür sorgen, daß überall nach den Forderungen des Gemeininteresses, nirgends im kapitalistischen Privatinteresse gewirtschaftet wird. Und das ist die Sozialisierung!" – Das Pathos des Aufrufs entspricht den Erwartungen, die der Sozialismus und seine Anhängerschaft an die Sozialisierung geknüpft hatten, es vermag aber nicht die Unsicherheit seiner Verfasser darüber zu verbergen, ob das, was als Sozialisierung angeboten wird, dem entspricht, was man sich selbst und was die Masse sich darunter vorgestellt hatte. Der Schlußsatz „Und das ist die Sozialisierung" sieht sehr nach einem Siegel aus, dessen ein in sich nicht sonderlich überzeugendes Dokument zur Bekräftigung seiner Glaubwürdigkeit bedarf.

21 RGBl. 1919, S. 413.

22 RGBl. 1920, S. 19.

23 RGBl. 1920, S. 435.

Die beiden Ausprägungen der Sozialisierungsidee, die wie zwei rote Fäden alle Sozialisierungsbestrebungen durchziehen — planwirtschaftliche Lenkung einerseits, Entprivatisierung andererseits —, fanden auch in Artikel 156 der Weimarer Verfassung ihren Niederschlag. Auch dies war nur eine Rahmenbestimmung, welche die verfassungsmäßigen Möglichkeiten und Grenzen absteckte sowohl der Enteignung als Überführung „privater wirtschaftlicher Unternehmungen in Gemeineigentum" als auch des Aufbaus einer „Gemeinwirtschaft" im Sinne einer zentralen Steuerung des Wirtschaftsprozesses mit Hilfe des korporativen Zusammenschlusses von Unternehmungen und Verbänden[24].

Mit den angedeuteten gesetzgeberischen Maßnahmen war die Dynamik der Sozialisierungsbewegung im wesentlichen erschöpft[25]. Die wirtschaftspolitische Diskussion um die Sozialisierung lebte zwar wieder auf nach dem Kapp-Putsch im März 1920, den einige Kreise der Arbeiterschaft zum Anlaß nahmen, erneut auf Sozialisierung der Kohlenwirtschaft zu drängen, und zwar nicht nur auf eine „gemeinwirtschaftliche", sondern auf eine die Enteignung und Überführung in „Gemeineigentum" bewirkende Sozialisierung. Es wurde erneut eine Sozialisierungskommission einberufen, die im Mai 1920 zusammentrat. Da wiederum die Auffassungen auseinandergingen, wurden der Reichsregierung zwei Vorschläge unterbreitet[26]. Der erste, von Emil Lederer ausgearbeitete Vorschlag empfahl die sofortige Enteignung des gesamten Stein- und Braunkohlenbergbaus und seine Überführung auf die deutsche Kohlengemeinschaft. Der zweite Vorschlag entsprach den von

---

24 Artikel 156 der Weimarer Verfassung lautet: „Das Reich kann durch Gesetz, unbeschadet der Entschädigung, in sinngemäßer Anwendung der für Enteignung geltenden Bestimmungen, für die Vergesellschaftung geeignete private wirtschaftliche Unternehmungen in Gemeineigentum überführen. Es kann sich selbst, die Länder oder die Gemeinden an der Verwaltung wirtschaftlicher Unternehmungen und Verbände beteiligen oder sich daran in anderer Weise einen bestimmenden Einfluß sichern. Das Reich kann ferner im Falle dringenden Bedürfnisses zum Zwecke der Gemeinwirtschaft durch Gesetz wirtschaftliche Unternehmungen und Verbände auf der Grundlage der Selbstverwaltung zusammenschließen mit dem Ziele, die Mitwirkung aller schaffenden Volksteile zu sichern, Arbeitgeber und Arbeitnehmer an der Verwaltung zu beteiligen und Erzeugung, Herstellung, Verteilung, Verwendung, Preisgestaltung sowie Ein- und Ausfuhr der Wirtschaftsgüter nach gemeinwirtschaftlichen Grundsätzen zu regeln."

25 Außer den genannten Gesetzen wurden zwar noch für einige andere Wirtschaftszweige Sozialisierungsgesetze erlassen (z. B. Verordnung über die Regelung der Teerwirtschaft vom 7. 6. 1920), deren Bedeutung aber so gering war, daß sie kaum der Erwähnung bedürfen.

26 Vgl. Heinz-Dietrich Ortlieb, Gerhard Stavenhagen, Sozialisierung. In: Handwörterbuch der Sozialwissenschaften, 9. Bd. 1956, S. 466.

Walther Rathenau vertretenen Vorstellungen und befürwortete nur eine allmähliche im Zeitraum von dreißig Jahren durchzuführende Sozialisierung, dies außerdem mit der Einschränkung, daß den bisherigen Unternehmern die Leitung der Betriebe verbleiben sollte. Keiner der beiden Vorschläge wurde ausgeführt. Auch das Essener Gutachten der Siebenerkommission, eines Unterausschusses des vorläufigen Reichswirtschaftsrates, drang nicht durch. Dieses Gutachten, das die Zusammenfassung der Wirtschaft in Konzerne und die Ertragsbeteiligung der Arbeiterschaft an den Betrieben mit Hilfe von Kleinaktien empfahl, war freilich zuvor schon auf den Widerstand der Arbeiterschaft gestoßen. Die Reichsregierung selbst sah sich infolge der ständigen innen- und außenpolitischen Spannungen außerstande, in der Sozialisierungsfrage noch weitere Schritte zu tun und das Risiko zusätzlicher Beunruhigungen und Erschütterungen zu übernehmen.

Zu erwähnen sind noch die Versuche, in der Sozialisierungsfrage mit Hilfe des Rätesystems weiterzukommen[27]. Bestrebungen der Mehrheitssozialisten Cohen und Kaliski zielten auf den Aufbau eines Systems regional und fachlich gegliederter Produktionsgemeinschaften, dessen Spitze der Reichswirtschaftsrat bilden und das die gesamte Produktion unter die Kontrolle von Betriebsräten stellen sollte. Auch dazu stellte die Weimarer Verfassung in Artikel 165 eine Bestimmung zur Verfügung, auf Grund welcher die Arbeiter und Angestellten „zur Wahrnehmung ihrer sozialen und wirtschaftlichen Interessen gesetzliche Vertretungen in Betriebsarbeiterräten sowie in nach Wirtschaftsgebieten gegliederten Bezirksarbeiterräten und in einem Reichsarbeiterrate“ erhalten sollten. Dabei war den Bezirksarbeiterräten und dem Reichsarbeiterrat die Aufgabe zugedacht, „zur Erfüllung der gesamten wirtschaftlichen Aufgaben und zur Mitwirkung bei der Ausführung der Sozialisierungsgesetze mit den Vertretungen der Unternehmer und sonst beteiligter Volkskreise zu Bezirkswirtschaftsräten und zu einem Reichswirtschaftsrat“ zusammenzutreten. Von den in Artikel 165 vorgesehenen Institutionen sind aber nur der Reichswirtschaftsrat gebildet worden, der praktisch bedeutungslos geblieben ist, und die Betriebsräte, denen aber durch das Betriebsrätegesetz vom 4. Februar 1920 nur tarif- und sozialpolitische Aufgaben übertragen, aber keinerlei wirtschaftliche Mitsprache und Einfluß auf die Betriebsleitung zugestanden wurden.

Ein weiterer Versuch, die Sozialisierungsbestrebungen voranzutreiben, war das wirtschaftsdemokratische Programm des Allgemeinen Deutschen

---

27 Vgl. Ortlieb, Stavenhagen, a. a. O., S. 466.

Gewerkschaftsbundes (ADGB). Die sozialistische Arbeiterschaft verlangte von ihren Gewerkschaften eine Umgestaltung der Wirtschaft entweder durch das Rätesystem oder durch Sozialisierung, verstanden als Verstaatlichung. Die Gewerkschaften waren indessen voll eingespannt in die wirtschaftspolitischen Tagesaufgaben (Umstellung der Kriegswirtschaft auf Friedenswirtschaft, Aufgaben der infolge der Blockade und Inflation aufs äußerste erschwerten Ernährungspolitik, Einfügung der demobilisierten Soldaten in die Wirtschaft) und „entschieden sich im Zwiespalt zwischen sozialistischer Wirtschaftsrevolution und der Fortentwicklung des kapitalistischen Systems für das letztere[28]". Ihren wirtschaftspolitischen Zielsetzungen suchten sie im Programm der Wirtschaftsdemokratie einen angemessenen Ausdruck zu geben. Während die Christlichen Gewerkschaften mit der Forderung nach Wirtschaftsdemokratie eindeutig die Verwirklichung der berufsständischen Ordnung anstrebten, sind die Freien Gewerkschaften mit der seit dem Breslauer Kongreß diskutierten Idee der Wirtschaftsdemokratie nie zu voller Klarheit gekommen. Immerhin kann man sagen, daß ein Hauptelement ihres wirtschaftsdemokratischen Programms der Gedanke der Sozialisierung in der Form zentralplanwirtschaftlicher Lenkung des Wirtschaftsprozesses war. Nach den Enttäuschungen der Sozialisierungsaktion schien es zweckmäßig, diesen Gedanken nicht mehr als Sozialisierung, sondern unter dem noch unverbrauchten Begriff der Wirtschaftsdemokratie ins Spiel zu bringen. Die Zeitumstände der dreißiger Jahre gaben ihm allerdings keine Chance, wirtschaftspolitisch noch in irgendeiner Form wirksam zu werden.

Unter dem Nationalsozialismus spielte die Sozialisierung im Sinne der Enteignung von Produktionsmitteln keine Rolle. Um so größere Bedeutung gewann mit der Vorbereitung und dem Ausbau der Kriegswirtschaft die zentrale Steuerung des Wirtschaftsprozesses, die in der totalen Zwangswirtschaft endete. Damit wurde demonstriert, daß auch ohne formale Enteignung das Privateigentum durch die staatliche Macht in einem solchen Maße entfunktionalisiert werden kann, daß es für die Zwecke einer totalen Zwangswirtschaft gleichgültig ist, wer formal Eigentümer ist. Das Problem der Sozialisierung im „klassischen" Sinne als Enteignung von Produktionsmitteln und ihre Überführung in „Gemeineigentum" verliert unter den Bedingungen einer radikal durchgeführten Zentralverwaltungswirtschaft jedes Gewicht.

---

28 Ludwig Preller, Sozialpolitik in der Weimarer Republik. Stuttgart 1949, S. 183.

Nach dem zweiten Weltkrieg verschaffte sich die Sozialisierungsforderung im ursprünglichen Sinne der Entprivatisierung von Produktionsmitteln wieder Geltung, wenn auch nicht mit der gleichen Intensität wie nach dem ersten Weltkrieg. Das hatte seinen Grund nicht nur in den ungünstigen Erfahrungen der Sozialisierungsaktion nach dem ersten Weltkrieg, sondern auch in der anderen Tatsache, daß man unter dem Eindruck des totalen Staates gegenüber der Konzentration politischer und wirtschaftlicher Macht nüchtern und vorsichtig geworden war. Immerhin wurde geltend gemacht, daß die Verfügung über Großunternehmungen nicht in die Hände einiger weniger Privatpersonen gelegt werden könne, weil dann der Faktor Arbeit nicht in dem ihm gebührenden Maße zur Geltung komme und überdies die Gefahr bestehe, daß sich solche wirtschaftliche Macht politisch mißbrauchen lasse, wie dies unter dem Nationalsozialismus geschehen sei. Nun konnte dem entgegengehalten werden, daß diese Gefahr durch einfache Verstaatlichung zumindest nicht verringert werde. Das war ein entscheidender Grund, in allen Sozialisierungsdebatten der *Form* der Sozialisierung, also der Trägerschaft des Eigentums an den zu sozialisierenden Betrieben, besondere Aufmerksamkeit zuzuwenden und solchen Sozialisierungsformen den Vorzug zu geben, die nach dem Prinzip der Selbstverwaltung und selbstverantwortlichen Mitwirkung das Eigentumsrecht statt auf den Staat auf innerstaatliche Selbstverwaltungskörperschaften übertragen, welche aus den jeweils Beteiligten und Betroffenen gebildet werden.

Sozialisierungsforderungen wurden seit 1945 sowohl von den Parteien als auch von den Gewerkschaften geltend gemacht. So forderte die Christlich-Demokratische Union im Ahlener Programm von 1947, daß die Gefahr monopolistischer Macht durch Kartellgesetze und vor allem dadurch abgewendet werden müsse, daß in den betreffenden Unternehmungen das machtverteilende Prinzip eingeführt werde, und zwar durch Bildung öffentlicher Körperschaften, an denen die in den Betrieben tätigen Arbeiter zu beteiligen seien; der Unternehmerinitiative sei aber der erforderliche Spielraum zu belassen. Spezifische Sozialisierungsforderungen wurden hinsichtlich des Bergbaus und der eisenschaffenden Industrie erhoben: „Der Bergbau wird zu diesem Zweck auf dem Wege der Vergesellschaftung in die Form der Gemeinwirtschaft überführt. In besonderen Fällen, wenn es zweckmäßig erscheint, kann auch der Staatsbetrieb in Frage kommen. Das gleiche wird auch für die eisenschaffende Industrie vorgesehen[29].“ Die Düsseldorfer

[29] Vgl. Ernst Deuerlein, CDU/CSU 1945—1957. Beiträge zur Zeitgeschichte. Köln 1957, S. 76 ff.

Leitsätze vom 15. Juli 1949 knüpften an das Ahlener Programm an und modifizierten es auf Grund der veränderten Lage nach der Währungsreform, insbesondere auf Grund der Tatsache, daß inzwischen die Idee der sozialen Marktwirtschaft zum leitenden Prinzip der Wirtschaftsordnung erklärt worden war[30]. Der Essener Kongreß der CDU/CSU-Sozialausschüsse griff in einer am 20. November 1950 einstimmig angenommenen Entschließung wieder stärker auf das Ahlener Programm zurück und forderte „die baldmöglichste Einleitung von Maßnahmen zur Herbeiführung einer echten Gemeinwirtschaft der heutigen Grundstoffindustrie[31]".

Die Sozialdemokratische Partei Deutschlands hat mehrfach Sozialisierung, insbesondere der Grundstoffindustrien, gefordert[32], während die Freie Demokratische Partei „aus wirtschaftlichen und sozialen Gründen die Sozialisierung kompromißlos (ablehnt)[33]".

Die Gewerkschaften haben seit ihrer Wiederbegründung in wiederholten Entschließungen sowohl die Sozialisierung der Schlüsselindustrien als auch die Demokratisierung der Wirtschaft gefordert. So gehörte insbesondere zu den Programm- und Grundsatzforderungen des Münchener Gründungskongresses im Oktober 1949 die „Überführung der Schlüsselindustrien in Gemeineigentum, insbesondere des Bergbaus, der Eisen- und Stahlindustrie, der Großchemie, der Energiewirtschaft, der wichtigsten Verkehrseinrichtungen und der Kreditinstitute", und zwar in der Weise, daß „die Überführung in Gemeineigentum nur in Ausnahmefällen durch Verstaatlichung erfolgen soll", während „im allgemeinen besondere Körperschaften der

30 Unter Ziffer 10 der Leitsätze finden sich folgende Feststellungen: „Die soziale Marktwirtschaft bejaht und fördert das private Eigentum. Eine gerechte Verteilung der wirtschaftlichen Erträge und eine soziale Gesetzgebung müssen aus den vermögenslosen Schichten unseres Volkes in großem Umfange besitzende Eigentümer machen. Neben größtmöglicher Streuung des Eigentums bejahen wir im industriellen Raum Unternehmungsformen in Gemeineigentum dann, wenn sie wirtschaftlich zweckmäßig, betriebstechnisch möglich und politisch notwendig sind ... Das Sozialisierungsproblem erhält zugleich durch sie (die soziale Marktwirtschaft) nachgeordnete Bedeutung. Wirtschaftliche Machtpositionen einzelner waren es, welche die Forderung nach Sozialisierung entstehen ließen. Durch Leistungswettbewerb und Monopolkontrolle werden wirtschaftliche Machtpositionen zerstört oder unter die Kontrolle des Monopolamtes gestellt. Dadurch wird der sozial schädliche Charakter, den zusammengeballtes Eigentum durch Machtmißbrauch annehmen kann, beseitigt."

31 Essener Kongreß (Broschüre, hrsg. von den CDU/CSU-Sozialausschüssen). Königswinter 1950, S. 81.

32 Vgl. Das 25-Punkte-Programm der SPD 1949; Das 16-Punkte-Programm des SPD-Vorstandes vom 30. 8. 1949; Gesetzentwurf zur Sozialisierung 1952 (vgl. dazu Frankfurter Allgemeine Zeitung vom 26. 1. 1952).

33 Wangerooger Wirtschaftsprogramm 1948, Ziffer 6.

wirtschaftlichen Selbstverwaltung zu bilden sind", in deren „Aufsichts- und Verwaltungsorganen den Gewerkschaften ein maßgeblicher Einfluß einzuräumen ist". Die Demokratisierung der Wirtschaft wird als notwendig angesehen, weil „die Erfahrungen der Jahre 1918 bis 1933 gelehrt (haben), daß die formale politische Demokratie nicht ausreicht, eine echte demokratische Gesellschaftsordnung zu verwirklichen. Die Demokratisierung des politischen Lebens muß deshalb durch die Demokratisierung der Wirtschaft ergänzt werden. Soweit der Staat im Interesse einer vernünftigen Dezentralisierung öffentliche Funktionen auf Organe der Selbstverwaltung der Wirtschaft überträgt, dürfen dies nur paritätisch besetzte Organe sein, in denen Arbeitnehmer und Arbeitgeber gleichberechtigt sind[34]."

Die Idee der Sozialisierung fand auch Eingang in das Bonner Grundgesetz und die meisten Länderverfassungen. Artikel 15 des Bonner Grundgesetzes lehnt sich förmlich zwar an Artikel 156 der Weimarer Verfassung an, geht inhaltlich aber über diesen hinaus, indem er nicht nur von einer Überführung in Gemeineigentum, sondern auch in „andere Formen der Gemeinwirtschaft" spricht, die freilich nicht näher bezeichnet werden[35]. Der Kreis der für eine Vergesellschaftung in Betracht kommenden Gegenstände ist näher umschrieben. Bemerkenswert ist, daß der Gedanke der Wirtschaftsdemokratie (Artikel 156, Abs. 2, Weimarer Verfassung) im Bonner Grundgesetz nicht mehr erscheint. Zur systematischen Stellung des Artikels 15 wird in der juristischen Literatur kritisch bemerkt, daß er im Unterschied zu Artikel 156 der Weimarer Verfassung nicht organisch in ein — im Bonner Grundgesetz fehlendes — „Normensystem" zur Wirtschaftsordnung eingefügt, sondern in einen Katalog defensiver, überwiegend dem Schutze des einzelnen dienender Freiheitsrechte „eingesprengt" sei[36] und daß auf diese Weise der „Eindruck einer strukturfremden Isoliertheit des Artikels 15 im GG insgesamt, im Grundrechtsteil selbst insbesondere", entstehe[37]. Unter

---

34 Hans Böckler, Die Aufgaben der deutschen Gewerkschaften in Wirtschaft, Staat und Gesellschaft. Düsseldorf 1949, S. 32. - Vgl. auch Theo Pirker, Um die Führung der Nation. In: Gewerkschaftliche Monatshefte, 2. Jg. 1951, S. 290—295.

35 Artikel 15 Bonner Grundgesetz lautet: „Grund und Boden, Naturschätze und Produktionsmittel können zum Zwecke der Vergesellschaftung durch ein Gesetz, das Art und Ausmaß der Entschädigung regelt, in Gemeineigentum oder in andere Formen der Gemeinwirtschaft überführt werden. Für die Entschädigung gilt Artikel 14, Abs. 3, Satz 3 und 4 entsprechend."

36 Vgl. Mangoldt-Klein, a. a. O., Anm. II, 1a zu Art. 15, S. 456.

37 Hans Peter Ipsen, Enteignung und Sozialisierung. In: Veröffentlichungen der Vereinigung der Deutschen Staatsrechtslehrer, Heft 10, Berlin 1952, S. 100.

marktwirtschaftlichen Gesichtspunkten wird man allerdings solche Vernachlässigungen des Wirtschaftlichen, wie sie sich im Fehlen wirtschaftsdemokratischer Regelungen und im Fehlen eines wirtschaftlichen „Normensystems" überhaupt zeigen, nicht nur als Negativum ansehen, wenn man es auf der anderen Seite auch für richtig halten mag, daß die über die Wirtschaftsordnung entscheidende Grundnorm in die Verfassung gehört und nicht nur in einzelnen Gesetzen zum Ausdruck kommen sollte.

Konkrete Ansätze zur Verwirklichung eines Sozialisierungsprogramms sind in Berlin, Nordrhein-Westfalen, Hamburg und in Hessen gemacht worden. In Berlin wurde ein Gesetzentwurf verabschiedet, der sich dem sogenannten „Berliner Plan" anschloß und die Bildung eines von Vertretern des Magistrats, der Stadtverordnetenversammlung, der Gewerkschaften, der zu sozialisierenden Betriebe und der Wirtschaftskammern verwalteten „Gemeinwirtschaftlichen Unternehmens Groß-Berlin" vorsah[38]. Dieses sollte die Verfügung über das der Stadt Groß-Berlin übertragene sozialisierte Eigentum ausüben. Infolge des Vetos der Besatzungsmächte trat das Gesetz nicht in Kraft.

Ebenso erging es in *Nordrhein-Westfalen* dem „Gesetz zur Sozialisierung der Kohlenwirtschaft im Lande Nordrhein-Westfalen" vom 6. August 1948, dem die Militärregierung die Genehmigung versagte mit der Begründung, der Ruhrbergbau gehöre zum nationalen Vermögen, von dessen Bestand und Behandlung alle Länder gleichermaßen betroffen seien, weshalb die Frage seiner Sozialisierung nur von einer deutschen Zentralregierung, nicht von einer Landesregierung, behandelt werden könne.

In *Hamburg* wurde 1947 von einer Kommission im Auftrag des Senats ein Sozialisierungsgutachten erstattet, das die Sozialisierung marktbeherrschender Unternehmungen (so insbesondere des Bergbaus, der Metallindustrie, der chemischen Industrie und der Energiewirtschaft) empfahl, ohne daß weitere Schritte zu seiner Verwirklichung unternommen wurden.

Am bekanntesten unter den Sozialisierungsaktionen der Zeit nach dem zweiten Weltkrieg ist der Versuch *Hessens*, auf Grund der Artikel 39—41 der hessischen Verfassung den Bergbau, die Eisen- und Stahlerzeugung, die Energiewirtschaft und das an Schienen und Oberleitungen gebundene Ver-

---

[38] Vgl. hierzu und zum folgenden Ortlieb, Stavenhagen, a. a. O., S. 467 ff. - Heinz Dietrich Ortlieb, Der gegenwärtige Stand der Sozialisierungsdebatte in Deutschland. In: Untersuchungen zur sozialen Gestaltung der Wirtschaftsordnung (hrsg. von Walter Weddigen). Berlin 1950, S. 189—287.

kehrswesen zu sozialisieren[39]. Die besondere Bedeutung des hessischen Sozialisierungsversuchs liegt darin, daß hier die für das Gemeinwohl aus einer Sozialisierung möglicherweise entstehenden Gefahren klar gesehen werden. Eine Sozialisierung zur Monopolisierung tendierender Unternehmungen, die lediglich privates in öffentlich-rechtliches Eigentum umwandelt, überträgt wirtschaftliche Machtballungen vom privaten auf den öffentlichen Sektor. Damit wird, wenn nicht Weiteres geschieht, die Gefahr solcher Machtballungen nicht beseitigt, sondern eher noch verschärft, weil sich nun mit der wirtschaftlichen auch die politische Macht verbindet. Im hessischen Sozialisierungsplan ist erkannt worden, daß der Erfolg einer Sozialisierung wesentlich von der Form ihrer Verwirklichung und der Gestalt der Rechtsträger des sozialisierten Vermögens abhängig ist. Sozialisierung als Verstaatlichung wurde deshalb zurückgewiesen, weil Staatskapitalismus noch gefährlicher sein könne als Privatkapitalismus und weil Staat und Gemeinden allein nicht die Gewähr dafür böten, daß solches Eigentum dem Wohl des ganzen Volkes diene und Machtballungen vermieden würden. Deshalb wurde als neue Rechtsform für das Gemeineigentum die sogenannte Sozialgemeinschaft vorgesehen, die aus Vertretern der Belegschaft der sozialisierten Betriebe, der Verbraucherschaft und des Staates gebildet werden sollte. Diese Form der Sozialisierung sollte über das Land Hessen hinaus als „Modell" einer als zeitgemäß betrachteten Sozialisierung gelten. Aber der Gesetzentwurf zur Errichtung von Sozialgemeinschaften, das entscheidende Ausführungsgesetz zum Sozialisierungsartikel 41 der hessischen Verfassung, wurde vom Hessischen Landtag am 25. Oktober 1950 mit 41 zu 41 Stimmen abgelehnt, so daß die geplanten Sozialgemeinschaften nicht wirksam werden konnten.

Obschon die Sozialisierungsprogramme und Sozialisierungsaktionen der Zeit nach dem zweiten Weltkrieg, ähnlich denen der zwanziger Jahre, gesellschaftspolitisch bislang ergebnislos blieben, sind dennoch die Idee selbst und die Tendenzen zur Sozialisierung immer noch lebendig. Ihre zähesten Verfechter sind gegenwärtig die Gewerkschaften. Es sieht nicht danach aus, daß sie ihre Forderung nach Sozialisierung der Grundstoffindustrien abschwächen werden. Man wird im Gegenteil damit rechnen müssen, daß sich mit dem Nachlassen des Interesses an der Mitbestimmung die gewerkschaftliche Dynamik auf die Sozialisierung verlagern wird, und zwar auf die der

[39] Vgl. Die Sozialgemeinschaften. Entwurf des hessischen Sozialisierungsgesetzes mit Begründung und einführenden Beiträgen der Mitarbeiter des hessischen Wirtschaftsministeriums (hrsg. von Harald Koch). Hamburg 1948. – Oswald v. Nell-Breuning, Rechtsformen der Sozialisierung. In: WG I, S. 393—395.

Grundstoffindustrien. Die damit zusammenhängenden grundsätzlichen Fragen, die Beurteilung der Möglichkeiten und Grenzen der Sozialisierung nach katholischer Soziallehre, sollen im folgenden angeschnitten werden.

3. Möglichkeiten und Grenzen der Sozialisierung nach katholischer Soziallehre

Da die Ordnung des Eigentums und die Gestaltung der konkreten Eigentumsverhältnisse im Gemeinwohl gründen und von ihm her ihre Geltung erlangen, hat der Staat als oberster Hüter des Gemeinwohls das Recht, in eine gemeinwohlwidrige Entwicklung der Eigentumsverhältnisse einzugreifen und sie zu korrigieren. Eines der Mittel staatlicher Eigentumskorrekturen, wenn auch das äußerste und nur als ultima ratio anzusetzende, ist die Sozialisierung. Die grundsätzliche Möglichkeit und Erlaubtheit der Sozialisierung ergibt sich sowohl aus der katholischen Eigentumslehre und dem von ihr ausgesprochenen Grundsatz, daß sich die Zweckbestimmung jeder geschichtlichen Güterordnung auf den Nutzen aller Menschen richte, als auch aus der katholischen Staatslehre, insofern diese den Staat als Rechts- und Wohlfahrtsstaat versteht, dem die Verantwortung für das Gemeinwohl obliegt.

In der geschichtlichen Entfaltung der katholischen Soziallehre durch das kirchliche Lehramt dürfte die Möglichkeit einer Sozialisierung zumindest seit Leo XIII. nicht mehr zweifelhaft sein [1]. Explicite ausgesprochen wurde sie erstmals durch Pius XI. in der bekannten Sozialisierungsstelle der Enzyklika Quadragesimo anno. Nachdem der Papst festgestellt hat, daß eine „wider alles Recht angemaßte gesellschaftliche Herrschaftsstellung des Eigentums ... von Rechts wegen gar nicht dem Eigentum, sondern der öffentlichen Gewalt (zukommt)“, fährt er fort: „Mit vollem Recht kann man ja dafür eintreten, bestimmte Arten von Gütern der öffentlichen Hand vorzubehalten, weil die mit ihnen verknüpfte übergroße Macht ohne Gefährdung des öffentlichen Wohls Privathänden nicht überantwortet bleiben kann [2].“ Diese Feststellung Pius' XI. erscheint in der Enzyklika nicht dort, wo sie systematisch einzuordnen wäre, innerhalb der Stellungnahme zum Eigentum, sondern im Zusammenhang der Auseinandersetzung mit dem Sozialismus. Das ist nicht bedeutungslos. Der Papst formuliert die Auffassung der katholischen Soziallehre zur Sozialisierung offenbar nicht in der

[1] Vgl. R. n., n. 7, 26, 35.

[2] Q. a., n. 114. – Vgl. hierzu auch Krüger, Sozialisierung, a. a. O., S. 285.

Überzeugung, einen bislang noch nicht bekannten Grundsatz auszusprechen, sondern mehr als ein obiter dictum, das hier nur zur Illustration herangezogen wird, um die Annäherungen des Sozialismus an die katholische Soziallehre zu verdeutlichen und gleichzeitig zu verhüten, daß Gegensätze und Kluften aufgerissen werden, wo keine sind. Die grundsätzliche Möglichkeit der Sozialisierung selbst wird nicht als Problem gesehen, sondern als ein Mittel der Wirtschaftspolitik, das in sich nicht ungerecht ist, weil es „nichts an sich hat, was mit christlicher Auffassung in Widerspruch stände[3]".

Diese Linie wird von Pius XII. weiter verfolgt, der dem Staat die Befugnis zuspricht, „den Gebrauch des Privateigentums zu regeln oder auch, falls sich auf eine andere billige Weise kein Ausweg findet, gegen angemessene Entschädigung die Enteignung zu verfügen[4]". In den Begriff der Enteignung aber ist dem Zusammenhang nach auch die Sozialisierung eingeschlossen[5]. Während Pius XI. sich noch darauf beschränkte, den Mißbrauch wirtschaftlicher Macht als Sozialisierungsgrund hervorzuheben, gibt Pius XII. weitere Gründe an, die eine Sozialisierung rechtfertigen. Er anerkennt die Sozialisierung „in den Fällen, wo sie wirklich durch das Gemeinwohl gefordert zu sein scheint, d. h., wo sie das einzig wirksame Mittel ist, Mißbräuche abzustellen, eine Vergeudung der produktiven Kräfte eines Landes zu verhüten, die organische Ordnung eben dieser Kräfte zu sichern und sie zum Besten der wirtschaftlichen Interessen der Nation zu lenken[6]". In einer späteren Ansprache beruft Pius XII. sich auf die Sozialisierungsstelle Pius' XI. in Quadragesimo anno[7]. Nachdem der Papst die Nichtverwirk-

---

[3] Q. a., n. 115. - Vgl. auch Paul Jostock. Die sozialen Rundschreiben. Freiburg 1948, S. 153 (Anm. 96). - Oswald v. Nell-Breuning, Die soziale Enzyklika. Erläuterungen zum Weltrundschreiben Papst Pius' XI. über die gesellschaftliche Ordnung. 3. Aufl. Köln 1950, S. 199 ff. - Ders., Sozialisierung. In: Stimmen der Zeit, 139. Bd. 1946/47, S. 425—436. - Ders., Sozialisierung. In: Staatslexikon, 6. Aufl. 7. Bd. 1962, Sp. 295—303. - Johannes Schanz, Sozialisierung und katholische Soziallehre. Kleve 1951, S. 22 ff. - Franz Arnold, Zur christlichen Lösung der sozialen Frage. 2. Aufl. Stuttgart 1949, S. 144 ff. - Heinrich Pesch, Sozialisierung. 2. Aufl. Freiburg 1919, S. 15 f. - Fedor Stepun, Die Pflicht zum Eigentum und das Recht der Enteignung. In: Hochland, 39. Jg. 1946/47, S. 20—36. - Gustav Ermecke, Staatliche Enteignungsmaßnahmen im Lichte des christlichen Naturrechts. In: Theologie und Glaube, 39. Jg. 1949, S. 217—232.

[4] Pius XII., Rundfunkbotschaft am 1. 9. 1944, in: Utz-Groner, n. 736.

[5] Vgl. Oswald v. Nell-Breuning, Die Eigentumsfrage in neueren kirchenlehramtlichen Verlautbarungen. In: WG I, S. 371 ff.

[6] Pius XII., Ansprache an die Delegierten der italienischen christlichen Arbeitervereine vom 11. März 1945, in: Utz-Groner, n. 2919.

[7] Pius XII., Ansprache an die Teilnehmer des neunten internationalen Kongresses der katholischen Unternehmerverbände am 7. Mai 1949, in: Utz-Groner, n. 3347.

lichung der berufsständischen Ordnung als ein „Verpassen günstiger Gelegenheiten“ bedauert hat, fährt er fort: „Nachträglich bemüht man sich nun, andere Formen einer öffentlich-rechtlichen Organisation der Sozialwirtschaft auszuarbeiten, und im Augenblick neigt man mit Vorliebe zur Verstaatlichung und zur Nationalisierung der Unternehmen. Ohne Zweifel läßt auch die Kirche in bestimmten, gerechten Grenzen die Verstaatlichung zu und erklärt, daß ‚man mit Recht bestimmte Arten von Gütern der öffentlichen Hand vorbehalten kann, jene nämlich, die eine solche Macht darstellen, daß man sie ohne Gefährdung des öffentlichen Wohls Privathänden nicht überantworten kann [8]‘.“

Von Bedeutung ist auch die Stellungnahme der katholischen Bischöfe Australiens, die in ihrer 1948 veröffentlichten Deklaration zur Sozialisierung dem Staat das Recht zusprechen, „gewisse Industrien unter öffentliche Kontrolle zu stellen, weil sie für die Allgemeinheit so lebenswichtig sind, daß man sie normalerweise Privathänden nicht überantworten kann“. In diesen Fällen stehe eine „Sozialisierung nicht im Widerspruch zur christlichen Auffassung, falls diese Sozialisierung nicht der erste Schritt zur Verwirklichung eines *totalen* Sozialismus“ sei [9].

Die Sozialisierung ist also nach katholischer Soziallehre sittlich erlaubt, wenn sie um des Gemeinwohls willen notwendig ist. Das heißt aber, daß sie unter dem Anspruch der Sozialprinzipien steht, denen es um die rechte Ordnung in den Beziehungen zwischen den Menschen geht, eben um das Gemeinwohl. Eine entscheidende Rolle spielt das Subsidiaritätsprinzip, das von der Voraussetzung ausgeht, daß die Person Ausgangs- und Zielpunkt von Gesellschaft und Wirtschaft ist, nicht der Staat, und daß die Person alleiniger Träger von Verantwortlichkeit ist, nicht irgendein gesellschaftliches Gebilde. Deshalb erklärt Pius XII., nachdem er die prinzipielle Möglichkeit einer Sozialisierung anerkannt hat: „Diese Verstaatlichung zur allgemeinen Regel der öffentlichen Wirtschaftsverfassung zu machen, hieße aber, die Dinge auf den Kopf stellen. Aufgabe des öffentlichen Rechts ist es doch, dem Privatrecht zu dienen, nicht es aufzusaugen. Die Wirtschaft ist, wie jeder andere Bereich menschlicher Tätigkeit, ihrer Natur nach keine Einrichtung des Staates. Sie ist im Gegenteil das lebendige Ergebnis der freien

---

[8] Pius XII., a. a. O., n. 3347.

[9] Zitiert nach der Zusammenfassung der Deklaration der australischen Bischöfe bei Joseph Höffner, Kirchliche Stellungnahmen zur „Sozialisierung“. In: Trierer Theologische Zeitschrift, 58. Jg. 1949, S. 245.

Initiative der Einzelmenschen und ihrer in Freiheit gebildeten Gruppen[10]."

Da also die öffentlich-rechtliche, die staatliche Sphäre subsidiären Charakter, den der Hilfestellung für den privaten Bereich des menschlichen Gemeinschaftslebens hat, muß die Sozialisierung Ausnahme bleiben, ultima ratio, der einzige noch mögliche Weg, der eine Aussicht bietet, daß eine Gefährdung des Gemeinwohls abgewandt werden kann[11]. Es muß „nachgewiesen sein, daß die Sozialisierung das einzig mögliche und wirksame Mittel zur Sicherung des Gemeinwohls ist[12]".

Man darf sich also nicht für Sozialisierung entscheiden, solange nicht begründete Aussicht besteht, daß die von einer Sozialisierung erhofften Vorteile größer sind als die von ihr zu erwartenden Nachteile. Im Hinblick darauf mahnt Pius XII. zur Vorsicht: „Es ist offenkundig, daß die Verstaatlichung den mechanischen Charakter gemeinsamen Lebens und Arbeitens nicht mildert, sondern selbst dort, wo sie zulässig ist, vielmehr dazu neigt, diesen mechanischen Charakter noch zu steigern, und daß darum der Fortschritt, den sie angeblich für das Wohl einer wahren Gemeinschaft bedeutet, mit großer Vorsicht aufgenommen werden muß[13]." Deshalb muß eine Sozialisierung namentlich dann zurückgewiesen werden, wenn sie den ersten Schritt zu einer Totalsozialisierung darstellt. Pius XII. sieht ein entscheidendes Anliegen unserer Zeit darin, „den einzelnen und die Familie vor dem Sog" zu schützen, „der sie in eine allumfassende Sozialisierung hineinzuziehen droht, eine Sozialisierung, an deren Ende das Schreckbild des ‚Leviathan' grauenvolle Wirklichkeit wäre[14]".

Auch Johannes XXIII. nimmt Stellung zur Frage der Sozialisierung und erklärt in Mater et Magistra, daß „auch der Staat und andere öffentlich-rechtliche Gebilde rechtmäßig Eigentum besitzen, auch an Produktions-

---

10 Pius XII., a. a. O., n. 3347. - Vgl. dazu die parallelen Äußerungen bei Heinrich Pesch, a. a. O., S. 15 f.

11 Vgl. Höffner, Die Sozialisierung der Grundstoffindustrien, a. a. O., S. 12 f. - Ders., Soziale Gerechtigkeit statt Sozialisierung. Menschenwürde gegen Kollektiv - Spiel um das „öffentliche Wohl". In: Rheinischer Merkur, 6. Jg. 1951, Nr. 42, S. 4. - Oswald v. Nell-Breuning, Zur Gewerkschaftsfrage heute. In: Stimmen der Zeit, 160. Bd. 1956/57, S. 436—456, insbes. S. 441 f.

12 Gustav Gundlach, Mitbestimmung und Sozialisierung. Ein Brief über Streitpunkte der kirchlichen Soziallehre. In: Rheinischer Merkur, 7. Jg. 1952, Nr. 10, S. 5. - Vgl. auch Pesch, a. a. O., S. 15 f.

13 Pius XII., Brief an den Präsidenten der Sozialen Wochen Frankreichs, Charles Flory, anläßlich der Studientagung in Straßburg, vom 10. Juli 1946, in: Utz-Groner, n. 370.

14 Pius XII., Radiobotschaft an den österreichischen Katholikentag in Wien vom 14. September 1952, in: Utz-Groner, n. 627.

mitteln, ganz besonders dann, wenn ‚die mit ihnen verknüpfte übergroße Macht ohne Gefährdung des öffentlichen Wohls Privathänden nicht überantwortet bleiben kann' (Q. a. 114). Ja, es scheint ein Merkmal unserer Zeit zu sein, daß das staatliche und sonstige öffentliche Eigentum immer umfangreicher wird. Das hat unter anderem darin seine Ursache, daß der Staat um des Gemeinwohls willen immer größere Aufgaben übernehmen muß. Aber auch hier will das bereits erwähnte Prinzip der Subsidiarität unbedingt beachtet sein. Nur dann dürfen der Staat und andere öffentlich-rechtliche Gebilde den Umfang ihres Eigentums ausweiten, wenn das richtig verstandene Gemeinwohl dies offenbar verlangt, wobei zu vermeiden ist, das Privateigentum übermäßig zu beschränken oder, was noch schlimmer wäre, ganz zu verdrängen[15]."

Auf Grund der Geltung des Subsidiaritätsprinzips und des grundsätzlichen Vorrechts des Privateigentums gegenüber dem öffentlich-rechtlichen Eigentum ist jedem, der auf Sozialisierung drängt, die Beweislast dafür aufgebürdet, daß die geplante Maßnahme im Interesse des Gemeinwohls notwendig und richtig ist. Es besteht also eine praesumtio iuris zugunsten des Privateigentums. Das heißt, daß eine Sozialisierung unterbleiben muß sowohl in dubio (falls es zweifelhaft ist, ob die Sozialisierung zu einem Erfolg führt, wobei freilich hinsichtlich des „Sicherheitsgrades", da mit Freiheit begabte Menschen beteiligt sind, nicht mehr als eine „hohe Wahrscheinlichkeit" verlangt werden kann und Risiken nicht auszuschließen sind) als auch ceteris paribus (falls damit zu rechnen ist, daß die gesamtgesellschaftlichen Vor- und Nachteile per saldo vor und nach einer Sozialisierung die gleichen sind und die geplante Maßnahme im Ergebnis zwar keine Verschlechterung, aber auch kein Mehr an bonum commune bewirken wird). Diese Leitsätze sind nur die Konsequenz des allgemeinen, im Subsidiaritätsprinzip enthaltenen Grundsatzes: Soviel Freiheit wie möglich, soviel Bindung wie nötig, woraus sich die Folgerung ergibt: Wer die Freiheit beschränken will, trägt die Beweislast für die Richtigkeit und Notwendigkeit seines Tuns.

Das bedeutet nicht, der Staat solle nicht wirtschaften und es dürfe nicht sozialisiert werden, sondern nur dieses: Der Staat soll die Produktion nur dann in seine Regie übernehmen, wenn damit für das Gemeinwohl offenbare Vorteile verbunden sind. Wann und wo das zu geschehen hat, ist Sache der Nationalökonomen und Wirtschaftspolitiker. Die eben formulierten,

---

15 MM, n. 116 f.

aus dem Subsidiaritätsprinzip abgeleiteten Grundsätze stellen nur die Aufgabe: Aufbau der Gesellschafts- und Wirtschaftsordnung „von unten“, von der Person her, Sicherung der personalen vor der kollektiven Initiative. Die Lösung dieser Aufgabe, aber auch die Kritik bestimmter Lösungen — ob die Richtlinie des Subsidiaritätsprinzips eingehalten worden ist oder nicht — setzt den Sachverstand des nationalökonomischen Fachmanns voraus.

Solche Grundsätze müssen beachtet werden, wenn etwa die Forderung nach Sozialisierung der Grundstoffindustrien erhoben wird. Daß die Verfügung über die Grundstoffindustrien einen weitreichenden Einfluß auf die gesamte Wirtschaft gewährt, eine Einflußmöglichkeit, die im Falle einer Sozialisierung die Macht des Staates bedeutend verstärken würde, dies allein ist noch kein Argument *gegen*, sondern eher für eine Sozialisierung. Denn eine solche „ungeheure Zusammenballung nicht nur an Kapital, sondern an Macht und wirtschaftlicher Herrschaftsgewalt in den Händen einzelner, die sehr oft gar nicht Eigentümer, sondern Treuhänder oder Verwalter anvertrauten Gutes sind, über das sie mit geradezu unbeschränkter Machtvollkommenheit verfügen[16]“, eine solche Konzentration wirtschaftlicher Macht in privater Hand könnte man geradezu als klassischen Fall einer „wider alles Recht angemaßten gesellschaftlichen Herrschaftsstellung des Eigentums“ ansehen, die „von Rechts wegen gar nicht dem Eigentum zukommt, sondern der öffentlichen Gewalt[17]“. Man kann sich für die berühmt gewordene Sozialisierungsformel Pius' XI. kaum ein anschaulicheres Beispiel als dieses vorstellen.

Wenn dennoch gegenüber einer Sozialisierung der Grundstoffindustrien Zurückhaltung geboten ist, dann sind die Gründe darin zu sehen, daß heute der Wirtschaftspolitik Lenkungsmittel der „leichten Hand“ zur Verfügung stehen, die mit geringeren Reibungsverlusten und auf „elegantere“ Weise als auf dem Wege der Sozialisierung den Mißbrauch wirtschaftlicher Macht zu verhindern vermögen[18]. Es ergibt sich als Konsequenz aus dem Subsidiaritätsprinzip die Forderung, daß die staatliche Wirtschaftspolitik zunächst an den minimalen Mitteln der „leichten Hand“, den indirekten Mitteln des Eingriffs, interessiert sein muß, bevor sie zu den Lenkungsmitteln der „schweren Hand“ übergeht, dies freilich allein schon aus Gründen der Sparsamkeit. Was früher vielleicht nur auf dem Wege einer Sozia-

---

[16] Q. a., n. 105.
[17] Q. a., n. 114.
[18] Vgl. v. Nell-Breuning, Gewerkschaftsfrage, a. a. O., S. 135 f. - Höffner, Sozialisierung, a. a. O., S. 14 ff.

lisierung zu verwirklichen war, läßt sich heute wirtschaftspolitisch (mit Hilfe der Kredit- und Finanzpolitik, der Kartellpolitik, der Handels- und Preispolitik) wirkungsvoller und „geräuschloser“ erreichen. Das Vorhandensein eines differenzierten und leistungsfähigen Instrumentariums wirtschaftspolitischer Lenkungsmittel der „leichten Hand“ nimmt der Forderung nach Sozialisierung der Grundstoffindustrien ihr Gewicht, weil auf diese Weise außergewöhnliche Gewinne zu Lasten der Konsumenten, wie überhaupt der Mißbrauch der Monopolmacht, wenn nicht verhindert, so doch wesentlich eingeschränkt werden können. Deshalb sollten, bevor man an Sozialisierung denkt, alle anderen zur Verfügung stehenden Lenkungsmittel eingesetzt werden, selbst um den Preis, daß die Leistungen der Monopolbetriebe zurückgehen. Ein solcher Preis wäre nicht zu hoch, wenn es auf diesem Wege gelänge, an einer Sozialisierung vorbeizukommen und doch die private Monopolmacht einzudämmen. Je weniger beneidenswert und erstrebenswert infolge eines anhaltenden und durchgreifenden staatlichen Reglements die Situation des Monopolisten vom unternehmerischen Standpunkt erscheint, um so gesunder ist die Wirtschaftsstruktur, weil dann die Monopole auf jene wirtschaftlichen Bereiche zurückgedrängt werden, wo auf sie aus produktionstechnischen, außenwirtschaftlichen und anderen Gründen nicht verzichtet werden kann. „Man mache nur den Monopolisten wieder zum Prügelknaben der Wirtschaftspolitik“, so schreibt mit Recht Friedrich Hayek, „und man wird erstaunt sein, wie schnell die meisten unter den tüchtigen Unternehmern ihre Vorliebe für die erfrischende Luft des Wettbewerbs wieder entdecken werden[19].“

Gegen eine Sozialisierung der Grundstoffindustrie spricht weiterhin die Tatsache, daß sie als Ganzes nicht ein einziges, riesiges Monopol bildet, sondern sich in eine Vielzahl selbständiger Unternehmen und Unternehmenszusammenschlüsse aufgliedert, die nur zum geringeren Teil eine monopolistische bzw. monopoloide Marktstellung haben, zu einem großen Teil aber der Konkurrenz, zumindest der Substitutionskonkurrenz, ausgesetzt sind. Aber selbst in den Fällen, wo es sich um ausgesprochene Monopolbetriebe handelt, ist einer strengen Monopolkontrolle gegenüber Sozialisierung, gleichgültig, in welcher Form sie gedacht ist, der Vorzug zu geben. Wenn schon Monopole bestehen, ist es immer noch besser, wenn sie getrennt bleiben, als wenn sie sozialisiert und damit durch eine zentrale

---

[19] Friedrich A. Hayek, Der Weg in die Knechtschaft. 3. Aufl., Erlenbach-Zürich 1952, S. 247.

Stelle koordiniert werden können, was gleichbedeutend ist mit einer riesigen Konzentration bisher zersplitterter Machtblöcke in der Hand eben dieser Zentralstelle, sei es des Staates oder einer innerstaatlichen Körperschaft. Privatmonopole müssen ständig mit der Möglichkeit des Auftretens von Außenseitern und des Ausweichens der Nachfrage in die Substitutionskonkurrenz rechnen. Sie stehen also unter dem dauernden Druck einer latenten Konkurrenz, deren Bedeutung mit dem Fortschritt der Technik immer größer wird. Die geschichtliche Erfahrung hat denn auch gezeigt, daß Monopole, die nicht durch eine monopolfreundliche Politik und Rechtsprechung gefördert werden, nur in seltenen Fällen von langer Lebendauer sind. Das alles würde sich ändern, wenn ein solcher Unternehmenskomplex wie der der Grundstoffindustrie sozialisiert und damit zentralisiert würde. Mit hoher Wahrscheinlichkeit muß man damit rechnen, daß die Verwaltung der sozialisierten Unternehmungen, die nun eine einzige gewaltige Monopolmacht darstellen, sich mit den Interessen des Monopols und nicht mit denen der Allgemeinheit identifizieren wird. Dieses neue „Super"-Monopol wäre in viel stärkerem Maße als voneinander getrennte monopoloide Unternehmungen gegen mögliche Konkurrenten geschützt und könnte ohne Schwierigkeit seine Stellung auf die Dauer behaupten, zumal dann, wenn es die staatliche Autorität hinter sich hat. Daß aber der Staat in jedem Fall entscheidend an der Leitung eines solchen sozialisierten Monopols – ganz gleich, wie es formaljuristisch im einzelnen organisiert sein mag – beteiligt sein müßte, ist schon allein aus wirtschaftspolitischen Gründen unvermeidbar. Die Beherrschung der Grundstoffindustrien durch eine Zentralstelle aber vermittelt auf dem Wege über die Verteilung der volkswirtschaftlichen Grundprodukte einen maßgebenden Einfluß auch auf die anderen Industrien, so daß mit Hilfe einer sozialisierten Grundstoffindustrie nicht nur jene anderen Industrien, sondern auch die bäuerlichen und gewerblichen Kleinbetriebe mittelbar in die Sozialisierung einbezogen werden könnten, was Rudolf Hilferding schon 1910 richtig erkannt hat[20].

Dies alles freilich sind Tatfragen, über die man verschiedener Auffassung sein kann. Führt der empirische Befund zu der Erkenntnis, daß andere und „leichtere" wirtschaftspolitische Mittel den Auswüchsen privater Wirtschaftsmacht im Bereich der Grundstoffindustrien nicht zu begegnen

[20] Vgl. Rudolf Hilferding, Das Finanzkapital. 1910, Neudruck Berlin 1947, S. 514. – Vgl. dazu auch Gustav Gundlach, Die soziale Frage von heute nach der Lehre der Kirche. Köln 1951, S. 9.

vermögen, daß aber Sozialisierungsmaßnahmen dem Gemeinwohl zum Nutzen sind, dann sind sie nicht nur erlaubt, sondern geboten. Prinzipielle Einwendungen können dann nicht geltend gemacht werden.

Erweist es sich demnach in einzelnen Fällen als notwendig, um des Gemeinwohls willen zu sozialisieren, so entsteht daraus „die Verpflichtung zu angemessener Entschädigung, d. h. einer Entschädigung, die danach festgesetzt wird, daß sie unter den gegebenen Umständen für alle Beteiligten gerecht und billig ist[21]". Mit diesem Grundsatz der katholischen Soziallehre übereinstimmend formuliert Artikel 14, Abs. 3, des Bonner Grundgesetzes: „Die Entschädigung ist unter gerechter Abwägung der Interessen der Allgemeinheit und der Beteiligten zu bestimmen." Gemeint ist das, was schon Artikel 153, Abs. 2, der Weimarer Reichsverfassung, wie überhaupt die juristische Terminologie, als „angemessene Entschädigung" bezeichnet.

Die Verpflichtung zu *angemessener* Entschädigung läßt die Sozialnatur des Eigentums zur Geltung kommen und besagt, daß die Höhe der Entschädigung *relativ* ist, d. h. abhängig von der besonderen Situation sowohl des Betroffenen als auch der Gemeinschaft im ganzen. Sie liegt also zwischen dem vollen Wertausgleich als Obergrenze und der entschädigungslosen Enteignung als Untergrenze[22]. Im Falle der Enteignung eines Grundstücks zum Zwecke des Ausbaus einer Straße, wo die Enteignung als „Zwangskauf" lediglich den nicht zustande gekommenen Kaufvertrag ersetzt, besteht kein Grund, eine hinter dem Gleichwert zurückliegende Entschädigung zu leisten. Anders liegen die Verhältnisse im Falle der Sozialisierung eines Unternehmens. Eine Entschädigung zum Gleichwert des sozialisierten Unternehmens könnte den Zweck der Sozialisierung vereiteln und den Aufbau neuer wirtschaftlicher Machtpositionen ermöglichen. In anderen Fällen wird sie einfach die Finanzkraft des Staates übersteigen, zumal dann, wenn es sich, wie etwa im Falle der Verstaatlichung des englischen Kohlenbergbaus, nicht nur um einzelne Betriebe, sondern um ganze Wirtschaftszweige handelt. Unter solchen Umständen entfällt der Anspruch auf vollen Wertausgleich. Oberste Norm auch für die Höhe der Entschädigung ist stets das Gemeinwohl. Dieses kann es gestatten und gebieten, daß „die ‚entsprechende' oder ‚angemessene' Schadloshaltung sogar auf Null (zurückgeht), dann

---

[21] Pius XII., Ansprache am 11. 3. 1945, in: Utz-Groner, n. 2919. - Vgl. Höffner, Sozialisierung, a. a. O., S. 14. - v. Nell-Breuning, Sozialisierung, a. a. O., S. 426. - Ders., Entschädigungslose Enteignung? In: WG I, S. 400 ff. - Ermecke, a. a. O., S. 224 ff. - Günter Janssen, Der Anspruch auf Entschädigung bei Aufopferung und Enteignung. Stuttgart 1961.
[22] Vgl. v. Nell-Breuning, Entschädigungslose Enteignung?, a. a. O., S. 400.

nämlich, wenn dem Erfordernis des Gemeinwohls nur durch entschädigungslose (unentgeltliche) Hingabe einer Sache Genüge getan wird, wie ja viel häufiger Dienste für die Gemeinschaft nach Recht und Billigkeit ‚ehrenhalber', d. i. unentgeltlich, zu leisten sind[23]". Immer dann allerdings, wenn die Entschädigung unter dem Gleichwert der enteigneten Sache bleibt, trägt die enteignende Körperschaft die Beweislast dafür, daß dem Betroffenen aus Gründen des Gemeinwohls eine solche Belastung zugemutet werden muß. Dies wiederum aus allgemeinen Grundsätzen des Subsidiaritätsprinzips, das den Individualrechten die Rechtsvermutung ihrer Gültigkeit zuspricht und es dem diese Rechte beschränkenden Staat aufgibt, darzutun, daß in diesem oder jenem Falle Individualrechte gegenüber dem höheren Anspruch des Gemeinwohls zurücktreten müssen.

---

[23] v. Nell-Breuning, Sozialisierung, a. a. O., S. 426. – Ders., Entschädigungslose Enteignung?, a. a. O., S. 400.

ZUSAMMENFASSUNG

Eigentum ist Verfügungsmacht über Sachwerte, das Recht einer Person oder eines Personenverbandes, über einen abgegrenzten Bereich der Güterwelt nach freiem Ermessen zu verfügen.

Die Möglichkeit menschlicher Herrschaftsgewalt über Sachgüter gründet in der metaphysischen Verfaßtheit des Menschen als Person, das will sagen: Der Mensch unterscheidet sich von jeder anderen Individualisierung im Bereich des Geschöpflichen dadurch, daß er mit der Anlage des Selbstbewußtseins und der Selbstverfügung, mit Vernunft und Freiheit ausgestattet ist. Das Besondere der personalen Individualisierung besteht darin, daß die Person um sich selbst weiß, sich besitzt und über sich verfügt: daß sie ein Ich ist. Das gibt dem Menschen die Macht, sich selbst zu bestimmen und sich auf selbstgesetzte Ziele hin zu entscheiden. Er ist in diesem seinem Selbststand und seiner Selbstmächtigkeit auch Selbstzweck, nicht Mittel zum Zweck. Ihm ist das Dasein als Person gegeben, damit er frei über sich selbst verfüge und nicht mit naturgesetzlicher Notwendigkeit, sondern in Freiheit den Sinn seiner Existenz vollziehe: die Verwirklichung von Werten (des Wahren, des Schönen und Guten), um so seine Personalität zu entfalten, sie zu erfüllen und zur Persönlichkeit zu werden.

Die Dingwelt aber, der Vernunft und Freiheit fehlen und damit die Würde der zur Selbstentscheidung aufgerufenen Person, hat keinen Selbstzweck, sondern ist Mittel zum Zweck: Sie ist auf den Menschen hingeordnet und für menschliche Daseinszwecke geschaffen. Die Dingwelt bildet eine notwendige Voraussetzung dafür, daß sich der Mensch als Person in seiner Leib-Geist-Natur entfalten kann; sie dient der sittlichen Vollendung des Menschen und steht im Dienste der ihm gestellten Lebensaufgabe, Werte zu verwirklichen und so den Lebenssinn seiner Existenz zu erfüllen. Verfügungsmacht über Sachgüter findet also ihre letzte Begründung in der metaphysischen Überordnung des Menschen über die unpersonale, der Naturgesetzlichkeit unterworfene Schöpfung, die ihrer Seinsbestimmung nach auf den Menschen hin angelegt ist, damit er sie in den Dienst seiner personalen Sinnerfüllung stelle.

Die Feststellung, daß der Herrschaftsanspruch über Sachwerte in der Personalität des Menschen gründet, bedeutet, daß *jeder* Mensch zur Güterherrschaft und zur Teilhabe an der Güternutzung berechtigt ist. Die Güter stehen also im Dienste *aller* Menschen, ihre Zweckbestimmung ist es, „dem allgemeinen Nutzen zu dienen“ (R. n., n. 7). Mit dieser Aussage aber ist der Übergang von der individualmetaphysischen auf die sozialmetaphysische Ebene vollzogen und die Sphäre der zwischenmenschlichen Beziehungen angesprochen. Es geht nun nicht mehr lediglich darum, *daß* die Menschen zur Güternutzung berechtigt sind, sondern *wie* das zu geschehen habe; nach welchem Kriterium der Anteil des einzelnen innerhalb der Gemeinschaft an der Verfügung über die materiellen Güter zu bestimmen sei. Denn darüber gibt die Feststellung, daß die Güter im Dienst aller Menschen stehen, allein noch keine Auskunft.

Immer dann, wenn es um die Frage der rechten Ordnung zwischen den Menschen geht und damit auch um die Ordnung zwischen ihnen und den auf sie bezogenen Dingen und Einrichtungen, ist die Idee des Gemeinwohls angesprochen. Sie ist der Ansatzpunkt und die Wegweisung, um zu einer Antwort zu kommen. Der Gedanke des Gemeinwohls ergibt sich aus der personalen Struktur des Menschen: Er ist als ens individuale et sociale von seiner Natur her wesensmäßig auf die Ergänzung durch die Gemeinschaft angelegt und dazu berufen, in der Gemeinschaft den Sinn seiner Existenz, die Aneignung von Werten zu verwirklichen. Der Sinn der Gemeinschaft aber besteht darin, dem Menschen jene Hilfen zu gewähren, die ihm die Erreichung seiner Daseinsbestimmung ermöglichen. Damit ist schon der Gedanke des Gemeinwohls angedeutet. Es bezeichnet jenen Zustand einer Gemeinschaft, der jedem Gemeinschaftsglied innerhalb des gesellschaftlichen Ganzen *den* Platz zuweist, der ihm auf Grund seiner besonderen individuellen Bestimmung und seiner spezifischen, von anderen Gemeinschaftsgliedern unterschiedenen und nur ihm abverlangten Lebensaufgabe zukommt, damit er den Sinn seines Daseins in der Einmaligkeit seines Personseins verwirkliche. Die Forderung des Gemeinwohls deckt sich in der Terminologie der aristotelisch-thomistischen Philosophie mit dem Prinzip des suum cuique.

Aus der Idee des Gemeinwohls ergeben sich für die zwischenmenschliche Ordnung der Güterherrschaft weitere Schlußfolgerungen. Da einerseits die Gemeinschaft vom Anspruch des Gemeinwohls her jedem einzelnen den ihm gebührenden Platz zu sichern hat und andererseits jeder Mensch als Person zur Güternutzung befugt ist, deshalb ist die Gemeinschaft verpflichtet, eine Ordnung der Güterherrschaft zu schaffen, die jedem Gemeinschaftsglied den ihm auf Grund seiner besonderen Lebensbestimmung, auf Grund seiner spezifischen Stellung und Funktion im Gemeinschaftsleben gebührenden Anteil an der Güternutzung ermöglicht. Das bedeutet nicht absolute Gleichheit aller, sondern relative Gleichheit entsprechend der Unterschiedlichkeit der Berufung und der Stellung der einzelnen innerhalb der Gemeinschaft.

Das Prinzip des Gemeinwohls führt also in Anwendung auf den Bereich der Güterordnung zur Forderung des Gemeingebrauchs der Güter, in thomistischer Formulierung: des usus communis rerum. Ebenso wie das Gemeinwohl das oberste Gesetz der Gemeinschaftsordnung schlechthin ist, so ist das Prinzip des Gemeingebrauchs das oberste Gesetz der Güterordnung; dies in anderer Formulierung: Das Gemeingebrauchsprinzip ist die Ausdrucksform des Gemeinwohlprinzips in seiner Anwendung auf die Ordnung der Güterherrschaft.

Der Grundsatz des usus communis rerum ist eine sozialmetaphysische Kategorie. Er gehört der obersten naturrechtlichen Ebene, dem absoluten Naturrecht an und ist innerhalb der Lehre von der Ordnung der Güterwelt der einzige absolut und überzeitlich gültige Satz, der unmittelbar aus dem Wesen der Schöpfungsordnung ableitbar ist und unabhängig von geschichtlichen Besonderheiten in Zeit und Raum a priori gilt; dessen Verifikation allein metaphysisch vollziehbar und durch keine historisch-soziologischen Fakten mitbedingt ist. Gemeingebrauch ist also keine soziologisch-juridische Kategorie und sagt noch nichts aus über die tatsächliche geschichtliche Güterordnung und ihre positiv-rechtliche Gestaltung: ob Privateigentum oder öffentlich-rechtliches Eigentum („Gemeineigentum“), ob beides, in welcher Rangordnung und welchem Ausmaß. Das Gemeingebrauchsprinzip spricht lediglich die aus dem Gemeinwohl abgeleitete Forderung aus, daß jeder Mensch entsprechend seiner besonderen Berufung und Lebensaufgabe an der Nutzung der Sachgüter teilhabe; es enthält aber noch keine Aussage darüber, wie diese auf den allgemeinen Nutzen gerichtete Zweckbestimmung der Güter geschichtlich zu konkretisieren sei.

Es geht also nunmehr um die Frage, wie das Prinzip des usus communis innerhalb der geschichtlichen Gemeinschaftsordnungen organisatorisch verwirklicht werden kann. Diese Frage der konkreten Ausformung, der soziologisch-juridischen Organisation der Güterherrschaft kann aber nicht mehr nur innerhalb des sozialphilosophischen Bereichs entschieden werden, sondern bedarf des Rückgriffs auf Geschichte und Empirie. Die Lösung des

Problems, in welcher rechtlichen Gestalt das Gemeingebrauchsprinzip zu verwirklichen sei, ist sonach nicht möglich in abstracto, durch innere logische Entfaltung dieses Prinzips selbst, sondern nur ex concreto, durch die Hinzunahme neuer, aus der geschichtlichen Erfahrung gewonnener Argumente. Die Fragestellung rückt nunmehr hinsichtlich ihres Abstraktionsgrades eine Stufe tiefer, von der sozialphilosophischen auf die soziologisch-juridische Ebene.

Die Erfahrung mit den Menschen und den von ihnen getragenen Gemeinschaftsordnungen, wie sie im Ablauf der Geschichte in Erscheinung getreten sind, bezeugt, daß die geschichtliche Konkretisierung des Gemeingebrauchsprinzips nur möglich ist innerhalb einer festen rechtlichen Ordnung der Güterherrschaft. Es würde sonst infolge der Knappheit der Güter zu einem Kampf aller gegen alle kommen. Das Vorhandensein der Dingwelt würde nicht der Lebenssteigerung des Menschen dienen, sondern einen Anlaß zur Auflösung aller menschlichen Ordnungen bilden. Das erfordert eine rechtliche Abgrenzung und Individualisierung der Güterherrschaft in der Weise, daß sich die Verfügung über die Sachwerte primär innerhalb des Privatrechts vollzieht; nicht von kollektiver, sondern von individuell-personaler Initiative her, also mit Hilfe der Institution des Privateigentums.

Der Inhalt dieses empirisch-soziologischen Arguments, auf dem die Entscheidung für das Privateigentum als Primärform der Güterherrschaft gründet, fügt sich zusammen aus Fakten, die zu einem wesentlichen Teil schon Thomas von Aquin im Anschluß an Aristoteles aufgeführt hat: Ansporn zum Fleiß auf Grund der Verfügungsmöglichkeit über Eigenes, höhere Sorgfalt im Umgang mit den Gütern bei Abgrenzung der wirtschaftlichen Zuständigkeiten, geordnetes Zusammenleben und Vermeidung von Streit durch rechtliche Abgrenzung der Gütersphären. Auf Grund neuzeitlicher Erfahrungen fügte die naturrechtliche Eigentumslehre seit Leo XIII. weitere Gesichtspunkte hinzu: Schutz der Würde und Freiheit des Menschen gegenüber dem Kollektiv, insbesondere gegenüber dem Mißbrauch der Staatsgewalt, Sicherung eines Raumes der personalen Daseinsentfaltung, Sicherung der Familie, Entproletarisierung der Arbeiterschaft. Diese verschiedenen Gesichtspunkte, welche die Tradition der naturrechtlichen Eigentumslehre zur soziologischen Begründung des Privateigentums zusammengetragen hat, mögen variieren nach dem Grad ihrer Geltung und Aktualität. Wesentlich ist nur dieses: daß im ganzen der Mensch und die menschliche Gesellschaft sich in einer Verfassung befinden, welche die Privateigentumsordnung als das vorzugsweise geeignete Instrument der geschichtlichen Verwirklichung des Gemeingebrauchsprinzips erscheinen läßt.

Gesichtspunkte empirischer Art, die nicht aus der metaphysischen Struktur der Person, aus der natura humana an sich abgeleitet werden können, bilden also die Begründung dafür, daß für den durch das Gemeingebrauchsprinzip geforderten usus communis rerum die Privateigentumsordnung als primäre soziologisch-juridische Organisationsform der Güterherrschaft in Betracht kommt. Die Privateigentumsordnung ist sonach nicht ausschließlich metaphysisch, aus der „intentio prima" der Schöpfungsordnung begründbar. Das metaphysische Wesen des Menschen, seine in der Leib-Geist-Natur gründende personale Daseinsverfassung allein reichen nicht aus, um hinlänglich zu begründen, daß das Gemeingebrauchsprinzip soziologisch in der Organisationsform der Privateigentumsinstitution konkretisiert werden müsse. Denkbar wäre auch, ohne logischen Widerspruch zur Wesenheit des Menschen, eine andere organisatorische Ausgestaltung des usus communis rerum, so etwa in der Form der Gütergemeinschaft.

Weil es aber geschichtliche Erfahrungen mit dem Menschen und der menschlichen Gesellschaft sind, auf denen die Entscheidung für das Privateigentum gründet, und nicht metaphysisch zwingende Gegebenheiten, deshalb gehört die Privateigentumsordnung nicht — wie das Gemeingebrauchsprinzip — dem absoluten, sondern dem relativen Naturrecht an. Aber auch als relatives Naturrecht ist die Institution des Privateigentums eine Forderung des unwandelbaren Naturrechts und also unaufhebbar, weil die sie begründenden empirisch-soziologischen Gegebenheiten unaufhebbar sind. Sie ist zwar gestaltbar und kann geschichtlich in den verschiedensten Modifikationen auftreten, *als Institution* aber ist sie menschlichem Ermessen entzogen, weil sich auch die sie begründenden geschichtlichen Fakten der Verfügbarkeit der Menschen entziehen. Dabei ist es gleichgültig, wie das Entstehen dieser Gegebenheiten zu erklären ist und in welchem Maße sie — in theologischer Terminologie — das Ergebnis des status naturae lapsae sind.

Die Lösung des Problems der geschichtlichen Organisation der Güterherrschaft wird also schlußfolgernd im logischen Schema eines Syllogismus gewonnen: Den Vordersatz, die sozialphilosophische Prämisse, bildet die Aussage des Gemeingebrauchsprinzips als des obersten Gesetzes jeder Güterordnung. Der Untersatz, die soziologisch-juridische Prämisse, wird gewonnen aus der Sicht des Menschen und des menschlichen Gemeinschaftslebens in ihrer geschichtlichen Faktizität. Daraus ergibt sich als conclusio die Notwendigkeit der Privateigentumsinstitution als Primärform der geschichtlichen Konkretisierung des Gemeingebrauchsprinzips.

Es bleibt aber zu bedenken, daß die Institution des Privateigentums stets unter dem Anspruch der Gemeingebrauchsmaxime steht, an deren Forderungen und Begrenzungen gebunden und von ihr abhängig ist. Ihre rechtliche Legitimation leitet die Privateigentumsordnung ab von ihrer Eignung als Instrument des Gemeingebrauchsprinzips. Sie besteht deshalb, „damit mittels dieser Institution die vom Schöpfer der ganzen Menschheitsfamilie gewidmeten Erdengüter diesen ihren Widmungszweck wirklich erfüllen (Q. a., n. 45). Der Instrumentalcharakter der Privateigentumsordnung besagt also dieses: daß es Privateigentum gibt um der guten Ordnung der Gemeinschaft willen; daß die Einrichtung des Privateigentums Mittel zum Zweck der Verwirklichung des Gemeingebrauchs der Güter ist. Ein Mittel, das im Dienst der Gemeinschaft steht, muß zwar von der Gemeinschaft geschützt werden, damit es funktionsfähig bleibt. Was Mittel ist, darf aber nicht zum Selbstzweck hinaufgesteigert werden.

Es ist deshalb anfechtbar, wenn man in der Erörterung der Frage nach der gerechten Güterordnung das Privateigentum zur obersten Norm und zum Ausgangspunkt der Güterlehre erklärt und erst im zweiten Schritt — wenn das Mittel, die Privateigentumsinstitution, nicht mehr funktioniert — das Gemeinwohl als Korrektiv zu Hilfe nimmt, um Fehlentwicklungen auszugleichen. Bei einem solchen Ansatz ist es möglich, daß das Privateigentum verabsolutiert wird, dies im wörtlichen Sinne der Naturrechtskategorien: zu absolutem Naturrecht erhoben und zudem die individuellen Eigentumsrechte als „heilig“ erklärt werden. Das wird vermieden, wenn am Anfang der Frage nach der gesellschaftlichen Ordnung der Güterherrschaft das Gemeinwohl und der von ihm geforderte Gemeingebrauch der Güter stehen und die Instrumentalfunktion des Privateigentums in seinem Verhältnis zum Gemeingebrauchsprinzip beachtet wird. Gemeinwohl und Gemeingebrauch sind nicht *Korrektiv,* nicht nur ‚norma negativa‘, sondern beherrschendes *Regulativ für die* Ausgestaltung der Privateigentumsordnung.

Wenn aber die Einrichtung des Privateigentums Instrumentalcharakter hat und ihre rechtliche Geltung vom höheren Recht des usus communis herleitet, dann ergeben sich daraus zwingende Konsequenzen auch hinsichtlich der rechtlichen Qualifizierung der individuellen Eigentumsrechte. Damit die Privateigentumsordnung ihre Funktion als Mittel der Verwirklichung des Gemeingebrauchsprinzips erfüllen kann, muß ihre Ausgestaltung, die Abgrenzung der konkreten individuellen Eigentumsrechte, gemäß dem Anspruch des Gemeinwohls den ständig wechselnden geschichtlichen Verhältnissen mit Hilfe des positiven Rechts angeglichen werden. Es gehört also nur die Privateigentumsordnung *als* Institution dem unwandelbaren Naturrecht an, während die individuellen Eigentumsrechte nicht diesem, sondern dem positiven Recht angehören und an dessen geschichtlich bedingten und durch das Gemeinwohl geforderten Wandlungen teilnehmen. Mit dem Wandel der Geschichte wandeln sich auch die Ansprüche des Gemeinwohls an die Ausgestaltung der Privateigentumsinstitution, anders formuliert: Die stets gleichbleibende Forderung des usus communis rerum verlangt, damit sie angesichts der wechselnden geschichtlichen Verhältnisse sinnvoll verwirklicht werden kann, eine stets wechselnde Ausformung der Privateigentumsordnung.

Das Ziel des Gemeingebrauchsprinzips ist, jedem Menschen die ihm angemessene Teilhabe an der Güternutzung zu gewähren. Das bedeutet unter den Bedingungen einer vom Prinzip des Privateigentums beherrschten Güterordnung: Wenn Privateigentum, dann tunlichst „Eigentum für alle" (Pius XII., 24. 12. 1942; 1. 9. 1944). Die hier gestellte Aufgabe muß gelöst werden in der Weise der jeweiligen geschichtlichen *Ausgestaltung* der Privateigentumsordnung. Es kommt also nicht darauf an, die Einrichtung des Privateigentums aufzuheben oder zurückzudrängen, sondern die individuellen Eigentumsrechte in möglichst breiter Streuung aufzuteilen. Das bedeutet Beseitigung der Eigentumslosigkeit der breiten Masse, die Einbeziehung der Arbeitnehmerschaft in die Teilhabe auch am Produktionsvermögen und also die Bereinigung einer geschichtlichen Entwicklung, die nur die Vorstufe ist zur Negation des Privateigentums überhaupt und seiner Ablösung durch den Staatskapitalismus, auf den der orthodoxe Marxismus hinausläuft. Dies auch sind die wesentlichen Gründe, weshalb die katholische Eigentumslehre seit Rerum novarum zu einer breiten Streuung des Eigentums und zur Eigentumsbildung in Arbeiterhand aufgerufen hat.

Gemeingebrauchsprinzip und Privateigentumsordnung sind ihrem Sinne nach also nicht auf die Konservierung individueller Eigentumsrechte gerichtet, sondern auf deren ständige Neugestaltung entsprechend der je veränderten geschichtlichen Situation. Die geschichtlichen Verhältnisse sind ständig im Fluß. Das bedeutet für die positiv-rechtliche Abgrenzung der individuellen Eigentumsrechte: Was gegenwärtig noch gültig ist, kann in naher Zukunft schon unrecht sein und dem Gemeingebrauchsprinzip widerstreiten. Weil aber die privaten Eigentumsverhältnisse durch die geschichtliche Entwicklung überholt werden können und sich dann als gemeinschaftsgefährdend und rechtswidrig erweisen, deshalb wehrt das Gemeingebrauchsprinzip der Verabsolutierung einer statisch und positivistisch mißverstandenen Rechtsordnung, der Heiligsprechung und Verewigung sogenannter „wohlerworbener Eigentumsrechte", unabhängig davon, auf welche Weise sie zustande gekommen sind. Gemeinwohlwidriges Privateigentum verstößt gegen das Naturrecht und ist rechtlich nicht begründbar. In diesem Falle verlangt das gleiche Naturrecht, in dem die Institution des Privateigentums begründet ist, die Beseitigung einer dem Gemeinwohl entgegenstehenden Eigentumsverteilung und, notfalls mit Hilfe des Staates als des Letztverantwortlichen für das Gemeinwohl, eine Neuabgrenzung der individuellen Eigentumsrechte: „Indem die Staatsgewalt das Privateigentum auf die Erfordernisse des Gemeinwohls abstimmt, erweist sie den Eigentümern keine Feindseligkeit, sondern einen Freundschaftsdienst; denn sie verhütet auf diese Weise, daß die Einrichtung des Privateigentums, vom Schöpfer in weiser Vorsehung zur Erleichterung des menschlichen Lebens bestimmt, zu unerträglichen Unzuträglichkeiten führt und so sich selbst ihr Grab gräbt. Das heißt nicht das Privateigentum aufheben, sondern es schirmen; das ist keine Aushöhlung des Eigentums, sondern seine innere Festigung" (Q. a., n. 49).

Damit ist schon das Problem der Eigentumspolitik ins Blickfeld getreten. Ihre Aufgabe besteht darin, die konkreten individuellen Eigentumsrechte entsprechend den historischen Wandlungen der gesellschaftlichen Situation mit dem Gemeingebrauchsprinzip in Einklang zu bringen. Das kann grundsätzlich auf zweierlei Weise geschehen: innerhalb der Privatrechtssphäre mit Hilfe individueller Eigentumsverfügung oder, falls die private Initiative versagt, auf dem Wege über die öffentliche Gewalt, insbesondere mit Hilfe des Staates als des obersten Verwalters des Gemeinwohls.

Die gegenwärtig im Brennpunkt der eigentumspolitischen Diskussion stehenden Wege der Neugestaltung von Eigentumsrechten sind die Idee der Mitbestimmung und die der Vermögensbildung der Arbeitnehmer. Daneben stehen dem Staat als Mittel der Eigentumspolitik zur Verfügung: öffentliche Kontrolle, Steuerpolitik, Lastenausgleich, Bodenreform. Das äußerste Mittel staatlicher Eigentumspolitik ist die Sozialisierung, die Umwandlung privaten in öffentlich-rechtliches Eigentum, die dann in Betracht kommt, wenn die mit „bestimmten Arten von Gütern ... verknüpfte übergroße Macht ohne Gefährdung des Gemeinwohls Privathänden nicht überantwortet bleiben kann" (Q. a., n. 114).

In allen eigentumspolitischen Maßnahmen untersteht der Staat aber den Anforderungen des Subsidiaritätsprinzips, welches ihm gebietet, nur da einzugreifen, wo die Privatsphäre versagt, und nur das Mittel anzuwenden, welches ausreicht, um einem Mißstand abzuhelfen. Stehen mehrere Wege für eine durch das Gemeinwohl gebotene Neuordnung der Eigentumsrechte zur Verfügung, dann sind die Mittel der „leichten Hand" denen der „schweren Hand" vorziehen. Es ist also zu prüfen, welcher Weg unter den relativ geringsten Störungen und Reibungsverlusten für die Wirtschafts- und Gesellschaftsordnung zum Ziele führt.

Wie man sich auch im Einzelfall entscheiden mag, die Notwendigkeit eigentumspolitischer, vor allem auf eine breitere Streuung des Produktionsvermögens gerichteter Maßnahmen läßt sich nicht abweisen, wenn man den Kollektivierungstendenzen der Zeit Einhalt gebieten und die für die Erhaltung der Freiheit und Würde des Menschen unverzichtbare Institution des Privateigentums nicht gefährden will.

SACHREGISTER

LITERATUR

Ernst *Abbe,* Sozialpolitische Schriften. Jena 1906, 2. Aufl. 1921.

Hans *Achinger,* Soziale Sicherheit. Eine historisch-soziologische Untersuchung neuer Hilfsmethoden. Stuttgart 1953.
Sozialpolitik als Gesellschaftspolitik. Von der Arbeiterfrage zum Wohlfahrtsstaat. Hamburg 1958.

Walter *Adams,* Horace M. *Gray,* Monopoly in America. The Government as Promotor. New York 1955.

Paul *Adenauer,* Zur sozialethischen Bewertung eines gesetzlichen Investivlohns. In: Jahrbuch des Instituts für Christliche Sozialwissenschaften der Westfälischen Wilhelms-Universität Münster, 3. Bd. 1962, S. 311-330.

Georg *Adler,* Geschichte des Sozialismus und Kommunismus von Plato bis zur Gegenwart. Leipzig 1899.

Santiago *Alberone,* Elementos de Sociologia Cristiana. Santiago de Chile 1952.

Willi *Albers,* Sparen und Investieren als Bestimmungsgründe des Wachstums und der Verteilung des Sozialprodukts. In: Weltwirtschaftliches Archiv, 81. Bd. 1958.

Gerhard *Albrecht,* Vom Klassenkampf zum sozialen Frieden. Jena 1932.
Sozialpolitik. Göttingen 1955.

Johann Christoph *Allmayer-Beck,* Vogelsang. Vom Feudalismus zur Volksbewegung. Wien 1952.

Luis *Almarcha,* Ideas sociales. Leon 1951.

Paul *Althaus,* Religiöser Sozialismus. Gütersloh 1921.
Grundriß der Ethik. Gütersloh 1931, 2. Aufl. 1953.
Theologie der Ordnungen. Gütersloh 1934, 2. Aufl. 1935.

Oscar Louis *Altmann,* Saving, Investment and National Income. Investigation of Concentration of Economic Power. Washington 1941.

Clemens-August *Andreae,* Anmerkungen zum Thema „Eigentum und Eigentumspolitik". In: Eigentum und Eigentümer in unserer Gesellschaftsordnung (Veröffentlichungen der Walter-Raymond-Stiftung, Bd. 1). Köln, Opladen 1960, S. 234-239.
Finanzielle Stabilität als Richtschnur der Finanzpolitik (mit einem Geleitwort von G. Schmölders). Frankfurt 1955.
Finanzmonopol. In: Staatslexikon, 6. Aufl. 3. Bd. 1959, Sp. 306-309.
Finanzpolitik. In: Staatslexikon, a. a. O., Sp. 309-313.
Soziale Eigentumsbildung. In: Zeitschrift für Ganzheitsforschung, 5. Jg. 1961, S. 157-166. »

Clemens-August *Andreae,* Günter *Rinsche,* Mittelstandspolitik als Aufgabe. In: Die neue Ordnung, 16. Jg. 1962, S. 34-45.

Clemens-August *Andreae,* Hellmuth Stefan *Seidenfus,* Mittelständische Industrie und Kartellfrage. In: Der industrielle Mittelstand in der Wettbewerbsordnung (FIW-Schriftenreihe. Forschungsinstitut für Wirtschaftsverfassung und Wettbewerb, Köln. Heft 2). Köln, Berlin, Bonn, München 1962, S. 9-75.

Wilhelm *Andreae,* Der sogenannte Kommunismus in Platos Staat. In: Schmollers Jahrbuch für Gesetzgebung, Verwaltung und Volkswirtschaft, 49. Jg. 1925.
Grundlegung einer neuen Staatswirtschaftslehre. Jena 1930.
Der staatssozialistische Ideenkreis. In: Archiv für Rechts- und Wirtschaftsphilosophie, 24. Bd. 1930.
Staatssozialismus und Ständestaat. Ihre grundlegenden Ideologien und die jüngste Wirklichkeit in Rußland und Italien. Jena 1931.
Kapitalismus, Bolschewismus, Faschismus. Jena 1933.
Die Kartelle als Ordnungsfaktor. In: Finanzarchiv, 13. Bd. 1952.
Das Mitbestimmungsrecht und die berufsständische Ordnung der Wirtschaft. In: Wirtschaftsdienst, 32. Jg. 1952.
Wirtschaftsdemokratie und Grundgesetz. In: Neues Abendland, 7. Jg. 1952.
Liberale Widersprüche. In: Neues Abendland, 8. Jg. 1953.
Freiheit und Gerechtigkeit in der Wirtschaft. In: Neues Abendland, 8. Jg. 1953.
Wettbewerb und Wirtschaftsordnung. In: Wirtschaft und Wettbewerb, 3. Jg. 1953.
Syndikaler Totalismus. In: Die neue Ordnung, 7. Jg. 1953.
Zur Weiterentwicklung unserer Sozialordnung. In: Wirtschaftsdienst, 34. Jg. 1954.
Vom Geiste der Ordnung in Gesellschaft und Wirtschaft (Festschrift zum 70. Geburtstag, hrsgg. von W. Heinrich, H. Riehl, A. Tautscher). Stuttgart 1959.
Charles *Antoine,* Cours d'économie sociale. 6. éd. Paris 1921.
Gino *Arias,* La filosofia tomistica e l'economia politica. Milano 1934.
Helmut *Arndt* (Hrsg.), Die Konzentration in der Wirtschaft (Schriften des Vereins für Socialpolitik, N. F. Bd. 20, I-III). Berlin 1960.
Franz Xaver *Arnold,* Zur christlichen Lösung der sozialen Frage. 2. Aufl. Stuttgart 1949.
Das Mitbestimmungsrecht im Lichte christlicher Soziallehre. Stuttgart 1951.
Karl *Arnold,* Miteigentum. In: Michael, Nr. 10 vom 10. 3. 1953.
George C. *Atteberry,* John L. *Auble,* Elgin F. *Hunt,* Introduction to Social Science. A Survey of Social Problems. New York 1946.
Siegfried *Aufhäuser,* Produktionsmittelmonopol oder Miteigentum? In: Gewerkschaftliche Monatshefte, 5. Jg. 1954, S. 208-210.
Clarence E. *Ayres,* The Divine Right of Capital. Boston 1946.
Joaquín *Azpiazu,* Fundamentos de sociología económico-cristiana. Madrid 1949.
Herbert *Bachmann,* Kapitalbeteiligung der Arbeitnehmer. In: Gewerkschaftliche Monatshefte, 4. Jg. 1953, S. 208-215.
Louis *Bagi,* La garantie constitutionelle de la propriété. Doctrine et jurisprudence. Lausanne 1956.
Kurt *Ballerstedt,* Der Begriff des Gemeineigentums im Sinne des Art. 40, S. 1 der Hessischen Verfassung vom 1. 12. 1946. Wetzlar 1952.
Eigentum und Mitbestimmung. In: Macht oder Ohnmacht des Eigentums (Siebtes Europäisches Gespräch Recklinghausen 1958). Köln-Deutz 1959, S. 183-202.
Mariano *Baptista,* La cuestion social. La Paz 1932.
Jack *Barbash,* The Practice of Unionism. New York 1956.
Ernest *Barker,* Principles of Social and Political Theory. Oxford 1951.
Egon *Barocka,* Investment-Sparen und Investment-Gesellschaften. Eine volkswirtschaftliche und rechtspolitische Betrachtung. Stuttgart 1956.
Clemens *Bauer,* Wandlung der sozialpolitischen Ideenwelt im deutschen Katholizismus des 19. Jahrhunderts. In: Die Soziale Frage und der Katholizismus. Festschrift zum vierzigjährigen Jubiläum der Enzyklika Rerum novarum. Paderborn 1931, S. 11-46.

Otto *Bauer,* Der Weg zum Sozialismus. Berlin 1919.
Kapitalismus und Sozialismus nach dem Weltkrieg. Wien 1931.

Hans *Bayer,* Gewinnbeteiligung. Internationale Erfahrungen. Wirtschaftstheoretische Untersuchungen. Wirtschaftspolitische Erkenntnisse. Wien 1952.
Sozialisierung und Planwirtschaft. Wien 1947.

August *Bebel,* Die Frau und der Sozialismus. Zürich 1879, 50. Aufl. Stuttgart 1910.

Paul *Becher,* Katholisches Siedlungswesen. In: Die neue Ordnung, 15. Jg. 1961, S. 215-220.
Katholische und evangelische Stimmen zur Eigentumspolitik. In: Die neue Ordnung, 16. Jg. 1962, S. 286-290.

Karl *Bednarik,* An der Konsumfront. Zwischenbilanz des modernen Lebens. Stuttgart 1957.

Albéric *Belliot,* Manuel de Sociologie Catholique. Histoire, Théorie, Pratique. Paris 1927.

Hilaire *Belloc,* An Essay on the Restoration of Property. London 1946; dt.: Die Wiederherstellung des Eigentums. Olten 1948.

Georg von *Below,* Agrargeschichte. In: Handwörterbuch der Staatswissenschaften, 4. Aufl. 1. Bd. 1923, S. 48-62.

Ralph *Bendix,* Work and Authority in Industry. New York, London 1956.

Galina *Berkenkopf,* Das Eigentum in Ideologie und Wirklichkeit der Sowjet-Union. In: Die neue Ordnung, 16. Jg. 1962, S. 278-285.

Adolf A. *Berle,* Gardener C. *Means,* The Modern Corporation and Private Property. New York 1933, 5. ed. 1937.

Jessie *Bernard,* The Validation of Normative Social Theory. In: The Journal of Philosophie, t. 47, 1950, p. 481-493.

Eduard *Bernstein,* Die Voraussetzungen des Sozialismus und die Aufgaben der Sozialdemokratie. Stuttgart 1899, 3. Aufl. 1921.
Der Revisionismus in der Sozialdemokratie. Amsterdam 1909.
Sozialismus einst und jetzt. Streitfragen des Sozialismus in Vergangenheit und Gegenwart. 2. Aufl. Berlin 1923.

Hans *Besters,* Zur Frage des Arbeitermiteigentums, In: Ordo Socialis, 3. Jg. 1955, S. 26-30.

Werner *Betcke,* Luthers Sozialethik. Gütersloh 1934.

André *Biéler,* La Pensée économique et sociale de Calvin. Genève 1959.

Pierre *Bigo,* L'entreprise. Etapes d'un progrès doctrinal. In: Revue de l'Action Populaire, n. 159, 1962, p. 644-656.

Klaus von *Bismarck,* Das Eigentum hat sozialen Charakter. Evangelische Vorstellungen zur Eigentumsbildung. In: Eigentum und Eigentümer in unserer Gesellschaftsordnung (Veröffentlichungen der Walter-Raymond-Stiftung, Bd. 1). Köln, Opladen 1960, S. 94-106.

Jules *Blanc,* Les précurseurs du socialisme moderne. De Platon à Karl Marx. Valences sur Rhônes 1934.

Louis *Blanc,* Organisation du travail. Paris 1839, 9. éd. 1850; dt: Organisation der Arbeit. Berlin 1899.
Le socialisme. Droit au travail. Réponse à A. Thiers. Brüssel 1848, 3. éd. Paris 1849; dt.: Louis Blanc und Thiers über die soziale Frage. Breslau 1849.
Questions d'aujourd'hui et de demain. 5 vol. Paris 1873/84.

Paul *Blanshard,* Communism, Democracy and Catholic Power. London 1952.

Emil *Blaser,* Der soziale Gehalt der Predigt Calvins (Mitteilungen der Sozialen Studienkommission des Schweizerischen Reformierten Pfarrervereins Nr. 67-68). Bern-Bümpliz 1944.

Werner M. *Blumenthal,* Codetermination in the German Steel Industry. Princeton (N. J.) 1956.

Hans *Böckler,* Die Aufgaben der deutschen Gewerkschaften in Wirtschaft, Staat und Gesellschaft. Düsseldorf 1949.

Emory S. *Bogardus,* The Development of Social Thought. 2. ed. New York, London, Toronto 1947.

Josef *Bohatec,* Calvin und das Recht. Graz 1934.

Anton *Böhm,* Eigenheim als Hort der Freiheit. In: Die neue Ordnung, 12. Jg. 1958, S. 365-370.

Lebensstandard - wozu? Osnabrück 1961.

Franz *Böhm,* Das wirtschaftliche Mitbestimmungsrecht der Arbeiter im Betrieb. In: Ordo, 4. Bd. 1951, S. 21-250.

Grundsatzfragen der Wirtschaftsordnung. Berlin 1954.

Karl Viktor *Böhmert,* Die Gewinnbeteiligung. 2 Bde. Leipzig 1878.

Hans *Bolza,* Kritisches zur Frage des Miteigentums. In: Der Arbeitgeber, 9. Jg. 1957, S. 774-778.

Theodor *Borch,* Die Beurteilung des Eigentums im deutschen Protestantismus seit 1848. Gütersloh 1930.

Karl *Bornhäuser,* Der Christ und seine Habe nach dem Alten Testament. Gütersloh 1936.

Hubert *Bourgin,* Le socialisme et la concentration industrielle. Paris 1910.

Maurice *Bourguin,* Les systèmes socialistes et l'évolution économique. Paris 1904; dt.: Die sozialistischen Systeme und die wirtschaftliche Entwicklung. Tübingen 1906.

Robert A. *Brady,* Business as a System of Power. New York 1934.

Theodor *Brauer,* Die moderne Gewerkschaftsbewegung. Duisburg 1922.

Sozialpolitik und Sozialreform. Jena 1931.

Der moderne deutsche Sozialismus. Freiburg 1929.

Heinz *Brauweiler,* Gibt es ein Recht auf Eigentum? Eine Antwort vom Standpunkt des christlichen Naturrechts - zugleich ein Beitrag zur Frage der Mitbestimmung. Köln 1951.

Lujo *Brentano,* Zur Genealogie der Angriffe auf das Eigentum. In: Archiv für Sozialwissenschaft und Sozialpolitik, 19. Bd. 1904, S. 251-271.

Die wirtschaftlichen Lehren des christlichen Altertums (Sitzungsbericht der philosophisch-philologischen Klasse der königlich-bayerischen Akademie der Wissenschaften, 1902). München 1903.

Die Arbeitergilden der Gegenwart. 2 Bde. Leipzig 1871/72, Neudruck 1900.

Goetz *Briefs,* Die wirtschafts- und sozialpolitischen Ideen des Katholizismus. In: Die Wirtschaftswissenschaften nach dem Kriege (Festschrift für Lujo Brentano). München 1925.

Betriebssoziologie. In: Handwörterbuch der Soziologie. Stuttgart 1931, S. 31-52.

Zwischen Kapitalismus und Syndikalismus. Die Gewerkschaften am Scheideweg. Bern, München 1952.

Das Gewerkschaftsproblem gestern und heute. Frankfurt 1955.

Carl *Brinkmann,* Wirtschafts- und Sozialgeschichte. 2. Aufl. Göttingen 1953.

Klemens *Brockmöller,* Christentum am Morgen des Atomzeitalters. Frankfurt 1954, 5. Aufl. 1955.

Robert S. *Brooking,* Industrial Ownership. Its Economic and Social Significance. New York 1925.

Baker *Brownell,* The Human Community. Its Philosophie and Practice for a Time of Crisis. New York 1950.

Eberhard Friedrich *Bruck,* Kirchenväter und soziales Erbrecht. Wanderungen religiöser Ideen durch die Rechte der östlichen und westlichen Welt. Berlin, Göttingen, Heidelberg 1956.

Martín *Brugarola,* La cooperición y las ideologias. In: Razón y Fe, t. 163, 1961, p. 9-24.

August *Brunner,* Besitz. In: Stimmen der Zeit, 146. Bd. 1950, S. 90-99.

Emil *Brunner,* Das Gebot und die Ordnungen. Entwurf einer protestantisch-theologischen Ethik. Tübingen 1932.
Der Mensch im Widerspruch. Berlin 1932.
Gerechtigkeit. Eine Lehre von den Grundsätzen der Gesellschaftsordnung. Zürich 1943.
Kommunismus, Kapitalismus und Christentum. Zürich 1948.

Friedrich *Brunstäd,* Das Eigentum und seine Ordnung. (1930). In: Gesammelte Aufsätze und kleinere Schriften. Berlin 1957.

Martin *Buber,* Pfade in Utopia. Heidelberg 1950.

Karl *Bücher,* Allmende. In: Handwörterbuch der Staatswissenschaften, 4. Aufl. 1. Bd. 1923, S. 242-251.
Die Sozialisierung. Tübingen 1919.

Hermann *Bückers,* Die biblische Lehre vom Eigentum. Bonn 1947.

Hans Harro *Bühler,* Familienpolitik als Einkommens- und Eigentumspolitik. Berlin 1961.

Ottmar *Bühler,* Steuerrecht. Wiesbaden 1951.

Fritz *Burgbacher,* Die bisherigen Ergebnisse der Eigentumspolitik. In: Die neue Ordnung, 15. Jg. 1961, S. 22-27.

Anton *Burghardt,* Eigentumsethik und Eigentumsrevisionismus. Vom Abfindungslohn zum Miteigentum. München 1955.

James *Burnham,* The Managerial Revolution. New York 1941; dt.: Das Regime der Manager. Stuttgart 1948.

Joseph W. *Burns,* A Study of the Antitrust Laws. New York 1958.

Emile *Callot,* La société et son environnement. Paris 1952.

Thomas *Carlyle,* Sozialpolitische Schriften. 3 Bde. Göttingen 1895/99.

Leopold *Caro,* Kapitalismus und Solidarismus. Wien, Amsterdam, Leipzig 1937.

Theodor *Cassau,* Die sozialistische Ideenwelt vor und nach dem Krieg. In: Die Wirtschaftswissenschaft nach dem Krieg. Festgabe für Lujo Brentano zum 80. Geburtstag. 2 Bände. München und Leipzig 1925. 1. Bd., S. 127-152.
Die Gewerkschaftsbewegung. Ihre Soziologie und ihr Kampf. Halberstadt 1925.

Siegfried C. *Cassier,* Der Streit um das Miteigentum der Arbeitnehmer. Frankfurt/M. 1960.

Victor *Cathrein,* Moralphilosophie. 2 Bde. Freiburg 1890/91, 6. Aufl. Leipzig 1924.
Das Privatgrundeigentum und seine Gegner. Freiburg 1892, 4. Aufl. 1909.
Der Sozialismus. Freiburg 1890, 16. Aufl. 1923.

Ferdinand *Cavallera,* Précis de la doctrine sociale catholique. Paris 1931.

Edward H. *Chamberlin* (ed.), Monopoly and Competition and their Regulation. London 1954.

Frederico *Chessa,* La concentrazione delle industrie e la guerra delle nazioni. Roma 1920.

Olivier *Chouteau,* Programme du socialisme catholique. Dôle 1894.

John Maurice *Clark,* Social Control of Business. 2. ed. New York, London 1939.

Marcel *Clément,* Introduction à la doctrine sociale catholique. Paris 1951.

Code social (éd. par l'Union internationale d'études sociales). Paris 1927, 3. éd. 1948; dt.: Sozialer Katechismus. Aufriß einer katholischen Gesellschaftslehre (nach der dritten Bearbeitung übersetzt und mit einer Einleitung versehen von O. v. Nell-Breuning). Augsburg 1949.

Franz *Coester,* Miteigentum und Vermögensbildung der Arbeitnehmer in der Marktwirtschaft (Heft 8 der Untersuchungen des Instituts für Wirtschaftspolitik an der Universität zu Köln). Köln 1954.

Arbeitnehmer und Sparaufkommen. In: Politisch-Soziale Korrespondenz, 7. Jg. 1958, S. 8-11.

Vorschläge zur Vermögensbildung der Arbeitnehmer. In: Ordo Socialis, 6. Jg. 1958/59, S. 139-151.

Stand und Weg sozialer Eigentumspolitik. In: Politisch-Soziale Korrespondenz, 11. Jg. 1962, S. 12-15.

Soziale Eigentumspolitik nach 10jähriger Diskussion. In: Politisch-Soziale Korrespondenz, 12. Jg. 1963, Nr. 6, S. 38-42.

Francis W. *Coker,* Democracy, Liberty and Property. Readings in the American Political Tradition. New York 1947.

George Douglas Howard *Cole,* The World of Labour. London 1913.

Chaos and Order in Industry. London 1920.

Guild Socialism, a Plan for Economic Democracy. New York 1921.

The Intelligent Man's Guide trough World Chaos. London 1932.

Modern Theories and Forms of Industrial Organization. London 1932.

Fabian Socialism. London 1943.

Studies in Class Structure. London 1955.

John R. *Commens,* Legal Foundations of Capitalism. New York 1924.

Lewis *Corey,* The Crisis of the Middle Class. New York 1935.

Edouard *Crahay,* La Politique de St. Thomas d'Aquin. Louvain 1896.

Romeo *Crippa,* Osservazioni sulla struttura della società. In: Giornale di Metafisica, t. 7, 1952, p. 338-342.

Léon *Cristiani,* Luther et la question sociale. La pensée et l'œuvre sociale du christianisme. Paris 1912.

A. M. *Crofts,* Catholic Social Action. Principles, Propose and Practice. London 1936.

John Francis *Cronin,* Catholic Social Principles. The Social Teaching of the Catholic Church applied to American Economic Life. Milwaukee 1950.

Mitbestimmung im Streit der Meinungen. Bad Nauheim 1953.

Horst *Dahlhaus,* Mut zu einer breiten Streuung des Eigentums. In: Sozialer Fortschritt, 11. Jg. 1962, S. 146—149.

Ralf *Dahrendorf,* Soziale Klassen und Klassenkonflikt in der industriellen Gesellschaft. Stuttgart 1957.

Hugh *Dalton,* Some Aspects of the Inequality of Incomes in Modern Communities. London, New York 1920.

Friedrich *Darmstaedter,* Der Eigentumsbegriff des BGB. In: Archiv für civilistische Praxis, 151. Bd. 1951, S. 311 ff.

Eduard *David,* Sozialismus und Landwirtschaft. Berlin 1903, 2. Aufl. 1920.

Jakob *David,* Mitbestimmung und soziale Mündigkeit. In: Frankfurter Hefte, 5. Jg. 1950, S. 483-491.

Persönliche Sicherheit und die Bändigung wirtschaftlicher Macht. In: Mitbestimmung und Miteigentum in Europa. Freiburg 1960, S. 162-172.

Marcel *David,* La participation des travailleurs à la gestion des entreprises privées dans les principaux pays d'Europe occidentale. Paris 1954.
Jerome *Davis,* Capitalism and its Culture. New York 1935.
Otto *Debatin,* Gewinnbeteiligung der Arbeitnehmer. Stuttgart 1951.
Umstrittene Miteigentumsfragen. Stuttgart 1956.
Hans *Deckers,* Betrieblicher oder überbetrieblicher Tarifvertrag? Die unterschiedlichen räumlichen Geltungsbereiche der Tarifverträge und ihre wirtschafts- und gesellschaftspolitische Beurteilung, dargestellt im Vergleich Deutschland - USA. Münster 1960.
Joseph T. *Delos,* La théorie de l'institution. In: Archives de philosophie du droit et de sociologie juridique, t. I, 1931, p. 97 ff.
Simon *Deploige,* La théorie tomiste de la propriété. In: Revue néoscolastique de philosophie, t. II, 1895, p. 61-82, 163-175, 286-301.
Franz *Deus,* 70 Jahre Enzyklika Rerum novarum. In: Gewerkschaftliche Monatshefte, 12. Jg. 1961, S. 397-401.
Zur *Deutung* der Papstworte. In: Herder-Korrespondenz, 4. Jg. 1949/50, S. 503-505.
Edward T. *Devine,* Progressive Social Action. New York 1933.
Otto *Dibelius,* Die Bedeutung des Eigentumsgedankens. In: Gesellschaftspolitische Kommentare, 5. Jg. 1958, S. 287-290, 302-304.
Ernest *Dichter,* The Strategie of Desire. New York 1961; dt.: Strategie im Reich der Wünsche. Düsseldorf 1961.
H. D. *Dickinson,* Economics of Socialism. Oxford 1939.
J. *Didiot,* S. Thomas, est-il socialiste? Paris 1900.
Karl *Diehl,* Über Sozialismus, Kommunismus und Anarchismus. Jena 1906, 5. Aufl. 1923.
Karl *Diehl,* Paul *Mombert* (Hrsg.), Das Eigentum (Ausgewählte Lesestücke zum Studium der politischen Ökonomie, 17. Bd.). Jena 1924.
Hans *Diester,* Enteignung und Entschädigung nach altem und neuem Recht. Köln 1953.
Bruno *Dietrichs,* Probleme der Eigentumsbildung in Arbeiterhand. In: Die Kirche in der Welt, 11. Jg. 1960, S. 233-238.
Rolf *Dietz,* Betriebsverfassungsgesetz mit Wahlordnung. Kommentar. München, Berlin 1953.
Das wirtschaftliche Mitbestimmungsrecht, insbesondere seine Auswirkungen in den Aufsichtsräten der Handelsgesellschaften. Karlsruhe 1958.
Gérard *Dion,* Property and Authority in Business Enterprise. In: Relations industrielles, t. 16, 1961, p. 30-52.
Rupprecht *Dittmar,* Miteigentum. Eine Betrachtung zum Thema Lohngerechtigkeit und Unternehmungsertrag. Hamburg (o. J.).
Zur Realisierung des Miteigentums. In: Sozialer Fortschritt, 2. Jg. 1953.
Ein Gesetzesvorschlag über „Das Miteigentum von Arbeitnehmern". Königswinter (Rh.) 1957.
Maurice H. *Dobb,* Studies in the Development of Capitalisme. London 1946.
Josef *Dobretsberger,* Wirtschaftsdemokratie. In: Staatslexikon, 5. Aufl., 5. Bd. 1932, Sp. 1355-1358.
Katholische Sozialpolitik am Scheidewege. Graz, Wien 1947.
Paul-Dominique *Dognin,* Das Eigentum und die modernen Wirtschaftsstrukturen nach der Lehre des hl. Thomas von Aquin. In: Die neue Ordnung, 15. Jg. 1961, S. 321-327, 422-430.
Edouard *Dolléans,* Le caractère religieux du socialisme. Paris 1906.
Hans *Dombois,* Mensch und Sache. Zum Problem des Miteigentums. In: Zeitschrift für die gesamte Staatswissenschaft, 110. Bd. 1954, S. 239 ff.
Francis S. *Doody,* Readings in Labour Economics. Cambridge (Mass.) 1950.

Wolfgang *Drechsler,* Volkskapitalismus. Gedanken über eine zeitgemäße Gesellschaftsordnung. Baden-Baden, Frankfurt 1957.

Peter F. *Drucker,* The New Society. New York 1950; dt.: Gesellschaft am Fließband. Frankfurt/M. 1950, 2. Aufl. 1952.

The Concept of the Corporation. New York 1946.

Big Business. A Study of the Political Problems of American Capitalism. London, Toronto 1947.

Practice of Management. New York 1954; dt.: Praxis des Managements. Düsseldorf 1956.

Léon *Duguit,* Le droit social, le droit individuel et la transformation de l'état. Paris 1908. 3. éd. 1922.

Les transformations générales du droit public. Paris 1913.

Günter *Dürig,* Das Eigentum als Menschenrecht. In: Zeitschrift für die gesamte Staatswissenschaft, 109. Bd. 1953, S. 326-350.

Verfassung und Verwaltung im Wohlfahrtsstaat. In: Juristenzeitung, 8. Jg. 1953, S. 193-199.

Zurück zum klassischen Enteignungsbegriff. In: Juristenzeitung, 9. Jg. 1954, S. 4 ff.

Grundfragen des öffentlich-rechtlichen Entschädigungssystems. In: Juristenzeitung, 10. Jg. 1955, S. 521 ff.

Andreas *Eberharter,* Die soziale und politische Wirksamkeit der alttestamentlichen Propheten. Salzburg 1924.

C. D. *Edwards,* The Structure of American Industry. Some Case Studies. New York 1950.

D. D. *Egbert,* St. *Persons* (ed.), Socialism and American Life. 2 vol. Princeton 1952.

Gustav *Egli,* Probleme der Erfolgsbeteiligung. St. Gallen 1956.

Nikolaus *Ehlen,* Das familiengerechte Heim. Idee und Verwirklichung. Recklinghausen 1950.

Das familiengerechte Heim. In: Eigentum in Arbeiterhand (hrsgg. vom Sozialreferat der Abendländischen Akademie). München 1954, S. 177-198.

Heinrich Josef *Ehlert,* Evangelisch-katholische Gemeinsamkeit in der Eigentumsfrage. In: Gesellschaftspolitische Kommentare, 9. Jg. 1962, S. 245-248.

W. *Ehrenforth,* Die Enteignungsentschädigung nach Artikel 14 des Bonner Grundgesetzes. In: Deutsches Verwaltungsblatt, N. F., 1. Jg. 1950, S. 266 ff.

Eugène *Ehrhardt,* La notion du droit naturel chez Luther (Etudes de Théologie et d'Histoire publiées par M. M. les Professeurs de la Faculté de Théologie protestante de Paris). Paris 1911.

Hermann *Eichler,* Wandlungen des Eigentumsbegriffs in der deutschen Rechtsauffassung und Gesetzgebung. Weimar 1938.

Die Idee des Miteigentums. Nürnberg 1960.

Institutionen des Sachenrechts. 2 Bde. Berlin 1954/57.

Walter *Eichrodt,* Der Mensch und die irdischen Güter. In: Die Autorität der Bibel heute (hrsgg. von A. Richardson und W. Schweitzer). Zürich, Frankfurt 1951, S. 297-316.

Eigentum in Arbeiterhand (hrsgg. von der Abendländischen Akademie). München 1954.

Eigentum in der industrialisierten Gesellschaft (hrsgg. vom Ständigen Ausschuß für Selbsthilfe anläßlich des Dritten Deutschen Selbsthilfetages 1958). Göttingen 1958.

Eigentum und Eigentümer in unserer Gesellschaftsordnung (Veröffentlichungen der Walter-Raymond-Stiftung, Bd. 1). Köln, Opladen 1960.

Eigentum und Gesellschaft (Beiträge für eine zeitgemäße Eigentumsordnung von M. Reding, F. A. Westphalen, A. Tautscher, H. Riehl). Graz 1956.

Das *Eigentum* als Problem evangelischer Sozialethik (Heft 2 der Schriftenreihe: Kirche im Volk, hrsgg. von der Leitung der Evangelischen Kirche im Rheinland). Essen 1949.

Eigentumsbildung und Einkommen in Westdeutschland. In: Herder-Korrespondenz, 10. Jg. 1955/56, S. 382-386.
Eigentumsbildung in sozialer Verantwortung. Eine Denkschrift zur Eigentumsfrage in der Bundesrepublik Deutschland. Veröffentlicht vom Rat der Evangelischen Kirche in Deutschland am 6. April **1962**.
Eigentumsbildung heute in evangelischer Sicht. In: Herder-Korrespondenz, 16. Jg. 1961/62, S. 402-404.
Luigi *Einaudi,* Lezioni di politica sociale. Turin 1950.
Otto *Eissfeldt,* Erstlinge und Zehnte im Alten Testament. Leipzig 1917.
Werner *Elert,* Das christliche Ethos. Grundlinien einer lutherischen Ethik. Tübingen 1949.
Richard Theodore *Ely,* French and German Socialism. London 1883.
Property and Contract in their Relations to the Distribution of Wealth. New York, London 1914.
Friedrich *Engels,* Der Ursprung der Familie, des Privateigentums und des Staates. Hottingen-Zürich 1884, Neudruck Berlin 1955.
Ludwig *Enneccerus,* Theodor *Kipp,* Martin *Wolff,* Lehrbuch des Bürgerlichen Rechts. 3. Bd.: Sachenrecht. 10. Bearbeitung von Martin Wolff und Ludwig Raiser. Tübingen 1957.
Die *Entwicklung* der Diskussion um das Mitbestimmungsrecht seit dem Bochumer Katholikentag. In: Herder-Korrespondenz, 4. Jg. 1949/50, S. 459-464.
Ernst-Gebhard *Erdmann,* Das Recht der Arbeitnehmer auf Beteiligung an der Verwaltung der Betriebe der gewerblichen Wirtschaft. Ein internationaler Rechtsvergleich. Köln 1952.
Gerhard *Erdmann,* Das Betriebsverfassungsgesetz vom 11. Oktober 1952. Erläutert für die Betriebspraxis. Neuwied 1952, 2. Aufl. 1954.
Ephraim Edward *Ericksen,* Social Ethics. An Introduction to Moral Problems. Garden City 1937.
Gustav *Ermecke,* Staatliche Enteignungsmaßnahmen im Lichte des christlichen Naturrechts. In: Theologie und Glaube, 39. Jg. 1949, S. 217-232.
Moraltheologische *Erörterungen* des Mitbestimmungsrechts. In: Herder-Korrespondenz, 7. Jg. 1952/53, S. 255-257.
Walter *Eucken,* Grundlagen der Nationalökonomie. Jena 1940, 7. Aufl. Berlin, Göttingen, Heidelberg 1959.
Die soziale Frage. In: Synopsis (Festschrift für Alfred Weber). Heidelberg 1948, S. 113-131.
Das ordnungspolitische Problem. In: Ordo, 1. Bd. 1948, S. 56-90.
Die Wettbewerbsordnung und ihre Verwirklichung. In: Ordo, 2. Bd. 1949, S. 1-99.
Technik, Konzentration und Ordnung der Wirtschaft. In: Ordo, 3. Bd. 1950, S. 3-17.
Grundsätze der Wirtschaftspolitik (hrsgg. von Edith Eucken und Paul Hensel). Tübingen, Zürich 1952, 2. Aufl. 1955.
Wettbewerb, Monopol und Unternehmer (hrsgg. von Edith Eucken). Bad Nauheim **1953**.
Franz *Eulenburg,* Arten und Stufen der Sozialisierung. Berlin 1921
Johannes *Even,* Unser Weg zur sozialen Neuordnung. Eigentumsbildung für den Arbeiter. Köln 1953.
R. *Everly,* I. M. D. *Little,* Concentration in British Industry. London 1960.
Gert v. *Eynern,* Die wirtschaftliche Macht. Berlin 1951.
Erwin *Fahlbusch,* Eigentum. In: Evangelisches Kirchenlexikon. Kirchlich-theologisches Handwörterbuch. 1. Bd. 1956, Sp. 1035-1043.
A. J. *Faidherbe,* La justice distributive. Paris 1934.

Amintore *Fanfani*, Cattolicesimo e protestantesimo nelle formazione storica del capitalismo. Milano 1934.

Konrad *Farner*, Christentum und Eigentum bis Thomas von Aquin. Bern 1947.

Georges *Fauquet*, Le problème de la concentration économique dans le mouvement coopératif. Bâle 1930.

L. *Felix*, Der Einfluß der Religion auf die Entwicklung des Eigentums. Leipzig 1889.

Jakob *Fellermeier*, Abriß der katholischen Soziallehre. Freiburg 1956.
Die katholische Eigentumsordnung. München 1954.
Eigentum (sozialwissenschaftlich). In: Lexikon für Theologie und Kirche, 2. Aufl. 3. Bd. 1959, Sp. 737-741.

Ephrem *Filthaut*, Deutsche Katholikentage 1848-1958 und soziale Frage. Essen 1960.

Curt E. *Fischer*, Die Unternehmenskonzentration als Gegenstand wirtschaftsordnender und gesellschaftsrechtlicher Gesetzgebung. Bonn 1960.

Guido *Fischer*, Allgemeine Betriebswirtschaftslehre. Stuttgart 1948.
Partnerschaft im Betrieb. Heidelberg 1955.

K. *Fitting*, W. *Kraegeloh*, Betriebsverfassungsgesetz. Handkommentar für die Praxis. Berlin, Frankfurt 1952.

Allan *Flanders*, Trade Unions. New York 1952.

Heinz *Fleckenstein*, Das Privateigentum in der christlichen Sozialethik. In: Eigentum in Arbeiterhand (hrsgg. vom Sozialreferat der Abendländischen Akademie). München 1954, S. 7-13.

Fritz *Fleiner*, Institutionen des deutschen Verwaltungsrechts. 8. Aufl. Tübingen 1928.

J. F. *Fletcher*, Christianity and Property. Philadelphia 1947.

Michael P. *Fogarty*, Catholic Action and the American Middle Class. In: The Dublin Review, vol. 231, 1957, p. 259-270.
Socialism in Europe. In: Commonweal, vol. 69, 1958, p. 307-309.

Carl *Föhl*, Über die Möglichkeit einer Beeinflussung der Vermögensbildung und ihrer Verteilung. In: Finanzarchiv, 19. Bd. 1958/59.
Die sozialökonomischen Auswirkungen einer Beteiligung der Arbeiterschaft an den Unternehmungen auf Grund allgemeiner Übung oder gesetzlicher Regelung. In: Macht oder Ohnmacht des Eigentums (Siebtes Europäisches Gespräch Recklinghausen 1958). Köln-Deutz 1959.

Joseph *Folliet*, De la bourgeoisie de possession à la bourgeoisie de situation. In: Chronique sociale de France. Revue mensuelle d'étude et d'action, t. 57, 1948, p. 29-38.

Erich *Foerster*, Sozialer Kapitalismus. Tübingen 1924.

Ernst *Forsthoff*, Lehrbuch des Verwaltungsrechts. 1. Bd.: Allgemeiner Teil. München, Berlin 1950, 7. Aufl. 1958.

Charles *Fourier*, Théorie des quatre mouvements. Lyon 1808, 2. éd. 1841.
Traité de l'association domestique et agricole. 2 vol. Besançon, Paris 1822, 2. éd. (unter dem Titel: Théorie de l'unité universelle. 4 vol. Besançon, Paris 1842/44).
Le nouveau monde industriel et sociétaire. Paris 1829, 2. éd. 1845.

Heinrich *Freese*, Die konstitutionelle Fabrik. Jena 1909, 4. Aufl. 1922.

Georges *Friedmann*, Problèmes humains du machinisme industriel. 2. éd. Paris 1947; dt.: Der Mensch in der mechanisierten Produktion. Köln 1952.
Où va le travail humain? 11. éd. Paris 1950; dt.: Zukunft der Arbeit. Perspektiven der industriellen Gesellschaft. Köln 1953.

Karlfried *Fröhlich*, Gottesreich, Welt und Kirche bei Calvin. München 1930.

Bruno A. *Fuchs*, Der Geist der bürgerlich-kapitalistischen Gesellschaft. München, Berlin 1914.

Franz Xaver *Funk,* Über die ökonomischen Anschauungen der mittelalterlichen Theologen. In: Zeitschrift für die gesamte Staatswissenschaft, 25. Bd. 1869, S. 125 ff.

Johann *Gabriel,* Die soziale Gesetzgebung im Alten Testament. In: Jahrbuch der Österreichischen Leo-Gesellschaft, 1930, S. 201-218.

John Kenneth *Galbraith,* The Affluent Society. Boston 1958; dt.: Gesellschaft im Überfluß. München, Zürich 1959.

American Capitalism. The Concept of Countervailing Power. Boston 1952, 2. ed. 1956; dt.: Der amerikanische Kapitalismus im Gleichgewicht der Wirtschaftskräfte. Stuttgart, Wien, Zürich 1956.

Hans *Galperin,* Kommentar zum Betriebsverfassungsgesetz. Heidelberg 1953.

L. *Garriguet,* Manuel de sociologie et d'économie sociale. Les principaux problèmes sociaux étudiés aux lumières de la théologie, du droit naturel et de l'histoire. Paris 1924.

Denis J. *Geaney,* Social Action in America. In: Commonweal, t. 66, 1957, p. 513-516.

Adolph *Geck,* Die sozialen Arbeitsverhältnisse im Wandel der Zeit. Berlin 1931.

Betriebliche Mitbestimmung der Arbeiter in geschichtlicher Entwicklung. In: Die Kirche in der Welt, 3. Bd. 1950, S. 299-306.

Eigentum als soziale Institution. In: Ordo Socialis, 3. Jg. 1955, S. 3-15.

Zur Entstehungsgeschichte der Betriebssoziologie. In: Soziologische Forschung in unserer Zeit (Leopold von Wiese zum 75. Geburtstag, hrsgg. von K. G. Specht). Köln, Opladen 1951, S. 107-122.

Soziale Betriebsführung. Essen 1953.

Arnold *Gehlen,* Soziologische Aspekte des Eigentumsproblems in der Industriegesellschaft. In: Eigentum und Eigentümer in unserer Gesellschaftsordnung (Veröffentlichungen der Walter-Raymond-Stiftung, Bd. 1). Köln, Opladen 1960, S. 164-184.

Die Seele im technischen Zeitalter. Hamburg 1957.

Theodor *Geiger,* Die Klassengesellschaft im Schmelztiegel. Köln, Hagen 1949.

Henry *George,* Fortschritt und Armut. Untersuchung über die Ursachen der industriellen Krisen und der Zunahme der Armut bei fortschreitendem Reichtum. 6. Aufl. Jena 1920.

Christoph *Georgi,* Kapitalbeteiligung der Arbeitnehmer. In: Gewerkschaftliche Monatshefte, 4. Jg. 1953, S. 520-523.

Theodor *Geppert,* Teleologie der menschlichen Gemeinschaft. Grundlegung der Sozialphilosophie und Sozialtheologie. Münster 1955.

Gerechtigkeit schafft Frieden. Der 73. Deutsche Katholikentag vom 31. August bis 4. September 1949 in Bochum. Paderborn 1949.

Johannes *Gerhardt,* Liberalismus und Wirtschaftsdemokratie. Berlin 1930.

Hans Robert *Gerstenkorn,* Weltlich Regiment zwischen Gottesreich und Teufelsmacht. Bonn 1955.

Constantius van *Gestel,* La Doctrine Sociale de l'Eglise. Liège 1952.

Luigi *Giancola,* Introduzione alla morale sociale. Roma 1950.

Charles *Gide,* Fourier. Précurseur de la coopération. Paris 1923.

Les colonies communistes et coopératives. Paris 1928.

Charles *Gide,* Charles *Rist,* Geschichte der volkswirtschaftlichen Lehrmeinungen. Jena 1909, 4. Aufl. 1923.

Otto von *Gierke,* Das deutsche Genossenschaftsrecht. 4 Bde. Berlin1868/1913, Neudruck Graz 1954.

Deutsches Privatrecht. 2. Bd.: Sachenrecht. Leipzig, München 1905.

Die soziale Aufgabe des Privatrechts. Berlin 1889.

Die Genossenschaftstheorie und die deutsche Rechtsprechung. Berlin 1887.

Der Entwurf eines bürgerlichen Gesetzbuches und das deutsche Recht. Leipzig 1889.

Friedrich *Giese,* Enteignung und Entschädigung früher und heute. Eine verfassungstheoretische Untersuchung. Tübingen 1950.
Enteignung ohne Ende. In: Deutsche Richterzeitung, 1953, S. 61 f.
Zur Frage der Enteignungsentschädigung nach dem Bonner Grundgesetz. In: Neue Juristische Wochenschrift, 3. Jg. 1950, S. 290 ff.

J. H. *Gilissen,* Eigendomsrecht en eigendomspflichten. Tilburg 1945.

John Lewis *Gillin,* Social Problems. New York 1932.

Romed *Giner,* Beiträge der katholischen sozialen Strömungen im Frankreich der Gegenwart zur Lösung der sozialen Frage. Eine kritische Würdigung. Innsbruck 1956.

Eugène de *Girard,* Ketteler et la question ouvrière. Avec une introduction historique sur le mouvement social catholique. Bern 1896.

Bruno *Gleitze,* Lohnpolitik und Vermögensverteilung. In: Sozialer Fortschritt, 6. Jg. 1957, S. 53-56.
Die Bildung und Verteilung von Sozialprodukt. In: Sozialer Fortschritt, 7. Jg. 1958, S. 33-35.
Wo schlägt sich neu gebildetes Kapital in der modernen Wirtschaft nieder? In: Macht oder Ohnmacht des Eigentums (Siebtes Europäisches Gespräch in Recklinghausen 1958). Köln-Deutz 1959, S. 93-101.

Leonida de *Gobbi,* Sociologia Cristiana. Schima d'un corso organico ordinato ed esposto secondo le dottrina di Giuseppe Toniolo. Padova 1945.

H. *Goldschmidt,* Eigentum und Eigentumsteilrechte in ihrem Verhältnis zur Sozialisierung. Marburg 1920.

Selma F. *Goldsmith,* Income Distribution in the United States by Size, 1944-1950. Washington 1953.
Income Distribution in the United States, 1950-1953. Washington 1955.

Robert A. *Gordon,* Business Leadership in Large Corporations. Washington 1945.

Helmut *Gottschalk,* Gewinnbeteiligung nach Dividende. Darmstadt 1955.

R. *Goetz-Girey,* La pensée syndicale française. Militants et théoriciens. Paris 1948.

F. *Grace,* The Concept of Property in Modern Christian Thought. Urbana 1953.

Paul *Grebe,* Die Arbeiterfrage bei Lange, Ketteler, Jörg, Schäffle. Aufgezeigt an ihrer Auseinandersetzung mit Lassalle. Berlin 1935.

Thomas H. *Greer,* American Social Reform Movements. Their Pattern since 1865. New York 1949.

Léon *Grégoire,* Le pape, les catholiques et la question sociale. 3. éd. Paris 1899.

Franz *Greiss,* Eigentum und Miteigentum. Möglichkeiten und Grenzen. Bonn, Frankfurt 1954.

Edmond *Grin,* Les exigences de l'Evangile et la question sociale. In: Revue de Théologie et de Philosophie, t. 38, 1950, p. 83-96.

Rudolf *Grob,* Grundzüge einer reformierten Sozialethik. Zürich 1950.

Antonio M. *Grompone,* Filosofía de las revoluciones sociales. Montevideo 1932.

Bernhard *Groethuysen,* Die Entstehung der bürgerlichen Welt- und Lebensanschauung in Frankreich. 2 Bde. Halle 1927/30.

Guglielmo *Guerra,* La questione sociale. Florenz 1949.

Pierre *Guillemenot,* Léon XIII et le devoir social. Bruges 1893.

Gustav *Gundlach*, Papst Pius XI. zur heutigen Wirtschafts- und Gesellschaftsnot. Berlin 1932.

Neues Licht zur Mitbestimmung? In: Rheinischer Merkur, 8. Jg. 1953, Nr. 2, S. 9.

Eigentumsfunktion und die Ordnung der Produktion. In: Soziale Sicherung durch Neuordnung des Eigentums (4. Katholisch-Soziale Woche 1953 in München). Augsburg 1953, S. 64-70.

Das Privateigentum und seine soziale Pflichtigkeit. In: Eigentum und Eigentümer in unserer Gesellschaftsordnung (Veröffentlichungen der Walter-Raymond-Stiftung, Bd. 1). Köln, Opladen 1960, S. 19-33.

Rudolf *Gunzert*, Konzentration, Markt und Marktbeherrschung. Frankfurt 1961.

Georges *Gurvitch*, Le temps présent et l'idée du droit social. Paris 1931.

Hans *Haab*, Privateigentum und materielle Enteignung. Bern 1947.

Diether *Haas*, System der öffentlich-rechtlichen Entschädigungspflichten. Karlsruhe 1955.

Eigentum und Enteignung. In: Monatsschrift für deutsches Recht, 5. Jg. 1951, S. 650 ff.

Günter *Halbach*, Vermögensbildung der Arbeitnehmer. Stuttgart 1962.

Maurice *Halbwachs*, La classe ouvrière et les niveaux de vie. Paris 1913.

Wilhelm *Hankel*, Vermögensentstehung - Sparen - Eigentum. In: Sozialer Fortschritt, 7. Jg. 1958, S. 91 ff.

Wilhelm *Hankel*, Gerhard *Zweig*, Die Vermögensbeteiligung der Arbeitnehmer in der Marktwirtschaft. In: Sozialer Fortschritt, 6. Jg. 1957, S. 73-77, 136-140, 159-162.

Der soziale Fortschritt in der Einkommens- und Eigentumspolitik. In: Sozialer Fortschritt, 8. Jg. 1959.

Werner *Hansen*, Eigentumsbildung in Arbeitnehmerhand. In: Die Quelle, Nr. 7, 1956.

Bernhard *Häring*, Das Gesetz Christi. Moraltheologie. 6. Aufl. 3. Bd. Freiburg 1961.

Bernhard *Harms*, Lassalle und seine Bedeutung für die deutsche Sozialdemokratie. Jena 1909, 2. Aufl. 1919.

Bernhard *Harms* (Hrsg.), Kapital und Kapitalismus. 2 Bde. Berlin 1931.

Hornell Norris *Hart*, The Technique of Social Progress. New York 1931.

Robert S. *Hartman*, Die Partnerschaft von Kapital und Arbeit. Köln, Opladen 1958.

Manfred *Hättich*, Wirtschaftsordnung und katholische Soziallehre. Stuttgart 1957.

Maurice *Hauriou*, Précis de droit administratif et de droit public général. Paris 1892, 12. éd. 1933.

Leçons sur le mouvement social. Paris 1899.

Principes de droit public. Paris 1910, 2. éd. 1916.

L'institution et le droit statuaire. Paris 1906.

Henri *Hauser*, A propos des idées économiques de Calvin. In: Mélanges d'histoire offerts à Henri Pirenne. Bruxelles 1926.

Erwin *Häussler*, Der Arbeiter als Wirtschaftsbürger. In: Sozialer Fortschritt, 5. Jg 1956, S. 93-97.

Der Arbeitnehmer von morgen, Miteigner und Mitträger der Wirtschaftsgesellschaft. Stuttgart 1955.

Friedrich A. v. *Hayek*, The Road to Serfdom. London, Chicago 1944; dt.: Der Weg zur Knechtschaft. 3. Aufl. Erlenbach-Zürich 1952.

Individualism and Economic Order. London, Chicago 1948; dt.: Individualismus und wirtschaftliche Ordnung. Zürich 1952.

Fossey John Cobb *Hearnshaw* (ed.), The Social and Political Ideas of some Great Medieval Thinkers. A Series of Lectures delivered at King's College University of London. London 1923.

Theodor *Heckel* (Hrsg.), Eigentum und Eigentumsverteilung als theologisches, rechtsphilosophisches und ökonomisches Problem. München 1962.

Eduard *Heimann*, Mehrwert und Gemeinwirtschaft. Kritische und positive Beiträge zur Theorie des Sozialismus. Berlin 1922.

Sozialistische Wirtschafts- und Arbeitsordnung. Potsdam 1932, 2. Aufl. Offenbach 1948.

Die Sozialisierung, ihre Aufgabe und ihre Form. Berlin 1919.

Soziale Theorie des Kapitalismus. Theorie der Sozialpolitik. Tübingen 1929.

Freedom and Order. New York 1947; dt.: Freiheit und Ordnung. Berlin 1950.

Kapitalismus und Sozialismus. Potsdam 1931.

Communism, Fascism and Democracy. New York 1938.

Alexander *Hellwig*, Individuelle Leistungswertung (Lutzeyers Fortsetzungswerke: Aktuelle Betriebsfragen, Heft 2). Frankfurt, Bonn (o. J.).

Leistungswertung der Produktionskräfte (3. Bd. von „Mensch und Arbeit", Lutzeyers Fortsetzungswerke). Frankfurt, Bonn (o. J.).

Über die Familien-Unternehmen. In: Die Aussprache, 10. Jg. 1960, S. 38-40.

Johannes *Hempel*, God and the World in the Religious Faith of Jeremiah. In: The Journal of Religion, t. 4, 1924, p. 32-45.

Das Ethos des Alten Testaments (Beiheft zur Zeitschrift für die alttestamentliche Wissenschaft, 67. Bd.). Berlin 1938.

Wilhelm *Herding*, Die wirtschaftlichen und sozialen Anschauungen Zwinglis. Erlangen 1917.

Hyacinthus M. *Héring*, Charité d'hier, justice d'aujourd'hui? In: Miscellanea moralia in honorem Ex. Dni A. Janssen. Louvain, Gembloux 1949, p. 309-328.

Heinrich *Herkner*, Die Arbeiterfrage. Berlin 1894, 8. Aufl. 2 Bde. 1922.

Xavier *Herlin*, Les expériences allemandes de cogestion. Techniques et réalisations. Paris 1959.

Franz *Hermann*, Der gerechte Lohn als Eigentumsquelle. In: Gerechtigkeit schafft Frieden (73. Deutscher Katholikentag 1949 in Bochum). Paderborn 1949, S. 225-228.

Rudolf *Hermann*, Gott und Mensch nach evangelischem Verständnis. In: Theologische Literaturzeitung, 77. Bd. 1952, S. 663-674.

Hans *Herold*, Das absolute Eigentum und sein Zerfall. In: Schweizerische Beiträge zum fünften internationalen Kongreß für Rechtsvergleichung Brüssel 1958. Zürich 1958, S. 19-36.

Johannes *Herz*, Die sozial-ethische Gedankenwelt in Jesu Verkündigung. In: Theologische Literaturzeitung, 73. Bd. 1948, S. 747-752.

Johann *Herzig*, Die Stellung der deutschen Arbeitergewerkschaften zum Problem der Wirtschaftsdemokratie. Jena 1933.

Roman *Herzog*, Kollektiveigentum im sozialen Rechtsstaat. In: Th. Heckel (Hrsg.), Eigentum und Eigentumsverteilung als theologisches, rechtsphilosophisches und ökonomisches Problem. München 1962, S. 63-87.

Philipp *Hessel*, Der Wandel des Eigentumsbegriffs. In: Gewerkschaftliche Monatshefte, 3. Jg. 1952, S. 32-36.

Ludwig *Heyde*, Abriß der Sozialpolitik. Leipzig 1920. 11. Aufl. Heidelberg 1959.

Rudolf *Hilferding*, Die Sozialisierung und die Machtverhältnisse der Klassen. Berlin 1920.

Das Finanzkapital. Eine Studie über die jüngste Entwicklung des Kapitalismus. Wien 1910, Neudruck Berlin 1947.

Karl *Hilgenreiner*, Eigentum. In: Lexikon für Theologie und Kirche, 3. Bd. 1931, Sp. 593-598.

Thomas *Hill,* Contemporary Ethical Theories. New York 1950.
Karl *Hinkel,* Mitbestimmung und Eigentumsrecht. In: Gewerkschaftliche Monatshefte, 1. Jg. 1950, S. 571-576.
Beteiligung der Arbeitnehmer am Produktionsmittel-Eigentum. In: Gewerkschaftliche Monatshefte, 7. Jg. 1956, S. 407 ff.
Hans *Hirschmann,* Was sagt Bochum zum Mitbestimmungsrecht? Paderborn 1951.
Franz *Hitze,* Die sociale Frage und die Bestrebungen zu ihrer Lösung. Paderborn 1877, 4. Aufl. (unter dem Titel: Die Arbeiterfrage und die Bestrebungen zu ihrer Lösung). M.-Gladbach 1905.
Kapital und Arbeit und die Reorganisation der Gesellschaft. Paderborn 1880.
Walter *Hobhouse,* The Church and the World in Idea and in History. London 1910.
Lorenz *Hoecker,* Martin *Johannsen,* Gesetz über die Mitbestimmung der Arbeitnehmer in den Aufsichtsräten und Vorständen der Unternehmen des Bergbaus und der Eisen und Stahl erzeugenden Industrie vom 21. 4. 1951. Kommentar. Essen 1951.
R. A. *Hoffmann,* Besitz und Recht in der Gedankenwelt des Urchristentums. Berlin 1921.
Joseph *Höffner,* Das Eigentum in christlicher Sicht. In: Trierer Theologische Zeitschrift, 59. Jg. 1950, S. 99-109.
Die Funktionen des Privateigentums in der freien Welt. In: Wirtschaftsfragen der freien Welt (Festgabe zum 60. Geburtstag von Bundeswirtschaftsminister Ludwig Erhard). Frankfurt 1957, S. 121-131.
Menschenwürde und Betriebsverfassung. Um die Grundlegung des Mitbestimmungsrechts. In: Trierer Theologische Zeitschrift, 59. Jg. 1950, S. 364-373.
Die Sozialisierung der Grundstoffindustrien in der Bundesrepublik Deutschland, beurteilt nach den Grundsätzen der katholischen Soziallehre. Köln 1951.
Kirchliche Stellungnahmen zur „Sozialisierung". In: Trierer Theologische Zeitschrift, 58. Jg. 1949, S. 244-246.
Wilhelm *Hohoff,* Die Bedeutung der Marxschen Kapitalkritik. Paderborn 1908.
Jakob *Hommes,* Der technische Eros. Das Wesen der materialistischen Geschichtsauffassung. Freiburg 1955.
Krise der Freiheit. Hegel-Marx-Heidegger. Regensburg 1958.
Alfred *Horné,* Der beklagte Sieg. Gespräch über die Mitbestimmung. Villingen 1959.
Alexander *Horváth,* Eigentumsrecht nach dem hl. Thomas von Aquin. Graz 1929.
Ernst Rudolf *Huber,* Wirtschaftsverwaltungsrecht. 2 Bde. Tübingen 1953/54.
Victor Aimé *Huber,* Die genossenschaftliche Selbsthilfe der arbeitenden Klassen. Elberfeld 1865.
Alfred *Hueck,* Deutsches Arbeitsrecht. Berlin 1928, 2. Aufl. 1944.
Alfred *Hueck,* Hans Carl *Nipperdey,* Lehrbuch des Arbeitsrechts. 2 Bde. Mannheim 1927, 6. Aufl. Berlin, Frankfurt/M. 1955/58.
Walter *Huppert,* Erfolgsbeteiligung der Arbeitnehmer. Berlin, München 1953.
Betriebliches Miteigentum der Arbeitnehmer. Berlin, München 1954.
S. G. *Hurtado,* Ideario sobre cuestiones sociales. Madrid 1933.
John A. *Hutchison,* Christian Faith and Social Action. New York, London 1953.
Philip *Hyland,* The Field of Social Justice. In: The Thomist, t. 1, 1939, p. 295-330.
Eduardo *Iglesias,* El problema social contemporáneo y los principios de la filosofía social de Suárez. In: Congreso internacional de filosofía, Actas III, p. 197-211. Barcelona 1948.
Rudolf von *Ihering,* Geist des Römischen Rechts. Leipzig 1834.
Der Zweck im Recht. 1. Bd. 3. Aufl. Leipzig 1893.
Wilhelm *Ilgenstein,* Die religiöse Gedankenwelt der Sozialdemokratie. Berlin 1914.

Hans Peter *Ipsen,* Enteignung und Sozialisierung. In: Veröffentlichungen der Vereinigung der Deutschen Staatsrechtslehrer, Heft 10, Berlin 1952, S. 74-123.

Erwin *Jacobi,* Betrieb und Unternehmung als Rechtsbegriffe (Sonderabdruck aus der Festschrift der Leipziger Juristenfakultät für Victor Ehrenberg). Leipzig 1926.

Günter *Janssen,* Der Anspruch auf Entschädigung bei Aufopferung und Enteignung. Stuttgart 1961.

Carl *Jantke,* Der vierte Stand. Die gestaltenden Kräfte der deutschen Arbeiterbewegung im 19. Jahrhundert. Freiburg 1955.

Georges *Jarlot,* Compendium ethicae socialis. Roma 1951.

Bede *Jarrett,* Social Theory of the Middle Ages 1200-1500. Westminster Maryland 1942.

Karl *Jaspers,* Die geistige Situation der Zeit (1931). Berlin 1953.

Horst *Jecht,* Finanzpolitik und Kapitalbildung. Tübingen 1958.

Franz *Jerusalem,* Mitbestimmung und Eigentum. In: Rheinischer Merkur, 6. Jg. 1951, Nr. 9, S. 1 f.

Paul *Joachimsen,* Sozialethik des Luthertums. München 1927.

Johannes XXIII., Mater et Magistra. Textausgabe der Herder-Bücherei mit Kommentar und Einführung in die Soziallehre der Päpste von E. Welty. 2. Aufl. Freiburg 1962.

Paul *Jostock,* Grundzüge der Soziallehre und Sozialreform. Freiburg 1946.

Das Sozialprodukt und seine Verteilung. Paderborn 1955.

Kollektive Kapitalbildung oder Eigentumsbildung beim einzelnen? In: Die neue Ordnung, 11. Jg. 1957, S. 219-225.

Die sozialen Rundschreiben (Erläuterungen zu Rerum novarum und Quadragesimo anno). Freiburg 1948, 2. Aufl. 1958.

Ein neues Rezept zur breiten Eigentumsstreuung. In: Die neue Ordnung, 13. Jg. 1959, S. 107-118.

Eigentum als Ordnungs- und Unordnungsmacht. In: Naturordnung in Gesellschaft, Staat, Wirtschaft (Meßner-Festschrift). Innsbruck, Wien, München 1961, S. 326-336.

Die Verteilung des Sozialprodukts als Ordnungsproblem. In: Jahrbuch des Instituts für Christliche Sozialwissenschaften der Westfälischen Wilhelms-Universität Münster, 3. Bd. 1962, S. 297-309.

Gibt es noch ein Arbeiterproletariat? In: Stimmen der Zeit, 166. Bd. 1959/60, S. 161 bis 175.

Der Ausgang des Kapitalismus. Ideengeschichte seiner Überwindung. München, Leipzig 1928.

Der deutsche Katholizismus und die Überwindung des Kapitalismus. Regensburg 1932.

Wer erntet die Früchte? In: Labor, 9. Jg. 1962, S. 2-8.

Ferdinand *Kampschulte,* Mitdenken im Betrieb als Bestandteil partnerschaftlicher Zusammenarbeit. 2. Aufl. Düsseldorf 1954.

Aus den Erfahrungen der AGP (Arbeitsgemeinschaft zur Förderung der Partnerschaft in der Wirtschaft). In: Mensch und Arbeit, 3. Jg. 1951, S. 198-200.

Friedrich *Karrenberg,* Mitbestimmung in der Wirtschaft. In: Jahrbücher für Nationalökonomie und Statistik, 164. Bd. 1952, S. 421-439.

Liberales und kollektivistisches Eigentumsverständnis mit Einschluß der heutigen Parteiprogramme. In: Das Eigentum als Problem evangelischer Sozialethik (Heft 2 der Schriftenreihe: Kirche im Volk, hrsgg. von der Evangelischen Kirche im Rheinland). Essen 1949, S. 7-59.

Christentum, Kapitalismus und Sozialismus. Berlin 1932.

Gestalt und Kritik des Westens. Beiträge zur christlichen Sozialethik heute. Stuttgart 1959.

Die Eigentums-Diskussion in der neueren evangelischen Theologie. In: Zeitschrift für Evangelische Ethik, 4. Jg. 1960, S. 136-148.

Max *Kaser*, Eigentum und Besitz im älteren römischen Recht. Weimar 1943.

George *Katona*, Das Verhalten der Verbraucher und Unternehmer. Über die Beziehungen zwischen Nationalökonomie, Psychologie und Sozialpsychologie. Tübingen 1960.

Dexter M. *Keezer*, Stacy *May*, The Public Control of Business. A Study of Antitrust Law Enforcement, Public Interest Regulation and Government Participation in Business. New York 1930.

Franz *Keller*, Grenzen des christlichen Eigentumsrechts. Freiburg 1928.

Wilhelm Emmanuel v. *Ketteler*, Die Arbeiterfrage und das Christentum. In: Johannes Mumbauer, Kettelers Schriften. 3. Bd. 2. Aufl. Kempten 1924, S. 1-144.
Christentum und Sozialdemokratie. In: Mumbauer, a. a. O., S. 167-183.

Ernest *Kilzer*, The Social Thought of St. Augustine. In: The American Benedictine Review, t. 3, 1952, p. 293-305.

L. H. *Kimmel*, Share Ownership in the United States. Washington 1952.

Gerhard *Kittel*, Die Bergpredigt und die Ethik des Judentums. In: Zeitschrift für systematische Theologie, 2. Bd. 1925, S. 555-594.

Paul *Kleinert*, Die Propheten Israels in sozialer Beziehung. Leipzig 1905.

Johann *Kleinhappl*, Die Eigentumslehre Ludwig Molinas. In: Zeitschrift für katholische Theologie, 56. Bd. 1932, S. 46-66.

Georg *Kliesch*, Die Individual- und Sozialnatur des Eigentums. Eine Besinnung zu Quadragesimo anno, n. 45 und 46. In: Die neue Ordnung, 9. Jg. 1955, S. 65-73.

Wiard von *Klopp*, Die sozialen Lehren des Freiherrn Carl von Vogelsang. St. Pölten 1894.

Alfred *Klose*, Kapitalbildung und Eigentumsstreuung. In: Naturordnung in Gesellschaft, Staat, Wirtschaft (Messner-Festschrift) Innsbruck, Wien, München 1961, S. 337-350.

Norbert *Kloten*, Das Eigentum in der Wirtschaftsordnung. In: Wirtschaftsdienst, 35. Jg. 1955, S. 76 ff.
Finanzpolitik, Einkommensgestaltung und Vermögensschichtung. In: Ordo, 9. Bd. 1957, S. 199-215.

Franz *Klüber*, Der Ort des Privateigentums im System des Naturrechts. In: Die neue Ordnung, 13. Jg. 1959, S. 81-97.
Eigentum. In: Handbuch theologischer Grundbegriffe (hrsgg. von Heinrich Fries). 1. Bd. München 1962, S. 251-258.

Oskar *Klug*, Volkskapitalismus durch Eigentumsstreuung. Illusion oder Wirklichkeit? Stuttgart 1962.

Heinz *Kluth*, Sozialprestige und sozialer Status. Stuttgart 1957.

Frank H. *Knight*, The Ethics of Competition and other Essays. New York, London 1935.
The Economic Organization. New York 1951.

August M. *Knoll*, Karl von Vogelsang und der Ständegedanke. In: Die soziale Frage und der Katholizismus. Festschrift zum vierzigjährigen Jubiläum der Enzyklika Rerum novarum. Paderborn 1931, S. 64-85.
Der soziale Gedanke im modernen Katholizismus. Wien, Leipzig 1932.
Das Kapitalismus-Problem in der modernen Soziologie. Wien 1953.

Ernst *Knoll*, Eingriffe in das Eigentum im Zuge der Umgestaltung gesellschaftlicher Verhältnisse. Zur Lehre vom Eigentum, der Enteignung und der Entschädigung. In: Archiv des öffentlichen Rechts, 79. Bd. 1954, S. 455 ff., 81. Bd. 1956, S. 157 ff.

Robert *Koch*, Die Wertung des Besitzes im Lukasevangelium. In: Biblica, 38. Bd. 1957, S. 151-169.

Wilhelm *Kolfhaus,* Die Frage nach dem Eigentum in den Bekenntnissen der reformierten Kirchen. In: Das Eigentum als Problem evangelischer Sozialethik. Essen 1949, S. 125-128.

René *König,* Materialien zur Soziologie der Familie. Bern 1946.

Folkmar *Koenigs,* Grundsatzfragen der betrieblichen Mitbestimmung. Hamburg 1954.

Eine *Kontroverse* über die Eigentumsbildung. In: Herder-Korrespondenz, 13. Jg. 1958/59, S. 495-501.

Cyrill von *Korvin-Krasinski,* Über die Krisis des modernen Sondereigentumsbegriffes. 2. Aufl. Freiburg/Schweiz 1958.
Grundunterscheidungen im Naturrecht auf Eigentum. In: Die neue Ordnung, 17 Jg. 1963, S. 91-103.

Robert *Kothen,* Problèmes sociaux actuels. Bruges 1946.
L'enseignement social de l'Eglise. Louvain 1949.
La pensée et l'action sociale des catholiques 1789-1944. Louvain 1945.

H. W. *Kötter,* Gesetz über die Mitbestimmung der Arbeitnehmer in den Aufsichtsräten und Vorständen der Unternehmen des Bergbaus und der Eisen und Stahl erzeugenden Industrie vom 21. 4. 1951. Mit Erläuterungen. Berlin 1952.

Josef *Kral,* Der christliche Sozialismus. Dillingen 1920.

Hermann *Kraemer,* Der Bergmann und die Mitbestimmung. In: Der Arbeitgeber, 4. Jg. 1952, S. 602-604.

Johannes Baptist *Kraus,* Scholastik, Puritanismus und Kapitalismus. München, Leipzig 1930.

Otto *Kraus,* Wirtschaftsdemokratie und Wirtschaftsaufbau. München 1947.
Sozialphilosophie und Wirtschaftspolitik. Berlin, München 1960.

Gerhard *Kroll,* Vermögensbildung und soziale Gerechtigkeit. In: Die neue Ordnung, 10. Jg. 1956, S. 1-10.
Eigentumsbildung, Gewinnbeteiligung und Konjunkturstabilisierung. In: Eigentum in Arbeiterhand. München 1954, S. 15-112.

Friedrich *Kronenberg,* Die Beeinflussung der Vermögensverteilung in der Bundesrepublik Deutschland durch finanzpolitische Maßnahmen, insbesondere durch Subventionen zur Vermögensbildung. In: Jahrbuch des Instituts für Christliche Sozialwissenschaften an der westfälischen Wilhelms-Universität Münster, 2. Bd. 1961, S. 17-146.

Herbert *Kröner,* Die Eigentumsgarantie in der Rechtssprechung des Bundesgerichtshofes. Köln, Berlin, München, Bonn 1961.

Herbert *Krüger,* Sozialisierung. In: Die Grundrechte. 3. Bd. 1. Halbband (hrsgg. von Karl August Bettermann, Hans Carl Nipperdey, Ulrich Scheuner). Berlin 1958, S. 267-324.

Frederik Vinding *Kruse,* Ejendomsretten. 3 Bde. Kopenhagen 1929/30; dt.: Das Eigentumsrecht (übersetzt von Knud Larsen). 3 Bde. Berlin, Leipzig 1931/36.

Friedrich Karl *Kübler,* „Eigentum verpflichtet" - eine zivilrechtliche Generalklausel? In: Archiv für die civilistische Praxis, 159. Bd. 1960, S. 236-293.

Erik v. *Kuehnelt-Leddihn,* Liberty or Equality? London 1952; dt.: Freiheit oder Gleichheit? Salzburg 1953.

Walter *Künneth,* Rechte und Pflichten des Kapitaleigentümers nach der evangelischen Sozialethik. In: Eigentum und Eigentümer in unserer Gesellschaftsordnung (Veröffentlichungen der Walter-Raymond-Stiftung, Bd. 1). Köln, Opladen 1960, S. 107-123.
Moderne Wirtschaft - Christliche Existenz. Eine Einführung in die Hauptprobleme einer christlichen Wirtschaftsethik. München 1959.

Otto *Kunze*, Gesellschaftsrecht, Unternehmensverfassungsrecht und das öffentliche Interesse in der Unternehmensverfassung. In: Macht oder Ohnmacht des Eigentums (Siebtes Europäisches Gespräch in Recklinghausen 1958). Köln-Deutz 1959, S. 215-233.
Ernst *Kuss*, Mitbestimmung und gerechter Lohn als Elemente einer Neuordnung der Wirtschaft (Denkschrift der Duisburger Kupferhütte). Wuppertal 1950.
Hermann *Kutter*, Die Revolution des Christentums. Leipzig 1908.
Pierre *Lachièze-Rey*, Les idées morales, sociales et politiques de Platon. 2. éd. Paris 1951.
Max *Lambert*, Structure et problèmes des grandes industries françaises. Paris 1945.
Carl *Landauer*, Theory of National Economic Planning. Los Angeles 1947.
Friedrich Albert *Lange*, Die Arbeiterfrage in ihrer Bedeutung für Gegenwart und Zukunft beleuchtet. Duisburg 1865, 5. Aufl. (unter dem Titel: Die Arbeiterfrage. Ihre Bedeutung für Gegenwart und Zukunft) Winterthur 1894, Neudruck (bearbeitet von A. Grabowsky) Leipzig 1910.
John Stuart Mills Ansichten über die soziale Frage und die angebliche Umwälzung der Sozialwissenschaft durch Carey. Duisburg 1866.
Karl *Larenz*, Die rechtsphilosophische Problematik des Eigentums. In: Th. Heckel (Hrsg.), Eigentum und Eigentumsverteilung als theologisches, rechtsphilosophisches und ökonomisches Problem. München 1962, S. 21-41.
Pierre *Laroque*, Réflexions sur le problème social. Paris 1953.
Matthias *Laros*, Vom christlichen Eigentumsrecht. In: Hochland, 25. Jg. 2. Bd. 1928, S. 37-49.
José *Larraz*, El curso del pensamiento social. In: Arbor, t. 5, 1946, p. 5-40.
Harold J. *Laski*, The State and the New Order. London 1922.
A Grammar of Politics. London 1925, 2. ed. 1930.
Communism. London 1927.
The State in Theory and Practice. New York 1935, Neudruck 1947.
The Rise of European Liberalism. An Essay in Interpretation. London 1936.
Reflections on the Revolution of our Time. New York 1943, London 1946; dt.: Revolutionäre Wandlungen in unserer Zeit. Zürich 1945.
Trade Unions in the New Society. London 1950.
Ferdinand *Lassalle*, Gesammelte Reden und Schriften (hrsgg. von Eduard Bernstein). 12 Bde. Berlin 1919/20.
Nachgelassene Briefe und Schriften (hrsgg. von G. Mayer). 6 Bde. Stuttgart 1921/25.
Reden und Schriften (hrsgg. von L. Maenner). Berlin 1926.
Bismarck und Lassalle. Ihr Briefwechsel und ihre Gespräche (hrsgg. von G. Mayer). Berlin 1928.
Franz *Lau*, Luthers Lehre von den beiden Reichen. Berlin 1953.
Jean Marie *Laureys*, Catéchisme des questions sociales actuelles. Brüssel 1937.
Frederick Henry *Lawson*, Introduction to the Law of Property. Oxford 1958.
Hans H. *Lechner*, Soziale Marktwirtschaft und Neoliberalismus im Urteil der katholischen Soziallehre. In: Schmollers Jahrbuch für Gesetzgebung, Verwaltung und Volkswirtschaft, 81. Jg. 1961, S. 23-64.
Jacques *Leclercq*, Leçons de droit naturel, IV.: Les droits et devoirs individuels. 2. éd. Louvain 1946.
Introduction à la sociologie. Louvain 1948.
Emil *Lederer*, Deutschlands Wiederaufbau und volkswirtschaftliche Neugliederung durch Sozialisierung. Tübingen 1920.
Planwirtschaft. Tübingen 1932.

Carl *Legien*, Die deutsche Gewerkschaftsbewegung. Berlin 1901.

Francis C. *Lehner*, Individual Rights as a Limitation of the Common Good. In: Philosophy and Unity (Proceedings of the American Catholic Philosophical Association. Vol. XXVII. Twenty-Seventh Annual Meeting April 7th and 8th, 1953). Edited by Charles A. Hart. Washington 1953, p. 127-138.

Otto *Leichter*, Die Sprengung des Kapitalismus. Die Wirtschaftspolitik der Sozialisierung. Wien 1932.

Das Ende des demokratischen Sozialismus. Wien 1932.

Johannes *Leipoldt*, Der soziale Gedanke in der altchristlichen Kirche. Leipzig 1952.

Klaus *Leist*, Investitionen und Sozialstruktur in Westdeutschland. Zürich 1956.

Hans Otto *Lenel*, Ursachen der Konzentration unter besonderer Berücksichtigung der deutschen Verhältnisse. Tübingen 1962.

Vom Stand der Konzentrationsdebatte in der Bundesrepublik Deutschland nach der Kissinger Tagung des Vereins für Socialpolitik. In: Ordo, 13. Bd. 1962, S. 281-303.

Eine neue Geschichtstheorie. Zu James Burnhams Werk „Das Regime der Manager". In: Ordo, 3. Bd. 1950, S. 293-302.

Leo XIII., Rerum novarum. In: Marmy, n. 510 ff.

Hermann *Levy*, The New Aspects of Industrial Combination. London 1936.

The New Industrial System. A Study on the Origin, Forms, Finance and Prospects of Concentration in Industry. London 1936.

Sam Adolph *Lewisohn*, The New Leadership in Industry. New York 1926; dt.: Neue Führerprobleme in der Industrie. Berlin 1929.

Hans *Linhardt* (Hrsg.), Betriebsgröße und Unternehmenskonzentration. Berlin 1959.

Robert *Linhardt*, Die Sozialprinzipien des hl. Thomas von Aquin. Versuch einer Grundlegung der speziellen Soziallehren des Aquinaten. Freiburg 1932.

Konrad *Littmann*, Über einige Zwangsläufigkeiten der Vermögensverteilung in der Marktwirtschaft. Wirtschaftstheoretische Bemerkungen zur neueren sozialpolitischen Diskussion. In: Zeitschrift für die gesamte Staatswissenschaft, 113. Bd. 1957, S. 205-222.

José M. *Llovera*, Tratado de sociología cristiana. Barcelona 1909, 8. ed. 1953.

Josef *Lob*, Eigentum in ganzheitlicher Sicht. Wien 1958.

Gottfried Wilhelm *Locher*, Der Eigentumsbegriff als Problem evangelischer Sozialethik. Zürich 1954, 2. Aufl. 1962.

Eigentum (theologiegeschichtlich). In: Die Religion in Geschichte und Gegenwart. Handwörterbuch für Theologie und Religionswissenschaft, 3. Aufl. 2. Bd. 1958, Sp. 365-370.

Eigentum (sozialethisch). In: Die Religion in Geschichte und Gegenwart, a. a. O., Sp. 373-375.

Wenzel *Lohff*, Eigentum in theologischer Sicht. In: Th. Heckel (Hrsg.), Eigentum und Eigentumsverteilung als theologisches, rechtsphilosophisches und ökonomisches Problem. München 1962, S. 7-20.

Martin *Lohmann*, Die westdeutschen Investitionen 1948—1957 und ihre soziale Problematik. In: Hamburger Jahrbuch für Wirtschafts- und Gesellschaftspolitik, 3. Jg. 1958, S. 32-56.

Wirtschaftsordnung, Unternehmungen und Mitbestimmung. In: Wege zum sozialen Frieden (hrsgg. von H. D. Ortlieb, H. Schelsky). Düsseldorf 1954.

Max *Löhr*, Sozialismus und Individualismus im Alten Testament (Nr. 10 der Beihefte zur Zeitschrift für alttestamentliche Wissenschaft). Gießen 1906.

Theodor *Lorch*, Die Beurteilung des Eigentums im deutschen Protestantismus seit 1848. Gütersloh 1930.

Achim von *Loesch,* Freiheit durch Eigentum? In: Gewerkschaftliche Monatshefte, 9. Jg. 1958, S. 37-41.
Zur Problematik des Miteigentums. Berlin 1961.
Paul *Louis,* La révolution sociale. Paris 1932.
La condition ouvrière en France depuis cent ans. Paris 1950.
M. *Lurje,* Studien zur Geschichte der wirtschaftlichen und sozialen Verhältnisse im israelitisch-jüdischen Reiche. Gießen 1927.
Friedrich *Lütge,* Die Funktion des Grundeigentums in der Rechts- und Sozialordnung unserer Zeit. Bielefeld 1951.
Deutsche Sozial- und Wirtschaftsgeschichte. Berlin, Göttingen, Heidelberg 1952.
Walter *Lüthi,* Die soziale Frage im Lichte der Bibel. Zollikon-Zürich 1947.
Hans *Lutz,* Die Eigentumsfrage im modernen Katholizismus. Bielefeld 1936.
Protestantismus und Sozialismus heute. Berlin 1949.
Hermann *Lutze,* Das Eigentum nach der Auffassung Martin Luthers. In: Das Eigentum als Problem evangelischer Sozialethik (Heft 2 der Schriftenreihe: Kirche im Volk, hrsgg. von der Leitung der Evangelischen Kirche im Rheinland). Essen 1949, S. 119-124.
David *Lynch,* The Concentration of Economic Power. New York, London 1946.
David H. *MacGregor,* Industrial Combination. 3. ed. London 1938.
Macht oder Ohnmacht des Eigentums (Siebtes Europäisches Gespräch in Recklinghausen vom 19. bis 21. Juni 1958). Köln-Deutz 1959.
Robert Morrison *MacIver,* Society. Its Structure and Changes. New York 1931.
Social Causation. New York 1942.
Werner *Mahr,* Konsumwandlung als ökonomisches Problem. In: Civitas. Jahrbuch für christliche Gesellschaftsordnung. 1. Bd. 1962, S. 161-176.
Gustav *Maier,* Soziale Bewegungen und Theorien bis zur modernen Arbeiterbewegung. Leipzig 1898, 9. Aufl. 1922.
C. *Majdanski,* Le rôle des biens extérieurs dans la vie morale d'après Saint Thomas d'Aquin. Vanves 1951.
Hermann von *Mangoldt,* Friedrich *Klein,* Das Bonner Grundgesetz. Berlin, Frankfurt 1953, Bd. I, 2. Aufl. 1957.
Adolf *Mann,* Aus der Praxis einer Ertragsbeteiligung. Bonn, Frankfurt 1954.
Karl *Mannheim,* Freedom, Power and Democratic Planning. London 1951.
Gallus *Manser,* Angewandtes Naturrecht. Freiburg (Schweiz) 1947.
Jacques *Maritain,* Sort de l'homme. Neuchâtel 1943.
Principes d'une politique humaniste. Paris 1944.
Les droits de l'homme et la loi naturelle. 2. éd. Paris 1945.
Emil *Marmy* (Hrsg.), Mensch und Gemeinschaft in christlicher Schau. Dokumente. Freiburg (Schweiz) 1945.
Karl *Marx,* Misère de la philosophie. Réponse à la philosophie de la misère de M. Proudhon. Brüssel, Paris 1847; dt.: Das Elend der Philosophie. Antwort auf Proudhons „Philosophie des Elends" (übersetzt von Eduard Bernstein und Karl Kautsky, Vorwort von Friedrich Engels). Stuttgart 1885, 10. Aufl. 1923, Neudruck (Bücherei des Marxismus-Leninismus, Bd. 2) Berlin (Ost) 1947, 3. Aufl. 1957.
Zur Kritik der politischen Ökonomie. Berlin 1859, 11. Aufl. 1930, Neudruck (Bücherei des Marxismus-Leninismus, Bd. 15) Berlin (Ost) 1951.
Das Kapital. Kritik der politischen Ökonomie. 3 Bde. Hamburg 1867/94, Neudruck Berlin (Ost) 1947/49.

Karl *Marx,* Friedrich *Engels,* Manifest der kommunistischen Partei. London 1848, 2. Aufl. (unter dem Titel: Das kommunistische Manifest) Leipzig 1872, 6. Aufl. Berlin 1899, Neudruck (unter dem Titel: Manifest der kommunistischen Partei; Bücherei des Marxismus-Leninismus, Bd. 1). Berlin (Ost) 1946, 16. Aufl. 1958.

Aloys *Masloh,* Wohlstand für alle? Zur Einkommens- und Vermögenssituation in der Bundesrepublik. In: Die Arbeitskammer. Zeitschrift der Arbeitskammer des Saarlandes, 8. Jg. 1960, S. 16-21.

Edward *Mason,* Economic Concentration and the Monopoly Problem. Harvard University Press 1957.

Jean *Matthieu,* Das Christentum und die soziale Krise der Gegenwart. Basel 1913.

Theodor *Maunz,* Deutsches Staatsrecht. München, Berlin 1951, 9. Aufl. 1959.

Max *Maurenbrecher,* Thomas von Aquinos Stellung zum Wirtschaftsleben seiner Zeit. Leipzig 1898.

Edouard *Mauris,* Implications sociales du message néotestamentaire. In: Revue de Théologie et Philosophie, t. 38, 1950, p. 128-137.

Josef *Mausbach,* Katholische Moraltheologie. 3. Bd., bearbeitet von Gustav Ermecke. 10. Aufl. Münster 1961.

Gustav *Mayer,* Bismarck und Lassalle. Berlin 1928.

W. J. *McDonald,* Communism in Eden. In: The New Scholasticism, t. 20, 1946, p. 101-125.
The Social Value of Property According to Saint Thomas Aquinas (Diss.). Washington 1939.

Thomas E. M. *McKitterick,* R. D. V. *Roberts,* Workers and Management. The German Co-determination Experiment. London 1953.

D. *McLaren,* Private Property and the Natural Law. Oxford 1949.

Albino *Menéndez-Reigada,* Directrices cristianas de orientación social. Madrid 1949.

Abraham *Menes,* Die sozialistische Analyse der Urgeschichte. In: Zeitschrift für alttestamentliche Wissenschaft, Neue Folge 2. Bd. 1925, S. 33-62.

Walter *Merk,* Das Eigentum im Wandel der Zeiten. Langensalza 1934.

Johannes *Messner,* Die soziale Frage. Innsbruck, Wien, München 1933, 6. Aufl. 1956.
Das Naturrecht. Handbuch der Gesellschaftsethik, Staatsethik und Wirtschaftsethik. Innsbruck, Wien, München 1950, 4. Aufl. 1960.
Was wird aus der christlichen Sozialreform? In: Wort und Wahrheit, 14. Jg. 1959, S. 589-606.
Das Gemeinwohl. Idee, Wirklichkeit, Aufgaben. Osnabrück 1962.

Hanns *Meyer,* Eigentum im Alten Testament, Neuen Testament, bei den Kirchenvätern, Luther und Calvin. In: Evangelisches Soziallexikon. Stuttgart 1954, Sp. 275-280.
Das Eigentum in der neueren katholischen und evangelischen Sozialethik. In: Das Eigentum als Problem evangelischer Sozialethik (Heft 2 der Schriftenreihe: Kirche im Volk, hrsgg. von der Leitung der Evangelischen Kirche im Rheinland). Essen 1949, S. 129-144.

Paul *Meyer,* Zwinglis Soziallehren (Diss. Zürich). Linz a. D. 1921.

Albert *Michel,* Questions théologiques du temps présent. La question sociale et les principes théologiques, justice légale et charité. Paris 1921.

Ernst *Michel,* Sozialgeschichte der industriellen Arbeitswelt, ihrer Krisenformen und Gestaltungsversuche. 2. Aufl. Frankfurt/M. 1948.

Hartmut *Michel,* Eigentumspolitik. Voraussetzungen und Wirkungen aus psychologischer Sicht. Tübingen 1962.

José C *Miguens,* El conocimiento de lo social. In: Ciencia y Fe, t. 4, 1948, p. 43-66.

Leonhard *Miksch*, Wettbewerb als Aufgabe. Stuttgart 1937.
Die Verstaatlichung der Produktionsmittel in der Morphologie der Wirtschaftsordnungen. In: Untersuchungen zur sozialen Gestaltung der Wirtschaftsordnung (hrsgg. von Walter Weddigen). Berlin 1950, S. 85-142.

Edgar *Milhaud*, Le rôle et les tâches de la coopération dans l'économie de demain. Basel 1943.

Glenn W. *Miller*, Problems of Labour. New York 1951.

Raymond J. *Miller*, Fourty Years after: Pius XI and the Social Order. A Commentary. St. Paul/Minn. 1947.

Ludwig *Mises*, Die Gemeinwirtschaft. Untersuchungen über den Sozialismus. Jena 1922, 2. Aufl. 1932.

Mitbestimmung und Miteigentum in Europa (Internationale Begegnung europäischer Arbeitnehmer am 31. März und 1. April 1960 in Konstanz, veranstaltet vom Landessozialausschuß der christlich-demokratischen Arbeitnehmerschaft Südbadens). Freiburg 1960.

Bruno *Molitor*, Warum soziale Gerechtigkeit? Paderborn 1954.
Soziale Gerechtigkeit, Formprinzip der Gesellschaftsdynamik. In: Ordo Socialis, 3. Jg. 1955, S. 112-118.
Eigentumsbildung in Arbeiterhand. In: Die neue Ordnung, 10. Jg. 1956, S. 169-173.
Investment-Gesellschaften als Instrument der Eigentumsbildung. In: Gewerkschaftliche Monatshefte, 7. Jg. 1956, S. 419-422.
Sparen. In: Stimmen der Zeit, 82. Jg. 1957, S. 195-209.
„Gesellschaft im Überfluß." Bemerkungen zu einer Studie von J. K. Galbraith. In: Hamburger Jahrbuch für Wirtschafts- und Gesellschaftspolitik, 4. Jg. 1959, S. 188-200.
Öffentliche Wirtschaft und Privatisierung. In: Hamburger Jahrbuch für Wirtschafts- und Gesellschaftspolitik, 5. Jg. 1960, S. 77-98.
Soziologie des Eigentums. In: Handwörterbuch der Sozialwissenschaften, 3. Bd. 1960, S. 33-39.

Wichard v. *Möllendorf*, Der Aufbau der Gemeinwirtschaft. 1919.
Konservativer Sozialismus. Hamburg 1932.

C. E. *Mommsen*, Lohnwertbildung und Eigentumsbildung in der modernen Marktwirtschaft. Berlin 1957.

Wilhelm *Mommsen*, Deutsche Parteiprogramme. Eine Auswahl vom Vormärz bis zur Gegenwart. München 1951.

Herbert *Monjau*, Betriebsverfassungsgesetz. Köln 1952.

Nikolaus *Monzel*, Solidarität und Selbstverantwortung. Beiträge zur christlichen Soziallehre. München 1959.

Joseph N. *Moody*, Church and Society. Catholic Social and Political Thoughts and Movements 1789-1950. New York 1953.

Emmanuel *Mounier*, De la propriété capitaliste à la propriété humaine. Paris 1936; dt.: Vom kapitalistischen Eigentumsbegriff zum Eigentum des Menschen. Luzern 1936.
Das personalistische Manifest. Zürich 1936.

Emil *Muhler*, Die Soziallehre der Päpste. München 1958.

Albert *Muller*, Nos responsabilités sociales. Paris 1931.

Eberhard *Müller*, Recht und Gerechtigkeit in der Mitbestimmung. Ein evangelischer Ratschlag. Stuttgart 1950.

Franz *Mueller*, Soziale Theorie des Betriebes. Berlin 1952.

Gerhard *Müller,* Rudolf *Lohmann,* Kommentar zum Mitbestimmungsgesetz Bergbau und Eisen. Gesetz über die Mitbestimmung der Arbeitnehmer in den Aufsichtsräten und Vorständen der Unternehmen des Bergbaus und der Eisen und Stahl erzeugenden Industrie. Heidelberg 1952.

J. Heinz *Müller,* Wirtschaftliche Fragen der Bildung breitgestreuten Eigentums. Probleme auf dem Wege zu einem wichtigen Ziel der Wirtschafts- und Sozialpolitik. In: Ordo, 10. Bd. 1958, S. 291-313.

Die Bildung breitgestreuten Eigentums als Mittel der Gesellschaftspolitik: In: Naturordnung in Gesellschaft, Staat, Wirtschaft (Messner-Festschrift). Innsbruck, Wien, München 1961, S. 316-325.

Lohnhöhe und Lebenshaltung als Kriterien der sozialen Stellung des deutschen Arbeiters. In: Die Kirche in der Welt, 6. Jg. 1953, S. 351-358.

Hermann *Naegele,* Der Arbeiterunternehmer - eine betriebswirtschaftliche Realität. In: Mensch und Arbeit, 3. Jg. 1951, S. 161-164.

Mitunternehmertum und Gewerkschaften. In: Gewerkschaftliche Monatshefte, 3. Jg. 1952, S. 148-154.

Fritz *Naphtali* (Hrsg.), Wirtschaftdemokratie. Ihr Wesen, Weg und Ziel. Berlin 1928, 5. Aufl. 1931.

Naturordnung in Gesellschaft, Staat, Wirtschaft (Festschrift für Johannes Messner zur Vollendung seines 70. Lebensjahres, hrsgg. von J. Höffner, A. Verdroß, F. Vito). Innsbruck, Wien, München 1961.

Friedrich *Naumann,* Neudeutsche Wirtschaftspolitik (1902). In: Hannah Vogt, Friedrich Naumann. Ausgewählte Schriften. Frankfurt 1949, S. 224-295.

Edgar *Nawroth,* Die Sozial- und Wirtschaftsphilosophie des Neoliberalismus. Heidelberg 1961.

Das Gemeinwohl in „Mater et Magistra". In: Die neue Ordnung, 16. Jg. 1962, S. 1-11.

Oswald v. *Nell-Breuning,* Die Eigentumslehre. In: Die soziale Frage und der Katholizismus. Festschrift zum vierzigjährigen Jubiläum der Enzyklika Rerum novarum. Paderborn 1931, S. 140-160.

Die soziale Enzyklika. Erläuterungen zum Weltrundschreiben Papst Pius' XI. über die gesellschaftliche Ordnung. Köln 1932, 3. Aufl. 1950.

Sozialisierung. In: Stimmen der Zeit, 139. Bd. 1946/47, S. 425-436.

Mitbestimmung des Arbeiters. In: Stimmen der Zeit, 146. Bd. 1949/50, S. 286-295.

„Kollektive" Mitbestimmung. In: Stimmen der Zeit, 146. Bd. 1949/50, S. 375-386.

Mitbestimmung. Landshut 1950.

Die Eigentumsfrage in neueren kirchenlehramtlichen Verlautbarungen. In: Trierer Theologische Zeitschrift, 60. Jg. 1951, S. 31-40.

Der Papst zum Mitbestimmungsrecht. Die Botschaft nach Turin. In: Orientierung, 16. Jg. 1952, S. 226 f.

Die Gewerkschaften am Scheideweg? In: Stimmen der Zeit, 152. Bd. 1952/53, S. 8-20.

Eigentumsbildung durch Ordnung von Verteilung und Verbrauch. In: Soziale Sicherung durch Neuordnung des Eigentums (Vortragsreihe der 4. Katholisch-Sozialen Woche 1953 in München, hrsgg. von der Arbeitsgemeinschaft der Katholisch-Sozialen Woche). Augsburg 1953, S. 70-81.

Zur Überwindung des Lohnarbeitsverhältnisses. In: Sozialer Fortschritt, 2. Jg. 1953, S. 152-155.

Gemeingut, Gemeinwohl. In: Zur christlichen Gesellschaftslehre (Wörterbuch der Politik, H. 1). 2. Aufl. Freiburg 1954, Sp. 51-58.

Eigentumsbildung in Arbeiterhand. 2. Aufl. Paderborn 1955.
Wirtschaft und Gesellschaft heute. 3 Bde. Freiburg 1956/60.
Die Gewerkschaften als Machtfaktor in der Wirtschaft. In: Ordo Socialis, 4. Jg. 1956, S. 145-160.
Politischer Lohn? In: Stimmen der Zeit, 159. Bd. 1956/57, S. 251-263.
Zur Gewerkschaftsfrage heute. In: Stimmen der Zeit, 160. Bd. 1956/57, S. 436-456.
Eigentum und Verfügungsgewalt in der modernen Gesellschaft. In: Die Gesellschaft, in der wir leben (Fünftes Europäisches Gespräch Recklinghausen 1956). Köln-Deutz 1957, S. 188-199.
Soziale Frage. In: Zur Sozialen Frage (Wörterbuch der Politik, H. 3). 2. Aufl. Freiburg 1958, Sp. 1-8.
Iustitia socialis. In: Zur Sozialen Frage, a. a. O., Sp. 35-44.
Proletariat. In: Zur Sozialen Frage, a. a. O., Sp. 195-206.
Ist Eigentum eine Ordnungsmacht? In: Macht oder Ohnmacht des Eigentums (Siebtes Europäisches Gespräch Recklinghausen 1958). Köln-Deutz 1959, S. 27-69.
Das Eigentum in der modernen Industriegesellschaft. In: Die neue Ordnung, 13. Jg. 1959, S. 264-266.
Der Lohn als Erwerbsmittel und Eigentumsquelle. In: Eigentum und Eigentümer in unserer Gesellschaftsordnung (Veröffentlichungen der Walter-Raymond-Stiftung, Bd. 1). Köln, Opladen 1960, S. 51-72.
Lohnpolitik in gesamtwirtschaftlicher Verantwortung. In: Naturordnung in Gesellschaft, Staat, Wirtschaft (Messner-Festschrift). Innsbruck, Wien, München 1961, S. 670-680.
Sozialisierung. In: Staatslexikon, 6. Aufl. 7. Bd. 1962, Sp. 295-303.
August *Neuburger,* Investment-Sparen — ein sozialpolitisches Ziel. In: Der Volkswirt, Nr. 16, 1955, Beilage Wertpapier und Sparer.
Otto *Neuloh,* Die deutsche Betriebsverfassung und ihre Sozialformen bis zur Mitbestimmung. Tübingen 1956.
Der neue Betriebsstil. Untersuchungen über Wirklichkeit und Wirkungen der Mitbestimmung. Mit Beiträgen von Markus Kühn und Friedrich Baerwald. Tübingen 1960.
W. *Neumayer,* Direktgewinnbeteiligung durch Leistungslohn und Plankostenrechnung (Sonderheft der Zeitschrift für Betriebswirtschaft: „Die Gewinnbeteiligung der Arbeitnehmer, vom Wunsch zur Wirklichkeit“). Wiesbaden 1951.
Die *Neuordnung* des Eigentums. In: Herder-Korrespondenz, 7. Jg. 1952/53, S. 375-378.
Otto *Neurath,* Betriebsräte, Fachräte, Kontrollräte und die Vorbereitung der Vollsozialisierung. Berlin 1921.
Gildensozialismus, Klassenkampf, Vollsozialisierung. Dresden 1922.
Heinrich *Nicklisch,* Betrieb. In: Handwörterbuch der Betriebswirtschaftslehre, 2. Aufl. 1. Bd. 1938, Sp. 747-755.
Friedrich *Niebergall,* Evangelischer Sozialismus. Tübingen 1920.
Arthur *Nikisch,* Arbeitsrecht. Tübingen 1951, 2. Aufl. 1. Bd. 1954, 2. Bd. 1955.
Francesco S. *Nitti,* Il socialismo cattolico. Turin 1891; frz.: Le socialisme catholique. Paris 1894.
Cecil C. *North,* Social Problems and Social Planning. The Guidance of Social Change. New York 1932.
Charles Reinold *Noyes,* The Institution of Property. New York, Toronto, London 1936.
Alois *Oberhauser,* Die wirtschaftlichen Auswirkungen und Grenzen des Investivlohns. Paderborn 1959.

Neue Wege zu einer breiteren Vermögensverteilung. In: Ordo Socialis, 7. Jg. 1959/60, S. 35–45.

G. *O'Brien*, An Essay on Mediaval Economic Teaching. London 1920.

T. *O'Kane*, A Catholic Catechism of Social Questions. Oxford 1946.

J. H. *Oldham*, Work in Modern Society. London 1950; dt.: Die Arbeit in der modernen Welt. Stuttgart 1950.

Stefan *Oljelund*, Industris abetarproblem. Oslo 1933.

Franz *Oppenheimer*, Die Siedlungsgenossenschaft. Versuch einer positiven Überwindung des Kommunismus durch Lösung des Genossenschaftsproblems und der Agrarfrage. Leipzig, Berlin 1896, 3. Aufl. Jena 1922.

Großgrundeigentum und soziale Frage. Versuch einer neuen Grundlegung der Gesellschaftswissenschaft. Berlin 1898, 2. Aufl. Jena 1922.

Die soziale Frage und der Sozialismus. Eine kritische Auseinandersetzung mit der marxistischen Theorie. Jena 1912, 4. Aufl. 1925.

System der Soziologie. 4 Bde. Jena 1922/29.

Heinz-Dietrich *Ortlieb*, Wandlungen des Sozialismus. Hamburg 1947.

Der gegenwärtige Stand der Sozialisierungsdebatte in Deutschland. In: Untersuchungen zur sozialen Gestaltung der Wirtschaftsordnung (hrsgg. von Walter Weddigen). Berlin 1950.

Das Problem der Wirtschaftsdemokratie und seine Wandlung. In: Gewerkschaftliche Monatshefte, 1. Jg. 1950.

Wirtschaftsordnung und Wirtschaftspolitik ohne Dogma. Stuttgart, Düsseldorf 1954.

Die Legende vom Volkskapitalismus. Zur Rolle des Privateigentums in unserer heutigen Wirtschaftsordnung und Wirtschaftsstruktur. In: Hamburger Jahrbuch für Wirtschafts- und Gesellschaftspolitik, 7. Jg. 1962, S. 11–31.

Heinz-Dietrich *Ortlieb*, Helmut *Schelsky* (Hrsg.), Wege zum sozialen Frieden. Beiträge zur Mitbestimmung und sozialen Partnerschaft in der Wirtschaft. Stuttgart, Düsseldorf 1954.

Heinz-Dietrich *Ortlieb*, Gerhard *Stavenhagen*, Sozialisierung. In: Handwörterbuch der Sozialwissenschaften, 9. Bd. 1956, S. 464–469.

Robert *Owen*, A New View of Society. London 1813; dt.: Eine neue Auffassung von der Gesellschaft. Leipzig 1900.

Social System. London 1821.

What is Socialism? London 1841.

Vance *Packard*, The Hidden Persuaders. New York 1957; dt.: Die geheimen Verführer. Der Griff nach dem Unbewußten in jedermann. Düsseldorf 1958.

The Waste Makers. New York 1960; dt.: Die große Verschwendung. Düsseldorf 1961.

Hans *Pagenkopf*, Freiheit und Bindung des Eigentums. In: Neue Juristische Wochenschrift, 5. Jg. 1952, S. 1193 ff.

J. M. *Palacio*, Enchiridión sobre la propriedad. Concepto cristiano del derecho de propriedad y del uso de las riquezas. Madrid 1935.

J. J. *Pambrick*, G. H. *Haas*, Sourcebook of Union Government. Structure and Procedures. New York 1956.

Hargreaves *Parkinson*, Ownership of Industry. London 1951.

Talcott *Parsons*, The Social System. London 1952.

Albert *Pasquier*, Les doctrines sociales en France. Vingt ans d'évolution 1930–1950. Paris 1950.

Richard *Passow*, Kapitalismus. Eine begrifflich-terminologische Studie. Jena 1918, 2. Auflage 1927.

Samuel Howard *Patterson*, Social Aspects of Industry. A Survey of Labour Problems and Causes of Industrial Unrest. New York 1935.
Francis *Peabody*, Jesus Christus und die soziale Frage. Gießen 1903.
Allan T. *Peacock* (ed.), Income Redistribution and Social Policy. London 1954.
Gracia J. *Pérez*, De principiis functionis socialis proprietatis privatae apud Thomam Aquinatam. Abulae 1924.
Charles *Périn*, De la richesse dans les sociétés chrétiennes. Paris 1861; dt.: Über den Reichtum in der christlichen Gesellschaft. 2 Bde. Regensburg 1866/68.
Les lois de la société chrétienne. Paris 1875; dt.: Christliche Politik. Regensburg 1878.
Viktor *Perlo*, "People's Capitalism" and Stock-Ownership. In: The American Economic Review, Vol. XLVIII, 1958.
François *Perroux*, Le capitalisme. 2. éd. Paris 1951.
Heinrich *Pesch*, Lehrbuch der Nationalökonomie. 5 Bde. Freiburg 1905/23.
Sozialisierung. 2. Aufl. Freiburg 1919.
Das Privateigentum als soziale Institution. 2. Aufl. Freiburg 1900.
Liberalismus, Sozialismus und christliche Gesellschaftsordnung. 2 Bde. Freiburg 1893/1900, 2. Aufl. 1898/1901.
Hans *Peter*, Das Privateigentum und seine Schranken. In: Finanzarchiv, 7. Jg. 1940, S. 367-382.
Über gerechte Verteilung des Einkommens und Eigentums. In: Zeitschrift für die gesamte Staatswissenschaft, 112. Bd. 1956, S. 218-230.
Hans *Peter*, Wandlungen der Eigentumsordnungen und der Eigentumslehre seit dem 19. Jahrhundert. Ein Beitrag zur neueren Geschichte des Zivilrechts (Züricher Beiträge der Rechtswissenschaft, N. F. Heft 160). Aarau 1949.
Karl *Peters*, Das Begreifen der Eigentumsordnung als kriminalpolitisches Problem. In: Festschrift für Wilhelm Sauer. Berlin 1949.
Bernhard *Pfister*, Mitbestimmungsrecht. In: Hochland, 47. Jg. 1954/55, S. 432-443.
Rudolf *Pfister*, Zwingli. In: Evangelisches Kirchenlexikon. Kirchlich-theologisches Handwörterbuch. 3. Bd. 1959, Sp. 1948-1952.
Harold A. *Phelps*, Contemporary Social Problems. New York 1932, 3. ed. 1947.
August *Pieper*, Franz Hitze und die Korporationsidee. In: Die soziale Frage und der Katholizismus. Festschrift zum vierzigjährigen Jubiläum der Enzyklika Rerum novarum. Paderborn 1931, S. 86-98.
Kapitalismus und Sozialismus als seelisches Problem. 2. Aufl. M.-Gladbach 1925.
Josef *Pieper*, Die Neuordnung der menschlichen Gesellschaft. Systematische Einführung in die Enzyklika Quadragesimo anno. Frankfurt 1932.
Theo *Pirker*, Um die Führung der Nation. In: Gewerkschaftliche Monatshefte, 2. Jg. 1951, S. 290-295.
Gaetan *Pirou*, Néo-Libéralisme, Néo-Corporatisme, Néo-Socialisme. Paris 1939.
Pius XI., Quadragesimo anno. In: Marmy, n. 610 ff.
Divini Redemptoris. In: Marmy, n. 168 ff.
Pius XII., Rundfunkansprache zur Fünfzigjahrfeier des Rundschreibens Rerum novarum (Pfingsten 1941). In: Marmy, n. 763 ff.
Rundfunkansprache an Weihnachten 1942. In: Marmy, n. 1005 ff.
Ansprache am 7. Mai 1949 an die neunte internationale Konferenz der katholischen Unternehmerverbände (Union Internationale des Associations Patronales Catholiques). In: Herder-Korrespondenz, 3. Jg. 1948/49, S. 453-455.
Ansprache am 3. Juni 1950 an die Teilnehmer des Internationalen Kongresses für Sozialwissenschaften. In: Herder-Korrespondenz, 4. Jg. 1949/50, S. 451-453.

Ansprache am 1. Februar 1952 an den Nationalrat der katholischen Unternehmervereinigung Italiens. In: Herder-Korrespondenz, 6. Jg. 1951/52, S. 269 f.
Ansprache an den Österreichischen Katholikentag (11.-16. September 1952). In: Herder-Korrespondenz, 7. Jg. 1952/53, S. 8 f.
Päpstlicher Brief des Unterstaatssekretärs Giovanni B. Montini zur 21. Sozialen Woche der Katholiken Italiens in Turin (21.-27. September 1952). In: Utz-Groner, n. 3368 ff.
Jean *Plaquevent,* Prolétariat ou non. In: Esprit. Revue internationale, t. 19, 1951, p. 23-29.
Alfred *Plummer,* International Combines in Modern Industry. New York 1934.
Robert *Pohl,* Die Rechtsbedeutung des Betriebes. Berlin 1930.
Robert *v. Pöhlmann,* Geschichte der sozialen Frage und des Sozialismus in der antiken Welt. 3. Aufl. 2 Bde. München 1925.
Erich *Potthoff,* Otto *Blume,* Helmut *Duvernell,* Zwischenbilanz der Mitbestimmung (hrsgg. von der Hans-Böckler-Gesellschaft). Tübingen 1962.
Heinz *Potthoff,* Unternehmen und Betriebsräte. Berlin 1920.
V. *Pottier,* J. *Caryl,* Le mouvement social catholique. In: Chronique sociale de France, t. 58, 1949, p. 349-372.
Erich *Preiser,* Besitz und Macht in der Distributionstheorie. In: Synopsis (Festgabe für Alfred Weber). Heidelberg 1948, S. 333-358.
Die ökonomische Problematik der Eigentumsverteilung. In: Th. Heckel (Hrsg.), Eigentum und Eigentumsverteilung als theologisches, rechtsphilosophisches und ökonomisches Problem. München 1962, S. 42-62.
Bildung und Verteilung des Volkseinkommens. Gesammelte Aufsätze zur Wirtschaftstheorie und Wirtschaftspolitik. Göttingen 1957.
Die Zukunft unserer Wirtschaftsordnung. Probleme und Möglichkeiten. Stuttgart 1949, 3. Aufl. Göttingen 1960.
Ludwig *Preller,* Sozialpolitik in der Weimarer Republik. Stuttgart 1949.
Notwendigkeit und Grenzen betrieblicher Sozialleistungen. Stuttgart, Düsseldorf 1953.
Sozialpolitik. Theoretische Ortung. Tübingen, Zürich 1962.
Franz *Prinz,* Eigentum als Ordnungsmacht. 2 Teile. München 1953.
Inwiefern gründet das *Privateigentum* im Naturrecht? In: Herder-Korrespondenz, 5. Jg. 1950/51, S. 269-274.
Probleme des Miteigentums (Bericht über die 16. Arbeitstagung der Arbeitsgemeinschaft selbständiger Unternehmer in Reutlingen vom 23. bis 25. April 1954, mit Referaten von P. Mertens, B. Pfister, A. Mann und J. Winschuh). Bonn 1954.
Pierre Joseph *Proudhon,* Qu'est-ce la propriété? Paris 1840; dt. von F. Meyer, Bern 1844, A. F. Cohn, Berlin 1896.
Système des contradictions économiques, ou philosophie de la misère. 2 Bde. Paris 1846; dt.: Die Widersprüche der Nationalökonomie oder die Philosophie der Not. 2 Bde. 1847.
Solution du problème social. Paris 1848.
De la justice dans la révolution et dans l'église. 3 Bde. Paris 1858; dt.: Die Gerechtigkeit in der Revolution und in der Kirche. Hamburg 1858.
Théorie de la propriété. Paris 1865.
Alfred de *Quervain,* Ruhe und Arbeit, Lohn und Eigentum (Ethik II, 3. Bd.). Zollikon 1956.
H. R. *Quillet,* Doctrina socialis et politica divi Thomae Aquinatis. In: Revue des sciences ecclésiastiques, t. 9, 1894, p. 340-355.
Paul *Quittner,* Investment. Moderne Prinzipien der Vermögensanlage. Berlin 1930.
Fritz *Rabich,* Der Weg zum Volkskapitalismus. Düsseldorf 1957.

Gerhard von *Rad,* Verheißenes Land und Land Jahwes. In: Zeitschrift des Deutschen Palästina-Vereins, 66. Bd. 1943, S. 191-204.

Melvin *Rader,* Ethics and Society. An Appraisal of Social Ideals. New York 1950.

Leonhard *Ragaz,* Das Evangelium und der soziale Kampf der Gegenwart. Basel 1906, 2. Aufl. 1907.

Kapitalismus, Sozialismus und Ethik. Zürich 1907.

Jesus Christus und der moderne Arbeiter. Zürich 1908.

Ludwig *Raiser,* Zur Eigentumsgarantie des Grundgesetzes. In: Archiv des öffentlichen Rechts, 78. Jg. 1952/53, S. 118 ff.

Eigentumsanspruch und Recht zum Besitz. In: Beiträge zum Zivilrecht und internationalen Privatrecht (Festschrift für Martin Wolff). Tübingen 1952.

Die Geltendmachung des öffentlichen Interesses gegenüber Unternehmen durch deren öffentliche Bindung. In: Macht oder Ohnmacht des Eigentums (Siebtes Europäisches Gespräch in Recklinghausen 1958). Köln-Deutz 1959, S. 203-214.

Eigentumsrecht. In: Handwörterbuch der Sozialwissenschaften. 3. Bd. 1961, S. 39-44.

Thilo *Ramm,* Ferdinand Lassalle als Rechts- und Sozialphilosoph. Meisenheim, Wien 1953, 2. Aufl. 1956.

Harold *Rasch,* Deutsches Konzernrecht. 2. Aufl. Köln, Berlin 1955.

Walter *Rathenau,* Die autonome Wirtschaft. Berlin 1919.

Bruno *Rauecker,* Wirtschaftsdemokratie als nationale Aufgabe. Berlin 1929.

Marcel *Reding,* Zur Theologie des Eigentums. In: Eigentum und Gesellschaft. Beiträge für eine zeitgemäße Eigentumsordnung. Graz 1956, S. 5-15.

Herbert *Reichel,* Die deutsche Einheitsgewerkschaft und ihr geistiger Standort. Köln 1952.

Werner *Remmers,* Konzentration und Wirtschaftspolitik. In: Ordo Socialis, 7. Jg. 1959/60, S. 105-115.

Raymond G. *Renard,* L'entreprise et sa finance. In: Revue des sciences philosophiques et theologiques, t. 25, 1936, p. 645-657.

La philosophie de l'institution. Essai d'ontologie juridique. Paris 1939.

L'institution, fondement d'une rénovation de l'ordre social. Paris 1933.

R. G. *Renard,* L. *Trotabas,* La fonction sociale de la propriété privée. Paris 1930.

Karl *Renner,* Die Rechtsinstitute des Privatrechts und ihre soziale Funktion. Tübingen 1929.

Wege der Verwirklichung. Betrachtungen über politische Demokratie, Wirtschaftsdemokratie und Sozialismus, insbesondere über die Aufgaben der Genossenschaften und der Gewerkschaften. Offenbach 1947.

Wandlungen der modernen Gesellschaft. Wien 1953.

Anton *Retzbach,* Die Erneuerung der gesellschaftlichen Ordnung nach der Enzyklika Quadragesimo anno. Freiburg 1932.

H. *Rewolle,* E. *Köst,* Handkommentar zum Arbeitsrecht. Göttingen 1953.

Heinz *Reymann,* Glaube und Wirtschaft bei Luther. Gütersloh 1934.

Arthur *Rich,* Christliche Existenz in der industriellen Welt. Zürich 1957.

Helmut *Ridder,* Enteignung und Sozialisierung. In: Veröffentlichungen der Vereinigung der Deutschen Staatsrechtslehrer, H. 10, Berlin 1952, S. 124-177.

Clare C. *Riedl,* The Social Theory of St. Thomas Aquinas. In: Philosophy of Society, American Catholic Philosophical Association. Philadelphia 1934, p. 11-34.

Hans *Riehl,* Eigentum und Kultur. In: Eigentum und Gesellschaft. Beiträge für eine zeitgemäße Eigentumsordnung. Graz 1956, S. 49-62.

Walter *Riener,* Soziales Handbuch. Katholische Soziallehre und soziale Gegenwart. Wien 1956.

David *Riesman,* The Lonely Crowd. A Study of the Changing American Charakter. New Haven 1950; dt.: Die einsame Masse. Eine Untersuchung der Wandlungen des amerikanischen Charakters. Darmstadt, Berlin-Frohnau, Neuwied a. Rh. 1956.

Georges *Ripert,* Aspects juridiques du capitalisme moderne. Paris 1946.

Emil *Ritter,* Die katholisch-soziale Bewegung Deutschlands im neunzehnten Jahrhundert und der Volksverein. Köln 1954.

Gisbert *Rittig,* Theoretische Grundlagen der Sozialisierung. In: Untersuchungen zur sozialen Gestaltung der Wirtschaftsordnung (hrsgg. von Walter Weddigen). Berlin 1950, S. 143-188.

Hans *Rizzi,* Vogelsang. In: Staatslexikon, 5. Aufl. 5. Bd. 1932, Sp. 868-875.

Lionel *Robbins,* International Planning and International Order. London 1938.

Mathieu *Robert,* La doctrine sociale de S. Thomas et sa réalisation dans les faits. In: Revue thomiste, t. 20, 1912, p. 49-65.

B. C. *Roberts,* Trade-Union Government and Administration in Great Britain. London 1956.

H. M. *Robertson,* Aspects of the Rise of Economic Individualism. A Criticism of Max Weber and his School. London 1933.

M. *Rocha,* Les origines de „Quadragesimo anno". Travail et salaire à travers la scolastique. Louvain 1933.

Teodoro *Rodriguez,* Causas, causantes y remedios del moderno caos social. El Escorial 1944.

Christian *Rogge,* Der irdische Besitz im Neuen Testament. Seine Beurteilung und Wertschätzung durch Christus und die Apostel. Göttingen 1897.

Heinrich *Rommen,* Die ewige Wiederkehr des Naturrechts. Leipzig 1936, 2. Aufl. München 1947.

P. de *Rooy,* Philosophia socialis. Roma 1937.

Wilhelm *Röpke,* Civitas humana. Grundfragen der Gesellschafts- und Wirtschaftsreform. 3. Aufl. Erlenbach-Zürich 1949.
Jenseits von Angebot und Nachfrage. Erlenbach-Zürich, Stuttgart 1958.
Die Krise des Kollektivismus. München 1947.

Albert *Rossel,* Kirche, Arbeiterfrage, Sozialismus. Siegburg 1949.

Allen W. *Rucker,* Steigende Produktivität, steigende Leistung, steigender Lohn. Düsseldorf 1954.

Kurt *Rudolph,* Die Bindungen des Eigentums. Eine rechtsvergleichende Studie. Tübingen 1960.

Jacques *Rueff,* L'ordre social. Paris 1945; dt.: Die soziale Ordnung. Bremen 1952.

Paul *Rusch,* Katholische Sozialreform. Feldkirch 1946.

Alexander *Rüstow,* Zwischen Kapitalismus und Kommunismus. In: Ordo, 2. Bd. 1949, S. 100-169.
Das Versagen des Wirtschaftsliberalismus als religionsgeschichtliches Problem. Zürich, New York 1945, 2. Aufl. Stuttgart 1950.
Ortsbestimmung der Gegenwart. 3 Bde. Zürich 1950/57.

Georges Ceslas *Rutten,* La doctrine sociale de l'Eglise. Résumée dans les Encycliques Rerum novarum et Quadragesimo anno. Juvisy 1932.

Vincenzo de *Ruvo,* L'evolutione sociale. Nuovi principii e aspetti concreti. Bari 1946.

John A. *Ryan,* Alleged Socialism of the Church Fathers. St. Louis 1913.
The Christian Doctrine of Property. New York 1923.

Edgar *Salin,* Geschichte der Volkswirtschaftslehre. 4. Aufl. Bern, Tübingen 1951.
Platon und die griechische Utopie. München, Leipzig 1921.
Civitas Dei. Tübingen 1926.
Urchristentum und Staat. In: Schmollers Jahrbuch für Gesetzgebung, Verwaltung und Volkswirtschaft, 55. Jg. 1931.
Louis *Salleron,* Six études sur la propriété collective. Paris 1947.
Les catholiques et le capitalisme. Paris, Genève 1951.
Friedrich *Schack,* Generelle Eigentumsentziehungen als Enteignungen. In: Neue Juristische Wochenschrift, 7. Jg. 1954, S. 577 ff.
Franz *Schäffer,* Mitsprache und Mitbestimmung. Graz 1953.
Albert *Schäffle,* Bau und Leben des sozialen Körpers. 4 Bde. Tübingen 1875/78, 2. Aufl. 2 Bde. 1896.
Johannes *Schanz,* Sozialisierung und katholische Soziallehre. Kleve 1951.
Johann *Schasching,* Katholische Soziallehre und modernes Apostolat. Innsbruck, Wien, München 1956.
Albert *Schatz,* L'individualisme économique et social. Paris 1907.
Franz *Schaub,* Die Eigentumslehre nach Thomas von Aquin und dem modernen Sozialismus. Freiburg 1898.
Konrad *Schayer,* Wege der Vermögensbildung in Arbeiterhand. In: Gewerkschaftliche Monatshefte, 4. Jg. 1953, S. 649-655.
Helmut *Schelsky,* Industrie- und Betriebssoziologie. In: Soziologie. Ein Lehr- und Handbuch zur modernen Gesellschaftskunde. 3. Aufl. Düsseldorf, Köln 1955, S. 159-203.
Von der Klassen- zur Wohlstandsgesellschaft. In: Wort und Wahrheit, 17. Jg. 1962, S. 17-26.
Georg *Scherer,* Konsumhaltung und Menschenbild. In: Die Kirche in der Welt, 10. Jg. 1958, S. 17 ff.
Gerhard *Scherhorn,* Sparen und „konkretes Eigentum". In: Blätter für Genossenschaftswesen, 106. Jg. 1960.
Ulrich *Scheuner,* Die Abgrenzung der Enteignung. In: Die öffentliche Verwaltung, 7. Jg. 1954, S. 587-592.
Jack *Schiefer,* Der Christ und das Eigentum. In: Karl Schiller, Aufgaben und Versuche. Zur neuen Ordnung von Gesellschaft und Wirtschaft. Hamburg 1953.
Die Gewerkschaften im Wirtschafts- und Gesellschaftsleben. Aachen 1947.
Karl *Schiller,* Aufgaben und Versuche. Zur neuen Ordnung von Gesellschaft und Wirtschaft. Hamburg 1953.
Otto *Schilling,* Der kirchliche Eigentumsbegriff. Freiburg 1920, 2. Aufl. 1930.
Die Staats- und Soziallehre des hl. Thomas von Aquin. Paderborn 1923.
Die Gesellschaftslehre Leos XIII. und seiner Nachfolger. München 1951.
Reichtum und Eigentum in der altkirchlichen Literatur. Ein Beitrag zur sozialen Frage. Freiburg 1908.
Franz M. *Schindler,* Die soziale Frage der Gegenwart. Wien 1905, 3. Aufl. 1908.
Adolf *Schlatter,* Die christliche Ethik. 3. Aufl. Stuttgart 1929.
Richard *Schlatter,* Private Property. The History of an Idea. London 1951.
Jochen *Schmauch,* Zur Überwindung der Konsumhaltung in der gegenwärtigen Gesellschaft. In: Ordo Socialis, 7. Jg. 1959/60, S. 167-182.
Hans *Schmid,* Neoliberalismus und katholische Soziallehre. Köln 1954.
Wilhelm *Schmidt,* Geschichte des Eigentums. Münster 1937.
Benedikt *Schmittmann,* Wirtschafts- und Sozialordnung als Aufgabe. Stuttgart 1932, 2. Aufl. Freiburg 1948.

Werner G. *Schmitz*, Kapitalbeteiligung des Arbeitnehmers am arbeitgebenden Unternehmen. Berlin 1955.

Günter *Schmölders*, Eigentum und Eigentumspolitik. In: Eigentum und Eigentümer in unserer Gesellschaftsordnung (Veröffentlichungen der Walter-Raymond-Stiftung, Bd. 1). Köln, Opladen 1960, S. 213-234.

Eigentum und Wirtschaftsordnung (Vortrag auf der Jubiläumstagung der Haus- und Grundbesitzer in München). Düsseldorf 1954.

Gustav *Schmoller*, Die soziale Frage. Klassenbildung, Arbeiterfrage, Klassenkampf. Leipzig, München 1918.

Rudolf *Schnackenburg*, Die sittliche Botschaft des Neuen Testamentes. München 1954, 2. Aufl. 1962.

Hans *Schneider*, Das soziale Jahrhundert. Am Kreuzweg der Systeme. Frankfurt, Bonn 1950.

Werner *Schöllgen*, Die soziologischen Grundlagen der katholischen Sittenlehre (Handbuch der katholischen Sittenlehre, 5. Bd.). Düsseldorf 1953.

Wilfrid *Schreiber*, Probleme und Möglichkeiten der Eigentumsbildung der Arbeitnehmer. Köln 1953.

Eigentum als soziale Ordnungsmacht. In: Soziale Sicherung durch Neuordnung des Eigentums (4. Kath.-Soziale Woche 1953 in München). Augsburg 1953, S. 28-51.

Vermögensbildung in breiten Schichten. In: Wort u. Wahrheit, 13. Jg. 1958, S. 681-694.

Claus *Schrempf*, Sparen und Verdienen durch Investment. München 1956.

E. *Schueller*, Le salaire proportionel. Paris 1945.

Der proportionelle Lohn. In: Bulletin Nr. 1 der intereuropäischen Konferenz für sozialen Frieden. Düsseldorf 1952.

Fritz *Schulz*, Prinzipien des römischen Rechts. München, Leipzig 1934.

H. *Schumacher*, The Social Message of the New Testament. Milwaukee 1937.

Kurt *Schumacher*, Grundsätze sozialistischer Politik. Hamburg 1946.

Joseph *Schumpeter*, Capitalism, Socialism and Democracy. New York 1942, 3. ed. 1950; dt.: Kapitalismus, Sozialismus und Demokratie. Bern 1946, 2. Aufl Bern, München 1950.

Theorie der wirtschaftlichen Entwicklung. Leipzig 1912, 5. Aufl. Berlin 1952.

Johann B. *Schuster*, Die Soziallehre nach Leo XIII. und Pius XI. Freiburg 1935.

B. *Schwalm*, La propriété d'après la philosophie de St. Thomas. In: Revue thomiste, t. 3, 1895, p. 281-307, 634-660.

Wilhelm *Schwer*, Katholische Gesellschaftslehre. Bonn 1928.

Lorenz vom Stein. In: Staatslexikon, 5. Aufl. 5. Bd. 1932, Sp. 97-99.

Wilhelm *Schwer*, Franz *Müller*, Der deutsche Katholizismus im Zeitalter des Kapitalismus. Augsburg 1932.

Richard *Seidel*, Die Gewerkschaftsbewegung in Deutschland. Köln 1952.

Die deutschen Gewerkschaften. Stuttgart 1948.

Der geschichtliche Weg zum Mitbestimmungsrecht. In: Gewerkschaftliche Monatshefte, 2. Jg. 1951, S. 296-303.

Ignaz *Seipel*, Die wirtschaftlichen Lehren der Kirchenväter. Wien 1907.

Paul *Sering*, Jenseits des Kapitalismus. Lauf b. Nürnberg 1946, 3. Aufl. 1948.

G. *Seufert*, Inhalt des Eigentums; Vorbemerkungen zu § 903. In: J. v. Staudinger, Kommentar zum BGB; Sachenrecht. Bd. 3, Teil 1. 11. Aufl. Berlin 1956, S. 348 ff.

William O. *Shanahan*, Der deutsche Protestantismus vor der sozialen Frage. München 1962.

George Bernard *Shaw*, Essays in Fabian Socialism. London 1949.

Soziale *Sicherung* durch Neuordnung des Eigentums (4. Katholisch-Soziale Woche 1953 in München, hrsgg. von der Arbeitsgemeinschaft der Katholisch-Sozialen Woche). Augsburg 1953.

Richard *Sieben*, Einkommen, Besteuerung und Sparung in der Bundesrepublik. Versuch eines Vergleichs zwischen 1955 und 1936. In: Gewerkschaftliche Monatshefte, 7. Jg. 1956, S. 145-153.

Friedrich Georg *Sitzler*, Unternehmensbeteiligung der Arbeitnehmer. In: Macht oder Ohnmacht des Eigentums (Siebtes Europäisches Gespräch in Recklinghausen 1958). Köln-Deutz 1959, S. 103-113.

Nils H. *Soe*, Christliche Ethik. Ein Lehrbuch (deutsche Ausgabe besorgt von Walter Thiemann). München 1949.

Rudolf *Sohm*, Institutionen, Geschichte und System des römischen Privatrechts (bearb. von L. Mitteis, hrsg. von L. Wenger). Berlin 1949.

Joseph *Solterer*, Zur Theorie der gesellschaftswirtschaftlichen Einkommensverteilung. In: Wirtschaftsfragen der freien Welt (Erhard-Festschrift). Frankfurt/M. 1957.

Freiheit und Gesetz in der Einkommensverteilung. In: Ordo, 10. Bd. 1958, S. 271-289.

Werner *Sombart*, Die gewerbliche Arbeiterfrage. 2. Aufl. Berlin, Leipzig 1912.

Der moderne Kapitalismus. Historisch-systematische Darstellung des gesamteuropäischen Wirtschaftslebens von seinen Anfängen bis zur Gegenwart. München, Leipzig Bd. 1 und 2 1902, 7. Aufl. 1928, Bd. 3 1927, 2. Aufl. 1928.

Th. *Sommerlad*, Das Wirtschaftsprogramm der Kirche des Mittelalters. Leipzig 1903.

Léon de *Sousberghe*, Propriété de «droit naturel». Thèse néo-scolastique et tradition scolastique. In: Nouvelle Revue Théologique, t. 72, 1950, p. 580-607; dt.: Das Privateigentum als Naturrecht. Eine neuscholastische These im Lichte der scholastischen Tradition. In: Dokumente, 7. Jg. 1951, S. 123-141.

Die *Sozialgemeinschaften*. Entwurf des Hessischen Sozialisierungsgesetzes mit Begründung und einführenden Beiträgen der Mitarbeiter des hessischen Wirtschaftsministeriums (hrsgg. von Harald Koch). Hamburg 1948.

Katholische *Soziallehre*. Lexikon päpstlicher Weisungen. Eichstätt, Rom, München 1948.

Ceslas *Spicq*, Dominium, possessio, proprietas chez St. Thomas et chez les juristes romains. In: Revue des sciences philosophiques et théologiques, t. 18, 1929, p. 269-281.

La notion analogique de „Dominium" et le droit de propriété. In: Revue des sciences phil. et théol., t. 20, 1931, p. 52-76.

Franz *Spiegelhalter*, Gewinnbeteiligung. Illusionen und Möglichkeiten. München, Düsseldorf 1951.

Zur statistischen Erfassung der Eigentumsbildung. In: Wirtschaftsdienst, 35. Jg. 1955, S. 89 ff.

„Miteigentum" und „Gewinnbeteiligung". Kritische Analyse einiger Schlagworte. Köln 1957.

Ziele und Möglichkeiten der Ergebnisbeteiligung der Arbeitnehmer. Paderborn (o. J.).

Aus der Praxis der Erfolgsbeteiligung. In: Der Arbeitgeber, 9. Jg. 1957, S. 311 ff., 352 ff., 377 ff., 412 ff., 457 ff., 578 ff.

Ergebnisbeteiligung wo und wie? Essen 1958.

Eigentumsbeteiligung. Pläne und Möglichkeiten. Neuwied a. Rh., Berlin, Darmstadt 1959.

Der unsichtbare Lohn. Statistische Durchleuchtung des betrieblichen Sozialaufwands. Neuwied a. Rh., Berlin, Darmstadt 1961.

Eigentum und Wirtschaftsordnung. Paderborn (o. J.).

Gert P. *Spindler*, Mitunternehmertum. Vom Klassenkampf zum sozialen Ausgleich. Lüneburg 1951.

Partnerschaft statt Klassenkampf. Zwei Jahre Mitunternehmertum in der Praxis. Stuttgart, Köln 1954.

W. *Spohr*, Die katholische Lehre vom Eigentum. Köln 1940.

Rudolf *Stammler,* Eigentum und Besitz. In: Handwörterbuch der Staatswissenschaften, 4. Aufl. 3. Bd. 1926, S. 332-350.

Gerhard *Stavenhagen,* Der Sozialismus und die Sozialisierung. Salzgitter 1949.

Henry Wickham *Steed,* A Way to Social Peace. New York 1935.

A. *Stegner,* Soziale Neuordnung und Eigentumsbildung. In: Sozialer Fortschritt, 4. Jg. 1955.

German *Stehle,* Klare Begriffe in der Frage des „Miteigentums". In: Gesellschaftspolitische Kommentare, 4. Jg. 1957, S. 11 f.

Bildung von Produktiv-Kapitalvermögen in der Hand des Arbeitnehmers. In: Die neue Ordnung, 12. Jg. 1958, S. 378-382.

Hans *Stein,* Pauperismus und Assoziation. Soziale Tatsachen und Ideen auf dem westeuropäschen Kontinent vom Ende des 18. bis zur Mitte des 19. Jahrhunderts unter besonderer Berücksichtigung des Rheingebietes. Leiden 1936.

Lorenz v. *Stein,* Der Sozialismus und Kommunismus des heutigen Frankreich. Ein Beitrag zur Zeitgeschichte. Leipzig 1842, 2. Aufl. 2 Bde. 1848.

Geschichte der socialen Bewegung in Frankreich von 1789 bis auf unsere Tage. 3 Bde. Leipzig 1850, Neudruck (hrsgg. von G. Salomon). München 1921.

System der Staatswissenschaft. 2 Bde. Stuttgart 1852/56.

Lehrbuch der Volkswirtschaft. Wien 1858, 3. Aufl. (unter dem Titel: Lehrbuch der Nationalökonomie) 1887.

Ludwig *Stein,* Die soziale Frage im Lichte der Philosophie. Stuttgart 1897, 4. Aufl. 1922.

Ernst *Steinbach,* Verlangt die evangelische Soziallehre eine Politik der breiten Eigentumsstreuung? In: Eigentum und Eigentümer in unserer Gesellschaftsordnung (Veröffentlichungen der Walter-Raymond-Stiftung, Bd. 1). Köln, Opladen 1960, S. 124 bis 147.

Theodor *Steinbüchel,* Der Sozialismus als sittliche Idee. Ein Beitrag zur christlichen Sozialethik. Düsseldorf 1921.

Sozialismus. Tübingen 1950.

Alphons *Steinmann,* Jesus und die soziale Frage. Paderborn 1920, 2. Aufl. 1925.

Eugen *Steinmann,* Der Arbeiter als Partner im Betrieb. Zürich 1953.

Fedor *Stepun,* Die Pflicht zum Eigentum und das Recht der Enteignung. In: Hochland, 39. Jg. 1946/47, S. 20-36.

Fritz *Sternberg,* Der Niedergang des deutschen Kapitalismus. Berlin 1952.

Paul *Steven,* Eléments de morale sociale. Paris 1954.

G. *Stier,* Das sogenannte wirtschaftliche und formaljuristische Eigentum. Zugleich ein Beitrag zur Treuhand als Gesetzgebungsproblem. Leipzig 1933.

Archibald H. *Stockder,* Business Ownership Organization. New York 1922.

Rolf *Stödter,* Über den Enteignungsbegriff. Bemerkungen zum Enteignungsbeschluß des BGH. In: Die öffentliche Verwaltung, 6. Jg. 1953, S. 97-101, 136-141.

Konrad *Stopp,* Vermögensbildung in Arbeiterhand (hrsgg. von der Pressestelle der Evangelischen Aktionsgemeinschaft für Arbeiterfragen in Deutschland). Bad Boll 1960.

Jakob *Strieder,* W. E. von Ketteler und die soziale Frage im deutschen Katholizismus. In: Die soziale Frage und der Katholizismus. Festschrift zum vierzigjährigen Jubiläum der Enzyklika Rerum novarum. Paderborn 1931, S. 47-63.

Zur Genesis des modernen Kapitalismus. Leipzig 1904, 2. Aufl. München, Leipzig 1935.

Studien zur Geschichte kapitalistischer Organisationsformen. Monopole, Kartelle und Aktiengesellschaften im Mittelalter und zu Beginn der Neuzeit. München 1914, 2. Aufl. 1925.

Heinrich *Ströbel,* Die Sozialisierung, ihre Wege und Voraussetzungen. 2. Aufl. Berlin 1922.

Thomas *Suavet,* Les thèmes évangéliques dans l'enseignement social des papes de Léon XIII à Pie XII. In: Civitas, Monatsschrift des Schweizerischen Studentenvereins, 6. Jg. 1950/51, S. 506-517.

Luigi *Taparelli,* Saggio teoretico di diritto naturale appoggiato sul fatto. 2. vol. Palermo 1840/41, 2. ed. Prato 1883; dt.: Versuch eines auf Erfahrung begründeten Naturrechts (a. d. Italienischen übersetzt von F. Schöttl und C. Rinecker). 2 Bde. Regensburg 1845.

Fritz *Tarnow,* Die Wirtschaft und die Gewerkschaften. Berlin 1925.

Warum arm sein? Berlin 1928.

Anton *Tautscher,* Die sozialwirtschaftlichen Verpflichtungsstufen des Eigentums. In: Eigentum und Gesellschaft. Beiträge für eine zeitgemäße Eigentumsordnung. Graz 1956, S. 31-47.

Wirtschaftsethik. München 1957.

Vom Arbeiter zum Mitarbeiter. Quantitative und qualitative Sozialpolitik. Berlin 1961.

Richard H. *Tawney,* Religion and the Rise of Capitalism. A Historical Study. London, New York 1926, Neudruck New York 1947; dt.: Religion und Frühkapitalismus. Eine historische Studie. Bern 1946.

Ulrich *Teichmann,* Arbeitnehmereigentum. In: Gewerkschaftliche Monatshefte, 7. Jg. 1956, S. 566 f.

Hans Jürgen *Teuteberg,* Geschichte der industriellen Mitbestimmung in Deutschland. Ursprung und Entwicklung ihrer Vorläufer im Denken und in der Wirklichkeit des 19. Jahrhunderts. Tübingen 1961.

Augustinus *Thiele,* Der Investment-Einleger in der Kapitalwirtschaft. In: Die neue Ordnung, 13. Jg. 1959, S. 53-56.

Die Volksaktie. In: Die neue Ordnung, 12. Jg. 1958, S. 207-209.

Theo *Thiemeyer,* Gewerkschaft und Vermögensbildung. In: Gewerkschaftliche Monatshefte, 12. Jg. 1961, S. 85-96.

Erich *Thier,* Rodbertus, Lassalle, Adolph Wagner. Ein Beitrag zur Theorie und Geschichte des deutschen Staatssozialismus. Jena 1930.

Die Kirche und die soziale Frage. Von Wichern bis Friedrich Naumann. Eine Untersuchung über die Beziehungen zwischen politischen Vorgängen und kirchlichen Reformen. Gütersloh 1950.

Gustave *Thils,* Théologie des réalités terrestres. Tournai, Paris 1952; dt.: Theologie der irdischen Wirklichkeiten. Salzburg 1955.

Thomas von Aquin, Summa Theologiae. Textausgabe Marietti. Taurini, Romae 1948.

K. M. *Thompsen,* Profit Sharing. New York 1949.

A. *Tiano,* M. *Rocard,* H. *Lesire-Ogrel,* Expériences françaises d'action syndicale ouvrière. Paris 1956.

Paul *Tillich,* Kairos. Darmstadt 1926.

Zum Problem des religiösen Sozialismus. Göttingen 1927.

Protestantisches Prinzip und proletarische Situation. Bonn 1931.

Die sozialistische Entscheidung. Potsdam 1933, 2. Aufl. Offenbach 1948.

Der Mensch im Christentum und im Marxismus. Stuttgart, Düsseldorf 1953.

Fritz *Tillmann,* Die Verwirklichung der Nachfolge Christi. Die Pflichten gegen sich selbst und den Nächsten. In: Handbuch der kath. Sittenlehre. 4. Aufl. Bd. IV, 2. Düsseldorf 1950.

Persönlichkeit und Gemeinschaft in der Predigt Jesu. Düsseldorf 1919.

Peter *Tischleder,* Eigentum. In: Staatslexikon, 5. Aufl. 1. Bd. 1926, Sp. 1582-1597.

Rudolf *Todt,* Der radikale deutsche Sozialismus und die christliche Gesellschaft. Wittenberg 1877.

Giuseppe *Toniolo,* L'odierno problema sociologico. Studio storico-critico (Pref. editoriale de Amintore Fanfani). Città del Vaticano 1947.

Ferdinand *Tönnies,* Eigentum. In: Handwörterbuch der Soziologie. Stuttgart 1931, S. 106 bis 112.

Die Entwicklung der sozialen Frage. Leipzig 1907, 4. Aufl. Berlin 1926.

Das Eigentum. Wien, Leipzig 1926.

M. de *Torres,* Teoria de la politica social. Madrid 1949.

Ezra Thayer *Towne,* Social Problems. New York 1916, 3. ed. 1931.

Karl *Trabalski,* Zur Frage der Beteiligung der Arbeiter am Kapital der Unternehmungen. In: WWI. Mitteilungen des Wirtschaftswissenschaftlichen Instituts der Gewerkschaften, 9. Jg. 1956, S. 120-132.

Yves-Bernard *Trémel,* Dieu et Mammon. In: Lumière et Vie, t. 7, 1958, p. 9-31.

Wolfgang *Trillhaas,* Ethik. Berlin 1959.

Michelangelo *Trimarchi,* La questione sociale. Ferrara 1950.

Ernst *Troeltsch,* Die Soziallehren der christlichen Kirchen und Gruppen. Tübingen 1912, 3. Aufl. 1923.

Die Sozialphilosophie des Christentums. Zürich, Gotha 1922.

Das Ethos der hebräischen Propheten. In: Logos, 6. Bd. 1916, S. 1-28.

Die Bedeutung des Protestantismus für die Entstehung der modernen Welt. München, Berlin 1906, 5. Aufl. 1928.

Max *Turmann,* Le développement du catholicisme social depuis l'encyclique „Rerum novarum". Paris 1909.

Les formes internationales de concentration industrielle. Les ententes internationales industrielles. Paris 1930.

Johannes *Ude,* Eigentum, Kapitalismus, Christentum. Graz 1930.

Gerhard *Uhlhorn,* Katholizismus und Protestantismus gegenüber der sozialen Frage. Göttingen 1887.

Horst *Ulbrich,* Das Miteigentum der Arbeitnehmer. Baden-Baden, Frankfurt 1957.

Das *Unternehmen* in der heutigen Wirtschaft. Päpstliches Schreiben zur 21. Sozialen Woche Italiens in Turin, 21. bis 27. September 1952. In: Herder-Korrespondenz, 7. Jg. 1952/53, S. 78-80.

Teofilo *Urdanoz,* La justicia legal y el nuevo orden social. In: La ciencia tomista, t. 65, 1943, p. 1-14; t. 67, 1944, p. 200-233.

Arthur F. *Utz,* Freiheit und Bindung des Eigentums. Heidelberg 1949.

Wiederentdeckung des christlichen Eigentumsbegriffs. In: Hochland, 40. Jg. 1947/48, S. 415-425.

Kommentar zu Thomas v. Aquin, Recht und Gerechtigkeit (Deutsche Thomas-Ausgabe, 18. Bd.). Heidelberg 1953.

Sozialethik (I. Teil: Die Prinzipien der Gesellschaftslehre). Heidelberg, Löwen 1958.

Arthur F. *Utz,* Joseph F. *Groner* (Hrsg.), Aufbau und Entfaltung des gesellschaftlichen Lebens. Soziale Summe Pius' XII. 3 Bde. Freiburg/Schweiz 1954/61.

Thorstein *Veblen,* The Theory of the Leisure Class. An Economic Study in the Evolution of Institutions. New York, London 1899; dt.: Theorie der feinen Leute. Köln, Berlin 1958.

The Engineers and the Price System. New York 1921.

Absentee Ownership and Business Enterprise. New York 1923.

Gustavo R. *Velasco,* Libertad y abundanzia. Mexiko 1958.

Verantwortung und Mitverantwortung in der Wirtschaft. Was sagt die katholische Gesellschaftslehre über Mitwirkung und Mitbestimmung? Hrsgg. von Josef Kardinal Frings. Köln 1949.

Arthur *Vermeersch*, Principes de morale sociale. Paris, Bruxelles, Louvain 1921.
Adnotationes ad Encyclicam „Quadragesimo Anno". In: Periodica de Re Morali, Canonica, Liturgica, t. 20, 1931, p. 211-239.
Antoine P. *Verpaalen*, Der Begriff des Gemeinwohls bei Thomas von Aquin. Ein Beitrag zum Problem des Personalismus. Heidelberg 1954.
Peter *Viehöver*, DGB und Eigentumsbildung. In: Gesellschaftspolitische Kommentare, 4. Jg. 1957, S. 7 f.
Fritz *Vigener*, Ketteler. Ein deutsches Bischofsleben des 19. Jahrhunderts. München, Berlin 1924.
Jean *Villain*, L'enseignement social de l'église. 3 vol. Paris 1953/54.
Francesco *Vito*, Introduzione alla economia politica. Milano 1935, 11. ed. 1956.
Servizio sociale e scienze sociali. In: Rivista Internazionale di Scienze Sociali, t. 59, 1951, p. 185-201.
La responsabilità sociale dell'imprenditore. In: Vita e Pensiero, t. 44, 1961, p. 489-497.
Fritz *Voigt*, Die Mitbestimmung - ein Fortschritt? Zu den Erfahrungen in der Bundesrepublik Deutschland. In: Sozialer Fortschritt, 11. Jg. 1962, S. 194-200.
Serban *Voina*, La socialisation. Paris 1950.
Richard *Völkl*, Christ und Welt nach dem Neuen Testament. Würzburg 1961.
Vorschläge zur Eigentumsbildung. In: Ketteler-Wacht, Nr. 24 vom 15. Dezember 1952.
Hardy R. H. *Wagner*, Erfahrungen mit dem Betriebsverfassungsgesetz. Köln 1960.
Karl *Wagner*, Vermögensbildung in breiten Schichten. In: Ordo Socialis, 6. Jg. 1958/59, S. 252-255.
Die große Finanz- und Steuerreform steht noch aus. In: Politisch-Soziale Korrespondenz, 11. Jg. 1962, S. 10-13.
Felix *Waldraff*, Vermögensbildung in Arbeiterhand. In: Gewerkschaftliche Monatshefte, 4. Jg. 1953, S. 630 f.
Grace A. *Wallis*, Wilson D. *Wallis*, Our Social World. An Introduction to Social Life and Social Problems. New York 1933.
Hermann J. *Wallraff*, Das Eigentum in christlicher Sicht. In: Ordo Socialis, 3. Jg. 1955, S. 16-25.
Durch das Ganze gesichert sein. In: Politisch-Soziale Korrespondenz, 12. Jg. 1963, Nr. 6, S. 33-36.
Mitbestimmung. In: Staatslexikon, 6. Aufl. 5. Bd. 1960, Sp. 749-755.
Mitbestimmung und Eigentumsbildung der Arbeitnehmer. In: Mitbestimmung und Miteigentum in Europa. Freiburg 1960, S. 14-34.
Unternehmenseigentum und katholische Sozialethik. In: Eigentum und Eigentümer in unserer Gesellschaftsordnung (Veröffentlichungen der Walter-Raymond-Stiftung, Bd. 1). Köln, Opladen 1960, S. 73-93.
Eigentumspolitik. In: Staatslexikon, 6. Aufl. 2. Bd. 1958, Sp. 1085-1089.
Einkommenspolitik. In: Staatslexikon, 6. Aufl. 2. Bd. 1958, Sp. 1100-1107.
Wirtschaftsethische Probleme im Hintergrund der Wirtschaftspolitik. In: Ordo Socialis, 4. Jg. 1956, S. 53-62.
Franz *Walter*, Das Eigentum nach der Lehre des hl. Thomas von Aquin und des Sozialismus. Freiburg 1894.
Die Propheten in ihrem sozialen Beruf und dem Wirtschaftsleben ihrer Zeit. Ein Beitrag zur Geschichte der Sozialethik. Freiburg 1900.
Beatrice *Webb*, Sidney *Webb*, The History of Trade Unionism. London, New York 1894, 2. ed. 1920; dt.: Die Geschichte des britischen Trade Unionismus. Stuttgart 1895, 2. Aufl. 1906.

Industrial Democracy. 2 vol. London, New York 1897, 2. ed. 1926; dt.: Theorie und Praxis der englischen Gewerkvereine. 2 Bde. Stuttgart 1898, 2. Aufl. 1906.

The Decay of Capitalist Civilization. London 1931.

Adolf *Weber,* Der Kampf zwischen Kapital und Arbeit. Gewerkschaften und Arbeitgeberverbände in Deutschland. Tübingen 1910, 6. Aufl. 1954.

Alfred *Weber,* Erik *Nölting,* Sozialistische Wirtschaftsordnung. Beiträge zur Diskussion. Hamburg 1948.

Christian E. *Weber,* Lohnwertbildung und Eigentumsordnung in der modernen Marktwirtschaft. Berlin 1957.

Hartmut *Weber,* Vermögensbildung in Arbeitnehmerhand. In: Die Mitarbeit. Evangelische Monatshefte zur Gesellschaftspolitik, 10. Jg. 1961, S. 2-11.

H. E. *Weber,* Das Eigentum nach dem Neuen Testament. In: Das Eigentum als Problem evangelischer Sozialethik (Heft 2 der Schriftenreihe: Kirche im Volk, hrsgg. von der Leitung der evangelischen Kirche im Rheinland). Essen 1949, S. 112-116.

Heinrich *Weber,* Peter *Tischleder,* Handbuch der Sozialethik. Bd. I: Wirtschaftsethik. Essen 1931.

Max *Weber,* Wirtschaft und Gesellschaft (1921/22). 4. Aufl. Tübingen 1956.

Die protestantische Ethik und der Geist des Kapitalismus (1904/5). In: Gesammelte Aufsätze zur Religionssoziologie. 1. Bd. 4. Aufl. Tübingen 1947, S. 17-206.

Werner *Weber,* Zur Problematik von Enteignung und Sozialisierung nach neuem Verfassungsrecht. In: Neue Juristische Wochenschrift, 3. Jg. 1950, S. 401-405.

Eigentum und Enteignung. In: Die Grundrechte (hrsgg. von F. L. Neumann, H. C. Nipperdey, U. Scheuner). 2. Bd. Berlin 1954, S. 331-399.

Wilhelm *Weber,* Wirtschaftsethik am Vorabend des Liberalismus. Höhepunkt und Abschluß der scholastischen Wirtschaftsbetrachtung durch Ludwig Molina SJ (1535-1600). Münster 1959.

Walter *Weddigen,* Zur Theorie der Wirtschaftslenkung und Sozialisierung. In: Untersuchungen zur sozialen Gestaltung der Wirtschaftsordnung (hrsgg. von Walter Weddigen). Berlin 1950, S. 45-83.

Walter *Weddigen* (Hrsg.), Zur Theorie und Praxis der Mitbestimmung. 1. Bd. Berlin 1962.

Wege zum sozialen Frieden. Beiträge zur Mitbestimmung und sozialen Partnerschaft in der Wirtschaft (hrsgg. von Heinz-Dietrich Ortlieb und Helmut Schelsky). Stuttgart, Düsseldorf 1954.

Georg *Wehrung,* Welt und Reich. Grundlegung und Aufbau der Ethik. Stuttgart 1952.

Otto *Weinberger,* Die Wirtschaftsphilosophie des Alten Testamentes. Wien 1948.

Egon *Weiss,* Institutionen des römischen Privatrechts. 2. Aufl. Stuttgart 1945.

Gerhard *Weisser,* Freiheitlicher Sozialismus. In: Handwörterbuch der Sozialwissenschaften, 9. Bd. 1956, S. 509-518.

Freiheitlicher Sozialismus. In: Handbuch sozialdemokratischer Politik. Mannheim 1953, S. 63-65.

Einkommens- und Vermögensverteilung. In: Handbuch, a. a. O., S. 36-43.

Eigentumsbildung und Mitverantwortung durch Arbeiterunternehmen. In: Gewerkschaftliche Monatshefte, 5. Jg. 1954, S. 264-268.

Eigentumspolitik als Ausweg aus zunehmender sozialer Abhängigkeit. In: Eigentum in der industrialisierten Gesellschaft (hrsgg. vom Ständigen Ausschuß für Selbsthilfe anläßlich des Dritten Deutschen Selbsthilfetages 1958). Göttingen 1958, S. 9-58.

Die Stellung des Eigentums in der Steuerreform. In: Finanzarchiv, 13. Bd. 1951/52.

Lohnbildung in der Marktwirtschaft. In: Gewerkschaftliche Monatshefte, 7. Jg. 1956, S. 525-533.

Vermögen und Vermögenspolitik. In: Handwörterbuch der Sozialwissenschaften, 11. Bd. 1961, S. 163-187.
Für oder gegen Marktwirtschaft - eine falsche Frage. 2. Aufl. Köln 1954.
Freiheitlich-sozialistische Stilelemente im Leben der Arbeiterschaft. Eine soziologische Untersuchung. Göttingen 1948.
Eberhard *Welty,* Gemeinschaft und Einzelmensch. 2. Aufl. Salzburg, Leipzig 1935.
Die Entscheidung in die Zukunft. Grundsätze und Hinweise zur Neuordnung im deutschen Lebensraum. Heidelberg 1946.
Herders Sozialkatechismus. 3 Bde. Freiburg 1951/58.
Existenzminimum und Lebensstandard. Bemerkungen zu einer Grundfrage unseres „Konsumzeitalters". In: Die neue Ordnung, 12. Jg. 1958, S. 81-92.
Das „konkrete" Gemeinwohl. In: Die neue Ordnung, 13. Jg. 1959, S. 321-335.
Der vielfache Anruf im neuen Sozialrundschreiben „Mater et Magistra". In: Die neue Ordnung, 15. Jg. 1961, S. 401-421.
Das Gemeinwohl als Rechtsgrundlage In: Naturordnung in Gesellschaft, Staat, Wirtschaft (Messner-Festschrift). Innsbruck, Wien, München 1961, S. 398-410.
Die Sozialenzyklika Papst Johannes' XXIII. Mater et Magistra. Mit einem ausführlichen Kommentar und einer Einführung in die Soziallehre der Päpste von Leo XIII. bis zu Johannes XXIII. 2. Aufl. Freiburg 1962.
Wem gehört der Betrieb? Eine Frage vom Evangelischen Kirchentag in Stuttgart. In: Der Arbeitgeber, 4. Jg. 1952, S. 715-720.
Gerhard *Wendland,* Theologische Gesichtspunkte zur Eigentumsfrage. In: Zeitschrift für Evangelische Ethik. 5. Jg. 1961, S. 281-293.
Heinz-Dietrich *Wendland,* Die Kirche in der modernen Gesellschaft. Entscheidungsfragen für das kirchliche Handeln im Zeitalter der Massenwelt. Hamburg 1956.
Eigentum und Gesellschaftsordnung im Lichte der evangelischen Soziallehre. In: Eigentum und Eigentümer in unserer Gesellschaftsordnung (Veröffentlichungen der Walter-Raymond-Stiftung, Bd. 1). Köln, Opladen 1960, S. 148-163.
Peter *Werhahn,* Wertbeständiges Sparen - ein Ansporn zur Eigentumsbildung. Köln 1951.
Harry *Westermann,* Lehrbuch des Sachenrechts. Karlsruhe 1951, 4. Aufl. 1960.
Ferdinand A. *Westphalen,* Eigentum und soziale Ordnung. In: Eigentum und Gesellschaft. Beiträge für eine zeitgemäße Eigentumsordnung. Graz 1956, S. 17-29.
Franz *Wieacker,* Wandlungen der Eigentumsverfassung. Hamburg 1935.
Die Sozialisierung. Rechtsgutachten über Geltung und Inhalt von Art. 41 der hessischen Verfassung (als Manuskript gedruckt). 1953.
Zum System des deutschen Vermögensrechts. Leipzig 1941.
Kurt *Wiedenfeld,* Eigentum und Enteignung. In: Zeitschrift für die gesamte Staatswissenschaft, 110. Bd. 1954, S. 39-47.
Hildegard *Wiegmann,* Breitere Vermögensstreuung. Pläne - Möglichkeiten - Grenzen. In: Jahrbuch des Instituts für Christliche Sozialwissenschaften der Westfälischen Wilhelms-Universität Münster, 2. Bd. 1961, S. 147-229.
E. L. *Wigham,* Trade Unions. London 1957.
Joseph *Wilbois,* Principes de morale sociale. Paris 1948.
Robert *Wilbrandt,* Die moderne Industriearbeiterschaft. Eine Einführung in die Grundfragen der Sozialreform. Stuttgart 1926.
Gardner *Williams,* Individual, Social and Universal Ethics. In: The Journal of Philosophy, t. 45, 1948, p. 645-655.
Melvin John *Williams,* Catholic Social Thought. Its Approach to Contemporary Problems. New York 1950.

Max *Wingen,* Die Einstellung der deutschen Gewerkschaften zur sozialen Betriebsführung. Bonn 1956.
Die wirtschaftliche Förderung der Familie. Paderborn (o. J.).
Zur Privatisierung des Volkswagenwerks. In: Die neue Ordnung, 12. Jg. 1958, S. 68-71.
Hans *Winkmann,* Ertragsbeteiligung. Ihre Grundideen und ihre Verwirklichung. München 1957.
Eigentumsbildung. Vorbedingungen und Ansätze zu ihrer Verwirklichung. München 1958.
Alfred *Winterstein,* Die christliche Lehre vom Erdengut nach den Evangelien und apostolischen Schriften. Eine Grundlegung der christlichen Wirtschaftslehre. Mainz 1898.
Helmut *Winterstein,* Der Investivlohn in der Bundesrepublik Deutschland. Eine wirtschafts- und sozialpolitische Untersuchung. Berlin 1961.
Ludwig *Wirz,* Gemeinwirtschaft. In: Zur Wirtschaftsordnung (Wörterbuch der Politik, Heft IV). 3. Aufl. Freiburg 1958, Sp. 27-30.
Rudolf *Wissel,* Praktische Wirtschaftspolitik. Berlin 1919.
Rudolf *Wissel,* Wichard v. *Möllendorf,* Wirtschaftliche Selbstverwaltung. Jena 1919.
Erik *Wolf,* Die Sozialtheologie Zwinglis. In: Festschrift für Guido Kisch. Stuttgart 1955, S. 167-188.
Theologie und Sozialordnung bei Calvin. In: Archiv für Reformationsgeschichte, 42. Bd. 1951.
Ernst *Wolf,* Eigentum und Existenz. Das Eigentumsproblem im Rahmen christlicher Sozialethik. In: Zeitschrift für Evangelische Ethik, 6. Jg. 1962, S. 1-17.
Lorenz *Wolkersdorf,* Zur Frage der Vermögensbildung in breiten Schichten. In: Finanz-Archiv, 20. Bd. 1959/60.
David McCord *Wright,* Capitalism. New York 1952.
Georg *Wünsch,* Eigentum. In: Die Religion in Geschichte und Gegenwart. Handwörterbuch für Theologie und Religionswissenschaft, 2. Aufl. 2. Bd. Tübingen 1928, Sp. 57-66.
Evangelische Wirtschaftsethik. Tübingen 1927.
Die Bergpredigt bei Luther. Eine Studie zum Verhältnis von Christentum und Welt. Tübingen 1920.
Der Zusammenbruch des Luthertums als Sozialgestaltung. Tübingen 1921.
Sozialismus aus christlichem Gewissen. Kassel-Sandershausen 1949.
Franz *Zeiller,* Das natürliche Privat-Recht. Wien 1802.
Sybilla *Zenker,* Eigentum und neuer Äon. In: Lebendiges Zeugnis, 1955, S. 3-32.
Werner *Ziegenfuß,* Der Mensch als Gesellschaftswesen und der Betrieb. Berlin 1953.
Die Genossenschaften. Berlin 1948.
Thomas M. *Zigliara,* Summa philosophica in usum scholarum, III: Philosophia moralis seu ethica et ius naturae. 19. ed. Roma 1929.
Robert *Zimmermann,* Das ius utendi bei Thomas v. Aquin und in den päpstlichen Soziallehren. In: Freiburger Zeitschrift für Philosophie und Theologie (Divus Thomas), 1. Jg. 1954, S. 302-313.
Gerhard *Zweig,* Hans-Georg *Feldhege,* Eigentum für alle. Stand und Möglichkeiten der Eigentumsbildung in breiten Schichten. Bad Godesberg 1961.
Otto v. *Zwiedineck-Südenhorst,* Lohntheorie und Lohnpolitik. Hamburg 1900, 4. Aufl. 1925.
Sozialpolitik. Leipzig, Berlin 1911.